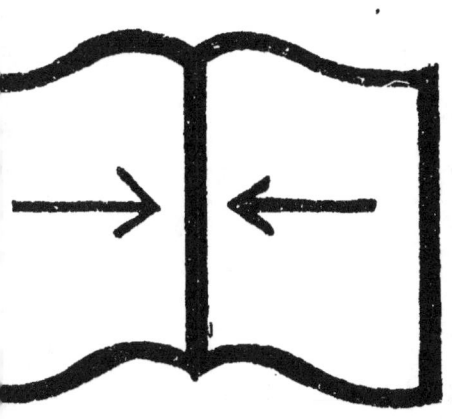

RELIURE SERREE
Absence de marges
intérieures

Illisibilité partielle

VALABLE POUR TOUT OU PARTIE
DU DOCUMENT REPRODUIT

CHEFS-D'OEUVRE
DES PÈRES DE L'ÉGLISE.

PARIS. — IMPRIMERIE DE Vᵉ DONDEY-DUPRÉ,
RUE SAINT-LOUIS, 46, AU MARAIS.

CHEFS-D'OEUVRE

DES

PÈRES DE L'ÉGLISE

OU

CHOIX D'OUVRAGES COMPLETS

DES

DOCTEURS DE L'ÉGLISE GRECQUE ET LATINE,

TRADUCTION AVEC LE TEXTE LATIN EN REGARD.

TOME CINQUIÈME.

PARIS.

A LA BIBLIOTHÈQUE ECCLÉSIASTIQUE,
RUE DE VAUGIRARD, 58.

—

1838

SANCTI HILARII,

PICTAVIENSIS EPISCOPI,

LIBER CONTRA AUXENTIUM; EPISTOLA AD ABRAM FILIAM SUAM; DE TRINITATE LIBER PRIMUS.

SAINT HILAIRE,

ÉVÊQUE DE POITIERS.

LIVRE CONTRE AUXENCE; LETTRE A SA FILLE ABRA; LIVRE PREMIER DU TRAITÉ DE LA TRINITÉ.

SAINT HILAIRE,

ÉVÊQUE DE POITIERS,

(ENVIRON L'AN 358 DE JÉSUS-CHRIST.)

Saint Hilaire, évêque de Poitiers, où il naquit, quitta le paganisme pour embrasser, avec sa femme et sa fille, la religion chrétienne. Quelques années avant le concile de Béziers, tenu en 356, il fut ordonné évêque de Poitiers, d'où il fut exilé en Phrygie par les artifices de Saturnin d'Arles, qui était arien. Mandé ensuite au concile de Séleucie, en 359, il y défendit la foi avec tant de force contre les ariens, qu'ils le firent renvoyer en France. Le digne évêque y arriva en 360. Il tint plusieurs conciles pour la défense du concile de Nicée, dénonça en 364 à l'empereur Valentinien l'arien Auxence, évêque de Milan, et mourut en 367 ou 368.

Les saints Pères font les plus magnifiques éloges de saint Hilaire. Saint Jérôme, par une figure hardie, l'appelle le Rhône de l'éloquence latine : *Latinæ eloquentiæ Rhodanus*, car le style du célèbre adversaire d'Auxence est, en quelque sorte, rapide, comme le Rhône. L'exorde vigoureux de la lettre contre l'évêque de Milan justifie le mot de saint Jérôme.

Ses principaux ouvrages sont : 1° les douze livres de *la Trinité* ; 2° le *Traité des Synodes* ; 3° *Trois Écrits à l'empereur Constance* ; 4° des *Commentaires sur saint Matthieu et sur une partie des psaumes*, et d'autres ouvrages moins importans.

SANCTI HILARII,

PICTAVIENSIS EPISCOPI,

CONTRA ARIANOS,

VEL AUXENTIUM MEDIOLANENSEM,

LIBER UNUS.

DILECTISSIMIS FRATRIBUS IN FIDE PATERNA MANENTIBUS, ET ARIANAM HÆRESIM DETESTANTIBUS, EPISCOPIS ET OMNIBUS FIDELIBUS, HILARIUS CONSERVUS VESTER IN DOMINO ÆTERNAM SALUTEM.

1. Speciosum quidem nomen est pacis, et pulchra est opinio unitatis : sed quis ambigat eam solam Ecclesiæ atque Evangeliorum unitatem pacem esse, quæ Christi est? Quam ad apostolos post passionis suæ gloriam est locutus, quam ad æterni mandati sui pignus commendavit abiturus, hanc nos, fratres dilectissimi, et amissam quærere, et turbatam componere, et repertam tenere curavimus[1]: Sed hujus ipsius nos fieri vel participes vel auctores, nec temporis nostri peccata meruerunt, nec imminentis Antichristi prævii ministrique sunt passi : qui pace sua, id est, impietatis suæ unitate se jactant, agentes se non ut episcopos Christi, sed Antichristi sacerdotes.

2. Ac ne maledicis verborum in eos uti conviciis arguamur, causam perditionis publicæ, ne cuiquam ignorata sit, non tacemus. Antichristos plures esse, etiam apostolo Joanne prædicante, cognovimus[2]. Quisquis enim Christum, qualis ab apostolis est prædicatus, negavit, antichristus est. Nominis antichristi proprietas est, Christo esse

[1] Joan. xx, 19. — [2] I Joan. II, 18.

SAINT HILAIRE,

ÉVÊQUE DE POITIERS,

CONTRE LES ARIENS,

ou

CONTRE AUXENCE, ÉVÊQUE DE MILAN.

LIVRE UNIQUE.

A SES TRÈS-CHERS FRÈRES PERSÉVÉRANS DANS LA FOI DE LEURS PÈRES, ET ENNEMIS DE L'HÉRÉSIE D'ARIUS, A TOUS ÉVÊQUES ET FIDÈLES, HILAIRE, LEUR COMPAGNON D'ESCLAVAGE; SALUT ÉTERNEL DANS LE SEIGNEUR.

---

1. C'est un grand mot que le mot de paix; c'est une belle pensée que la pensée de l'union; mais il n'y a de paix que dans la doctrine de l'Église et de l'Évangile de Jésus-Christ; mais il n'y a d'union qu'à ce prix. Qui en doute? Cette paix qu'après sa passion glorieuse Jésus-Christ a prêchée à ses disciples, cette paix qu'avant de les quitter il leur a recommandé de garder comme un gage de son mandat éternel, c'est elle que nous avons toujours appelée de nos vœux, elle qui fut l'objet constant de nos efforts, et que nous avons travaillé sans relâche à ramener, à affermir parmi nous. Mais nos espérances ont été trompées; ce grand ouvrage, nous ne l'avons pas accompli; nos péchés, hélas! ne l'ont pas permis, et les ministres de l'Antechrist, ces hommes qui osent se glorifier d'une odieuse paix, qui n'est autre chose que l'union dans l'impiété, se sont dressés contre nous! eux, les évêques du Christ! non, non, ce ne sont que les prêtres de l'Antechrist.

2. Qu'on ne nous accuse point de nous emporter contre eux en paroles outrageantes; nous ne faisons que proclamer hautement la cause de la désolation publique; il faut qu'elle soit connue de tous. Nous savons qu'il a paru plus d'un antechrist, même au temps de la prédication de saint Jean, et quiconque n'admet pas la personne du Christ telle qu'elle a été prêchée par les apôtres est antechrist,

contrarium. Hoc nunc sub opinione falsae pietatis efficitur, hoc sub specie praedicationis evangelicae laboratur, ut Dominus Jesus Christus, dum praedicari creditur, denegetur.

3. Ac primum miserari licet nostrae aetatis laborem, et praesentium temporum stultas opiniones congemiscere, quibus patrocinari Deo humana creduntur, et ad tuendam Christi Ecclesiam ambitione saeculari laboratur. Oro vos, episcopi, qui hoc esse vos creditis, quibusnam suffragiis ad praedicandum Evangelium apostoli usi sunt? quibus adjuti potestatibus Christum praedicaverunt, gentesque fere omnes ex idolis ad Deum transtulerunt? Anno aliquam sibi assumebant e palatio dignitatem, hymnum Deo in carcere inter catenas et post flagella cantantes; edictisque regis Paulus, cum in theatro spectaculum ipse esset, Christo ecclesiam congregabat? Nerone se, credo, aut Vespasiano, aut Decio patrocinantibus tuebatur? quorum in nos odiis confessio divinae praedicationis effloruit. Illi manu atque opere se alentes, intra coenacula secretaque coeuntes, vicos et castella gentesque fere omnes terra ac mari contra senatusconsulta et regum edicta peragrantes, claves credo regni coelorum non habebant? Aut non manifesta se tum Dei virtus contra odia humana porrexit, cum tanto magis Christus praedicaretur, quanto magis praedicari inhiberetur?

4. At nunc, proh dolor! divinam fidem suffragia terrena commendant, inopsque virtutis suae Christus, dum ambitio nomini suo conciliatur, arguitur. Terret exiliis et carceribus ecclesias: credique sibi cogit, quae exiliis et carceribus est credita. Pendet ad dignationem communicantium, quae persequentium est consecrata terrore. Fugat sacerdotes, quae fugatis est sacerdotibus propagata. Diligi se gloriatur a mundo, quae Christi esse non potuit, nisi eam mundus odisset. Haec de comparatione traditae nobis olim Ecclesiae, nuncquae deperditae, res ipsa quae in oculis omnium est atque ore, clamavit.

puisque ce mot, dans sa véritable acception, signifie contraire au Christ. Aujourd'hui, sous le masque d'une fausse piété, sous l'enseigne mensongère de la prédication évangélique, on aspire à renverser la puissance et l'empire de Jésus-Christ.

3. Ah! donnons des larmes aux malheureux temps où nous sommes; affligeons-nous, mes frères, de cette folle opinion qui met Dieu sous le patronage des hommes, et de cet esprit d'intrigue qui appelle le siècle au secours de l'Église. Mais dites-moi, je vous en prie, dignes évêques, qui croyez encore à la vérité de ce grand nom, à quels suffrages les apôtres ont-ils eu recours pour prêcher l'Évangile? Quelles puissances leur sont venues en aide, quand ils publiaient le nom de Jésus-Christ et qu'ils faisaient passer les nations du culte de l'idolâtrie au culte du vrai Dieu? Allaient-ils mendier l'appui des rois, quand, dans l'horreur des prisons, gémissant sous le poids des chaînes et le fouet des bourreaux, ils chantaient l'hymne d'action de grâces? Était-ce par des ordonnances impériales que Paul, jeté en spectacle à la foule, rassemblait une église pour Jésus-Christ? N'est-ce pas qu'il se couvrait de la protection de Néron, de Vespasien et de Déce, dont la haine contre nous a été si féconde en conversions? Peut-être que, vivant du travail de leurs mains, réunis dans l'ombre des retraites les plus obscures, parcourant, en dépit des arrêts du sénat et des édits des rois, les villes et les campagnes, et soumettant des peuples entiers, peut-être que ces hommes n'avaient pas les clefs du royaume des cieux? peut-être que la puissance divine ne s'était pas manifestée contre les préventions de la terre, quand les prédications évangéliques étaient devenues d'autant plus nombreuses que la défense de prêcher le nom de Jésus-Christ était devenue plus rigoureuse?

4. De nos jours, hélas! la foi divine a besoin des suffrages des grands du siècle, et le Christ est accusé d'impuissance, parce que l'ambition ne rougit pas de prostituer son nom à ses propres fins. L'exil et les cachots jettent l'effroi au sein des églises, et la foi qui a grandi dans l'exil et dans les cachots s'impose aux consciences; consacrée par la fureur des bourreaux, elle se prise à la faveur de ses ministres; elle proscrit les prêtres, et c'est à la proscription des prêtres qu'elle doit sa propagation; elle se glorifie de l'amour du monde, et si le monde ne l'eût point poursuivie de sa haine, Jésus-Christ ne l'eût point avouée. Voilà les faits dont tous les yeux sont frappés, dont toutes les bouches s'entretiennent; et comparez à

5. Quid autem illud sit, quod ignorandum ultra non sit, breviter exponam. Secundum placitam Deo plenitudinem coarctata sunt tempora. Circumscripta enim ratio eorum cœlestibus libris docetur : ac necesse est in ipsam nos ætatem Antichristi incidisse, cujus, secundum Apostolum, ministris in lucis se angelum transformantibus, ab omnium fere sensu et conscientia is qui est Christus aboletur [1]. Ut enim erroris affimatio certa sit, incerta veri opinio antefertur : sitque Antichristo jam pervium, Christum eum esse se, fallere, de quo nunc usque dissensum sit. Hinc illæ variæ opiniones, hinc sub unius Christi fide prædicatio plurimorum, hinc super Arii spiritus ex angelo diaboli in lucis angelum transfiguratus : cujus hæreditas omnis ad Valentem, Ursacium, Auxentium, Germinium, Gaium, successit atque defluxit. Nam ipsi nunc Christum novum, per quem Antichristus subreperet, intulerunt.

6. Volunt enim hunc suum Christum non ejus divinitatis esse cujus et Pater est; sed esse potentem et præstantem cæteris aliis creaturis creaturam, eumque per voluntatem Dei ex nihilo substitisse : et eum ante omnia quidem sæcula, et ante omne omnino tempus natum ex Deo Deum esse; sed non ex substantia Dei esse, neque divinæ in eo nativitatis, majestatisque ejus, quæ Dei est, intelligendam veritatem; ne quam verus sit Deus qui Pater est, tam verus sit Deus qui Filius est : ut id, quod unum esse Filius et Pater in Evangeliis prædicantur, in voluntatis tantum sit et charitatis societate, non in divinitatis veritate [2]. Quæ si in Filio non eadem est ipsa illa quæ Dei est, ut in confessione fidei Deus unus sit; cur Deum Filium, cur ante tempora et sæcula confitentur, nisi quia Dei nomen sancto cuique per indulgentiam æternitatis est destinatum? Aut regenerati omnes non vere Dei Filii sunt, aut angeli omnes, per Christum utique conditi, non ante omnia tempora et ante omnia omnino sæcula sunt creati? Verum ad Antichristam minori invidia introducendum, miserisque credendum, tribuunt Christo Dei nomen; quia hoc et hominibus sit tributum : fatentur vere Dei Filium; quia sacramento baptismi vere Dei Filius unusquisque

[1] 2 Cor. xi, 14. — [2] Joan. x, 30.

l'Église aujourd'hui désolée l'Église que nous avons reçue des apôtres!.....

5. Mais ce qu'il n'est plus permis d'ignorer, c'est ce que je vais dire en peu de mots. La volonté toute puissante de Dieu a assigné au temps sa mesure; les siècles sont comptés; les livres saints nous l'enseignent. Et voilà que nous sommes arrivés aux jours de l'Antechrist, dont les ministres se transformant, selon l'Apôtre, en anges de lumière, effacent dans les esprits et dans les consciences celui qui est le Christ. Pour que l'erreur s'élève jusqu'à la certitude, on ne parle de la vérité qu'en termes ambigus; on sème partout le doute; il n'y a plus unanimité, et le partage des esprits révèle assez la présence de l'Antechrist. De là la lutte des opinions; de là vient qu'avec la foi en un seul Christ on en prêche deux; de là vient que l'esprit d'Arius, cet ange des ténèbres, s'est changé en ange de lumière, et que ses héritiers, Valence, Ursacius, Auxence, Germinius, Gaïus, à la faveur de coupables innovations, osent lui aplanir les voies, et l'introduire dans la société chrétienne.

6. Le Christ, à les entendre, n'a pas la même divinité que le Père; ce n'est plus qu'une créature supérieure aux autres créatures, et que la volonté de Dieu a tirée du néant; un Dieu né de Dieu avant tous les temps, mais qui n'est point de la même substance que Dieu; Dieu le Fils n'est pas aussi véritablement Dieu que le Père, et si les Évangiles nous prêchent l'unité du Père et du Fils, cette unité doit s'entendre seulement de la volonté et de l'amour, et non pas de la divinité. Mais si cette unité n'est qu'un rêve, pourquoi donc confessent-ils que le Fils est Dieu avant tous les temps et avant tous les siècles; si ce n'est peut-être que ce nom de Dieu s'attache à ce qui est éternel? Tous les régénérés ne sont-ils pas fils de Dieu? La création des anges ne remonte-t-elle pas au-delà du temps? Qu'ils l'avouent donc, c'est pour rendre moins odieuse l'intrusion de l'Antechrist qu'ils donnent au Christ le nom de Dieu, parce que des hommes en ont été honorés; et s'ils disent que le Christ est véritablement Fils de Dieu, c'est que le sacrement du baptême nous confère ce titre; qu'il est né avant le temps, c'est qu'avant le temps aussi sont nés les anges et le démon même. Ainsi donc ils ne donnent à Jésus-Christ que les attributs de l'ange ou de l'homme. Mais ce qui est vrai, mais ce que la foi nous ordonne de croire, à savoir que le Christ est véritablement Dieu, c'est-à-dire que le Père et le Fils ont la même divinité,

perficitur : ante tempora et sæcula confitentur; quod de angelis atque diabolo est non negandum. Ita Domino Christo sola illa tribuuntur, quæ sunt vel angelorum propria, vel nostra. Cæterum, quod Deo Christo legitimum et verum est, Christus Deus verus, id est, eadem esse Filii quæ Patris divinitas denegatur. Et hujus quidem usque adhuc impietatis fraude perficitur, ut jam sub Antichristi sacerdotibus Christi populus non occidat, dum hoc putant illi fidei esse, quod vocis est. Audiunt Deum Christum; putant esse quod dicitur. Audiunt Filium Dei; putant in Dei nativitate inesse Dei veritatem. Audiunt ante tempora; putant idipsum ante tempora esse, quod semper est. Sanctiores aures plebis, quam corda sunt sacerdotum. Si Deum verum ariani prædicant Christum, Deum sine fraude confessi sunt : quod si Deum dicunt, et negant verum ; tribuunt nomen, et adimunt veritatem.

7. Quanquam igitur impiissimis eorum blasphemiis plenæ omnes ecclesiarum chartæ, plenique jam libri sint : quid proxime tamen acciderit, non tacendum est. Cum edicto gravi sanctus rex perturbari ecclesiam Mediolanensium, quæ Deum verum Christum et unius cum Patre divinitatis et substantiæ confitetur, sub unitatis specie et voluntate jussisset ; etiam importuna interpellatione suggessi, Auxentium blasphemum esse, et omnino hostem Christi habendum : idque adjeci, eum aliter credere, quam rex ipse, aut alii omnes haberent. Quibus rex permotus, audiri nos a quæstore et magistro præcepit, considentibus una nobiscum episcopis fere decem. Primumque, ut in foro solet, de persona calumniatus est, damnatum quondam me a Saturnino, audiri ut episcopum non oportere. Non est nunc temporis, quid ad hæc responsum sit, enarrare : sed qui tum audiebant, de fide potius, ut regi placuerat, agitandum esse decernunt. Cumque jam in arto esset negandi periculum ; credere se Auxentius Christum Deum verum, et unius cum Deo Patre divinitatis et substantiæ est professus. Placuit igitur hoc scribi, et ne memoriis audientium quæ dicta essent elaberentur, continuo libellum regi per quæstorem offero, quo quid convenisset, contineretur : et ne quid mentiri arguar, ejusdem exempla subjeci. Placet omnibus Auxentium hæc ipsa profiteri frequenter : qui ut ipsum scriberet, est coactus. Qui diu consilia sua versans, callidissimo fidem regis eludit; dat scripturam stylo Antichristi compositam.

ils le nient; et par l'effet d'une fraude impie et d'un mensonge il arrive que la famille du Christ n'est point dissoute, car le peuple croit que là où sont les mots, là est aussi la foi. On dit : Dieu le Christ, et le peuple croit à la sincérité de l'expression. On dit : Fils de Dieu, et le peuple croit véritablement Dieu l'être qui est né Dieu. On dit encore : Avant les temps, et le peuple croit que ce qui a précédé les temps est de toute éternité. Ainsi il y a plus de foi dans l'oreille du peuple qui écoute que dans le cœur du prêtre qui parle. Si les ariens entendent que le Christ est vraiment Dieu, leur profession de foi n'est plus un piège; mais que s'ils entendent qu'il est Dieu, et qu'ils nient qu'il est vrai Dieu, il n'y a plus qu'un nom sans la chose; il n'y a plus de vérité.

7. Bien que les registres des églises, bien que les livres soient remplis de leurs blasphèmes impies, je n'en dirai pas moins ce qui est naguère advenu. Un prince, animé par un sentiment de piété, et dans l'intention de rétablir la paix, a publié un édit dont l'effet, contre son attente, est de porter le trouble dans l'église de Milan, où les vrais principes fleurissent dans toute leur pureté. Au risque de déplaire, j'ai élevé la voix, j'ai montré qu'Auxence n'est qu'un blasphémateur, un ennemi du Christ, et j'ai ajouté qu'il ne partage point la foi du prince ni la croyance publique. Ce cri d'alarme a ému le prince, et il a ordonné une conférence où ont paru avec nous dix évêques. D'abord, ainsi que cela se pratique dans les tribunaux civils, Auxence a calomnié notre personne; il a dit qu'autrefois j'avais été condamné par Saturninus, et que ce n'était point en qualité d'évêque qu'il convenait de m'entendre. Ce n'est pas ici le moment de dire quelle fut ma réponse; mais nos juges, pour faire court à des personnalités, déclarèrent qu'il ne s'agissait que d'une question de foi, ainsi que le prince l'avait ordonné. Alors, comme il y avait du danger à nier, Auxence déclara qu'il croyait le Christ vrai Dieu; qu'il était de la même substance que le Père, qu'il avait la même divinité. Il fut arrêté que cette déclaration serait consignée par écrit, et, dans la crainte que la mémoire de nos juges ne fût infidèle, je proposai de faire remettre cette déclaration écrite au prince par l'entremise du questeur, et j'en joins ici une copie pour prévenir l'accusation de mensonge. On exigea qu'Auxence répète

8. Nam primum ea, quæ Nicææ Thraciæ omnium impietas resolvisset, sancta esse testatur : vim scilicet illatam episcopis, fidem esse veræ confessionis affirmans. Negat quoque se scire Arium : cum in Alexandria in ariana ecclesia, cui Gregorius præerat, presbyter esse cœpisset. Sed de ariminensi synodo, quæ ab omnibus est religiose dissoluta, nihil dicamus : tantum diaboli commenta pandenda sunt. Cum placuisset igitur scribi Deum verum esse Christum, et unius cum Patre divinitatis atque substantiæ esse : ponitur talis ab eo, ut a callidissimo diabolo, sententia, quæ significaret Christum « ante omnia » tempora natum Deum verum Filium : » ut secundum arianos « ve- » ritas » ad Filium, non ad Deum referretur. Et ut longe major differentia hujus significationis existeret, subjicitur : « Ex vero Deo Patre, » ut in Patre veritas Dei esset, in Christo veritas tantum Filii scriberetur. Dehinc procedente sermone, una ab Auxentio divinitas prædicatur, et in ea non confitetur et Filium : ut in solo Patre, non etiam in Filio, esset sola una divinitas.

9. Spargitur vero per populos, Auxentium verum Deum Christum, et unius cum Patre divinitatis ac substantiæ scripsisse, neque ab expositæ per me fidei dissidere sententia : post quæ ad communionem, ejus rex pro fidei sinceritate advenit. Sed cum hoc mysterium impietatis diu occultatum jam non taceretur, diceremque fingi omnia, fidem denegari, Deum atque homines illudi; jubeor de Mediolano proficisci, cum consistendi mihi in ea invito roge nulla esset libertas.

10. Hæc igitur, fratres, quibus Dei judicium in motu est, ita gesta esse significo. Auxentius quod negare timuit, noluit confiteri : nam expositionis ipsius exempla subjeci. Si idem scripsit, arguito fallentem : si vero aliud scripsi' quam professus est, intelligite jam Christum per eum alium, id est, Antichristum prædicari. Lusit quidem illo verbis, quibus possit fallere et electos ; sed patet impietatis tantæ professio.

ce qu'il a dit ; on exige même qu'il l'écrive de sa main. Après avoir long-temps réfléchi, il s'arrange de manière à tromper la bonne foi du prince : il rédige son écrit dans le style de l'Antechrist.

8. Et d'abord il consacre les actes qu'à l'entendre l'impiété du concile de Nicée aurait abrogés, et sans doute qu'à ses yeux la violence faite aux évêques atteste la sincérité de la foi. Il affirme ensuite qu'il ne connaît point Arius, et cependant il a été attaché à l'église d'Alexandrie que gouvernait Grégoire, et qui faisait profession ouverte d'arianisme. Je ne veux rien dire du synode de Rimini ; c'est assez de vous faire connaître toutes les ruses du démon. Il devait donc déclarer par écrit que le Christ est vraiment Dieu, et qu'il a la même substance et la même divinité que le père ; mais, par un artifice diabolique, il dispose les termes de manière que le mot *vrai* se rapporte, pour rester fidèle au système des ariens, non pas à *Dieu*, mais à *fils* ; et, pour remarquer mieux encore la différence du rapport, il ajoute : *né du Père vraiment Dieu*, en telle sorte que le Père est véritablement Dieu et le Christ seulement véritablement fils. Dans le reste, Auxence parle, il est vrai, d'une seule divinité ; mais il a soin de ne pas y associer le Fils, et ainsi le Père seul est Dieu.

9. On n'en publie pas moins partout qu'Auxence a déclaré par écrit que le Fils est vraiment Dieu, et qu'il a la même substance et la même divinité que le Père, et que ses opinions ne diffèrent en rien de celles que je professe. Le prince lui-même croit à la sincérité de la foi de cet imposteur. Alors je ne peux imposer silence à mon indignation, et, comme déjà ce mystère d'impiété cessait d'être couvert des ombres qui l'avaient jusques alors enseveli, je crie que tout ceci n'est que mensonge, que la foi est trahie et qu'on se joue indignement des hommes et de Dieu. Pour toute réponse, je reçois l'ordre de quitter Milan et de n'y pas reparaître contre la volonté du prince.

10. Voilà, mes chers frères, vous qui vivez dans la crainte du jugement de Dieu, voilà comment les choses se sont passées. Auxence n'a pas voulu confesser ce qu'il y avait danger pour lui à nier, sa déclaration le prouve. Si l'écrit est sincère, c'est moi qu'il faut accuser ; au contraire, si les mots écrits ne sont pas l'expression de la déclaration verbale, comprenez bien que c'est l'Antechrist qu'il prêche, et non pas le Christ. Mais il a joué sur les mots pour tromper ses juges, et heureusement j'ai déchiré le voile qu'il avait jeté sur son impiété.

11. Negat eo duos Deos prædicare, quia non duo Patres sunt. Quis secundum hæc non videt, unius Dei confessionem idcirco tantum Patri propriam esse, quia solus esset? Unde et ille Satanæ stylus exstitit: « Novimus unum solum verum Deum Patrem. » Et post malevolas significationes. « Similem, inquit, secundum Scripturas Filium genitori suo Patri. » Si usquam in sanctis voluminibus hoc scriptum est, habet innocentiæ professionem. Si vero veritate divinitatis Filius et Pater unum sunt, quid similitudinis imperfecta opinio antefertur? Imago quidem Dei Christus est; sed et hominem imaginem Dei esse non dubium est, cum ad imaginem et similitudinem Dei Adam factus sit. Quid tu hæres Arii Christo tantum nostra concedis? Quid regem, quid comites, quid Dei Ecclesiam, patris tui, id est, Satanæ arte circumvenis? Christum Deum dicis; quid fallis in homine? Nega Moysen Pharaoni Deum dictum [1]. Christum Filium et primogenitum Dei loqueris: nega primogenitum Filium Israel Deo esse [2]. Christum ante tempora natum asseris: et creatum nega diabolum ante tempora et sæcula substitisse. Christum similem Patri memoras; nega ad imaginem et similitudinem Dei hominem esse cœpisse. Solum Christo quod est denegas, ne Deus verus et unius cum Patre divinitatis atque substantiæ sit. Et solitus es una cum magistris tuis me hæreticum arguere: expone, quibus potes litteris, impietatis meæ causam; et blasphemiarum mearum titulum propone. Mihi autem antichristus est ille qui unius divinitatis esse Filium cum Patre non confitetur; quique non ita unum verum Deum Patrem prædicat, ut veritas quoque divinitatis non intelligatur in Filio. Si unius divinitatis Christus et Deus sunt, cur hoc non simpliciter scripsisti? Si tibi non sunt, cur hoc non simpliciter denegasti?

12. Arcanum igitur tam pestiferi mysterii optassem, fratres, ipse potius quam per litteras revelare, et omnes blasphemias Auxentii verbis singulis explicare. Verum quia id non licet, saltem unusquisque quod sibi liceat intelligat. Multa alia proferre Ecclesiæ, me pudor inhibet, et committere epistolæ arianorum blasphemiarum dedecora permitesco. Unum moneo, cavete Antichristum: male enim vos parietum amor cepit, male Ecclesiam Dei in tectis ædificiisque venera-

[1] Exod. vii, 1. — [2] Isai. i, 2.

11. Il n'y a pas deux Dieux, dit-il, parce qu'il n'y a pas deux Pères. Qui ne voit, d'après cela, que cet aveu de l'unité de Dieu est particulier au Père, en tant qu'il est seul? d'où ce mot vraiment satanique: « Nous connaissons un seul vrai Dieu père; » et il ajoute traîtreusement: « et le Fils, semblable au Père qui l'a engendré, » selon les Écritures. Si ces mots se trouvent ainsi dans les livres saints, Auxence est innocent, je le déclare; mais si le Père et le Fils ne sont qu'un dans la vérité de la divinité, pourquoi cette idée de ressemblance? Le Christ est l'image de Dieu; mais l'homme aussi est l'image de Dieu, puisque Adam a été fait à son image et à sa ressemblance. Pourquoi donc, digne héritier d'Arius, n'accorder au Christ qu'une prérogative de l'humanité? Pourquoi faire tomber le prince et l'Église dans le piége dressé par ce Satan dont tu es fils? Dieu, Christ, tu réunis ces deux mots: pourquoi abuser d'un nom? ne sais-tu pas que Pharaon a donné à Moïse ce nom de Dieu? Tu dis que le Christ est le Fils et le premier-né de Dieu, ne sais-tu pas qu'Israël est aussi le fils premier-né de Dieu? Oui, dis-tu, le Christ est né avant les temps: ne sais-tu pas que le démon est né aussi avant les temps? Le Christ est semblable au Père! ne sais-tu pas que l'homme aussi est l'image et la ressemblance de Dieu? Mais les attributs véritables du Christ, tu les nies pour le dépouiller en même temps de la divinité et de la substance du Père. Cependant, toi et tes dignes maîtres, vous m'accusez d'hérésie. Eh bien! formule donc, comme tu l'entendras, cette impiété dont je suis coupable, assigne donc un nom à mes blasphèmes. Quant à moi, je déclare antechrist quiconque ne reconnaît pas dans le Fils la même divinité que dans le Père, et qui ne fait entendre dans ses prédications que le Fils est aussi véritablement Dieu que le Père. Si cet attribut de la divinité appartient au Père et au Fils, pourquoi ne l'avoir pas écrit en termes exprès? Si tu ne le crois pas, pourquoi ne l'avoir pas déclaré avec la même franchise?

12. J'aurais voulu, mes chers frères, tenir secret cet odieux mystère et ne pas révéler en détail les blasphèmes d'Arius; mais, puisque cela n'est pas permis, que chacun de vous du moins comprenne bien jusqu'où s'étendent pour lui les limites de cette permission. Un sentiment de pudeur m'empêche d'en dire davantage, et je ne veux pas d'ailleurs souiller ma lettre des impiétés de l'arianisme. Écoutez encore un seul avis: gardez-vous de l'Antechrist! abstenez-vous de toute communication avec l'hérétique. Sous le prétexte de la paix et de la concorde, vous vous rendez à l'église. Vous faites mal de tant aimer

mini ; male sub his pacis nomen ingeritis. Anno ambiguum est, in his Antichristum esse sessurum? Montes mihi, et sylvæ, et lacus, et carceres, et voragines sunt tutiores : in his enim prophetæ, aut manentes, aut demersi, Dei spiritu prophetabant. Absistite itaque ab Auxentio Satanæ angelo, hoste Christi, vastatore perdito, fidei negatore : quam sic est regi professus, ut falleret; sic fefellit, ut blasphemaret. Congreget nunc ille quas volet in me synodos, et hæreticum me, ut sæpe jam fecit, publico titulo proscribat, et quantam volet iram in me potentium moliatur : mihi certe ille nunquam aliud quam diabolus erit, quia arianus est. Neque pax aliquorum unquam optabitur, nisi eorum, qui secundum Patrum nostrorum apud Nicæam tractatum, anathematizatis arianis, Christum Deum verum prædicabunt.

EXEMPLUM BLASPHEMIÆ AUXENTII.

BEATISSIMIS ET GLORIOSISSIMIS IMPERATORIBUS VALENTINIANO ET VALENTI AUGUSTIS, AUXENTIUS EPISCOPUS ECCLESIÆ CATHOLICÆ MEDIOLANENSIUM.

13. « Ego quidem, piissimi imperatores, æstimo non oportere sex-
» centorum episcoporum unitatem post tantos labores ex contentione
» paucorum hominum refricari ab abjectis ante annos decem, sicut
» et scripta manifestant. Sed si aliqui ex plebe, qui nunquam com-
» municaverant, nec his qui ante me fuerunt episcopis, nunc amplius
» excitati ab Hilario et Eusebio, perturbantes quosdam, hæreticum
» me vocaverunt : jussit vero pietas vestra cognoscere de his, viros
» laudabiles, quæstorem et magistrum : et sicut prædixi, nos eos
» personam habere accusatorum aut judicare qui semel depositi sunt
» (dico autem Hilarium et qui ei consentiunt) ; tamen obediens sere-
» nitati vestræ, processi manifestare falsa dicentibus, et blasphemanti-
» tibus et vocantibus me arianum, et quasi non confitentem Chris-
» tum Filium Dei Deum esse. »

14. » Exposui amicis pietatis vestræ meam confessionem, primum
» satisfaciens, quia nunquam scivi Arium, non vidi oculis, non co-
» gnovi ejus doctrinam : sed ex infantia, quemadmodum doctus sum,

les murailles, de respecter l'Église dans les bâtimens. Pouvez-vous douter que l'Antechrist ne doive s'asseoir un jour dans ces mêmes lieux? Il y a plus de sécurité pour moi au sommet des monts, dans la profondeur des forêts, aux bords des lacs, dans l'horreur des cachots et au fond des gouffres. Car c'est là, mes chers frères, que l'esprit de Dieu descendait au cœur des prophètes; c'est là qu'il animait leurs voix. Rompez, rompez tout pacte avec Auxence, l'envoyé de Satan, l'ennemi du Christ, avec cet homme qui porte la désolation dans le sein de l'Église, qui nie la foi, ou dont chaque profession fut un piège, et qui n'a trompé que pour blasphémer. Qu'il rassemble les synodes qu'il voudra; qu'il me proclame hérétique comme il l'a déjà fait; qu'il soulève contre moi la haine et la colère des puissances de la terre; jamais, non, jamais il ne sera que Satan à mes yeux; il est arien!... La paix! je ne la chercherai qu'avec ceux qui, jetant l'anathème avec le concile de Nicée sur les ariens, prêcheront que le Christ est vraiment Dieu.

COPIE DE LA DÉCLARATION D'AUXENCE.

AUX TRÈS-GLORIEUX EMPEREURS VALENTINIEN ET VALENCE AUGUSTES, AUXENCE,
ÉVÊQUE DE L'ÉGLISE CATHOLIQUE DE MILAN.

13. « Il est messéant, selon moi, de souffrir que l'union des évêques,
» fruit pénible de tant d'efforts, soit encore remise en question par des
» hommes qu'a flétris une condamnation, il y a plus de dix ans, ainsi que
» les actes publics en font foi. Mais puisque des personnages obscurs, qui
» n'ont jamais communié avec moi ni avec ceux qui se sont assis avant
» moi sur le trône épiscopal, cédant aux instigations d'Hilaire et d'Eu-
» sèbe, ont porté le trouble dans quelques esprits et m'ont rangé au
» nombre des hérétiques; puisque en même temps votre piété vous a fait
» un devoir de remettre la connaissance de cette affaire aux soins éclairés
» des personnages les plus recommandables, et que vous n'avez pas
» voulu que ceux qui ont encouru la peine de la déposition (c'est Hilaire
» que je veux dire et ses adhérens), portassent la parole contre moi, je
» viens, toujours soumis à vos ordres sacrés, déclarer la vérité à mes
» calomniateurs, à tous ceux qui blasphèment contre moi en m'appelant
» arien et en m'accusant de ne pas confesser que le Fils de Dieu est Dieu.

14. » J'ai ouvert mon cœur à ceux que votre piété honore de son
» amitié, et j'ai d'abord satisfait à la vérité en disant que je n'ai jamais
» connu Arius, que je ne l'ai point vu, et que je suis constamment

» sicut accepi de sanctis Scripturis, credidi, et credo in unum solum
» verum Deum Patrem omnipotentem, invisibilem, impassibilem,
» immortalem : et in Filium ejus unigenitum Dominum nostrum Je-
» sum Christum, ante omnia sæcula et ante omne principium natum
» ex Patre, Deum verum Filium ex vero Deo Patre, secundum quod
» scriptum est in Evangelio : *Hæc est autem vita æterna, ut cognoscant
» te solum verum Deum, et quem misisti Jesum Christum* [1]. Per ipsum
» enim omnia facta sunt, visibilia et invisibilia. Qui descendit de
» cœlis voluntate Patris propter nostram salutem, natus de Spiritu
» sancto et Maria Virgine secundum carnem, sicut scriptum est, et
» crucifixum sub Pontio Pilato, sepultum, tertia die resurrexisse, as-
» cendisse in cœlos, sedere ad dexteram Patris, venturum judicare
» vivos et mortuos. Et in Spiritum sanctum paracletum, quem misit
» Dominus et Deus noster salvator Jesus Christus discipulis, spiritum
» veritatis. Sic credidi, et credo, sicuti et ascendens in cœlos unicus
» Filius Dei tradidit discipulis, dicens, *Euntes docete omnes gentes,
» baptizantes eos in nomine Patris et Filii et Spiritus sancti* [2]. »

15. « Duos autem Deos nunquam prædicavi : nec enim sunt duo
» Patres, ut duo Dii dicantur, nec duo Filii ; sed unus Filius ex uno
» Patre, solus a solo, Deus ex Deo, sicut scriptum est, *Unus Pater
» Deus ex quo omnia, et unus Dominus Jesus Christus per quem omnia* [3] :
» propter quod et unam deitatem prædicamus. Omnes ergo hæreses,
» quæ adversus catholicam fidem veniunt, semper quidem congregati
» episcopi catholici condemnaverunt et anathematizaverunt, specia-
» liter autem convenientes Arimino, et inde condemnavimus. Catho-
» licam autem et Evangeliorum, quam tradiderunt apostoli, hanc fide-
» liter custodivimus. Ut autem pietas vestra verius cognosceret ea,
» quæ gesta sunt in concilio ariminensi, transmisi, et peto ut ea
» libenter legi præcipiatis : sic enim cognoscet serenitas vestra quia
» qui jam dudum depositi sunt, hoc est, Hilarius et Eusebius, con-
» tendunt ubique schismata facere. Quæ enim bene de sanctis Scrip-
» turis catholicæ fidei exposita sunt, pietas vestra pervidet hæc re-
» tractari non oportere. »

[1] Joan. XVII, 3. — [2] Matth. XXVIII, 19. — [3] 1 Cor. VIII, 6.

» resté étranger à sa doctrine ; que j'ai toujours cru et que je crois
» encore, ainsi qu'on me l'a enseigné dès mon enfance et ainsi qu'il
» est écrit dans les livres saints, en un seul vrai Dieu, Père tout-
» puissant, invisible, impassible et immortel ; je crois à son Fils uni-
» que, Jésus-Christ notre Seigneur, qui, avant tous les temps et avant
» tous les siècles, est né du Père, *Dieu vrai Fils du vrai Dieu son*
» *Père*, selon qu'il a été écrit dans l'Évangile : *C'est là la vie éter-*
» *nelle, pour qu'ils connaissent que vous seul êtes Dieu et Jésus-Christ que*
» *vous avez envoyé.* Il a fait toutes choses, visibles et invisibles ; est
» descendu des cieux par la volonté de son Père pour nous sauver ; est
» né du Saint-Esprit et de la vierge Marie selon la chair, comme il a
» été écrit ; a été crucifié sous Ponce-Pilate, a été enseveli, est ressus-
» cité le troisième jour, est monté aux cieux, où il est assis à la droite
» du Père, d'où il viendra juger les vivans et les morts ; je crois au
» Saint-Esprit que notre Dieu Sauveur Jésus-Christ a envoyé à ses dis-
» ciples, comme l'esprit de vérité. J'ai cru et je crois aux paroles que
» le Fils unique de Dieu, en montant au ciel, adressa à ses apôtres :
» Allez et enseignez les nations, baptisez-les au nom du Père, du Fils
» et du Saint-Esprit.

15. » Je n'ai jamais prêché deux Dieux ; car il n'y a pas deux Pères,
» il n'y a donc ni deux Dieux ni deux Fils ; mais il y a un seul fils d'un
» seul Père, seul venant d'un seul, Dieu de Dieu, selon l'Écriture :
» un seul Dieu Père créateur, et un seul Seigneur Jésus-Christ par qui
» tout a été fait. C'est pourquoi nous prêchons une seule divinité.
» Aussi toutes les hérésies qui se sont élevées contre la foi catholi-
» que ont toujours été condamnées, anathématisées par les évêques
» catholiques, et principalement au concile de Rimini, comme je les
» ai condamnées moi-même. J'ai gardé fidèlement la foi des Évan-
» giles que nous avons reçue des apôtres. Mais, désirant vous faire
» connaître encore mieux ce qui s'est passé dans le concile de Rimini,
» je vous en ai fait remettre le détail, et je vous supplie de vouloir en
» ordonner la lecture. Vous y verrez que ceux qui ont été déposés
» depuis long-temps, Hilaire et Eusèbe, s'efforcent d'établir partout
» le schisme, et qu'il ne faut rétracter en aucun point les déclarations
» qui ont été faites. »

SANCTI HILARII,

PICTAVIENSIS EPISCOPI,

EPISTOLA

(CIRCA FINEM ANNI 358 MISSA)

AD ABRAM FILIAM SUAM.

DILECTISSIMÆ FILIÆ ABRÆ HILARIUS IN DOMINO SALUTEM.

1. Accepi litteras tuas, in quibus intelligo desiderantem te mei esse; et certum ita habeo. Sentio enim quantum præsentia horum qui amantur optabilis sit. Et quia gravem tibi esse absentiam meam scirem, ne me forte impium esse erga te existimares, qui tam diu a te abessem : excusare tibi et profectionem meam et moras volui, ut intelligeres me non impie tibi, sed utiliter deesse. Namque cum te, Filia, ut unicam, ita, quantum a me est, et unanimem habeam; vellem te pulcherrimam omnium et sanissimam vivere.

2. Nuntiatum ergo mihi est, esse quemdam juvenem, habentem margaritam et vestem inæstimabilis pretii, quam si quis ab eo posset mereri, super humanas divitias et salutem et dives et salvus fieret. Ad hunc his auditis profectus sum : ad quem cum per multas et longas et difficiles vias venissem, videns eum statim procidi. Adest enim tam pulcher juvenis, ut ante conspectum ejus nemo audeat consistere. Qui ubi me procidisse vidit, interrogari me jussit quid vellem, et quid rogarem : et ego respondi, audisse me de veste sua et margarita, et ob id venisse, et si eam mihi dignaretur præstare, esse mihi filiam, quam vehementer diligerem, cui hanc vestem atque margaritam quærerem. Et inter hæc prostratus in faciem fleo plurimum, et noctibus ac diebus ingemiscens, rogo uti audire dignaretur precem meam.

LETTRE
DE SAINT HILAIRE,
ÉVÊQUE DE POITIERS,
ADRESSÉE A SA FILLE ABRA.
(ENVIRON L'AN 358.)

HILAIRE A SA TRÈS-CHÈRE FILLE ABRA, SALUT EN JÉSUS-CHRIST.

1. J'ai reçu ta lettre, ma chère fille, et j'y vois que tu soupires après mon retour; mon cœur n'en saurait douter. Je sens, en effet, combien est désirable la présence de ceux qu'on aime. Mais comme je n'ignorais pas que notre séparation t'afflige, j'ai voulu, dans la crainte que cette absence si prolongée ne m'exposât au reproche de manquer de tendresse, j'ai voulu, en justifiant dans ton esprit et mon départ et mon absence, que tu comprisses bien que c'est le tendre intérêt que tu m'inspires, et non l'oubli des plus doux sentimens, qui me retient loin de toi. Car, puisque mes affections ne peuvent pas plus se partager que nos cœurs ne pas se confondre dans les mêmes pensées, je voudrais que tu fusses en même temps et la plus belle et la plus pure.

2. J'avais appris qu'un jeune homme possède une perle et un vêtement d'un prix si inestimable que la personne assez heureuse pour l'obtenir de sa bonté verrait bientôt toutes les richesses du monde, tous les trésors de salut sur la terre s'effacer à l'éclat de ceux dont elle s'enrichirait par là. Je suis donc parti pour aller auprès de lui; arrivé enfin par des chemins aussi longs que difficiles, je me suis jeté à ses pieds : car ce jeune homme est si beau que nul n'oserait se tenir debout devant sa face. Dès qu'il me vit dans cette humble attitude : Que me veux-tu, dit-il, et qu'attends-tu de moi? Mille bouches, lui ai-je répondu, m'ont entretenu de la perle et du vêtement qui sont entre vos mains, et, si vous daignez ne pas repousser mes vœux, c'est pour en orner ma fille chérie, que je suis venu devant vous... La face prosternée contre terre, je verse des torrens de larmes, nuit et jour je gémis, je soupire et le supplie d'exaucer ma prière.

3. Post quæ, quia bonus est juvenis et melius illo nihil est, ait mihi: Nosti hanc vestem atque hanc margaritam, quam a me lacrymis rogas uti eam Filiæ tuæ concedam? Et ego respondi illi, Domine auditu cognovi de ipsis, et fide credidi : et scio quia optimæ sunt, et salus vera est hac veste uti, et hac margarita ornari. Et statim ministris suis præcepit, ut mihi et vestem hanc et margaritam ostenderent : et confestim ita fit. Ac vestem primo vidi : vidi filia, vidi quod eloqui non possum. Numquid non sericum secundum subtilitatem ejus sartum erat? Numquid candori ejus nives comparatæ non nigrescebant? Numquid aurum juxta fulgorem ejus non lividatur? Ipsa enim multicolor, et nihil prorsus comparatum ei poterat æquari. Postquam vidi margaritam : qua visa statim concidi. Non enim potuerunt oculi mei sustinere tantum ejus colorem. Nam nec cœli, nec maris, nec terræ species pulchritudini ejus poterat comparari.

4. Et cum prostratus jacerem, ait mihi quidam de assistentibus : Video te sollicitum et bonum patrem esse, et hanc vestem atque hanc margaritam ad filiam tuam desiderare : sed ut magis desideres, ostendo tibi quid adhuc hæc vestis atque margarita boni habeat. Vestis hæc nunquam tineis comeditur, non usu atteritur, non sorde inficitur, non vi scinditur, non damno amittitur : sed semper talis qualis est permanet. Margaritæ vero hæc virtus est, ut si quis eam induerit, non ægrotet, non senescat, non moriatur. Nihil omnino in se habet, quod sit noxium corpori : sed utenti ea nihil accidit, quod aut mortem afferat, aut ætatem demutet, aut impediat sanitatem. Quod ubi audivi, Filia, exanimari magis desiderio margaritæ et vestis istius cœpi : et sicut prostratus jacebam, indeficienti fletu et intenta oratione juvenem precari cœpi : dicens, Domine sancte, miserere preci meæ, et miserere sollicitudini et vitæ meæ. Si enim hanc vestem mihi et margaritam non concedis, miser futurus sum, filiamque meam viventem perditurus : ego propter hanc vestem et margaritam peregrinari volo. Scis Domine, quia tibi non mentior.

5. Postquam vocem meam audivit, jubet me levare ; et ait mihi : Moverunt me preces et lacrymæ tuæ, et bene est quod hoc credidisti.

3. Connais-tu, me dit-il ensuite (car qui pourrait égaler ce jeune homme en bonté?) connais-tu le vêtement et la perle que tu me pries en pleurant d'accorder à ta fille? Seigneur, lui dis-je, les hommes m'ont instruit de leurs merveilles, et j'ai eu foi en leurs paroles; j'en connais toute l'excellence, et je sais que le salut est assuré à quiconque revêt cet habit et se pare de cette perle. Soudain il ordonna à ses serviteurs de me montrer ce vêtement et cette perle. Ils obéissent. Je vis d'abord le vêtement; je vis, ma fille, je vis ce que je ne peux exprimer. Car, auprès de ce vêtement, le réseau le plus fin d'un léger tissu de soie est-il autre chose qu'une grossière étoffe? Quelle neige ne paraîtrait noire, comparée à sa blancheur? Quel or ne pâlirait aux feux dont elle rayonne? Mille couleurs l'enrichissent, et rien ne saurait l'égaler. Mais à la vue de la perle, ô ma fille, j'abaissai mon front dans la poussière, car mes yeux ne purent soutenir la vivacité des couleurs qu'elle reflète. Non, ni les cieux, ni la mer, ni la terre, dans toute la splendeur de leur magnificence, ne sauraient en approcher.

4. Comme je restais prosterné, un de ceux qui étaient là me dit: Je vois l'inquiétude qui tourmente ton cœur paternel, et que tu désires pour ta fille ce vêtement et cette perle; mais, pour irriter encore davantage l'ardeur de ce désir, je vais t'ouvrir tous les trésors qui y sont renfermés. Le vêtement brave la dent des vers rongeurs, le temps ne saurait en altérer le tissu, nulle souillure n'en corromprait la pureté; il ne peut ni se déchirer ni se perdre; il reste toujours le même. Quelle n'est pas la vertu de la perle! L'heureux possesseur n'a à craindre ni les maladies ni la vieillesse; il n'est point tributaire de la mort; il n'y a plus rien en lui qui puisse troubler l'harmonie de ses organes, rien qui le tue, rien qui précipite le cours de ses années, rien qui altère sa santé. A ces mots, ô ma fille, un désir plus violent s'est allumé dans mon sein; je ne relevai point mon front incliné; mes larmes ne cessèrent de couler, la prière de jaillir de mes lèvres, et je disais: Prenez en pitié les vœux, les inquiétudes et la vie d'un père. Si vous me refusez le vêtement et la perle, mon malheur est certain, et je perdrai ma fille encore toute vivante. Oh! pour lui obtenir ce vêtement et cette perle, je me condamne à voyager aux terres étrangères, et vous savez, Seigneur, que je ne mens pas.

5. Après qu'il m'eut entendu parler ainsi: Relève-toi, me dit-il; tes prières et tes larmes m'ont touché; tu es heureux d'avoir cru. Et puisque tu ne crains pas, ainsi que tu l'as dit, de sacrifier ta vie à

Et quia dixisti, te pro hac margarita ipsam vitam tuam velle impendere, non possum eam tibi negare; sed scire debes propositum et voluntatem meam. Vestis, quam ego dedero, talis est, ut si quis voluerit veste alia colorata et serica et aurata uti, vestem meam capere non possit. Sed illi dabo eam, quæ contenta sit, non serico habitu, sed nativis coloribus et insumptuoso textu vestiri: ita ut propter consuetudinem, purpuram perangustam vestis habeat: non etiam purpura ipsa diffundatur in vestem. Margarita vero, quam a me petis, naturæ ejus est, ut habere eam nemo possit, qui margaritam aliam habuerit: quia aliæ margaritæ aut de terra, aut de mari sunt; mea autem, ut ipse tu vides, speciosa et pretiosa est, incomparabilis et cœlestis est, nec dignatur ibi esse ubi aliæ sunt. Non enim rebus meis convenit cum rebus hominis: quia qui veste mea et margarita utitur, in æternum sanus est; non febre exardescit, non vulneri patet, non annis demutatur, non morte dissolvitur; æqualis enim semper et æternus est. Ego tamen hanc vestem et hanc margaritam meam petenti tibi dabo, ut eam filiæ tuæ perferas. Sed prius scire debes, quid velit filia tua. Si se hujus vestis et margaritæ meæ dignam faciat, id est, si vestes sericas et auratas et infectas habere noluerit, si omnem margaritam alteram oderit, tunc hæc quæ me rogas tibi præstabo.

6. Post quam vocem, Filia, lætus exsurgo, et secretum hoc habens, hanc ad te epistolam feci: rogans te per multas lacrymas meas, ut te huic vesti et margaritæ reserves, neque miserum senem tali damno tuo facias, si hanc margaritam non habueris. Testor autem tibi, Filia, Deum cœli et terræ, quia nihil hac veste atque hac margarita pretiosius est; et tui juris est, ut hanc habeas. Tu modo, si quando tibi vestis alia afferatur, vel serica, vel infecta, vel deaurata, dicito ei qui tibi offert: Ego vestem alteram exspecto, propter quam Pater meus a me tam diu peregrinatur, quam mihi quærit, quam non possum habere si hanc habuero. Sufficit mihi lana ovis meæ, sufficit mihi color quem natura attulit, sufficit mihi textus insumptuosus: cæterum vestem illam desidero, quæ dicitur non absumi, non atteri, non scindi. At vero si tibi margarita offeratur aut suspendenda collo, aut

l'acquisition de cette perle, je ne puis te la refuser; mais il convient auparavant que tu connaisses mes conditions et ma volonté. Le vêtement que tu recevras de moi est d'une telle nature qu'il ne faut pas espérer de s'en revêtir jamais, si l'on veut se couvrir d'un autre habit où l'or et la soie mêlent leurs éclatans reflets. Je le donnerai à quiconque, dédaignant un vain luxe, se contentera d'un vêtement simple, sur lequel, si, par respect pour la coutume, la pourpre doit se montrer, elle se resserre du moins en bandes étroites et n'étale pas tout son ambitieux éclat. Quant à la perle, elle n'appartiendra qu'à celui qui, à l'avance, aura renoncé aux autres perles; car celles-ci ne sont que les produits ou de la mer ou de la terre; la mienne, au contraire, comme tu le vois, est belle, précieuse, incomparable, toute céleste, et elle rougirait de se trouver en compagnie des autres perles: il y a divorce entre les choses de la terre et les choses du ciel. Avec mon vêtement et ma perle, l'homme est à jamais garanti de toute corruption; pour lui point de fièvre brûlante; point de blessures, point de changement opéré par les années, point de dissolution par la mort; permanence et éternité, voilà son partage. Toutefois ce vêtement et cette perle que tu me demandes, je te les donnerai, et tu les porteras à ta fille; mais il faut avant tout que tu connaisses ce qu'il y a au fond de sa pensée. Si elle se rend digne de ces riches présens, je veux dire si elle foule au pieds les vêtemens de soie chamarrés d'or et empreints de couleurs variées; si toute autre perle lui est odieuse, alors je mettrai le comble à tes vœux.

6. A peine a-t-il fini de parler que je me relève plein de joie, et, m'imposant envers les autres la loi d'une discrétion sévère, je me suis empressé de t'écrire, en te conjurant par les larmes qui baignent mon visage de te réserver, ô ma fille, pour ce vêtement et pour cette perle, et de ne pas condamner, en les perdant par ta faute, ma vieillesse au malheur. J'en prends à témoin le Dieu du ciel et de la terre, il n'y a rien de plus précieux que ce vêtement et que cette perle; ma fille, si tu le veux, ils sont à toi. A ceux qui te présenteront un autre vêtement de soie ou d'or réponds seulement : J'en attends un que depuis bien long-temps mon père est allé chercher en des pays lointains, et dont me priverait celui que vous m'offrez. C'est assez pour moi de la laine de nos brebis, assez des couleurs naturelles, assez d'un modeste tissu. Contre celui que je désire, le temps, m'a-t-on dit, un long usage et la force sont impuissans. Que si l'on veut suspendre une perle à ton cou ou la placer à ton doigt, réponds encore : A quoi bon

digito coaptanda, dices ita : Non mihi impedimento sint istæ inutiles et sordidæ margaritæ : sed exspecto illam pretiosissimam, pulcherrimam et utilissimam. Credo Patri meo, quia et ille ei, qui hanc spopondit sibi, credidit, propter quam mihi significavit se etiam mori velle : hanc exspecto, hanc desidero, quæ mihi præstabit salutem et æternitatem.

7. Ergo, Filia, subveni sollicitudini meæ, et hanc epistolam meam semper lege, et huic vesti et margaritæ te reserva. Et ipsa tu mihi, nullum interrogans, quibuslibet potes litteris rescribe, utrum vesti huic et margaritæ te reserves, ut sciam quid juveni illi respondeam : et ut si ullam desideras, si expectas, lætus possim ad te reditum cogitare. Cum autem mihi rescripseris, tunc tibi et ego quis sit hic juvenis, et qualis sit, et quid velit, et quid promittat, et quid possit, indicabo. Interim tibi hymnum matutinum et serotinum misi, ut memor mei semper sis. Tu vero si minus per ætatem hymnum et epistolam intellexeris, interroga matrem tuam, quæ optat ut te moribus suis genuerit Deo. Deus qui te genuit, hic et in æternum custodiat, opto, Filia desideratissima !

ces perles inutiles et grossières? Celle que j'attends est la plus précieuse, la plus belle et la plus utile; j'ai foi dans la parole de l'auteur de mes jours, qui a eu foi à son tour dans la parole de celui qui lui a promis cette perle pour laquelle mon père lui-même m'a déclaré qu'il voulait mourir. Je l'attends, je la désire; elle me donnera tout à la fois salut et éternité.

7. Viens donc en aide à mon anxiété, ô ma fille chérie; relis sans cesse ma lettre et réserve-toi pour ce vêtement et pour cette perle; et, ne t'inspirant que de toi seule, réponds-moi, quel que soit ton style, réponds-moi, afin que je sache ce que je devrai répondre à ce jeune homme, et que je puisse enfin penser à mon retour auprès de toi. Quand tu m'auras répondu, je te ferai connaître quel est ce jeune homme; tu sauras alors ce qu'il veut, ce qu'il promet et tout ce qu'il peut. En attendant, je t'envoie un hymne qu'en souvenir de moi tu chanteras le matin, quand le soleil sort de sa couche et quand il y rentre le soir. Si cependant la faiblesse de ton âge te refuse l'intelligence de l'hymne et de ma lettre, consulte ta mère qui, dans sa piété, ne souhaite t'avoir donné le jour que pour Dieu. Puisse aussi ce Dieu à qui tu dois la vie te garder à jamais, ô ma fille bien-aimée!

SANCTI HILARII,

PICTAVIENSIS EPISCOPI,

HYMNUS FILIÆ SUÆ ABRÆ MISSUS.

Lucis largitor splendide,
Cujus sereno lumine,
Post lapsa noctis tempora,
Dies refusus panditur;

Tu verus mundi Lucifer,
Non is qui parvi sideris,
Venturæ lucis nuntius,
Angusto fulget lumine;

Sed toto sole clarior,
Lux ipse totus et dies,
Interna nostri pectoris
Illuminans præcordia;

Adesto, rerum conditor,
Paternæ lucis gloria,
Cujus admota gratia,
Nostra patescunt corpora;

Tuoque plena spiritu,
Secum Deum gestantia :
Ne rapientis perfidi,
Diris patescant fraudibus.

Ut inter actus sæculi,
Vitæ quos usus exigit,
Omni carentes crimine,
Tuis vivamus legibus.

HYMNE
DE SAINT HILAIRE,
ÉVÊQUE DE POITIERS,
A SA FILLE ABRA.

Brillant dispensateur de la lumière, toi dont l'éclat si pur ouvre les portes du jour, quand la nuit a replié ses voiles;

Toi, le véritable flambeau du monde, et qui n'as rien de commun avec ce pâle messager qui laisse à peine une trace empreinte dans les champs du ciel;

Astre plus brillant que le soleil, astre dont les rayons illuminent l'intérieur de nos ames;

O roi de la terre et des cieux, gloire immortelle de ton père, viens allumer tes flammes dans nos cœurs et y verser les trésors de ta grâce.

Remplis de ton esprit, temples vivans du Seigneur, nous braverons les ruses, les piéges et les mensonges d'un perfide ennemi.

Purs et sans tache, nous vivrons sous l'empire de tes saintes lois; et notre nacelle, sans craindre l'orage, flottera portée sur les eaux du siècle.

Probrosas mentis castitas
Carnis vincat libidines,
Sanctumq e puri corporis,
Delubrum servet Spiritus.

Hæc spes precantis animæ,
Hæc sunt votiva munera,
Ut matutina nobis sit
Dux in noctis custodia.

Gloria tibi, Domine,
Gloria Unigenito,
Cum Spiritu Paracleto,
Nunc et per omne sæculum. Amen.

Puisse la chasteté de nos cœurs triompher des passions honteuses de la chair! puisse l'Esprit saint écarter les souillures loin du sanctuaire où tu as daigné descendre!

Voilà nos vœux et nos prières; voilà notre espérance; fais que sa douce étoile, levée sur nous quand le jour commence sa carrière, nous guide jusque dans la nuit.

Gloire à toi, Seigneur; gloire à ton Fils unique; gloire au Saint-Esprit, aujourd'hui et dans tous les siècles. Ainsi soit-il.

SANCTI HILARII,

PICTAVIENSIS EPISCOPI,

DE TRINITATE.

LIBER PRIMUS.

1. Circumspicienti mihi proprium humanæ vitæ ac religiosum officium, quod vel a natura manans, vel a prudentum studiis profectum, dignum aliquid hoc concesso sibi ad intelligentiam divino munere obtineret, multa quidem aderant, quæ opinione communi efficere utilem atque optandam vitam videbantur, maximeque ea, quæ et nunc et semper antea potissima inter mortales habentur; otium simul atque opulentia, quod aliud sine altero mali potius materies; quam boni esset occasio; quia et quies inops prope quoddam vitæ ipsius intelligatur esse exsilium, et opulens inquietudo tanto plus calamitatis afferat, quanto majori indignitate his caretur, quæ maxime et optata et quæsita sunt ad utendum. Atque hæc quidem quanquam in se summa atque optima vitæ blandimenta contineant, tamen non multum videntur a consuetudine esse belluinæ oblectationis aliena: quibus in saltuosa loca ac maxime pabulis læta evagantibus, adsit et securitas a labore, et satietas ex pascuis. Nam si hic optimus et absolutissimus vitæ humanæ usus existimabitur, quiescere et abundare; necesse est hunc eumdem, secundum sui cujusque generis sensum, nobis atque universis rationis expertibus belluis esse communem: quibus omnibus, natura ipsa in summa rerum copia et securitate famulante, sine cura habendi copia redundat utendi.

2. Ac mihi plerique mortalium non ob aliam quidem causam hanc ineptæ ac belluinæ vitæ consuetudinem et respuisse a se, et coarguisse in aliis videntur, quam quod, natura ipsa auctore impulsi, indignum hominesse existimaverunt, in officium se ventris tantum et

SAINT HILAIRE,

ÉVÊQUE DE POITIERS,

DE LA TRINITÉ.

―――

LIVRE PREMIER.

1. En examinant comment il est possible que, soit en restant dans les conditions de sa propre nature, soit en s'abandonnant aux inspirations de la sagesse humaine, l'homme religieux se montre digne par ses actes du don précieux que le ciel a daigné lui accorder en permettant à sa faiblesse de puiser aux trésors de l'intelligence, j'ai remarqué que parmi les causes qui, selon l'opinion commune, concourent à rendre la vie heureuse et douce, il y en a deux que, dans tous les temps, elle a mises et qu'elle met encore aujourd'hui au premier rang, le loisir et la richesse, qui l'un sans l'autre, seraient plutôt une source de mal que de bien. En effet, le loisir avec l'indigence, c'est une sorte d'exil dans la vie ; les soins inquiétans de l'avenir avec la richesse sont d'autant plus amers que le cœur est plus sensible à la privation de ce qui fait le principal objet de ses vœux. Toutefois, bien que ce soient là les deux plus grands charmes de l'existence, il me semble qu'il n'y a rien qui nous abaisse plus au niveau des bêtes, puisque celles-ci, en s'égarant en paix sous l'ombre des bois et au sein de gras pâturages, jouissent tout à la fois d'une oisive sécurité et de l'abondance. Mais si l'abondance et le repos font le bonheur de la vie, ce bonheur, nous le partageons nécessairement, sauf la différence des espèces, avec les êtres que n'éclaire pas le flambeau de la raison, et auxquels la nature, mère vigilante et attentive, prodigue tout ce que leurs besoins réclament, en leur épargnant les ennuis d'une pénible recherche.

2. Si la plupart des hommes ont repoussé loin d'eux avec dédain un genre de vie aussi déraisonnable et qui les rapproche de la bête, s'ils l'ont sévèrement blâmé dans les autres, c'est que, suivant les impulsions de leur divin auteur, ils ont pensé, selon moi, qu'il est

inertiæ natos arbitrari; et in hanc vitam non ob aliqua præclari facinoris aut bonæ artis studia esse deductos, aut hanc ipsam vitam non ad aliquem profectum esse æternitatis indultam (quam profecto non ambigeretur munus Dei non esse reputandum, cum tantis afflictata angoribus, et tot molestiis impedita, sese ipsa atque intra se a pueritiæ ignoratione usque ad senectutis deliramenta consumeret): et idcirco ad aliquas se patientiæ et continentiæ et placabilitatis virtutes et doctrina et opere transtulisse, quod bene agere atque intelligere, id demum bene vivere esse opinabantur: vitam autem non ad mortem tantum ab immortali Deo tribui existimandam; cum boni largitoris non esse intelligeretur, vivendi jucundissimum sensum ad tristissimum metum tribuisse moriendi.

3. Et quanquam non ineptam hanc eorum esse sententiam atque inutilem existimarem, conscientiam ab omni culpa liberam conservare, et omnes humanæ vitæ molestias vel providere prudenter, vel vitare consulto, vel ferre patienter: tamen hi ipsi non satis mihi idonei ad bene beateque vivendum auctores videbantur, communia tantum et convenientia humano sensui doctrinarum præcepta statuentes: quæ cum non intelligere belluinum esset, intellecta tamen non agere, ultra belluinæ immanitatis esse rabiem videretur. Festinabat autem animus, non hæc tantummodo agere, quæ non egisse, et criminum esset plenum, et dolorum: sed hunc tanti muneris Deum parentemque cognoscere, cui se totum ipse deberet, cui famulans nobilitandum se existimabat, ad quem omnem spei suæ opinionem referret, in cujus bonitate inter tantas præsentium negotiorum calamitates, tanquam tutissimo sibi portu familiarique requiesceret: Ad hunc igitur vel intelligendum, vel cognoscendum, studio flagrantissimo animus accendebatur.

4. Namque plures eorum numerosas incertorum deorum familias introducebant: et virilem ac muliebrem sexum in divinis naturis agere existimantes, ortus ac successiones ex diis deorum asserebant. Alii majores ac minores et differentes pro potestate deos prædica-

indigne d'un homme de croire qu'il n'a été créé que pour satisfaire, esclave soumis à son ventre et à la paresse, ses appétits sensuels; qu'il n'est pas né pour s'illustrer par de belles actions ou par ses talens; ou bien encore que le bienfait de la vie ne lui impose pas l'obligation de travailler pour l'éternité. Et pourtant il n'est pas douteux que la vie ne serait pas regardée comme un présent du ciel, si, toujours placée sous le coup de la douleur, toujours agitée par les plus rudes traverses, elle s'épuisait péniblement en se traînant de l'enfance ignorante à la vieillesse en délire. Voilà pourquoi, éclairés par la science et capables de généreux efforts, ils se sont exercés à la patience, à la continence, à la douceur, parce que bien vivre, c'était, à leurs yeux, bien faire et cultiver son intelligence; parce qu'il leur semblait encore, que ce n'était pas en considération seulement de la mort qu'un Dieu immortel leur avait donné la vie, puisqu'il leur était démontré qu'il ne convenait pas que l'auteur de tout bien ne mît en eux le sentiment si doux de l'existence qu'au prix de la sombre crainte de la mort.

3. Tout en reconnaissant la sagesse de cette conduite, et tout ce qu'ils gagnaient à se conserver purs, à prévoir avec prudence, à éviter avec adresse, à supporter avec courage les adversités de la vie, il me semblait néanmoins qu'en ne fondant leur enseignement moral que sur l'humanité, ils ne nous offraient pas des moyens assez certains d'arriver à la vertu et au bonheur, car avec cette opinion bien arrêtée dans leur esprit, qu'on se met au rang des bêtes en fermant ses yeux aux clartés de l'intelligence, ils ne sentaient pas que ne pas faire ce qu'elle nous révèle, c'est surpasser les animaux eux-mêmes en brutalité. Je m'appliquais donc avec un zèle empressé à connaître Dieu, l'auteur de la vie, auquel je me devais tout entier, Dieu qu'il m'était doux de servir, et dans la bonté duquel, en y rapportant toutes mes espérances, je me reposais au milieu des écueils dont cette vie est semée, comme dans le port le plus sûr. Ainsi mon cœur était embrasé du désir ardent de le comprendre et de soulever le voile qui le dérobait à mes regards.

4. Or la plupart de ces sages admettaient de nombreuses classes de dieux, dont il leur était difficile de déterminer l'origine; mais, persuadés qu'il existait parmi ces divinités une distinction de sexes, ils leur assignaient un ordre de naissance et de succession. A les entendre, il y avait de grands et de petits dieux, selon le degré de puissance

bant. Nonnulli nullum omnino Deum esse affirmantes, eam tantum, quæ fortuitis motibus atque concursibus in aliquid existeret, naturam venerabantur. Plerique vero Deum quidem esse opinione publica loquebantur, sed hunc eumdem incuriosum rerum humanarum ac negligentem pronuntiabant. Aliqui autem ipsas illas creaturarum corporeas conspicabilesque formas in elementis terrenis et cœlestibus adorabant. Postremo quidam in simulacris hominum, pecudum, ferarum, volucrum, serpentum, deos suos collocabant, et universitatis Dominum atque infinitatis parentem intra angustias metallorum et lapidum et stipitum coarctabant. Dignumque jam non erat. auctores eos veritatis existere, qui ridicula et fœda et irreligiosa sectantes, ipsis illis inanissimarum sententiarum suarum opinionibus dissiderent. Sed inter hæc animus sollicitus, utili ac necessaria ad cognitionem Domini sui via nitens, cum neque incuriam Deo rerum a se conditarum dignam esse arbitraretur, neque naturæ potenti atque incorruptæ competere sexus deorum, et successiones satorum atque ortorum intelligeret : porro autem divinum et æternum nihil nisi unum esse et indifferens pro certo habebat, quia id quod sibi ad id quod esset auctor esset, nihil necesse est extra se quod sui esset præstantius reliquisset : atque ita omnipotentiam æternitatemque non nisi penes unum esse ; quia neque in omnipotentia validius infirmiusque, neque in æternitate posterius anteriusve congrueret ; in Deo autem nihil nisi æternum potensque esse venerandum.

5. Hæc igitur, multaque alia ejusmodi cum animo reputans, incidi in eos libros, quos a Moyse atque a prophetis scriptos esse Hebræorum religio tradebat : in quibus ipso creatore Deo testante de se, hæc ita continebantur : « Ego sum qui sum : » et rursum : « Hæc dices filiis Israel; Misit me ad vos is qui est[1]. » Admiratus sum plane tam absolutam de Deo significationem, quæ naturæ divinæ incomprehensibilem cognitionem aptissimo ad intelligentiam humanam sermone loqueretur. Non enim aliud proprium magis Deo, quam esse, intelligitur; quia id ipsum quod est, neque desinentis est aliquando,

[1] Exod. III, 14.

dont ils étaient revêtus. Quelques-uns même, affirmant qu'il n'y a point de Dieu, ne rendaient hommage qu'à cette nature, fille du mouvement et du concours de circonstances fortuites. Le plus grand nombre, il est vrai, partageant en cela l'opinion publique, proclamait un Dieu, mais un Dieu qui, sans s'inquiéter des choses de la terre, laissait aller le monde à son gré. D'autres encore voyaient des dieux dans les formes corporelles des créatures, et qui tombaient sous leur sens, parmi les élémens de la terre et du ciel. D'autres enfin adoraient des statues faites à l'image d'hommes, d'animaux, d'oiseaux, de serpens, et renfermaient dans les bornes étroites d'un morceau de métal, de pierre ou de bois, le maître de l'univers et l'Être infini. Ce n'était donc pas à cette école que s'enseignait la vérité ; tant d'honneur n'appartenait point à ceux dont le culte ridicule, honteux et impie, était comme une arène où luttaient les opinions insensées qui divisaient leurs esprits. Au milieu de ces perplexités, en cherchant la voie qui devait nécessairement me conduire à la connaissance de mon Dieu, convaincu d'ailleurs que cet abandon des œuvres sorties de ses mains était indigne de Dieu, que l'idée d'une nature puissante et incorruptible excluait celle de la distinction des sexes, et qu'il ne pouvait y avoir ni ordre de succession, ni parenté, ni famille de dieux, je tenais pour constant qu'il n'y a de divin et d'éternel que ce qui est un et immuable, parce qu'il n'est pas nécessaire que celui qui ne doit son être qu'à lui-même, qui est son propre auteur, eût fait sortir de son sein un autre être qui lui fût supérieur, et qu'ainsi la toute-puissance et l'éternité sont le partage d'un seul, parce que la toute-puissance n'est susceptible ni de plus ni de moins, et que l'éternité n'admet ni postériorité ni antériorité, mais qu'en Dieu il n'y a rien que d'éternel et de tout-puissant.

5. Je faisais ces réflexions et beaucoup d'autres encore, lorsque les livres écrits, ainsi que l'enseigne la religion des Hébreux, par Moïse et par les prophètes me tombèrent entre les mains, et j'y lus ces paroles que Dieu prononce en parlant de lui-même : « Je suis celui qui » est ; » et ensuite : « Voici ce que vous direz aux enfans d'Israël : celui » qui est m'a envoyé vers vous. » Je fus frappé de cette définition si parfaite de Dieu, qui, exprimée dans un langage tout-à-fait approprié à l'intelligence de l'homme, lui révèle la connaissance jusqu'alors incompréhensible de la nature divine. En effet, il n'y a point d'attribut qui convienne mieux à Dieu que l'être, parce que ce qui est ne peut s'entendre ni de ce qui finira un jour, ni de ce qui a commencé. Mais

neque cœpti : sed id, quod cum incorruptæ beatitudinis potestate perpetuum est, non potuit aut poterit aliquando non esse ; quia divinum omne neque abolitioni, neque exordio obnoxium est. Et cum in nullo a se Dei desit æternitas ; digne hoc solum, quod esset, ad protestationem incorruptæ suæ æternitatis ostendit.

6. Et ad hanc quidem infinitatis significationem satis fecisse sermo dicentis, « Ego sum qui sum, » videbatur : sed magnificentiæ et virtutis suæ erat a nobis opus intelligendum. Namque cum esse ei proprium esset, qui manens semper non etiam aliquando cœpisset ; æterni et incorrupti Dei dignus de se hic rursum auditus est sermo : « Qui » tenet cœlum palma, et terram pugillo : » et rursum : « Cœlum mihi » thronus est, terra autem scabellum pedum meorum. Quam domum » mihi ædificabitis, aut quis locus erit requietionis meæ ? Nonne ma- » nus mea fecit hæc¹? » Universitas cœli palma Dei tenetur, et universitas terræ pugillo concluditur. Sermo autem Dei, etiamsi ad opinionem religiosæ intelligentiæ proficit, plus tamen significationis introspectus sensu continet, quam exceptus auditu. Nam conclusum palma cœlum rursum Deo thronus est ; et terra, quæ pugillo continetur eadem et scabellum pedum ejus est : ne in throno et scabello, secundum habitum considentis, protensio speciei corporeæ posset intelligi, cum id, quod sibi thronus et scabellum est, rursum ipsa illa infinitas potens palma ac pugillo apprehendente concluderet ; sed ut in his cunctis originibus creaturarum Deus intra extraque, at supereminens et internus, id est, circumfusus et infusus in omnia nosceretur, cum et palma pugillusque continens potestatem naturæ exterioris ostenderet ; ac thronus et scabellum substrata esse ut interno exteriora monstraret, cum exteriora sua interior insidens, ipse rursum exterior interna concluderet ; atque ita totus ipse intra extraque se (cuncta) continens, neque infinitus abesset a cunctis, neque cuncta ei qui infinitus est non inessent. His igitur religiosissimis de Deo opinionibus veri studio detentus animus delectabatur. Neque enim aliud quid dignum esse Deo arbitrabatur, quam ita eum ultra intelligentias rerum esse, ut in quantum se ad aliquem præsumptæ licet opinionis modum mens infinita protenderet, in tantum omnem persequentis se naturæ infinita-

¹ Isai. XL, 12 ; LXVI, 1 et 2.

ce qui est éternel et ce qui jouit d'une béatitude inaltérable n'a pu et ne pourra jamais ne pas être, parce que ce qui est d'essence divine ne connaît ni commencement ni fin ; or, comme l'éternité s'attache invinciblement à tout ce qui est de Dieu, il a besoin seulement de montrer qu'il est, pour protester de son éternité incorruptible.

6. Ces mots : « Je suis celui qui est, » me semblaient prouver assez l'infinité de Dieu ; mais il me fallait encore l'intelligence des œuvres de sa magnificence et de sa force. Or l'existence étant l'attribut essentiel de l'être éternel qui n'avait pas eu de commencement, voilà qu'une nouvelle parole du Dieu incorruptible vint encore frapper mon esprit : « Qui tient le ciel dans sa main étendue, et la terre dans sa main » fermée ; » et cette autre : « Le ciel est mon trône, et la terre est mon » marche-pied. Quelle maison me bâtirez-vous, ou quel sera le lieu de » mon repos ? N'est-ce pas ma main qui a créé toutes ces choses ? » Le ciel dans toute son immensité a pour mesure l'étendue des doigts de Dieu, et la terre tout entière est renfermée dans le creux de sa main. Bien que ces paroles de Dieu contribuent sans doute à agrandir la sphère de nos idées religieuses, on y trouve cependant, si l'on sait en pénétrer le sens, plus de portée encore que les mots n'en présentent. En effet, le ciel que ses doigts embrassent est en même temps le trône de Dieu ; cette terre que contient sa main fermée lui sert aussi de marche-pied ; ce n'est pas que, s'arrêtant à une image matérielle, notre esprit doive dans ce trône et ce marche-pied ne voir que l'étendue d'une substance corporelle, quand l'être puissant et infini n'a besoin que de développer ses doigts et courber sa main pour mesurer son trône et enfermer son marche-pied ; c'est au contraire qu'il doit, quand ainsi se manifeste à ses yeux la puissance de la nature extérieure, reconnaître au dedans et au dehors, dans les principes constitutifs des choses créées, Dieu qui, dans l'effusion de son immensité, domine, enveloppe et pénètre tout. Le trône et le marche-pied s'abaissent sous sa majesté, afin que l'être intérieur nous révélât l'extérieur, puisque l'extérieur contenait l'intérieur et réciproquement, et qu'ainsi Dieu tout entier s'embrassant lui-même dans l'étendue de sa plénitude, l'infini fût dans tout, et tout à son tour fût dans l'infini. Mon esprit se plaisait dans la méditation de ces hautes et pieuses pensées. En effet, rien, selon moi, rien n'était plus digne de la gloire de Dieu que de se placer hors des limites de l'intelligence humaine ; en telle sorte qu'autant l'esprit prenant son essor dépasserait la borne qui lui est

tem infinitas immoderatæ æternitatis excederet. Quod cum a nobis pie intelligeretur, tamen a Propheta hæc ita dicente manifeste confirmabatur : « Quo abibo a spiritu tuo, aut a facie tua quo fugiam? Si as-
» cendero in cœlum, tu illic es; si descendero in infernum, et ibi ades.
» Si sumpsero pennas meas ante lucem, et habitavero in postremis
» maris : etenim illuc manus tua deducet me, et tenebit me dextera
» tua [1]. » Nullus sine Deo, neque ullus non in Deo locus est. In cœlis est, in inferno est, ultra maria est. Inest interior, excedit exterior. Ita cum habet, atque habetur; neque in aliquo ipse, neque non in omnibus est.

7. Quanquam igitur optimæ hujus atque inexplicabilis intelligentiæ sensu animus gauderet, quod hanc in parente suo et Creatore immensæ æternitatis infinitatem veneraretur; tamen studio adhuc intentiore ipsam illam infiniti et æterni Domini sui speciem quærebat, ut incircumscriptam immensitatem in aliquo pulchræ intelligentiæ esse opinaretur ornatu. In quibus cum religiosa mens intra imbecillitatis suæ concluderetur errorem, hunc de Deo pulcherrimæ sententiæ modum propheticis vocibus apprehendit : « De magnitudine enim ope-
» rum, et pulchritudine creaturarum, consequenter generationum
» conditor conspicitur. » Magnorum creator in maximis est, et pulcherrimorum conditor in pulcherrimis est. Et cum sensum ipsum egrediatur operatio, omnem tamen sensum longe necesse est excedat operator. Pulchrum itaque cœlum, æther, terra, maria, et universitas omnis est, quæ ex ornatu suo, ut etiam Græcis placet, digno κόσμος, id est mundus, nuncupari videtur. Sed si hanc ipsam rerum pulchritudinem ita sensus naturali metitur instinctu, ut etiam in quarumdam volucrum ac pecudum accidit specie, ut dum infra sententiam sermo est, sensus tamen id ipsum intelligens non eloquatur; quod tamen rursum, dum sermo omnis ex sensu est, sensus sibi ipse loquatur intelligens : nonne hujus ipsius pulchritudinis Dominum necesse est totius pulchritudinis esse pulcherrimum intelligi; ut cum æterni ornatus sui species sensum intelligentiæ omnis effugiat, opinionem tamen intelligentiæ sensus non relinquat ornatus? Atque ita pulcherrimus Deus

[1] Psal. cxxxviii, 7 et seqq. — [2] Sap. xiii, 5, sec. lxx.

assignée, autant l'infini s'élancerait loin du terme où la nature ose espérer de l'atteindre. Ces vérités, je les concevais nettement, mais elles étaient encore évidemment confirmées par le prophète : « Où irai-je » pour me dérober à votre esprit? et où m'enfuirai-je de devant votre » face? Si je monte dans le ciel, vous y êtes ; si je descends dans l'en- » fer, vous y êtes encore. Si je prends des ailes dès le lever de l'au- » rore, et si je vais demeurer dans les extrémités de la mer, votre main » m'y conduira, et ce sera votre droite qui me soutiendra. » Dieu est en tout, tout est en Dieu. Il est au ciel, dans l'enfer, au-delà des mers ; dedans, au dehors, partout il se manifeste ; il possède en même temps qu'il est possédé, nul n'est sans Dieu et Dieu est avec tous.

7. Quoique le sentiment de cette intelligence supérieure et inexplicable tout à la fois répandît la joie la plus vive dans mon cœur, en me faisant adorer dans le Créateur de mon être l'infini de cette incommensurable éternité, cependant je cherchais avec un zèle trop ardent à me faire une idée du Seigneur infini, éternel, pour me déterminer à croire que son immensité consentît à se renfermer dans quelqu'un des ouvrages de sa magnificence. Ma piété, trompée par la faiblesse de mon esprit, n'allait pas au-delà du cercle qu'elle s'était tracé, lorsque je lus dans le prophète cette belle pensée sur Dieu : « Dans la gran- » deur des œuvres, dans la beauté des créatures, se montre visible- » ment le Créateur. » Oui, l'auteur des choses et les plus grandes et les plus belles est dans ses ouvrages, et si l'œuvre est au-dessus du sentiment même qu'elle inspire, il en est nécessairement de même, et à plus forte raison, de l'ouvrier. Le ciel est beau ; la terre et la mer sont belles ; l'univers est beau, l'univers que les Grecs ont appelé κόσμος (ordre, beauté), c'est-à-dire le monde ; mais si, par l'effet d'un instinct naturel, nous sommes portés, ainsi qu'il arrive quand nos yeux s'attachent à observer certains oiseaux, certains animaux, à juger de la beauté des créatures, sans que, dans l'impuissance de l'expression qui nous manque, nous puissions reproduire le sentiment qui nous affecte ; et si, d'un autre côté, les mots ne répondant pas à la pensée, le sentiment ne peut rendre compte qu'à lui-même des impressions dont il a l'intelligence, ne suit-il pas nécessairement que l'auteur de tant d'œuvres si belles doit les effacer en beauté ; de telle sorte qu'en dépit de la faiblesse de l'intelligence à s'élever jusqu'à cette hauteur, néanmoins le sentiment ne fasse pas défaut à la pensée? Ainsi donc, il faut le proclamer, Dieu est beau ; et si l'intelligence de cette beauté nous échappe, nous en avons du moins le sentiment.

est confitendus : ut neque intra sententiam sit intelligendi, neque extra intelligentiam sentiendi.

8. His itaque piæ opinionis atque doctrinæ studiis animus imbutus, in secessu quodam ac specula pulcherrimæ hujus sententiæ requiescebat, non sibi relictum quidquam aliud a natura sua intelligens, in quo majus officium præstare Conditori suo minusve posset, quam ut tantum eum esse intelligeret, quantus et intelligi non potest, et potest credi · dum intelligentiam et fides sibi necessariæ religionis assumit, et infinitas æternæ potestatis excedit.

9. Suberat autem omnibus his naturalis adhuc sensus, ut pietatis professionem spes aliqua incorruptæ beatitudini saleret, quam sancta de Deo opinio et boni mores quodam victricis militiæ stipendio mererentur. Neque enim fructus aliquis esset, bene de Deo opinari ; cum omnem sensum mors perimeret, et occasus quidam naturæ deficientis aboleret. Porro autem non esse hoc dignum Deo ratio ipsa suadebat, deduxisse eum in hanc participem consilii prudentiæque vitam hominem sub defectione vivendi et æternitate moriendi : ut in id tantum non existens substitueretur, ne substitutus existeret ; cum constitutionis nostræ ea sola esse ratio intelligeretur, ut quod non esset esse cœpisset, non ut quod cœpisset esse non esset.

10. Fatigabatur autem animus, partim suo, partim corporis metu. Qui cum et constantem sententiam suam pia de Deo professione retineret, et sollicitam de se atque hoc occasuro secum, ut putabat, habitaculo suo curam recepisset, post cognitionem legis ac prophetarum istiusmodi quoquo doctrinæ evangelicæ atque apostolicæ instituta cognoscit. « In principio erat Verbum, et Verbum erat apud
» Deum, et Deus erat Verbum. Hoc erat in principio apud Deum.
» Omnia per ipsum facta sunt, et sine ipso factum est nihil, quod fac-
» tum est. In ipso vita erat, et vita erat lux hominum : et lux lucet in
» tenebris, et tenebræ eam non comprehenderunt. Fuit homo missus
» a Deo, cui nomen erat Joannes. Hic venit in testimonium, ut testi-
» monium perhiberet de lumine. Non erat ille lux, sed ut testimonium

8. L'esprit plein de ces pieuses pensées, et tout pénétré de cette science divine, je me reposais en silence dans la contemplation de ces ineffables beautés, et je ne croyais pas qu'il fût possible à la nature de l'homme, dans ses respectueux hommages à l'auteur de la création, de se tenir en-deçà ou d'aller au-delà de cette idée, à savoir que la grandeur de Dieu, inaccessible à l'intelligence, ne l'est point à la foi, et que si l'intelligence, guidée par la foi, admet un culte nécessaire, elle se perd et s'abîme dans l'infini de la puissance éternelle.

9. Du fond de toutes ces pensées surgissait encore un sentiment naturel qui soutenait ma piété, je veux dire l'espérance d'un bonheur inaltérable qui devait être le prix de la foi en Dieu et d'une vie saintement réglée : c'était à mes yeux comme la solde destinée au soldat vainqueur après une glorieuse campagne. Quelle serait en effet la récompense de l'homme qui se serait fait de Dieu une opinion juste et et vraie, si, à la mort, le sentiment ne survivait pas à la destruction d'une nature épuisée? Or la raison elle-même me disait qu'il n'était pas digne de la grandeur de Dieu d'avoir donné à l'homme une vie toute resplendissante des lumières de l'intelligence et de la sagesse, à la condition de la voir bientôt s'affaiblir et s'éteindre pour jamais ; de manière que, pour lui interdire la durée, son existence ne reposât que sur une base sans réalité, tandis qu'on ne peut, au contraire, s'expliquer l'économie de la nature humaine qu'en se disant : Ce qui n'était pas a commencé, et non pas en se disant ce qui a commencé n'est pas.

10. Je m'alarmais pour mon ame et pour mon corps. Tout en gardant néanmoins l'opinion désormais invariable que je m'étais faite de Dieu, je concevais des inquiétudes pour mon ame, en réfléchissant avec une sorte d'anxiété sur sa demeure temporaire, qui devait, ainsi que je me l'imaginais, crouler avec elle ; mais, après la connaissance que j'avais acquise de la loi et des prophètes, je ne restai pas longtemps étranger aux enseignemens de l'Évangile et des apôtres. « Au » commencement était le Verbe, et le Verbe était en Dieu, et le Verbe » était Dieu. Il était au commencement avec Dieu. Tout a été créé » par lui, et rien n'a été fait sans lui ; en lui était la vie, et la vie » était la lumière des hommes ; et la lumière luit dans les ténèbres, » et les ténèbres ne l'ont pas comprise. Il y eut un homme envoyé » de Dieu, qui s'appelait Jean. Il vint pour servir de témoin, pour » rendre témoignage à la lumière. Il n'était pas la lumière, mais

» perhiberet de lumine. Erat lux vera quæ illuminat omnem homi-
» nem venientem in hunc mundum. In mundo erat, et mundus per
» ipsum factus est, et mundus eum non cognovit. In propria venit, et
» sui eum non receperunt. Quotquot autem receperunt eum, dedit eis
» potestatem filios Dei fieri, iis qui credunt in nomine ejus : qui non
» ex sanguinibus, neque ex voluntate carnis, neque ex voluntate viri,
» sed ex Deo nati sunt. Et Verbum caro factum est, et habitavit in
» nobis : et vidimus gloriam ejus, gloriam quasi unigeniti a Patre,
» plenum gratiæ et veritatis[1]. » Proficit mens ultra naturalis sensus
intelligentiam, et plus de Deo quam opinabatur edocetur. Creatorem
enim suum Deum ex Deo discit : Verbum Deum ; et apud Deum in
principio esse audit. Mundi lumen in mundo manens, et a mundo non
recognitum intelligit. Venientem quoque in sua, a suis non receptum :
recipientes autem sub fidei suæ merito in Dei filios profecisse cognoscit; non ex complexu carnis, neque ex conceptu sanguinis, neque
ex corporum voluntate, sed ex Deo natos. Deinde (cognoscit) Verbum carnem factum, et habitasse in nobis, et gloriam conspectam
ejus, quæ, tanquam unici a Patre, sit perfecta cum gratia et veritate.

11. Hic jam mens trepida et anxia plus spei invenit, quam exspec-
tabat. Ac primum ad cognitionem Dei Patris imbuitur. Et quod antea
de Creatoris sui æternitate, et infinitate, et specie, naturali sensu
opinabatur, hic nunc proprium esse etiam unigenito Deo accipit : non
in Deos fidem laxans, quia ex Deo Deum audit ; non ad naturæ diversitatem in Deum ex Deo decedens, quia plenum gratiæ et veritatis
Deum ex Deo discit ; neque præpostorum ex Deo Deum sentiens, quia
in principio apud Deum esse Deum comperit. Rarissimam deinde hujus salutaris cognitionis fidem esse, sed maximum præmium noscit :
quia et sui non receperunt, et recipientes in filios Dei aucti sunt, non
ortu carnis, sed fidei. Esse autem filios Dei, non necessitatem esse,
sed potestatem : quia proposito universis Dei munere, non natura
gignentium afferatur, sed voluntas præmium consequatur. Ac ne id
ipsum, quod unicuique esse Dei Filio fit potestas, in aliquo infirmitatem fidei trepidæ impediret; quia per sui difficultatem ægerrime

[1] Joan. 1, 1, etc.

» il vint pour rendre témoignage à celui qui était la lumière. Celui-là
» était la vraie lumière qui illumine tout homme venant en ce monde.
» Il était dans le monde, et le monde a été fait par lui, et le monde ne
» l'a point connu. Il est venu chez soi, et les siens ne l'ont pas reçu ;
» mais à tous ceux qui l'ont reçu, il a donné le droit d'être faits en-
» fans de Dieu, à ceux qui croient en son nom, qui ne sont point nés
» du sang, ni de la volonté de la chair, ni de la volonté de l'homme,
» mais qui sont nés de Dieu même. Et le Verbe a été fait chair, et il
» a habité parmi nous ; et nous avons vu sa gloire, la gloire du Fils
» unique du Père, plein de grâce et de vérité. » Ici l'esprit va plus
loin que l'intelligence du sens naturel, et l'enseignement à recueillir
dépasse l'opinion que j'avais déjà de Dieu. J'y apprends, en effet, que
le Créateur est Dieu de Dieu, que le Verbe est Dieu, et qu'au commencement il est avec Dieu. Tout s'explique, et je comprends que la
lumière du monde demeure dans le monde, et que le monde ne la reconnaît pas ; qu'il vient chez soi, et qu'il n'est pas reçu par les siens ;
que ceux qui le reçoivent deviennent, pour prix de leur foi, les enfans
de Dieu ; qu'ils ne sont pas nés de l'accouplement de la chair, ni de la
conception du sang, ni de la volonté des corps, mais de Dieu ; puis
que le Verbe a été fait chair, qu'il habite parmi nous, et que sa gloire,
comme Fils unique du Père, est parfaite avec la grâce et la vérité.

11. Mon esprit agité et toujours inquiet vit alors briller un rayon
d'espérance plus vif qu'il ne s'y attendait. Je fus d'abord pénétré de la
connaissance de Dieu, et les idées que j'avais naturellement conçues
de l'éternité du Créateur, de son infinité et de sa beauté, s'appli-
quaient, je le compris dès lors, à son fils unique, non que j'admisse
plusieurs dieux, puisqu'il est dit Dieu de Dieu ; non que je crusse à
une différence de nature, puisque je lisais Dieu de Dieu plein de grâce
et de vérité ; non que je visse dans l'un des deux une postériorité
d'existence, puisqu'il est écrit que Dieu était au commencement avec
Dieu. Je connus aussi que, si la foi en ces salutaires vérités est rare, la
récompense est glorieuse et belle. N'est-il pas dit, en effet, qu'il n'a
point été reçu par les siens, et que ceux qui l'ont reçu se sont faits les
enfans de Dieu, non pas selon la chair, mais selon la foi ? c'était là
un acte de puissance, et non de soumission à une loi de la nécessité.
Ce n'est pas que dans l'offre faite à tous de ce riche présent de Dieu,
l'individualité soit prise en considération ; mais c'est que le prix obtenu
est la conséquence de la volonté. D'un autre côté, comme la difficulté
d'atteindre au but fait qu'on espère difficilement ce qu'on souhaite

speretur, quod et magis optatur, et minus creditur : Verbum Deus caro factum est, ut per Deum Verbum carnem factum caro proficeret in Deum Verbum. Ac ne Verbum caro factum aut aliquid aliud esset quam Deus Verbum, aut non nostri corporis caro esset, habitavit in nobis : ut dum habitat, non aliud quam Deus maneret; dum autem habitat in nobis, non aliud quam nostræ carnis Deus caro factus esset; per dignationem assumptæ carnis non inops suorum, quia tanquam unigenitus a Patre plenus gratiæ et veritatis et in suis perfectus sit, et verus in nostris.

12. Hanc itaque divini sacramenti doctrinam mens læta suscepit, in Deum proficiens per carnem, et in novam nativitatem per fidem vocata, et ad cœlestem regenerationem obtinendam potestati suæ permissa, curam in se parentis sui Creatorisque cognoscens non in nihilum redigendam se per eum existimans, per quem in hoc ipsum quod est, ex nihilo substitisset : et hæc omnia ultra intelligentiæ humanæ metiens sensum, quia ratio communium opinionum consilii cœlestis incapax, hoc solum putet in natura rerum esse, quod aut intra se intelligat, aut præstare possit ex sese. Dei autem virtutes secundum magnificentiam æternæ potestatis, non sensu, sed fidei infinitate pendebat : ut Deum in principio apud Deum esse, et Verbum carnem factum habitasse in nobis, non idcirco non crederet, quia non intelligeret; sed idcirco se meminisset intelligere posse, si crederet.

13. Ac ne in aliquo sæcularis prudentiæ tardaretur errore, ad piæ confessionis hujus absolutissimam fidem ita insuper per Apostolum divinis dictis edocetur : « Videte, ne quis vos spoliet per philosophiam » et inanem deceptionem, secundum traditionem hominum, secun- » dum elementa mundi, et non secundum Christum : quia in ipso in- » habitat omnis plenitudo divinitatis corporaliter; et estis in illo re- » pleti, qui est caput omnis principatus et potestatis : in quo et cir- » cumcisi estis, circumcisione non manu facta in exspoliatione corporis » carnis, sed circumcisione Christi, consepulti ei in baptismate, in » quo et resurrexistis per fidem operationis Dei, qui excitavit eum a

avec le plus d'ardeur, même sans y croire, dans la crainte que le pouvoir donné à chacun d'être fils de Dieu, ne vînt enchaîner la foi incertaine et tremblante, Dieu le Verbe a été fait chair, afin que, par son entremise, la chair se rapprochât de Dieu le Verbe. En même temps, pour que l'on ne crût pas que le Verbe fait chair, ou fût autre chose que Dieu le Verbe, ou qu'il n'était pas la chair de notre corps, il a habité en nous; et cela est dit, non qu'il faille entendre qu'en habitant avec nous il ne restât pas Dieu, ni que Dieu fût autre chose que la chair de notre chair. En daignant prendre notre chair, il n'y avait pas en lui défaut de qualités, parce que, comme Fils unique du Père, plein de grâce et de vérité, il est parfait dans sa nature et vrai dans la nôtre.

12. Mon esprit embrassa avec joie cette sainte doctrine : ainsi la chair me ramenait à Dieu, la foi m'appelait à une nouvelle naissance, et il dépendait de ma seule volonté d'obtenir une régénération céleste. Reconnaissant quel soin avait pris de moi mon Créateur et mon père, je ne pouvais croire que je dusse être anéanti par celui qui m'avait tiré du néant. L'intelligence humaine n'était pour rien dans tout ce travail de mon esprit; sa vue était trop bornée pour cette immensité; car la raison, incapable de pénétrer les desseins de Dieu, n'admet que ce qu'elle peut concevoir ou faire. Mais, dans l'appréciation des vertus de Dieu, c'était sa puissance éternelle que je considérais; c'était la foi et non mes sens que je consultais; et cette vérité, que Dieu au commencement était avec Dieu, que le Verbe fait chair a habité parmi nous, si j'y croyais, ce n'est pas parce que je la comprenais, mais c'est que je sentais que je pourrais arriver à la comprendre si j'y croyais.

13. Mais, pour m'affermir tout-à-fait dans la foi, j'opposais aux erreurs du siècle, qui auraient pu m'entraîner, cette parole divine de l'Apôtre : « Prenez garde que personne ne vous surprenne par la phi-
» losophie et par des raisonnemens vains et trompeurs, selon les tra-
» ditions des hommes, selon les principes d'une science mondaine,
» et non selon Jésus-Christ. Car toute la plénitude de la divinité
» habite en lui corporellement, et c'est en lui que vous en êtes remplis,
» lui qui est le chef de toute principauté et de toute puissance : comme
» c'est en lui que vous avez été circoncis d'une circoncision qui n'est
» pas faite de main d'homme, par la privation du corps de la chair,
» mais de la circoncision de Jésus-Christ, ensevelis avec lui par le

» mortuis. Et vos, cum essetis mortui in delictis et præputiatione
» carnis vestræ, vivificavit cum illo, donatis vobis omnibus delictis,
» delens quod adversum nos erat chirographum in sententiis, quod
» erat contrarium nobis : et ipsum tulit e medio, affigens illud cruci :
» exutus carnem, et potestates ostentui fecit, triumphatis iis cum
» fiducia in semetipso [1]. » Respuit captiosas et inutiles philosophiæ
quæstiones fides constans, neque humanarum ineptiarum fallaciis succumbens, spolium se præbet veritas falsitati; non secundum sensum communis intelligentiæ Deum retinens, neque de Christo secundum mundi elementa decernens, in quo divinitatis plenitudo corporaliter inhabitet : ut dum infinitas æternæ in eo est potestatis, omnem terrenæ mentis amplexum potestas æternæ infinitatis excedat : qui nos ad divinitatis suæ naturam trahens, non etiamnum corporali præceptorum observatione distrinxerit, neque per legis umbram ad solemnia desecandæ carnis imbuerit; sed ut omnem naturalem corporis necessitatem circumcisus a vitiis spiritus criminum emundatione purgaret : cujus morti consepeliremur in baptismo, ut in æternitatis vitam rediremus; dum regeneratio ad vitam mors esset ex vita, et morientes vitiis immortalitate moriente, ut ad immortalitatem una cum eo excitaremur ex morte. Carnem enim peccati recepit, ut assumptione nostræ carnis delicta donaret, dum ejus sit particeps assumptione, non crimine; delens per mortem sententiam mortis, ut nova in se generis nostri creatione constitutionem decreti anterioris aboleret; cruci se figi permittens, ut maledicto crucis obliterata terrena damnationis maledicta figeret omnia : ad ultimum in homine passus, ut potestates dehonestaret; dum Deus secundum Scripturas moriturus, et in his vincentis in se fiducia triumpharet; dum immortalis ipse, neque morte vincendus, pro morientium æternitate moreretur. Hæc itaque ultra naturæ humanæ intelligentiam a Deo gesta non succumbunt rursum naturalibus mentium sensibus; quia infinitæ æternitatis operatio infinitam metiendi exigat opinionem : ut cum Deus homo, cum immortalis mortuus, cum æternus sepultus est, non sit intelligentiæ ratio, sed potestatis exceptio; ita rursum e contrario non sensus, sed virtutis modus sit, ut Deus ex homine, ut immortalis ex mortuo, ut æter-

---

[1] Coloss. ii, 8, et seqq.

» baptême, dans lequel vous avez été aussi ressuscités par la foi que
» vous avez eue que Dieu l'a ressuscité d'entre les morts. Et quand
» vous étiez dans la mort de vos péchés et dans l'incirconcision de
» votre chair, Jésus-Christ vous a fait revivre avec lui en vous par-
» donnant tous vos péchés, en effaçant la cédule qui vous était con-
» traire ; il a aboli entièrement le décret de votre condamnation en
» l'attachant à sa croix. Ayant dépouillé la chair, il a mené les puis-
» sances en triomphe à la face de tout le monde après les avoir dés-
» armées avec confiance en lui-même. » La foi solide rejette loin d'elle
les captieuses questions dont s'occupe une vaine philosophie, et, sans
se laisser prendre aux filets trompeurs de la sagesse humaine, la vérité
ne s'offre point en victime au mensonge ; ne jugeant point de Dieu
selon la raison des hommes, ni du Christ selon la science du monde,
elle reconnaît que la plénitude de la divinité habite en lui ; en telle
sorte que, revêtu d'une puissance éternelle et infinie, il laisse loin de
lui l'esprit humain se perdre dans ses stériles efforts. Il ne nous enchaîne point dans l'observation matérielle de ses préceptes, et n'exige
point, sous le prétexte d'obéissance à la loi, une circoncision charnelle ; ce qu'il veut, au contraire, c'est une circoncision toute spirituelle, qui lave nos âmes des souillures du crime, et les rend à leur
première pureté ; ce qu'il veut, c'est que nous nous ensevelissions
avec lui dans le baptême, pour remonter un jour à la gloire d'une vie
éternelle, et qu'en nous régénérant dans la mort de Jésus, nous nous
réveillions avec lui du sommeil de la mort et nous reconquérions en
même temps notre immortalité. En effet, il a pris la chair du péché
afin d'effacer nos péchés, car en prenant la chair il a laissé les fautes
qui l'avaient corrompue ; en mourant il a détruit l'empire de la mort,
afin d'abolir aussi, en nous créant de nouveau dans sa personne, la
sentence qui avait été autrefois portée contre l'homme. S'il s'est laissé
attacher à la croix, c'est qu'il a voulu y attacher des malédictions
que l'homme y avait attachées lui-même. Enfin ses souffrances comme
homme n'ont eu d'autre objet que l'humiliation des puissances, puisque cette mort, quoi que Dieu, selon les Écritures, était le signal de
ceux qui vaincraient par la foi ; car, immortel lui-même et placé au-
dessus du pouvoir de la mort, il acceptait la mort pour assurer l'éternité à ceux qui mourraient en son nom. C'est pourquoi ces actes de
Dieu, dans l'exercice d'un pouvoir au-dessus de l'intelligence humaine, ne peuvent être compris par les sens, parce que, pour mesurer
l'étendue de l'infini, il faut avoir l'idée d'une puissance infinie. Il faut

nus sit ex sepulto. Coexcitamur ergo a Deo in Christo per mortem ejus. Sed dum in Christo plenitudo est divinitatis, habemus et significationem Dei Patris nos coexcitantis in mortuo, et Christum Jesum non aliud quam Deum in divinitatis plenitudine confitendum.

14. In hoc ergo conscio securitatis suae otio mens spebus suis laeta requieverat, intercessionem mortis hujus usque eo non metuens, ut etiam reputaret in vitam aeternitatis. Vitam autem hujus corporis sui non modo non molestam sibi aut aegram arbitrabatur, ut eam quod pueritiae litteras, quod aegris medicinam, quod naufragis natatum, quod adolescentibus disciplinam, quod militiam esse crederet imperaturis : rerum scilicet praesentium tolerantiam, ad praemium beatae immortalitatis proficiens. Quin etiam id, quod sibi credebat, tamen per ministerium impositi sacerdoti etiam caeteris praedicabat, mutuus suum ad officium publicae salutis extendens.

15. Sed inter haec emerserunt desperata in sese, et saeva in omnes impiae temeritatis ingenia, potentem Dei naturam naturae suae infirmitate moderantia : neque ut ipsi usque ad infinitatem opinandi de infinitis rebus emergerent, sed intra finem sensus sui indefinita concluderent; essentque sibi arbitri religionis, cum religionis opus obedientiae esset officium ; sui immemores, divinorum negligentes, praeceptorum emendatores.

16. Nam ut de caeteris haereticorum stultissimis studiis sileam, de quibus tamen, sicubi occasionem sermonis ratio praebebit, non tacebimus; quidam ita evangelicae fidei corrumpunt sacramentum, ut sub unius Dei pia tantum professione nativitatem unigeniti Dei abnegent; ut protensio sit potius in hominem, quam descensio : neque ut qui Filius hominis secundum tempora assumptae carnis fuit, idem antea semper fuerit atque sit Filius Dei : ne in eo nativitas Dei sit, sed ex eodem idem sit; ut unius Dei, ut putant, inviolabilem fidem series

se persuader que, si l'être immortel meurt, si l'être éternel est enseveli, il n'y a pas là de conception humaine possible ; il ne faut y voir que l'œuvre d'une puissance supérieure. De même il n'y a pas à consulter la raison, il faut admettre une vertu surnaturelle, quand Dieu sort de l'homme, l'immortel de la mort et l'éternel du sépulcre. Ainsi c'est Dieu qui nous élève avec lui par sa mort dans le Christ. Mais, puisqu'il y a dans le Fils la plénitude de la divinité, c'est donc Dieu le Père qui nous rend la vie en même temps que le Fils, et que Jésus-Christ n'est autre que Dieu dans la plénitude de la divinité.

14. Mon esprit, rassuré par la conscience de ces vérités, goûtait un heureux calme et se reposait avec joie dans ses espérances, craignant assez peu la mort pour penser à la vie de l'éternité. Loin de croire que la vie du corps fût un fardeau pénible, une source de douleurs, j'étais convaincu qu'elle est, pour nous ce que sont les lettres pour l'enfance, une potion médicinale pour les malades, l'art de nager pour ceux qui font naufrage, les soldats enfin pour les chefs d'armée ; c'est-à-dire que souffrir son état présent, c'est assurer son droit à une heureuse immortalité. Il y a plus, c'est que ces convictions que je m'étais faites, je les prêchais, pour l'accomplissement du ministère qui m'était imposé, au reste du peuple, étendant ainsi au salut public les devoirs de ma charge.

15. Mais voilà que des esprits désespérant d'eux-mêmes et funestes à tous par leur impiété téméraire surgirent et s'égarèrent jusqu'à mesurer la puissance et la nature de Dieu sur la faiblesse de leur propre nature, non pas qu'ils prétendissent s'élever jusqu'à l'infini pour le juger, mais le renfermer dans les étroites limites de leur intelligence et le rabaisser jusqu'à eux. Ils se proclamèrent les arbitres de leur croyance, quand l'obéissance est le premier devoir de la foi, oubliant ainsi ce qu'ils étaient eux-mêmes, foulant aux pieds les préceptes divins qu'ils osaient vouloir réformer.

16. Car, pour ne pas parler de la folie des plus fameux hérésiarques, que je combattrai cependant quand l'occasion s'en présentera, il y en a qui altèrent à un tel point la foi évangélique, que, tout en proclamant un Dieu unique, ils nient la nativité du Fils unique de Dieu, en telle sorte qu'il faudrait croire, selon eux, que Dieu s'est, il est vrai, rapproché de l'homme, mais qu'il n'y est point descendu, et que le Fils qui a pris dans le temps la chair de l'homme n'est pas le même que le Fils de Dieu ; qu'il n'est pas né comme Dieu, qu'il ne procède que de lui-même ; et, pour ne pas ébranler la foi en l'unité de

ex solido in carnem deducta conservet, dum usque ad virginem Pater protensus, ipse sibi natus sit in Filium. Alii vero (Arii quia salus nulla sine Christo sit, qui in principio apud Deum erat Deus Verbum), nativitatem negantes, creationem solam professi sunt: ne nativitas veritatem Dei admitteret, sed creatio falsitatem doceret, quæ dum ementiretur in genere Dei unius fidem, non excluderet in sacramento: sed nativitatem veram nomini ac fidei creationis subjicientes, a veritate unius Dei separabilem eum fecerunt, ut creatio substitutionis, perfectionem sibi divinitatis non usurparet, quam veritatis nativitas non dedisset.

17. Horum igitur furori respondere animus exarsit: recolens hoc vel præcipue sibi salutare esse, non solum in Deum credidisse, sed etiam in Deum Patrem; neque in Christo tantum sperasse, sed in Christo Dei Filio; neque in creatura, sed in Deo creatore ex Deo nato. Maxime ergo properamus ex propheticis atque evangelicis præconiis vesaniam eorum ignorantiamque confundere, qui sub unius Dei, sola sane utili ac religiosa, prædicatione aut Deum natum Christum negant, aut verum Deum non esse contendunt; ut creatio potentis creaturæ intra unum Deum fidei sacramentum relinquat; quia nativitas Dei extra unius Dei fidem religionem protrahat confitendum. Sed nos edocti divinitus neque duos Deos prædicare neque solum, hanc evangelici ac prophetici præconii rationem in confessione Dei Patris et Dei Filii afferemus, ut unum in fide nostra sint uterque, non unus: neque eumdem utrumque, neque inter verum ac falsum aliud confitentes; quia Deo ex Deo nato, neque eumdem nativitas permittit esse, neque aliud.

18. Et vos quidem, quos fidei calor, et ignoratæ mundo ac sapientibus mundi veritatis studium ad legendum vocavit, meminisse oportet terrenarum mentium infirmas atque imbecillas opiniones esse abjiciendas, et omnes imperfectæ sententiæ angustias religiosa discendi exspectatione laxandas. Novis enim regenerati ingenii sensibus opus est, ut unumquemque conscientia sua secundum cœlestis originis munus illuminet. Standum itaque per fidem ante est, ut sanctus Jeremias admonet, in substantia Dei: ut de substantia Dei auditurus, sensum

Dieu dans la génération de la chair, ils disent que c'est le Père qui, en se communiquant à la sainte Vierge, s'est engendré lui-même pour le Fils. Mais d'autres (parce que, pour Arius, il n'y a pas de salut sans le Christ, puisque Dieu le Verbe était au commencement avec Dieu) nient la nativité et confessent seulement la création, dans l'intention, sans doute, de ne pas admettre par la nativité la vérité de Dieu et pour prêcher l'erreur au moyen de cette idée de création; car, en trahissant la foi dans la génération d'un seul Dieu, il n'y avait pas exclusion dans le sacrement; mais en subordonnant la nativité véritable au nom et à la foi de la création, ils séparaient le Fils de la vérité d'un seul Dieu, afin de ne pas lui accorder la perfection de la divinité qu'il ne pouvait tenir de la nativité véritable.

17. Je sentis mon esprit dévoré du désir de combattre cette extravagance furieuse, convaincu comme je l'étais qu'il y allait du salut, non seulement de croire en Dieu, mais encore en Dieu le Père; non seulement d'espérer dans le Christ, mais dans le Christ Fils de Dieu; non pas dans la créature, mais dans le Créateur né de Dieu. Je viens donc, dans l'ardeur de mon zèle, armé des prophéties et de l'Évangile, confondre la folie et l'ignorance de ces hommes qui, bien qu'ils prêchent, ce qui est une chose utile et pieuse, l'unité de Dieu, ou nient la naissance du Christ comme Dieu, ou soutiennent qu'il n'est pas vrai Dieu, si bien que la création d'une nature puissante laisse intacte la foi dans l'unité de Dieu, et qu'elle soit ébranlée, au contraire, dans la nativité. Mais, éclairés par les lumières d'en-haut et sachant qu'il n'y a pas deux Dieux et qu'il n'y a pas non plus qu'une personne en Dieu, nous prêchons, selon l'Évangile et les prophéties, que les deux sont un dans notre foi, mais qu'il y a deux personnes; qu'il faut établir une distinction, sans dire que l'un est faux et que l'autre est vrai, parce que, Dieu étant né de Dieu, la nativité ne suppose pas que c'est le même ni autre chose.

18. Et vous, que l'ardeur de votre foi et l'amour des vérités que le monde et ses prétendus sages ignorent appellent et invitent à lire cet ouvrage, vous devez avant tout fouler aux pieds les vaines opinions répandues parmi les hommes, et, dans l'attente d'une instruction solide et religieuse, vous défaire de toutes les arguties étroites d'une science imparfaite. Il est besoin en effet d'apporter à cette étude un esprit régénéré, en quelque sorte, pour que chacun puisse s'éclairer, par le bienfait du ciel, des lumières de sa propre conscience. Vous devez donc, comme l'enseigne Jérémie, vous attacher fortement par

suum ad ea quæ Dei substantiæ sint digna moderetur; moderetur autem non aliquo modo intelligendi, sed infinitate. Quin etiam conscius sibi divinæ se naturæ participem, ut beatus apostolus Petrus in epistola sua altera ait [1], effectum fuisse, Dei naturam non naturæ suæ legibus metiatur, sed divinas professiones secundum magnificentiam divinæ de se protestationis expendat. Optimus enim lector est, qui dictorum intelligentiam exspectet ex dictis potius quam imponat, et retulerit magis quam attulerit; neque cogat id videri dictis contineri, quod ante lectionem præsumpserit intelligendum. Cum itaque de rebus Dei erit sermo, concedamus cognitionem sui Deo, dictisque ejus pia veneratione famulemur. Idoneus enim sibi testis est, qui nisi per se cognitus non est.

19. Si qua vero nos de natura Dei et nativitate tractantes comparationum exempla afferemus, nemo ea existimet absolutæ in se rationis perfectionem continere. Comparatio enim terrenorum ad Deum nulla est: sed infirmitas nostræ intelligentiæ cogit species quasdam ex inferioribus, tanquam superiorum indices quærere; ut rerum familiarium consuetudine admonente, ex sensus nostri conscientia ad insoliti sensus opinionem educeremur. Omnis igitur comparatio homini potius utilis habeatur, quam Deo apta; quia intelligentiam magis significet, quam expleat: neque naturis carnis et spiritus, et invisibilium ac tractabilium coæquandis præsumpta reputetur, protestans et infirmitati se humanæ intelligentiæ necessariam, et ab invidia esse liberam non satisfacientis exempli: Pergimus itaque de Deo locuturi Dei verbis, sensum tamen nostrum rerum nostrarum specie imbuentes.

[1] 2 Pet. v, 4.

la foi à l'idée de la substance de Dieu, afin qu'en entendant traiter cette matière vous n'en puissiez concevoir que des pensées dignes, et que vous n'en jugiez pas par la mesure de votre intelligence, mais par la grandeur de l'être infini. L'homme, convaincu qu'il a été rendu, comme le dit saint Pierre dans sa seconde Épître, participant de la nature divine, ne conçoit pas la nature de Dieu d'après les lois de sa propre nature, mais, au contraire, il pèse ces grandes vérités au poids des sublimes témoignages que rend d'elle-même la puissance supérieure qui a fait éclater la magnificence de ses œuvres. En effet, il n'y a de lecteur bien préparé à ces hautes leçons que celui qui n'impose pas un sens aux mots, mais qui tire des mots eux-mêmes le sens qui leur est propre, qui fouille au trésor de la science moins qu'il ne le grossit de ses épargnes, et qui non plus ne force pas l'expression de répondre à l'idée qu'il s'était faite en abordant le livre. C'est pourquoi, puisque j'ai à parler des choses de Dieu, c'est de Dieu qu'il faut attendre la connaissance de Dieu, et, pour qu'il nous la révèle, nous mettre avec un pieux respect aux ordres de sa parole. On ne peut compter pour quelque chose que le témoignage de celui qui n'est connu que par lui-même.

19. Mais si, en parlant de la nature et de la nativité de Dieu, j'ai besoin, pour l'explication de ma pensée, de recourir à des exemples, à des comparaisons, qu'on se garde bien de croire qu'ils puissent offrir une raison exacte et absolue de la vérité. Il n'y a pas de comparaison entre les choses de la terre et les choses du ciel ; mais la faiblesse de notre intelligence nous oblige d'emprunter souvent aux choses d'ici-bas quelques images qui donnent une idée des choses d'en-haut, afin que nos esprits, éclairés par l'observation des faits ordinaires et familiers, puissent s'élever jusqu'à la pénétration des mystères qui sortent du cercle dans lequel nous sommes renfermés. Dans ce sens une comparaison est plutôt utile à l'homme qu'elle ne convient à Dieu ; elle aide à l'intelligence, mais elle ne saurait être entièrement satisfaisante, et il ne faudrait pas y voir une égalité de rapports entre la nature de la chair et celle de l'esprit, entre les êtres invisibles et ceux qui tombent sous nos sens. Une comparaison enfin n'est autre chose qu'une sorte d'aveu, une déclaration du besoin de venir au secours de la faiblesse de l'intelligence, et non pas la prétention d'une démonstration rigoureuse et invincible. Nous parlerons de Dieu en employant les paroles de Dieu même ; mais nous produirons nos idées sous les formes appropriées à l'homme et qui nous sont habituelles.

20. Ac primum ita totius operis modum temperavimus, ut aptissimus legentium profectibus connexorum sibi libellorum ordo succederet. Nihil enim incompositum indigestumque placuit afferre : ne operis inordinata congeries rusticum quemdam tumultum perturbata vociferatione praeberet. Sed quia nullus per praerupta conscensus est, nisi substratis paulatim gradibus feratur gressus ad summa; nos quoque quaedam gradiendi initia ordinantes, arduum hoc intelligentiae iter clivo quasi molliore lenivimus, non jam gradibus incisum, sed planitie subrepente devexum, ut prope sine scandentium sensu, euntium proficeret conscensus.

21. Post hunc enim primi hujus sermonis libellum, sequens ita sacramentum edocet divinae generationis, ut baptizandi in Patre et Filio et Spiritu sancto non ignorent nominum veritatem, neque vocabulis intelligentiam confundant, sed unumquodque ita sensu concipiant, ut est ac nuncupatur; agnituri absolutissime in iis quae dicta sunt, quod neque non ipsa veritas sit nominis, neque non nomen sit veritatis.

22. Post hunc itaque lenem ac brevem demonstratae Trinitatis sermonem, tertius liber, etsi censim, tamen jam proficienter incedit. Nam id, quod ultra humani sensus intelligentiam Dominus de se professus est, quantis potest potentiae exemplis ad intelligentiae fidem coaptat, dicens : « Ego in Patre, et Pater in me [1] : » ut quod ab homine per naturam hebetem non capitur, id fides jam rationabilis scientiae consequatur : quia neque non credendum de se Deo est, neque opinandum est, extra rationem fidei esse intelligentiam potestatis.

23. Quartus deinde liber initium sui ex haereticorum doctrinis auspicatur, se ipsum vitiis, quibus fides Ecclesiae infamatur, expurgans : ipsam illam perfidiae expositionem a multis non olim editam proferens, et subdole eos, ac per id impiissimo, unum Deum ex lege defen-

[1] Joan. x, 38.

20. J'ai disposé l'ouvrage de manière que la liaison des différens chapitres, leur dépendance réciproque contribue le plus possible à hâter les progrès que les lecteurs doivent espérer pour leur instruction. Je n'ai voulu présenter rien d'incomplet ou de mal digéré; je n'ai pas voulu qu'on m'accusât de n'offrir qu'un amas irrégulier de matières réunies sans ordre, dont le défaut d'accord ferait heurter la grossière harmonie. Mais, comme il n'est pas possible de monter au haut d'un édifice sans parcourir tous les degrés inférieurs qui y conduisent, j'ai pris soin de rendre plus doux le chemin difficile que doit suivre l'intelligence, non pas en taillant des degrés dans le roc, mais en abaissant peu à peu les pentes, en aplanissant la route de manière que le voyageur, engagé sur mes pas, avançât sans s'apercevoir qu'il gravit une montagne escarpée.

21. En effet, le livre qui suivra celui-ci traite d'abord de la génération divine, et nous apprend la véritable signification qui doit être attachée aux mots, dans le baptême, au nom du Père, du Fils et du Saint-Esprit, surtout à ne pas les confondre, mais à les bien concevoir dans le sens qui leur est propre; de manière à y reconnaître ce qui a été dit, que le nom est vrai et qu'il est l'expression de la vérité.

22. Après avoir démontré en peu de mots, dans un langage clair et facile, l'existence de la Trinité, je fais faire un pas de plus à la matière dans le troisième livre. En effet, cette parole du Seigneur parlant de lui-même: « Je suis dans mon Père et mon Père est en moi, » cette parole, dis-je, dont l'intelligence humaine ne peut saisir le sens, je l'adapte, par le moyen de nombreux et de grands exemples de la puissance de Dieu, je l'approprie à la foi de l'intelligence, de manière que la vérité, qui échappe à l'homme livré aux seules ressources de sa nature, soit sensible à la foi et rentre dans l'ordre et la raison; car si c'est folie de ne pas croire Dieu parlant de lui-même, c'est folie encore de croire que la foi ne peut pas raisonnablement avoir l'intelligence de la puissance de Dieu.

23. Dans le quatrième livre j'aborde la grande question des hérésies, et dès le début j'ai soin de m'y montrer pur de toutes les souillures dont on a flétri la foi de l'Église. J'y rapporte la déclaration perfide que certains hommes n'ont pas craint de faire tout récemment, et je démontre qu'il y a imposture, ruse diabolique de leur part, à soutenir que c'est en s'appuyant sur la loi qu'ils ont défendu

disse convincens, omnibus legis ac prophetarum testimoniis ita demonstratis, ut sine Deo Christo unum Deum confiteri irreligiositas sit; et confesso unigenito Deo Christo, non unum Deum praedicare, perfidia sit.

24. Quintus vero tenuit eum responsionis ordinem, quem haeretici instituerant professionis. Namque cum unum Deum praedicare se secundum legem ementiti essent, unum quoque Deum verum ex eadem proferre se fefellerunt: ut per exceptionem Dei et unius et veri, nativitatem Domino Christo adimerent; quia ubi nativitas est, ibi et intelligentia sit veritatis. Nos autem iisdem gradibus, quibus idipsum negabatur, docentes, nec duos Deos, nec solitarium verum Deum, sed Patrem verum Deum ita ex lege ac prophetis praedicavimus, ne aut unius Dei fidem corrumperemus, aut nativitatem denegaremus. Sed quia, secundum illos, creato potius quam nato nomen Dei Domino Jesu Christo deputaretur potius quam inesset; divinitatis veritas ita ex auctoritatibus propheticis demonstrata est, ut nos, Domino Jesu Christo Deo vero praedicato, intra intelligentiam unius Dei veri nativae in eo divinitatis veritas contineret.

25. Sextus vero jam liber omnem haereticae assertionis fraudulentiam pandit. Namque ut dictis suis fidem facerent, damnantes dicta et vitia haereticorum, Valentini scilicet et Sabellii et Manichaei et Hieracae, pias Ecclesiae praedicationes velamento professionis impiae furati sunt; ut correptis in melius verbis irreligiosorum, et ambigua significatione moderatis, sub impietatis damnatione doctrinam pietatis extinguerent. Sed nos singulorum dictis et professionibus demonstratis, sanctas Ecclesiae praedicationes absolvimus, neque quidquam cum damnatis haereticis commune eis esse permisimus, ut damnanda damnantes, sola venerabiliter sectanda sequeremur, Filium Dei Dominum Jesum Christum, quod maxime ab iis negabatur, per haec docentes, dum de eo testatur Pater, dum de se ipso profitetur, dum apostoli praedicant, dum religiosi credunt, dum daemones clamant, dum Judaei negantes fatentur, dum ignorantes intelligunt gentes; ne jam ambigendum permitteretur, quod ignorandum non relinquebatur.

l'unité de Dieu; tandis que les témoignages de la loi et des prophètes établissent que confesser un seul Dieu sans Dieu le Christ est une impiété, et que confesser Dieu le Christ Fils unique de Dieu sans admettre l'unité est une perfidie.

24. Pour leur répondre, je suis, dans le cinquième livre, le même ordre que les hérétiques dans leur profession de foi. Ils avaient menti en disant que c'est avec l'appui de la loi qu'ils ont prêché l'unité de Dieu; ils ont menti encore quand ils ont prétendu s'être conformés à cette même loi en admettant un seul vrai Dieu; car, par cette distinction d'un seul vrai Dieu, ils détruisent la nativité du Christ notre Seigneur, puisque admettre la nativité, c'est avoir l'intelligence de la vérité. En suivant la route qui les a menés à une négation impie, j'enseigne non pas qu'il y a deux Dieux, non qu'il y a confusion de personnes dans le vrai Dieu, mais, d'après la loi et les prophètes, que le Père est vrai Dieu, pour ne pas altérer la foi en l'unité de Dieu ou nier la nativité du Christ. Mais comme, suivant eux, admettre plutôt la création que la naissance, c'est moins donner à notre Seigneur Jésus-Christ le nom de Dieu que l'en priver, j'ai prouvé si bien, en appelant à mon aide l'autorité des prophètes, la vérité de la divinité, qu'en proclamant notre Seigneur Jésus-Christ vrai Dieu, je suis resté, avec la conviction de sa divinité naturelle, dans l'intelligence d'un Dieu unique.

25. Le sixième livre montre toute la fraude et l'astuce des hérétiques. En effet, pour faire croire à leurs paroles, ils ont, il est vrai, condamné les autres, Valens, Sabellius, Manès et Hiérax; mais, sous le prétexte d'éloigner le poison d'impiété du sein des élèges, ils ont fait taire ses pieux enseignemens; en telle sorte qu'en paraissant corriger les principes des hommes sans foi, et en diminuer les désastreux effets par des explications sans clarté, des termes ambigus, ils ont éteint le flambeau de la vérité par les moyens dont ils s'armaient pour combattre les hérésies. Mais, en expliquant nettement et leurs paroles et leurs professions de foi, j'ai absous les véritables principes de l'accusation portée contre eux; j'ai prouvé qu'ils n'ont rien de commun avec les hérésies, et, condamnant ce qui doit être condamné, que nous devons nous attacher à ce qui a droit à nos respectueux hommages, reconnaître Fils de Dieu notre Seigneur Jésus-Christ, ce qu'ils ont nié si fortement, tandis que Dieu le Père l'atteste lui-même, que les apôtres le prêchent, les gens pieux le croient, les démons le crient, les Juifs le confessent par leurs dénégations mêmes, et que les nations plongées dans les ténèbres de l'ignorance

26. Septimus deinceps liber, secundum perfectæ fidei gradum, susceptæ disputationis sermonem temperavit. Namque primum, per inviolabilis fidei sanam et incorruptam demonstrationem, inter Sabellium et Hebionem et hos non veri Dei prædicatores lite certavit, cur Sabellius subsistere ante sæcula negaret, quem creatum alii confiterentur. Ignorabat enim Sabellius subsistentem Filium, dum Deum verum operatum in corpore esse non ambigit. Hi autem negabant nativitatem, et affirmabant creaturam, dum opera ejus Dei veri esse opera non intelligunt. Lis eorum, fides nostra est. Nam dum Filium negat, in eo vincit Sabellius, quod Deus verus operatus est : et Ecclesia eos, qui verum in Christo Deum negaverint, vincit. At vero cum subsistentem Christum ante sæcula hi adversus eum demonstrant semper operatum, de condemnato secum Sabellio nobis triumphant, Deum quidem verum sciente, sed Dei Filium nosciente. Hebion autem ab utroque ita vincitur, ut hic ante sæcula subsistentem, hic verum Deum convincat operatum. Omnesque se invicem vincendo vincuntur : quia Ecclesia et contra Sabellium, et contra creaturæ prædicatores, et contra Hebionem, Deum verum ex Deo vero Dominum Jesum Christum, et ante sæcula natum, et postea hominem genitum esse testatur.

27. Nemini autem dubium est, congruum id maximo pietati doctrinæ fuisse, ut quia ex lege et prophetis primum Dei Filium, post etiam Deum verum cum sacramento unitatis prædicassemus ; rursum legem ac prophetas per Evangelia firmantes, primum ex his Dei Filium, post etiam Deum verum doceremus. Competentissimum itaque fuit, post nomen Filii, veritatem ejus ostendere : quanquam, secundum communem sensum, veritatis absolutionem nuncupatio Filii obtineret. Sed ne quid, adversantibus unigeniti Dei veritati, occasionis ad fallendum et illudendum relinqueretur ; ipsam illam proprietatis fidem per divinitatis veritatem adstruximus : Deum esse eum, qui Dei Filius non negaretur, his modis docentes, nomine, nativitate, natura, potes-

le comprennent; qu'enfin il n'est plus permis de faire usage de termes douteux, équivoques à l'égard d'une vérité qu'il n'est plus possible d'ignorer.

26. Dans le septième livre, au fur et à mesure que la foi s'approche de la perfection, la matière se règle et la discussion commence. Et d'abord, par une démonstration saine et sincère de la foi, je mets aux prises Sabellius, Hébion et tous ceux qui n'ont pas confessé le vrai Dieu; j'examine pourquoi Sabellius osait nier l'existence avant les temps de celui dont les autres avouaient la création. Sabellius ne savait pas que le Fils subsiste, quand il est hors de doute qu'il y a eu action du vrai Dieu dans le corps. Mais les autres, en niant la nativité, affirmaient qu'il y a eu création, tout en ne comprenant pas que les œuvres du Fils sont les œuvres du vrai Dieu. A eux le débat, à nous la foi. Sabellius, en niant le Fils, est dans le vrai quand il dit que le vrai Dieu opère; mais l'Église combat victorieusement ceux qui nient que le vrai Dieu est dans le Fils. D'un autre côté, quand ses adversaires démontrent contre Sabellius que le Christ subsistant avant les siècles a toujours agi, ils convainquent avec nous et pour nous cet hérésiarque d'erreur, puisque, reconnaissant le vrai Dieu, il nie le Fils de Dieu. Hébion à son tour est vaincu des deux côtés à la fois, car, d'une part il est démontré qu'il subsiste avant les siècles, et d'une autre, que le vrai Dieu est l'auteur des œuvres. Ils se réfutent tous les uns par les autres; en effet, l'église témoigne contre Sabellius, contre les partisans de la créature et contre Hébion, que notre Seigneur Jésus-Christ est vrai Dieu du vrai Dieu, né avant tous les siècles, et fait homme dans le temps.

27. Personne ne doute qu'il ne soit parfaitement conforme à la véritable doctrine de la piété qu'après avoir confessé, en vous appuyant sur la loi et les prophètes, d'abord que le Christ est Fils de Dieu, ensuite qu'il est le vrai Dieu toujours avec l'idée de l'unité; nous enseignions, en confirmant par le témoignage de l'Évangile la loi et les prophètes, que la première personne d'entre eux est Fils de Dieu, puisqu'il est vraiment Dieu. Il était conséquent qu'après le nom de Fils on en démontrât la vérité, quoiqu'en ne suivant que les inspirations du bon sens cette appellation de Fils en rendît la vérité absolue. Mais pour ne pas laisser, au milieu des attaques de ceux qui nient la vérité du fils unique de Dieu, un prétexte dont on pût s'emparer pour tromper la foi abusée par de vaines illusions, nous avons pour base à la foi en la spécialité du Fils la vérité de sa divi-

tate, professione; ne aliud esset quam nuncuparetur, neque nuncupatio non nativitatis esset, neque nativitas naturam amisisset, neque potestas non etiam conscia sibi veritatis professione notesceret. Causas ergo omnes singulorum generum ita ex Evangeliis excerptas subjecimus, ut nec professio tacuerit potestatem, nec potestas non exseruerit naturam, nec natura non suæ nativitatis sit, nec nativitas non sui nominis : ut per id non relinqueretur impietatis calumnia; cum Dei veri ex Deo vero divinitatem, secundum et nomen et nativitatem et naturam et potestatem, ipsa quoque Dominus Jesus Christus nativæ veritatis suæ protestatione docuisset.

28. Octavus jam vero liber, duobus superioribus libris de Dei Filio et Deo vero multum ad credentium fidem proficientibus, totus in unius Dei demonstratione detentus est; non auferens Filio Dei nativitatem, sed neque per eam duorum Deorum divinitatem introducens. Ac primum quibus modis hæretici veritatem Dei Patris et Dei Filii, quia negare non possent, tamen eludere niterentur, edocuit; dissolvens ineptas eorum et ridiculas occasiones, quibus per id quod dictum est : « Multitudinis autem credentium erat anima et cor unum [1]; » et rursum : « Qui plantat autem, et qui rigat, unum sunt; » et iterum : « Non pro his autem tantum rogo, sed et pro iis qui credituri » sunt per verbum eorum in me : ut omnes unum sint, sicut tu Pater » in me, et ego in te, ut et ipsi sint in nobis [2] : » voluntatis potius et unanimitatis quam divinitatis asserunt veritatem. Sed nos hæc ipsa suis virtutibus pertractantes, fidem in se divinæ nativitatis continere ostendimus : et omnes dictorum dominicorum professiones revolventes, totum atque perfectum, ex apostolicis præconiis ac sancti Spiritus proprietatibus, et paternæ et unigenitæ majestatis sacramentum docuimus : cum et in Patre Filius intellectus, et Pater in Filio cognitus, unigeniti Dei nativitatem, et perfecti in eo Dei ostenderet veritatem.

[1] Act. IV, 32. — [2] 1 Cor. III, 8; Joan. XVII, 20 et 21.

nité, et nous avons enseigné que celui qu'on s'accordait à proclamer Fils de Dieu est Dieu de nom et de naissance, par sa nature, sa puissance, et ses propres paroles, et en cela nous n'avons pas voulu que l'on pût croire qu'il fût autre chose que ce qu'il est véritablement, que l'on rejetât la nativité, ni que la nativité lui fît perdre sa nature, ni que sa puissance éclatât dans une déclaration où n'aurait pas été empreint le témoignage de la vérité; j'ai soumis toutes les preuves tirées de l'Évangile à un ordre tel que les paroles du Fils proclament sa puissance, la puissance dont il est revêtu fait connaître sa nature, que sa nature ne dépend point de sa naissance, ni sa naissance de son nom. Par là j'arrache à l'impiété ses armes, je ferme la bouche à la calomnie, puisque notre Seigneur Jésus-Christ lui-même, en protestant de sa vérité, de sa nature, avait enseigné à tous la divinité du vrai Dieu, né du vrai Dieu, selon le nom, la naissance, la nature et la puissance.

28. Les deux livres précédens ne laissant à la foi des fidèles aucun doute sur le Fils de Dieu et le vrai Dieu, le huitième livre est consacré tout entier à la démonstration de l'unité de Dieu; j'y établis, sans y sacrifier la pensée de la naissance du fils de Dieu, que de cette naissance il ne faut pas conclure qu'il y a deux Dieux. Et d'abord je montre comment les hérétiques, ne pouvant nier la vérité de Dieu le Père et de Dieu le Fils, cherchaient cependant à l'éluder. En leur opposant ces textes sacrés: « Toute la multitude de ceux qui croyaient » n'était qu'un cœur et qu'une ame; » et ensuite: « Et celui qui » plante et celui qui arrose ne sont qu'une même chose; » et enfin: « Je ne prie pas pour eux seulement, mais encore pour ceux qui » doivent croire en moi par leur parole, afin qu'ils soient un tout en- » semble, comme vous, mon Père, vous êtes en moi, et moi en vous, » et qu'ils soient de même en nous; » je prouve qu'ils en abusent et qu'ils en prennent ridiculement l'occasion de soutenir qu'il faut y voir plutôt l'idée de la volonté et d'une harmonie de sentimens que la preuve de la divinité. En tirant de ces paroles le véritable sens qui y est attaché, je démontre qu'elles expriment bien véritablement la divinité de la naissance; ensuite, en rappelant toutes les paroles du Seigneur, j'établis incontestablement, d'après les apôtres et les propriétés du Saint-Esprit, le témoignage complet, absolu de la majesté divine du Père et du Fils unique, puisque, le Fils étant compris dans le Père, le Père connu dans le Fils, la naissance du Dieu Fils unique était évidente aussi bien qu'il est vrai qu'il est Dieu parfait.

29. Parum est autem, in rebus ad salutem maxime necessariis, sola ea ad satisfactionem fidei afferre, quæ propria sunt : quia plerumque blandientes sensum fallant dictorum nostrorum inexploratæ assertiones, nisi etiam propositionum adversarum demonstratæ inanitates, fidem nostram in eo ipso, quod ipsæ ridiculæ esse arguantur, affirment. Nonus itaque liber totus in repellendis iis, quæ ad infirmandam unigeniti Dei nativitatem ab impiis usurpantur, intentus est : qui dispensationis occultæ a sæculis mysterii immemores, evangelica fide Deum atque hominem prædicari non recordentur. Namque cum Deum esse Dominum nostrum Jesum Christum, et similem Deo esse et æqualem ut Deum Filium Deo Patri, natum et ex Deo, et secundum nativitatis proprietatem in veritate Spiritus subsistere negant; his niti dictorum dominicorum professionibus solent : « Quid me dicis bonum? Nemo » est bonus nisi unus Deus [1] ; » ut cum dici se bonum coarguat, et non nisi bonum Deum unum esse testetur; et extra bonitatem Dei sit, qui bonus est, et in Dei non sit veritate, qui unus est. Quibus dictis etiam hæc ad impietatis suæ argumenta connectunt : « Hæc est autem vita » æterna, ut cognoscant te solum verum Deum, et quem misisti Jesum » Christum [2]; » ut solum verum Deum confessus Patrem, nec verus ipse, nec Deus sit; quia solius Dei veri exceptio, significatæ proprietatis non excedat auctorem. Non ambigue autem hoc ab eo dictum esse intelligendum, quia idem dixerit : « Non potest Filius facere ab se » quidquam, nisi quod viderit Patrem facientem [3]; » ut cum nihil nisi de exemplo operis possit operari, naturæ in eo intelligatur infirmitas; quia nequaquam sit omnipotentiæ comparandum, quod alienæ operationis subjectum est necessitati; et ratio intelligentiæ hoc suadeat, in omnibus a se posse et non posse, differre. Differre autem eo usque, ut de Patre Deo hæc ita professus sit : « Pater major me est [4]; » et cesset in professione absoluta adversandi calumnia; quia impiæ vesaniæ sit, honorem ac naturam Dei tribuere abnuenti. Omni autem modo in tantum eum a proprietate veri Dei abesse, ut etiam testatus hæc fuerit : « De die autem illa et hora nemo scit, neque angeli in cœlis, » neque Filius, nisi Pater solus [5]; » ut cum Filius nesciat quod Pater

[1] Luc. xviii, 19. — [2] Joan. xvii, 8. — [3] Ibid. v, 19. — [4] Ibid. xiv, 28. — [5] Marc. xiii, 32.

29. C'est peu, en effet, dans les affaires qui touchent si intimement au salut, de ne rappeler, pour la satisfaction de la foi, que ce qui s'y rapporte spécialement, puisque plus d'une assertion erronée, mais qui séduit l'esprit, détruit le sens véritable des mots, si, en démontrant la faiblesse des propositions contraires, on ne donne pas un nouvel appui à la foi par les choses mêmes dont on se fait une arme pour l'attaquer. C'est pourquoi, dans le neuvième livre, je réfute tout ce dont les hérétiques ont fait usage pour combattre la naissance du Fils unique de Dieu; car, oubliant le mystère de cette économie, mystère caché dès l'origine des temps, ils ne se souviennent pas davantage que la foi évangélique prêchait qu'il est Dieu et homme tout ensemble. En effet, pour nier que notre Seigneur Jésus-Christ est Dieu, qu'il est semblable à Dieu, et que Dieu le Fils est égal à Dieu le Père Dieu né de Dieu, et que, selon l'effet de sa naissance, il subsiste dans la vérité du Saint-Esprit, ils ont coutume de s'autoriser de ces paroles du Seigneur : « Pourquoi m'appelez-vous bon? il n'y a » que Dieu seul qui soit bon; » en telle sorte qu'en repoussant ce titre et en déclarant que Dieu seul est bon, il n'a rien, selon eux, de la bonté de Dieu, qui seul est bon, et qu'il n'est pas véritablement Dieu, qui est unique. A ces paroles ils en rattachent d'autres encore pour justifier leurs impiétés : « La vie éternelle consiste à vous connaître, » vous qui êtes le Dieu véritable, et le Christ que vous avez envoyé. » D'où ils tirent cette autre conséquence qu'en disant que le Père est seul vrai Dieu, il n'y a en Jésus-Christ ni vérité ni divinité, puisque l'indication spéciale de seul vrai Dieu ne sort pas de l'auteur de la propriété signifiée pour passer à une autre. Ils ajoutent qu'il ne peut y avoir matière de doute, attendu qu'il a dit aussi : « Le Fils ne peut » rien faire de lui-même, et qu'il ne fait que ce qu'il voit faire au » Père. » D'où l'on peut conclure toute la faiblesse de sa nature, puisque ses œuvres n'ont rien d'inspiré et qu'il agit par imitation; qu'il faut écarter toute idée d'omnipotence là où est la nécessité d'une sujétion à l'œuvre d'autrui; que la raison enfin nous dit assez qu'on ne saurait confondre la puissance et l'impuissance, que tout sépare et distingue l'une de l'autre, à tel point même que Jésus-Christ a dit de Dieu le Père : « Mon Père est plus grand que moi. » Qu'on cesse donc, disent-ils, d'entasser ici de vains mensonges; il y a impiété et folie à attribuer les honneurs et la nature de la divinité à qui les refuse. Ils ne s'arrêtent pas là, et ils ajoutent : Il est si loin d'avoir aucun des attributs du vrai Dieu, qu'on lit encore ces paroles dans

solus sciat, longe alienus sit nesciens a sciente; quia natura ignorationi obnoxia, non sit ejus virtutis et potestatis, quæ a dominatu ignorationis excepta sit.

30. Hæc itaque, corrupto depravatoque sensu, impiissime ita intellecta esse monstrantes, omnes dictorum causas ex his ipsis vel interrogationum vel temporum vel dispensationum generibus attulimus; causis potius verba subdentes, non causas verbis deputantes : ut cum a se dissideat : « Pater major me est; » et : « Ego et Pater unum sumus; » neque idem sit : « Nemo bonus est, nisi unus Deus; » et : « Qui me vidit, » vidit et Patrem [1]; » vel certe tanta a se diversitate contraria sint : « Pater, omnia tua mea sunt, et mea tua; » et : « Ut cognoscant te solum » verum Deum [2]; » vel illud : « Ego in Patre, et Pater in me; » et : « De die » autem et hora nemo scit, neque angeli in cœlis, neque Filius, nisi » Pater solus [3]; » intelligantur in singulis et dispensationum prædicationes, et consciæ potestatis naturalis professiones : et cum idem sit dicti auctor utriusque, demonstratis tamen virtutibus generum singulorum, non pertineat ad contumeliam veræ divinitatis, quod ad sacramentum fidei evangelicæ sub dispensatione et causæ, et temporis, et nativitatis, et nominis prædicatur.

31. Decimi vero libri eadem est ratio quæ fidei. Nam quia ex passionis genere et professione quædam, per stultæ intelligentiæ sensum, ad contumeliam divinæ in Domino Jesu Christo naturæ virtutisque rapuerunt; ea ipsa demonstranda fuerunt, et ab his impiissime intellecta esse, et a Domino ad protestationem veræ et perfectæ in se majestatis esse memorata. Namque his sibi dictis, ut religiose impii sint,

[1] Joan. xiv, 28; Joan. x, 30; Luc. xviii, 19. — [2] Joan. xiv, 9; ibid. xvii, 10. — [3] Ibid. 3; ibid. xiv, 11; Marc. xiii, 31.

l'Évangile : « Quant à ce jour et à cette heure-là, nul ne le sait, ni » les anges qui sont dans le ciel, ni le Fils, mais le Père seul. » Si donc le Fils ignore ce que le Père seul peut savoir, il n'y a pas entre eux le plus léger rapport; car une nature dont l'ignorance est le partage n'a rien de commun avec cette autre nature de vertu et de puissance qui est affranchie des liens honteux d'ignorance qui enchaînent l'autre.

30. Je démontre que c'est en altérant le sens, en le détournant de sa véritable signification, qu'ils sont arrivés à ces conclusions impies, et de toutes ces réponses, de toutes ces paroles, je signale les causes qui les ont produites, je leur assigne leur temps propre, j'en fais voir toute l'économie, en ne jugeant pas la pensée par les paroles qui l'expriment, mais les paroles par la pensée. En sorte que, s'il y a opposition entre ces mots : « Mon Père est plus grand que moi, » et ceux-ci : « Mon Père et moi nous sommes un; » entre : « Nul n'est bon, si ce » n'est Dieu seul, » et : « Qui me voit, voit aussi mon Père; » si d'un autre côté cette opposition n'est jamais plus marquée que par ces différentes paroles : « Mon Père, tout ce qui est à vous est à moi, tout » ce qui est à moi est à vous; » et : « Afin qu'ils connaissent que vous » êtes seul le vrai Dieu; je suis dans mon Père, mon Père est en » moi; » et : « Quant à ce jour et à cette heure-là, nul ne le sait, ni » les anges dans le ciel, ni le Fils, mais le Père seul; » il faut y voir un enseignement d'ordre, de règle, l'expression d'une puissance naturelle qui a la conscience de sa force et de sa propre nature; et, en remarquant que ces mots, qui semblent contradictoires, sont sortis de la même personne, il faut bien se garder, après les avoir examinés et pesés dans la vérité, de se faire un prétexte d'outrage au vrai Dieu, de ce qui est publié, prêché en témoignage de la foi évangélique, avec toutes les réserves de cause, de temps, de naissance et de nom.

31. Le dixième livre suit le même ordre que la foi; il marche et s'avance avec elle et par elle vers l'explication et la démonstration de la vérité. En effet, puisque les hérétiques, par l'effet d'une interprétation ridicule et impie, n'ont pas craint d'emprunter à la passion de notre Seigneur Jésus-Christ des raisons pour abaisser en lui la nature divine et y répandre une flétrissante ignominie, j'ai dû prouver qu'ils n'ont pas eu l'intelligence de la vérité, qu'ils sont tombés dans les plus grossières erreurs, et que toutes les paroles du Seigneur ne peuvent avoir d'autre effet que de faire éclater sa majesté sainte, sa

blandiuntur : « Tristis est anima mea usque ad mortem [1]; » ut longe a beatitudine atque incorruptione Dei sit, in cujus animam dominans metus tristitiæ imminentis inciderit : qui etiam usque ad hanc precem consternatus fuerit passionis necessitate : « Pater, si possibile est, transeat calix iste a me [2]; » et sine dubio timere videretur perpeti, quod ne pateretur oraverit; quia patiendi trepidatio causam attulerit deprecandi : in tantum vero infirmitatem ejus obtinuerit vis doloris, ut in ipso crucis tempore diceret : « Deus, Deus meus, quare me dereliquisti [3]? » qui etiam usque ad querelam desolationis suæ, passionis acerbitate commotus, auxilii inops paterni, spiritum in hac voce emiserit cum dixit : « Pater, commendo in manus tuas spiritum meum [4]; » et exhalandi spiritus trepidatione turbatus, tuendum hunc Deo Patri commendaverit; quia commendationis necessitatem desperatio securitatis exegerit.

82. Sed stultissimi atque impiissimi homines, non intelligentes nihil contrarium in rebus iisdem ab eodem dictum fuisse, verbis tantum inhærentes, causas ipsas dictorum reliquerunt. Nam cum longe multumque diversum sit : « Tristis est anima mea usque ad mortem, » et : « Amodo videbitis Filium hominis sedentem a dextris virtutis [5]; » neque idipsum sit : « Pater, si possibile est, transeat calix iste a me [6]; » et illud : « Calicem quem dedit mihi Pater meus, non bibam eum? » longeque diversum sit : « Deus, Deus meus, quare me dereliquisti? » aut illud : « Amen dico tibi, hodie mecum eris in paradiso [7]; » multum quoque dissentiat : « Pater, commendo in manus tuas spiritum meum [8]; » et illud : « Pater, remitte illis, quia quod faciunt nesciunt [9]; » ad impietatem reciderunt divinorum dictorum incapaces. Et cum non conveniat trepidationi et libertati, festinationi et excusationi, querelæ et adhortationi, diffidentiæ et intercessioni; divinæ professionis naturæque immemores, ad argumentum impietatis suæ, dispensationis gesta et dicta tenuerunt. Itaque nos demonstratis omnibus, quæ in sacramento et animæ et corporis Domini Jesu Christi sunt, nihil inexplora-

[1] Matth. xxvi, 38. — [2] Ibid. 39. — [3] Ibid. xxvii, 46. — [4] Luc. xxiii, 46. — [5] Matth. xxvi, 38; ibid. 64. — [6] Ibid. 39; Joan. xviii, 11. — [7] Matth. xxvii, 46; Luc. xxiii, 43. — [8] Ibid. 46. — [9] Ibid. 34.

perfection et sa vérité. Dans leur odieux système, ils s'emparent de ces paroles : « Mon ame est triste jusqu'à la mort, » pour soutenir qu'il n'y a rien de la béatitude, rien de l'incorruptibilité céleste dans celui dont l'ame est ainsi placée sous l'empire de la crainte, et qui, dans les angoisses nécessaires de la passion, s'écrie : « Mon Père, » faites, s'il est possible, que ce calice passe loin de moi. » Il est donc évident qu'il paraissait craindre de souffrir, puisqu'il demande que la souffrance soit loin de lui ; que la crainte est tout le motif de sa prière, et la violence du mal avait tellement triomphé de sa faiblesse qu'il disait, étant attaché sur la croix : « Mon Dieu, mon » Dieu, pourquoi m'avez-vous abandonné ? » Il fut si sensible aux douleurs de la Passion, il avait tant besoin des secours du Père, que, abattu sous le poids qui l'accable, il rendit l'ame en disant : « Mon Père, je remets mon ame entre vos mains. » Et cette ame, agitée par le trouble et la crainte, invoque le secours de Dieu, et, sans espérance du repos qui la fuit, elle est forcée d'en appeler à la bonté protectrice du Père.

32. Mais ces insensés, ces hommes impies, loin de comprendre qu'il n'y a rien de contradictoire dans les paroles que Jésus prononce dans les mêmes circonstances, ne s'attachent qu'aux mots, sans remonter aux causes qui les ont inspirés. Comme il n'y a rien qui se ressemble entre celles-ci : « Mon ame est triste jusqu'à la mort, » et celles-là : « Vous verrez dans la suite le Fils de l'homme assis à la droite de la majesté de Dieu ; » une autre chose est de dire : « Faites, mon Père, s'il est possible, que ce calice passe loin de moi, » autre chose aussi : « Le calice que vous m'avez donné, mon Père, » ne le boirai-je pas ? Mon Dieu, mon Dieu, pourquoi m'avez-vous » abandonné ? »—« En vérité, je vous le dis, vous serez aujourd'hui » avec moi dans le paradis ; » comme enfin il y a une grande différence entre : « Mon père, je remets mon ame entre vos mains, » et : « Mon père, pardonnez-leur, car ils ne savent pas ce qu'ils font ; » incapables de comprendre ces paroles divines, nos adversaires sont tombés dans une monstrueuse impiété. Puis, attendu que le trouble et la liberté, le zèle et la tiédeur, la plainte et l'encouragement, la défiance et l'intercession vont mal dans un même sujet, ils ont osé, oubliant la parole et la nature de Dieu, donner pour base à leurs criminelles erreurs les paroles et les actes du Seigneur. Mais je me suis appliqué à l'examen de tout ce qui a rapport à l'ame et au corps de notre Seigneur Jésus-Christ, et je n'ai rien laissé sans démon-

tum, nihil tacitum dereliquimus : sed dictorum omnium pacificam intelligentiam singulis quibusque causarum generibus coaptantes, nec trepidare fiduciam, nec evitare voluntatem, nec conqueri securitatem, nec commendationem sui orantem, aliis veniam desiderasse monstravimus : fidem dictorum universorum absoluta evangelici mysterii prædicatione firmantes.

33. Igitur quia desperatissimos homines ne ipsa quidem resurrectionis gloria intra religionis intelligentiam edoctos cohibuit, sed aut per dignationis professionem ; impietatis suæ arma sumpserunt, aut sacramenti revelationem ad Dei contumeliam transtulerunt : ut per id quod dictum est : «Ascendo ad Patrem meum et ad Patrem vestrum, » ad Deum meum et ad Deum vestrum [1], » dum communis nobis atque ipsi et Pater Pater est, et Deus Deus est, extra exceptionem veri Dei sit in professione communi, eumque sicuti nos et creationis necessitas creatori Deo subdat, et adoptio assumat in filium ; jam vero nulla in eo divinæ naturæ proprietas existimanda sit, secundum Apostoli dictum : « Cum autem dixerit, omnia subjecta sunt, præter eum qui sub- » jecit ei omnia ; cum enim fuerint subjecta ei omnia, tunc et ipse » subjicietur ei qui ei subjecit omnia, ut sit Deus omnia in omnibus [2] ; » quia subjectio et infirmitatem subjecti protestetur, et dominantis significet potestatem : in his quoque cum summa religionis demonstratione tractandis liber undecimus occupatur, etiam ex his ipsis dictis apostolicis demonstrans, non modo non ad divinitatis infirmitatem subjectionem proficere, sed per eam ipsam veritatem Dei, quia ex Deo sit natus, ostendi : et per id, quod sibi ac nobis et Pater Pater est et Deus Deus est, nobis multum acquiri, et ei nihil detrahi ; cum scilicet homo natus, et universis carnis nostræ passionibus functus, ad Deum et Patrem nostrum, ut homo noster in Deum glorificandus ascenderet.

[1] Joan. xx, 17. — [2] 1 Cor. xv, 27 et 28.

stration, ayant soin de ne rien négliger non plus. Je n'ai point séparé les paroles des circonstances qui les avaient fait naître; cette règle que j'ai suivie m'en a donné l'intelligence; par là je n'ai point allié les contraires, et je me suis bien gardé de dire que, plein de confiance, Jésus a tremblé, qu'il a reculé devant sa volonté, que ses plaintes sont venues donner un démenti à sa sécurité; qu'en recommandant son âme à son âme, il n'a pas trahi son caractère et qu'il a sollicité pour les autres le pardon dont ils avaient besoin, et ici, comme ailleurs, l'Évangile est venu confirmer la foi de toutes les paroles.

33. La gloire elle-même de la résurrection n'a pu retenir ces hommes égarés dans les bornes qu'avait mises à leur audace l'enseignement religieux qu'ils avaient reçu. Sous un vain prétexte de respect et d'honneur, ils se sont armés de toute leur impiété, et la révélation du sacrement n'a été pour eux qu'une occasion de flétrir la gloire de Dieu. Cette parole : « Je monte vers mon Père et votre » Père, vers mon Dieu et votre Dieu, » cette parole qui veut dire seulement que le Père est son Père et que son Dieu est notre Dieu, leur fait croire que le Christ n'est pas véritablement Dieu, que la nécessité de la création qu'il a subie le soumet, ainsi que nous, au Dieu créateur, et qu'enfin il n'est fils que par adoption. Ils vont même jusqu'à dire qu'en lui les attributs de la nature divine sont nuls, se prétendant fondés sur ces mots de l'Apôtre : « Et quand elle dit que » tout lui est assujetti, il faut en excepter celui qui lui a assujetti toutes » choses. Lors donc que toutes choses auront été assujetties au Fils, » il sera assujetti lui-même à celui qui lui a assujetti toutes choses, » afin que Dieu soit tout en tous. » Car, disent-ils, la sujétion prouve la faiblesse de l'être assujéti, en même temps que la puissance de celui qui domine et commande en maître. J'explique toute cette matière dans mon onzième livre avec le plus grand soin, et j'y prouve, d'après les paroles mêmes de l'Apôtre, que non seulement la sujétion n'entraîne pas avec elle cette conséquence de la faiblesse, mais qu'elle nous apprend, au contraire, sans qu'il soit besoin de chercher d'autres preuves, qu'il est véritablement Dieu, puisqu'il est né de Dieu. J'ajoute que, s'il est dit que son Père est notre Père et son Dieu notre Dieu, il ne perd rien à cela et que nous y gagnons beaucoup; car, s'étant fait homme, il a connu toutes les douleurs de notre chair, il est monté, comme homme, pour être glorifié comme Dieu, vers notre Dieu et notre Père.

34. Quod autem in omni genere doctrinarum observari semper meminimus, ut si qui diu tenui primum exercitatione longoque usu humilioris studii fuerint eruditum jam ad rerum ipsarum, quibus imbuti sunt, experimenta mittantur; ut cum jam bene luserint bella militaturi, in militiam protrahantur; aut cum forenses lites scholaris materiæ tentaverint, tunc mittantur ad tribunalium pugnas; aut cum in stagnis domesticis navim nauta intrepidus instruxerit, tunc magni et peregrini maris committatur procellis : id ipsum nos in hac maxima et gravissima totius fidei intelligentia facere curavimus. Namque cum antea a levibus initiis de nativitate, de nomine, de divinitate, de veritate fidem teneram imbuissemus, ac leni profectu etiam usque ad evellendas omnes hæreticorum occasiones, legentium studia extulissemus; tum eos jam ad ipsam palæstram gloriosi certaminis magnique produximus : ut in quantum ad æternæ nativitatis comp[l]ectendam intelligentiam humana mens communis sensus opinione deficitur, in tantum studiis divinis ad sentienda ea, quæ ultra naturæ nostræ opinionem sunt, niterentur; quæstionem hanc maxime dissolventes, quæ sæcularis sapientiæ hebetudine invalescens, de Domino Jesu ratione se putet dicere : « Erat quando non erat, et non fuit ante quam nasceretur : et, de non exstantibus factus est; » ut quia nativitas eam videatur afferre causam, ut esset qui non erat, et cum non existeret nasceretur; per id quoque unigenitum Deum sensui temporum subdant (quasi vero non fuisse eum aliquando, fides ipsa et ratio nativitatis ostendat); atque ideo ex eo quod non fuit, natum esse dicant, quia nativitas præstet esse quod non fuit. Sed nos apostolicis atque evangelicis testimoniis semper Patrem, semper Filium prædicantes, non post aliqua Deum omnium, sed ante omnia esse docebimus : neque incidere in eum irreligiosæ hujus intelligentiæ temeritatem, ut de non exstantibus nasceretur, et non fuerit antequam natus sit; sed ita semper fuisse, ut et natum prædicemus; ita vero natum esse, ut semper fuisse manifestemus : sitque in eo non innascibilitatis exceptio, sed nativitatis æternitas; quia et nativitas auctorem habeat, neque careat æternitate divinitas.

34. J'ai toujours remarqué que, dans toute espèce d'instruction et d'exercice, ceux qui ont été appliqués pendant long-temps à l'étude des premiers élémens de la science ou de l'art qu'on leur enseigne font ensuite l'essai de leurs forces et de leur talent, et couronnent la théorie par la pratique; que ceux qui sont destinés au métier des armes ne vont à la guerre qu'après avoir joué, pour ainsi dire, leur premier rôle dans des combats simulés; que l'avocat ne se présente dans la lice du barreau que lorsqu'il a préparé ses armes à l'avance dans les écoles en plaidant des causes imaginaires; qu'avant d'affronter les orages d'une mer lointaine et inconnue, le nautonnier a d'abord fait voler son vaisseau sur les flots voisins de sa ville : eh bien! c'est la marche que j'ai suivie moi-même dans l'étude si longue et si grave de toutes les matières de foi. En effet, j'ai préludé, si cette expression rend bien ma pensée, en me pénétrant des premières vérités; je me suis rendu compte de la naissance du Fils, de son nom, de sa divinité; puis j'ai cherché à conduire, mais peu à peu et comme par une pente douce, l'esprit des lecteurs à l'attaque directe des hérésies qu'il fallait combattre; alors j'ai livré la grande bataille qui me promettait la gloire et le triomphe. Quel a été mon but? d'élever autant les esprits vers l'étude des choses du ciel, de leur faire comprendre ce qui est placé hors de la portée de leur nature autant qu'ils sont faibles et sans puissance pour arriver d'eux-mêmes à l'intelligence de la naissance éternelle de Jésus-Christ, de les en rapprocher enfin de toute la distance qui les en sépare. Je me suis attaché principalement à l'examen de cette question qui, prenant tous les jours de nouvelles forces dans l'affaiblissement de la sagesse du siècle, semble l'autoriser à penser de notre Seigneur Jésus-Christ qu'il *y avait un être préexistant, que le Fils n'était pas avant de naître et qu'il a été tiré du néant.* A ce compte, on ne craint pas, parce que sa naissance paraît être la raison de son existence, et qu'il fallait qu'il naquît pour être, de soumettre ainsi à un calcul de temps le Fils unique de Dieu (comme si la foi elle-même et l'idée de naissance ne montraient pas clairement la vérité à cet égard), et qu'ainsi l'on doit conclure que, s'il est né, c'est qu'il n'existait pas, et que la naissance ne peut avoir d'autre conclusion. Mais, éclairé par les témoignages des apôtres et de l'Évangile, et confessant toujours le Père et le Fils, j'enseignerai que le Dieu créateur de toutes choses a été avant toutes choses, et que rien n'a pu le devancer dans le temps; qu'il faut bien se garder de cette idée impie et téméraire, à savoir qu'il a été tiré du néant, et qu'il n'était pas avant de

35. Et quia dicti prophetici inscii, et coelestis doctrinæ imperiti sunt, corrupto sensu ac proprietate sententiæ creatum esse per id Deum potius quam natum affirmare nituntur, quia dictum est: « Do- » minus creavit me in initium viarum suarum in opera sua[1] : » ut sit ex communi creationum natura, licet sit præstantior in genere creationis; neque in eo sit gloria divinæ nativitatis, sed virtus potentis creaturæ. Verum nos nihil novum, nihil extrinsecus præsumptum afferentes, ipso illo Sapientiæ testimonio veritatem dicti rationemque præstabimus, neque ad nativitatis divinæ et æternæ intelligentiam trahi posse, quod in initium viarum Dei et in opera sit creatus, quia non idem sit in hæc creatum esse, et ante omnia natum esse: cum ubi nativitatis significatio est, sola nativitatis professio est; ubi vero creationis est nomen, ibi causa ejusdem creationis anterior est: et cum ante omnia sit nata Sapientia, tamen quia etiam in res aliquas sit creata, non idipsum sit id quod ante omnia est, et quod coepit esse post aliqua.

36. Dehinc consequens visum est, creationis nomine a fide, quæ nobis de unigenito Deo est, repudiato, ea quoque quæ confessioni sancti Spiritus congrua ac religiosa essent, docere: ut jam confirmatis longo anteriorum libellorum diligentique tractatu, nihil de totius fidei absolutione deesset, cum amotis vitiosarum prædicationum etiam de opinione sancti Spiritus irreligiositatibus, illæsum atque incontaminatum regenerantis Trinitatis sacramentum intra definitionem salutarem apostolica atque evangelica auctoritas contineret: neque jam per sensus humani sententiam Spiritum Dei inter creaturas quisquam auderet referre, quem ad immortalitatis pignus et ad divinæ incorruptæque naturæ consortium sumeremus.

[1] Prov. viii, 22.

naître ; qu'il a toujours été, et que cependant il est né ; que sa naissance ne prouve rien autre chose que son existence éternelle : d'où il faut inférer qu'il y a en lui non pas l'impossibilité de naître, mais éternité de de naissance, car la naissance suppose un auteur, et la pensée de Dieu ne va pas sans celle de l'éternité.

35. Dans leur ignorance de la parole du prophète, inhabiles qu'ils sont dans l'interprétation de la doctrine du ciel, ils affirment, toujours en altérant le vrai sens, que le Fils a été créé plutôt qu'il n'est né, parce qu'il a été dit : « Le Seigneur m'a créé au commencement de ses voies » dans son œuvre. » D'où il suit, selon nos adversaires, qu'il est de la même nature que toutes les choses créées, bien qu'il leur soit supérieur quant au genre de la création, mais qu'il n'y faut pas chercher la gloire de la divinité, mais la force d'âme et la vertu d'une créature puissante. Sans avancer rien de nouveau, rien d'étranger à la matière, par le témoignage même de la Sagesse, je ferai sentir et comprendre la vérité et la raison de cette parole, qu'il ne faut pas, parce qu'il a été créé au commencement des voies de Dieu et dans son œuvre, l'entendre d'une naissance divine et éternelle, puisque avoir été créé dans la vue de l'œuvre et être né avant toutes choses n'ont rien qui se ressemble. L'idée de naissance est nécessairement restreinte au fait même de la naissance ; mais quand il y a création, il faut admettre une cause antérieure de cette création. Quoique la sagesse soit née avant toutes choses, cependant, comme sa naissance emporte l'idée d'un but quelconque, ce n'est pas la même chose d'être avant tout et d'avoir commencé dans le temps.

36. J'ai été conséquent avec moi-même quand, après avoir rejeté le nom de création pour rester fidèle à notre foi dans le Fils unique de Dieu, j'ai enseigné tout ce qui est conforme à la foi dans le Saint-Esprit. C'est ainsi qu'ayant établi dans les autres livres avec soin et fort au long la vérité de la religion, je n'ai rien laissé à désirer dans cette démonstration que j'avais entreprise ; et ayant écarté toutes les fausses opinions, toutes les impiétés avancées dans la personne du Saint-Esprit, j'ai renfermé dans l'enseignement de l'autorité des apôtres et de l'Évangile le dogme pur et invincible de la Trinité, et il n'est plus permis à personne de mettre, en n'écoutant que l'intelligence humaine, l'Esprit de Dieu au nombre des créatures, cet Esprit qui est le gage de l'immortalité, et qui partage avec Dieu l'incorruptibilité d'une nature divine.

37. Ego quidem hoc vel præcipuum vitæ meæ officium debere me tibi, Pater omnipotens Deus, conscius sum, ut te omnis sermo meus et sensus loquatur. Neque enim ullum aliud majus præmium hic ipse usus mihi a te concessus loquendi potest referre, quam ut prædicando te tibi serviat, teque quod es, Patrem, Patrem scilicet unigeniti Dei, aut ignoranti sæculo, aut neganti hæretico demonstret. Et in hoc quidem tantum voluntatis meæ professio est : cæterum auxilii et misericordiæ tuæ munus orandum est, et extensa tibi fidei nostræ confessionisque vela flatu Spiritus tui impleas, nosque in cursum prædicationis initæ propellas. Non enim nobis infidelis sponsionis istius auctor es, dicens, « Petite, et dabitur vobis; quærite, et invenietis; » pulsate, et aperietur vobis [1]. » Nos quidem inopes ea quibus egemus precabimur, et in scrutandis prophetarum tuorum apostolorumque dictis studium pervicax afferemus, et omnes obseratæ intelligentiæ aditus pulsabimus : sed tuum est, et oratum tribuere, et quæsitum adesse, et patere pulsatum. Torpemus enim quodam naturæ nostræ pigro stupore, et ad res tuas intelligendas intra ignorantiæ necessitatem ingenii nostri imbecillitate cohibemur : sed doctrinæ tuæ studia ad sensum nos divinæ cognitionis instituunt, et ultra naturalem opinionem fidei obedientia provehit.

38. Exspectamus ergo ut trepidi hujus cœpti exordia incites, et profectu accrescente confirmes, et ad consortium vel prophetalis vel apostolici spiritus voces : ut dicta eorum non alio quam ipsi locuti sunt sensu apprehendamus, verborumque proprietates iisdem rerum significationibus exsequamur. Locuturi enim sumus, quæ ab iis in sacramento prædicata sunt, te æternum Deum, æterni unigeniti Dei Patrem : et unum te sine nativitate, et unum Dominum Jesum Christum ex te nativitatis æternæ, non in Deorum numerum veritatis diversitate referendum : neque non ex te genitum, qui Deus unus es,

---

[1] Luc. xi, 9.

37. C'est à vous, ô Dieu, Père tout-puissant, c'est à vous, je le confesse, que je dois d'avoir fait cet heureux emploi des jours de ma vie, à vous que je dois ce privilège que votre pensée éclate dans tous mes discours et dans mon intelligence. Il n'y a pas de récompense plus grande attachée à cette faculté que vous avez daigné m'accorder de parler, que de l'employer à prêcher votre saint nom et à enseigner à un siècle qui l'ignore, ou aux hérétiques qui le nient, ce que vous êtes véritablement, à savoir, Père et Père de Dieu Fils unique. Dans cette noble entreprise je n'apporte que de la bonne volonté; votre secours et votre miséricorde me sont nécessaires; je vous les demande, ne me les refusez pas; que les voiles du vaisseau où sont montés avec moi la foi et le désir de la proclamer partout s'enflent au souffle de votre esprit, et puissé-je arriver heureusement au port! Car ce n'est point une vaine promesse que vous avez faite en disant : « Demandez, et il » vous sera donné ; cherchez, et vous trouverez; frappez, et l'on vous » ouvrira. » Je vous demanderai, Seigneur, tout ce qui me manque, et dans l'étude des prophètes et de vos apôtres, mon courage ne me fera pas défaut; je frapperai, si je puis le dire, à toutes les portes qui conduisent à l'intelligence de vos saints mystères; mais c'est à vous d'exaucer ma prière, de m'aider dans mes efforts et d'excuser l'importunité de mon zèle. L'esprit de l'homme en effet s'engourdit dans sa propre faiblesse; il a besoin d'être aiguillonné; et les liens qui le pressent, les chaînes de l'ignorance qui pèsent sur lui s'opposent à ce qu'il prenne son essor vers les choses du ciel, dont l'intelligence lui échappe; mais par votre secours il arrive à cette précieuse connaissance de la doctrine divine, et s'il est docile, il a bientôt franchi les barrières naturelles dans lesquelles il est renfermé.

38. J'attends de votre bonté, ô mon Dieu, que vous encouragiez, au début de la carrière, mon cœur agité d'une juste crainte, que vous lui donniez les forces dont il a besoin, et que vous l'échauffiez du souffle qui anima celui des prophètes et des apôtres; car alors je n'entendrai pas leurs paroles dans un autre sens qu'ils les ont dites, et les mots seront pour moi la véritable expression des pensées: ce qu'ils ont enseigné, ce qu'ils ont prêché, je vais le prêcher, l'enseigner, à savoir, que vous êtes le Dieu éternel, le Père de Dieu Fils unique et éternel; que vous êtes un, que notre Seigneur Jésus-Christ né de vous éternellement est un, et qu'il ne faut pas voir deux Dieux là où il n'y a qu'une distinction; et qu'enfin il n'y a qu'un Dieu véritable né du Père véritable Dieu. Daignez donc m'accorder de saisir la signification des

prædicandum; neque aliud quam Deum verum, qui ex te Deo vero Patre natus est, confitendum. Tribue ergo nobis verborum significationem, intelligentiæ lumen, dictorum honorem, veritatis fidem : et præsta, ut quod credimus, et loquamur; scilicet, ut contingat nobis, unum te Deum Patrem et unum Dominum Jesum Christum de prophetis atque apostolis cognoscentibus, nunc adversum negantes hæreticos, ita Deum et te celebrare, ne solum; et eum prædicare, ne falsum.

mots, d'être éclairé de la lumière de l'intelligence, d'honorer vos saintes paroles et d'avoir foi dans la vérité. Faites, Seigneur, que mon langage soit l'expression de ma croyance, et qu'ainsi, ayant appris des prophètes et des apôtres un seul Dieu le Père, un seul Seigneur Jésus-Christ, je proclame, en dépit des hérétiques et de leurs dénégations, que vous êtes Dieu, et que vous n'êtes pas seul, et que Jésus-Christ n'est point non plus une œuvre de mensonge.

SANCTUS EPHRÆM SYRUS,

EDESSÆ DIACONUS.

OPERA SELECTA.

SERMONES QUILIBET, HOMILIA, EPISTOLA, PRECATIO.

SAINT EPHREM DE SYRIE,

DIACRE D'ÉDESSE.

OEUVRES CHOISIES.

DISCOURS DIVERS, HOMÉLIE, LETTRE, PRIÈRE.

SAINT ÉPHREM DE SYRIE,

DIACRE D'ÉDESSE.

Saint Éphrem naquit à Nisibe, en Mésopotamie, au quatrième siècle, probablement sous le règne de Dioclétien, de parens obscurs et pauvres, mais qui confessèrent la foi de Jésus-Christ. Il ne reçut le baptême qu'à l'âge de dix-huit ans; il embrassa de bonne heure la vie monastique, et, retiré près d'Édesse, dans une solitude profonde, il s'y livra aux plus rudes exercices de la pénitence. Autour de lui se rangèrent un grand nombre de moines dont il devint le maître, en même temps que sa piété et ses talens appelaient sur lui les regards des plus célèbres personnages de cette époque. Il quitta sa retraite pour aller visiter à Césarée le grand archevêque saint Basile, qui l'ordonna diacre, dignité d'autant plus considérée, selon saint Jérôme, que les diacres étaient en plus petit nombre. Il raconte lui-même d'une manière touchante son entrevue avec le saint archevêque (372). On prétend que saint Basile ne voulait point le laisser partir sans l'élever au sacerdoce, mais saint Éphrem, par esprit d'humilité sans doute, refusa cette dignité, et c'est un fait acquis aujourd'hui à l'histoire qu'il resta diacre; saint Jérôme ne l'appelle pas autrement que le diacre d'Édesse. Sozomène rapporte qu'ayant été élu évêque, il feignit une aliénation mentale, dans la crainte de se voir imposer une charge que son humilité lui faisait regarder comme au-dessus de ses forces. Saint Éphrem se fit estimer de saint Basile, et nous en avons eu plus haut une preuve certaine, de saint Grégoire de Nysse et des autres grands hommes de son siècle.

Écrivain sublime, au jugement de saint Jérôme, saint Éphrem est à la Syrie ce que saint Augustin est à l'Église d'Afrique et saint Jean Chrysostome à l'Église grecque. Ce qu'on doit admirer en lui, dit Photius, c'est la force avec laquelle il porte la conviction dans les esprits, l'agrément qui fait le charme de ses écrits, et l'onction affectueuse dont ils sont remplis : c'est comme une source qui ne tarit pas. Aussi est-il appelé le docteur et le prophète des Syriens. Il écrivit avec force contre les erreurs de Sabellius, d'Arius, d'Apollinaire et des Manichéens. Et cependant saint Éphrem ne fut qu'un solitaire; mais il écrivait comme il parlait, en présence de Dieu, et nul peut-être n'a parlé avec plus d'éloquence de la fragilité des biens terrestres, de la mort, du jugement dernier, dont il pourrait être appelé le prophète.

Sentant sa fin approcher, il rassembla ses disciples pour leur faire connaître ses dispositions dernières; il ne voulut point qu'on chantât d'hymnes funéraires à son enterrement; il défendit qu'on fît de lui aucun éloge funèbre, et qu'on élevât un monument à sa mémoire. Après avoir donné sa bénédiction à ses disciples, il appela la miséricorde de Dieu sur leurs têtes, prononça quelques prédictions qui furent fidèlement accomplies, et mourut dans la paix du Seigneur, vers l'an 379.

La meilleure édition de ses ouvrages est celle de Rome, depuis 1732 jusqu'en 1746, en grec, en syriaque et en latin, six vol. in-fol. On y trouve d'excellens commentaires sur l'Écriture sainte, de savans traités de controverse, d'éloquentes homélies, et de très-beaux livres de piété. Les prières de saint Éphrem sont célèbres; il serait à désirer qu'on les réunît dans un seul volume. Ce serait un excellent livre à mettre entre les mains des personnes pieuses.

SANCTUS EPHRÆM SYRUS,

EDESSÆ DIACONUS.

SERMONES EXEGETICI.

I.

Cuncta vanitas, et afflictio spiritus [1].

Propheta clamat : « Homo vapori similis est, ejusque vitæ spatia velut umbra fluunt et elabuntur [2]. » Vos autem, « Filii hominum, usquequo diligitis vanitatem, et quæritis mendacium [3]. Præterit enim figura hujus mundi [4], » nos admonet Apostolus. Tempestas tempestatem trudit, ætas ætati succedit, et exspirat. Anni, menses, et dies mundum in transitu esse prædicant. Quisquis mundum intrat, quo inde egrediatur, intendit iter. Quisquis utero concipitur, sepulcrum petit, ibi mansurus. Alter dum nascitur, in mundo victurus, jam inde migravit alter. Dum ille divitias congregat et recondit, iste reliquit et discessit. Aspice ut opes ab altera in alteram familiam transferuntur, utque subit egestas alteram ex altera domum. « Vanitas vanitatum, et omnia vanitas [5], » sicut scriptum est. Mundus rotæ similis est, motibus rapit suis tempestates ac tempora. Illius mala vanitas et bona nihil, nec mala mala sunt, nec bona sunt bona. Cum obvenerit copia, illico succedit inopia ; cum intraverit, constiteritque tantisper voluptas, transit, et subeunt dolores. Qui hodie lætatur, plorabit cras et mœrebit. Qui modo nuptiali epulo assidet, gestitque præsentia

---

[1] Eccl. I, 14. — [2] Psal. CXLIII, 4. — [3] Ibid. IV, 3. — [4] 1 Cor. VII, 31. — [5] Eccl. 1, 2.

SAINT ÉPHREM DE SYRIE,

DIACRE D'ÉDESSE.

DISCOURS EXÉGÉTIQUES.

I.

Tout est vanité et affliction d'esprit.

Le Prophète s'écrie : « L'homme est semblable à une vapeur, et les jours » de sa vie s'échappent et disparaissent comme une ombre. » Et vous, « fils des hommes, jusques à quand aimerez-vous la vanité, et cherche- » rez-vous le mensonge ? La figure de ce monde passe, » nous dit l'Apôtre. Une saison chasse l'autre, un âge succède à un autre âge et s'efface sans retour. Les années, les mois et les jours proclament que la vie de ce monde n'est qu'un passage. Le premier pas dans la carrière est un pas vers la fin. Conçu dans le sein de la femme, l'homme s'avance vers le tombeau, d'où il ne sortira plus. L'un entre dans la vie, quand l'autre l'a déjà quittée. Celui-ci entasse des trésors pour les enfouir, quand celui-là part sans rien emporter avec lui. Voyez comme les richesses passent d'une famille à l'autre, et comme la pauvreté heurte tour à tour à la porte de chaque maison. « Vanité des vanités, et tout est vanité, » comme il a été écrit. Le monde est une roue qui, dans ses mouvemens rapides, entraîne avec elle les saisons et les années. Le mal n'y est qu'une chimère, le bien n'est rien ; les maux et les biens n'ont ni réalité ni consistance. L'abondance vient-elle vous sourire un moment, l'indigence la remplace soudain ; le plaisir entre, et cet hôte d'un jour fuit devant la douleur qui marche sur ses pas. Tel est aujourd'hui dans les ris, qui demain sera dans les pleurs. Assis au banquet nuptial, l'époux se réjouit dans son cœur en contemplant sa

uxoris adolescentiæ suæ, casu intervenit mors, et conjuges dividit, et major gaudio præsente sequens dolor superstitem obruit. Splendidis ille nitet vestibus, et pretioso amictu superbit, sua hic quoque brevi exuet ornamenta, et ista somnium fuisse sepulcro exceptus discet, aranearum telis mox operiendus. Nec aliud cogitabit iste, qui superbam domum ædificat, et per ampla spatiatur atria, quando supremus illum opprimet dies, et ægrum prosternet, abjicietque in lectulum, ac tandem exstinguet. Continuo funeris curatores manus ejus, pedesque constringunt, obstruunt os, oculos obnubunt, suisque cogunt excedere ædibus; nec dieculæ mora in propria domo domino conceditur; sed inde confestim elatus, subit sepulcrum ibi relinquendus. Talis erit vitæ illius exitus, « vanitas utique, et afflictio spiri- » tus [1]. » Velut somnium avolarunt dies ejus, fuitque quasi non fuisset. Alius quispiam præfecturam adeptus est, indeque altos spiritus ducit ac tumet; cæteros opprimit, ac fraudibus dolisque captos spoliat, et iniqua præda proprias implet ædes. Sed cum venerit vitæ finis, hoc omne in cineres rediget; fuerunt nempe divitiæ ejus « vanitas » et afflictio spiritus. » Mundus noctis imago est, ejusque operationes somnia sunt, quibus demersus animus, deceptus errat. Ut nox per falsas imagines trahit dormientem, sic vigilantem suis mundus promissis capit. Ut somnus spectris et vanis visionibus hominem ludificat, sic mundus jucunda voluptatum et divitiarum specie fallit, somnia objiciens gratissima. Sic te tibi fingit divitem, præfectum, et in celsissimo gradu locatum, pulcherrimis ornatum vestibus, insuper promiscuam hominum turbam tuis advolutam pedibus, ac talibus illusum speciebus fastus inflat. Transacta nox abiit, discutitur sopor et cessat; expergisceris, et evigilas, objecta tibi somnia vanas imagines fuisse deprehendis. Mundus suis nos seducit opibus et divitiis, ut nocturna somnia sic avolabunt, et erunt quasi non fuissent. Fugiente spiritu, et sopito corpore, anima evigilat, mundique somnia recogitantem pudebit talia somniasse. Jam nunc in suis erubescit malis, stupet, angitur, pavet ac tremit, cernens in propatulo jam posita, quæ hactenus occultata latebant. Accidit illi nimirum, quod passim experiuntur

[1] Eccl. IV, 0.

jeune femme; mais la mort vient et frappe, brise ces doux liens, et, plus amère que n'a été vive la joie qui l'a précédée, elle étend son crêpe sur un jour de fête. Les somptueux habits dont il se pare, la pourpre où son orgueil éclate, cet homme va bientôt les quitter, et, couché dans le cercueil avec les insectes qui lui filent un autre vêtement, il apprendra qu'il n'a fait qu'un vain songe. Il l'apprendra aussi cet autre qui bâtit un palais magnifique, se plaît à en parcourir les vastes appartemens, quand à son oreille sonnera la dernière heure, et que, jeté sur un lit étroit, il s'étendra dans l'agonie de la souffrance. Soudain, accourus au dernier cri qu'il a poussé, les ministres de la mort lui lient les pieds et les mains, ferment sa bouche, couvrent ses yeux d'un voile, et l'arrachent à sa brillante demeure. Il n'obtient pas même un demi-jour de grâce dans ce palais où il commandait en maître; on l'emporte à la hâte pour le descendre dans la tombe, son dernier et solitaire asile. Voilà le dénouement de sa vie : « Oui, tout est vanité et affliction d'esprit. » Ce haut personnage à qui vient d'être confiée l'administration d'une province, s'enivre à la coupe du pouvoir; insolent et fier, il écrase du poids de son autorité, attaque par la ruse et la violence ceux qui sont placés sous ses ordres, s'enrichit des dépouilles que leur ravit sa main avare; mais, au jour de la mort, tout cela ne sera plus qu'un peu de cendre, car ces richesses n'étaient que « vanité et affliction d'esprit. » Le monde est l'image de la nuit; ses œuvres sont des rêves dont les illusions égarent notre esprit. La nuit, pendant le sommeil, nous nous élançons à la poursuite de misérables chimères; le jour, quand nos sens sont éveillés, le monde nous séduit par ses promesses fallacieuses. Est-il endormi, l'homme est le jouet de visions fantastiques et mensongères, de même que le monde amuse sa crédulité par des songes pleins de charmes, par cet appât qu'il lui jette des plaisirs et de la richesse. Ainsi fortune, puissance, honneurs, éclatante parure, esclaves rampans à vos pieds, il semble tout vous donner, mais ce n'est qu'un piège où vous vous laissez prendre. La nuit vient-elle de plier ses voiles, vos yeux se sont-ils ouverts, vous vous réveillez enfin, et le tableau qui s'efface vous dit que tout cela n'était qu'une déception. Dupes des séductions qui vous entourent, vous les verrez s'envoler sur les ailes des songes, et il n'en restera pas le moindre vestige. Quand l'esprit de vie s'est éteint, quand le corps s'est endormi dans la tombe, l'âme s'éveille, et, au souvenir des enchantemens qui l'ont fascinée, elle gémit de ses erreurs, déplore son infortune, s'étonne, s'offraie en voyant se dérouler

quicumque, discusso sopore, objectas in somno imagines cum præsenti non ficta egestate et mœstitia conferunt. Videt præteritum tempus velut somnium defluxisse, præsentemque statum considerans perturbatur, et stupens hæsitat, circumspiciensque se undique suis septam criminibus, et omnibus, quæ perpetravit, malis, velut tetra caligine circumfusam, quo se vertat non habet, quovis enim abeat, et ubivis lateat, suæ illi ex adverso stabunt iniquitates. Tum vero occurret ille malignus, et animam immitis exactor aggredietur, somnia a mundo objecta reposcet, continuo in oculis conspectuque exponenda. Exiget collectas divitias, quæ illam a divinis laudibus avocare solebant, omnique spoliatam amictu nudam irridebit et subsannabit. Detestabile flagitium improperabit, gehennæ flammis piandum, tenebrisque puniendas rapinas objiciet, regeretque nequitiam et astutias dentium stridore luendas, et ad cruciatum cientes iracundiam et invidiam. Cuncta retexet scelera, suasque ipsi ante oculos explicabit noxas nulla dissimulata. Ejusmodi declarationes utique acerbissimas præsens diabolus exiget ab anima, quæ sua ante per somnia errabat. Somnia, quæ fuerunt, ejusdem tormenta fiunt. Cavendum ergo ne mundi prætercuntis error nos abstrahat, neve illius illecebris capiamur, quia ut somnium avolat, sic ille evanescet. Cogita quomodo dies decurrunt, et rapidæ fluunt horæ, festinant, nec ullas nectunt moras; similiter mundus præcipiti cursu ad finem properat. Præsens dies sequentem non moratur, nec hora horam exspectat, ut fluvius, objecta manu, non sidit, nec cohibet cursum, sic nec ullo vita impeditur obice, ne transcurrat. Ex utero natis vitæ spatia certo limite et invariabili mensura definita sunt, nec talibus mundum ingredientibus modus aut potestas conceditur, quo liceat præscriptum vitæ terminum transcendere. Concessum homini vivendi tempus affixum limitem exegit Deus, istud metiuntur dies, et inter se dividunt. Suam singuli partem suffurantur, etsi furtum ipse non sentias. Horæ similiter attributam sibi sarcinulam abeuntes secum asportant; tuam dies labefactant vitam; horæ statumina ejus dissipant, dum tandem exstinguant; quasi vero vanitas non ipse sis, vita na furibus et latronibus præda data est. Illam trahunt et devolvunt tempestates, donec per parva detrimenta paulatim consumptum, rum-

devant elle ce que les ténèbres lui cachaient dans leurs replis épais. Il lui arrive alors ce qu'éprouvent tous les jours ceux qui, à leur réveil, comparent les ravissantes images qui les ont agités dans leurs songes avec l'indigence et le malheur qui les presse dans sa hideuse réalité. Le passé n'a été qu'un rêve, et à l'aspect de leur situation présente, ils se troublent, ils hésitent; puis, jetant un regard sur leur vie toute souillée de crimes qui l'obscurcissent comme un sombre nuage, ils ne savent où adresser leurs pas. Quelque part qu'ils aillent en effet, dans quelque endroit qu'ils se cachent, leurs iniquités se dressent contre eux de toute leur hauteur. C'est alors que viendra le démon; exacteur impitoyable, il s'acharnera à tourmenter leur ame; il rappellera ces songes brillans du monde, pour les mettre continuellement sous leurs yeux, ces trésors amoncelés qui les arrachaient au service de Dieu, et son sourire infernal, ses amères railleries insulteront à leur nudité. Il leur reprochera avec aigreur ces désordres abominables qui ne peuvent être expiés que dans les flammes, ces rapines, ces actes de méchanceté et de perfidie qu'il faut enfin payer dans l'horreur des ténèbres, par des grincemens de dents, et qui trop long-temps ont défié le châtiment en irritant le courroux du ciel. Leurs crimes, il les étalera à leurs yeux; leurs fautes seront mises à nu; tous les voiles tomberont. C'est ainsi que cet esprit impur leur jettera à la face le tableau des cruelles illusions où s'est perdue leur imagination. Ces rêves qui souriaient à leur ame en seront le supplice. Ah! prenons garde que ce monde d'un jour ne nous entraîne; défions-nous de ses charmes, car ils s'effaceront comme de vains songes. Réfléchissez à la rapidité avec laquelle les jours s'envolent et l'heure s'enfuit; ils se hâtent, rien ne peut les arrêter; le monde se précipite de même vers sa fin. Que fait le jour présent au jour de demain? l'heure n'attend pas l'heure qui doit la suivre; votre bras ne suspendra point le cours du fleuve qui se rit de l'obstacle: ainsi fait la vie. A tout homme qui naît son temps est mesuré; l'espace qu'il doit parcourir est renfermé dans des limites invariables; il n'a ni le moyen, ni le pouvoir de les déplacer ou de les franchir. C'est Dieu qui les a établies lui-même pour marquer la succession des instans dont se compose la vie de l'homme. Chaque jour a sa part qu'il vous dérobe à votre insu; les heures à leur tour emportent la faible portion qui leur est assignée; ainsi votre vie se morcèle, ainsi la trame s'use jusqu'à ce qu'il n'en reste plus un fil, et, comme s'il y avait en vous autre chose que vanité, vos jours sont livrés en proie aux larrons et aux malfaiteurs. Le saisons les en-

patur stamen vitæ tuæ, et dispereat. Tuam dies sepelient vitam, et horæ cadaver efferent, quoniam per horas et dies illa traducitur ad inferos. Vitam, quam in præsenti ducis, cadente die simul occidet, et transiet, dum unaquæque dies, ut dixi, particulam aufert et transportat, unaquæque dies suam vitæ tuæ partem sepelit, et hora suam. Sic properato temporis cursu, celerrime vita deteritur, transit et perit. Dies quod suum est, vindicant et efferunt, suum pariter horæ, et confestim abeunt, donec evolvantur vitæ tuæ tempora, et citatus finis adveniat. Deus modum statuit vitæ tuæ, et locum distinxit terram, et singuli dies dimensum suum inde hauriunt, donec istud vitæ tuæ exhauriatur flumen. Quo devolvuntur dies, cursu eodem labitur vita tua, præcipitat et pertransit. Nec ullo, ut dixi, pacto fieri potest ut maneas. Cum in cœlo substiterit sol, et luna suos continuerit meatus, tuæ etiam vitæ tempus stabit et non effluet. Experire, quæ audis in umbra, inde vitæ tuæ defluxum intelliges. Sicubi aversus a sole constiteris, lineam describito, inde contemplare tui corporis umbram, vides ut a loco semper recedit, nec unquam stat, simili fluxu tua etiam vita transcurrit, et præceps trahitur ad mortem: a mane usque ad vesperam corporis tui decurrit umbra, sic a matris tuæ ventre ad tumulum devolvitur tempus vitæ tuæ. Tuo vitam tuam metire palmo, hac scilicet illa quanta est continetur, in quinis digitis totidem cerne ætates: a minimo incipit palma manus, et in pollicem desinit, hoc puta nascentis initium vitæ, et senescentis finem: a minimo inchoatur vita, hoc est infantiæ tempus; ad secundum progreditur, hæc pueritia est intelligentiæ judiciique expers; venit ad medium, hæc juventa est superba, speque atque animo inflata: succedit, quem quartum dicimus, est perfecta virilitas: atque hic metientes incipit spatium deserere; unus superest digitus pollex, senectus est, vitæ terminus. Hæc sunt humanæ vitæ spatia, si tamen homini conceditur ad ordinarium vitæ terminum pervenire; accidit enim, ut hunc approperata mors antevertat, palma quippe manus tuæ sua quavis in parte sectioni exposita est ad Dei nutum. Contrahitur autem quandoque vitæ tempus, ne diutius victuri malitia protrahatur.

[1] 2 Petr. III, 10.

traînent dans leur course rapide, jusqu'au moment où, altérée insensiblement, leur chaîne venant à se rompre, tous les anneaux en sont dispersés. Les jours étendront un linceul sur votre vie, les heures emporteront le cadavre, parce que les heures et les jours le poussent aux enfers. Cette vie dont vous jouissez aujourd'hui s'éteindra avec les derniers feux du jour, elle passera vite, parce que chaque heure en prend sa part qu'elle engloutit à jamais avec l'instant même où elle sonne. Dans cette fuite rapide du temps, la vie s'use et s'anéantit. Les jours et les heures viennent en revendiquer la portion qui leur appartient, puis ils disparaissent, et ces vols successifs se renouvellent jusqu'à ce qu'enfin vous n'ayez plus rien à donner. C'est Dieu qui a fixé le terme de votre vie, Dieu qui en a divisé l'espace ; chacun de vos instans réclame la part qui lui a été dévolue ; c'est comme une source où il puise jusqu'à ce qu'elle se tarisse. La vie et le temps marchent ensemble et du même pas ; tous deux se hâtent, tous deux ne sont bientôt plus. En vain vous tenteriez de les retenir. Quand le soleil s'arrêtera dans les cieux, quand la lune ne présentera plus à sa lumière ses différens aspects, c'est alors que les flots qui vous emportaient cesseront de couler. L'ombre va vous apprendre encore combien la vie fuit rapidement. Mettez-vous en opposition avec le soleil, tracez une ligne ; voyez l'ombre que votre corps projette, sans cesse elle se déplace, elle décroît ou s'allonge, elle ne reste jamais au même point. Eh bien ! le même mouvement vous entraîne, votre vie court à la mort avec la même rapidité. De l'aurore au coucher du soleil, l'ombre de votre corps glisse avec la même vitesse que du sein de votre mère vous vous précipitez vers le tombeau. Ouvrez la main, développez-la tout entière, c'est la mesure de votre vie ; quelque longue qu'elle soit, elle ne dépassera point cette étroite limite ; sur vos cinq doigts sont marqués vos cinq âges. Du petit au pouce vous voyez tracés le commencement et la fin de votre vie. Avec le petit doigt, elle commence, c'est l'enfance ; de ce point au quatrième doigt, c'est le temps où l'intelligence et la raison sommeillent encore ; du quatrième au doigt du milieu, voici venir la jeunesse superbe, cet âge des illusions et de l'espérance. Du doigt du milieu au second, vous êtes homme enfin ; mais alors le progrès s'arrête, le déclin commence ; il n'y a plus qu'un espace à parcourir, c'est l'intervalle qui sépare le second doigt du pouce ; alors c'est là la vieillesse, alors la vie est finie. Voilà tout ce qui est donné à l'homme, si toutefois il arrive au terme ordinaire ; trop souvent la mort accourt avant le temps ; ces divisions

Sic in palma manus suae cuivis homini vitae mensura repraesentatur, quinisque in digitis videt expressos, quos scandit gradus. Tu interim considera quem digitum teneas, quemve attigeris gradum, ignoras enim quoniam in digito te cita mors occupatura sit: « Dies namque » Domini fur est [1], » inopinum opprimet. Quamobrem in pace ducito vitam tuam, eique bonorum operum viaticum provide, siquidem cupis illam ad Deum pervadere, eamdemque, postquam te deseruerit, invenire; quod quidem tibi continget, si ordinate vixeris, nam si ab ordine deflexeris, tolletur vita tua et peribit, quaeres, et non invenies eam. Errantes per agrum aquas nunquam bibes; si autem in vase reponas, ad usus tuos reservas; cave ergo ne vita tua diffluat luxuria, odio, ira, rapinis aut pauperum oppressionibus. Hosce per calles errantem si quaesieris, nunquam reperies. Iterum cave vitae tuae ab impudicitia, et turpi quovis quaestu, alioquin velut putridus humor sub terram ibit, et ex oculis evanescet. Vide ne fraudibus et invidia, vel simultatibus et jurgiis, vel alio quovis vitio seducatur et occidat; ne vera spoliatus vita, non falsa morte dispereas. Bonis operibus instes oportet, indeque tibi canales providens, qui post obitum tuum aquas tuas ducant, et in Deo adunent. Rivulus nempe vita tua est; hunc in Deum derivare stude, ut cum hinc defluxerit, tibi mare fiat. Rursus breve stillicidium est vita tua, ut caducus est mundus, hoc si Deo commiseris, abyssum evasisse reperies. Tua in dies vita tabescit et contrahitur, hanc in Deum refundito, ut aeviternam resumas, provide, ne vitam tuam absumat ira, aut aliud simile profliget vitium, totusque intereas omni orbandus vita. Animam si occupet ira, praesentem eripuit diem; satage ne in sequentem diem invadat, ut totam non deperdat vitam. « Sufficit diei unicuique malitia sua [4], » Salvator noster ait. Unum ergo diem perdidisse sufficiat irae, non illa sidat in anima, et noctem cum die conjungat, neque sol occidat, quin ante lucis occasum illa discesserit. Malus hospes ad tuam domum divertit, hunc statim dimittito, cunctantem etiam exigito. Cum cadente die cadat ira simul, nec ipsi longior concedatur mora, sicut te non moratur hora, sic nec tu iram. Totam massam semel immixtum corrumpit fermentum, nec aliter ira, sed cum animam incesserit, propria statim

[1] Matth. vi, 34.

que j'ai indiquées, Dieu les rapproche, sa volonté les resserre, car il craint qu'en se prolongeant votre vie ne se charge de nouveaux crimes. Ainsi sa main qu'il développe est pour l'homme la mesure de sa vie, les cinq doigts sont les cinq degrés qu'il doit parcourir. Examinez donc à quelle section du temps vous êtes déjà parvenu, car vous ne savez à quel point précis la mort doit s'emparer de vous. « Le jour du » Seigneur est comme un larron, » il vous surprendra au moment inattendu. Vivez dans la paix, faites provision de bonnes œuvres pour le voyage, car chacun de vous désire que sa vie retourne à Dieu, chacun est jaloux de la retrouver. C'est un bonheur dont vous jouirez sans doute, si vous en réglez sagement l'emploi; autrement, votre vie vous sera enlevée sans retour, vous ne la retrouverez plus. Perdus au milieu des déserts, une onde fraîche ne viendra pas mouiller vos lèvres; si vous avez eu la précaution d'en conserver dans un vase, elle éteindra votre soif. Eh bien! ne perdez pas votre vie dans les plaisirs; ne la livrez point en proie à la haine, à la colère; ne l'usez pas dans le vol ou dans l'affliction des pauvres. Si elle s'égare dans ces sentiers honteux, vous la chercherez en vain. Gardez-vous aussi de toute impudicité, de tout gain illicite, ou sinon ce ruisseau où vous vous abreuviez se perdra sous la terre comme une eau croupie. Ne souffrez pas que le mensonge, l'envie, les querelles, la discorde, ou tout autre fléau, l'entraînent et la tuent. Dépouillé de la vie réelle, n'allez pas tomber entre les bras d'une mort qui ne sera pas imaginaire. Travaillez donc à de bonnes œuvres; ouvrez-vous ainsi des canaux, qui, après la mort, reçoivent les eaux où flotta votre vie, et les portent jusqu'aux pieds de Dieu. Qu'est-ce en effet que la vie? un faible ruisseau; tâchez d'en diriger le courant de manière qu'un heureux détour l'amène jusqu'à votre Créateur, et qu'il se change alors pour vous en une vaste mer. La vie encore n'est qu'une goutte d'eau qui du toit tombe aussi vite que passe le monde; mais qu'elle tombe du moins dans le sein de Dieu, et vous aurez échappé à l'abîme. Votre vie s'altère et de jour en jour se raccourcit; renouvelez-la dans le Seigneur, afin qu'elle participe à l'éternité. Veillez sur vous; ne laissez pas la colère ou quelque autre passion dévorer vos jours, dans la crainte de mourir tout entier, sans espoir d'une autre vie. Si vous livrez votre ame aux emportemens de la colère, vous perdrez le jour présent; soyez assez sage pour empêcher qu'ils ne se prolongent jusqu'au lendemain et ne vous dépouillent tout-à-fait. « A chaque jour suffit son mal, » dit notre Sauveur. C'est assez d'avoir sacrifié un seul jour à la colère; qu'elle

amaritudine totam inficit : sævissimæ sunt pestes aspis et regulus, sævior illis est, animam infestat et necat, atque a Deo separat. Monitus aliquando anguem in tuo se occuluisse conclavi, persequeris, et captum occidis; hæret infixa tuæ animæ, et exitium parat; vides, nec tamen inde depellere satagis. Conspectum colubri quiescentis expavescis, ictum formidas, pateris tamen iram animo insidere tuo, nec ignoras venenum in ea condi lethiferum. Statim ut senseris anguem in tuum repsisse sinum, artus pervadit horror; cor tuum in aspidum cubile transiit, nec casum horres. Ut reguli halitu afflata caro inficitur, et extabescit; sic animum, quem semel contigerit ira, suo labefacit veneno. Serpentis formidas morsum, et ictum scorpii; ira tibi morsum impressit, nec ullus inde metus sollicitat mentem; pupugitque odium, nec tibi trepidat cor. Quis ita desipuit, ut petat aspidem suum sub tectum succedere, aut secum morari anguem, si forte proserpat in sinum. Ista certe non petis, istis pejora petis, iram regulo pestilentiorem, et horribilius serpente odium. Verbum inconsideratum pepulit aures; hoc diabolus nempe suggessit, illico animæ fores patefecisti iræ, insiliit illa, et adhuc tuo hæret animo. Incidit cum proximo tuo de re futili contentio, odium accersisti, venit, tuoque infusum cordi etiamnum incubat. Tibi latrat ira, et canum in morem spumam emittit, tu contra silicem jacito pacem, ejusque latratum compescito, vultus hilaritate negotium ejus disturba, risum oppone, non tristitiam, iramque coercuisti, ne duas simul animas perdat. Deus, qui summos et imos pacasti sanguine, qui de tuo latere fluxit, iratis concede pacem; qui ambas concordasti partes, et supremos cum infimis conciliasti, dissidentes mutua charitate conjunge, et pacem tuam insere cordibus eorum. Domino, qui es «pax nostra [1],» sicut scripsit discipulus tuus, pax tua custodiat animas tibi supplicantes. «Pacem meam do vobis, pacem meam relinquo vobis [2],» dixisti, Domine, apostolis tuis, et ad Patrem elevatus es, quando venies in majestate magna, et tremor invadet orbem, quando clanget tuba in cœlo, et solventur fundamenta terræ; quando sepulta saxa scissa dissilient, et aperientur sepulcra, et in ictu oculi incor-

[1] Ephes. II, 14. — [2] Joan. XIV, 27.

ne prenne pas place dans votre ame, que ses feux ne vous brûlent pas du soir au matin, et que le soleil ne se couche pas avant qu'ils ne soient éteints. C'est un hôte perfide que vous avez reçu; hâtez-vous de le congédier; s'il résiste, parlez en maître et qu'il sorte à l'instant. Que votre courroux s'efface avec les derniers rayons de l'astre qui éclaire la terre; ne lui accordez aucun délai; rien n'enchaîne le vol des heures, laissez-le donc s'envoler sur leurs ailes légères. Il en est de la colère comme d'un ferment qui aigrit la matière à laquelle on le mêle; qu'elle pénètre votre cœur, et soudain elle l'infectera de son fiel amer. L'aspic et le basilic sont cruels, mais ils le sont moins encore que la colère qui tue l'ame et l'arrache à son Dieu. Si vous apprenez qu'un serpent s'est caché dans vos appartemens, vous vous mettez à sa poursuite et vous le tuez quand vous l'avez pris. Eh bien! la colère habite dans votre cœur, elle y aiguise contre vous ses armes; vous le voyez, et cependant vous ne vous empressez pas de l'en chasser. A l'aspect d'un serpent endormi, vous reculez d'horreur: vous redoutez son dard; toutefois vous laissez la colère résider en vous, quoique vous sachiez bien que son poison est mortel. Un serpent se glisse-t-il sous votre robe, vous êtes glacé d'effroi; votre cœur est devenu un repaire de serpens, et vous ne tremblez pas. L'haleine du basilic corrompt la chair qu'elle effleure; il en est de même de la colère dans votre ame, dès qu'elle y entre. La morsure du serpent, la dent du scorpion vous effraient; la morsure de la colère ne vous inspire ni crainte ni inquiétude; la haine déchire votre cœur, et vous êtes tranquille. Quel homme fut jamais assez insensé pour appeler un serpent dans sa demeure, ou pour le laisser dans son sein, s'il vient à s'y introduire. Vous ne le voulez pas sans doute; cependant vous y donnez accès à des fléaux plus dangereux, à la colère plus funeste que le basilic, à la haine plus horrible que le serpent. Une parole indiscrète a frappé vos oreilles; ce n'est qu'une suggestion de l'esprit infernal; néanmoins vous ouvrez aussitôt la porte de votre ame à la colère, elle s'y précipite et s'y attache. Une cause futile met la division entre vous et votre prochain; vous appelez la haine, elle accourt, et rien ne peut plus l'arracher de la place qu'elle a une fois occupée. Écoutez les cris que pousse la colère; comme un chien furieux, à la gueule écumante, elle s'irrite; combattez-la, faites taire ses hurlemens; opposez-lui un visage calme et riant; qu'elle n'y voie point éclater le ressentiment, et vous l'enchaînerez pour qu'elle ne perde pas deux ames à la fois. Mon Dieu, vous qui avez donné la paix aux grands et aux

rupá resurgent mortui; et convertetur Adæ limus totus cum pulvisculo, et cum ingenti horrore surgent summi et infimi. Pax tua, Domine, egrediatur in occursum nostrum et gratia tua succurrat nobis. Domine, tibi sit gloria, et fiat misericordia tua super nos, o clemens et multum misericors. Amen.

II.

Væ nobis, quia pe... us [4].

1. Duæ sunt recordationes acerbissimæ, plenæque timoris, et ambæ mihi observantur in cunctis commentationibus et diebus meis, meque incessanter exagitant et cruciant. Duo etiam menti meæ occursant objecta, meque vehementer commovent, atque artus meos concutiunt, et oculos provocant ad fletum, et quorum memoria animus meus contremiscit timore perterritus: duo extrema et ultima bonorum et malorum, in quibus hominem quemque manet aut gaudium aut dolor. Hæc quoties ascendunt in cor meum, timidus ac tremens horreo. Plane dicam, audite, fratres: Duo me terrent, vosque velim perinde reformidare, cuivis namque homini sunt magnopere pertimescenda: peccatorum, quam ipse mihi composui, sarcina, et quæ illa vindica-

[4] Thren. v, 16.

petits au prix de ce sang précieux qui a coulé de votre côté, faites qu'elle descende dans les cœurs que la colère enflamme ; vous qui avez su rétablir l'harmonie entre des êtres toujours ennemis, unissez dans les mêmes sentimens d'amour ceux que divise la haine. Seigneur, vous qui êtes « *notre paix,* » comme l'a dit votre disciple, puisse votre paix garder les ames qui vous en supplient. « Je vous » donne ma paix, je vous laisse ma paix, » avez-vous dit, Seigneur, à vos apôtres, et vous êtes remonté vers votre Père; mais quand vous reviendrez dans toute la majesté de votre gloire, l'effroi se répandra sur la terre; alors les sons éclatans de la trompette retentiront dans le ciel, et la terre sera agitée dans ses fondemens, la pierre des tombeaux se brisera, les sépulcres s'ouvriront; d'un regard vous en ferez sortir les cadavres, le limon dont vous avez formé Adam, la poussière, reprendront un corps, et tremblans d'effroi, les grands et les petits s'élèveront du fond du cercueil. Que votre paix, Seigneur, que votre grâce viennent à nous, qu'elles daignent nous être en aide ! Seigneur, gloire à vous, et que votre miséricorde s'étende jusqu'à vos serviteurs, Dieu clément et plein de bonté. Ainsi soit-il.

II.

Malheur à nous, parce que nous avons péché.

1. Deux pensées amères me plongent dans les plus mortelles frayeurs; tous les jours elles se présentent à moi, et portent dans mon ame le trouble et l'agitation. Quand elles traversent mon esprit, je ne puis me défendre d'une violente émotion, elles ébranlent tout mon être, font couler mes larmes, et me jettent dans tous les abattemens de la crainte. Elles sont en même temps le souverain bien et le souverain mal, la source de la joie et de la douleur pour tous les hommes. Chaque fois qu'elles me saisissent le cœur, je suis tout timide et tout tremblant. Je vais m'expliquer clairement, écoutez mes frères; ce qui m'épouvante n'est pas moins redoutable pour chacun de vous, et il n'est pas d'homme qui puisse s'affranchir de l'effroi que j'éprouve. De ces deux pensées, la première, c'est cette longue suite de péchés que je n'ai cessé de commettre, et dans tout le cours de ma vie; la seconde, c'est le compte terrible qui m'en sera demandé. Voilà, mes

v.

bit, justitia. Haec sunt illa duo, quae dixi me recogitare et extimescere. Tabula magna meorum scelerum, et horribile justitiae judicium sunt illa duo, quae mentem meam exagitant et conturbant, iniquitas, quam operatus sum per socordiam meam, et quod mihi novi paratum supplicium; haec, inquam, me sollicitant, et ossa mea succussant, mihique metum et formidinem superexagerant, ingens sarcina, quam dixi, delictorum meorum, ipsaque seculorum supplicium proh quantum acerbum et severum! Haec crebro recogitans omnibus artubus contremisco, dumque mecum ipse tacitus revolvo, quae perpetravi, scelera, quasve pro iis poenas referam, incumbunt mihi gemitus, et dolor, et horror.

2. Etiam istae sunt, dicta prius repeto, duae recordationes acerbissimae, quae meam concursant mentem, et undique urgent, et cor meum saevissime torquent. Conscientiam sentio, quae intus me lancinat, oculisque meis subjicit per seriem disposita praeteritae vitae meae malefacta, unde tremunt cuncti artus mei. Adolescentiae meae peccata mihi repraesentat, et occulta iniquitatis meae ulcera retegit, propterea que oculi mei diffluunt in lacrymas, moestoque plenae sunt cogitationes meae timore, quoties mihi ipse retexo acta pueritiae meae, quoniam nihil ex iis, quae in mundo egi, subducitur aspectui meo. Dum autem peccata illo tempore commissa retracto, eaque vindicaturam justitiam recolo: o me miserum, exclamo, ac perditum! Dumque recordor omnia delicta mea, et futurum horribile judicium, singultus suffocant animam meam, et anxius ac tristis illud mecum revolvo. At ego quo ibo? Scilicet, quae seminavi, haec et metam. Hic porro animo occursat dies retributionis, unde mihi ingens metus, trepidatio et multi gemitus, dum obversatur ante oculos illius imago momenti, quo quisque trahetur ad judicium, et doleo, et contremiscunt genua mea. Praeter haec revenit in mentem illa hora, quando Sponsus triclinium intrabit, ut invitatos ad nuptias exploret, indeque subit aliud flendi argumentum, dum illud momentum recogito, in quo ducetur ad tenebras, quisquis inventus fuerit ibi sordidis amictus vestibus. Et, o me miserum, clamo! Iterum dum considero fore, ut eodem tempore manifestentur opera mea, et confusio operiat me in conspectu saeculorum, singultibus opprimor, nec constat mens. Item dum occulta

frères, le double sujet de mes méditations et de mes frayeurs. La liste trop longue de mes crimes et le jugement, voilà ce qui me trouble et m'alarme; l'iniquité, fruit impur de ma lâcheté, et le châtiment qui m'attend, voilà, dis-je, les deux causes qui excitent en moi la plus cuisante inquiétude, qui me brisent les membres et me laissent sans force et sans courage. Voyez d'un côté toutes les fautes dont le poids énorme m'accable, et d'un autre, le supplice affreux auquel je serai impitoyablement condamné. A cette idée qui me poursuit sans cesse, je suis glacé de terreur, et en repassant en silence, dans l'amertume de mon ame, tous les crimes dont je suis souillé, je gémis, je pleure, et tout mon corps a frissonné d'horreur.

2. Oui, mes frères, je le répète, ce sont les deux pensées qui torturent mon misérable cœur. Je sens au dedans de moi les aiguillons du remords; ma conscience déroule devant mes yeux le tableau hideux de ma vie passée, et je frémis soudain. Elle rappelle à mon souvenir mon adolescence pleine de désordres, elle me découvre mes plaies secrètes, et mes yeux se baignent de larmes; une crainte horrible me dévore, quand je jette par la pensée un regard inquiet sur les actions de mon enfance, et que rien de ce que j'ai fait dans le monde ne s'est effacé de mon souvenir. Ah! lorsque mes péchés et l'arrêt de la justice divine viennent en même temps s'offrir à moi, je m'écrie: Malheur! malheur! et perdition! des sanglots me suffoquent, la tristesse m'accable. Où irai-je? Je recueillerai sans doute ce que j'ai semé. Puis-je songer au jour fatal de la rétribution, sans trembler, sans gémir? quand je vois étalée devant moi l'image funeste du supplice où seront traînés les pécheurs, mes genoux fléchissent; et quel moment que celui où l'Époux, entrant dans la salle du festin, examinera tous ceux qu'il a invités à ses noces! qui pourrait retenir ses larmes à l'instant où seront précipités dans les ténèbres ceux qui seront trouvés couverts d'habits souillés de taches? Malheureux! malheureux que je suis! en considérant qu'à la même heure toutes mes œuvres seront dévoilées, et que je serai tout couvert de confusion en présence de tout le monde, de ma poitrine s'exhalent les soupirs les plus douloureux, et ma raison s'égare. O tourment insupportable! ces crimes cachés que je me reproche, quelque hideux qu'ils soient, il faudra les montrer au grand jour. Alors, en pensant à cette robe d'innocence et de gloire que j'ai reçue au baptême, je la vois toute flétrie, et mes dents se choquent violemment les unes contre les au-

mea examino, quamque foeda sint contueor, et provideo hæc etiam propalanda fore, atrox membris meis influit dolor. Hinc porro ad illam gloriæ stolam oculos intendo, quam in baptismo suscepi, cumque meis peccatis inquinatam video, vehemens animo desilit timor, et concutit dentes atque labia tremor. Rursus dum contemplor hinc gloriam, quam in novissimo hæreditabunt justi, et inde peccatoribus præparatum horrendum ignem, cor meum consternatum fremit, recogitans horrorem atque metum impiorum ex præsentione imminentium malorum, animoque perturbor, et concido.

3. Incubat assiduo cordi meo isthæc cura, et omnes occupat cogitationes meas, talia quippe oculis meis, fratres, semper obtrudit conscientia, et inde mihi amaram facit vitam cunctis diebus meis, statuens ante faciem meam peccata mea, quæ cum intueor, et repeto cætera, quæ hactenus occulta non video, miserum me dico, et beatos prædico immaturos fœtus, quibus hujus mundi luce frui minime licuit; mihi enim potiores sunt sepulcri tenebræ, quam lux vitæ peccatis insertæ; quoniam cui in peccatis vivere libuit, hunc in exitu suo æterna excipiet nox. Cum in adolescentia mea errarem, dicebam in corde meo : « Si ad senectutem pervenero, fortasse peccare absis- » tam; cum corpus ætate devexa cœperit algere, defervescet vitiorum » æstus. » Video autem nec in senectute voluntatem meam a flagitio cessare, et quamvis corpus mutatum sit, ipsa voluntas non est mutata, ut negligenter vixi in adolescentia mea, sic in mea senectute vivo : post exitum mihi imminet judicium. Consumpti sunt dies juventutis meæ, atque transierunt onera peccatorum portantes, jamque advenerunt dies senectutis meæ omnia scelera pariter referentes. Tempus illud adolescentiæ meæ exactum est in operatione iniquitatis, et postquam advenit senectus, in iisdem peccatis ambulo.

4. Hoc profecto mirandum, charissimi, corpus æstum suum restinxit, voluntas mores suos nullatenus reliquit, corpus senectute victum evasit, et infirmum, nullo modo voluntas; incanuit caput, et non incanuit cor; senuit corpus, et omnes cogitationes meæ in me semper viviscunt, et revirescunt; quantum albescunt crines ætate, tantum nigrescit cor peccatis. Corpus ad proprios actus languescit, voluntas

tres. Puis je contemple de quels honneurs seront revêtus les justes, riche héritage qu'ils ont su mériter, et à l'aspect de ce feu dont les flammes vont dévorer les pécheurs, tout mon cœur consterné frémit, toute ma force s'anéantit devant ces horribles supplices préparés pour les impies.

3. Tous les jours cette pensée m'assiège et m'investit de ses cruelles étreintes, parce que ma conscience bourrelée de remords ne permet pas qu'elle s'efface de mon esprit. Quelle amertume répandue sur tous les jours de ma vie ! mes péchés se dressent sans cesse devant moi ; à ce triste spectacle, où n'apparaissent pas néanmoins tous ceux qui sont cachés et dont je me suis rendu coupable, je maudis le jour où je suis né, et je proclame tout le bonheur de ces enfans qui, dès leur entrée dans le monde, ont fermé leurs yeux à la lumière ; car mieux vaut cent fois l'obscurité du sépulcre, qu'un jour dont l'éclat est terni par ses vices. L'homme en effet qui a vécu dans le péché sera enseveli dans les ténèbres éternelles. Au temps des égaremens de ma jeunesse, je disais dans mon cœur : « Si j'arrive jusqu'à la vieillesse, je ferai divorce avec le péché ; quand mon corps sera glacé par l'âge, le feu des passions s'éteindra. » Et cependant la volonté qui m'entraîne au mal n'a rien perdu, avec la vieillesse, de sa brûlante énergie ; le corps est changé, la volonté est restée la même ; la négligence et l'incurie qui a flétri mes premières années engourdit encore mon zèle dans la vieillesse. Après la mort m'attend le jugement. Les jours de ma jeunesse sont passés, traînant avec eux le fardeau de mes péchés, les jours de la vieillesse se sont levés à leur tour dans le cortège des mêmes vices. La voie d'iniquité où s'est égarée mon adolescence est encore celle où marche ma vieillesse.

4. Contraste déplorable ! mes sens sont affaiblis ; le feu des passions brûle dans mon âme avec une égale chaleur ; mon corps vaincu ne traîne avec lui que des débris ; mes désirs ont conservé toute leur impétuosité. L'âge a blanchi mes cheveux sans refroidir mon cœur ; dans un corps vieilli les mêmes pensées renaissent, les mêmes désirs éclatent. Plus mes cheveux tombent flétris par le temps, plus mon cœur se revêt des sombres livrées du péché. Impuissant pour le bien, je

integra viget ad vitia. Qualis exstitit voluntas juventutis meæ, eadem in senectute mea perseverat, qualis juventutem egi, talis senectutem transigo deses et iners: Senectutem sequetur mors, et mortem resurrectio et horrendum judicium, et constituta peccatoribus poena. At si ad actum hujusmodi veni in mundum hunc malorum et ærumnarum plenum, melius fuisset nunquam huc intrasse, quoniam præter spinas nil mihi inde provenit, quod me ergo bonum impulit, ut huc accederem, et hæc mala viderem, indeque ejusmodi efferrem sarcinam? Beatus Job cum illius mala aspexisset, invidit foetibus de utero translatis ad tumulum, quo, alta defossus humo, pessimum hunc mundum minime spectaret. Ego vero quid me lucraturum sperarem talem ingressus mundum, in quo occurrebant adversarii plurimi, perpetuæque tentationes? Sacros codices habeo, qui mihi judicium et retributionem prædicant: concupiscentiæ me meæ ad peccatum impellunt, absterrent a peccato divinæ Scripturæ, et quid agam positus inter timorem et concupiscentiam? Et quoniam nulla subest expediendæ salutis ratio, ut liceat declinare horribilo judicium, damnationis meæ sententiam anxius opperior, ejus autem exspectationem quo effugiam?

5. Talia, fratres, reputantem moestitia et luctus opprimunt, et atræ caligines involvunt, cunctis diebus vitæ meæ. Sed et cum occulta delicta mea considero, gemitus cordis mei merito exaggerantur, cumque dierum meorum finem recogito, qui vitæ meæ meorumque maleficiorum cursum abrumpet, objicietque tenebras sepulcri, mortis horrore concutior, et genua mea tremunt. Nihilominus tamen mortem optavi, qui simul a peccatis moriens liberarer. Mala duo in præsenti me cruciant, et in futuro etiam tertium; sic omnia me accusant, vexant, sollicitant, et ut a peccato abstineam, objurgant; ego vero peccata adhuc multiplico, quæ quidem etiam, cum hinc demigravero, mihi sepulcro agglutinatæ hærebunt, et sequetur in novissimo die, quando iterum lucem revisam; interim recta ad gehennam pergo. Cum autem tria illa vidissem, et sorio considerassem, sepulcrum reliquis antehabui, quia levius mihi est illic sub terra morari, quam hic supra terram, aut in gehenna. Nihil enim me tantum torquet, quan-

suis rempli de force pour le mal. Tel je fus dans ma jeunesse, tel je suis dans l'hiver de la vie ; mes dernières années ressemblent à celles que je n'ai plus. La mort va bientôt m'atteindre ; après la mort, la résurrection, le formidable jugement, suivi du châtiment réservé aux pécheurs. Mais si c'est à cette condition que je suis venu dans ce monde plein de misères, mieux eût valu n'y jamais entrer, car je n'y ai marché que sur des épines ! Quelle espérance d'un bonheur chimérique m'a donc attiré dans ces lieux où je n'ai eu d'autre spectacle que celui des maux qui les désolent, et des vices que j'y ai pris et dont le poids m'accable ? Le saint homme Job, après y avoir jeté les yeux, enviait le sort des enfans qui ne s'échappent des entrailles maternelles que pour descendre dans la tombe ; de là au moins, et enseveli sous la terre, il n'aurait pas vu les scènes affligeantes dont le monde est le théâtre. Qu'avais-je donc à espérer sur cette terre, en butte comme je le suis aux coups de mille ennemis, et à des tentations qui se renouvellent sans cesse ? devant moi sont ouverts les livres sacrés, et j'y lis le jugement et la condamnation. Si d'un côté la concupiscence me pousse au mal, d'un autre l'Écriture m'en détourne ; mais que faire, ainsi placé entre la crainte et mes désirs ? Dans l'impossibilité de trouver un remède à mes maux, d'échapper par le salut de mon âme au jugement de Dieu, j'attends ma sentence avec inquiétude, attente cruelle, dont je ne sais comment écarter les angoisses !...

5. Ces réflexions, mes frères, étendent autour de moi un voile de deuil dont les replis funèbres enveloppent de leurs ombres tous les jours de ma vie. Au souvenir de mes fautes secrètes, les gémissemens de mon cœur redoublent, et quand je considère quelle mort viendra mettre un terme à ma vie et à mes crimes et me poussera dans les ténèbres de la tombe, je sens tout mon corps frissonner et mes genoux se dérober sous moi. Toutefois j'ai souvent appelé le trépas qui du moins brisera les liens coupables qui m'enchaînent au péché. Deux grandes douleurs me déchirent le cœur dans le présent ; l'avenir m'en réserve une troisième ; tout m'accuse, tout s'élève contre moi, tout m'excite à rompre le pacte odieux de l'iniquité ; et cependant à chaque instant je retombe dans de nouvelles fautes, qui, alors même que je partirai de ce monde, me suivront impitoyablement à travers les horreurs du tombeau, jusqu'au jour où je reverrai la lumière, c'est ainsi que je marche droit aux enfers. En réfléchissant sérieusement à cette triple infortune qui tous les jours vient s'offrir à ma vue, j'ai préféré plus d'une fois la mort à tout le reste, parce qu'il

tum praesens saeculum, et alterum post secuturum; hic enim peccata video, illic pœnam gehennae. Atterunt me hic tentationes, et peccatis opplevit me diabolus, et illic tormenta me manent pro malis, quae hic in praesenti saeculo perpetravi. In illa die judicii quemque capiet metus, unde capiet quemque pœnitentia, modo excipias illum perfectorum ordinem, quicumque isto minor, et infra ejusdem mensuram deprehensus fuerit, hunc suamet conscientia arguet, quasi perfectis dissimilem. Quare omnes hominum ordines, qui illum perfectorum gradum, vel non attigerunt, vel in eodem non perseverarunt, eo die dolebunt, se superioribus impares fuisse, nec ejusdem socios dignitatis.

6. Sed ego, et omnes similes mei, et quod regno Dei excidimus, et quod nec ignem evaserimus, fratres, omnium acerbissime dolebimus, clamabimus, et alta ducemus suspiria; alius est enim dolor illius, qui regni Dei felicitatem amisit, atque alius servi, qui verberatus, vociferatur; si enim quicumque gradum perfectorum non tenuit, ibi mœrebit, nos flammis tradendi, quid eo die faciemus? Obvio et facili experimento comperitur ignem, quem divinae Scripturae memorant, hoc nostro longe acriorem atque atrociorem esse, ejusque cruciatum tormentum ignis hujus temporis multo superare. Hujusmodi porro pœna exercebuntur, quos Dei judicium in eas flammas conjiciet. Quod ut mihi verum et certum est, sic debent omnes fateri et credere, saeculi videlicet illius ignem, ut dixi, hoc nostro esse longe atrociorem. Nam ut iste maxime efficax sit, nitet tamen, et splendet; ille vero cum vehementissimo ferveat, et acerrime urat, horrendis tamen involvitur tenebris, et noctem affert tetorrimam: iste obvium nutrimentum usque eo depascitur, dum assumpserit, si quid autem contrarium inciderit, exstinguitur, cessat, et evanescit: contra illo ignis nunquam exstinguendus, non absumit, quos torret, miseros; nec enim absumere jussus est, sed tantum urere ac torquere. Ignis iste coquit cibos, et esui aptos reddit, et algorem expellit. Illo suis flammis præ-

m'est moins pénible de rester enseveli sous la terre que de souffrir dans le monde ou dans la géhenne. Il n'y a pas de pensée qui m'obsède plus que celle du siècle présent et du siècle qui doit le suivre ; ici le péché, là le châtiment. Sur cette terre la tentation me dresse mille piéges, les mauvais esprits me poursuivent de leurs funestes inspirations, et plus tard le supplice m'attend, le supplice que j'ai mérité par les fautes que j'ai commises ici-bas. Au jour du jugement, tous seront saisis de crainte, le repentir brisera tous les cœurs, et, si vous en exceptez l'ordre des justes, quiconque ne pourra parvenir à sa hauteur, aura à redouter les accusations de sa propre conscience, parce qu'il n'y aura rien en lui qui le rapproche des parfaits. C'est pourquoi tous ceux d'entre les hommes qui ne se seront pas placés sur le même rang que les justes, ou qui en seront descendus faute de persévérance, s'affligeront amèrement alors de n'avoir pas égalé les premiers, et de ne pouvoir partager les honneurs dont ils jouiront.

6. Avec tous ceux qui me ressemblent, et qui, comme moi, sont à jamais exilés du royaume de Dieu, nous regretterons, en poussant des cris et de profonds soupirs, de n'avoir pas su nous soustraire aux feux de l'enfer. Ne cherchez pas de rapprochement entre la douleur de celui qui a perdu le bonheur éternel, et celle de l'esclave qui gémit sous le fouet qui le déchire. Car, si l'homme qui n'a pas toujours marché dans la voie de la perfection sera plongé alors dans l'affliction, que ferons-nous, hélas! nous que réclament les flammes de l'enfer! L'expérience de tous les jours nous enseigne que ce feu, dont parlent les divines Écritures, est plus dévorant que celui que nous voyons ici-bas, et que les douleurs qu'il cause sont cent fois plus atroces. Voilà donc le châtiment qui tombera sur ceux que la sentence de Dieu condamnera aux enfers. C'est une vérité dont je suis convaincu et que tous les hommes doivent proclamer avec moi, à savoir que le feu éternel, comme je l'ai dit, est plus actif que le feu de la terre. Celui-ci, plus il est éclatant, plus il a d'énergie; l'autre, toujours ardent, est enveloppé de ténèbres épaisses, et ne dissipe point la nuit profonde qui règne dans le séjour des supplices. Celui-ci dévore ce qu'il reçoit, et s'éteint quand il n'a plus d'alimens ; celui des enfers brûle toujours, mais sans détruire la proie qu'on lui a jetée; tel est l'ordre du tout-puissant : il ne consume pas, il ne fait que brûler et tourmenter. Celui-là, utile à nos besoins, réchauffe les corps qui s'en approchent. L'autre joint à ses cruelles ardeurs, à

ter tenebras etiam dentium stridorem miscet, sontes tenebrosus depascitur, depopulatur, desolat ac torquet, ut expers lucis, sic etiam finis. Scriptum est enim ignem fore sempiternum. Hujus casus cogitatio ut tristis cura, charissimi, me coquit et versat, quamobrem ingemisco et suspiro, certus hanc mihi pœnam reservari ob ea, quæ hactenus occulta hæsere mihi scelera.

7. Hanc severi judicis sententiam assidue meditor, et væ, aio, vitæ meæ! eheu quale mihi paratur malum! Simul mecum ipse considero ignominiam mihi subeundam tunc, quando ponentur ante oculos omnium ætatum, atque hominum, totiusque universi, quæ olim occultavi, flagitia; meque mei admiratores revisent, nec sane qualem me in præsenti existimant, talem eo die comperient; hic putant, qualis videor, talem esse me, cum reapse alius sim. Secretas ibi labes perspicient, quas in hoc sæculo ignorarunt, hinc mirabuntur, obstupescent, et velut attoniti hærebunt, comperto scelere, quod ante nec subolere licuit. Ibi cernent mala opera mea, spinas, quas ipse mihi sevi, et arcana mea cunctis patebunt, universim meam stupentibus audaciam. In illo sæculo solis luce clariora fient dedecora, quæ ipse intra conscientiam tecta celavi, et deprehensa velut in meridiana luce tenebuntur omnia scelera mea; ibi in amplissimo theatro proposita oculis omnium gentium exponentur crimina, quæ ipse semper occulta volebam: nec vel unum dissimulabitur aut grave aut leve. Tunc mihi relegent et retexent omnia flagitia et peccata mea, quoniam omnia opera mea litteris consignata in codice prostant.

8. Hæc, quæ commisi, fratres, timeo et reformido, atque assidue fleo, dum cogitando revehor ad ea, quæ in illo sæculo reservantur, supplicia, conscius me bonâ nulla fecisse, quamobrem nec bonum fore mihi repensandum in die judicii, qui huc usque mala thesaurizavi mihi. Væ misero mihi! quando in supremo illo die occurrent ignis, tenebræ, et pœnæ, et magna ac publica ignominia; Væ mihi perdito! tunc quando Sponsus vultu irato discumbentes intuebitur; quo tunc fugiam? quasve latebras petam? O me miserum! quando famulis præcipiet, ut, ligatis manibus et pedibus, me a communi triclinio

l'obscurité, les pleurs et les grincemens de dents; il déchire, il désole, il torture; il est sans lumière et sans terme. Car, ainsi qu'il a été écrit, c'est un feu éternel. Ce sont là, mes très-chers frères, les pensées qui m'agitent; voilà pourquoi mes larmes coulent, certain que je suis qu'à ces crimes cachés dans mon sein est attachée l'horrible peine que je viens de dire.

7. Cette sentence d'un juge sévère, je la médite sans cesse, et je m'écrie : Malheur à moi! quel châtiment il me faudra subir! Je pense en même temps à la honte dont je serai couvert au moment où mes iniquités secrètes seront produites au grand jour, et ces désordres honteux que j'ai cachés avec tant de soin au monde entier. Ceux qui m'admirent aujourd'hui ne retrouveront plus en moi, en ce terrible jour, l'homme qu'ils croient connaître aujourd'hui : ils s'imaginent que je suis tel que je parais à leurs yeux, et cependant quelle différence! Ils verront à nu ces plaies cachées qu'ils n'avaient jamais aperçues; ils s'étonneront, ils seront comme frappés de stupeur à la vue de ces crimes qu'ils ne soupçonnaient pas même auparavant. Toutes mes œuvres d'iniquité, ces épines aiguës que j'ai moi-même enfoncées dans mon cœur, ces secrets dont j'étais seul le dépositaire, tout sera découvert, et combien alors ils seront épouvantés de ma criminelle audace! Dans ce moment, ces fautes que je tenais enfermées dans les ténèbres de ma conscience apparaîtront plus claires que la lumière du jour, quand le soleil brille, au milieu de sa course, de l'éclat de tous ses feux. Sur ce vaste théâtre seront exposées aux regards de toutes les nations ces fautes, graves ou légères, que je voulais toujours cacher. C'est alors qu'en déroulant les pages du livre qui les garde fidèlement transcrites, ils liront tous les désordres de ma coupable vie.

9. Ces fautes que j'ai commises, mes frères, je les redoute, je les pleure, quand je me rappelle le supplice qui m'attend; certain de n'avoir jamais fait le bien, quelle récompense puis-je espérer au jour du jugement, moi qui jusqu'ici n'ai travaillé qu'à me faire un trésor d'iniquité? Malheureux que je suis! quand, à cet instant fatal, je n'aurai plus devant moi que flammes, ténèbres, châtiment et ignominie publique! Malheur! malheur à moi! Alors que l'époux promènera ses regards irrités sur les conviés, où fuirai-je? Dans quelle obscure retraite me pourrai-je cacher? Sort déplorable! quand il ordonnera à ses serviteurs de me lier les pieds et les mains, et de

abigant deprehensum sordida amictum veste. O me perditum! quando separatus ab agnis ad dexteram locandis, hœdis ad sinistram detrudendis adjungar. O me infelicem! quando sanctorum cœtum adjudicatam sibi hæreditatem adire cernam, me autem flammis continuo tradendum, et quonam gentium evadam tunc? Væ misero mihi! quando a longe stabo pudore ac timore suffusus, nec licebit attollere oculos, et illum judicem intueri. Væ mihi perdito! quando Sponsus me nosse negabit, ingressumque flagitanti jubebit occludi januam; et in gehennam statim detrudendum dimittet. Væ mihi misero! quando aspiciam partem utramque obvenientem sibi accepisse sortem, et obseratis cœlestis aulæ portis beatorum quemque suam adiisse hæreditatem. Væ mihi perdito! postquam decretum fuerit mihi præcludi ostium, indeque rejectus et exclusus compellar jacere foras in mœrore, fletu ac dentium stridore. Hunc ego exitum, ut dixi, timui semper et exhorrui, contuens quæ in me conduntur scelera, et præteritæ vitæ me cfacta recogitans, hæc, inquam, peccatorum meorum, et diei judicii terribilis recordatio membra mea perpetuo quatit, et cogitationes meas exagitat. Jam et hoc admiramini, charissimi, et obstupescite, quod cum hæc omnia ego habeam compertissima, omnia nihilominus audeam nefaria: scio quam oppido amara futura sit retributio mea, contraria nihilominus ago, meliora video, et deteriora sequor.

9. Libros evolvo, Spiritu sancto aspirante scriptos, qui mihi repræsentant judicium et vindictam, sedes lucis et regnum, lego, et lecta non facio; doceo, nec docendo disco. Eruditus sum in Scripturis et in sacris lectionibus versatus, et adhuc ab officio aberro; legi aliis Scripturas, nec tamen vel una aures pepulit meas: illarum sensa rudes et simplices docui, et ad virtutem adhortatus sum, mihi tamen ipsi nil profui. Sacros libros aperui, legi, intellexi, et suspiravi; mox statim oblitus sum, ut codices sublati sunt ab oculis meis, ut a mente mea pariter sublata est illorum memoria. Et quid faciam, charissimi, huic mundo, in quem intravi, vel huic corpori pleno malorum, quod ad oblectamenta ac voluptates assiduo me allicit ac trahit? Scripturæ siquidem terrent me, et admonent de judicio, et retributione; concupiscentiæ contra cogunt me servire operibus carnis; unde interclusus hæreo inter futurum judicium, et præsentem metum. Quamobrem væ

jeter hors de la salle du festin un infâme dont la robe nuptiale sera toute souillée. Il en sera fait de moi, lorsque, séparé des agneaux qui prendront place à sa droite, je serai réuni au troupeau des boucs impurs repoussés à sa gauche! lorsque je verrai les saints entrer dans l'héritage qui leur sera échu, tandis que je serai livré aux flammes! Infortuné, que deviendrai-je, lorsque, forcé de me tenir à l'écart, accablé sous le poids de mes humiliations, je ne pourrai lever les yeux pour contempler la face auguste de mon juge; quand l'époux dira qu'il ne me connaît pas, et, me fermant les portes de la béatitude céleste, m'ouvrira, en dépit de mes vaines prières, les abîmes des enfers; quand, après avoir obtenu la part qui leur aura été assignée, les justes entreront sans obstacle dans la cour céleste; quand, rejeté sur le seuil, je resterai étendu sur les degrés, que j'arroserai des larmes de la douleur et du regret? C'est cette déplorable fin, comme je l'ai dit, que j'ai toujours redoutée; c'est l'image trop vraie de mes crimes, c'est le souvenir des horreurs de ma vie passée, cette pensée incessante de ce jour terrible, qui me font trembler, et bouleversent mon esprit. Quel doit être votre étonnement, mes très-chers frères! voilà l'effroyable perspective que j'ai continuellement devant les yeux, et cependant mon audace effrénée s'emporte à tous les excès! Je sais le sort qui m'attend, de quelles amertumes je serai abreuvé; néanmoins je m'écarte de la bonne voie, je vois le bien et je fais le mal.

9. Ces livres écrits sous l'inspiration de l'Esprit saint, qui me parlent de jugement et de vengeance, du séjour de la lumière et du bonheur éternel, je les lis, mais je dédaigne leurs sages leçons; je les enseigne aux autres, et je n'apprends rien en instruisant mon prochain. Versé dans la connaissance des saintes écritures, je m'égare loin du sentier du devoir; de ces préceptes que je transmets aux fidèles, il n'en est pas un qui ait jamais frappé mes oreilles; j'en explique le sens à des esprits simples et grossiers, ma voix les a souvent appelés à la pratique de la vertu, et tout a été perdu pour moi. Je n'ai cessé de lire, de méditer ces pieux enseignemens, j'en ai pénétré les mystères; je les ai eu bientôt oubliés; le livre était à peine fermé, que déjà le souvenir en était effacé de ma mémoire. Et que ferai-je, mes très-chers frères, pour ce monde où je suis entré, pour ce corps rempli de misères, qui sans cesse me sollicite et m'entraîne aux plaisirs? Oui, la lecture des saints oracles m'épouvante et me rappelle

ingemino miseræ vitæ meæ cunctis diebus meis! et beatos dico immaturos fœtus, et infantes, qui mundum hunc pessimum ingressi non sunt, nec hinc communem sarcinam extulerunt. Qui enim justitiam in illo assequi studet, atque pugnæ judiciique metu solutus optabile otium tenere, improviso bello obrutus, conserto prælio prosternitur. Porro quominus hic bellum suscipiam, et assequar justitiam, adversatur corpus et obsistit. Rursus quominus otio et voluptati me dedam, atrox retributio absterret in exitu reddenda. Domine, tu es refugium meum, ad te confugio; te protegente, mundum hunc pessimum evadam, et istud corpus, in quod omnia confluunt mala, ut omnium est peccatorum origo et causa : quare cum apostolo Paulo frequenter illa repeto : « Quando liberabor ab hoc corpore mortis [1]. »

10. Intereà cum ea, quæ dixi, animo assiduè revolverem, indeque vehementer anxius æstuarem, subito alius quidam instinctus afflavit mentem, meque jacentem confirmavit : scilicet obrepsit animo tacita quædam cogitatio, suggessitque utile consilium, et quasi porrecta dextera in spem bonam erexit. Tum vero velut e specula prospexi pœnitentiam optimum desperationis remedium, quæ mihi mox comiter occurrens, submissa voce quasi ad aures loquens, eximio me promisso recreavit. Simul admonuit inutilem omnino fuisse tristitiam, quam ex vulgari omnium nocentium more indueram. Indè resipui, et quorsum, dixi, infelix peccator incassum doleo, et futili mœstitia atque miserabili luctu conficior, aut multitudine scelerum meorum consternatus diffido? Ad hæc pœnitentia : « Attende, ait, animum, mentemque ad- » vertito ad ea, quæ tibi sum locutura, » continuo leni voce meas blandè domulcens aures, verba plena salutis subjunxit. Ausculta, lubens, ait, quæ dicam, paucis docebo, quomodo justo doleas, ut tibi tuus prosit

[1] Rom. VII, 24.

le jugement, et le salaire que je dois recevoir; d'un autre côté, la violence de mes désirs me rend esclave des voluptés charnelles, et je reste ainsi comme suspendu entre l'arrêt de l'avenir et la crainte du présent. Malheur donc! maudits soient les jours de ma vie! mais, je le proclame, qu'ils sont heureux ceux qu'a enlevés une mort prématurée, qui n'ont point foulé cette terre de perdition, et qui n'ont point eu à traîner ce pesant fardeau. En effet celui qui veut acquérir la justice ici-bas et l'affranchissement de la crainte qu'inspirent le combat à soutenir, le jugement à attendre, jouir du repos qu'il appelle de tous ses vœux, surpris par une attaque imprévue, tombe vaincu sur le champ de bataille. Ainsi, toujours en révolte contre la détermination que je prends de combattre ici-bas et de me placer au rang des justes, mes sens luttent contre ma volonté, en même temps que la pensée du compte rigoureux qu'il me faudra rendre un jour éteint en moi le désir qui me tourmente de me reposer dans les bras du plaisir. Seigneur, vous êtes mon refuge; c'est à vous que j'ai recours; ne me refusez pas votre protection, et j'échapperai à ce monde pervers et à ce corps, où tous les maux se sont donné rendez-vous, comme il est l'origine et la cause de tous les péchés. C'est pourquoi je ne cesse de répéter ces paroles de l'apôtre Paul : « Quand se-» rai-je délivré de ce corps de mort? »

10. Occupé de ces tristes réflexions, et lorsque j'étais en proie à de mortelles inquiétudes, tout-à-coup j'ai senti naître dans mon cœur une pensée qui a ranimé mon courage abattu; elle est venue en silence m'inspirer une heureuse résolution, et m'a conduit, comme par la main, en faisant briller à mes yeux les rayons d'une douce espérance. Oui, j'ai vu sortir, comme d'une retraite profonde, la pénitence, cette tendre consolatrice de l'homme au désespoir, qui, venant avec bonté au devant de mes pas, s'approcha de mon oreille et me fit à voix basse les plus heureuses promesses. Elle me conseilla en même temps de bannir cette tristesse inutile, qui m'enveloppait, comme tous les coupables, de son funèbre manteau. Alors je revins à moi : A quoi bon, me dis-je, ce chagrin stérile, malheureux pécheur? Pourquoi me noyer ainsi dans les larmes, ou, épouvanté de la multitude de mes crimes, perdre toute confiance? La pénitence me répondit : « Écoutez avec attention ce que je vais vous dire, » et soudain le son flatteur de sa voix charma mes oreilles, et j'entendis ces consolantes paroles : « Écoutez, dit-elle, je vous apprendrai en peu de mots comment vous pouvez mettre à profit votre douleur et vos larmes.

dolor, et fletus afferat salutem. Videsis primum ne desperes, aut animo concidas, vel torpeas peccatorum tuorum conspectu dejectus, et inde salutis tuæ curam abjicias. Bonus et suavis est Dominus tuus, teque foribus suis adstantem videre desiderat. Cum pœnitentiam egeris, lætabitur in te, effusoque sinu excipiet redeuntem. Magna iniquitas tua gutta clementiæ ejus minima minor est. Ipsius est sua gratia maculas eluere, quibus peccatum ea, quam in te exercuit, tyrannide, te turpavit; scelerum tuorum pelagus levissimo ejus misericordiæ flatu siccabitur; sed nec omnia mundi peccata pietatis ejus mare exhauriant. Verumtamen si huc usque extra viam errasti, retrogredere, et peccare absistito: illius ostium pulsa, introitum minime negabit. Jam iterum admoneo, ne putes, ideo quod multa peccaveris, te minime recipiendum, ut hac persuasione deceptus, inertiæ te dedas, et otiosus pœnitentiæ labores fugias, cave, inquam, ne facinorum tuorum enormitate in desperationem adductus, salutis tuæ curam deponas; nec enim Domino tuo difficile est, detersis sordibus, ad pristinam te nitorem et integritatem revocare; nam etsi tuis a peccatis talem contraxeris colorem, qualem infecta extulit lana ad nivium candorem te referet, sicut scriptum est per prophetam[1].

11. Restat, ut hoc unum etiam atque etiam caveas, ne in posterum pecces, quodve in eum alias peccaveris, te nunquam non pœniteat; nec dubium quin, quæ est ejus magna misericordia, te liberaliter suscepturus. Ergo contractas huc usque labes eluito; si feceris, nunquam ille repellet resipiscentem. Hoc ego jubeo, subdidit pœnitentia, tibi mea fide futurum, dummodo, quæ dixi, exsequaris; nec enim dubito quin te esto servum impurissimum et scelestum velut filium paterno studio sit complexurus, quodve si, quas a te accepit, injurias fleveris, tuaque maleficia damnaveris et illum supplex cum fide rogaveris, non modo tua tibi sit condonaturus peccata, verumetiam donis et muneribus pro summa sua liberalitate cumulaturus sit. Te nimirum oppido quantum sitit, et ad tuum suspirat reditum, illisque maximo jucundum accidet audire suas te pulsantem fores, qui pro peccatoribus et sce-

[1] Psal. L, 9.

D'abord gardez-vous de ce désespoir, de ce découragement où vous jette le spectacle de vos péchés et qui vous fait négliger le soin de votre salut. Le Seigneur est bon et miséricordieux ; il désire vous voir habiter sa céleste demeure. Faites pénitence, et son cœur se réjouira en vous, et ses bras s'ouvriront pour vous recevoir. Vos iniquités, quelque grandes qu'elles soient, ne le sont pas autant que sa clémence. Sa grâce effacera les taches dont vous a souillé le péché, quand il vous tenait enchaîné sous son tyrannique empire. Que le souffle de sa miséricorde s'élève sur vous quelques instans seulement, et cette mer que le péché a bouleversée se calmera bientôt ; tous les crimes du monde ne sauraient épuiser ces flots de bonté qu'il se plaît à répandre sans cesse. Cependant, si jusqu'ici vous avez porté vos pas hors du sentier de la vertu, rentrez-y, et ne péchez plus ; frappez sans crainte à la porte de ce Dieu plein de bonté, et il vous ouvrira. Mais, je vous le répète, n'allez pas croire que plus vous avez commis de fautes, moins vous serez accueilli avec indulgence, dans la crainte que, égaré par cette pensée, vous ne vous laissiez entraîner à l'inertie, et vous ne vous dérobiez aux laborieux combats de la pénitence. Prenez garde, vous dis-je, que, désespéré par l'énormité de vos péchés, vous n'alliez abandonner le soin que demande votre salut ; car le Seigneur peut, en purifiant votre cœur, vous rendre facilement votre premier éclat et votre ancienne innocence ; quand même votre robe serait toute noire de péchés, il la rendra aussi blanche que la neige, selon l'expression du prophète.

11. Il vous reste encore un soin à prendre, soin fort important sans doute, c'est de ne pas pécher et de vous repentir sans cesse d'avoir outragé Dieu par vos vices ; il est certain qu'alors, tant sa miséricorde est grande, il vous accueillera avec bonté. Purifiez-vous donc ; à cette condition, il ne vous repoussera pas. Je vous demande encore, ajoute la pénitence, de compter sur l'accomplissement de mes promesses, si pourtant vous vous conformez à tous mes avis. Je ne doute pas en effet que, tout impur et tout criminel que vous êtes, il ne vous entoure, comme son fils, de toute l'affection d'un père, et que si vous pleurez sur les injures qu'il a reçues de vous, si vous détestez sincèrement vos désordres, et si vous l'implorez avec une foi ardente ; non seulement il ne vous pardonne, mais encore que, par un heureux effet de sa libéralité inépuisable, il ne vous comble des dons les plus précieux. Il brûle de vous voir, il vous appelle à lui, rien ne sera plus agréable pour lui que de vous entendre frapper à la porte de sa

leratis opprobrium et mortem sustinuit. Hæc ita, ut dixi, se habent, non est quod ambigas, vera et certa sunt omnia; dura supplicia et horribiles pœnæ scelestos manent, sempiternum incendium, et vermis immortalis peccatoribus parantur, judiciali sententia in exitu damnatis. Sed et hoc alta mente reponito, subjecit pœnitentia, re nulla a me illis juvari posse eos, qui me hic monentem contemnunt, nec tempestive sub alas meas se recipere satagunt. Næ ego talibus in futuro sæculo opem ferre non potero, sed neque judex pro illis me orantem tunc attendet, qui nunc obvium domi meæ perfugium recusant.

12. Quamobrem hoc bonum et utile consilium iterum repræsento, ut dum præsens tibi manet sæculum, ad me festines, haud dubie quin mea opera tuam salutem in tuto positurus sis. Confidito, ego culpæ dimissionem tibi apud misericordiam transigam; spero namque meis lacrymis impetraturam, ut illa tibi a justitia hanc gratiam exoret. Ipsa tecum misericordiam supplex conveniam, mixtoque precibus fletu eo tandem inducam, ut Judicem ad commiserationem supplicis rei flectat, ac tibi placatum efficiat. Confido, inquam, me pro te orantem ab illa minime repellendam, ac proinde apud justitiam continuo suas pro te preces interpositurum. Quid tu igitur anxio animo hæres, peccator? Misericordia tibi dexteram porriget, et manu ducet. Eadem postquam ad tribunal justitiæ intromiserit, causam tuam perorabit: «Justitia, cunctis et semper metuenda, dicet, respice hunc perditum, supplicem tamen confitentemque se fuisse peccatorem et multorum scelerum reum. Intuere trementem, et ob anteactæ vitæ flagitia metu et pudore suffusum, et singultus precibus permiscentem; attende suspiria et lacrymas, dolorem et cordis compunctionem. Habes unde illi ignoscas, et peccata dimittas, neutiquam in posterum iteranda. Vide ne ex nimia animi tristitia in desperationem prolabatur. Cecidit, porrige manum lapso. Non decet te in miserorum ruina lætari; spem ostendito, ut surgat et confidat se, a mitissimo Domino servum a fuga retractum, benevole suscipiendum.»

demeure, lui qui s'est dévoué à l'opprobre et à la mort pour sauver les pécheurs. Tout ce que je vous ai dit est l'expression de la vérité; écartez un doute criminel; mes paroles ne sont ni vaines ni trompeuses. Les plus cruels supplices, des tourmens atroces, des flammes éternelles sont réservés aux coupables; un ver rongeur dévorera sans fin les entrailles de ceux qu'aura condamnés l'arrêt de la justice. Mais soyez bien assuré, dit encore la pénitence, que je ne pourrai venir en aide à ceux qui sont aujourd'hui pleins de mépris pour moi, et qui ne pensent pas à se réfugier sous mes ailes, quand il en est temps encore. Non, je ne pourrai leur être utile dans l'avenir, et le juge souverain fermera l'oreille aux prières que je lui adresserai en faveur des insensés qui refusent de venir me demander un asile.

12. Eh bien! soyez docile à ces sages avis que je me plais à vous répéter; venez à moi pendant qu'il vous reste encore plus d'un jour à vivre, et soyez convaincu qu'en me confiant votre salut, vous ne l'aurez pas mis entre des mains infidèles. Ayez confiance en moi, j'obtiendrai votre pardon de la miséricorde divine; j'espère que le Seigneur ne refusera pas à mes larmes la grâce que j'implorerai de sa justice. J'irai avec vous me jeter à ses pieds, et, par mes prières et mes pleurs, je désarmerai ce juge sévère, et je calmerai son courroux. Oui, vous dis-je, j'ai l'assurance qu'il ne me repoussera pas, et que sa miséricorde fléchira sa justice. Quoi! vous hésitez encore, pécheur? Pourquoi ce doute injurieux? la miséricorde divine vous tendra la main, guidera vos pas. Dès qu'elle vous aura conduit aux pieds du tribunal, c'est elle-même qui plaidera votre cause : « Éternelle justice, toujours si redoutable à tous les hommes, dira-t-elle, jetez les yeux sur ce malheureux pécheur, il vous implore, il avoue ses crimes trop nombreux. Voyez-le trembler, couvert de honte et humilié des fautes de sa vie passée; écoutez les soupirs que sa poitrine exhale, voyez les pleurs qui coulent de ses yeux, voyez combien il est contrit et affligé. Fouillez dans les trésors de vos grâces, remettez-lui tous ses péchés; il n'en commettra plus à l'avenir. Faites que la tristesse qui l'accable ne le jette pas dans le désespoir. Il est tombé dans la poussière, daignez le relever. Y a-t-il pour vous des charmes dans la perte des malheureux? faites briller l'espérance à ses yeux; qu'il se lève, qu'il reprenne courage, et que l'esclave fugitif soit accueilli à son retour avec bonté par un maître généreux. »

18. Haec mecum ipse tacitus versabam, charissimi, postquam cepit me timor ac tremor meis mihi injectus peccatis. Fictam poenitentiae personam introduxi, quo inutilem luctum et ignaviam ab aegro corde meo excuterem, eadem porro nunc peccatoribus mei similibus reponenda duxi, unde aliquod tristitiae levamentum capiant, et in spem veniae erecti ad poenitentiam festinent. Sit benedictus ille bonus et suavis, qui laetatur in nobis, si poenitentiam egerimus, atque pro summa sua charitate hilari vultu et absque approbratione reduces nos excipit. Sitque iterum benedictus, cujus janua introitum petentibus probis atque improbis patet, nec enim peccatores odit, ut resipiscentibus gratiae suae fores praecludat. Sit tertio benedictus, qui hominibus expediendae salutis rationes providit, ut nemo a sui regni haereditate excidat, sed justi benefactis suis, sua peccatores poenitentia illam obtineant. Sit etiam atque etiam benedictus, qui pro peccatoribus contumelias et mortem admisit, nec ignominiam crucis ferre recusavit, ea solummodo ductus ratione, ut peccatoribus salutem compararet. Sit iterum atque iterum benedictus, qui postquam nos liberalissima sua voluntate creavit, venit, et crucis supplicio redemit: atque denuo venturus est magno illo sui novissimi adventus die, ut nobis ereptam vitae usuram restituat. Optime maxime, oro te pro illa tua de omnibus bene merendi voluntate, tales nos esse praesta, qui gratiae tuae aspectu oculos exsature, teque in omne aevum laudare mereamur.

III.

Surge, vade in Ninivem civitatem magnam, et praedica in ea praedicationem, quam ego loquor ad te. Et surrexit Jonas, et abiit in Ninive juxta verbum Domini [1].

1. Vides ut Ninivem ad concionem advocat Jonas. Judaeus scelestos aggreditur praeco: ferox et acer invadit urbem, quatitque horrendis

[1] Jonae III, 2, 3.

13. Voilà, mes très-chers frères, quelles étaient les pensées que je roulais dans mon esprit, lorsque la crainte que m'inspiraient mes péchés eut saisi mon cœur. J'ai appelé auprès de moi le personnage fictif de la pénitence, afin de rejeter de mon ame malade et épuisée un deuil inutile, et d'en dissiper tout mortel engourdissement. C'est elle encore que je reproduis aux yeux de ceux qui sont pécheurs comme moi, pour qu'ils en reçoivent quelque consolation, qu'ils ne désespèrent pas d'obtenir le pardon de leurs crimes, en se jetant dans ses bras. Béni soit le Dieu clément et bon qui se réjouit dans son cœur, si nous faisons pénitence, et qui, plein d'une tendresse ineffable, nous reçoit, quand nous revenons avec lui, avec un doux sourire et sans aucun reproche amer. Béni soit encore celui qui cédant à nos vœux, coupables ou non, nous ouvre la porte du céleste séjour, car il ne hait pas assez les pécheurs pour la fermer à un repentir sincère. Trois fois soit béni le Dieu qui donne à tous les hommes les moyens de faire leur salut, parce qu'il ne veut exclure personne de l'héritage de son royaume, héritage sacré que méritent les justes par leurs vertus, et les pécheurs par la pénitence. Béni soit encore l'être tout puissant qui s'est soumis aux humiliations et à la mort pour les pécheurs, et n'a pas reculé devant l'ignominie de la croix, guidé par le seul désir de sauver des coupables. Béni soit encore et toujours le Dieu dont la volonté féconde nous a créés, et qui, descendu des hauteurs du ciel, nous a tous rachetés par le supplice de la croix, et viendra encore une fois, dans le grand jour de son dernier avénement, pour nous rendre la vie que nous avions perdue. O Dieu! très-bon et très-grand, en considération de ce désir ardent qui vous dévore, d'être utile à tous, faites que nous soyons dignes de repaître nos yeux du spectacle de votre grâce, et de chanter vos saintes louanges dans l'éternité.

III.

Levez-vous, allez dans la grande ville de Ninive, et prêchez-y ce que je vous ordonne de leur dire. Et Jonas se leva, et il alla à Ninive selon le commandement du Seigneur.

1. Vous voyez comment, à la voix de Jonas, le peuple de Ninive se presse autour de lui. Un Juif va porter la parole de la pénitence à des hommes plongés dans le crime. Plein des sombres pensées qui l'agitent, il entre avec courage dans l'orgueilleuse cité. Il parle, et la ville

vocibus. Hebræo loquente, ethnica civitas mutavit vestem. Ut pelagus turbant venti, sic pelago eductus Jonas concussit urbem : hinc adversi illam oppugnant fluctus, ut ratem direptus aer, cum miscuit maria. Salum cum subiit, subita tempestate pervertit : terram cum pressit, quatefecit. Eo fugiente, inhorruit mare, et concionante, terra trepidavit. Mare compescuit oratio, terram pacavit pœnitentia. Oratio salutem attulit Jonæ, pœnitentia Ninivitas servavit. Oravit ille clausus immanis piscis alvo : in magna urbe opere magno oravere Ninivitæ. Fugiebat Jonas Deum : pudicitiam oderant Ninivitæ. Conclusit strinxitque ambos justitia, quippe nocentes. Supplicium deprecati sunt ambo, oblata pœnitentia. Hæc nempe Jonam in salo periclitantem tutata est; atque Ninivitas domi laborantes incolumes præstitit. A suo ac in suo Jonas didicit, misericordiam pœnitentibus esse tribuendam. Formam ipsi in ipsomet descriptam tradidit divina gratia, pro delinquentium regimine præscribens, ut quemadmodum ipse pelago erutus fuerat; ita præsenti naufragio eriperet urbem. Nihilominus, ut mare exagitant venti, sic Ninivis piscinam Jonas, et ipse pelago rejectus.

2. Unus Jonas locutus est, audiit Ninive et luxit; unus hebræus concionator universam perturbavit urbem. Os suum minis implevit et auditoribus denuntiavit interitum. In urbe gigantum parvus concionator assurrexit. Fregit vox ejus corda regum. Urbis ruinam super eos impulit. Uno verbo, quo spem abstulit omnem, calicem iræ porrexit. Audiere reges, et victi dedere manus, sua abjecere diademata, et demisere supercilium. Audierunt nobiles, ac territos oppressit stupor, continuo vestes in saccos mutarunt. Audiere venerabiles senes, et caput consperserunt cinere. Audierunt locupletes, et arcam aperuere indigentibus. Audierunt creditores, conscissisque syngraphis, in opera misericordiæ incubuerunt. Obediorunt fœneratores, ne ultra sortem exigerent; quique fœnus acceperant, redhibuerunt acceptum. Æs suum alii condonarunt, cum salutem quisque suam pie curaret. Nemo repertus ibi, qui alterum circumvenire cogitaret. Omnes quippe sancte certabant, ut suam quisque animam lucraretur. Jonæ obaudiere latro-

païenne se dépouille de ses habits de fête! Tel que le vent dont le souffle impétueux bouleverse la mer, Jonas, sorti du sein des flots, a jeté l'effroi parmi ce peuple, battu par la tempête comme un vaisseau au milieu des vagues irritées. Le prophète s'élance sur les eaux, l'orage soudain gronde ; il met le pied sur la terre, elle tremble ; il fuit, la mer devient furieuse ; il parle, la terre est désolée. La prière calme les flots, la pénitence rend la paix à la terre. Jonas est sauvé par la prière, Ninive par la pénitence. Jonas pria, renfermé dans les flancs d'un poisson monstrueux ; c'est dans l'enceinte d'une grande ville que prièrent les Ninivites. Jonas fuyait la présence de Dieu ; les habitans de la cité coupable avaient fait divorce avec la pureté. La justice divine enchaîna de sa puissante main le prophète et le peuple ; parce que tous deux avaient péché. Tous deux demandèrent grâce, tous deux se repentirent. Elle sauva Jonas des périls de la mer, et les Ninivites des afflictions qui les menaçaient dans l'enceinte de leurs murailles. A l'école de sa propre expérience, Jonas apprend que la miséricorde est le fruit du repentir. Il offre dans sa personne la preuve que c'est par la pénitence, que s'obtient le pardon, et que s'il vient d'échapper à la mer en fureur, Ninive peut échapper à son tour au naufrage du péché. Rejeté sur le rivage où se brisaient les vagues, il fait passer dans les cœurs des Ninivites le trouble et l'agitation de la mer soulevée par les vents.

2. Jonas seul a parlé, Ninive l'a entendu, et Ninive a pleuré. Un seul prédicateur hébreu a bouleversé une ville tout entière. Sa bouche pleine de menaces a annoncé à ses auditeurs leur fin prochaine. Un être frêle, un étranger s'est levé au milieu d'un peuple de géans. Sa voix a brisé le cœur des rois ; elle a appelé la destruction sur leurs palais. D'une main il éteint l'espérance, de l'autre, il leur présente la coupe de la colère. Les rois l'ont entendu ; ils sont vaincus, ils déposent leurs diadèmes et leur orgueil. Les grands l'ont entendu, ils tremblent, l'effroi les glace, et leurs vêtemens si magnifiques font place au sac de la pénitence. Les vieillards l'ont entendu, et leurs cheveux blancs sont couverts de cendre. Les riches l'ont entendu, et ils ont laissé l'indigent puiser dans leurs coffres-forts ; les créanciers ont déchiré leurs titres, et ne se sont plus occupés que d'œuvres de charité ; les usuriers ont fait taire leur voix impitoyable, et ont été du moins généreux une fois. Personne ne songe à réclamer une dette ; chacun ne pense qu'à son salut. On n'en voyait point qui fussent tourmentés par le désir de tendre des piéges à la bonne foi des autres.

nas, et assueti vivere rapto, sua reliquere: quisque se ipse accusabat, et comparis sui vicem dolebat. Nemo socium condemnabat, quia ipse se quisque condemnabat. Unusquisque se ipse reprehendebat, quia ira reprehendebat universos. Jonam audierunt parricidæ, et judiciorum metum se abjecisse confessi sunt. Judices judicia interruperunt; præsente ira, siluit forum; noluerunt quod justum erat judicare, ne ex justo judicarentur. Unusquisque misericordiam seminabat, ut meteret salutem. Jonam audierunt peccatores, suaque singuli peccata confessi sunt. Audiit urbs scelerata, suaque confestim exuit scelera. Audierunt etiam domini, et subjectos dimisere liberos. Pie audierunt servi, et auxere erga dominos reverentiam. Declamante Jona, nobiles feminæ fastum ciliciis compressere; pœnitentia fuit vera, quando superbæ humilitatem induerunt.

3. Nostra hæc illi pœnitentia composita somnium est; et illi supplicationi nostra collata umbra est: et illi humilitati comparata hæc humilitas larva est; quam oppido rari sunt, qui malefactorum, subeunte pœnitentia, simile jejunium secuti sunt. Ninivitæ stipem egentibus erogarunt; utinam nos a pauperum oppressionibus abstineremus. Ninivitæ servos libertate donarunt; liberorum vos utinam misereret. Quoniam vero Jonas ad urbem mittebatur omnium flagitiorum genere coopertam, ideo vindex Dei justitia dura illum severitate munivit, imbuitque vocibus horrificis, jubens extrema mala nuntiare. Acerbis medicamentis instructus formidabilis medicus urbem intravit morbis oppressam. Explicuit et ostendit, quæ ferebat pharmaca, visaque sunt aspera et horrenda. Sed etsi prophetam gratia mittebat, non quo civitatem everteret, sed ut laborantem curaret; civibus tamen concionator minime suggessit, ut pœnitentiæ se dederent. Docere volebat, ægrotantes debere morbi remedia per se quæritare. Pulsantibus observavit fores, quo intelligerent posteri pulsantium constantiam.

4. Sententiam judicis Jonas intimavit; assensere Ninivitæ, et justam esse affirmarunt. Inde patuit quantum ad placandam iram valeat pœnitentia, quantumve insistere debeant pœnitentes, donec impu-

Une sainte émulation animait tous les cœurs; ils n'avaient qu'une ambition, sauver leurs ames. Dociles à la voix de Jonas, les voleurs, qui ne vivent que de rapines, renonçaient à tout. On ne songeait qu'à s'accuser soi-même, en plaignant le sort du prochain; point de jugemens téméraires contre les autres; chacun se condamnait dans son cœur; chacun s'adressait les plus vifs reproches, parce que la colère divine tonnait en menaces terribles sur tout le peuple. A la voix du prophète, les parricides confessèrent leurs crimes. Les juges descendirent de leur tribunal, qui devint muet en présence de l'arrêt porté par la vengeance céleste; l'effroi qu'ils ressentaient glaça leurs esprits troublés. On semait la miséricorde pour recueillir le salut. L'aveu enchaîné jusque là dans la conscience des pécheurs s'en échappa à la voix de Jonas. La ville criminelle quitte sa robe souillée; le maître affranchit ses esclaves; les esclaves sont soumis à leurs maîtres; chez les femmes, les parures fastueuses ont fait place à l'austérité du cilice; sincères dans leur pénitence, elles font succéder l'humilité à l'orgueil.

3. Comparée à celle des Ninivites, notre pénitence n'est qu'un songe, notre prière n'est qu'une ombre, notre humilité n'est qu'un masque. Combien ils sont rares ceux qui, en expiation de leurs fautes, se soumettent à un jeûne aussi rigoureux que celui des habitans de Ninive. Leurs aumônes allaient chercher le pauvre; plût au ciel que nous ne nous fissions pas un cruel plaisir de l'affliger! Les Ninivites affranchissaient leurs esclaves; puissiez-vous avoir compassion des hommes libres. Envoyé dans une ville couverte de toutes sortes de crimes, Jonas vint armé par la justice vengeresse de Dieu des menaces les plus terribles; chacun de ses mots répandait l'effroi, il annonçait à la ville sa destruction prochaine. C'était un médecin redoutable qui devait employer les remèdes les plus énergiques; les instrumens qu'il avait apportés avec lui, il les étala aux regards de tous, et tous reculèrent d'horreur. Bien qu'il vînt non pour détruire, mais pour guérir, cependant le grand prédicateur se garde de conseiller la pénitence. Il voulait qu'on fût convaincu que c'est aux malades à chercher eux-mêmes les remèdes dont ils ont besoin. En vain ils frappaient à sa porte, il la tenait fermée, afin qu'ils pussent léguer à leurs descendans un modèle de persévérance.

4. Juge, le prophète prononça la sentence; les Ninivites l'acceptèrent, sans en accuser la rigueur ou l'injustice. Grande leçon, qui nous apprend quelle est la puissance du repentir, combien il peut

dentia misericordiam extorqueant. Ægritudinis enim causa peccatum fuit, voluntas, non necessitas. Horrisona vox terrebat, objecta velut exerti imagine gladii, unde audacissimus quisque metum caperet, et morbum depelleret. Medicus missus ad medendum ægris rompheam intentat, quam ut vidit civitas, ut exhorruit; medicus aderat, carnifex qualis præsens; cives, metu consternati, mox trepidi consurgunt, et ad pœnitentiam procurrunt. Ergo medicamentum virga fuit, quorumlibet medentium pharmacis remedium præstantius. Ægro alii medentes palpantur, et blande potionem porrigunt: Jonas ægrotos acerbat et vehementi concione objurgat et sanat. Decumbentes visitat visitator sapiens, simul exagitat metu; lectulo sese illico proripuit æger, ut virgam furoris aspexit: consanuere suis furentes libidinibus: suas quisque cupiditates compescuit, ipse sibi factus medicus.

5. Cessarunt prandia regum, et principum cœnæ. Nimirum si a lacte arceantur infantes, quis interim jubeat convivia? si jumenta prohibentur aqua, vinum quis bibat? Si rex induit saccum, quis vestem non mutet? Si impura scorta sibi continentiam imperant, quis cogitet nuptias? Si luxuriosi stupent, quisnam rideat? Si qui modo lætitia exsultabant, nunc misere plorant, quemnam delectet jocus? Si latrones didicere justitiam, quis opprimat amicum? Urbem universam imminentis ruinæ metus sollicitat, quis jam in communi periculo propria curet, pro sua sollicitus domo? Si projectum videas aurum, fur nullus est, qui surripiat; si apertum thesaurum, nullus est qui auferat. Oculos continuere suos satui, ne feminas curioso aspicerent. Condidere feminæ ornamenta sua, ne intuentibus præberent occasionem ruinæ. Novere quippe istud esse commune malum utrisque, nec si alii in illis offendissent, ipsas salutem adepturas. Non ergo civium pœnitentiam disturbavere formosæ, cum communis doloris causam se esse agnoscerent. Medicinam itaque fecere sibi mutuo, alter ab altero pœnitentiam docti.

désarmer sa colère, et combien les pécheurs ont besoin d'y persévérer jusqu'à ce qu'enfin ils fassent pleuvoir sur leurs têtes la rosée de la miséricorde. Le péché était la cause du mal, le péché, fils impur de la volonté seule, sans le concours de la nécessité. La voix terrible du prophète, c'était le glaive nu présenté à leurs yeux; les plus fiers courages, les cœurs les plus intrépides cédèrent à la crainte. Le médecin envoyé de Dieu brandit sur la tête des malades sa redoutable massue; la ville a tremblé; ce médecin est au milieu d'eux comme l'exécuteur qui va frapper sa victime; tout se courbe sous son bras; mais soudain on se relève, de la peur on passe à la pénitence. Cette massue fut donc le remède puissant dont l'efficacité triompha de l'énergie même du mal. Si les autres médecins flattent les malades; si c'est avec précaution, et presque en souriant, qu'ils leur présentent le breuvage amer, Jonas ne leur adresse que des paroles dures et il les guérit par des discours pleins de fiel et d'aigreur. Il va les trouver, il jette l'effroi dans leurs ames; aussitôt on les voit s'arracher de leurs lits, à l'aspect de la verge redoutable que le prophète agite dans ses mains; soudain le feu des passions qui les dévorent s'éteint, la santé revient, et chacun ne la doit qu'à ses propres efforts.

5. Plus de banquets; les princes désertent leurs tables somptueuses. Si l'enfant à la mamelle est repoussé du sein de sa nourrice, qui se permettra le luxe des festins? quand l'eau même est interdite aux animaux, quel homme penserait à s'enivrer? quand le monarque se couvre d'un cilice, qui oserait se parer de riches habits? quand la débauche elle-même renonce à ses orgies, qui ne repoussera pas la joie des noces? les ris peuvent-ils trouver place au milieu de la consternation publique? les plaisirs iront-ils se mêler au deuil général? Les voleurs ont oublié leurs fraudes et leurs perfidies; qui oserait frapper un ami? et quand la ville tout entière menace de n'être bientôt plus qu'un monceau de ruines, ira-t-on, dans un commun danger, s'occuper de son propre intérêt? L'or est répandu sur la terre; personne n'y touche, le voleur lui-même le dédaigne; les trésors sont ouverts, nul n'y fouille. Les regards deviennent modestes, on n'oserait les arrêter sur les femmes, qui ont renfermé leurs parures pour ne pas donner aux hommes une occasion de chute; car elles ont compris qu'elles ne se sauveraient pas elles-mêmes, si, dans les horreurs d'un fléau qui s'étend sur tous, elles devenaient une source de nouvelles fautes; on ne les vit donc pas combattre par leurs charmes les salutaires inspirations de la pénitence; car elles s'avouaient, hélas! qu'elles étaient la cause

6. Nullus est, qui socio peccandi occasionem subjiciat, dum quisque vitium eliminare studet; suum quisque sodalem ad preces et obsecrationes invitat. Facta est civitas corpus unum, tota se totam observat. Ne in alterum peccet, proximum quisque suum admonet, hortaturque, ut se suaque membra ad justitiam formet. Quare nemo illic oravit, ut se unum servaret, dum singuli alter pro alterius salute rogant, perinde ac si in unum coaluissent corpus, universa siquidem civitas velut unum corpus ad interitum ciebatur, nec licebat probis procul ab improbis vivere, cum velut membra invicem colligati conviverent una cum nocentibus innocentes. Justi itaque pro peccatoribus Deum orabant, ut ipsis opem salutemque ferret; hunc orabant pro justis peccatores, ut ipsorum preces ratas efficeret; precabantur innocentes pro incolumitate nocentum, nocentes innocentium orationem exaudiri, rogabant.

7. Pulcher infantium ploratus universam civitatem ad lacrymas provocabat; vox parvulorum, ut venit ad aures, ut impulit cor et viscera subvertit. Senes conspersere se cinere, canos laceravere crines longævæ anus, projeceruntque; venerabilis canities versa est in opprobrium. Juvenes, fixis in senes oculis, amare flebant; majores minores suos, optatos senectutis baculos, vocabant ad planctum; plorabant utrique, prospicientes mox ad tumulum elatum iri cum funerandis funeris curatores. Casti castæque cælibes capillos deposuere, calvitium suasit luctus. Stetit in medio thalami mater: circumstant charissimi: fimbrias tenent, orant, sospitet pereuntes. Crebra terræ succussione perterritus puer fugit in sinum matris in die furoris parvulus infra nutricis alas se condit. Sol oritur, et occidit, supputant illi dies, et quoti transierint rogant, dolentque tantumdem spatii vitæ detractum suæ, decedere dies, et cum illis pariter animam decessuram. Plorantes nati parentes in communi luctu sciscitantur. Eheu! dicite, parentes, quot ab hinc superant dies ad tempus condictum ab illo hebræo concionatore; dicite designatam ab illo horam, quando viventes in infernum descendemus, quæve futura dies, quando pulchra

de la douleur commune. C'est ainsi que les habitans de Ninive, en se donnant réciproquement des leçons de pénitence, contribuèrent à la guérison les uns des autres.

6. Qui cherche à entraîner le prochain au mal, quand chacun travaille à l'écarter? tous au contraire l'excitent à la prière, l'encouragent à solliciter leur pardon. Les citoyens ne semblent plus former qu'un seul corps dont les membres s'observent mutuellement. On se fait un devoir d'avertir le prochain de ne pas être un objet de scandale pour son prochain; on lui prêche la justice, et on l'invite à se soumettre à ses saintes lois. Personne ne se renferma dans l'égoïsme d'une prière étroite; ils priaient, au contraire, pour le salut des uns des autres, et comme s'ils n'eussent été qu'un seul homme, puisque la destruction menaçait l'universalité des citoyens, les gens de bien ne s'isolaient pas des gens moins purs, ils s'en rapprochaient, et coupables et innocens, tous chargés des mêmes liens, vivaient ensemble, les justes demandaient à Dieu grâce pour les pécheurs; les pécheurs lui demandaient qu'il fût propice à la prière des justes; les innocens demandaient le salut des coupables, les coupables à leur tour demandaient qu'il exauçât la prière des âmes innocentes.

7. Les pleurs de l'enfance, si doux et si gracieux, arrachaient des larmes de tous les yeux; ses gémissemens, en frappant les oreilles, déchiraient les cœurs. Les vieillards se couvraient de cendre, les femmes dont le temps avait appesanti les pas jetaient aux vents leur chevelure que le temps avait blanchie; l'opprobre vint s'asseoir sur des fronts vénérables. La jeunesse, à ce douloureux spectacle, pleurait amèrement; les pères appelaient à partager leur deuil ces mêmes fils dont ils avaient espéré l'appui pour leurs vieux jours. Ainsi partout l'affliction et la tristesse; partout cette déchirante pensée que les mêmes funérailles attendent en même temps, et ceux à qui la piété fait une loi de rendre les derniers honneurs à leurs parens, et ceux qui en sont le déplorable objet. Conseillés par le chagrin, les veufs et les veuves se dépouillent de leur chevelure. Assise sur sa couche inquiète, la mère de famille est entourée de ses enfans qui, saisissant dans leurs mains les franges de ses vêtemens, la conjurent de les sauver. Épouvanté par les secousses de la terre qui s'ébranle jusque dans ses fondemens, l'enfant cherche un asile dans le sein qui l'a nourri; le malheureux se cache sous l'aile maternelle. Le soleil se lève et se couche; on suppute les jours: on se demande avec effroi combien il y en a d'écoulés; on compte de combien d'heures s'est abrégé déjà l'espace à

civitas subvertetur; quænam ultima nobis illucescet dies, postquam amplius non erimus? Quonam tempore operiet nos caligo? Quove die nostri interitus fama pervolabit orbem? Quando secus locum transeuntes advenæ cernent dirutam urbem, patriæque ruinis sepultos cives.

8. Parentes, qui natos talia memorantes audiebant, vehementer commoti parvulos suos suis perfundebant lacrymis, oculisque pluentibus, mixto fletu, dicentes et audientes simul plorabant. Voce crebris singultibus suppressa, verba formare non licuit, fandi facultatem dolor abstulit, et charorum fletus colloquium diremit. Sed parentes, ne filiorum cruciatum suo redderent silentio majorem, indeque exasperato animi dolore, ante diem ipso mœrore conficerentur, tandem cohibuere lacrymas, et internos affectus represserunt, quo liceret de proposita quæstione liberis suis sapienter satisfacere; indeque aliquod doloris levamentum afferre. Cæterum cum veritatem manifestare vererentur, aperteque dicere diem utique a propheta denuntiatam haud procul abesse, Abrahami exemplum secuti, filios suos prophetica prædictione consolabantur.

9. Exquisivit Isaac hostiam : « Ubi est, ait, agnus victima holo- » causti [1]? » Abraham, ne triste responsum luctus sequeretur, qui sacrificium corrumperet, unigenitum suum blandis verbis trahebat, quo interim ligari se sineret, dum ipse gladium nudaret. Videbat filium duram sibi proposuisse quæstionem, silentio tamen usus non est, ne natum contristaret, nec tamen dolorem explicuit, ne sacrificium temeraret mœstitia. Excogitavit quomodo filio satisfaceret. Ergo cum manifesta fari nollet, occultum mysterium præmonstravit, cumque veritatem occultare vellet, prodidit; ausus non est dicere : « Tu es, » prædixit alium fore; credidit illum esse; non illum fore prophetavit. Abrahæ nimirum lingua corde sagacior fuit, a corde discere usqueta, cor docebat, conticuit mens intelligens, quin facta est lingua præscions, et ratio, quam docebat, hausit a lingua sapientiam. « Ascen-

[1] Gen. XXII, 6.

DISCOURS EXÉGÉTIQUES. 127

parcourir, on ne voit pas sans trembler s'envoler des instans qui emportent avec eux une portion du temps qui reste à vivre. Dans le deuil général que de questions adressées aux parens par leurs fils ! Combien en reste-t-il jusqu'au jour marqué par le prophète? quand sonnera l'heure où nous descendrons tous vivans dans le tombeau, où cette ville si belle ne sera plus, où tout un peuple aura disparu? quand les ténèbres doivent-elles nous engloutir dans leurs ombres? quand le bruit de notre désastre ira-t-il épouvanter le monde? Quand enfin le pied de l'étranger, en foulant le sol de notre patrie, n'y soulèvera-t-il plus qu'une vaine poussière?

8. Vivement émus par les questions de leurs enfans, les pères pleuraient; leurs larmes se confondaient; demandes et réponses, tout les attristait également. Étouffée dans les sanglots, la voix n'avait plus de sons articulés; la douleur et les gémissemens de leurs fils les rendaient muets; et cependant, pour qu'un silence obstiné n'ajoutât pas encore aux tourmens de leurs enfans, et dans la crainte qu'ils n'expirassent de chagrin avant le jour fatal, les parens retinrent leurs larmes, firent taire les sentimens de leurs cœurs, afin de conserver assez de liberté d'esprit pour répondre avec prudence aux questions de ces petits malheureux, et apporter ainsi quelque soulagement à leurs maux. Craignant de dire la vérité, craignant de faire connaître que la terrible journée annoncée par le prophète n'était pas éloignée, ils suivirent l'exemple d'Abraham, ils offrirent à leurs fils quelque consolation dans les paroles mêmes du prophète.

9. Isaac demanda : « Où est la victime du sacrifice? » Abraham, dans la crainte qu'un mot funeste, en faisant éclater la douleur de l'enfant, n'altérât la pureté de l'holocauste, l'amusait de douces paroles jusqu'au moment où il se laisserait lier, et que l'épée sortirait du fourreau. A cette question embarrassante, Abraham n'opposa pas un silence affligeant, et il ne voulut pas non plus donner carrière à sa douleur pour laisser au sacrifice toute sa sainteté. Il avisa au moyen de satisfaire à l'impatience de son fils. Ne voulant pas lui révéler la vérité, il s'enveloppa de l'ombre d'un mystère, et la vérité perça néanmoins dans les termes mêmes employés pour la cacher. Il n'osa pas lui dire : C'est toi ; il lui prédit que la victime ne manquerait pas au sacrifice, et tout en croyant que c'était lui-même, il ne le lui déclara pas ouvertement. Ici la langue, qui n'est ordinairement que l'interprète du cœur, fut plus intelligente que le cœur même; le cœur allait laisser échapper son secret, l'esprit le contint, la parole devint pro-

» demus ego et puer, servis suis dicebat Abraham, et revertemur ad » vos¹. » Fallere voluit, et prophetavit. Mendax non fuit, qui pro veritate certabat, sermonem in prophetiam transtulit, dum studet laboranti succurrere.

10. Hanc cepere viam Ninivitæ, dum natis satisfacere student. Ergo lacrymis sensim manantibus sic affati sunt charissimos suos : « Bonus et suavis est Deus, nec delebit elaboratam manu sua imaginem. Quivis artifex, quod finxit, simulacrum diligenter custodit, quanta putatis cura optimus incolumem manere velit vivam et ratione præditam sui effigiem. Nec oppidum, filii, cadet, nec patria nostra subvertetur. Dum ergo comminatur excidium, ad pœnitentiam nos provocat, dumque se vehementer iratum ostendit, ad bonam frugem nos revocat. Vos item, charissimi filii, quoties desipuistis, et continuo resipuistis flagello correcti. Vos nos cecidimus et duro verbere castigavimus, nec istud furor porrigebat ad exitium. Corripuimus, quia peccastis, et gavisi sumus, quia peccatum agnovistis. Vos ipsi animadvertistis ejus vexationis auctorem fuisse amorem : vos ipsi perspexistis misericordiam flagellum tractasse. Correptione profecistis, et inde hæredes effecti estis. Ipse verberum dolor multam attulit lætitiam, et virgarum supplicio suavissimæ jucunditatis successit thesaurus, omnemque mœrorem abstersit subsequens gaudium. »

11. « Discite ergo, charissimi, ab eo, quod experti estis, verbere, et vestrorum parentum sagaci eruditi virga. Ad nostrum profectum nos ab illo castigari Patre, qui nos corrigit. Extulit virgam furoris, ut terreat; et terret, ut emendet. Scilicet quemadmodum vestri vos parentes verbo et verbere castigavimus dum vos erudire et lucrari studeremus, et modicum passos admodum juvare, sic et ille optimus et mitissimus nos arguit et erudit, ut sua nos benignitate servet, et inclusum suarum miserationum amorem nobis profundat. Virga suam nobis charitatem significat, suum verbere nobis aperit thesaurum.

¹ Gen. xxii, 5.

phétique, et la raison, éclairée par elle, lui dut une réponse dictée par la sagesse. « Nous allons monter, mon fils et moi, disait Abraham à ses serviteurs, et nous reviendrons près de vous. » Cette parole dont il se servait pour les tromper fut une prophétie. Car il y a ici inspiration prophétique, il n'y a pas mensonge dans le patriarche qui, en ménageant la sensibilité d'Isaac, ne voulait pas trahir la vérité.

10. Ainsi firent les Ninivites pour arriver au même but. Ils répondirent en pleurant à leurs enfants : « Dieu est doux et clément; il ne détruira pas l'œuvre de ses mains. L'ouvrier veille surtout à la conservation de son ouvrage; avec plus de soin encore, l'être essentiellement bon ne voudra pas détruire, soyez en convaincus, l'homme fait à son image et qu'il a éclairé de la lumière de la raison. Notre ville ne périra pas, enfans, notre patrie ne sera pas détruite. Cette menace qu'il a fait entendre n'est qu'un appel à la pénitence, et s'il a fait éclater sa colère, c'est pour nous engager à rentrer dans la voie du bien. Une faute vous est-elle échappée, mes enfans, une punition sévère en est la peine et vous corrige. Les verges ont déchiré vos corps, et cependant ce n'est pas votre mort que nous voulons. Nous vous avons repris, parce que vous aviez mal fait, et nous nous sommes réjouis, quand vous avez reconnu votre péché. Vous avez remarqué vous-mêmes que le châtiment n'avait d'autre principe que notre amour pour vous; vous avez compris que c'était la pitié, votre intérêt qui armait nos mains. Vous en êtes devenus meilleurs, vous avez été dignes d'être nos héritiers. D'une souffrance passagère est née la joie de vos âmes, vous vous êtes ouvert par là un trésor de bonheur, et une douce satisfaction de vous-mêmes vous a fait oublier la peine. »

11. « Que cette expérience que vous avez faite vous instruise et vous éclaire. C'est pour nous rendre meilleurs aussi que Dieu, notre Père, nous châtie aujourd'hui. S'il a levé sur nous la verge de la colère, c'est pour nous effrayer; et il nous effraie pour nous corriger. Comme nous n'avions d'autre but en vous châtiant que votre instruction, d'autre intention en excitant le sentiment de la douleur que de vous être utiles; de même Dieu, plein de bonté et de miséricorde, ne veut non plus que nous instruire, nous sauver et nous arroser des flots de son amour. La verge n'est que le symbole de sa tendresse, les plaies qu'il nous envoie, un trésor de grâces. Que si vous tenez pour certain qu'en vous punissant nous n'avons écouté que la voix de l'amour lo-

Quod si minime dubitatis vos a nobis pro nostra erga vos benevolentia fuisse punitos, cur dubitemus idem eodem affectu a Deo nos in præsenti sustinere? Nostra ergo vobis severitas speculum fiat, in quo illam pietate et clementia plenam disciplinam perspiciatis. Enimvero omnis, quo vos complectimur, amor infra eam charitatem restat, qua Deus nos homines amat; adeo noster in vos amor, Dei in nos amore minor est. Sique magnam putatis ejus severitatem, illa major est ejus clementia. Pœna videtur, donum est, sic bene merentes, quique ab illo locupletissime munerantur. »

12. « Mœrorem, filii, depellite, cohibete lacrymas tantisper, brevi motus iste residet, vosque immittet ira, patriæ dolor profligabitur; et sublato luctu, succedet lætitia, et gaudebit corrector, correctos vos intuens natos suos. » Hæc et hujusmodi suis Ninivitæ liberis memorabant. Mœstos quidem consolari volebant, tranquillitatem interim ex vero prophetabant. Et quia citra moram resipuerunt, citra errorem futura prædixerunt. Pœnitentiam implevit opus, exitus prædictionem.

13. Cæterum etsi has sæpius ingeminarent voces, a lacrymis tamen minime temperabant, et quamvis ad leniendum dolorem talia memorarent, luctum tamen minime relaxabant. Metus jejunium produxit, et preces trepidatio. Prudenter namque cogitabant quantus esse deberet peccatoris timor, quando justi quoque trepidabant. Cum itaque fores obsideret mors, rex in publicum progressus se ostendit, civitas commota est; ut rex apparuit amictus sacco, quis procerum byssum exuere dubitavit, ea præsertim incumbente ira? Rex flevit, illacrymantem contemplatus universam urbem : flevere cives illum conspersum cinere caput contuentes. Flevit ipse civitatem conspicatus atratam, vestem in saccum mutasse : flebat civitas, et ad fletum parietes provocabat, et saxa; quales Ninivitæ fudere preces quis adhibuit? Quisnam corruptos sic emendavit mores, et vitia manifesta, et occulta correxit? Quis membra prostravit, ut simul voluptates et oblectamenta abjiceret? Quis ut vox pepulit aures, cor scidit, et peccasse se doluit? Quis verbo castigatus ingemuit? Quis hominis ad speciem abjectissimi voce perculsus obriguit? Quis Deum sibi objiciens præsentem, pœni-

plus vrai, douteriez-vous que ce ne fût pas le même sentiment qui anime aujourd'hui le Seigneur? Que notre sévérité envers vous soit comme un miroir où se réfléchissent sa tendresse et sa bonté. Car quel que soit notre amour pour vous, peut-il approcher de celui que Dieu porte aux hommes qu'il a créés? Combien l'un est supérieur à l'autre! Sa sévérité vous paraît-elle excessive? plus grande encore est sa clémence. Cette douleur qui nous presse est un don que nous fait sa bonté, et ses plus riches présens sont pour ceux qui s'en montrent les plus dignes. »

12. « Bannissez, enfans, bannissez la tristesse ; séchez un instant vos larmes ; cette inquiétude qui vous agite se calmera, ces mouvemens d'emportement cesseront, votre patrie ne sera plus dans l'affliction, et au deuil succédera la joie, et, en vous voyant purs, celui qui vous châtie se réjouira dans son cœur. » Voilà les discours que les Ninivites tenaient à leurs enfans. Ils ne voulaient que les consoler, et cependant c'est le repos et le bonheur qu'ils prophétisaient en vérité. La prédiction fut aussi vraie que la pénitence fut prompte. La pénitence accomplit l'œuvre, et l'événement justifia la prédiction.

13. Au reste, quoiqu'ils répétassent souvent ces paroles consolantes, leurs larmes coulaient toujours, et, tout en cherchant à mettre un baume sur la plaie, leur affliction n'était pas moins grande. La crainte prolongea le jeûne, et l'inquiétude les prières. Au trouble qui agitait le juste, ils comprenaient quel devait être l'effroi du pécheur. Quand la mort était ainsi à leurs portes, le roi se montra à son peuple, et toute la ville en fut émue ; quand on le vit couvert d'un cilice, quel grand de sa cour n'aurait pas rejeté ses brillans habits de soie, au moment surtout où la colère divine pesait de tout son poids sur ces murs coupables? Le roi pleura au spectacle des larmes qui coulaient de tous les yeux, et les citoyens pleurèrent en contemplant cette tête auguste souillée de cendres. Ces murs en deuil, ces cilices pour vêtemens, tout lui arracha des pleurs ; partout des gémissemens et des sanglots dont l'amertume semblait vouloir éveiller la sensibilité des murs et des pierres elles-mêmes. Qui donc inspira aux habitans de Ninive ces prières si touchantes? qui rendit pures leurs mœurs si corrompues? qui, pour les corriger, exposa leurs vices dans leur hideuse nudité? qui brisa ces fiers courages? qui chassa les plaisirs et leur impur cortége? quelle parole assez puissante déchira les cœurs en frappant les oreilles? pourquoi ces regrets si cuisans? ce repentir si

itentiam cogitavit? Quis justum exerto gladio vidit instantem, ac tantopere expavit?

14. Interea videre erat amplissimam urbem luctu squalentem. Plorabant pueri, cum vitam, quam sibi vovebant diuturnam, ad dies contractam audirent, sed et senum intolerabilis erat planctus, cum non modo ipsi, qui sepulchrum non inviti opperiebantur, verumetiam suprema sepulchri adolescentes curaturi, monerentur oppidum quantocius casurum. Juvenum vero questus quis ferret, cum in exspectationem nuptiarum projecti, fato se brevi rapiendos intelligerent? Aut novarum nuptarum lamenta, cum thalamo excedere, et imos terræ sinus subire cogerentur? Quis lacrymas continere, regem conspicatus lacrymantem? Quod a regia discedere juberetur, et in sepulchrum propediem descendere, inter vivos rex, inter mortuos pulvis mox futurus, ut regalis honoris currum tumulus exciperet, urbis ruina sequeretur. Hoc nimirum audiebat futurum, ut delicias et jucundæ vitæ commoda ipsi raperet mors, et a suavissimæ quietis lecto in foveam iræ regem et urbem repente transferret.

15. Legiones suas convocavit rex. Flevere mutua comploratione communem casum. Prælia rex referebat hactenus ab illis gesta, et reportatas victorias, quotve feliciter evaserant pericula; nunc vero se animo defecisse victum mali magnitudine, nec ullam videre superesse opis et salutis spem. Non hoc bellum, aiebat, est, amici, in quo conserto prælio, victoriam nostro more referamus, et ad votum succedat triumphus. Siquidem vel ipsos heroes examinet horrendum, quod audivimus nuntium, sic nos plurimarum gentium victores unus Hebræus afflixit, ejusque vox perculit ut prostravit. Plurima nos oppida subegimus, in nostra nos urbe ipsa profligavit. Ninive heroum mater hominem unum, et hunc vilissimum exhorruit: in suo leæna cubili ad unius Hebræi conspectum expavit. Rugiit Assyria, tremefecit orbem:

douloureux? pourquoi cet effroi qui glace leurs membres en entendant la voix d'un simple prophète? d'où vient ce besoin de la pénitence qui les presse, croyant voir en lui Dieu s'offrir à leurs yeux? pourquoi ces mortelles angoisses à la vue du glaive qui brille dans les mains de la justice?

14. Cependant quel spectacle lamentable! toute une ville, et une ville si grande, plongée dans le deuil!... La jeunesse qui, dans ses riantes espérances, reculait le terme de sa joyeuse vie, pleurait en la voyant bornée à quelques jours; mais qu'ils étaient plus déchirans encore les gémissemens de la vieillesse, dans cet instant cruel où ceux qui voyaient sans regret la tombe s'entr'ouvrir, et ceux qui devaient leur rendre les derniers honneurs, avaient le funeste pressentiment que bientôt la ville serait détruite. Et les jeunes hommes, quelles plaintes s'exhalaient de leur cœur, quand ils pensaient qu'à ces noces qu'ils avaient rêvées, allait succéder la pompe lugubre des funérailles! Et les jeunes vierges, qui dira leur douleur? Arrachées à la couche nuptiale, la terre allait, à quelques jours de là, les engloutir à jamais! Qui donc aurait pu ne pas verser de larmes, quand le roi lui-même était baigné de ses pleurs? Exilé de son palais, il marchait vers la tombe; roi d'un peuple plein de vie, il allait mêler dans quelques heures sa royale poussière à la poussière des morts; le tombeau, voilà son char d'honneur! les débris de sa grande cité, voilà son cortége! Il le savait; la mort était là qui, le dépouillant de tous ses biens, de ces délices qui rendent la vie si douce, allait précipiter du lit de repos dans le cercueil, et le roi, et les sujets.

15. Le roi rassembla son armée. La ruine commune qui les menaçait jetait dans tous les esprits le trouble et l'effroi. Le prince se rappelait les belles actions qui avaient signalé leur courage, les victoires qu'ils avaient remportées, les dangers auxquels ils avaient heureusement échappé; mais aujourd'hui, vaincu par la grandeur du mal, toute ardeur s'était éteinte en lui, et il n'y avait plus à espérer ni secours ni salut. Braves compagnons, leur disait-il, ce n'est pas ici une guerre où nous puissions compter, après de généreux efforts, sur la victoire et son triomphe. Un mot qui a frappé nos oreilles en glaçant nos courages, un Hébreu qui, seul et sans armes, abat à ses pieds les héros vainqueurs de plusieurs nations, voilà nos redoutables adversaires! Nous avons soumis plus d'une ville, nous sommes vaincus dans l'enceinte de nos propres murailles. Ninive, la mère des héros, a tremblé devant un seul homme; la lionne dans sa tanière a reculé à l'aspect

Assyriam fremens voce concussit Jonas. Scilicet ad hoc omne malum venit fortis Nemrodi soboles.

16. Bonis militibus optimum consilium simul suggessit rex. Interim vobis consilium do, amici, non ideo in præsenti desperandum discrimine, sed ut fortes decet strenue dimicandum, nec committendum, ut desides mors occupet, quod ignavis ac timidis accidit. Quisquis, præsente periculo, strenuum et magnanimum se præstitit, si moritur, fortis fuit; si mortem evasit, vicit. Si ergo mori gloriosum est, et est vivere triumphus, duo bona sibi negotiatur magnanimus; duobus contra malis subjicitur ignavus, vel ut inhonesta morte fungatur; vel ut cum dedecore vitam traducat. Paranda nobis ergo sunt arma, simul componendus est animus ad agendum præclara et fortia, quo ut nihil assequamur, strenuorum certe nomen obtinebimus. Ex majorum disciplina didicimus Deum habere justitiam et gratiam, et pro justitia quidem intentare minas; et misericordiam autem tribuere pro gratia, quod si placetur justitia, auxilians aderit gratia : si nostris precibus flectatur justitia, illico affluent liberalitas et clementia : si vero illius justitia retineat iram, ideo oratio nostra culpanda non erit, quod illam minime exoraverit, nec nostræ nobis fraudi erunt precationes. Sed quoniam res inter justitiam et gratiam versatur, nostra profecto pœnitentia sua causa non cadet. Nova arma novæ urbi, charissimi, fabricanda sunt, et quandoquidem ad occultam vocamur pugnam, occulta arma capiamus.

17. A majoribus istud accepimus, qui hominibus recte vivendi præcepta tradiderunt, quorumque oracula ad nos traducta sunt, et acta, quasve passi sunt tentationes, fama repræsentat; nec ad captum homini deest mentis sagacitas : ubique gentium pervulgata sunt gesta justorum, quibus hac potuit ad salutem via. Orbem implevit lex, qua condemnatur quicumque nocens; et audivimus quibus suppliciis mali homines mactati fuerint, quod peccare ausi fuissent: positum est ante oculos speculum, unde quisque intelligat impudentem quemque pudefactum iri; imago cuivis videnti conspicua est, sed et pœnitentia pariter prædicata est, et aspectibus audientium proposita. Pœnitentia oculis peccantium exhibita est, ut ad illam appellerent animum.

d'un seul Hébreu ; l'Assyrie a poussé des rugissemens, l'univers s'en est ému ; Jonas, de sa terrible voix, a ébranlé l'Assyrie à son tour. Voilà l'horrible plaie qui a frappé les vaillans fils de Nemrod.

16. Le prince en même temps donna à ses soldats un salutaire conseil. Mais, écoutez-moi, dit-il, un parti est à prendre ; ne nous livrons pas au désespoir dans cette grave conjoncture ; combattons avec courage, comme il convient à des gens de cœur ; ne laissons pas la mort se jeter sur nous comme sur des lâches et des hommes timides. Celui qui ne pâlit point au milieu du danger, peut mourir, sans doute ; mais s'il a été brave, s'il y échappe, il triomphe. Si donc la mort pour lui n'est pas sans gloire, si sa vie est une sorte de trophée, il y a deux avantages acquis à tout homme intrépide. L'homme sans énergie, au contraire, n'a que la mort en partage : la mort avec la flétrissure, la vie avec la honte. Préparons donc nos armes, disposons-nous à faire de grandes choses, réveillons toute notre ardeur ; quand tout nous échapperait à la fois, nous laisserons du moins après nous un nom honorable. Dieu, ainsi que nous l'ont appris nos ancêtres, a deux ministres à ses ordres : la justice et le pardon. Pour venger la justice outragée, il fait gronder les menaces ; mais souvent le pardon appelle sa miséricorde ; désarmez la justice, le pardon vous viendra en aide. Que nos prières fléchissent la justice, la bonté et la clémence ne nous feront pas défaut. Mais si la justice reste inflexible, n'allons pas en accuser la prière ; si nos pleurs sont stériles, gardons-nous de croire que ce soit un piége tendu à notre faiblesse. Dans une affaire où la justice et le pardon sont aux prises, le repentir n'a pas à craindre sa défaite. A une ville toute nouvelle il faut de nouvelles armes ; si le combat est secret, que les armes le soient aussi.

17. Nos ancêtres, ces hommes sages qui nous ont laissé tant de préceptes de morale, dont les oracles sont parvenus jusqu'à nous par le souvenir de leurs actions et des luttes qu'ils ont eues à soutenir, nos ancêtres nous l'ont appris ; l'homme n'est pas assez sourd pour ne pas entendre ce langage ; et d'ailleurs la renommée a publié dans le monde entier quels chemins les justes ont pris pour arriver au port du salut. N'est-elle pas connue de tous les peuples la loi qui condamne tout homme criminel? Ne savons-nous pas par quels supplices les méchans ont expié le mal qu'ils ont fait? C'est un miroir placé devant nos yeux ; que chacun y voie l'infamie atteindre l'homme aux mœurs désordonnées ; rien n'y cache ses traits hideux ; mais aussi la pénitence a été partout proclamée, partout elle s'est offerte aux pécheurs ;

18. Et vero cuinam nostrum ignotus est cataclysmus? Nec enim a nostra aetate longe distat immanis illa aquarum eluvio, quae Noe temporibus accidit, quando justitiae vindicatricis allapsu aquis obrutum fuit omne genus humanum; nec tamen illis decrat perspicacitas mentis, aut rationis oculus caligabat in sole. Homines Noeticae illius aetatis, o filii, scientes prudentesque deliquerunt, dederuntque delicti poenas. Nam cum tempore eodem audirent voces, imminentis diluvii praesagas, Dei adhuc iracundiam provocarunt, quo risere minas. Malleorum et asciarum sonitus diluvium praedicabat, stridor serrae secantis cataclysmum clamabat, derisere tamen mallei sonum, et asciae vocem contempsere, donec arca perfecta est. Tum vero justitia sese ostendit, et audacia condemnata fuit. Erupere fontes, dederuntque vocem contra nocentes minarum derisores, vociferavit repente diluvium contra subsannantium vulgus, qui malleorum sonum modo ridebant. Tonitruum fragore puniti sunt, quibus serrarum strepitus ante ciebat risum, et cum horrisono nubium fremitu micantibus fulgetris etiam caecati.

19. Ad arcam, quam luserant, certatim procurrerunt, clausit illa fores impiis, quibus ejus fabrica res oppido ridicula ante videbatur. Cavendum ergo, fratres, ne hebraei istius Jonae vocem aspernemur nec debemus ejus monita otiose accipere, sed diligenter expendere et singula ponderare. Me, fateor, in magnam anxietudinem ejus sermo conjecit; quod si illius oraculum quispiam ex audacia profectum interpretetur, aut deliramentum existimet hominis minime compotis sui; quicumque tamen illum insanire credit; si quae dicturus sum consideret, intelliget hunc esse caput sapientiae magno judicio et alta mente praeditum. Despectus et simplex, ut videtis, est ejus aspectus, sermo tamen grandis est et reverendus. Vobis siquidem praesentibus, quaestiones illi proposui varias, ut lubuit, explorare volui, quod dixerat, velut in fornace aurum. Non ille expavit tamen, non timuit, non est

partout elle s'est levée comme un phare pour guider sa nacelle et éclairer sa route.

18. Qui de nous n'a pas entendu parler du déluge? il ne remonte pas à une époque trop éloignée; il est voisin de nos temps, cet épouvantable désastre où Noé vit la terre submergée, engloutie dans les flots que la justice de Dieu précipita sur le monde; l'esprit alors n'avait pas moins de perspicacité; l'œil de la raison n'était point obscurci par les rayons du soleil. Les hommes de ce temps, les contemporains de Noé, ne péchèrent point par ignorance, mes enfans, ils avaient été avertis plus d'une fois; ils furent punis de leur désobéissance. Une grande voix qui annonçait le déluge s'était fait entendre, ils rirent de ses vaines menaces et appelèrent le courroux de Dieu sur leurs têtes. Le bruit des marteaux et des haches, le cri aigu de la scie présageait ce grand débordement des eaux; rien ne les toucha; ils virent tout avec mépris et dédain; l'arche enfin fut achevée. Alors la justice monta sur son trône, leur audace y fut condamnée. Soudain l'eau jaillit de toutes les sources, son bruissement épouvantable s'éleva contre leurs railleries, un déluge vint avec un horrible fracas accuser ce peuple insensé qui avait souri de pitié au bruit des marteaux et des haches. Le tonnerre gronda et punit ces insultantes moqueries qui avaient accueilli le frémissement de la scie déchirante; les nuages s'entrechoquèrent, et de leur sein enflammé s'élancèrent les éclairs dont les lugubres lueurs éblouirent leurs yeux et éteignirent la lumière.

19. Alors on les vit accourir en foule vers cette arche, objet naguère de leurs sarcasmes; mais Noé ferma à ces impies la porte du vaisseau dont la construction les avait fait sourire de pitié. Prenons garde, mes frères, de mépriser de même la voix de Jonas; n'allons pas ne tenir compte d'aucun de ses avis; mettons tous nos soins, au contraire, à les méditer. Ses discours, je l'avoue, m'ont jeté dans un grand trouble. Si quelqu'un de vous s'expliquait la prophétie par l'audace du prophète, ou s'il n'y voyait quel égarement d'un homme que la raison a abandonné; s'il ne voyait en Jonas qu'un homme en délire; qu'il pèse ce que je vais dire; qu'il y réfléchisse, il comprendra peut-être qu'à la sagesse se joint dans la tête de cet étranger l'esprit le plus profond, le jugement le plus sain. Son extérieur est simple, vous le voyez; mais sa parole est haute. Je l'ai interrogé devant vous; je lui ai adressé différentes questions. J'ai voulu éprouver sa parole, comme l'on éprouve l'or dans le creuset. Il ne fut point effrayé; il n'a témoi-

perturbatus, nec titubavit: non mutavit sententiam, veritatis lege ligatam, nec immemor dictorum a proposito deflexit, tenacissima præditus memoria. Blanditiis illum pertentavi, non attendit blandientem, nec perterrefacientem extimuit.

20. Opes ostendi, risit opes; gladium intentavi, gladium contempsit; exertum ferrum, et ampla numera velut res sibi ignotas despexit. Est, quem alliciant divitiæ; est, quem tormenta exaniment. Non illum exterruit pœna, non illum gratia illexit. Inter blanditias atque minas hunc Hebræum conclusimus, integer evasit utrinque, qui utrumque lusit. Pecunias offerebam, risit offerentem; ferrum nudavi, distorto ore, labrum contraxit. Non illum vicere auri cupido, nec mortis metus. Sermo tamen telum erat, findebat marmora, nec meam potentiam formidavit, nec adulatus est majestati. Decus hoc meum tale habuit, quale reputamus detrimentum humi projectum; adeo nostras despicit opes, armaque nostra aspernatur. Frontem æream sibi composuit, ex quo nostras cogitavit terras, nec ulla affluit causa, quæ ad assentandum nostro imperio illum moveret.

21. Hujus itaque sermo speculum datum est, in quo nostra crimina inspiciamus. In eo jam vidimus Deum, nostris sceleribus offensum, ejusque justitiam vitia nostra persequentem, et patriam nostram ab imminente judicio de salute periclitantem. Satis perspeximus illum vera locutum, nec ista excogitasse artem, aut hominis vafri versutiam composuisse. Si prospera quidem nuntiasset, esset cur suspicaremur veteratorem hunc esse, qui felici nuncio amplam mercedem aucuparetur. Fausta auguratur sortilegus, qui in divinatione facit quæstum, blande palpat et magna pollicetur. Chaldæus esuriens felicem horoscopum mentitur, quo uberiorem a fatuo referat strenam. Ingentes divitias præsagit; non quod aliquid dare velit; nec vero dat, sed quo futuræ opulentiæ augurio stultum decipiat, auferatque quod ille habet. Medicus contra integer et veredicus est, verum ægroto nunciat. Chirurgus domum ægrotantis ingressus, nec voce submissa, quod sentit explicat, nec augusto pectore intonat acerba caustica, in suo illi cubiculo; nec laborantem veretur, ut putridi dentis evulsionem non denuntiet; nec regem formidat, ut ne suam sententiam dicat; nec filium

gné ni crainte, ni trouble ; il n'a pas hésité un moment ; il n'a point révoqué la sentence que la loi et la vérité ont dictée ; sa mémoire fidèle n'a rien oublié ; il ne s'est pas écarté du but qui lui a été marqué. Les caresses que je lui ai faites, il n'y a pas été sensible ; les menaces l'ont trouvé inébranlable.

20. De l'or, il s'en est moqué ; le glaive, il y a opposé un froid dédain. Le fer et les plus riches présens ont passé devant ses yeux comme une chose dont il ne connaissait pas même l'usage. Il y a des gens qui se laissent séduire par les richesses, épouvanter par les supplices. Richesses, supplices, ont été sans force auprès de lui. Le cercle brillant et cruel à la fois dans lequel je l'avais renfermé n'a pu l'enchaîner ; il en est sorti triomphant. Je lui offrais de l'argent, il a ri ; je faisais briller l'épée, le mépris s'est assis sur sa lèvre. Ni l'ambition ni la mort n'ont pu le vaincre ; et cependant sa parole était comme un trait qui déchirait le marbre ; il n'a pas tremblé devant ma puissance ; il n'est pas descendu à la flatterie. Tout cet éclat qui m'environne n'est pour lui qu'un monceau de boue. Mes richesses, mes armes n'excitent que son dédain. Son front est d'airain, depuis que sa pensée s'est arrêtée sur le sol de notre patrie, et rien n'a pu le déterminer à se relâcher de sa sévérité envers nous.

21. Son discours est donc un tableau où sont peints tous nos crimes ; jetons-y les yeux. Jonas nous offre déjà l'image de Dieu que nos fautes ont offensé, que poursuit sa justice et qui menace notre patrie des effets terribles du jugement qui plane sur nos têtes. Nous avons assez reconnu déjà la vérité de son langage ; il n'y a chez lui ni art ni artifice. S'il nous eût annoncé des jours heureux et prospères, nous pourrions ne voir en lui qu'un fourbe, qui ferait payer au poids de l'or ses flatteuses promesses. Le devin qui n'est inspiré que par un sordide intérêt nous ouvre un riant avenir, caresse notre faiblesse, et nous entoure de puissance et de grandeur. Le Chaldéen affamé ne craint pas de tirer un heureux horoscope, dans l'espérance d'une plus grande récompense ; à l'entendre, vous serez comblé de richesses ; non qu'il veuille ou qu'il puisse donner une obole, mais afin qu'en vous séduisant ainsi par la promesse d'une future opulence, il arrache à votre légèreté ce que vous possédez. Au contraire, le médecin, honnête homme et sincère, ne cache point la vérité au malade. En entrant il n'adoucit pas le ton de sa voix, il explique tout, point de réticence, il ne parle point en termes ménagés de remèdes violens ; il n'est pas assez craintif pour ne pas prononcer que la dent gâtée doit

regis timet, quin acrem medicinam ipsi propinet ; nec viros terribiles tremit, dum ligat, et secat ; nec potentem quemlibet expavet, ut ejus potentiam causticis non subjiciat. Quis itaque mendacem dicat vatem, qui funesta et infausta præsagit? Non mentitur, cujus sermo nos tantopere perturbat ; si sermo fortis est, sincerus est animus.

22. Medicus quantumlibet magnanimus et constans, quæstu tamen titillatur, et lucri spe ; Hebræus isto medentium conditionem superat, qui ex nostra urbe, nec unius diei victum accipere voluit, ex quo nos convenit, jejunus et admodum tristis luxit: Quis ergo peregrinum adegit, ut citra præmium tristissima isthæc nuntia referret? Cur in urbe nostra talia prædicare non timuit? Ab Hebræis accepimus Moysem et Eliam ad quadraginta dies cibo abstinuisse? Quid? Nunc simile jejunium sibi indixit vates iste Hebræus? Si autem jejunat, qui justus est, jejunemus, oro vos, nos qui peccavimus, et si qui sanctus est, supplex orat, deprimant nos saccus et cinis. Et fortasse ideo jejunat et orat, ne, salva urbe, mentitus fuisse videatur, scilicet ut patriam nostram evertat, tertat, quo vera prædixisse credatur. Cum illo igitur, qui nos jejunio oppugnat, jejunio dimicemus. Nec ideo tamen cum propheta pœnitentia nostra pugnat, non enim ille nos læsit, nostra nos peccata pessumdant ; non ergo urbem destruet Hebræus, cui propria scelera ruinam accersunt.

23. Habemus adhuc, amici, alium occultum hostem, contra quem fortiter dimicare debemus. In ore omnium versatur historia Jobi antiqui justi, cujus illustria facta multas animantes audisse reor, ejus victoriam ipsius tentatio per totum orbem vulgavit, et sicut nostri nobis prodidere majores, accusator ejus diabolus fuit. At si ille viro sanctissimo falsum crimen affinxit, ad verum objiciendum nocentibus quanto eumdem putatis fore paratiorem? Dispar est, eademque par contra justos et peccatores ejus nequitia ; justum nempe persequitur,

être arrachée; même en présence des rois, il dit ce qu'il pense; il ne craint pas de présenter une boisson amère aux fils des rois; ces hommes qui font trembler les autres, il les lie intrépidement, il s'arme contre eux de ses instrumens; il n'est pas assez timide devant la puissance pour ne pas donner un caustique à des membres gangrenés. Qui donc oserait, d'après cela, accuser de mensonge le prophète qui ne présage que désastre et infortune? Non, il ne ment pas celui dont les paroles nous troublent si fort; si le langage est énergique, le cœur est du moins sincère.

22. Un médecin, quelque ferme qu'il soit, se laisse toutefois chatouiller par l'espérance du gain; cet Hébreu se place bien au-dessus de ceux qu'il vient guérir; depuis qu'il est au milieu de nous, il n'a pas même voulu recevoir sa nourriture d'un jour; il jeûne, il pleure depuis qu'il est entré dans nos murs. Qui donc a pu déterminer cet étranger à se charger, sans espoir de récompense, de nous apporter ces sinistres prédictions? pourquoi n'a-t-il pas craint de les proclamer? On lit dans l'histoire des Hébreux que Moïse et Élie se sont abstenus de nourriture pendant quarante jours. Quoi! celui-ci s'est-il prescrit le même jeûne? Mais si l'homme juste se condamne ainsi à jeûner, jeûnons, je vous en supplie, jeûnons, nous tous qui avons péché, et s'il y a un saint parmi nous, qu'il prie. Ah! du moins revêtons-nous du cilice, couvrons nos têtes de cendre. Mais peut-être il prie et il jeûne dans la crainte que, si notre ville est sauvée, il ne paraisse n'avoir été qu'un imposteur; il demande peut-être la destruction de notre cité; il lutte pour assurer la vérité de ses menaces. Eh bien, s'il nous attaque par le jeûne, faisons-nous du jeûne une arme contre lui, et pourtant ce n'est pas contre le prophète que notre pénitence doit combattre; il ne nous a fait aucun mal; ce sont nos péchés qui nous perdent; ce n'est pas cet Hébreu qui causera la ruine d'une ville que ses propres fautes poussent à l'abîme.

23. Nous avons, mes amis, un autre ennemi caché; voilà celui qu'il faut attaquer avec courage. Tout le monde connaît l'histoire de Job, cet ancien juste dont les animaux mêmes ont appris, je crois, à connaître les nobles actions. Sa victoire sur la tentation a été publiée dans tout l'univers, et, ainsi que nous l'ont enseigné nos pères, le démon se constitua son accusateur. Mais si cet artisan du mal n'a pas craint de calomnier un saint personnage, croyez-vous qu'il sera moins disposé à rappeler à des coupables leurs véritables crimes? Sa malice, quoique différente dans son objet, est égale contre les justes

si forte peccatorem efficiat, et peccatorem occidit, ne forte resipiat. Ædes filiorum Job idem evertit, illorumque cruorem cum vino miscuit, corpora cum poculis. Idemque ædium ruinas impulit super dominos. Quare vereor, ne ipse ad subvertendam urbem et patriam nostram immissus sit. In bello reges armis vicistis, Satanam oratione prosternite. Exeant ergo armatorum acies cum illo prælium commissuræ, vestras tamen exuite ante diploides, et abjicite. Saccos, optima adversus hunc hostem arma sumite; fractos projicite arcus, et ad preces confugite, inutilem deponite gladium, ensem capite triumphalem, jejunium. Sola jejunii acies secretam patriæ nostræ amputabit noxam. Victorias, quas præteritis bellis hactenus reportastis, nihil esse duco. In præsenti autem si vincere contingat, nullam hac illustriorem victoriam retulimus; et quoniam aliis in præliis primus in acie steti, in præsenti etiam conflictu pugnatoris præibo. Ergo arma sumite, sed qualia me cepisse videbitis, eia, amici, accedite.

24. Hæc fatus rex vestes exuit, exuerunt pariter universi. Continuo saccum induit, regis ad exemplum milites attracti processere. Sic repente Assyrii, alias fulgente feroces cyclade, modo lugubri tecti amictu, incedebant, cilicioque setis horrente mysteria Jacob repræsentabant. Ad planctum dum se demittunt, victoriam peperit pœnitentia, victus est Satanas, quemadmodum victus est Esaü, ut magister, ut discipulus, viceruntque Ninivitæ, sicut et Jacob, ut magister, sic ejus discipuli. Convocatis itaque rex copiarum ducibus, exercitum lustravit, missique ad singulas turmas præcones, singulos adhortabantur ad pœnitentiam. Impurus quisque, aiebant, turpes emendet mores, ne forte suis oppressus vitiis occumbat. Avarus amorem habendi cohibeat, ne perturbet pugnantem. Quisquis fervet ira, exorabilem sodali se præbeat, ut justum exoret sibi. Non animum occupet odium, ne salutis negotium disturbet, neque os jurgia componat, ut civitas benedictionibus, Deo miserente, cumuletur. Nemo perjurium et mendacium non fugiat, ne prohibet eventus prænotionem

et contre les pécheurs. Elle poursuit le juste pour le rendre pécheur, elle tue le pécheur pour qu'il ne rentre pas dans la voie du bien. C'est lui qui, renversant d'une main les maisons des enfans de Job, de l'autre fit couler leur sang parmi des flots de vin, et jeta leurs membres déchirés sur les débris des vases. C'est lui qui écrasa les maîtres sous la ruine de leurs palais. C'est pourquoi je crains qu'il n'ait été envoyé pour ébranler nos murs jusque dans leurs fondemens et plonger notre patrie dans la désolation. Vous avez vaincu des rois sur les champs de bataille, soldats, triomphez de Satan par la prière! Que vos bataillons marchent fièrement à sa rencontre; mais auparavant quittez vos manteaux, rejetez-les loin de vous. Le sac de la pénitence, c'est l'arme la plus sûre que vous puissiez lui opposer; brisez vos arcs, appelez la prière à votre aide, laissez ce glaive inutile; le jeûne, voilà l'épée qui vous donnera la victoire; seul il tranchera dans le vif de nos plaies secrètes. Les lauriers dont vous avez couronné vos fronts jusqu'ici me semblent de peu de prix; mais si vous êtes vainqueurs aujourd'hui, ce sera notre plus beau triomphe, et si dans les autres combats j'ai toujours marché le premier, dans la lutte nouvelle qui va s'engager je serai encore à votre tête. Aux armes donc! mais prenez celles dont je vais me revêtir moi-même! Courage, amis, marchons!

24. Il dit, et se dépouille des insignes de la royauté; tous se dépouillent en même temps. Il s'enveloppe du sac de la pénitence, et, à son exemple, ses soldats s'avancent couverts du cilice. Ainsi ces Assyriens tout brillans de l'éclat de leur riche armure en des temps plus heureux, maintenant sous un lugubre vêtement, rappelaient par leurs cilices hérissés de poils les mystères de Jacob. Mais, en s'abandonnant ainsi à la plus amère affliction, la pénitence leur donna la victoire, le démon fut vaincu, comme l'avait été Ésaü, et, à l'exemple de Jacob, leur modèle, les Ninivites triomphèrent à leur tour. Ayant donc rassemblé les chefs de ses troupes, le roi passa la revue de son armée, et des hérauts furent envoyés auprès de chaque légion pour exhorter tous les soldats à la pénitence. Que celui qui est impur, disaient-ils, se purifie, s'il ne veut pas succomber; que l'avare impose silence à sa passion, et qu'il ne jette pas le trouble parmi les combattans; que l'homme dont le cœur est accessible à la colère se montre doux et clément envers son compagnon d'armes, s'il veut que la justice vengeresse l'épargne dans sa fureur; plus de haine, elle porte partout le désordre; plus de paroles outrageantes, et la ville sera comblée des

pronuntiatas in nos sententiæ falsam non fuisse. Rumpenda sunt vincula cordis, ne orantes præpediant. Neminem deinceps peccare delectet, ne nos assequatur pœna novis exaggerata flagitiis. Talia præcones per amplæ urbis regiones prædicabant.

25. Interea rex mœrore agitatus, ut in eumdem luctum vocaret, exercitum lustravit, enixitque militibus jejunium, veraque arma subministravit, suasitque; ut Deum orarent, omnem quippe salutis spem in oratione consistere, orationem esse arcum, cujus sagittæ certantibus victoriam pararent, loricam ad tegendos afflictos mire comparatam, et ferum gladium illam adhibentibus. His ita compositis, pleque provisis exercitui armis, rex ad molliendam urbem conversus, quibus telis sexus uterque pro patriæ salute certare deberet, proprio cilicio admonuit; saccis ergo cives armavit fortis Nemrodi nepos, strenuus venator, qui feris parcens, populi sui scelera cecidit, nec sylvas depopulatus est, sed urbem a vitiis purgavit, agrestes bestias domuit, et domestica crimina sustulit, sprevit « Fel draconum [a] », imbuitque ex jejunio mira suavitate mentem. Regali dimisso curru, pedes urbem lustravit: quo omnes ad pœnitentiam excitaret, singulorum ædes invisit: quo sordes elueret, sine pompa circumivit domos: sic posito fastu, vicos pervagatus, motibus succussam sustinuit urbem, cum humili habitu ingressus angiportus et compita, tranquillitatem seminavit et pacem.

26. Talia cum Jonas spectaret, admiratus est, puduitque illum populi sui, intuensque Ninivitarum triumphum, Abrahamidum casum dum flevit, videbat Chanaani nepotes resipuisse, Jacobi vero sobolem interim insanire, præputium habentes cor circumcidisse, et circumcisos contra durasse cor. Qui olim in sabbatis gloriabantur, modo etiam circumcisionem parvi pondere, atque negligere, ac vitam inter

[a] Deut. xxxii, 33, id est, vinum.

bénédictions de Dieu; loin de vous le parjure et le mensonge, dans la crainte que l'événement ne justifie la prédiction, et que la sentence portée contre vous ne vous frappe.; brisez les liens de votre cœur, ils seraient un obstacle à l'élan de la prière; ne cherchez plus le bonheur dans le péché, pour que nous puissions échapper au châtiment que nos désordres rendraient plus affreux encore. Tels étaient les discours des hérauts dans tous les quartiers de la populeuse cité.

25. Cependant, le cœur toujours déchiré par la douleur qu'il aurait voulu inspirer à tous ses sujets, le roi parcourut lui-même les rangs de l'armée et ordonna à ses soldats de jeûner; il leur donna alors de véritables armes, et leur conseilla de prier Dieu: Car, ajoutait-il, nous n'avons plus d'espoir que dans la prière; c'est un arc dont les flèches assurent la victoire aux combattans et une cuirasse qui repousse les traits de l'ennemi; c'est une épée redoutable aux mains de ceux qui en font usage. Ayant ainsi tout disposé, ayant pris toutes les mesures propres à assurer la défense, le prince pensa à fortifier la ville, et le cilice qui la couvrait fit voir de quels traits l'un et l'autre sexe devaient se munir pour le salut de la patrie. Ainsi le sac de la pénitence furent les armes que les citoyens reçurent de ce vaillant petit-fils de Nemrod, de cet intrépide chasseur, qui, laissant en paix les animaux sauvages, fit la guerre aux vices de son peuple, n'alla point troubler la paix des forêts, mais purifia sa ville, et, sans s'attaquer aux bêtes féroces, combattit les crimes des hommes, méprisa « le fiel des dragons, » et, par l'effet salutaire du jeûne, versa dans toutes les ames une merveilleuse douceur. On le vit, descendu de son char, parcourir à pied toute la ville, pénétrer dans les réduits les plus obscurs pour y semer les germes de la pénitence. Pour effacer toutes les souillures, il renonça à la pompe et au faste, parcourut les rues, soutint le courage des habitans que glaçaient d'effroi les secousses dont la terre était agitée; simple et sans ornemens, partout il répandit le calme et la paix.

26. A ce spectacle, Jonas s'étonna, et, en voyant le triomphe des Ninivites, il eut honte de son peuple, pleura le malheur des enfans d'Abraham. Les fils de Chanaan devenus sages! la race de Jacob persévérant dans son erreur! Les incirconcis avaient purifié leurs ames, et celles des circoncis s'endurcissaient de jour en jour! Ces hommes qui jadis se glorifiaient dans les fêtes du sabbat dédaignaient leurs pieuses cérémonies et leurs fêtes, et regardaient avec indifférence et la vie et la mort. Mais que fit le roi? Frappé de l'idée que tous ces

et mortem posuisse. Quid interim rex? Intellexit enimvero eam calamitatem hominum peccata accensivisse, malorum amputavit causam, simul sedavit, quos illa excitabat motus. Qui urbem invaserat medicus, morbo præsentaneam medicinam non ignorans, laborantem curavit jejunio, cilicioque et cinere peccatum depulit. Illi peccare desierunt; ideo suam optimus aggeravit in eos clementiam. Cornu et usuram sustulerunt; ideo urbem et suburbia evasere ruinam. Interea debitum reposcebat Jonas, jejunio condonatum, congregati Ninivitæ consulebant, qua via solutionem et mortem effugerent, statueruntque abstinentia propitiandum esse Deum.

27. Jam quæro quisnam Ninivitis divinum istud arcanum patefecit, indicavitque jejunio solvi posse Dei sententiam? Id utique Jonas non docuit, qui ejus sententiæ rescissionem timebat. Jonas Ninivitis affirmaverat, Dei decretum fixum et certum esse. Jonæ dicto adhibuere fidem Ninivitæ, resciderunt sententiam. Deum quippe et hominem sapienter discreverunt, hominem cogitarunt esse hominem, Deum esse mitissimum. Prophetam videbant severissimum, clementissimum esse Deum non ignorabant; non disceptarunt contra severum, ut clementem placarent; prophetæ cesserunt justitiam, Deo clementiam. Jonas abscindebat spem, jejunium spem amplificabat; Jonas effringebat animum, animum affirmabat oratio; acuebatur ira, ejus aciem obtundebat saccus; nubes obtendit atram caliginem, ciliciorum conspectus dissipavit, contenebravit illic cœlum, serenatum est pœnitentia. Asiæ accolæ trepidarunt, ipsos sustinuit continentia; succussa labavit civitas, ne laberetur, succurrerunt erogatæ stipes; aurum solitum multiplicare crimina, crimina expiavit. Inedia se servarunt peccatores, quicumque didicere jejunium, et preces; ciliciis involuti suis exclamavero senes, vitæque labanti firmamenta submisero: quia mœsti flevere juvenes; coronas suas custodierunt, quodque lugubria obduxere sibi virgines, suos expurgavero thalamos; vociferavere mutæ animantes secundum species suas, dominis aquam negantibus. Miscebatur clamor animarum et animalium, voces exaudivit justitia. Gratia servavit a condicta per Jonam die. Multa erat concursatio, supplicatio assidua, jejunium continuabatur, jejuno cilicium jungeb-

malheurs n'avaient d'autre cause que les péchés des hommes, il coupa le mal dans sa racine, et bientôt cessèrent les désordres qui marchent à sa suite. Le médecin, connaissant quel remède la maladie exigeait, appela le jeûne à son aide, et le péché s'enfuit, chassé par les cendres et le cilice de la pénitence. Alors ils ne commirent plus de fautes; alors aussi le Dieu clément et bon répandit sur eux les trésors de sa miséricorde. La violence et l'avarice n'infestèrent plus les cœurs; la ville et ses alentours furent sauvés. Et cependant Jonas réclamait sa dette, que le jeûne devait acquitter; les Ninivites assemblés délibéraient sur les moyens d'échapper à la destruction et à la mort, et ils décidèrent que c'était par l'abstinence qu'il fallait se rendre Dieu propice.

27. Mais qui donc, je vous le demande, apprit aux Ninivites ce secret du ciel, et leur montra que le jeûne pouvait changer l'arrêt de Dieu? Ce ne fut pas Jonas, qui semblait, au contraire, redouter cette annulation: il avait annoncé que le décret était immuable. Malgré la foi qu'ils avaient en Jonas, les habitans de cette ville malheureuse n'en réussirent pas moins à faire casser l'arrêt. Ils distinguèrent sagement Dieu de l'homme; ils pensèrent que l'homme n'était qu'un homme, mais que Dieu est infiniment bon. Si le prophète leur paraissait sévère, ils n'ignoraient pas que Dieu est clément; ils ne se révoltèrent pas contre la sévérité de l'homme, afin d'apaiser Dieu; au prophète la justice, disaient-ils, à Dieu la miséricorde. Le jeûne leur inspirait une confiance que Jonas voulait leur faire perdre. Jonas brisait les courages, la prière les ranimait; la pénitence émoussait la pointe du fer dont la justice les menaçait; le cilice dissipa l'obscurité qu'avaient répandue les nuages, et la pénitence rendit au ciel toute sa sérénité. La continence soutint les habitans de l'Asie, que la crainte avait troublés; l'aumône prêta de nouvelles forces à ces genoux qui fléchissaient; l'or expia les crimes dont il est la source ordinaire. Les pécheurs, à l'école du jeûne et de la prière, apprirent à se mettre à l'abri de la disette; sous le cilice, les vieillards donnèrent un appui à leur vie chancelante; les pleurs rafraîchirent les couronnes des jeunes hommes, et le crêpe dont les vierges couvrirent leurs charmes rendit leurs lits chastes et purs; les animaux, à qui leurs maîtres refusaient l'eau, exprimaient leurs plaintes, chacun dans une sorte de langage particulier à son espèce. Les cris des hommes et des animaux étaient confondus; la justice de Dieu les exauça, et le pardon descendit du ciel: les sauva de l'arrêt porté par Jonas. Les Ninivites couraient du temp

batur cilicio, cinis ad cinerem aggerebatur. Non illic oculus quievit a fletu, non illic siluit lingua exclamans et orans clementiam; non illic auris alias audivit voces, circumsonantibus undique gemitibus, et ejulatibus. Non illic aspexere pupillae nitentes vultus, nec ora ridentia. Tristium et dolentium novae ad singula momenta lacrymae; cogente poenitentia, depluerunt egentibus stipes. Quod diebus congeminabantur multae precationes, iterabantur quotidie vota; ad impetrandam quantamlibet opem, publicae supplicationes indicebantur. Tandem omnis consolationis fontem ibi aperuit gratia.

28. Tum vero, obice submoto, temperantiam et castitatem complexi sunt viri feminaeque. Auctore jejunio, inducta est mansuetudo, suamque mitigavit lingua acerbitatem, societate et concordia cives velut membra sibi coaluere. Sic tandem dimisit se clementia, suaque resipiscentes gratia irroravit. Puberes ornabat charitas, veritas viros, pax odia intestina sustulerat; communis inter matronas taciturnitas et silentium, operosum tamen, et ad omnia praestanda servitia promptum, commune senibus precandi studium, et utilis in dandis consiliis opera. Juvenes continentiam, modestiam virgines didicerant; ancillaeque, dominaeque mutuam charitatem et concordiam. Non illic fastus, non supercilium, humilis amictus contentionem, aemulationem et iracundiam depulerat, communis servorum et regum religiosa pietas; unus potus dominis et famulis, aequalitas, et unus cibus opulentis et egentibus, humilitas; commune nobiles et mercenarios cubile excipiebat, cilicium; totam civitatem unum ducebat jugum, poenitentia.

29. Ubi omnes insistebant operi, ut unum assequerentur bonum, publicam salutem. Una lamentatio, vocibus licet diversis, per singulos iterabatur dies, unus, non uno quamvis natus dolore, gemitus quotidie ingerebatur, alta ducebantur suspiria undequaque, etsi non uno plorantium emissa sensu. Civitas alia atque alia admirans, omniaque pericula timens stupebat, et velut assidens super vepres avicula, trepidabat, agitabatur, velut adversis pulsatus flatibus calamus. Cum

ple, priaient sans cesse; le jeûne succédait au jeûne, le cilice au cilice, et partout une cendre nouvelle s'entassait sur la cendre vieillie. Tous les yeux ne cessèrent point de pleurer, la bouche ne cessa non plus d'invoquer la clémence; les oreilles n'étaient frappées que du bruit des gémissemens et des sanglots; plus de regards animés par les désirs, plus de lèvres souriantes; toujours des larmes, toujours la componction du repentir, toujours l'aumône; tous les jours de nouvelles prières, tous les jours de nouveaux vœux; dans l'espérance d'obtenir un soulagement à leurs maux, tous les jours étaient marqués par des prières publiques. Enfin la grâce leur ouvrit la source inépuisable des consolations célestes.

28. Alors la tempérance et la chasteté rentrèrent dans le cœur des hommes et des femmes; tout obstacle avait disparu. Avec le jeûne revint la douceur des mœurs; la langue perdit son fiel; réunis par la concorde, les citoyens ne furent plus que les membres d'un même corps. La clémence de Dieu fit pleuvoir sur eux la rosée de ses grâces. La charité ouvrait la main des jeunes citoyens, les hommes faits étaient francs et sincères; la paix avait éteint la torche des haines intestines; une discrète réserve présidait aux entretiens des femmes; c'était une rude tâche, mais elles y trouvaient le moyen de s'acquitter avec zèle de tous leurs devoirs; les vieillards priaient et n'épargnaient point à la jeunesse les utiles conseils de l'expérience. Les adolescens étaient chastes, les vierges modestes; la charité et la concorde rapprochaient les esclaves et leurs maîtresses. Point de faste, point d'orgueil; la simplicité des habits avait fait disparaître l'envie, les rivalités et les fâcheux éclats; rois et sujets, tous étaient également pieux. Les maîtres et les serviteurs buvaient ensemble à la coupe de l'égalité; les riches et les pauvres s'asseyaient à la même table que l'humilité avait dressée; un même lit, le cilice, recevait les grands et les prolétaires; un même joug pesait sur tous les fronts, la pénitence.

29. Tous travaillaient dans le même but, le salut de la patrie. La même plainte, exprimée en différens tons, se renouvelait chaque jour; chaque jour le même gémissement, quoiqu'il produit par des douleurs diverses, sortait du fond des poitrines; de toutes parts s'exhalaient des soupirs, qui cependant n'avaient pas leur source dans le même sentiment. La ville, qui redoutait des dangers de toute espèce, était plongée dans l'étonnement et la stupeur, et, semblable à l'oiseau perché sur un rameau flexible, elle s'agitait, se tourmentait en

illuxisset, non credebant cadentem diem se visuros; cum rursus se obtenderent tenebræ, non sperabant sequens diluculum sibi oriturum; obversabatur quotidie velut ante oculos præsens mors, populus territus inferni januas pulsabat, urbem circumdederunt dolores mortis.

30. Jonas numerabat dies, sua scelera Ninivitæ; supputabat Jonas noctes, sua mala deplorabat Ninive; ad septem hebdomadas nunc produxit laborem, insomnis ploravit et flevit. In umbraculo interim considerat Jonas, cum Ninivitæ lugerent in urbe, cumque animadvertisset illos largo fletu malefacta damnare, ipsorum profecto lacrymas timuit, et magis jejunium. Atque illum quidem scorpra sua tegebat umbra, quando istos præteritorum facinorum æstus torrebat; at illius mox disjecto tugurio, obumbravit istos dextera Altissimi. Vidit eos fudisse animas in conspectu Excelsi sicut aquam; vidit reges jejunantes, et humi prostratos, plorantes parvulos, vitulos mugientes, et balantes agnos, matres natos suis perfudisse fletibus, et infantium pectora genitricum madefacta lacrymis. Hic vero ingemuit: videbat Assyrios senes effluere in lacrymas, cogitabat populi sui senes diffluxisse luxuria; videbat Niniven lugentem, cogitabat Sionem vitiis corruptam; circumspexit Assyriam, et Jerosolymam se suaque prædicantem vehementer exsecratus est. Videbat hic impudicas jam nunc amare pudicitiam, filias autem populi sui jamdiu exuisse pudorem. Videbat in urbe Ninive a malis spiritus obsessos, mox liberatos veritatem didicisse: cogitabat in Sione vagari prophetas mendaces, veteratores dolo plenos: videbat deorum simulacra ab ethnicis confracta: cogitabat populi sui ædes gentilium idolis refertas.

31. Sic tandem proprio experimento doctus, mirari desiit a sacerdote Moysen benigne fuisse exceptum, Eliam a vidua, et Davidem persequente Saule a populo gentili cum honore susceptum. Non ergo sine causa timebat missus ipso rumino nuncius, ne vanam efficeret Ninivitarum pœnitentia prædicationem: interim tamen lacrymas continere non poterat, cum cerneret filias gentilium patriam superstitionem abjecisse, simulque cogitaret populi sui filias flere Adonidem¹:

¹ Ezech. VIII, 14.

tous sens; vous hurlez dit un roseau courbé par le souffle inconstant des vents. Le jour venait-il à paraître? ils n'espéraient pas le voir finir; les ténèbres couvraient-elles le ciel? ils ne se flattaient pas de revoir la lumière le lendemain. Tous les jours, la mort était devant leurs yeux; tout un peuple épouvanté frappait à la porte des enfers, et la douleur enveloppait la ville de son sinistre réseau.

30. Jonas comptait les jours, les Ninivites leurs péchés; Jonas calculait le nombre des nuits, les Ninivites déploraient leurs malheurs; pendant sept semaines Ninive vécut dans ce triste état; pendant sept semaines elle veilla et pleura. Cependant le prophète s'était retiré sous un couvert de feuillages, hors de la ville, pendant que les habitans se livraient à la plus vive douleur; mais quand il vit que par leurs larmes ils effaçaient les souillures de leurs péchés, il s'effraya, et cet effroi redoubla à la vue du jeûne auquel ils s'étaient condamnés. Un lierre couvrait le prophète de son ombre, quand le feu de leurs anciens crimes embrasait leurs membres; mais l'abri de Jonas s'étant bientôt écroulé, le bras du Très-Haut s'étendit sur les pécheurs. Il vit qu'en présence de Dieu leur âme s'était, comme l'eau, détournée de la source du vice; il vit les rois jeûner et se rouler dans la poussière, les petits enfans pleurer, les animaux mugir ou bêler dans les étables, les mères arroser de larmes leurs tendres nourrissons qui les en baignaient à leur tour; il gémit alors: les Assyriens se laissaient aller à la tristesse, les Hébreux à la débauche; Ninive pleurait, Sion ouvrait son cœur à la corruption; il comparait ainsi l'Assyrie et Jérusalem, et il maudit lui-même et les siens. A Ninive, il voyait les femmes impudiques rentrer dans le chemin de la vertu, les filles de Jérusalem s'en éloigner à jamais. A Ninive, les esprits possédés du démon brisaient ses chaînes et apprenaient à connaître la vérité; dans Sion, au contraire, de faux prophètes, des hommes pleins de mensonge et de ruses se répandaient partout. Il voyait les païens briser les idoles, et son peuple en remplir ses demeures.

31. Instruit par sa propre expérience, il ne s'étonna plus de l'accueil fait à Moïse par le prêtre étranger, à Élie par la veuve, par les gentils à David que poursuivait Saül en fureur. Ce n'est pas sans raison que ce messager de la destruction craignait que la pénitence des Ninivites ne rendît vaine sa prédiction; et cependant il pouvait à peine retenir ses larmes, à la vue des filles des gentils qui abjuraient les superstitions de leur patrie, quand il se rappelait que les filles de Jérusalem pleuraient Adonis; quand il voyait une ville païenne chasser

ab urbe gentili exterminatos arios et divinos et per Judæam errantes magos et Chaldæos, sacrificos fara Assyriæ suis manibus subruere; Judæum contra quemque in Sion ante januam suas erexisse aras. Niniven intuebatur suos velut in Ecclesia congregasse filios, ipsamque sordibus usquequaque purgatam, et jejunium sacrum et venerabile jam habere. Jerosolymam contra Dei templum in speluncam latronum convertisse, Assyriæ regem verum adorare Deum, Jeroboam contra vitulorum fana celebrare : Ninivitas scelera sua in conspectu Dei cum fletu recensere, Hebræos contra suos filios immolare, et mactare filias suas dæmoniis; Ninivitas suas etiam lacrymas Deo libare, Hebræos simulacris mori prolibaro simpulis; Niniven ubique spirare luctum, Sionem olere nidorem ac thura idolis adulta.

32. Sed si decesserat Judæis spes, eadem gentibus adaugebatur, si Judæis luxus crescebat, Ninivitis submissio. Si in Judæa grassabantur impune vitia, in Assyria luctus ag crebatur; nam si vita jam functos superstites deplora t, a Ninivitis etiam viventes plorabantur. Suum quisque natum deflebat, et cognato illacrymabatur. Mulierum species defloruerat labefacta jejunio, et fletu, sui quisque sodalis ori libabat oscula, lacrymas simul pectori affundebat. Ingens sane luctus, horribilis dolor, quando valentes et integri continuo subire sepulchrum compellebantur : quo pauciores superabant dies, eo uberiores fundebant lacrymas, quasi homines, qui jam periissent, et in vivis amplius non essent. Jamque aderat tempus, quo credebatur oppidum repente subvertendum; illuxerat dies, quo tota civitas casura dicebatur; ubique luctus, ubique fletus et clamor. Lutum depsuere figulorum lacrymæ, parentes coram consistere jussere natos, ut cunctis illacrymarentur, ac hæredes et hæreditates deplorarent. Ordine simili cum sponsis disposuere nurus, communi efferendas funere. Quisnam tam atrocis spectator facti, animi deliquium passus non fuit? Ut coram astantes conspexero juvenes ac virgines, mœstæ per omnes iere voces et uberes lacrymæ, utquo in conspectu venero puellos, ac pueri clamorem ad sidera sustulerunt, intuentes adolescentum formam et pubescentes natos. Qui humi constiterant, cam diffissam decidere credebant, seque velut in fluctuantem conjectos ratem,

les devins, les magiciens que la Judée laissait errer dans ses campagnes; l'Assyrie renverser les autels du mensonge, que Sion, au contraire, élevait devant ses portes. Ninive rassemblait ses enfans comme dans le temple de Dieu, se purifiait de ses souillures, se soumettait à un jeûne saint et austère; Jérusalem changeait le temple du Seigneur en une caverne de voleurs; le roi d'Assyrie adorait le vrai Dieu; Jéroboam rendait hommage à des veaux d'or; les Ninivites faisaient en gémissant l'aveu de leurs crimes en la présence de Dieu; les Hébreux immolaient leurs fils, égorgaient leurs filles en l'honneur des démons; Ninive faisait à Dieu un sacrifice de larmes, les Hébreux des libations de vin aux vaines images; à Ninive le deuil, à Sion les fêtes et l'encens brûlé aux pieds des idoles.

32. Si l'espérance s'éteignait dans le cœur des Juifs, elle se ranimait dans celui des gentils; si le luxe croissait à Jérusalem, à Ninive c'était l'humilité. Si les vices dressaient impunément la tête dans la Judée, dans l'Assyrie le deuil étendait de plus en plus ses voiles funèbres; car si ceux qui survivent pleurent les morts, les Ninivites pleuraient même les vivans. Chacun versait des larmes sur le sort de son fils et de ses proches. La beauté des femmes s'était flétrie par le jeûne et les pleurs, et le baiser de l'amitié était humecté des larmes qui baignaient les poitrines. C'était une poignante affliction, une horrible douleur, de voir des hommes pleins de santé et de force poussés dans la tombe; moins il leur restait de jours, plus leur chagrin était amer; ils étaient comme des hommes déjà morts et qui ne comptaient plus au nombre des vivans. Le temps marchait cependant, et ils n'étaient pas loin du moment où l'on croyait que la ville serait renversée de fond en comble; le jour marqué pour la fatale catastrophe était arrivé; que de pleurs! que de gémissemens, de soupirs et de sanglots! l'argile détrempée par les larmes s'amollissait sous les doigts de l'ouvrier. Les pères s'entourèrent de leurs enfans pour que toutes les douleurs fussent ainsi confondues dans une seule; ils firent ranger sur des files parallèles les fiancés et leurs jeunes épouses, que le même coup devait frapper. Quel cœur assez barbare n'aurait point failli à cet affreux spectacle? Dès qu'ils furent ainsi en présence les uns des autres, des plaintes amères s'exhalèrent de toutes les bouches; les vierges et les jeunes hommes poussèrent un cri lamentable jusqu'au ciel; la mort allait dévorer tant de beauté et de jeunesse! ceux qui s'étaient assis sur la terre croyaient la sentir s'affaisser sous leur poids

33. Considere senes, ut officio functi, adstantibus iis, qui utrosque funeraturi credebantur, sublatoque clamore, hæc lamentabantur: « Quis oculos claudet nostros, aut exstincta involvet corpora? » Futura flebant funera, quod dicerent neminem superfuturum, qui mortuos sepeliret, et consolaretur superstites; quidquod et sua flebant sepulchra, quod crederent defuturum, qui defoderet humum, tumulumque componeret; sed et pretiosas vestes lautumque suppellectilem; rati neminem fore, qui nudum operiret, aut nudus ipse operiretur. Suæ cuique mortis imago ante oculos observabatur, cumque imminentis exitii cogitatio, aut memoria incideret, atrox subibat gemitus. Heu! aiebant, ad qualem exitum vocamur, stupentesque dicebant: « Papæ, quale nobis paratur funus ! » Cuique suum hiabat cor, cum sentiret terram dehiscere, et collapsus est oris color cum humum labantem cerneret.

34. Pavidi assurrexere reges et reginæ, deposito super cilicia diademate: incessebat nimirum cogitatio se ocius non futuros, qui tunc erant; terram quisque prensabat, et invocabat Deum; quisque, sublato clamore, ad preces convertebatur, et vota; et pugillum cinere implebat. Non fuit flebile carmen, quod non fuerit decantatum, et cum fletu deductum. Ipsi parietes, ciliciis ferali cinere conspersis, affudere lacrymas; suasque simul agglomeravit tenebras dies, turbato cœlo, et nubibus inhorrescente aere, conglobataque liventibus nebulis atra spissaque caligine. Fragor fragorem pulsabat, occursabat tonitrui tonitrus, fulgurationem fulguratio continuabat. Quare attoniti circumspiciebant orbem, rati mox ruiturum; flevere se mutuo, velut homines vitam ocius cum morte commutaturi; fratrem quisque suum lamentabatur, et super dilectum suum ejulabat; sodalem quisque suum appellabat cupiens videre, quem amabat, ejusque supremo aspectu lumina satiare, satogensque, ut amborum verba simul deficerent, et uterque simul ad inferna descenderet.

35. Jamquo defluxerant constituti dies, et omnes, perinde atque præsentem interitum opperirentur. Cum vero prætetiisset dies, quæ omnem sublatura spem, et iram completura dicebatur, cumque mox

pour les engloutir, comme une barque que menacent les flots irrités.

33. Les vieillards des deux sexes étaient couchés sur la terre; entourés de ceux qui devaient leur rendre les derniers honneurs, ils poussaient des gémissemens et s'écriaient: Qui donc nous fermera les yeux? qui jettera un linceul sur nos cadavres? Ils soupiraient en pensant que personne ne resterait pour ensevelir les morts, et consoler ceux qui les suivraient dans la tombe; ils soupiraient à cette idée qu'aucun bras ne creuserait la terre, ne leur élèverait un tombeau et n'y déposerait leurs vêtemens les plus riches et leurs objets les plus précieux, bien convaincus que nul ne couvrirait leur nudité, ou ne recevrait d'un autre ce dernier service. Chacun avait devant les yeux l'image de sa mort, et quand la pensée ou le souvenir de ce prochain désastre s'offrait à leur esprit, un gémissement profond se faisait entendre soudain. Hélas! disaient-ils, quelle déplorable fin! quelles horribles funérailles, grand Dieu!... Le cœur se brisait, quand on sentait la terre s'entr'ouvrir, la pâleur se répandait sur tous les visages à la moindre secousse que le sol éprouvait.

34. Les rois et les reines se levèrent épouvantés, la tête dépouillée du diadème qui avait fait place au cilice. Ils étaient sans cesse poursuivis par cette pensée que bientôt ils ne seraient plus; ils embrassaient la terre, invoquaient Dieu; ils priaient, se couvraient de cendres. Quels chants de douleur entrecoupés de sanglots ne firent-ils pas entendre! les murailles elles-mêmes, tendues de voiles funèbres, semblaient partager la tristesse commune; le ciel était chaque jour obscurci par d'épais nuages, dont les couches livides s'étendaient au loin et augmentaient sans cesse les horreurs d'une nuit profonde. Les éclats du tonnerre se succédaient avec rapidité, les éclairs se croisaient en tous sens; la voûte céleste était en feu. Les Ninivites, plongés dans la stupeur, promenaient leurs regards sur le monde, persuadés qu'il allait bientôt s'écrouler; ils s'apitoyaient sur le sort les uns des autres, comme des hommes qui, par un funeste échange, allaient passer de la vie à la mort; le frère pleurait son frère, l'ami son ami qu'il appelait, désireux de voir encore une fois le tendre objet de ses affections, de rassasier ses yeux de ce touchant aspect, et jaloux de mêler les derniers sons de sa mourante voix à ses derniers accens, et de descendre ensemble dans le séjour des ténèbres.

35. Les jours fixés par le prophète s'étaient déjà écoulés, et tous attendaient le trépas. Mais lorsque fut passé le jour même où tout espoir serait perdu et où s'exécuterait l'arrêt de la colère céleste, et

etiam decurrisset nox; post sex hebdomadas prima, perseverante adhuc luctu, sibi mutuo hæc obganniebant : « Quâ horâ, putas, patria nostra subvertetur? An credis ad posteræ diei vesperas ruituram, aut ad sequentis diei diluculum nostram ruinam dilatum iri? quâ noctis vigiliâ, reris, nostras verberabit aures nostri vox acerbi doloris ?» Adeo vespere eodem urbem arbitrabantur casuram, stetit tamen, cadente die. Ergo suspicari cœperunt sequenti se nocte repentino terræ hiatu haustum iri. Nox tamen illa vivos reliquit. Certe antelucano tempore se perituros : transiere tenebræ, illis vita manebat : inde ruinam urbis diei diluculo affixam esse conjectabant : diluxit dies, simul vitæ servandæ spes major affulsit. Sic nempe vitæ incertos, et mortem in momenta exspectantes, inexspectata salus debuit recreare. Interea perstabant attoniti, sodalem quisque præsentem quasi absentem desiderabat. Ad quadraginta namque dies, continuis terra succussa motibus, subsultavit.

36. Inter hæc Jonas, qui se procul ab urbe seduxerat, suspicari cœpit cassam omnino futuram prædictionem suam; eo magis quod cerneret terram subsedisse. Sic ubi spem omnem decessisse sibi Ninivitæ opinabantur, signum remissionis accepere, illuxitque pene desperantibus Dei clementia, ut tali accepto indicio, jam de salute ambigere non possent, cum cernerent cessasse terræ motum, et fulgurationes ac tonitruos conticuisse. Quod quidem oculos, et aures mirifice recreabat. Quam bonus ille, qui ad Ninivitarum lacrymas respexit, et incolumes servavit? Cæterum etsi non occidit, acerbe torsit, quos spirantes mortem gustare coegit. Profecto eo senarum hebdomadarum spatio satius fuisset, mortuos jacuisse in tumulo, quam vitam vivere adeo ærumnosam, vita ipsis mansit, nil tamen ad mortem defuit viventibus præter sepulchrum. Occurrens frater fratri præsentem non agnoscebat, amicus amico obviam factus, adstantis vultum non discernebat. Non auris voces, non oculus imagines distinxit; dolor diuturnus homines in larvas mutaverat, fames corpora siccaverat, duraveratque in modum seminasti torris exstincti, tabefacta vigiliis carno, cutis et ossium textum sola remanserant. Ergo dies, quem Jonas credidit urbi, supremum,

lorsque la nuit fut passée à son tour, la septième semaine, toujours dans le deuil et l'affliction, les Ninivites se demandaient les uns aux autres : « A quelle heure notre patrie sera-t-elle détruite? Croyez-vous qu'elle subsiste encore jusqu'aux ombres que demain la nuit jettera dans le ciel, ou que sa ruine sera différée jusqu'à l'aurore suivante? A quelle veille de la nuit nos oreilles seront-elles frappées du dernier cri que doit pousser un peuple malheureux? » Et cependant cette ville qu'ils croyaient voir s'anéantir le soir du même jour était encore debout. Ils crurent alors que la terre s'ouvrirait sous leurs pas, la nuit suivante, pour les engloutir. Il n'en fut rien ; la vie leur fut laissée cette nuit-là. C'était donc avant que le jour ne fût levé qu'ils devaient mourir ; les ombres s'effacèrent, et ils vivaient encore. Eh bien ! disaient-ils, à l'aurore nous ne serons plus ; le soleil brilla, et avec lui un nouveau rayon d'espérance ; traînant ainsi une vie précaire, attendant la mort à chaque instant, leur salut, qu'ils n'espéraient plus d'obtenir, dut les pénétrer d'une douce joie. Cependant, étonnés et inquiets, chacun regrettait comme absent l'ami qui était près de lui, car, pendant quarante jours, de continuelles secousses ébranlèrent la terre, qui chancelait sur ses bases.

36. Cependant Jonas, qui s'était éloigné de la ville, commença de croire que sa prédiction serait sans effet, d'autant plus que la terre était rentrée dans son repos habituel. C'est ainsi qu'au moment où les Ninivites pensaient qu'ils n'avaient plus rien à espérer, le premier signal du pardon fut donné, que la clémence de Dieu s'éleva sur eux, afin qu'ils ne doutassent plus de leur salut, en voyant la terre immobile, les éclairs ne plus déchirer la nue, et le tonnerre cesser de gronder. Leurs yeux et leurs oreilles en furent merveilleusement charmés. Combien il est bon ce Dieu, qui, sensible aux larmes des Ninivites, les sauva d'une ruine méritée ! Au reste, s'il ne les fit point mourir, il voulut du moins que, par les tourmens affreux qu'ils endurèrent, ils apprissent, même pendant la vie, à connaître la mort. Pendant ces six longues semaines, ils auraient mieux aimé sans doute être jetés dans le tombeau, que de traîner dans la douleur une vie infortunée ; elle leur fut conservée ; mais il n'y manquait que les ombres du sépulcre pour être la mort elle-même. Le frère ne reconnaissait plus les traits chéris de son frère, ni l'ami ceux de son ami. L'oreille ne distinguait plus les sons de la voix ; l'œil, les formes des corps : ces longues souffrances avaient fait des Ninivites autant de fantômes. La faim avait desséché les corps, tous les organes étaient altérés, les chairs s'étaient

eidem salutem retulit. Lit statim evanuere nubes, et depulsa caligo est; iisque discussis et dissipatis, successit tranquillitas, et refloruit spes, mortuaque civitas revixit.

37. Tum vero etsi id ægerrime ferret Jonas, Ninive læta faciem mutavit. Intellexere nimirum omnes certum esse salutis omen, concessam aëris serenitatem. Flexerunt genua ad orationes, expanderunt manus suas ad cœlum : omne os dedit laudem, et omnis lingua gloriam illi, qui post correptionem salutem restituisset, pœnitentia placatus. Nos, dicebant, populum tuum lætificasti, ex quo de pulvere populum tuum suscitasti; novam per te vivimus vitam, in manibus tuis invenimus ista bona, quæ nobis obvenerunt; nostram utique haudquaquam fefellisti exspectationem, quod hoc pacto a morte ad vitam nos transtulisti. In manu tua reperimus clavem pœnitentiæ, postquam de thesauro tuo spes bona data est nobis. At tibi, Hebræe, quid profuisset, nos omnes periisse ? Ecquem fructum, bone concionator, nostro de pulvere collegisses ? Tua quid intererat, fili Mathai, nostrum in tumulo silentium ? quid contra tibi officit, quod nostra te pœnitentia illustrem reddidit, nobisque vicissim per te salus reddita est? quodve populus universus suam tibi incolumitatem refert acceptam? An piget te nostram ab interitu vindicasse urbem ? Et ex ista acie discessisse victorem ? Nobis scilicet resipiscentibus, victoria penes te stetit, quanquam illud abunde tibi esse debet, quod reparator diceris, non auctor ruinæ. Quid quod hoc decet te non magnopere gaudere, qui et cœlestibus gaudium attulisti. Cum lætatus fuerit Deus in cœlo, quid tu læteris in terris?

38. Cæterum licet tu tibi magnificum et eximium ducas, Deum ab hominibus cognosci et laudari, hoc te beare debet, regem et populum te Dei prophetam agnovisse ac reveritos fuisso; sed et nostram oramus, aspice sobolem, et quam ipsi servasti, vitam precare diuturnam. Parvulos vides, isti scilicet manere jussi sunt, quo nomen tuum a

affaissées, la peau et les os ne présentaient plus qu'un tissu flétri, qu'un assemblage de parties aiguës, saillantes et dures. Ainsi, le jour même que Jonas avait prédit de voir être le dernier, Ninive fut sauvée. Dès que les nuages disparurent, que l'obscurité se dissipa, que le ciel leur apparut serein et pur, la paix rentra dans leurs ames, l'espérance y ralluma son flambeau, et la ville, qui touchait aux portes de la mort, se reprit à la vie.

37. Bien que Jonas ne vît pas ce changement sans peine, Ninive rendue à la joie prit un autre aspect. Tous sentirent que la sérénité du ciel était un présage certain de salut. Ils fléchirent les genoux, ils levèrent leurs mains reconnaissantes vers le trône de Dieu, ils chantèrent les louanges et la gloire de celui qui, désarmé par la pénitence, les avait sauvés après les avoir châtiés. Vous avez rendu le bonheur à votre peuple, disaient-ils, en le faisant sortir de la poussière; nous allons vivre d'une vie toute nouvelle; nous jouissons des biens et des grâces que vous avez daigné nous accorder de vos propres mains; vous n'avez point trahi notre attente, puisque ainsi nous passons de la mort à la vie. Vous nous avez ouvert les trésors de la pénitence, en nous ouvrant en même temps ceux de la douce espérance. Et vous, prophète, à quoi vous eût servi la destruction de tout un peuple? Quel fruit, ô grand prédicateur, auriez-vous recueilli dans la poudre de nos tombeaux? Que vous importait, ô fils de Mathaï, ce vaste silence qui aurait pesé sur nous? Pourquoi seriez-vous affligé de ce que notre pénitence vous a rendu à jamais illustre, de ce que notre salut est votre ouvrage? ou de ce que tout un peuple vous en offre le témoignage de sa vive reconnaissance? Vous repentez-vous d'avoir arraché notre ville à la destruction? vous repentez-vous de ce noble triomphe? En effet, nous sommes rentrés dans la bonne voie, et c'est là votre victoire. Ne doit-il pas vous suffire que tout un peuple salue en vous, non l'auteur de sa ruine, mais l'auteur de son salut? N'est-ce pas une douce satisfaction pour vous d'avoir porté la joie dans le cœur des habitans du ciel? Quand Dieu se réjouit, pourquoi ne pas vous réjouir sur la terre?

38. Quoi qu'il en soit, vous regarderez toujours comme un honneur insigne, comme votre palme la plus belle, d'avoir donné aux hommes la connaissance de Dieu; il y a pour vous une source de bonheur dans cette pensée, que c'est par vous que les ministres et leur roi ont adoré le souverain créateur de toutes choses. Mais daignez, nous vous en supplions, daignez abaisser sur nous vos regards,

multis prædicaretur in posterum: bona apprecare civitati, quæ per te tantum depulit malum, et castigata ruinam effugit. Benedic, Jona, patriæ nostræ, tuum in omne ævum celebraturam nomen; et quoniam senas hebdomadas jejunus transegisti, solve modo jejunium, et mœstitiam remittito; lætare nobiscum, fili Hæbræorum. Festum hoc magnum est, cujus memoria in omnes ibit generationes, generatio generationi narrabit casum nostrum, nostramque redintegrationem.

[illegible lines]

39. Hæc, hisque plura Ninivitæ Jonæ memorabant; ad eum siquidem populus confluxerat, quod extra urbis pomerium, ut dixi, secessisset. Illic porro Jonam audierunt disceptantem, et Spiritum sanctum in ipso contra ipsum disputantem. Duas ergo Jonas agebat personas, Dei, atque suam. Audiit populus prophetam de se suaque scerura, atque de Domino suo ipsiusque urbe verba facientem, et adversus istam cum ipsius Domino litigantem. Amborum ergo disputantium voces uno ex ore prodibant. Euge, Hebræe orator, qui duobus litigantibus causam oras utramque. Circumstabat ingens hominum turba, quodque vernacula regionis lingua uteretur, prophetam audierunt dolentem suæ scerurae interitum, sibique propterea letum optantem.

40. Jonæ respondit Spiritus sanctus, qui ut ipsius ore contra ipsum pugnaret, ejusdem lingua utebatur. Responsum circumstans populus audivit, et Spiritum pro civitate in hæc verba perorantem. Adeone, Jona, doles interitum Karoæ ignobilis plantæ, pro qua serenda excolendave nullum subiisti laborem? Quam ergo dies una protulit et sustulit, vernantem vidit, et exstinctam cum tanta urbe componito. Seu ruraque docente, discito sapientiam, et in vili frutice explora naturam clementiæ. Karoæ tu me pepercisse volebas, ego urbi parcere malo, postquam a te in civitatem pœnitentium conversa est. Euge qui umbracula figis, et diruis urbes, et inutilem plantam curas, et angularem lapidem dejicis. Ubi te tua destituit æquitas, Jona? Qui tugurium urbe pluris habes, illud amas, hanc odisti. Sicccine Karoam escam hominibus datam, edentibus præfers? Et esculentum mox consumendum pœnitentibus tibi pretiosius est, caducaque folia hominibus ratione

DISCOURS EXÉGÉTIQUES. 161

priez pour que Dieu nous conserve des jours que nous vous devons. Voyez nos enfans, s'ils ont été épargnés, c'est afin qu'ils redisent votre nom en des jours lointains; bénissez une ville qui, par votre pieuse entremise, a écarté de ses murs un aussi grand fléau, et n'a échappé à son malheur qu'en abjurant ses erreurs. Bénissez, Jonas, bénissez notre patrie, qui chantera à jamais vos louanges; et puisque vous avez jeûné six semaines, rompez, rompez votre jeûne, bannissez la tristesse; partagez notre joie, fils des Hébreux. C'est aujourd'hui une grande fête, dont le souvenir s'étendra de générations en générations, qui se raconteront les unes aux autres notre infortune et notre miraculeuse conservation.

39. Ainsi parlaient les Ninivites à Jonas, qui s'était retiré, comme je l'ai dit, hors de la ville, dans la campagne où le peuple était venu le trouver. Or ils entendirent le prophète engagé dans une lutte secrète avec lui-même, discuter contre le Saint-Esprit. Jonas remplissait deux rôles à la fois, celui de Dieu et le sien. Le prophète parlait au Seigneur du lierre qui l'avait ombragé de son feuillage, et de la ville dont il poursuivait l'accusation et la ruine contre Dieu lui-même. D'une seule bouche sortaient l'attaque et la défense. Courage, prédicateur hébreu, qui plaidez ainsi deux causes à la fois. Une grande foule de citoyens étaient là réunis, et comme Jonas parlait la langue du pays, ils entendirent les plaintes qui appelaient la mort sur sa tête.

40. L'esprit répondit à Jonas par sa propre bouche, et dans la même langue. Le peuple l'entendit, et recueillit ses paroles en faveur de Ninive : Pouvez-vous ainsi regretter la perte d'une plante commune qui n'a exigé de vous aucune peine, soit pour la semer, soit pour la cultiver, qu'un même jour a vu naître et mourir? Pouvez-vous la comparer avec une ville aussi grande qu'est Ninive! Que ce lierre vous serve de leçon, apprenez à connaître la sagesse, et dans une vile plante, reconnaissez ce que c'est que la clémence. Je devais, dites-vous, épargner ce lierre, j'aime mieux ne pas frapper le peuple que vous avez enfin converti à la pénitence. Eh quoi! d'une main vous tressez un berceau, de l'autre vous détruisez des villes; ici vous cultivez une plante inutile, là vous renversez une pierre angulaire! Qu'avez-vous fait, Jonas, des sentimens de justice qui vous animaient? Fait-on plus de cas d'un faible abri que d'une cité populeuse? À l'un est toute votre affection, à l'autre votre haine. Ainsi vous préférez les fruits de l'arbre à ceux qui s'en nourrissent! Un aliment

v. 11

præditis sunt cariora, ut ipsis eorumque liberis, ea anteponenda putes?

41. Audiere Ninivitæ, et unanimi concentu laudavere Deum, qui causam adjudicabat nocentibus, et pro ipsis certabat. Sic Spiritus prophetam in advocatum mutavit, et actorem in patronum; ut idem reum in ipsa actione absolveret etiam invitus; accusatorem repulit, ut cives servaret. Jonas vero, ut Dei sententia maneret, suam mutavit. Non contristantur probi improborum pœnitentia, nec Jonas peccatores resipuisse, doluit; sed enim multum prophetæ intererat, ut civitas salutis suæ negotium minime ignoraret; ac oppido inconsulte egisset, si tacitus rem otiose negligenterque dissimulasset. Latet enim vero pœnitentes rerum suarum status, divinæque indignationis processus, et modus, quo per pœnitentiam revixerunt. Prophetavit Jonas, ut justitiæ iram declararet: scerura moriens prædicavit gratiæ erga peccatores indulgentiam. Et hæc quidem optime intellexit præsens populus, unde, sublata voce, Deum laudavit pro iis, quæ auribus suis audiverat, et viderat oculis suis; auribus quidem prophetam concionantem, et oculis virentem sceruram. Viderunt in scerura signum præter naturam, plantam momento natam, et adultam, in ejus interitu majus aliquid intellexerunt, maximam videlicet Dei clementiam.

42. Continuo Ninivitæ concionatorem filium Hebræorum peramanter complexi rapuerunt, suisque elatum manibus in urbem regali pompa introduxerunt; ubi in regio collocatum solio, flexis genibus, illum venerati sunt. Confluxere quicumque se peccasse dolebant, eique attulerunt munera, et decimas exsolverunt, et vota in præterita temporum acerbitate suscepta. Obtulere puer zonas, juvenes torques, coronas, cingula et fascias, adjecitque rex ex regiis gazis magnifica dona, quibus benemerentem, locupletissime muneratus est. Quod reliquum fuit, cum uno ore omnes omnia bona Jonæ dixissent, allataque dona et decimas Deo sacras in præparata vehicula importassent,

passager est plus précieux à vos yeux que des hommes qui se repentent, des feuilles que le vent emporte vous sont plus chères que des êtres doués de raison, et vos préférences injustes vont jusqu'à proscrire des enfans !

41. Les Ninivites l'entendirent, et chantèrent tous en chœur les louanges de ce Dieu qui, en pardonnant à des coupables, parlait encore en leur faveur. C'est ainsi que l'Esprit saint fit du prophète un avocat, de l'accusateur un défenseur qui, malgré lui, prononçait, dans le cours du procès même, l'absolution des accusés; il renonça à son premier caractère pour sauver les citoyens. Mais Jonas, pour maintenir la parole de Dieu, abjura la sienne. Les justes ne s'affligent point du repentir des pécheurs, et Jonas vit sans être attristé ques les Ninivites s'étaient ainsi corrigés; mais il lui importait beaucoup qu'ils n'ignorassent pas quel intérêt se rattachait à leur salut, et il aurait peut-être manqué de prudence, s'il avait laissé ce grand acte se consommer sans y prendre part. En effet l'état de leurs propres affaires échappe souvent à ces nouveaux pénitens; ils ne se rendent pas compte du degré où a pu monter la colère divine, ni des moyens qui ont concouru à les ramener à la vie. Les prophéties de Jonas n'avaient d'autre but que de proclamer les arrêts de la justice indignée; la mort du lierre annonça l'indulgence de l'auteur de toute grâce envers les pécheurs. C'est, il est vrai, ce que comprit très-bien le peuple qui l'entourait; aussi éleva-t-il la voix pour remercier Dieu de ce qu'il avait entendu et de qu'il avait vu, d'une part des paroles du prophète, de l'autre de la mort du lierre. Ce lierre, qui naquit et grandit dans un moment, était pour eux un signe surnaturel; mais ils virent quelque chose de plus grand encore dans sa destruction, la bonté et la clémence inépuisable de Dieu.

42. Aussitôt les Ninivites se pressent avec ardeur autour du prophète, l'emportent sur leurs bras dans la ville avec tous les honneurs dus à un roi, le déposent sur le trône, et, courbant les genoux devant lui, lui offrent leurs respectueux hommages. On vit accourir tous ceux qui se repentaient d'avoir péché; ils mirent à ses pieds les plus riches présens, et s'acquittèrent, en lui donnant la dîme de tout ce qu'ils possédaient, des vœux qu'ils avaient faits au temps de leurs calamités. Les jeunes garçons lui offrirent des ceintures, les jeunes hommes des colliers, des couronnes, des bandelettes; le roi tira de son trésor les objets les plus précieux dont il récompensa les services signalés de ce fils des Hébreux. Ensuite, d'une commune

dedere etiam viæ comites, qui revertentem eo, unde venerat, honoris causa obsequerentur. Cum hac scilicet pompa plane regali fuit deductus Jonas, sic ut filio Mathai omnia honoris officia exhibita fuerint, qualia regis præstanda fuissent.

43. Piscis Jonam in pelago vexerat, in terra regius currus. Sepultus aquis despectus jacuit, ut inde emersit, magnifice exceptus est, cum per maris undas iter ageret; præivere pisces, inde in terram rejectus, equites habuit apparitores; scidit mare cum descenderet, etiam terram cum ascenderet. Ejus præsentiam sensere maris pisces, sensere etiam homines in terra. Atrox tempestas miscuit mare, ingens tumultus turbavit urbem. Freta intrantem pertimuere terribiles belluæ; inde revertenti munitissima oppida præbuere transitum. Piscis, qui missum sub aquas deglutiit, immanis fuit; potentissimus fuit, qui illum suscepit rex inde remissum. Piscis viam aperuit, rex munivit. Cœtum illo plenum, pisces alias secuti fuerant, illius rhedam nunc stipabant equites.

44. Interim rex præfectos præcedere jussit, et viam mox ingressuro diversoria præparare. Deus viam, qua fuerat ducendus, piscem docuit; quanto cum honore nunc deducendus esset, rex ostendit. Par in itinere populorum in eum obsequium fuit, quacumque transiret, obvios habuit flexis genibus venerabundos. Acerrimum oratorem reverebantur reges, et honorabant, ejus scilicet oracula timebant. Illius conspectum expaverunt urbes, dum ab ejus ingressu sibi ruinam ominantur, quare omnes ubique illum summa cum reverentia excepere, Ninivitarum elsa creditæ; speculum nempe fuit Ninive, in quo justitiam totius orbis didicerat.

45. Jamque sui populi fines Jonas attigerat, patriamque in prospectu habebat, cum Assyriis, qui illum eo usque secuti fuerant, valedicere statuit, eosque cum pace ad propria remittere; merito namque verebatur ne multiplicem suorum Hebræorum idololatriam aspicientes,

voix, ils bénirent Jonas, et, après avoir placé sur des chariots préparés à l'avance les offrandes destinées à Dieu, ils lui donnèrent une escorte pour l'accompagner jusqu'aux lieux d'où il était venu. Le prophète fut entouré d'une pompe vraiment royale, et ils prodiguèrent au fils de Mathaï des honneurs tels qu'un fils de roi n'aurait pu en exiger de plus magnifiques.

43. Un poisson avait porté Jonas au milieu des flots, sur la terre, c'était le char des rois. Enseveli sous les eaux, il était dans l'humiliation; dès qu'il en fut sorti, il reçut l'accueil le plus honorable; quand il traversait les ondes, les poissons le précédaient; rejeté sur la terre, des cavaliers furent ses gardes d'honneur; il vit la mer se diviser devant lui quand il en descendit, et la terre quand il y monta. Les habitans des mers sentirent sa présence que sentirent à leur tour les habitans de la terre. La mer fut bouleversée par une affreuse tempête, un grand bruit agita la terre. Les animaux les plus terribles tremblèrent d'effroi dès qu'il fut entré dans la mer; quand il en sortit, les villes les plus fortifiées lui livrèrent passage. Le poisson qui le reçut était d'une grosseur prodigieuse; mais, quand il échappa de ses flancs, il fut accueilli par le roi le plus puissant de la terre. Un poisson lui ouvrit la route, un roi la lui rendit sûre. Autrefois des poissons suivirent la baleine qui lui avait donné asile, aujourd'hui ce sont des cavaliers qui se groupent par honneur autour de son char.

44. Cependant on fit courir devant lui des officiers avec ordre de tout préparer pour lui pendant le voyage. C'est Dieu qui montra au poisson le chemin par où il devait le conduire, et dans ce moment ce fut le roi qui fit voir quels honneurs on devait lui rendre. L'empressement respectueux des peuples fut le même pendant tout le temps qu'il fut en route; partout il les vit se prosterner sur son passage. Les rois honoraient cet intrépide prophète, car ils redoutaient les oracles qui sortaient de sa bouche. Les villes tremblèrent en sa présence, redoutant d'y voir entrer la destruction sur ses pas, et toutes lui rendirent hommage, éclairées qu'elles étaient par le malheur des Ninivites; car Ninive fut comme un miroir où se réfléchissaient aux yeux de l'univers les traits de la justice.

45. Déjà Jonas avait atteint les frontières de son pays; devant lui s'éloignaient les campagnes de sa patrie, lorsqu'il résolut de congédier les Assyriens qui l'avaient suivi jusque là, et de les renvoyer en paix dans leurs demeures. Ils craignaient avec raison qu'au spectacle de

perversis illorum moribus imbuerentur, qui suos per pœnitentiam correxerant, atque a Judæis discerent male agere, qui ut ipsum hoc dediscerent, gentes reliquerant; nec immerito cavebat ne quod curatum coaluerat ulcus, per eam occasionem refricaretur. Oppido quantum obest privati cujusque pravum exemplum, quanto igitur nocentiora esse oportet illorum exempla, qui aliis eminent sublimi gradu, et inde male agendo labuntur et peccant. Item si nocet peccator modestus et verecundus, quanto majorem perniciem parant, qui peccant, ut eos peccare non pudeat; qui cum ejusmodi impudentia nefaria perpetrant, vitiorum fermentum in alios vi quadam infundunt, ut eos sua consuetudine, et familiaritate pudorem tandem exuere cogant.

46. Jure igitur merito timuit Jonas, ne populus sceleratus, qui omnia corruperat, hospites etiam inficeret, et quos pios à gentibus acceperat, impios et idololatras remitteret. Hærebat tamen, quod causam aperire nollet, et sine causa dimittere erubesceret. Sin autem, re dissimulata, venire secum permitteret, vero metuebat ne Chanaani nepotes in Hebræorum terras introducti, filiis Abrahæ insultarent. Comitibus idcirco egit gratias, libavit oscula peramanter, sancte benedixit, multa sapienter disseruit, monita dedit suavissima, suasitque ut reditum consulenti pro ratione obtemperarent; sin minus dimissionem pro gratia concederent petenti. Preces adjecit infimas, nec precantem reveriti sunt, obsecrationes interposuit, nec puduit eos negare; rationes produxit, nec quemquam flexit. Suprema admovit oscula, nec persuasit, ut recederent.

47. Certum est, aiebant, tecum eo venire unde plurima nos hausturos bona confidimus, morum certe disciplinam, et recte vivendi præcepta percepturos. Inde profecto discemus justitiam, popularium tuorum modestissimis moribus eruditi, vitæ etiam integritatem et innocentiam; hanc quippe tenent, qui ibidem commorantur indigenæ, et ad illustria insuper facinora illustrium virorum exemplis excitabi-

l'idolâtrie des Hébreux, ils n'en prissent les mauvaises mœurs et ne corrompissent leurs cœurs que la pénitence avait purifiés, et qu'enfin ils n'apprissent des Juifs à mal faire, eux qui, pour renoncer à des habitudes vicieuses, avaient fait divorce avec les nations; il ne voulait pas surtout que leurs plaies à peine guéries se rouvrissent soudain. Autant l'exemple d'un citoyen dépravé est funeste à toute une ville, autant est à redouter celui que donnent ceux qui, placés au-dessus des autres, s'abandonnent aux désordres et se souillent de toutes sortes de péchés. Il y a plus : si un pécheur qui n'a pas foulé aux pieds toute retenue est cependant nuisible à son prochain, combien plus nuisible est celui qui ne rougit pas de pécher, et dont l'impudence dans les choses les plus criminelles dépose un germe corrupteur dans le cœur des autres qui, par l'effet de l'habitude et de la fréquentation, se dépouillent enfin de tout sentiment de pudeur.

46. Ce n'était donc pas à tort que Jonas craignait qu'un peuple criminel, qui avait tout corrompu, ne corrompît même ses hôtes, et qu'alors ceux que les gentils lui avaient confiés purs et remplis de piété ne s'en retournassent impies et idolâtres. Il hésitait cependant, parce qu'il ne voulait pas faire connaître la cause de sa détermination, et parce qu'il ne voulait pas non plus les congédier sans alléguer de motifs. Si, renfermant son secret dans son cœur, il leur permettait de venir avec lui, le saint homme s'effrayait à l'idée que les descendans de Channan, introduits une fois sur les terres des Hébreux, n'insultassent aux fils d'Abraham. Il remercia donc ses compagnons, il les embrassa tous tendrement, leur donna les plus sages avis, et s'efforça avec bonté de leur persuader de se conformer aux désirs de celui qui leur conseillait de s'en retourner; que s'ils se fâchaient, il leur demanderait comme une grâce de le faire. Il n'épargna pas les prières les plus humbles, mais ils n'en tinrent aucun compte; il alla même jusqu'à les conjurer, ils refusèrent; ils ne se laissèrent point toucher par toutes les raisons qu'il allégua. Il leur prodigua les marques les plus vives de tendresse, ils résistèrent.

47. C'est un parti pris, lui disaient-ils, nous voulons aller avec vous dans les lieux où nous avons l'assurance de nous enrichir des plus précieux trésors de la vertu, et d'où nous rapporterons les règles les plus sages de conduite, et les préceptes de la plus pure morale. C'est à l'école de vos concitoyens, ces hommes si pieux et si chastes, que nous apprendrons à connaître la justice, la vertu, l'innocence à

mur, quorum magnus ibi proventus. Liceat, te oramus, cernere terras, quas idolomania nunquam invasit, et laudare provinciam quam vana augurum, et haribolorum superstitio nunquam oppressit. Jucundissimum sane erit observare sabbata populi a labore juxta atque a labe vacantis, et cum circumcisis versari, qui una cum carne circumciderunt cor, et cum beatis, in quorum terris nulla morantur vitia. Scilicet, populus alienae luxuriae reprehensor, luxuriosus non est; vitiosorum accusator, quam longe a vitiis abesse censendus est, quique caeteris populis velut virtutis speculum propositi sunt, quam oppido bene moratos esse oportet. Externos docuere jejunium, an credibile est eos esse intemperantes? Caeteros ad ingenuitatem et fidem formarunt, incredibile est eosdem esse veteratores et fictos. Qui nos despicatos habuerunt, olim multis criminibus implicitos, quis despiciendos putet?

48. Ne, quaeso, Hebraee, nos tantis carere bonis patiaris; sceleri poenitentes, justos nunc facito. Laboris hanc nobis redditò mercedem, ut concedas populi tui conspectu, et consuetudine ad tempus frui, atque ab illo formam virtutis, et probitatis exempla in patriam nostram transcribere, ubi nobis occurrent juvenes optimo morati, liberaliter educati pueri, reges tales, quorum institutis rex noster proficere debeat, judices, quorum disciplinam popularibus nostris nos communicare debeamus.

49. Ecquis referat omnia, quae homines piae vitae initium nuper exorsi ad rem suam accommodata produxerunt? Quid interim Jonas? Dum illi talia hisque plura dissererent, ipse submissa fronte, defixisque in terram oculis, dicentes tacitus audiebat, aliquid contra reponere prohibente pudore, ut qui popularium suorum impietatem et scelera minime ignoraret. Id sane magis pupugit filium Mathaei, quam illud de scerura, et solo torrente caput, quando sibi etiam mortem op-

laquelle ils sont restés fidèles sur la terre qui les a vus naître; l'exemple de ces hommes illustres dont votre patrie est si riche allumera en en nous le désir de marcher sur leurs traces. Laissez-nous, nous vous en prions, voir cette terre que l'idolâtrie n'a jamais souillée, admirer ces provinces qu'une vaine superstition n'a point déshonorées; il nous sera doux d'être les témoins de ces pieuses fêtes d'un peuple qui ne les profane point par le travail et la débauche, de nous mêler à ces hommes dont la circoncision charnelle ne fut que le prélude d'une circoncision morale, et qui jamais n'ont permis aux vices d'habiter avec eux sur la même terre. Ce peuple, censeur ardent de la luxure étrangère, n'en connaît point sans doute les débordemens; ce peuple dont la voix condamne le crime n'en souffre point, il faut le croire, l'accès dans son cœur; ce peuple enfin qui se pose devant les autres nations comme un modèle de toutes les vertus ne doit compter que des citoyens vertueux. C'est de lui que les autres ont appris à jeûner, est-il croyable qu'il soit intempérant? C'est lui qui a formé les autres à la pratique de la bonne foi et de la sincérité, est-il croyable qu'il soit fourbe et menteur? Qui oserait regarder comme méprisables ceux enfin qui avaient autrefois tant de mépris pour nos crimes?

48. Ah! nous vous en supplions, grand prophète, ne nous privez pas du bonheur que nous nous promettons. Vous nous avez enseigné la pénitence, laissez-nous apprendre à être justes. Pour prix de nos rudes épreuves, faites que nous jouissions pendant quelque temps de la vue et de la société de vos concitoyens, et qu'en rapportant dans notre patrie l'exemple des vertus, les leçons d'honneur que nous aurons reçus de vos jeunes hommes aux mœurs si pures, de vos enfans si sagement élevés, de vos rois enfin dont les institutions doivent profiter à celui qui nous gouverne, nous puissions, selon que vous en aurez décidé, proposer à nos frères la règle de conduite qu'ils devront suivre.

49. Qui pourrait raconter tout ce que ces hommes à peine entrés dans une vie toute nouvelle ajoutèrent dans l'intérêt de leur cause? Cependant que faisait Jonas? Pendant que les Ninivites parlaient, il écoutait, le front penché, les yeux baissés vers la terre; silencieux et inquiet, il n'osait répondre, car il connaissait l'impiété et les crimes qui déshonoraient son peuple. Le fils de Mathaï était jeté dans une situation d'esprit plus violente qu'au moment où, la tête brûlée par les rayons du soleil, à l'aspect de son lierre flétri, il appelait la mort à

tavit. Una erat ex his salebris se expediendi via si fugeret, at nullus fugæ locus; quin et acerbius torserunt isti, quam qui raptum in mare ante projecerant.

50. Quo namque prætextu velare posset popularium suorum flagitia? Artem ergo, qua in mari usus fuerat, in continente adhibuit et complevit : sicut astu nautas persuasit, cum fugeret; sic rationem, qua non movebatur, prætexuit, et Ninivitas flexit, quo ab ipsis se divideret.

51. Causas obtendit, composuitque insuper artificia, ut Ninivitis diceret : « Festum agitur hodie in terris nostris, nec advenis illuc intrare conceditur. Festum est filiorum populi, gentilibus proinde interdictum. Festum est circumcisorum, et incircumcisis illuc pervadere non licet, cum sitis pœnitentes, circumcisi non estis : violatur festum intemerandum incircumcisorum præsentia. Abscedite nunc non inviti, salvique et sospites patriam repetite, redituri peracta hujus festi celebritate : consilio nostro acquiescite; admittite nostras preces, petitionique nostræ annuite. »

52. Nec difficile fuit homines, ut erant simplices et ingenui, prophetæ precibus remolliri, passique sunt illum abire, accepta ante ab eo flexis genibus benedictione. Ægre sane tulit Jonæ discessum universa multitudo, seque, objecta ab illo festi religione, a spe sua dejectos fuisse doluerunt. Neque vero Jonas tantum timuit, quod hospites in multis fefellisset, quantum timuerat, ne non obtemperarent, neque a sententia discederent. Jamque ille longe aberat, ipsique Judææ fines nec dum reliquerant, cum subiit cogitatio, editissimum montem, quem forte in prospectu habebant, sine mora conscendere, et illuc terram, ad quam visendam aspiraverant, contemplari.

53. Superato itaque jugo, ad summum verticem evasere, ut quoniam terræ promissionis ingressu prohibebantur, aspectu certe minime fraudarentur. Inde subjectas Hebræorum ditiones circumlustrare oculis, et considerare cœperunt, etsi contrario votis exitu; expaverunt videlicet spectaculum oppido horrendum, et attoniti hæsere ad horam, mentis vix compotes suæ : occurrebant nimirum aræ montibus, et

grands cris. Il n'y avait qu'un moyen de sortir de ce mauvais pas, la fuite sans doute; mais comment fuir? Les Ninivites le tourmentaient plus alors que ceux qui naguère l'avaient précipité dans les flots.

50. Sous quel voile cachera-t-il les désordres de ses concitoyens? il eut recours, sur la terre, à l'adresse qui lui avait si bien réussi au milieu des mers. Lorsqu'il fuyait de devant la face du Seigneur, ce fut par la ruse qu'il persuada aux mariniers de le recevoir sur leur vaisseau; de même il allégua devant les Ninivites un prétexte qui n'avait rien de réel, pour les déterminer à se séparer de lui.

51. Aux diverses raisons qu'il fit valoir il ajouta, par un artifice innocent, le motif suivant : « C'est aujourd'hui fête dans notre pays, dit-il aux Ninivites, et il n'est point permis aux étrangers d'y entrer. C'est la fête des enfans du peuple, qui est par conséquent interdite aux gentils. C'est la fête des circoncis, et les incirconcis ne peuvent s'y mêler, car, bien que vous soyez pénitens, vous n'êtes pas circoncis, et votre présence souillerait une fête qui doit être pure de toute souillure. Retirez-vous donc, n'en concevez aucune peine, retournez sains et saufs dans votre patrie; vous reviendrez quand la fête sera finie; veuillez en croire mes paroles, ne rejetez pas mes prières, ne vous refusez pas à ma demande. »

52. Ces hommes simples et sincères se laissèrent facilement toucher par les paroles du prophète; ils le quittèrent alors, mais non sans avoir reçu à genoux sa bénédiction. Ils regrettèrent sans doute le départ de Jonas, et s'affligèrent de ce que la sainteté de la fête dont il leur avait parlé leur fît perdre l'espérance à laquelle ils s'étaient livrés; mais Jonas craignit moins d'avoir trompé ses hôtes qu'il n'avait craint auparavant de ne pas triompher de la résolution qu'ils avaient prise de ne pas se séparer de lui. Le fils de Mathaï était déjà loin, et les Ninivites n'avaient pas encore franchi les limites de la Judée, lorsqu'il leur vint dans l'esprit de monter sans retard sur une montagne qui s'élevait devant eux, et de jeter déjà un dernier regard sur cette terre qu'ils avaient tant désiré de connaître.

53. Parvenus sur le sommet de la montagne, les Ninivites purent enfin jouir de l'aspect de cette terre de promission dont l'entrée leur était interdite, et, quoique leur espérance eût été trompée, ils se plurent à promener leurs regards sur la contrée qu'habitaient les Hébreux; mais la ville leur offrit un spectacle horrible, et ils restèrent pendant quelque temps comme frappés de stupeur et à peine maîtres de leurs esprits. En effet, partout se présentaient à eux des autels dressés sur

editis quibusque locis impositæ, luci nemoraque idolis sacra, arbores turpissimarum libidinum umbracula, erecta in domorum vestibulis simulacra, atque sub exitum et introitum adorata. Nec idolorum numerum assequi facile erat, sed nec vitiorum : videbant in tectis coli statuas, sed et libidines exerceri in hortis, augures insidere vias, et incantatores per vicos, et fora vagari.

54. Rursus in editiora loca subeuntes, observabant in solitariis excitata altaria, et alios quidem saxum adorare, et alios malis dæmonibus libamina offerre; erant præterea ante oculos vituli, quos Jeroboam conflaverat, locaveratque alterum in Bersabee, et alterum in Dan. Isti crematarum hostiarum nidore honorabantur, et libaminibus ac sacrificiis; quando mortuorum vitulorum cultores ab ejusdem generis bestiis viventibus de scelere, et perfidia arguebantur; nihilominus coram istiusmodi mera artis figmenta, unusquisque reverentiæ causa vertice terram quatiebat.

55. At nec deerant ibi avaritia, et comes nequitia et fraus, luxuria et soror ebrietas, lascivia et conjux incestus, dolus et compar rapina, divinatio et secretorum ejus particeps magia, chaldaismus et pedissequa auguratio, publica crimina et cognata privatorum peccata, oculis se ultro offerebant manifesta incolarum flagitia; viri in prostibulis frequentes; feminæ, mater cum filia, velut obtento laqueo, obsederant trivia. Tota mors ibi, totus ibi diabolus, amicus mortis intimus. Principes nequissimi, et sceleratissimi judices, illorum avaritia ignis, iniquitas gehenna, domicilia foveæ, voragines ædes; clibanus succensus fœnerator, debitor diabolus, se invicem ambo torquentes, quo tandem ad sempiterna tormenta ducerentur ambo : minores majorum numina reverebantur, et jurabant. Divisere nefas cum gentibus, ut parte una istis relicta, sibi novem et nonaginta retinerent. Ecquis tot scelerum censum inire posset? Adeo increverat numerus, non tot perpetravere crimina hædi filii sinistræ.

les lieux hauts, des bois et des bosquets consacrés aux idoles, des arbres prêtant leur ombre aux plus honteuses débauches, des images placées dans les vestibules des maisons, et qu'on y adorait soit en entrant, soit en sortant. Il était aussi difficile de compter les idoles que les différens genres de vices dont les habitans étaient infectés; dans les maisons, des statues recevaient leurs hommages, dans les jardins, ils se livraient à tout l'excès de leurs infâmes passions : dans les rues, sur les places publiques, partout enfin circulaient des augures, des devins et des magiciens.

54. Les Ninivites, en s'élevant plus haut sur la montagne, voyaient des autels placés dans des lieux solitaires; parmi les Hébreux, les uns adorer une pierre, les autres offrir un sacrifice aux mauvais génies; sous leurs yeux se dressaient les veaux d'or, ouvrage de Jéroboam, placés l'un sur Bersabée, l'autre dans la tribu de Dan, et en l'honneur desquels les entrailles des victimes étaient brûlées sur le feu, qu'arrosaient de copieuses libations. La chair vivante accusait, il est vrai, de crime et de perfidie ces adorateurs de la chair morte; néanmoins, en présence de ces vains ouvrages de l'art, tous les fronts en signe de respect se courbaient vers la terre.

55. Quel spectacle ! l'avarice et avec elle la méchanceté et la fraude, la débauche et l'ivresse sa sœur, la luxure et l'inceste qui lui est uni par les liens d'un mariage impur; le dol et la rapine sa compagne, la divination et la magie qui connaît tous les secrets, le chaldaïsme et la science des augures qui marche à sa suite, les crimes publics alliés des crimes privés, tout y attestait les désordres d'une nation corrompue : les hommes se ruaient en foule dans les lieux de prostitution; les femmes, la mère avec la fille, assiégaient tous les passages et y tendaient leurs filets; partout la mort, partout le démon, cet ami intime de la mort. A des princes coupables se joignaient des juges criminels; l'avarice attisait par leurs mains les feux de l'enfer, l'iniquité ouvrait les portes de la géhenne, creusait des gouffres sous leurs maisons, des précipices sous leurs pas; l'usurier et son débiteur, luttant sans cesse l'un contre l'autre, vrais démons enflammés par la haine et la vengeance, se livraient d'affreux combats, jusqu'à ce qu'ils tombassent enfin tous deux dans les horreurs d'un supplice éternel; les jeunes enfans eux-mêmes adoraient les mêmes divinités que leurs pères et juraient par elles. Il semblait que cette nation coupable eût fait avec les gentils un odieux partage des vices dont elle avait gardé pour elle la quatre-vingt-dixième partie. Qui donc pourrait compter tous ces

56. Exhorruere tantæ nequitiæ conspectum, quare se mutuo interrogabant.: Quid istuc? Num spectrum illius terræ promissionis somniantibus oblatum? Aut Sodoma ipsa videmus? Abrahamine nepotes, an verius mali dæmones nobis occurrere? Hominesne cernimus, an sub humana forma spiritus oculos fallunt! Jam dubitare licet, ut huc nostræ regionis perfidia commigraverit, et simulacra, quæ illic confregimus, huc fuerint reposita, perindeque suspicari venit, ut aræ, quas illic disjecimus, alas sumpserint, et perpeti volatu huc se demiserint. At vero pestis, quæ in terris nostris cessavit, quomodo hic avide concupiscitur? Stella, quam ejuravimus, quomodo hic adoratur? Auguria apud nos sublata, quomodo hic ampla obtinent fora; et ex omnibus fenestris se exerit, quæ nos deseruit, idololatria? Signa zodiaci, ut videtis, quæ nos abolevimus, isti domorum foribus inciderunt. Petulantia, quam castigavimus, frontes istorum insedit, et quam fugavimus, lascivia in horum oculos invasit, hanc pupillæ loquuntur et nares. Sol, quem trans fines illorum nullus vicinorum adorat, quomodo hic colitur? Vituli, qui alibi despecti negliguntur, quomodo hic honoribus afficiuntur divinis? At vero, qui aiunt propria patriæ vitia huc transmigrasse, observent hic bene multa alia nefaria admitti, quæ nostris popularibus ignota sunt, et sine fine exsecrata. Flagitia hic notantur nostris invisa terris.

57. Quadrifrontem Deum Micha invenit. Serpenti æneo nostrum nemo libavit, aut divinos honores tribuit. Scilicet in populum hunc maledictio antiqui serpentis incubuit, et merito quidem vivi serpentis exsecrationi subjecti sunt, qui mortuo serpenti libamina offerunt. Dæmoniis nunquam sacrificavimus natos, quos tamen hic a parentibus cremari vidimus, pecora nostra in nostris sacris cæduntur, hic et filiæ jugulantur; si populi hujus tales sunt sospitatores, tales et mores; si tales leges, talia item et opera; quorum tales parentes, talis item et soboles. Populum, cui hæc finguntur numina, idolorum fabricatorem esse consequens est. Siccine gens, cujus unus est opifex, Deus, idola fingit, et pretio distrahit. Interim magna nomina jactant, quod filii

crimes? Le nombre en était tellement accru, que jamais les boucs impurs placés à la gauche ne purent en commettre autant.

56. Saisis d'horreur, les Ninivites se disaient les uns aux autres : Qu'y a-t-il donc? est-ce une vision qui trompe nos yeux? N'est-ce point Sodome qui vient de s'offrir à nous? Eh quoi! les petits-fils d'Abraham! non, ce sont les descendans du diable. Sont-ce des hommes que nous voyons, ou plutôt n'est-ce pas un jeu des mauvais esprits qui nous abusent? Nous ne saurions en douter, les crimes qui désolaient nos contrées se sont réfugiés ici, les statues que nous avons brisées ont été replacées dans ces lieux, et l'on peut même soupçonner que les autels que nous avons renversés ont été transportés dans cette terre sur les ailes des démons qui les y ont élevés de nouveau. Mais comment le fléau qui a cessé parmi nous ses ravages est-il répandu ici dans tous les cœurs qu'il embrase? Pourquoi cette étoile dont nous avons conjuré la funeste influence obtient-elle ici les adorations des hommes? Nous avons chassé les devins, et ils sont ici accueillis avec empressement!... L'idolâtrie qui a fui loin de notre pays se montre ici à visage découvert! Les Hébreux gravent sur les portes de leurs maisons les signes du zodiaque que nous avons effacés. La débauche, la luxure, l'impudicité, que nous avons repoussées, éclatent dans leurs yeux, enflamment leurs cœurs, respirent dans tous leurs membres. Comment le soleil, à qui les peuples voisins refusent un culte, est-il adoré ici? Ici des honneurs pour des veaux qu'on méprise ailleurs. Toutefois, que ceux qui disent que les vices de notre patrie sont venus s'établir dans ces lieux remarquent du moins qu'ici l'on s'abandonne à des vices inconnus dans nos contrées, que nous repoussons avec horreur.

57. Michas a fait fabriquer un Dieu à quatre visages. Nous n'avons jamais offert de libations ni de sacrifices à un serpent d'airain. C'est la malédiction de l'ancien serpent qui pèse sur ce peuple, et ceux qui font des libations en l'honneur d'un serpent mort sont avec juste raison soumis à l'empire odieux du serpent vivant. Nous n'avons jamais sacrifié aux démons des enfans qu'on brûle en Judée sur leurs autels; le sang de nos troupeaux coule dans nos cérémonies religieuses, ici ce sont de jeunes filles que l'on égorge; à tels dieux telles mœurs, à telles lois telles œuvres, et à tels parens tels fils. Un peuple à qui l'on ose présenter de pareilles images doit, s'il est conséquent avec lui-même, fabriquer des idoles. Ainsi donc de ridicules idoles sortent des mains d'une nation dont Dieu seul est l'auteur. Et cepen-

sanctorum audiunt, sibique abunde esse putant, quod filii Jacob nuncupantur. Ex quo ascivere sibi nomina justorum, salvi se justos evasisse credunt. Illorum nomen fusum est per omnes gentes, postquam in omnia scelera diffluxere mores.

58. Filios justos se arbitrantur, quia censentur Abrahamo patre nati, et aiunt: Nomen Israel invocatur super nos, vana isthaec omnis nominum pompa est; sed et in hoc maxime sibi placent, quod circumcisi sunt, peccatores tamen sunt et ipsorum acta parentem Abrahamum minime referunt, cum eos oppido magis delectet ejus nomen et circumcisio, quam pietas, fides. Quid? Quod et sabbatum ipsis a Deo traditum pluris faciunt, quam Deum; Deum arguunt, si suas solvit leges, et legem legislatori imponere audent; ipsi itaque sine lege, et sub lege Deus. Majorem fecere legislatori legem, non ut legem observent, sed ut legislatorem sugillent. Despiciuntur Moyses et prophetae, si cum sacrificiis conferantur; sua sacra unice praedicant, hostiam offerentes superbiunt; hoc illis satis, qui in fumo gloriantur; hoc satis visum visu carentibus, si caesarum bestiarum sanguine ac retrimentis turpentur. Victimam a Deo amari putant, plus quam puram veritatem, quam docuit.

59. Haec de Hebraeis disserebant inter se poenitentes Ninivitae, adeo quantum optaverant promissionis terram conspicere, tantum ejus postea conspectum abominati sunt, quia et fugerunt; mirabantur scilicet Hebraeorum, quae videbant, scelera, perinde ac si sua, quae exuerant, vitia illi induissent, et idololatriam, quam gentilis populus abjecerat, populus Deo exosus collegisset. Accingere sodes, aiebant, excedamus hinc, ne forte cum perduelle populo eadem involvamur noxa. In Ninive spes ingens, hic ingens timor. Nec temere suspicari est, ut haec regio casura sit pro Ninive, quae stetit, quanquam si vera fatemur, populus hic est avulsus et subversus; populus utique non est ille quondam formosus; postquam nostram induit deformitatem. Jonae vero memoria nostratibus nunquam excidat, quibus salutem impertiit, omniaque isthaec contulit beneficia. Haec locuti, retrocedebant

dant quel orgueil dans ces hommes, parce qu'ils se disent enfans des saints ! quelle présomption, parce qu'ils se proclament enfans de Jacob! Croient-ils donc que leur aveuglement est devenu justice, parce qu'ils ont pris les noms des saints ! Leur nom, il est vrai, est répandu dans le monde entier; mais leurs mœurs se sont perdues dans les plus honteux désordres.

58. Ils se croient justes, parce qu'ils sont issus d'Abraham, et ils disent: « Le nom d'Israël est sur nous! » Grands mots, mais vaine gloire : et ce qui les flatte surtout, c'est d'être circoncis; ils pèchent cependant, et dans leurs actions rien ne rappelle leur père Abraham, puisqu'ils tiennent plus à un nom qu'à la piété, et qu'ils font plus de cas de la circoncision que de la foi. Quoi! ils dédaignent Dieu, l'auteur du sabbat, pour le sabbat lui même; ils accusent le Seigneur s'il abroge ses propres lois, et osent imposer des lois au législateur; ce frein salutaire qu'ils brisent, ils veulent y assujettir le Créateur. Ils exigent plus de l'auteur de la loi, non pour se conformer à ses ordres, mais pour en faire un objet d'amères railleries. Que sont, dans leur esprit, Moïse et les prophètes auprès des pompes des sacrifices? Ils ne parlent que de leur zèle pieux; l'oblation des victimes est une source d'orgueil; la fumée de l'encens, voilà tout ce qui fait leur gloire; il semble à ces hommes aveugles que c'est assez pour eux d'être inondés du sang des animaux qu'ils égorgent, et, dans leur folie, ils s'imaginent que Dieu est plus sensible à un vain hommage, qu'à la vérité dont il est le père.

59. Tels étaient les discours des Ninivites qui s'empressèrent de fuir un spectacle d'autant plus odieux qu'ils avaient désiré davantage de voir la terre de promission. Ils s'étonnaient que les Hébreux eussent pris tous les vices dont ils s'étaient défaits eux-mêmes, et que le peuple de Dieu eût accueilli l'idolâtrie que les gentils avaient proscrite. Allons, se disaient-ils, partons, de peur d'être enveloppés dans la rébellion de ce peuple criminel. A Ninive, l'espérance sourit à nos cœurs que la crainte saisit en ces lieux. Il n'y a pas témérité à croire que cette ville, au lieu de Ninive qui est restée debout, ne soit un jour engloutie; c'est ici un peuple condamné à une destruction prochaine; car, en se couvrant de la robe du crime que nous avons rejetée loin de nous, il a perdu toute sa beauté première. Puisse le nom de Jonas ne s'effacer jamais de la mémoire de nos concitoyens; car c'est à lui que nous devons notre salut; c'est à lui qu'il faut rapporter tous les bienfaits dont nous avons été comblés! En disant ces mots, ils partirent;

stupore ac timore suffusi; discussere tamen utrumque, beati, laetique viam ingressi sunt in patriam redituri.

60. Interea vero, dum secum singula, quae acciderant, distincte recolunt, insolito et vero gaudio exsultantes, sequens cecinere carmen: « Magnificemus Deum, qui per populos gentiles hebraeum populum confudit; illius nomen praedicent imprimis peccatores, quoniam justitiam adepti sunt; immundi quicumque per poenitentiam suas eluerunt sordes; novis hunc amplificent laudibus, moestis quicumque agitabantur curis; postquam perturbatae mentis serenitatem consecuti sunt, pace reddita, iracundi, impudici temperantiam posthac amantes; largiter, et liberaliter agere edocti avari; intemperantes jejuniis assuefacti; ebriosi in potu tenere modum admoniti; rapaces facti benefici; homines perditae luxuriae a libidinibus revocati; impudentes et perversi persuasi oportere intra limites justorum se continere; recuperatoque cum ratione judicio fatui; maledici, et obtrectatores docti cohibere linguam, et bona verba loqui. Deum adoret pupillus, nutritorem nactus, et vidua, quam ille oppressam, clamantemque exaudivit, et relevavit. Laudet mendicus, qui cartallum implevit bonis; agricola, qui, accedente uberiori proventu, auxit juga boum; aratores item, et vinitores etiam in suo quisque opificio artifices. Deum magnificent reges, quod, re communi bene constituta, urbes et regna pacaverit; milites magnis erepti periculis; praefecti suis restituti praefecturis, et recuperatis fortunis locupletes. Patres ob auctam suis spem liberis; liberi parentum aspectu potiti; simplices parvuli productis vitae spatiis; humeris circumgestati infantes; praegnantes, salvo ventre, et prole servata; novae nuptae cum laetitia in thalamos introductae; matres filiarum benedictionibus gaudentes. Deum praeterea laudibus efferant judices, quoniam non secundum judicia sua fuerunt judicati. Optimum etiam glorificent duri exactores, quia exactum non est ab eis, quemadmodum ipsi exegere; foeneratores, a quibus non est repetitum, quod jure debebant; debitores, quia aeris alieni syngraphas delere licuit; grassatores, quoniam quae seminaverant, non messuerunt; praedones, quicumque in beneficos repente transierunt. Offensor ut offensus Deo gloriam tribuat, postquam ad concordiam

la honte et la crainte s'étaient empreintes sur leurs visages, mais les traces en disparurent bientôt, et, le cœur plein d'une douce joie, ils se mirent en route pour retourner dans leur patrie.

60. Cependant, en rappelant dans leur esprit tous les évènemens dont ils avaient été les témoins et la cause, ils furent transportés d'une joie aussi vraie qu'extraordinaire, et ils chantèrent l'hymne suivant : « Gloire à Dieu qui a fait des gentils un objet de confusion pour le peuple hébreu ; que son nom soit béni, surtout par les pécheurs, puisqu'ils ont conquis la justice et lavé leurs souillures dans les flots purs de la pénitence ; qu'il soit le sujet continuel des louanges de tous ceux que tourmentait une chagrine inquiétude, puisque la paix et la sérénité sont rentrées dans leurs cœurs ; des hommes impudiques qui observent maintenant les lois de la tempérance ; des avares qui ont appris à être généreux et compatissans ; des voluptueux soumis au joug d'un jeûne austère ; des hommes adonnés au vin qui savent aujourd'hui mettre un frein à leur passion ; de tous ceux qui font aujourd'hui le bien et qui auparavant étendaient à tout leurs mains avides ; des débauchés rappelés à des sentimens honnêtes ; des pervers qui savent enfin se renfermer dans les bornes de la justice ; des insensés qui ont recouvré la raison ; des médisans et des calomniateurs dont la bouche est discrète et sincère ; que Dieu soit adoré de l'orphelin qui a trouvé un père, de la veuve dont il a entendu les plaintes et qu'il a tirée de la poussière où elle languissait ; du mendiant dont il a rempli la besace vide. Oui, que l'homme des champs qui, à l'approche d'une riche et abondante moisson, a multiplié ses troupeaux, que le laboureur, que le vigneron le bénissent. Que les rois le glorifient, car il a rétabli l'ordre et pacifié les villes et les empires ; qu'à eux se joignent dans ce pieux concert les soldats arrachés aux dangers, les chefs de provinces rendus à leurs provinces, les riches qui ont recouvré leurs biens, les pères pour l'avenir heureux promis à leurs enfans, les enfans pour avoir recouvré les auteurs de leurs jours ; ceux dont il a agrandi la carrière, ceux qui sont encore suspendus à la mamelle ; les femmes qui ne craignent plus pour le fruit de leurs entrailles ; celles pour qui, dans une sainte joie, va s'ouvrir le lit nuptial ; les mères heureuses des bénédictions de leurs filles ; les juges qui n'ont pas été jugés d'après leurs propres jugemens ; ces exacteurs rigoureux qui ont été traités avec une pitié qu'ils n'accordaient point aux autres ; ces usuriers à qui l'on n'a pas redemandé ce qu'ils devaient avec tant de justice ; ces débiteurs dont les engagemens ont été anéantis ; ces assassins

ambo redierunt; injuriam qui fecit, non retulit, et qui accepit, non repetiit; quique in privatis domibus terrae succussionibus trepidaverant, posuere metum; arcium similiter praesidiarii incolumes servati, impetratoque longiori vitae spatio; ancillae et servi sospites, cum dura servitus sepultorum libertate potior sit. Laetata est mater, quia unigenitum suum iterum adepta est. Omnes cujusvis aetatis, et status laudem Deo dicant, laeti se mortis faucibus modo ereptos, quodammodo revixisse. »

61. Jam si Ninivitarum poenitentiam cum nostra conferamus, dico quod prius dixi, haec umbra est. Qui sibi veram statuit poenitentiam, semper timet, nec si aliqua affulserit spes, supplicii, quo ante affectus est, memoriam deponit. Servus, qui ab hero quotidie vapulat, praeteritarum plagarum nunquam non meminit; quisquis, amoto verbere, oblitus discussit metum, principio culpam dolet, in fine repetit, ad audendum quodlibet facinus projectus, ut qui sibi persuasit nullum exinceps sibi metuendum malum; vel altissimum, quae ipsius indulgentia est, scelera in posterum minime vindicaturum. Ninivitae moniti, totum animum ad poenitentiam statim appulere. Omnes, succussa continuis motibus urbe, sub initium culpam confessi sunt, et omnes in fine Deo laudem tribuerunt et gloriam, quod ad instar fluctuantis navigii agitatam civitatem servasset; ipsa jumenta mutaeque pecudes, nedum homines ratione praediti agnovere beneficium, quod tandem licuisset deponere moestitiae saccum, et ad laetitiam candidis se stolis componere. Sit ille benedictus amator justorum, qui in Assyria peccatores ad poenitentiam traduxit.

qui n'ont pas recueilli ce qu'ils avaient semé; ces ravisseurs du bien d'autrui qui sont devenus soudain généreux et bienfaisans. Gloire soit rendue à Dieu par l'offenseur et l'offensé qui se sont réconciliés; par tout homme qui, auteur ou victime d'un outrage, n'a donné ni reçu de réparation; par tous ceux dont les demeures ont été ébranlées par les secousses de la terre, et qui sont enfin sans crainte; par les commandans des places fortes, qui ont été sauvés et qui peuvent compter maintenant sur une plus longue vie; par les serviteurs et les servantes, puisque l'esclavage sur la terre vaut mieux que la liberté dans la mort; par la mère de famille enfin, à qui son fils unique a été rendu. Oui, que Dieu soit loué par les hommes de tout âge et de toute condition, et qu'ils le remercient, dans l'effusion de leur cœur, d'avoir été retirés du gouffre du trépas, prêt à les engloutir, et d'avoir reçu une seconde fois la vie. »

61. Enfin, pour revenir à l'idée que j'ai déjà exprimée dans les mêmes termes, notre pénitence comparée à celle des Ninivites est une ombre. Quiconque est entré dans la voie d'une pénitence sincère est toujours dans la crainte, et, si l'espérance vient à l'éclairer de ses doux rayons, il n'oublie pas néanmoins le supplice qu'il lui a fallu subir auparavant. L'esclave déchiré tous les jours par le fouet de son maître se rappelle sans cesse les coups dont il a gémi; celui qui en écarte le souvenir s'en prend d'abord à ses fautes, bientôt y retombe et se jette dans la route des plus grands forfaits, parce qu'il s'est persuadé qu'il n'a pas à craindre de plus rigoureux traitemens à l'avenir, ou bien que le ciel, dont l'indulgence lui est acquise, dédaignera désormais le soin de sa vengeance. Les Ninivites, que le malheur avait instruits, s'exercèrent sincèrement et sans réserve à la pénitence. D'abord, quand ils sentirent la terre trembler sous leurs pas, ils firent l'aveu de leurs fautes, puis ils rendirent tous à Dieu gloire et hommage, parce qu'il avait daigné sauver leur ville agitée sur ses bases comme un vaisseau sur les flots; non seulement les hommes qui ont reçu la raison en partage, mais les animaux qui en sont privés reconnurent les bienfaits dont ils étaient l'objet, quand enfin, déposant le sac de la pénitence, ils se revêtirent des robes blanches de l'innocence. Béni soit à jamais le Dieu qui aime les justes, et qui ouvrit en Assyrie les trésors de la pénitence aux pécheurs.

SERMONES DE SE IPSO.

I.

Reprehensio sui ipsius, atque confessio.

1. Fratres, compatimini mihi, qui commiserationis habetis viscera: non enim otiose divina dixit Scriptura: « Frater, qui adjuvatur a fra- » tre, quasi munita atque alta civitas [1], » nam fundati regni instar fortis est ac potens, alibique rursus : « Confitemini alterutrum peccata ves- » tra, et orate pro invicem, ut salvemini [2]. » Accipite ergo cohortationem, electi Dei, ab eo, qui decrevit atque promisit quidem placere Deo, sed mentitus est Factori suo; ut supplicationibus vestris liberer a peccatis, quæ me complectuntur ac detinent; sanitatique restitutus, exsurgam e lecto tabifici peccati; quoniam ab infantia factus sum vas inutile atque abjectum. Et nunc de judicio audiens, nihili facio, tanquam offensis ac culpis omnibus superior; aliosque dum mea admonitione ab inutilibus deterreo, hæc ipsa duplo plura a me peraguntur. Hei mihi, in quali damnationis statu reperior? Hei mihi, in quo dedecore jaceo? Hei mihi, quod in me non est id quod latet, ut id quod apparet; unde nisi velociter commiserationes in me divinæ refulserint, nulla mihi operibus spes salutis ostenditur. Dum enim de pudicitia dissero, de lascivia cogito. Dum de cordis puritate verba facio, turpium affectionum meditatio in me dies noctesque dominatur. Quam igitur excusationem habebo? Hei mihi, quæ qualisque mihi discussio imminet! Revera specie tantum pietatis amictus sum, non potentia aut virtute. Quo igitur vultu accedam ad Dominum Deum, qui abscondita novit cordis mei? Tantis malis obnoxius cum sim, pertimesco in oratione constitutus, ne ignis de cœlo descendat, ac devoret me. Si enim eos, qui offerebant coram Domino ignem alienum in deserto, egressus ignis a Domino consumpsit [3], quid ego exspectabo, tanto delictorum pondere indutus atque circumdatus? Quid ergo? despera-

[1] Prov. XVIII, 10. — [2] Jacob. V, 16. — [3] Levit. X, 1, 2.

CONFESSIONS.

I.

Confession de saint Éphrem ; reproches qu'il s'adresse à lui-même.

1. Mes frères, vous qui avez des entrailles de miséricorde, prenez compassion de moi ; ce n'est pas sans raison que l'Écriture a dit : « Le » frère qui est aidé par son frère est comme une ville forte et élevée. » On peut le comparer, pour la puissance, à un empire qui reposerait sur des fondemens inébranlables. Et ailleurs : « Confessez-vous mu- » tuellement de vos fautes, et priez les uns pour les autres, afin de » mériter le salut. » Vous, les élus de Dieu, souffrez que ces paroles vous soient rappelées par un homme qui avait résolu, qui avait promis de se rendre agréable à Dieu, mais qui a indignement trompé son Créateur ; puissent vos prières me délivrer des liens du péché, liens qui m'enlacent et m'étreignent de toutes parts, qu'enfin rendu à la santé, je rompe tout commerce avec le mal, car il répand la corruption dans l'ame. Hélas! dès mes premières années, je suis devenu un vase inutile et abject ; et maintenant que j'entends une voix qui m'annonce l'approche du juge, je n'en suis point ému, comme si je n'avais ni crime ni offense à me reprocher. Tandis que, par mes exhortations, j'éloigne les autres de toutes les choses inutiles, je m'y abandonne moi-même sans retenue. Malheur à moi, qui suis engagé dans une voie de condamnation! Malheur à moi, qui suis tombé dans un abîme de honte! Malheur à moi, dont l'ame répond si peu aux apparences extérieures! Ah! si le Seigneur ne se hâte de verser sur moi les torrens de sa miséricorde, je ne vois dans mes œuvres aucun sujet d'espérer le salut. A cette heure je parle de pudeur et je suis obsédé de pensées impures ; et tandis que mes discours font l'éloge de la pureté, jour et nuit de honteuses affections remplissent mon cœur. Quelle excuse alléguerai-je? Malheur à moi, pour ce jugement que je vais subir! De la piété je ne possède que les dehors, je n'en ai ni la solidité ni la vertu. De quel front oserai-je me présenter devant le Seigneur mon Dieu, qui pénètre les secrets les plus intimes? Ainsi couvert de péchés, je tremble qu'au milieu de mes prières le feu du ciel ne tombe

bone propriam salutem? Absit. Ea quippe adversarii est sollicitudo ac studium, ut cum aliquem ad desperationem deduxerit, mox eum dejiciat substernatque. Ego vero non despero de me ipso, sed Dei confido miserationibus, vestrisque pro me deprecationibus.

2. Ne ergo desistatis ab oratione apud hominum amatorem Deum, ut a servitute ignominiosarum passionum liberetur cor meum. Inflammatum est cor meum, immutata est pia cogitatio mea, obscurata mens mea : velut canis ad proprium revertor vomitum[1], et non est pœnitentia mea pura, non sunt mihi in oratione lacrymæ. Dumque suspiro, sicco faciem meam verecundiæ rubore suffusam, pulso pectus meum domicilium passionum. Gloria tibi, qui sustines ! Gloria tibi, longanimis ! Gloria tibi, benignissime ! Gloria tibi, qui solus es patiens ! Gloria tibi, qui animarum ac corporum benefactor es ! Gloria tibi, qui solem oriri facis super malos et bonos, pluisque super justos atque injustos[2] ! Gloria tibi, qui cunctas nutris gentes, omnemque naturam humanam, tanquam hominem unum ! Gloria tibi, qui volucres cœli pascis, et feras atque serpentes, et aquatilia, velut passerculum vilem[3]; omnia enim in te sperant, ut des escam illorum in tempore opportuno[4]. Magna quippe est tua potestas, et miserationes tuæ super omnia opera tua, Domine. Ideo precor, Domine, ne me abjicias cum iis, qui tibi dicunt : « Domine, Domine[5], » et voluntatem tuam non faciunt, precibus omnium, qui in conspectu tuo gratos se atque acceptos reddiderunt. Tu enim nosti latentes in me passiones. Tu vulnera animæ meæ explorata habes. « Sana me, Domine, et sanabor[6]. »

3. Socios vos mihi præbete, fratres, in orationibus. Miserationes a Dei bonitate deposcite. Animam a peccatis exacerbatam et amaro

[1] Prov. xxvi, 2, 3; et 2 Petri ii, 22. — [2] Matth. v, 45. — [3] Ibid. x, 20 et 31, et Luc. xii, 6, et Psal. cxi, 26. — [4] Psal. cxliv, 15. — [5] Matth. vii, 22. — [6] Jer. xvii, 14.

sur moi et ne me dévore. Une flamme envoyée de Dieu mit en cendres ceux qui avaient osé offrir au Seigneur un feu étranger dans le désert ; que dois-je attendre, moi, chargé du poids de tant de crimes qui m'entourent et m'enveloppent tout entier ? Eh quoi ! dois-je désespérer de mon salut ? Eh bien ! j'y renonce. Mais non, c'est l'artifice dont se sert souvent notre ennemi : il nous pousse au désespoir afin de nous abattre ensuite et de nous fouler aux pieds. Je ne désespère pas de moi-même, je mets ma confiance dans la miséricorde de Dieu et dans l'efficacité de vos prières.

2. Sans cesse adressez donc vos supplications à ce Dieu qui porte aux hommes un si ardent amour, pour que mon cœur soit délivré du joug des passions criminelles. Ce cœur brûlait de feux impurs, mes pieuses résolutions se sont évanouies, et mon esprit est tombé dans les ténèbres ; je ressemble à ce chien qui retourne vers ce qu'il a vomi ; ma pénitence n'est pas sincère, et dans la prière mes yeux ne versent point de larmes. Tandis que je gémis, j'essuie mon front que la honte a fait rougir, je frappe ma poitrine où s'agitent tant de passions. Gloire à vous, qui me soutenez dans le combat ! Gloire à vous, qui me supportez avec tant de patience ! Gloire à vous, Dieu plein de bonté ! Gloire à vous, qui avez une longanimité que rien n'égale ! Gloire à vous, le bienfaiteur des âmes et des corps ! Gloire à vous, qui faites luire le soleil sur les bons et sur les méchans, qui faites pleuvoir en faveur des justes et des injustes ! Gloire à vous, qui nourrissez toutes les nations et tout le genre humain comme un seul homme ; les oiseaux du ciel, les bêtes sauvages, les reptiles et les poissons comme le plus petit passereau ; tous les êtres animés attendent de vous que vous leur donniez leur nourriture en temps propice. Votre pouvoir est grand, Seigneur, et vos miséricordes l'emportent sur toutes vos œuvres. Je vous en conjure, mon Dieu, ne me repoussez pas avec ceux qui vous disent : « Seigneur, Seigneur, » et qui ne font pas votre volonté ; je vous le demande par les prières de tous ceux qui se sont rendus agréables à vos yeux. Vous connaissez les passions cachées au fond de mon âme ; vous voyez les plaies secrètes de mon cœur : « guérissez-moi, Seigneur, » et alors seulement je serai guéri. »

3. Unissez vos prières aux miennes, mes frères ; implorez la miséricorde d'un Dieu plein de bonté ; ramenez la douceur dans une âme que ses péchés ont remplie d'aigreur et d'amertume. Vous qui êtes les branches de la vraie vigne, donnez à boire de cette source de vie à celui qui meurt de soif ; vous êtes ses dignes ministres. Éclairez mon

factam dulcescere facite. Ex vera vite, vos qui palmites ejus estis, tradito sitienti de fonte vitæ, qui ipsius ministri digni habiti estis. Illuminate cor meum, qui filii lucis evasistis. Me aberrantem in viam vitæ deducite, qui in ea persistitis. Me intra regalem portam introducite, sicut dominus proprium servum, qui hæredes regni evasistis; quoniam comprimitur cor meum. Præveniant me commiserationes Dei vestra deprecatione, antequam pertrahar una cum operantibus iniquitatem. Ibi quæ in tenebris, quæque in aperto gesta sunt, revelabuntur.

4. Quod me tandem dedecus et rubor occupabit, quando me condemnatum viderint qui nunc me irreprehensibilem dictitant? Spirituali relicto opere, passionibus obedivi. Doceri nolo, et docere alios volo. Subesse recuso, et subjugare cæteros cupio. Laboribus gravari renuo, et aliis imponere eos desidero. Operari nolo, et exactorem ac monitorem operis agere volo. Honorare alios nolo, et honorari gaudeo. Improperari ab aliis ferre non possum, et tamen improperare ac maledicere gestio. Contemni nolo, et alios pro nihilo habere ac spernere volo. Aliorum superbiam ferre non placet, et tamen superbire in alios delectat. Redargui detrecto, et reprehendere amo. Misereri aliorum nolo, et tamen commiserationes aliunde requiro. Increpari nolo, et increpare ac objurgare alios volo. Condemnari recuso, et damnare alios studeo. Injuriam mihi fieri nolo, et injuria alios afficere volo. Obtrectari mihi non fero, et aliis obloqui cupio. Audire alios non lubet, et tamen audiri opto. Celebrare alios nolo, et celebrari ac prædicari volo. Antecellere mihi alios non fero, et superare contendo. In admonendo sapiens, sed non in agendo. Quæ facere oporteret, dico, et quæ nec dicere fas esset, facio.

5. Quis super me non ploret? Deplangite me, sancti ac justi, ut qui in iniquitatibus conceptus sum. Deflete me qui lucem diligitis, et tenebras odistis, ut cui tenebrarum operi placent, et non luci. Plangite me reprobum, qui probi estis : misericordes et indulgentes, cum

Psal. 7.

ame, vous qui êtes les enfans de la lumière; vous qui marchez dans les sentiers de la vie, ramenez dans cette voie mes pas égarés. Vous les héritiers du royaume céleste, introduisez-moi dans cette royale demeure, comme un maître fait entrer son esclave : mon cœur est dans l'oppression. Que vos prières attirent sur moi la divine miséricorde avant que je sois entraîné dans l'abîme avec ceux qui commettent l'iniquité. Alors, alors ce que nous avons fait dans les ténèbres et ce que nous avons fait au grand jour sera exposé à tous les regards.

4. Quelle honte, quelle confusion pour moi, lorsque ceux qui me prônent comme irréprochable me verront condamné ! Abandonnant les œuvres spirituelles, je me suis placé sous le joug des passions. Je veux instruire les autres, et je ne veux pas qu'on m'instruise. J'aspire au commandement, et je refuse l'obéissance. Je repousse les fardeaux que l'on veut m'imposer, et je les fais peser sur autrui. Je me refuse au travail, et ce qui m'occupe le plus, c'est d'y exhorter les autres. Je me réjouis des honneurs que je reçois, et je ne veux point en rendre. Je ne puis supporter une injure, et je me livre volontiers aux invectives et aux récriminations. Une marque de dédain me révolte, et j'ai pour les autres un souverain mépris. L'orgueil des autres m'indigne, et je me plais à les traiter avec hauteur. Je fuis les remontrances, et j'aime à les prodiguer. Je recherche pour moi dans les hommes une pitié que je ne sens pas pour eux. Je n'aime pas les reproches, et je me plais à en adresser. Je ne veux pas que l'on me condamne, et je condamne volontiers les autres. Je ne veux supporter aucune injustice, et il m'arrive d'être injuste. Ceux qui parlent mal de moi, je les hais, et j'aime pourtant à médire. J'écoute les autres avec impatience, et je veux qu'ils prêtent l'oreille à mes discours. Je répugne à louer les autres, et j'aime qu'on me loue, qu'on m'exalte. Je n'aime pas à être surpassé, et je m'efforce de surpasser les autres. Sage dans mes discours, mais non dans mes actions, je dis ce qu'il faudrait faire et je fais ce qu'il n'est pas même permis de dire.

5. Eh! qui ne pleurerait sur moi? Plaignez-moi, saints et justes; car j'ai été conçu dans l'iniquité. Vous qui aimez la lumière, qui haïssez les ténèbres, versez des larmes sur moi, qui me complais dans les œuvres des ténèbres et non point dans celles de la lumière. Vous qui êtes attachés au bien, plaignez un homme adonné au mal; vous qui êtes indulgens et miséricordieux, plaignez celui qui, après avoir ob-

qui misericordiam consecutus est et adhuc irritat. Plangite me, qui extra omnem reprehensionem estis, iniquitatibus demersum. Plangite me, qui bonum diligitis et malum odio prosequimini, mala amplectentem et bona aversantem. Plangite me, qui vitam religiosam colitis, habitu solum vitam sæculi relinquentem. Plangite me, qui Deo grati et accepti estis, studio hominibus complacendi deditum; qui perfectam possidetis charitatem, eum qui verbis quidem diligit, operibus autem proximum odio habet. Plangite me, qui satagitis rerum vestrarum, me, inquam, qui de rebus alienis curiose laboro. Plangite me patientiæ expertem atque infructuosum, vos qui patientia instructi, fructificatis Deo. Plangite me rudem atque inutilem, qui disciplinam ac doctrinam concupiscitis. Plangite me indignum qui altitudinem cœli respiciam, vos qui cum fiducia ad Deum acceditis. Plangite me, qui Moysis patientiam habetis, hanc sponte deperdentem. Plangite me, qui Joseph pudicitiam possidetis, ejusce proditorem. Plangite me, qui Danielis temperantiam diligitis, ea ipsa voluntarie privatum. Plangite me, qui patientia Job ornati estis, ab hac alienum redditum. Plangite me, qui voluntariam apostolorum tenetis paupertatem, ab ea longe distantem. Lugete me duplicis animi hominem, ignavum ac timidum, improbumque, vos qui fideles ac stabiles in Deum corde estis. Lugete me risu gaudentem, et luctum abominantem, qui planctum diligitis, et risum removetis. Lugete me, qui templum Dei immaculatum conservatis, illud contaminantem ac inquinantem. Plangite me, qui separationis ac inevitabilis viæ recordamini, immemorem atque imparatum ad idem iter. Deplangite me, qui in mente judicium, quod est futurum post mortem, tenetis, confitentem meminisse, et agentem contraria. Deplangite me, hæredes regni cœlestis, hæredem gehonnæ ignis.

6. Hei mihi, quod peccatum non reliquit in me incolume ullum

tenu son pardon, ne craint pas d'irriter de nouveau son juge. Vous qui êtes exempts de tout reproche, plaignez un malheureux plongé dans tous les crimes. Vous qui chérissez le bien, qui détestez le mal, plaignez celui qui embrasse le mal et qui s'éloigne du bien. Vous qui marchez avec zèle dans la vie religieuse, plaignez celui qui ne diffère qu'extérieurement des enfans du siècle. Vous qui n'avez d'autre ambition que de plaire à Dieu, plaignez un malheureux qui n'a d'autre soin que de rechercher les louanges des hommes ; vous qui possédez une charité parfaite, plaignez celui dont l'amour n'existe qu'en paroles et qui prouve par sa conduite qu'il n'a que de la haine pour son prochain. Vous qui ne vous occupez que de vos propres affaires, plaignez celui que la curiosité porte à s'immiscer sans cesse dans les affaires d'autrui. Vous en qui fleurit la patience, et qui portez des fruits agréables au Seigneur, plaignez celui à qui manque cette vertu, et qui n'est qu'un arbre stérile. Vous qui recherchez la science et la discipline, plaignez un homme ignorant et inutile en tout. Vous qui vous approchez avec confiance de Dieu, plaignez un malheureux indigne de lever ses regards au ciel. Vous qui avez la patience de Moïse, plaignez-moi, j'ai volontairement renoncé à toute patience. Vous qui possédez la pureté de Joseph, plaignez celui qui a indignement violé les saintes lois de la chasteté. Vous qui aimez la tempérance de Daniel, plaignez-moi qui m'en suis dépouillé de plein gré. Vous en qui brille la patience de Job, pleurez-moi qui m'en suis tant éloigné. Vous qui avez embrassé la pauvreté volontaire des apôtres, plaignez celui qui est devenu totalement étranger à ce désintéressement. Vous dont toutes les pensées sont constamment dirigées vers Dieu, pleurez sur celui dont le cœur est partagé, qui est lâche, timide et méchant. Vous qui aimez une sainte tristesse, qui vous éloignez de toute joie profane, pleurez sur celui qui ne recherche que les ris, qui a la gravité en horreur. Vous qui avez conservé le temple du Seigneur pur de toute souillure, plaignez celui qui l'a rempli de l'infection du péché. Vous qui avez sans cesse présent à l'esprit le souvenir de la séparation et du voyage inévitable, plaignez celui qui n'y pense point et qui n'a nul souci de s'y préparer. Vous qui ne perdez jamais de vue le jugement qui doit suivre la mort, plaignez-moi, plaignez-moi ; j'avoue que je ne l'ai point oublié, mais que ma conduite dément ce souvenir. Vous, les héritiers du royaume céleste, pleurez sur moi qui suis destiné au feu de l'enfer.

6. Malheur à moi, dont tous les membres, tous les sens ont été

membrum, aut sensum, quem non depravarit. Jam finis pro foribus adest, et de eo non cogito. Fratres, ecce revelavi vobis vulnera animæ meæ : nolite ergo aspernari me ægrotum; sed medicum pro infirmo deprecamini, pastorem pro ove, regem pro captivo, vitam pro morte; ut salutem in Christo Jesu Domino nostro consequar de peccatis me detinentibus; emittatque gratiam suam, ac animæ meæ lubricitatem confirmet. Paratus enim sum ad resistendum improbis passionibus; et dum cum iis confligo, dolosa draconis malignitas contentionem firmitatemque animæ voluptatis illecebris dissolvit, abripiorque ab iis captivus. Rursus studeo eripere illum, qui comburitur; et ignis odor adhuc me juveniliter et inconsiderate agentem ad ignem attrahit. Rursus converto animum ad salvandum eum, qui demergitur, et præ inexperientia cum ipso demergor. Medicus passionum dum cupio fieri, ipsemet ab iis occupor. Loco medicinæ ægrotantem objurgo; ipseque cæcus cæcis ducatum præstare conor.

7. Unde multis indigeo orationibus, ut proprias mensuras cognoscam. Deique gratia obumbret mihi, ac obscuratum cor meum illuminet, et pro ignorantia divinam cognitionem habitare in me faciat : « quoniam non erit impossibile apud Deum omne verbum¹. » Ipse inaccessum mare, pervium reddidit populo suo². Ipse manna pluit ils, et ex mari coturnices, sicut arenam maris³. Ipse ex petra durissima aquam sitientibus præbuit⁴. Ipse solus eum, qui in latrones incidit⁵, sua benignitate servavit. Misericordia quoque in me moveatur ejus bonitas, ut qui in peccata prolapsus sum, ligatusque tanquam vinculo a malitia. Non est mihi fiducia apud scrutatorem cordis ac renum⁶. Nemo reperitur, qui sanare animæ suæ possit dolorem, nisi ipse qui novit profunda cordis⁷.

8. Quoties in me ipso terminos constitui, murosque reædificavi inter

---

¹ Luc. I, 37. — ² Exod. xiv, 29 et passim. — ³ Psal. lxxvii, 24 et 27, et Num. xi, 31. — ⁴ Exod. xvii, 6. — ⁵ Luc. x, 30. — ⁶ Psal. vii, 10, et Apoc. ii, 22. — ⁷ Psal. xliii, 22.

souillés et corrompus par le péché ! Déjà la mort est à ma porte, et je n'y songe point. Mes frères, je vous ai fait connaître les plaies de mon ame ; je suis réduit à un déplorable état, mais ne m'accablez pas de votre mépris ; demandez plutôt un médecin pour ce malade, un pasteur pour cette brebis égarée, un libérateur pour cet esclave, la vie pour celui qui est mort à la grâce, afin que j'obtienne de notre Seigneur Jésus-Christ la force de m'arracher aux liens de mes péchés ; qu'il répande sur moi ses divines faveurs et qu'il dissipe la faiblesse de mon ame. J'ai résolu de résister avec force aux mauvaises passions ; mais tandis que je lutte contre elles, l'ennemi du salut a recours à ses artifices, il énerve mon ame par les charmes de la volupté et me réduit en esclavage. Alors je cherche à retirer des flammes celui qu'elles brûlent ; mais je touche de si près le feu, que ma jeunesse et mon inexpérience me précipitent encore au milieu des flammes. Je cherche à sauver celui qui se noie, et par mon imprudence je disparais avec lui sous les flots. Tandis que je m'attache à guérir les passions, je ressens de nouveau leurs atteintes. Au lieu d'appliquer au mal le remède qui lui convient, je perds le temps à réprimander le malade ; aveugle moi-même, n'ai-je pas la témérité de vouloir conduire des aveugles ?

7. J'ai donc besoin du secours de toutes vos prières, afin que j'apprenne à connaître l'étendue de mes fautes, afin que la grâce de Dieu me protége, qu'elle dissipe les ténèbres de mon cœur, qu'elle y répande la lumière, et qu'elle remplace mon ignorance par la science divine : « parce qu'il n'y a rien d'impossible à Dieu. » C'est lui qui a ouvert un chemin à son peuple à travers les flots de la mer. C'est lui qui fit tomber la manne et une multitude d'oiseaux aussi nombreux que les grains de sables semés sur le rivage des mers. C'est lui qui du sein d'un rocher fit jaillir une source abondante, pour étancher la soif de son peuple. C'est lui qui par sa bonté délivra le malheureux qui était tombé entre les mains des voleurs. Que sa bonté se laisse également toucher de compassion pour moi, qui me suis plongé dans un abîme de péchés, et qui suis lié par la perversité comme par une chaîne ! Je tremble de paraître devant celui qui sonde les cœurs et les reins. Nul ne peut calmer la douleur de mon ame, si ce n'est celui qui connaît les secrets des cœurs.

8. Combien de fois ne me suis-je pas tracé des limites que je ne devais jamais franchir ? combien de fois n'ai-je pas élevé un mur entre moi et l'iniquité, entre moi et les ennemis qui ne me laissent pas un

me et iniquitatem peccati, et inter hostes, qui ex adverso congrediuntur ad bellum? Mens suos præterivit terminos, murosque evertit eo quod termini non essent muniti timore fortioris ut potentioris, murique non fundati in sincera ac vera pœnitentia. Unde et jam pulso, ut aperiatur mihi; persisto in oratione, ut postulata potiar, ac velut impudens misericordiam a te deposco, Domine. Tu bona præbes, Salvator; ego mala retribuo. Tuam in me perversum longanimitatem exhibe. Non de verbis tantummodo otiosis veniam rogo, sed etiam de actionibus impiis ignosci mihi a tua bonitate deprecor.

9. Libera me ab omni opere malo, Domine, priusquam me finis præoccupet, ut coram te gratiam in hora mortis inveniam: « Nam in » inferno quis confitebitur tibi [1]? » Salva animam meam de futuro timore, Domine, commaculatamque meam tunicam propter miserationes ac bonitatem tuam dealba; ut et ego, licet indignus, prælucens, dignus efficiar regno cœlorum, gaudioque illo incomparabili donatus, dicam : « Gloria ei, qui afflictam animam ex ore leonis liberavit, » eamque in paradiso deliciarum reposuit! » Quoniam tibi sanctissimo Deo convenit gloria in cuncta sæcula. Amen.

II.

Reprehensio sui ipsius, et confessio.

1. Cum in multis, fratres, prodesse vobis videar, animæ quoque propriæ utiliter consulere debeo. Absurdum quippe est fame illum confici, qui cibum aliis impertitur; turpeque est me siti perire, qui reliquis potum subministro : quod sane fiet, nisi meam ipse conscientiam reprehendero. Novi enim, quantum mihi illud fecisse, in futuro profuturum sit judicio. Nam quando adhuc in sæcularium multitudine versabar, inimicus oppugnavit me in juventute, quæ mihi fere persuaserat illa, quæ in hac accidant vita, fortuito casuque flori : contigitque

[1] Psal. vi, 6.

instant de repos? Mais mon esprit ne s'est pas contenu dans les bornes qu'il avait posées, il a renversé toutes les barrières, parce qu'elles n'étaient pas appuyées sur la crainte d'un Dieu fort et puissant, et qu'elles n'avaient pas pour base une vraie et sincère pénitence : voilà pourquoi je frappe à la porte, afin qu'elle me soit ouverte. Je persiste dans la prière, afin d'obtenir l'effet de mes demandes, et je le réclame, Seigneur, avec instance de votre miséricorde. Vous me comblez de biens, divin Sauveur, et c'est par des outrages que je réponds à votre bonté. Faites éclater toute votre patience sur ce grand pécheur. Je ne réclame pas seulement votre indulgence pour des paroles inutiles, mais je supplie votre bonté de me pardonner toutes les actions impies dont je me suis rendu coupable.

9. Lavez-moi, Seigneur, de toutes mes offenses, avant que je sois arrivé au terme de ma carrière, afin qu'à l'heure de la mort je trouve grâce devant vous. « Car qui chantera vos louanges dans les enfers ? » Délivrez mon ame, Seigneur, de la crainte de l'avenir, et par votre bonté et votre miséricorde blanchissez ma robe, faites-en disparaître toutes les souillures, afin que, malgré mon indignité, j'obtienne d'être admis dans le royaume des cieux, et que là, brillant du plus vif éclat, plongé dans d'ineffables délices, je m'écrie dans un transport de reconnaissance : « Gloire à celui qui a retiré mon ame affligée » de la gueule du lion, et qui l'a placée dans le paradis des délices ! » Car c'est à vous, Dieu très-saint, qu'appartient la gloire dans toute la suite des siècles. Ainsi soit-il.

II.

Reproches que s'adresse le saint; sa confession.

1. Mes frères, puisque je vous ai été utile en bien des choses, il faut aussi que je songe aux intérêts de mon ame. Quelle folie que celui qui fournit des alimens aux autres se laissât mourir d'inanition ! Chargé de donner la boisson aux autres, périrai-je de soif, sans me couvrir d'ignominie ? ce malheur m'arriverait sans doute, si je ne soumettais ma conscience à un rigoureux examen. Je sens combien au jour du jugement il me sera utile de n'avoir pas négligé cette voie. Tant que je me suis trouvé mêlé aux hommes du siècle, l'ennemi, abusant de ma jeunesse, était presque parvenu à me persuader que tout dans la vie était livré aux caprices du hasard : je me trouvai alors

mihi, quod navi alicui gubernaculis destitutæ, gubernatore in prora consistente : quippe quæ vel retrocedit, vel non procedit, vel etiam evertitur, nisi aliqua vel per angelum, vel per hominem visitatione sublevetur. Quod ipsum et in me accidit, qui procellarum errore agitabar, nec pericula imminentia præsentiebam. Quid igitur divina benignitas?

2. Me in interioris Mesopotamiæ regione peragrantem fecit in pastorem quemdam ovium incidere : qui cum ex me, quonam tenderem, percontaretur; et quoque, quo me pedes ferrent, respondissem; ad me ille : « Si me, inquit, audieris, adolescens, huc ad nos diverte, quoniam ad vesperam inclinat jam dies. » Quibus ego permotus verbis, remansi apud eum. Media autem nocte lupi gregem adorti, oves dissiparunt, cum interim pastor gravi somno propter ebrietatem correptus jaceret. At domini supervenientes, me quoque tanquam reum in judicium abripuerunt. Constitutus autem ante judicem, me defendebam, et rem, uti acciderat, enarrabam. Interea vero post me adductus est quidam in adulterio deprehensus; sed mulier se subduxerat. Judex autem, re dilata, utrumque nostrum in eumdem carcerem detrudi jussit, in quo agricolam quemdam propter homicidium detentum reperimus. Sed neque qui mecum ducebatur, adulter erat; neque hic agricola homicida, sicut neque ego ovium fur atque abactor fueram. Cadaver autem propter agricolam, et pastor propter me, et maritus propter adulterum, in alia servabantur domo ac sua custodia.

3. Peractis igitur septem illic diebus, aspexi octavo die quemdam per quietem sic me compellantem : « Pietatem cole, et divinam Providentiam intelliges. Expende tecum quæ cogitaveris ac feceris, et ex te ipso cognosces nihil istos injuste pati; sed neque ipsi scelerum auctores impune evadent. » Somno igitur solutus, quæ in visione aspexeram, memoria mecum repetebam. Pervestigatoque lapsu et errore meo, comperi me in agro regionis illius, ubi captus fueram, pauperis cujusdam peregrini juvencam, quadam malitia concitatum, media nocte e suo loco atque cubili exegisse; quam frigore languentem atque uterum gerentem bellua illuc adventans dilaceravit.

à peu près semblable au navire privé de son gouvernail, de son pilote, et qui, dans cet état d'abandon, recule, n'avance pas, est sur le point de s'engloutir, à moins qu'un ange ou un homme ne l'arrache à ce péril. Ce bonheur a été le mien, lorsque, ballotté au milieu d'un monde orageux, je ne soupçonnai même pas les nombreux écueils dont j'étais environné. Voici ce qu'opéra en ma faveur la divine bonté.

2. Tandis que je parcourai les régions centrales de la Mésopotamie, elle me fit rencontrer un berger qui me demanda de quel côté je me dirigeais; lorsque j'eus satisfait à sa question, il repartit : « Si vous voulez me croire, jeune homme, demeurez ici avec nous : voyez, le jour touche déjà à son déclin. » Je me rendis à une invitation si bienveillante. Au milieu de la nuit, des loups attaquent le troupeau et dispersent les brebis, tandis que le berger était enseveli dans le sommeil où l'ivresse l'avait plongé. Les maîtres surviennent, me saisissent comme si j'étais aussi coupable et me traînent avec eux pour me faire condamner. Arrivé devant le juge, je présente ma justification, et je raconte exactement comment les faits s'étaient passés. En même temps on amène un homme qu'on disait avoir été surpris en adultère; la femme était parvenue à s'évader. Le juge différa la décision et ordonna que cet homme fût conduit dans la même prison que moi; là nous trouvâmes un paysan qui avait été incarcéré sous la prévention d'homicide. Cependant mon compagnon n'était pas un adultère, le paysan n'était pas un meurtrier, ni moi un voleur de troupeaux. A côté, dans une prison voisine, étaient gardés le cadavre de l'homme que le paysan était accusé d'avoir frappé de mort, le berger qui s'était porté mon accusateur, et l'époux qui se prétendait outragé.

3. Je passai sept jours dans ces lieux; et le huitième j'aperçus pendant mon sommeil une ombre qui m'adressa ces paroles : « Donnez-vous à la piété, et vous reconnaîtrez qu'il existe une Providence. Repassez en votre esprit ce que vous avez pensé et ce que vous avez fait, et vous comprendrez par vous-même que ceux qui agissent comme vous ne souffrent rien d'injuste; et que les auteurs des crimes dont ils sont accusés ne sauraient se dérober aux châtimens. » Je me réveillai alors, et je tâchai de me rappeler ce que je venais de voir et d'entendre dans cette vision. Après un long examen de mes fautes et de mes erreurs passées, je me souvins parfaitement que dans ces mêmes parages où j'avais été arrêté, il m'était arrivé, je ne sais dans quelle intention perverse, de faire sortir au milieu de la nuit de l'endroit où elle était enfermée une vache appartenant à un pauvre étranger. Et

4. Cum igitur somnium meum, ejusque causam iis, qui mecum erant, recensuissem, ipsi quoque permoti atque admoniti, narrare cœperunt quæ sibi acciderant. Et agricola quidem ante alios incipiens : « Ego, inquit, dum quemdam in flumine suffocari conspicerem, cum succurrere possem, manus auxiliatrices præbere neglexi. » Civis autem mulierem, quæ per calumniam accusabatur, testimonio suo falso insimulavit. « Vidua enim (inquit) erat, et fratres ejus hoc illi crimen inferentes, paterna eam hæreditate spoliarunt, et mihi mercedem, de qua convenerat, persolverunt. » Quibus ego dictis cœpi compungi atque resipiscere, et nos merito pœnas luere intelligere. Quod si solus fuissem, censuissem fortasse id casu fortuitoque accidisse. At tres eramus pariter detenti. Accedebat et quartus quidam vindex, qui nec genere cum illis, qui injuria affecti fuerant, conjunctus erat; neque conscius eorum exstiterat; cum nec mihi, nec sociis antea unquam visus esset; is enim speciem ac formam ejus, qui mihi apparuerat, illis descripsit.

5. Rursus autem somno captus, eumdem aspicio sic dicentem : « Cras conspicietis et illos, qui a vobis injuria affecti sunt, et calumniæ falsæque accusationis vestræ remunerationem. » Experrectus, cogitabundus hærebam. Socii vero ad me : « Quid, inquiunt, ita tristis es? » Quibus ego causam quidem exponebam, sed exitum rei metuebam, et jam illas de casu et fortuna cogitationes oblivioni tradideram. Illi autem magna mecum sollicitudine angebantur. Transacta igitur nocte illa, sistimur judici, et subito adducuntur quinque vincti coram eo. Itaque, qui mecum erant, multis excepti verberibus, iterum in custodiam retrusi sunt, me illic relicto. Deinde duo imprimis in judicium adducti sunt; atque isti fratres illius erant viduæ, quæ per calumniam ab iis paterna hæreditate fuerat spoliata : unus autem eorum in homicidio, alter in adulterio deprehensus erat. Quæ dum ipsi crimina confessi essent, per tormenta coacti sunt et alia quæ patrarant scelera confiteri. Homicida ergo confessus est se quodam

que cette bête, pleine de son fruit et saisie de froid, avait été dévorée par quelque loup survenu à cette heure.

4. Je fis part de mon songe et de la cause qui l'avait fait naître à mes malheureux compagnons; touchés à la fois et avertis par mon exemple, ils se mirent à raconter à leur tour ce qui leur était arrivé. Le paysan fut le premier à prendre la parole: « Quant à moi, dit-il, j'aperçus un jour un homme qui se noyait, il ne dépendait que de moi de le sauver, je ne voulus point aller à son secours. » Le second avoua qu'il avait rendu un faux témoignage contre une femme qui était poursuivie par la calomnie: « Elle était veuve, ajouta-t-il, et ses frères, en la faisant condamner, ont réussi à la dépouiller de la part qui lui revenait de la succession de son père, et j'ai reçu la somme dont nous étions convenus pour prix de mon imposture. » En entendant ces aveux, je me sentis touché de componction et de repentir; je compris que nous ne souffrions les uns et les autres que ce que nous avions mérité. Si j'avais été seul, j'aurai pu croire que l'accident qui m'était arrivé était l'effet d'un malheureux hasard. Mais nous étions trois détenus placés dans les mêmes circonstances. Avec nous s'en trouvait un quatrième qui se présentait comme vengeur de ceux qu'on accusait à tort; il n'en était ni le parent, ni l'ami, ni le complice; aucun de nous ne se rappelait l'avoir jamais vu; et cependant il reproduisait à nos yeux la tournure et les traits de celui qui m'était apparu.

5. Je m'endormis de nouveau; le même personnage se présente à mes regards et me dit: « Vous verrez demain ceux dont vous avez fait le malheur, et vous recevrez le prix du mensonge et de la calomnie. » Je fus réveillé en sursaut et je demeurai tout pensif. Mes compagnons s'adressant à moi: « Pourquoi, me dirent-ils, êtes-vous si triste? » Je leur en fis connaître le sujet, et je commençai à redouter sérieusement l'issue de cette affaire; toutes mes idées sur le hasard et son empire avaient déjà disparu. Mes compagnons partageaient ma vive anxiété. Le lendemain nous étions à peine en présence du juge, que nous voyons arriver cinq nouveaux prisonniers que l'on amène chargés de fers. Mes compagnons furent cruellement battus de verges, et puis reconduits en prison; quant à moi, je restai attendant ma sentence. Je vis comparaître deux hommes; c'étaient les frères de cette veuve qui, victime d'infâmes calomnies, avait été frustrée de l'héritage paternel: ils avaient été saisis en flagrant délit, tandis que l'un commettait un meurtre et l'autre un adultère. Ils avouèrent les crimes dont ils étaient accusés. Mais la force des tortu-

tempore, dum negotiaretur in civitate, cum muliere quadam consuetudinem habuisse. Hæc vero illa erat, cujus causa unus ex illis, qui mecum detinebantur, in custodia servabatur. Interrogatuque quo pacto effugisset? « Accidit, inquit, ut dum custodiremur, vicinus quidam adulteræ alia ad eam accederet via, quasi aliquid ab ipsa utendum postulaturus. Quod cum dedisset illa, me jam per fenestram demisso, rogavit illum, ut se quoque per eamdem demitteret, prætexens fœneratores ad se capiendam adventare. Idque cum ille jam niteretur facere, mox a marito ejusce mulieris comprehensus est; nos vero elapsi sumus. » Ad hæc judex : « Ubi, inquit, est mulier? » Ille autem cum locum indicasset, jussus est ad mulieris usque adventum custodiri.

6. Alter vero præter adulterium, cujus damnatus fuerat, etiam se hominem interfecisse confessus est, illum, scilicet, quem agricola, qui mecum detinebatur occidisse accusabatur. Aiebat autem maritum mortuum illius esse feminæ, quæ ipsius amore capta fuerat. « Nam cum, inquit, pomeridiano tempore agrum suum inviseret, fictæ salutationis prætextu propius accedens, confestim illum occidi, et aufugi. Affines autem cum ad clamorem occisi essent egressi, nullum invenerunt aut viderunt, præter hominem quemdam agricolam, quem magno labore fessum somnoque correptum, neque quid factum esset gnarum, tanquam homicidam comprehenderunt, et in vincula conjecerunt. » « Quis vero hæc indicavit? » « Mulier, inquit. » At ille : « Ubi hæc? » Ipse vero et nomen et locum ostendit in alia regione non procul ab altera. Mox igitur in carcerem abductus est.

7. Adducti autem sunt et tres reliqui, quorum unus, quod segetes combussisset, accusabatur; alii vero duo, quod conscii et socii cædis fuissent. Sed paucis excepti verberibus, quia nihil confitebantur, in carcerem perducti sunt. Audierat enim judex suum adventare successorem; et ego, nulla de mo facta quæstione, cum ipsis recessi. Eramus igitur in eadem omnes custodia detenti. Judex vero, qui adveniebat et succedebat, e nostra erat patria ; sed multo ego tempore, quis et

res les contraignit bientôt à découvrir ceux-là même qui les avaient aidés à les commettre. Le meurtrier déclara qu'à une certaine époque où il s'occupait de commerce dans la ville, il avait entretenu des relations criminelles avec une femme. Et cette femme était celle pour qui était détenu un de mes compagnons de misère. On lui demanda comment il avait pu se sauver : « Tandis que nous étions gardés dans la maison, dit-il, un voisin arriva jusqu'à nous par une porte secrète, il venait pour emprunter je ne sais quel objet; lorsqu'il l'eut reçu, la femme, qui m'avait déjà fait descendre par une croisée, le pria de la faire sortir de la même manière, parce que, disait-elle, elle craignait l'arrivée de créanciers qui devaient venir la prendre. Pendant qu'il se prêtait à cet office, le mari survint en ce moment et le saisit; la femme et moi, nous prîmes la fuite. » « Où est maintenant cette femme? » demanda le juge. Le prisonnier ayant désigné le lieu de sa retraite, le juge ordonna qu'il fût gardé jusqu'à ce qu'on eût amené la femme devant lui.

6. L'autre frère, qui avait été condamné comme coupable d'un commerce illégitime, avoua qu'il avait aussi commis un meurtre; il était l'assassin de l'infortuné que le paysan détenu avec moi était accusé d'avoir mis à mort. Il déclara donc que l'époux de la femme qui lui avait inspiré une passion violente n'existait plus. « Un jour qu'il se promenait dans son jardin vers le soir, je m'approchai de lui comme pour le saluer; aussitôt je lui portai un coup mortel, et je pris la fuite. Les voisins accourus à ses cris ne virent qu'un pauvre laboureur que l'excès de la fatigue avait profondément endormi, et qui ne savait rien de ce qui s'était passé; ils se saisirent néanmoins de lui comme s'il avait été coupable, et le firent mettre dans les fers. » « Qui vous a donné ces détails? » demanda le juge : « La femme elle-même, » répondit l'accusé. « Où est-elle maintenant? » Le prisonnier fit connaître son nom et sa demeure, située dans les alentours d'une contrée voisine. Il fut sur-le-champ ramené en prison.

7. Les trois autres prisonniers comparurent à leur tour; l'un était accusé d'avoir mis le feu à des moissons; les deux autres d'avoir commis de complicité un assassinat. Mais comme ils niaient tout, ils furent reconduits en prison, après avoir reçu quelques coups de verges. Le juge venait de recevoir la nouvelle de la prochaine arrivée de son successeur; il ne fut pas question de mon affaire dans cette audience, et on me donna l'ordre de me retirer avec les autres. Nous étions tous renfermés dans le même cachot. Le nouveau juge

...inde esset, ignorabam. Interea autem dum plusculum nobis temporis atque opportunitatis interquiescendi tribueretur, amicitiam contraximus. Cumque priores jam facti alacriores essent, et reliquis quæ acciderant, recensuissent, in me omnes tanquam in hominem pium atque religiosum intendebant. Fratres autem viduæ illius, cognito homine qui contra eam patrocinatus erat, admirati sunt. Cuncti vero rogabant me, ut si qua ratione possem, aliquid fausti ac boni annuntiarem ipsis.

8. Cæterum multis diebus commoratus ibi, non amplius eum, qui in somnis mihi apparuerat, vidi. Quem in fine tamen dierum iterum conspexi, me sic compellantem : « Ecce hi tres aliorum etiam scelerum rei, nunc justas pœnas luent. » Quod ipsis cum dixissem, confessi sunt duo ex eis se flagitii cujusdam furis conscios fuisse, qui cum quemdam interfecisset propter vineam adjacentem suæ possessioni, ei nos testimonium dedimus hanc ipsius fuisse vineam, eumque non ab illo necatum, sed e rupe præcipitem corruisse mortuum. Alius autem tertius retulit se ira concitatum, et tecto quemdam præter voluntatem deturbasse, quo ex casu ille interiisset.

9. Postea rursus conspexi in somnis hæc mihi referentem : « Tu cras liberaberis; reliqui autem justum subituri sunt judicium. Fidelis igitur esto, et divinam Providentiam enarrato. » Altera ergo die judex pro tribunali sedens, quæstionem de omnibus nobis habuit, et exploratis quæ jam acta fuerant, et fœminis, quæ paratæ aderant, interrogatis, æquisque testibus adhibitis, judex innocentes absolvit, agricolam, inquam, et eum, qui falso adulterii accusatus fuerat. Fœminas autem torturæ subjecit, ut constaret, an aliis etiam facinoribus reperirentur obnoxiæ? Comperit igitur unam earum, odio illius, qui suum adulterum prodiderat, incitatam, bona ipsius incendisse: ex quo quidem incendio, agrique depopulatione cum quidam propius fugeret, tanquam illius auctor comprehensus est; et hic nobiscum erat, quem etiam judex, quæstione habita, quia innoxium reperit, absolvit atque dimisit. Altera vero adultera cum in eodem esset vico,

qui venait de s'installer, était mon compatriote; mais long-temps j'ignorai et son nom et son pays. Dans l'intervalle comme on nous laissa en repos, nous liâmes amitié entre nous par l'habitude de vivre ensemble. Les premiers, un peu remis de leurs souffrances, racontèrent aux autres ce qu'ils avaient enduré; tous avaient les yeux fixés sur moi, me considérant comme un homme livré à la piété et à la religion. Les frères de la veuve furent fort étonnés en reconnaissant l'homme qui avait porté un faux témoignage contre elle. Tous me conjuraient de leur annoncer, si je le pouvais, quelque nouvelle d'un heureux augure.

8. Je passai plusieurs jours enfermé dans cette prison; mais je ne revis plus le fantôme qui m'était apparu en songe. Vers les derniers temps je l'aperçus de nouveau, et il me dit: « Ces trois hommes, qui se sont rendus coupables de bien d'autres crimes, vont subir le châtiment qu'ils ont mérité. » Je leur rapportai ces paroles; deux d'entre eux convinrent qu'effectivement ils avaient trempé dans le crime d'un voleur, qui avait tué un homme pour s'emparer d'une vigne qui touchait à ses terres: « Nous avons déposé, ajoutèrent-ils, que cette vigne n'avait jamais appartenu au mort, et que ce dernier, loin d'avoir été victime d'un assassinat, s'était précipité du haut d'un rocher. » Le troisième déclara que, dans un mouvement de colère, il avait involontairement fait tomber un homme du toit de sa maison, et que la violence de la chute avait immédiatement déterminé la mort.

9. Je vis encore une fois le même visage pendant mon sommeil; il me dit: « Demain tu seras rendu à la liberté; mais les autres subiront la condamnation qu'ils ont méritée. Sois donc fidèle, et proclame en tous lieux la Providence divine. » Le lendemain le juge, assis sur son tribunal, examina les affaires de nous tous, il prit connaissance de tout ce qui s'était fait jusque là; il interrogea les femmes qui avaient été arrêtées, et, après avoir entendu des témoins dignes de foi, il acquitta les innocens, je veux dire, le paysan et celui qui avait été faussement accusé d'adultère. Il fit subir la question aux femmes, afin de s'assurer si elles ne s'étaient pas rendues coupables de quelque autre crime. Il apprit ainsi que l'une d'elles, poussée par la vengeance, avait incendié les biens de l'homme qui avait fait connaître son adultère à la justice, et qu'un homme qui avait pris la fuite à l'approche des flammes, et qui s'éloignait précipitamment du théâtre de l'incendie, avait été arrêté comme l'auteur du crime. Cet homme se trouvait parmi nous; le juge, l'ayant interrogé, reconnut son innocence, et le renvoya

ubi duo illi comprehensi fuerant, qui in homicidio perpetrando dicebantur exstitisse socii, rem omnem, uti contigerat, aperte confessa est. « Qui necatus est, inquit, cum in domo mea ab altero viduae illius fratre (qui meus erat amator) mecum concumbere deprehensus esset, occisus ab illo est, et in bivium projectus : concursuque hominum facto, cum duo viri quemdam persequerentur, a quo sibi hædus subreptus erat, eos alii conspicati, arbitrantesque ideo fugere, quod cædem patrassent comprehenderunt, ac carceri tradiderunt. » Judex vero cum diligenter et nomen eorum, et genus, et quinam ac quales essent, explorasset, et rem omnem apertius cognovisset, illos innoxios liberavit. Erant autem hi quinque, agricola nimirum, et qui falso adulterii fuerat accusatus, et tres postremi. Porro duos fatres, et scelestas illas cum ipsis mulierculas a feris dilaniari jussit.

10. Tunc vero et me judex in medium adducendum curabat, qui licet benevolentia conjunctus mihi esset, scire tamen ex me ordine voluit, quo pacto res illa ovium successisset. Cui dum ego id quod vere gestum erat retulissem, meque ex voce et nomine ille cognovisset (familiaritas enim meis interesserat parentibus cum iis, qui ipsum extra urbem educaverant, et aliquandiu una cum ipso habitavimus), quæstione de pastore habita, eoque flagris excepto, ac veritate comperta, post dies plus minus septuaginta, ab accusatione et crimine objecto me absolvit et liberavit. Nocte deinde sequenti in somnis conspexi virum mihi dicentem : « Revertere ad locum tuum, et de iniquitate tua age pœnitentiam, certoque scias unum esse oculum cuncta perlustrantem. » Et graviter illo mihi comminatus, recessit; quem ad hunc usque diem non amplius vidi.

11. Anxius igitur, et multis lacrymis perfusus inde abii, ignorans utrum Deo satisfecerim. Quapropter omnium me precibus adjuvari deposco; nam vulnus mihi accidit incurabile. Visionibus ego non efferor, sed impiis cogitationibus meis divexor et angor. Apparuit et Pharaoni Angelus futura prænuntians ; sed mentem atque senten-

absous. La seconde femme accusée d'adultère, et qui habitait le même village que les deux hommes arrêtés sous la prévention de meurtre commis de complicité, raconta sans détour comment le forfait s'était consommé. « Celui qui a été tué, dit-elle, fut surpris dans ma couche par l'un des frères de cette veuve, qui le frappa mortellement et jeta son cadavre dans un endroit où deux chemins viennent se croiser. Là se forma bientôt un grand attroupement ; à cette heure même, deux hommes poursuivaient un voleur qui leur avait enlevé un bouc, ils furent soupçonnés d'être les auteurs du crime ; on crut qu'ils fuyaient parce qu'ils avaient commis l'assassinat, on se saisit de leurs personnes, et on les traîna en prison. » Le juge s'étant promptement enquis de leur nom, de leur famille, de leur profession, de leurs antécédens, regarda l'affaire comme suffisamment éclaircie et remit les deux hommes en liberté. Telle fut l'issue du jugement pour les cinq accusés, c'est-à-dire, pour le paysan, l'homme faussement inculpé d'adultère, et pour les trois dont je viens de faire connaître l'acquittement. Quant aux deux frères et à ces deux femmes criminelles, le juge les condamna à être déchirés par les bêtes.

10. Par son ordre j'avançai au milieu de la salle, et quoiqu'il fût prévenu en ma faveur, il voulut savoir de ma bouche comment s'était passé le fait relatif au troupeau de brebis. Je lui en donnai tous les détails avec la plus grande exactitude ; il me reconnut à ma voix et à mon nom ; il avait existé des liaisons entre mes parens et les gens qui avaient été chargés de l'élever à la campagne, nous avions même pendant quelque temps habité sous le même toit : il interrogea le pasteur à son tour et le fit battre de verges ; la vérité ayant enfin été reconnue, après soixante-dix jours de détention, je fus déclaré innocent du crime qui m'avait été imputé, et je recouvrai la liberté. La nuit suivante un homme m'apparut en songe et me dit : « Retourne à ton pays, fais pénitence de ton péché, et n'oublie jamais qu'il y a un œil toujours ouvert sur les plus petits événemens qui arrivent sur la face de la terre. » Après m'avoir fait de terribles menaces, la vision disparut et depuis cette époque elle ne s'est pas de nouveau présentée à mes yeux.

11. Je me retirai plein de trouble, tout baigné de mes larmes, ne sachant comment j'apaiserais la colère de Dieu. C'est pour cela que je supplie tous les chrétiens de m'aider de leurs prières ; mon âme a reçu une blessure profonde. Je ne m'offrage point des visions, mais le souvenir des pensées impies auxquelles je me suis livré me tourmente et me jette dans l'angoisse. Un ange apparut autrefois à Pharaon et lui

tiam ejus prophetia non mutavit [1]. Dicit et Christus illis, qui in nomine suo prophetaverant : « Non novi vos, operarii iniquitatis [2]. » Scio me vera vidisse, et reipsa expertus sum; sed excruciat me supra modum ingens mea in Deum injuria. Nam qui dicit omnia casu fortuitoque fieri, is Divinitatem e medio tollit. Istud cogitavi, non inficior. Resipui; sed an Deum mihi placaverim, nescio. De ipso prædicavi; sed utrum verba mea ipsi grata fuerint atque accepta, me latet. De Providentia scripsi; sed an id Deo placuerit, ignoro. Domos vidi, et œconomum adesse cognovi. Mundum intuitus sum, et Providentiam intellexi. Navem absque gubernatore submergi aspexi; et inanes hominum labores sine Dei gubernatione esse animadverti. Civitates et respublicas diversas bene constitutas vidi ; et Dei ordinatione atque præscripto cuncta consistere cognovi. Ex pastore grex viget; et ex Deo cuncta, quæ super terram sunt, crescunt et coalescunt. Per agricolam inter triticum et spinas discernitur; et a Deo omnis, quæ in terris est, prudentia et intelligentia procedit. Ad reges militaris exercitus dependet ordo : et a Deo vera cunctarum rerum constitutio atque dispositio. Nihil in terra absque capite et origine, quoniam cunctarum rerum principium est Deus. Flumina ex fontibus scaturiunt : et a divina sapientia leges. Fructus producit terra, si tamen ex cœlo ipsa fuerit irrigata : adeo ex seipso fieri nihil potest. Dies lucis copiam suggerit; sed tamen sole indiget ad sui perfectionem. Sic et bona ab hominibus efficiuntur, sed per Deum perficiuntur. Sol lumen continet; at cœlo, in quo requiescat, opus habet : similiter et Deo pii ac sancti homines indigent, a quo reparentur. Neque lumen sine igne, neque tenebræ absque caligine. Mutuo enim cuncta auxilio indigent. Hoc illius ope indiget; solus autem Deus nullius indiget. Nihil sua sponte in rerum natura existit; quoniam se ipsum facere nemo potest. Nam si quis se ipsum faceret, is esset, priusquam fieret, et quo pacto postea talis factus esset? Nam quod existit, antequam fiat, non indiget, ut id fiat, quod jam erat. Et quomodo alieno opus habet adminiculo, ad illius, quod jam existebat, constitutionem?

[1] Exod. VIII, et IX. — [2] Luc. XIII, 27.

dévoila l'avenir; mais, en dépit de toutes les prédictions, ce prince ne changea ni de sentiment ni de conduite. Jésus-Christ dit à ceux qui avaient prophétisé en son nom : « Je ne vous connais point, vous qui » faites des œuvres d'iniquité. » Je sais que je n'ai pas été le jouet d'une illusion; ce que j'ai vu et entendu était bien réel; mais un supplice atroce pour moi, c'est de songer au blasphème horrible dont je me suis rendu coupable envers Dieu. Prétendre que tout dans ce monde est l'œuvre du hasard et de la fatalité, c'est vouloir détruire la divinité. Cette opinion, j'ai osé la produire, je ne m'en défends point; je l'ai depuis fortement repoussée; mais je ne puis être certain que Dieu se soit laissé toucher par mon repentir. J'ai prêché le Seigneur; mais j'ignore si mes paroles ont reçu un favorable accueil. J'ai écrit sur la Providence; mais je ne puis savoir si mes efforts ont été agréés. Mes yeux se sont arrêtés sur des maisons, et j'ai vu qu'elles ne se gouvernaient pas sans maître. J'ai considéré le monde avec attention, et j'ai compris qu'il y avait une Providence. Un navire sans pilote est bientôt englouti sous les eaux; rien, je le vois, rien n'est plus vain que les efforts des hommes, si Dieu ne leur vient en aide. J'ai vu des villes et des nations nombreuses, établies sur des fondemens admirables, et j'ai pensé que l'ordre merveilleux qui éclate dans l'univers avait été fondé par la souveraine sagesse de Dieu. C'est le pasteur qui fait la sûreté et la force du troupeau; et c'est par la bonté divine que tout dans la nature croît et se développe. L'agriculteur entre les ronces distingue le pur froment; et c'est de Dieu que viennent toute la sagesse et toute l'intelligence qu'on remarque sur la terre. Le bon ordre dans une armée dépend de celui qui la commande, et l'harmonie qui règne dans toutes les parties de l'univers est l'œuvre du Tout-Puissant. Il n'est rien sur la terre qui n'ait son origine et sa cause; Dieu est le principe de tout. Les fleuves découlent des sources, et les lois émanent de la divine sagesse. La terre donne des fruits, mais à la condition d'être arrosée par le ciel; tant il est vrai que rien ne se produit de soi-même. Le jour répand des flots de lumière; mais la splendeur des cieux disparaît quand le soleil se voile. De même l'homme fait le bien, mais Dieu seul donne la perfection à ses œuvres. Le soleil est le père de la lumière, mais il a besoin du firmament qui lui sert de point d'appui; c'est ainsi que les hommes les plus avancés dans les voies de la piété ont besoin du secours de Dieu, qui les guide et les fortifie. Il n'y a pas de lumière sans feu, ni de ténèbres sans obscurité. Rien dans la nature ne peut se suffire; tout réclame un appui étranger, Dieu seul trouve

12. Solus igitur Deus non factus. Sibi quippe repugnat, ut aliquid sponte et á seipso fiat. Neque ignorat Deus se factum non esse : neque, ut nos, principium infantiæ habuit. Non est ignarus substantiæ atque essentiæ suæ; neque enim eam quisquam ipsi concessit. Novit id quod est, omnemque humanam cogitationem excedit. Non invidet, sed parcit nobis. Neque enim audire valemus naturam aut principium rei non factæ, quia nec dici quidem potest. Rei principio carentis principium intelligere nequimus, cum neque tantam intelligendi facultatem habeamus. Terrena Deus ex monte Sina locutus est [1], et infinita populi contabuit multitudo : quid igitur, si cœlestia loquatur, agemus? Et terra locutus est, et homines infiniti contabuerunt; quid ergo faciemus, si nos e cœlo alloquatur? Rogavit populus, ne Dei vocem audiret [2], et Deus illi quod petebat concessit. Moyses Deum, ut cùm populo permaneret oravit; et mortui sunt multi, qui ad divinam naturam appropinquare non poterant.

13. Ostendit igitur Deus fieri propter justitiam suam, ut hominibus justis appropinquet : sicut contra, immedicabilis fit plaga injustis. Parcit itaque nobis, et subducit se, ut vivamus : sic quoque arcana tegit, quæ capere nequimus. Accessit ad Aaron, et quod filios ipsius comperiret eos interemit eos [3]. Accessit ad populum et multos peccatores occidit. Si igitur divina nobis dixerit, et non crediderimus, omnes nos interficiet. Ideo autem ea nobis non dicit, quia prævidet nos credituros non esse. Recte igitur agit, prospiciens et consulens nobis, ne moriamur. Non tamen nobis intelligentiam præbet, ne liberæ voluntatis proposi-

[1] Exod. xx, per totum. — [2] Ibid. 19. — [3] Num. iii; 4.

en lui-même des forces suffisantes. Rien dans l'univers ne tire de soi son existence, parce que rien ne peut se la donner. Il faudrait, pour jouir de cette faculté, exister même avant sa propre création. Dès lors, quelle nécessité de se donner l'existence? L'homme qui existe avant de se produire à la vie n'a pas besoin de se communiquer ce qu'il possède. Et comment peut-il avoir besoin d'un secours étranger pour concourir à une formation déjà opérée?

12. Dieu, voilà le seul être qui n'ait point reçu l'existence; car il est absurde de supposer qu'un être vienne au jour par son propre mouvement et puise tout à la fois en lui-même le principe de sa vie. Dieu n'ignore pas qu'il est incréé; comme nous, il n'a point traversé une enfance. Il connaît son principe et sa nature, et il ne les tient de personne. Il sait ce qu'il est, et sa pensée plane au-dessus de toute intelligence humaine. Il ne nous porte pas envie, il n'a que de la compassion pour nous. Et comment pourrions-nous comprendre le principe et l'essence d'un être qui n'a pas été créé et qui échappe à nos explications? Comment parler d'une origine qui n'a point eu de commencement? c'est un mystère qui dépasse notre conception. Dieu, sur le mont Sinaï, abaissa sa parole jusqu'à parler des choses de la terre, et une foule innombrable resta saisie d'épouvante. Que deviendrions-nous s'il nous entretenait des secrets du ciel? Il descend sur la terre pour parler aux hommes, et ils sont glacés d'effroi; que serait-ce donc si du haut des cieux il faisait retentir sa voix puissante? Le peuple le conjura de ne plus faire entendre des accens si redoutables, et Dieu lui accorda sa demande. Moïse pria le Seigneur d'établir sa demeure au milieu de son peuple; et un grand nombre d'hommes furent frappés de mort, parce qu'ils ne pouvaient soutenir le voisinage de l'essence divine.

13. Dieu montra, dans cette circonstance, que, d'après les lois de sa justice, les hommes vertueux peuvent l'approcher sans danger, mais que sa présence est funeste aux méchans. Dieu se voile à nos yeux afin de nous ménager, afin de nous laisser vivre. C'est aussi dans cette pensée qu'il nous cache ce qui est au-dessus de la portée de notre intelligence. Il s'approcha d'Aaron, et ayant reconnu que ses fils étaient coupables, il prononça leur arrêt de mort. Il s'approcha du peuple et fit périr un grand nombre de pécheurs. S'il venait à nous parler de choses divines, et qu'il nous trouvât incrédules, il nous détruirait tous. Il ne nous découvre point ces principes élevés, parce qu'il prévoit que nous leur refuserions notre foi. C'est une preuve

tum exstinguat. Non majores vires nobis tribuit, ne naturam obruat. Benignitatem non exhausit, ne a dignitate superetur. Non facit homines angelos, ne suam potestatem confundat : neque angelos efficit cherubim, ne suum opificium pervertat. Tantum autem cuique tribuit, quantum creata quælibet natura capere potuit. Naturas constituit; et ipsas, utpote mutabiles, misericordiæ indigere reperit : noverat quippe majori eas gratia subsistere. Naturæ enim suam essentiam impertivit, ut subsisteret; sed quod est amplius, pro cujusque viribus misericorditer tribuit intelligendi facultatem, ne superbiæ illis occasio esset : sicut qui pueros ad malum exercent, ipsi magis rei sunt. Quod capere poterant, dedit eis; et quod non poterant, ignovit; cum a nemine quod vires superet, exigat.

14. Ne igitur, o mortales, ejus potentiam incusaveritis, quod naturam non fecerit ea capere, quæ capi nequeunt; non enim opifex in causa est, sed ipsa creatura. Artem habet aurifex; sed ei non plus tribuere vult, quam capere possit : sic quoque Deus, quamvis possit, non tamen amplius tribuit, quam rei cujusquam natura patiatur. Et artifex congruentem volens operi suo attribuere venustatem, tantam auri materiam adhibet, quantam capit, et non amplius, licet multum illi adhuc auri supersit : nullus enim opifex intelligens adesse plus materiæ auri, de suo subjicit materiam, ut imago perficiatur. Et Deus cum novit omnia admiranda, novit etiam suæ naturæ similem materiam esse non posse. Maximas divitias in res creatas effudit; sed quod fieri non potest, ut id fieret, neque cogitavit, neque invenit, neque fecit. Si rem factam efficeret infectam, suam naturam accusaret, quasi ipsa quoque facta esset, et quæcumque volens fecit, non ex sua sapientia produxisset.

nouvelle de sa bonté, par cette sage prévoyance il nous sauve la vie. Il ne veut pas trop étendre les lumières de nos esprits, afin de laisser à notre volonté ses libres déterminations. Il n'augmente pas nos forces, par la crainte que notre nature n'en soit accablée; il n'épuise pas ses dons sur nous, afin que nous ne sortions point du rang auquel nous sommes destinés. Il n'a pas fait les hommes égaux aux anges, pour ne pas confondre les œuvres de sa puissance; il n'a pas donné aux anges le même rang qu'aux chérubins, afin de ne pas détruire l'harmonie de son œuvre. Il a départi à chacun des dons proportionnés à sa nature. Cette nature, c'est lui qui l'a créée, et il n'a point ignoré qu'en raison de son inconstance elle avait besoin de quelque miséricorde; le créateur savait que ce n'était que par l'appui de sa grâce que chaque être pouvait subsister, car il n'a communiqué son essence divine à la nature que pour lui donner la vie, et ce qui est mieux encore, c'est qu'il a mesuré l'intelligence à chaque homme en raison de ses forces pour ne pas leur ouvrir une source d'orgueil, loin de ressembler à ces imprudens qui sont d'autant plus coupables, qu'ils enseignent le mal aux enfans. Le Créateur a favorisé l'homme de tout ce qui était dans la limite de ses forces, il lui a refusé tout ce qui les dépassait, car il n'exige de personne des efforts surnaturels.

14. Ne vous en prenez donc pas, ô mortels, à la toute-puissance divine, de ce qu'elle n'a pas accordé aux êtres plus de perfections que leur nature ne le comporte; ce n'est pas l'ouvrier, mais l'ouvrage qu'il en faut accuser. L'orfévre le plus habile ne donnera pas à la matière qu'il travaille plus d'ornemens qu'il ne convient, et on ne pourra rien conclure de là contre son art : de même Dieu ne donnera pas aux ouvrages sortis de ses mains plus d'éclat que ne le permet leur nature. Un ouvrier, voulant embellir convenablement son ouvrage, n'y mettra que la quantité d'or nécessaire, et rien au-delà, lors même qu'il aurait de ce métal en abondance; il sait bien que ce n'est pas en le prodiguant, mais en l'employant avec un goût éclairé, qu'il atteindra la perfection qu'il recherche. Dieu, à qui rien n'échappe de tout ce qui peut être beau et digne d'admiration, a reconnu qu'il n'y a point de similitude possible entre la matière et sa nature divine. Il a répandu des trésors de beauté sur ses créatures; mais, à vouloir faire ce qui rencontrerait un obstacle invincible, il n'y a jamais songé; il ne s'en est jamais occupé; d'ailleurs il n'eût pas trouvé de moyens d'exécution. Si Dieu faisait en sorte qu'une chose qui a été créée parût n'avoir point d'origine hors d'elle-même, il accuserait sa propre

15. Non est comprehensibilis Dei potestas, o mortales : cum enim majora possit in rebus creatis, egit quantum capaces erant. Novi mercatores multos posse etiam supra quam possideant. Nam propter illa, quæ habent, in omnibus fides eis habetur; at nonnisi iis, quæ possident, facile negotiantur. Deus quoque nisi res, quæ sunt, facile fecisset, jure existimaretis, qui vultis reprehendere, eum plura non potuisse. Vultis ineffabilem potestatis ejus cernere facultatem? Cœlos, et quæcumque in eis sunt, verbo fecit : ex quibus constat multo majora ac plura eum posse; sed natura procreata amplius non capit. Novi artifices plura quam materia ferat, excogitare, et ex iis, quæ prompte et expedite elaborant, suæ artis præstantiam declarare. Quanto ergo magis credere oportet Deum in rebus a se creatis tantum decorem atque pulchritudinem exprimere posse; quanto autem verbis præstantiora sunt opera : tanto citra ullam comparationem rebus procreatis divina præcellit virtus atque potentia.

16. Fecit igitur cuncta ad uniuscujusque necessitatem. Non tamen ulla ipse coactus necessitate tot differentias invenit ac fecit. Qui enim naturas fecit, eum constat et differentias naturarum constituisse : quoniam de primis experimentum dedit in secundis. Non necessitas causa tantæ pulchritudinis exstitit : alioquin opus alterius esset, et non ipsius Dei. Necessitas enim liberam excludit voluntatem; sed cuncta quæ voluit, fecit in cœlis et in terra[1], sicut Scriptura testatur. Si inordinata rerum confusio Dei laudem celebrat, non sane malum causa boni est, neque ad pietatem adducit. Si malum prius exstitisset, bonum utique fieri non permisisset : alias bonum ipsius fuisset. Si materia adversus Deum constitisset, magnus est error putare rem inanimatam posse pugnare. Quod si materia animum confusionis actio-

[1] Psal. CXXXIV, per totum, et CXIV, 3.

nature et donnerait à penser que lui-même a trouvé ailleurs le principe de son existence, et si dans l'exercice de sa puissance il n'avait consulté qu'une volonté sans règle, ses œuvres ne porteraient pas le caractère de la sagesse.

15. Mortels, notre intelligence ne peut mesurer la puissance divine; rien ne l'empêchait de faire de ses créatures des êtres plus parfaits; mais il a approprié ses dons à leur constitution première. Que de commerçans je connais qui peuvent plus que ce que leurs forces financières ne semblent permettre; mais les richesses qu'ils possèdent leur ouvrent un crédit presque sans bornes; mais il leur faut des chances bien certaines pour hasarder au-delà de leur avoir. Si les ouvrages que Dieu a produits avaient exigé de lui des efforts pénibles, vous seriez peut-être en droit, vous qui vous plaisez à le critiquer, de croire que sa puissance a trouvé des bornes qu'elle n'a pu franchir. Prétendrez-vous mesurer de vos faibles regards toute l'étendue de sa puissance? Les cieux et tout ce qu'ils renferment lui ont coûté une parole; certes, il eût pu multiplier ses œuvres et leur donner un plus grand éclat; mais les êtres créés ne comportaient pas une plus haute perfection. L'artisan habile conçoit toutes les merveilles qu'il peut tirer de la matière, il en exécute quelques-unes et par là proclame l'excellence de son art. A bien plus forte raison, Dieu pourrait concevoir dans ses créatures un plus haut degré de beauté et de perfection; autant les actes sont supérieurs à de vaines paroles, autant la vertu divine s'élève sans comparaison au-dessus de l'ouvrage sorti de ses mains.

16. L'exercice de son pouvoir a donc été limité par la faiblesse de la créature. Mais il a suivi une libre impulsion lorsqu'il a répandu cette variété merveilleuse que nous admirons dans ses œuvres. C'est la main qui a créé la nature des êtres qui a fait aussi les différences qui les caractérisent, et les richesses qu'elle a déployées dans ce but prouvent ce qu'elle aurait pu faire pour la perfection de la nature intime de ses créatures. Ne cherchons pas dans la nécessité la cause de cette beauté majestueuse; car alors il faudrait admettre que l'auteur en est un autre Dieu. Point de volonté libre là où règne la nécessité; or Dieu a fait tout ce qu'il a voulu dans le ciel et sur la terre, comme le déclarent les livres saints. Mais si dans cette prodigieuse diversité ces êtres, qui ressemble à une grande confusion, nous trouvons un motif de célébrer les louanges de Dieu, nous pouvons aussi affirmer que le mal n'est pas la cause du bien, et qu'il ne porte pas à la piété. Si le mal avait existé antérieurement, il n'aurait pas

nem habuisse dicatur, perabsurdum esset arbitrari animam actionis esse motum; cum nihil eorum, quæ quisquam nostrum facit, anima sit. Quod si dicas materiæ efficacitatem ex quodam intus coexistente ortam esse, valde sane stultum est existimare in materia, quæ semper in mutatione versatur, aliquid inesse perpetuum. Quomodo enim æternum esse potest, quod est mutabile? Nihil igitur erat quando non erat: nihil semper erat, nisi solus Deus, et propterea illo indigent omnia. Ipse enim suapte voluntate fecit illa, non autem aliqua coactus necessitate. Et singula fecit, sicut voluit. Propriam autem habet voluntatem, quæ nulli necessitati subjecta est: atque ideo non sunt illi coæterna quæ fecit. Nam si voluntas ipsius conjuncta necessitati esset, coæterna quoque forent ei, quæ ab ipso sunt facta, et operatio voluntati congrueret. At operatio ipsius non fuit necessitati subjecta: alioquin coæterna illi fuissent, quæ sunt ab ipso facta; et sic passionis fuissent expertia, ut voluntas ejus, et majestas veneratione atque adoratione dignissima.

17. Ideo non ex necessitate sibi adorationem constituit; nam alias, ut adoraretur, ea quæ fecit, sibi coæterna fecisset. Neque enim ex eo quid patitur, quod non adoretur ab ethnicis. Neque adorationum diversitate commovetur. Neque quod imperfecte a Judæis adoretur, indignatur. Neque propter hæreses, quod sibi ex parte duntaxat adoratio exhibeatur, perturbatur. In omnibus enim absque perturbatione idem ipse permanet, qui erat ante quascumque res creatas, et ad hunc usque diem, et deinceps in æternum. Cunctarum rerum causa est bonitas ipsius, et naturæ terminus justitia ejus; sapientia autem ipsius varietate rerum demonstratur. Dedit igitur nobis mortalibus quod capere possumus, ut dixit, habita ratione virium nostrarum. Et quoniam prævidit nihil eorum, quæ fecit, ipsum capere posse, produxit Filium sine principio ex substantia sua, et Spiritum sanctum; non ex necessitate, vel causa aliqua, sicut diximus, cum de Verbo ageremus, ut Divinitatis ipsius plenitudo demonstraretur: quia naturaliter ip-

laissé le bien se produire, ou bien il faut convenir que le bien est son ouvrage et lui appartient. Soutenir que la matière s'est révoltée contre Dieu, c'est tomber dans une erreur très-grave, c'est supposer qu'une chose inanimée est capable de résistance. Que si l'on prétend que la matière a une ame qui la met en mouvement, c'est une absurdité palpable que de confondre l'ame avec ce mouvement; car aucune de nos actions n'est l'ame elle-même. D'un autre côté, avancer qu'il réside au fond de la matière un principe caché qui la féconde, c'est une étrange folie; comment supposer quelque chose de permanent dans une substance soumise à des changemens continuels. Comment ce qui est variable pourrait-il être éternel? Aucun être n'a précédé l'instant de sa création; Dieu seul a existé de tout temps, et tout ce qui a l'être le tient de lui. Ce qu'il a créé, il l'a fait parce que c'était sa volonté, et non pour obéir à la nécessité, et il a fait chaque chose comme il l'a voulu; ses déterminations lui appartiennent tout entières, elles sont à l'abri de toute influence étrangère, et c'est pour cette raison que ses ouvrages ne sont pas éternels comme lui. Si la volonté divine avait subi la loi de la nécessité, les créatures auraient été aussi anciennes que le Créateur, seulement elles seraient conformes à la volonté qui les a produites. Mais le bras de Dieu n'a point obéi à la nécessité; s'il en avait été autrement, les êtres créés seraient éternels comme leur auteur, immuables comme sa volonté et sa majesté sainte, qui sont si dignes de nos respects et de nos hommages.

17. Ce n'est point par nécessité qu'il a établi un culte; si les adorations avaient été un besoin indispensable pour son bonheur, ses ouvrages dateraient de l'éternité comme lui. Il ne souffre pas de ce que les païens lui refusent un culte. Il ne s'émeut point de la diversité des cérémonies. Il ne s'indigne pas contre les Juifs qui l'adorent d'une manière imparfaite. Il ne s'irrite point de ce que les hérétiques ne lui rendent qu'une partie des hommages qui lui sont dus. Rien de tout cela ne porte atteinte à son inaltérable sévérité; il est resté ce qu'il était avant tous les temps; il n'a point éprouvé de changement jusqu'à ce jour, et n'en éprouvera jamais. Tout a son origine dans la bonté de Dieu; sa justice a établi les limites de la nature; sa sagesse éclate dans la variété de ses œuvres : à nous, mortels, il a donné, comme je l'ai dit, ce que nous pouvions supporter, et il a commencé par mesurer nos forces. Comme il avait prévu que nulle créature ne pourrait le contenir, il a produit son Fils sans commencement et de sa propre substance, aussi bien que le Saint-Esprit; non par nécessité

sum ex sua substantia genuit. Omnis autem natura a necessitate et causa est aliena ac libera, et maxime quia voluntati naturam admiscuit, et utramque bonitati conjunxit. Nam bonitas plenitudinem ostendit; quia genuit, a quo essentialiter caperetur; natura vero dignitatem, quia non indignus, qui capit, utpote Filius, tanquam non factus. At voluntas necessitatem exterminavit; quia non propter aliquid est genitus, sed ut semper perfectum esset æternitatis mysterium, et ut non asseramus voluntate necessitati subjecta naturaliter genitum esse Dei Filium.

18. Cæterum Spiritus sanctus non genitus est, sed processit ex substantia Patris, non imperfectus, neque promiscuus. Non enim modo Pater est, modo Filius; sed Spiritus sanctus plenitudinem habens bonitatis, et in testimonium Divinitatis procedens. Quia non ulla perturbatione, aut tempore, aut modo, aut alia quacumque causa, Pater Filium genuit; sed natura ab omni necessitate libera, quam per suam constituit hypostasim Spiritus sanctus : quoniam alium Pater consortem volens, non quem genuit, procedere, Spiritum sanctum ex substantia sua constituit : non ante Filium produxit Spiritum sanctum, ne dicamus necessitati voluntatem ejus subjectam esse. Neque hominum de se ipso formidavit dubitationem ; quomodo nimirum cum impassibilis sit, genuit, habens demonstrationem Spiritum sanctum; quoniam non generans, secundum seipsum produxit; sic et Filium generans, secundum seipsum sine passione genuit. Neque enim imputus est procedente Spiritu sancto, ut et passibilem Filii generationem non arbitremur. Quod porro post Filium Spiritum sanctum dicimus : id non temporis, sed personæ est significativum; Spiritus enim et Verbi unum est tempus. In pronuntiando verbo nos quoque Spiritum producimus.

ni par l'effet d'une cause étrangère, comme nous l'avons déjà déclaré en parlant du Verbe; mais pour faire éclater la plénitude de sa divinité, puisqu'il l'a naturellement engendré de sa propre substance. Sa nature est tout-à-fait indépendante de la nécessité, hors de toute influence étrangère, surtout parce qu'il a uni la nature à la volonté, et qu'à l'une et à l'autre il a joint la bonté. La bonté a fait briller la plénitude de la divinité; car Dieu a engendré celui qui le contient essentiellement. La nature est une preuve de sa dignité; car celui qui le contient, c'est-à-dire le Fils, est digne de cet honneur, puisqu'il est incréé. La volonté repousse toute idée de contrainte. En effet il n'a pas été engendré pour quelque motif étranger, mais afin que le mystère de l'éternité demeurât toujours parfait et que nous ne pussions pas dire que le Fils de Dieu a été engendré naturellement, par une volonté soumise à l'empire de la nécessité.

18. Le Saint-Esprit n'a pas été engendré, mais il procède de la substance du Père; il n'est pas imparfait, il est distinct des autres personnes. Il n'est pas tantôt le Père et tantôt le Fils, mais il est le Saint-Esprit ayant la plénitude de la bonté et procédant pour rendre témoignage de la divinité. Il n'y a eu ni trouble, ni temps, ni circonstance, aucune cause, en un mot, qui ait influé sur le Père lorsqu'il a engendré le Fils; sa nature était libre de toute contrainte, et telle que l'Esprit saint l'a établie par son hypostase : le Père, voulant avoir une autre personne qui participât à sa nature, mais qui n'eût pas été engendrée, résolut de faire procéder le Saint-Esprit de sa propre substance. Il n'a pas produit le Saint-Esprit avant le Fils, afin qu'on ne pût pas dire que sa volonté était enchaînée. Il n'a pas eu à craindre le doute des hommes; la procession du Saint-Esprit répond à ceux qui demandent comment, étant impassible, il a engendré le Fils; sans l'engendrer, il a fait le Saint-Esprit égal à lui-même, de même il a engendré le Fils et l'a fait égal à lui-même sans éprouver le moindre trouble. Il n'a pas subi de diminution lorsque le Saint-Esprit a procédé de sa substance, et par là il nous montre comment il a pu rester impassible en engendrant le Fils. Nous désignons le Fils avant le Saint-Esprit; mais parce que nous suivons cet ordre, il ne faut pas en conclure qu'il y ait antériorité dans l'existence. Le Saint-Esprit et le Verbe ont commencé au même instant, c'est-à-dire avec l'éternité. Il nous est impossible à nous-mêmes de dire le *Verbe*, c'est-à-dire de prononcer une parole, sans qu'il y ait un souffle de produit, et ce souffle représente le Saint-Esprit.

10. Pater ergo neque tempore indiguit in productione Verbi; neque ullo temporis intervallo post Verbum produxit Spiritum sanctum. Quapropter sanctissimæ Trinitati est Divinitas. Pater, et Filius, et Spiritus sanctus, tres quidem sunt personæ, sed unius substantiæ. Quamobrem et unus Deus est sancta et consubstantialis Trinitas. Et quod sit Verbum in Spiritu, affirmat de nobis David : « Quia Spiritus est in » ore nostro [1], » non quod similem dicere velit in Divinitate compositionem, sed ut similitudine atque exemplo quæ ante dicta sunt, demonstrentur et intelligantur, quantum ergo capimus, tantum de Deo intelligimus; et quantum ferre possumus, tantum ab ipso accipimus. Plenitudinem igitur cognitionis ejus nemo habet, nisi Filius et Spiritus sanctus. Nam si plus audiverimus, non credemus, et si plus acceperimus, extollemur et superbiemus. Merito igitur plura neque dicit neque præbet. Ideo autem jam dicta recensui, ut et in ipsa cognitionis ejus distributione divinam ejus providentiam ostenderem, ait enim et ipse Christus : « Si terrena dixi vobis, et non creditis ; quomodo si cœlestia vobis dixero, credetis [2]? » Ego vero ita sermonem converto et dico : « Si cœlestia audire nequimus, quo pacto quæ ad divinam » pertinent naturam audientes, percipiemus atque credemus? » Quod si Judæi temporaria transgredientes præcepta, morte sunt mulctati [3], quanto magis qui non observant quæ de Deo audiverunt, peribunt? Et utinam hæc mors esset illorum similis! Verum ista, ut puto, horrida animæ mors est. Quin et Apostolus testatur, inquiens : « Quanto magis » deteriora merebitur supplicia, qui spreverit Filium Dei [4]. »

20. Intelligite, fratres, hæc omnia, quæ ante dicta sunt, propter me ipsum a me conscripta esse : siquidem vereor, ne deteriore illa morte afficiar. De cognitione quippe disserui, ut me in Dei cognitione deliquisse commonstrarem : « Et potentes, inquit quidem in Sapien- » tia, potenter tormenta patientur [5]. » Cognitio est virtus divinæ gra-

---

[1] Psal. cxviii, 131. — [2] Joan. iii, 12. — [3] Deut. xvii, passim. — [4] Hebr. x, 29. — [5] Sap. vi, 7.

19. Le Père n'a pas eu besoin du temps pour produire le Verbe, et il n'y a eu aucun intervalle entre l'instant où le Fils a été engendré et celui où le Saint-Esprit a été produit. La divinité consiste dans la très-sainte Trinité. Le Père, le Fils et le Saint-Esprit sont bien trois personnes, mais n'ont qu'une même substance. D'où il suit que la sainte et consubstantielle Trinité est un seul Dieu. David trouve en nous un exemple qui lui fait dire que le Verbe est dans l'Esprit saint : « parce que, dit-il, l'Esprit est dans notre bouche; » non pas qu'il prétende qu'une semblable union existe au sein de la Divinité, mais il s'est servi d'une comparaison pour rendre sensible ce qui a été dit plus haut. Nous comprenons Dieu autant que nos facultés le permettent; il nous a donné les notions que comportait notre nature. Personne n'en possède l'intelligence complète, si ce n'est le Fils et le Saint-Esprit. Si l'on nous faisait des révélations plus étendues, nous ne pourrions y croire. Si nos connaissances étaient plus parfaites, nous ne pourrions nous défendre de l'orgueil. C'est donc avec raison que Dieu n'a soulevé qu'un coin du voile. Je vous ai donné ces détails afin de vous montrer la sagesse de Dieu même dans la réserve dont il use à notre égard; Jésus-Christ a dit lui-même : « Puisque vous ne me croyez » pas lorsque je vous parle des choses de la terre, comment me croi- » riez-vous si je vous entretenais des choses du ciel? » Continuant le raisonnement, je dirai : « Puisque nous ne pouvons pas comprendre les choses du ciel, comment voudrions-nous saisir et croire ce qui regarde la nature même de Dieu ? » Que si les Juifs étaient punis de mort lorsqu'ils violaient des préceptes qui ne devaient durer cependant que quelques jours, comment ceux qui ne sont pas fidèles à ce qu'ils ont appris sur la nature de Dieu pourraient-ils échapper à leur ruine? Et plût au ciel que le malheur de ces derniers ne fût pas plus grand que celui des Juifs coupables! Mais, hélas! la mort de l'âme est cent fois pire! L'Apôtre nous le déclare formellement lorsqu'il dit: « Quels supplices plus affreux méritera celui qui aura méprisé le Fils » de Dieu. »

20. Sachez, mes frères, que tout ce que je viens de vous dire, je l'ai écrit pour moi-même; car je crains de mourir de cette mort terrible. J'ai parlé de la connaissance de Dieu, pour vous faire entendre que j'ai foulé aux pieds ses doctrines : « Les puissans, dit le Seigneur » dans le livre de la Sagesse, seront puissamment tourmentés. » La connaissance de Dieu est un don de sa grâce divine. Moi qui connaissais Jésus-Christ, je me suis livré à de vains systèmes sur le hasard

tiæ. Et ego cum nossem Christum, in cogitationibus de fortuna et casu occupatus sum. Metuo igitur, ne mea pœnitentia, sicut illa Esaü, repudietur. Novi, quod in malitia remanserit, Esaü fuisse rejectum. At vereor ne mea pœnitentia delicto similis judicetur. Audivi infinitam esse Divinitatis magnitudinem, et istud me terret, ne et ego ab illa rejiciar. Audistis immensam divinæ potentiæ multitudinem? Ideo enim illuc usque ego dicendo progressus sum, ut quibus constrictus sim miseriis, intelligatis. Audistis divinæ sapientiæ pelagus? Cur igitur pro me fontes lacrymarum apud Deum effundere differtis? Audistis infinitam divinæ justitiæ vim? Cur ergo vestra pietatis viscera pro me non demonstratis? Scio Deum, multorum, qui pœnitentiam egerunt, misertum esse, iisque ignovisse; sed major illorum pars per ignorantiam peccaverat. Scio eum multis veniam concessisse; sed multos apud ipsum intercessores habebant. Quæ de Core et Dathan scripta sunt lego¹ et exhorresco; quoniam propter Moysen Deus punivit illos. Quæ Mariæ sorori Moysis acciderent, considero ac refero; propter verbum enim solum, quod in eum protulerat, tota lepra est infecta². Si tanta propter sanctum hominem exarsit ultio; quanta scrutatio fiet atque discussio propter Deum æternum!

21. Si Cain, quod fratrem occiderit³, tanto tempore tormentis afficitur; quid igitur de illis futurum est, qui Deum offenderint? Magnam in diluvio homines subiere sententiam : et valde vereor, ne portionis illorum reddar particeps. De ædificio turris, quæ non potuit perfici, indignatus est Deus⁴, et de mea subversione quidnam facturus est? Concurrite, fratres, et veniam mihi deposcenti impetrate, ut et vobis sancti; si quibus detenti estis peccatis, succurrant. Qui enim affirmat casu fortuitoque cuncta accidere, is Divinitatem negat existere. Ita ego arbitratus sum, non mentior. Pœnitentiam egi; sed an Deum mihi placaverim, ignoro. Etiam sanctos imploro; sed an eorum pro me preces suscipiantur, dubito. Audivi enim Ezechielem dicentem : « Neque Noë, neque Job, neque Danielem, si oraverint, impetraturos⁵. »

¹ Levit. x, 1, 2. — ² Num. xii, 1-10. — ³ Gen. iv, 8. — ⁴ Ibid. xi, 4-8. — ⁵ Ezech. xiv, 20.

et le destin. Je crains que ma pénitence ne soit rejetée, comme celle d'Ésaü. Je sais qu'Ésaü ne fut pas écouté parce qu'il s'obstinait dans sa malice. Je tremble que ma pénitence ne paraisse pas en proportion avec mon crime. J'ai appris que la grandeur de Dieu est infinie, et la pensée que j'en serai peut-être rejeté me remplit d'effroi. Ne m'avez-vous pas entendu parler de cette puissance divine qui ne connaît point de bornes ? Si j'ai poussé jusque là mon discours, mon but a été de vous faire connaître l'excès des misères qui m'accablent. Je vous ai décrit cet océan de sagesse ; pourquoi donc ne répandez-vous pas pour moi devant Dieu des torrens de larmes ? Je vous ai entretenus de la rigueur extrême de la justice divine ; pourquoi donc ne montrez-vous pas pour moi une ame compatissante ? Je sais que Dieu a eu pitié de grands coupables qui avaient fait pénitence, et qu'il leur a pardonné. Mais la plupart d'entre eux avaient péché par ignorance. Je sais que bien souvent il a fait grâce, mais à des hommes qui avaient de nombreux intercesseurs auprès de lui. J'ai lu l'histoire de Coré et de Dathan, et je demeure épouvanté à l'aspect de la punition terrible que Dieu leur a infligée pour venger Moïse. Je repasse en ma mémoire le malheur arrivé à Marie, sœur de Moïse ; pour un seul mot qu'elle s'était permis contre lui, elle fut couverte d'une lèpre horrible. Si la vengeance a été si loin lorsqu'il s'agissait d'un serviteur de Dieu, que n'avons-nous pas à craindre lorsqu'il faudra punir les offenses faites au Dieu éternel ?

21. Si Caïn, pour avoir tué son frère, a été si long-temps accablé de maux, que sera-ce de ceux qui ont irrité la majesté divine ? Les hommes furent sévèrement châtiés par le déluge ; je crains un traitement semblable. Le Seigneur s'indigna d'une tour qu'on ne put achever, quelle ne sera pas sa colère en voyant les ruines qui m'entourent ? Accourez, mes frères, aidez-moi à obtenir le pardon que je réclame, afin que les saints intercèdent également pour vous, si vous avez commis quelque péché. Celui qui affirme que tout arrive par l'effet du hasard et de la fatalité, celui-là nie l'existence de Dieu. Cette coupable idée m'est malheureusement venue, je l'avoue. J'en ai fait pénitence ; mais j'ignore toujours si Dieu a été apaisé. J'implore le secours des saints ; mais je ne sais si leurs prières pour moi sont accueillies. Ezéchiel a dit : « Ni l'intervention de Noé, ni celle de Job, » ni celle de Daniel, ne servirent aux coupables. » Je m'adresse à tous les prophètes ; mais je crains de subir le sort de ces Israélites impies pour lesquels les prières étaient inutiles. Dieu dit un jour à Jérémie :

Interpello cunctos prophetas : at ne instar impiorum illorum Israelitarum rejiciar, metuo. Ait enim ad Hieremiam Deus : « Noli orare » pro populo isto [1]. » Quid igitur? Donisne ac muneribus placabo Dominum? Sed vereor ne et mihi idem quod Pharisæis dicat [2], me propriæ utilitatis causa rogare. Si jejunavero, forte mihi dicet : « Hoc » jejunium non elegi [3]. » Si pauperum misertus fuero, fortasse ad me dicet : « Oleum peccatoris non impinguet caput meum [4]. » Si sacerdotes ejus suscepero, forsitan mihi dicet : « Quia Nazaræis meis vi- » num propinasti, detestabilis eris [5]. » Num dona ipsi offeram? Sed metuo ne et mihi dicat : « Si obtuleris similaginem, inane thymiama » invisum est mihi. » Quin et in ecclesiis assidere vereor, ne me inde quoque exscindat atque expellat: « Aulam, inquiens, meam calcare ne » audeatis [6]. »

22. Undique igitur, fratres, angustiis premor, et ad meam ipsius conscientiam revertor. Si impie rursus egero, væ mihi! Si impudentem atque arrogantem me gessero; ne caligine me opprimat, vereor. Scio et Nabuchodonosor post actam pœnitentiam susceptum esse; sed eum defendit atque excusavit tum ignoratio, tum potentia; utraque autem hac ego excusatione careo. Eram jam gratiæ particeps factus; eram de Christo a patribus antea edoctus. Qui me secundum carnem genuerant, timorem Domini tradiderunt mihi. Conspexeram vicinos pietatis studiosos. Audieram multos varia pro Christo perpessos. Patres mei in judicio Christum confessi fuerant. Martyribus sanguine sum conjunctus. Non habeo defensionem ullam, quæ mihi patrocinari possit. Si commune carnis genus dixero, nihil iis, quos beatus Job commemoravit, præstabo. Majores mei peregrini erant, ex collata pecunia victitantes. Avi mei secundis rebus utentes in vita, agricolæ erant; et parentes mei, cum in his versarentur, et in urbe, humili conditione erant ac genere. Qua igitur jactantia me Nabuchodonosori similem esse putabo? quavo rerum copia atque affluentia? Numquid vires giganteas habeo? Numquid naturam pulchritudine gaudentem? Nollem hic commemorare quæ in pueritia gesserim, ut ne me abominandum vobis proponam. Quoniam cum adhuc juvenis essem, in professione

---

[1] Jer. vii, 16. — [2] Matth. vi, 5. — [3] Isai. lviii, 5. — [4] Psal. cxl, 5. — [5] Amos. ii, 12. — [6] Dan. iv, 31.

« Ne me priez pas pour ce peuple. » Que faire? Puis-je espérer d'apaiser le Seigneur par des dons et des présens? Mais je crains qu'il ne me reproche, comme jadis aux Pharisiens, de n'écouter que l'intérêt de mon orgueil. Si je m'impose des jeûnes, peut-être me dira-t-il : « Ces jeûnes, je ne vous les demande point. » Si j'ai compassion des pauvres, peut-être il me dira : « L'huile du pécheur ne parfumera » point ma tête. » Et si j'offre l'hospitalité à ses prêtres, il me répondra : « Vous avez présenté du vin à mes Nazaréens, je vous aurai en » aversion. » Lui offrirai-je des dons à lui-même? Mais je crains qu'il ne me dise : « Quand même vous m'offririez la fleur de farine du plus » pur froment, vous me serez odieux. » Je tremble de me présenter dans l'assemblée des fidèles, de peur qu'il ne me repousse et qu'il ne me dise : « N'ayez pas l'audace de profaner ma maison. »

22. Je ne vois de tous côtés, mes frères, qu'embarras et difficultés, et je me replie vers ma conscience. Si je retombe dans mon impiété, malheur à moi! Si je me conduis avec orgueil et arrogance, je crains qu'il ne me précipite dans des ténèbres épaisses. Je sais que Nabuchodonosor rentra en grâce après qu'il eut fait pénitence; mais son ignorance d'un côté, sa puissance de l'autre, lui servaient d'excuse; rien de semblable ne peut rendre ma faute plus légère. J'avais déjà goûté les bienfaits de la grâce; mes parens m'avaient élevé dans la connaissance de Jésus-Christ. Ceux qui m'avaient donné le jour m'avaient inspiré la crainte du Seigneur. Je ne voyais autour de moi que des exemples de piété. J'avais entendu parler des tourmens divers endurés par les fidèles pour glorifier le nom de Jésus-Christ. Mes ancêtres avaient proclamé sa divinité devant les juges. Je compte des martyrs au nombre de mes parens. Je n'ai donc aucune excuse que je puisse faire valoir. Si je parle de mon origine, je n'en puis rien dire qui ressemble à ce que Job rapporte de la sienne. Mes ancêtres étaient des étrangers vivant des aumônes qu'on leur faisait. Mes aïeuls, ayant été favorisés de la fortune, devinrent laboureurs; mon père et ma mère s'étaient adonnés à la même profession, et ne jouissaient dans la ville que d'une considération médiocre : quel motif ai-je donc pu avoir de m'enfler comme Nabuchodonosor? Où étaient mes richesses, mon opulence? Ai-je une force prodigieuse? Ma beauté est-elle si remarquable? Je voudrais pouvoir me dispenser de vous raconter quelle a été ma jeunesse, par la crainte que je ne devienne à vos yeux un objet d'abomination. Dès mes premières années, je fis

fui. Verumtamen paucis illis annis contumeliosus fui, et percussor, atque seditiosus; et cum vicinis contentiosus ac invidus, in advenas et peregrinos inhumanus, in amicos durus, in pauperes acerbus : ob res viles ac leves occurrentes pugnax, et insipiens; improbis cogitationibus indulgens, et lasciviæ quoque præter tempus incitamenti vacans. At de his omnibus scio me veniam consecutum esse in tribunali. Quid vero de iis, quæ postea gessi, quæque post veritatis cognitionem admisi? Ideo auxilio vestro valde indigeo.

23. Succurrite mihi, o amici, et me vel quasi mortuum deflete, vel tanquam adhuc viventem, sed semimortuum commisereamini. In me, veluti super captivum, vestram misericordiam effundite, mihique tanquam putridis vulneribus scatenti auxilium præbete; nam plenus cicatricibus ac plagis sum. Ipsos ego Judæos supero : quippe quibus non erat locus ad alligandum; mihi autem et anima ipsa corrupta est. Illi a capite usque ad pedes miseriis compressi erant; at mihi etiam viscera ad unum usque computruerunt. Illi assentatorum errore seducti sunt; me autem nemo seduxit. A me ipso contumeliam adversus Deum cogitavi, et solum diabolum, qui mentem meam excæcavit, socium habeo.

24. Vereor, viri fratres, ne sicut illi, ita et mihi adsit impœnitentia. Unam hanc excusationem habeo, quod tentationem ille mihi suggesserit. Sed neque Adamo hæc profuit excusatio [1]; ille nimirum suggessit et ego morem gessi : neque Eva sententiam effugit; cui et Esaü obnoxius, se inexcusabilem reddidit [2]. Ut discamus diabolum sibi socios habere similes, quos Paulus vasa iræ dixit [3], qui sunt ex parte ejus. Timeo ne et me ex ipsis unum Deus esse ordinaverit. Illos ob contemptum in passiones tradidit ignominiæ [4]. Vereor itaque ne in me quoque talem ipse ferat sententiam. Quin et nunc adhuc multum in sordidis versor cogitationibus, in invidia, in malevolentia, in iracundia, in amore proprio, in gula, in malitia, in odio paupertatis, et

[1] Gen. III, 6 et 12. — [2] Ibid. XXVII, 41. — [3] Rom. IX, 22. — [4] Ibid. I, 26.

profession du christianisme; et je n'en fus pas moins, dans ma jeunesse, porté aux insultes, aux méchancetés, aux querelles et à l'envie. Continuellement en dispute avec mes voisins, sans pitié pour les étrangers, sans douceur pour mes amis, sans entrailles pour les pauvres; dépourvu de sens, me livrant à la violence pour les sujets les plus légers; occupé de pensées coupables, adonné à la débauche avant même que l'âge eût allumé mes passions. Je sais bien que j'ai reçu le pardon de tous ces péchés dans le sacré tribunal; mais que dirai-je de la conduite criminelle que j'ai tenue depuis, des erreurs que j'ai embrassées après avoir connu la vérité? Ah! j'ai le plus grand besoin de votre assistance.

23. Venez à mon secours, mes amis, pleurez-moi comme si j'étais déjà dans les bras de la mort, ou du moins, puisqu'il me reste encore un souffle de vie, comme ayant un pied dans la tombe. Répandez sur moi vos miséricordes comme sur un malheureux captif; donnez-moi vos soins comme à un malade couvert de blessures envenimées; car tout mon corps ne forme qu'une plaie. Je suis dans un état pire que les Juifs eux-mêmes; il n'y avait pas, il est vrai, une seule partie de leurs corps où un appareil pût être placé; mais le mal a rongé jusqu'à mon âme. De la tête aux pieds ils étaient sillonnés de plaies honteuses; mais la putréfaction a gagné jusqu'au fond de mes entrailles. Les Juifs ont été séduits par des flatteurs; mais moi, je n'ai été entraîné par personne. Seul j'ai conçu une idée outrageante pour la Divinité, je n'ai eu d'autre complice que le démon qui a obscurci mon entendement.

24. Je tremble, mes frères, de mourir comme eux dans l'impénitence. Je ne puis alléguer d'autre excuse, si ce n'est que cette idée abominable m'a été suggérée par le démon. Mais une excuse semblable n'a rien valu à Adam: C'est le démon, disait-il, qui m'a donné ce conseil, je n'ai fait que lui obéir; Ève non plus ne put éviter sa condamnation; Ésaü, qui avait eu la même faiblesse, subit le même sort. Ces faits nous apprennent que le démon a sur la terre des hommes semblables à lui, ses complices, qui sont à lui, et que saint Paul appelle des vases de colère. Je crains que Dieu ne m'ait condamné à être de leur nombre. Pour les punir de leur orgueil, il les a livrés à des passions honteuses. Je tremble qu'un arrêt semblable ne soit prononcé contre moi. Encore maintenant je suis obsédé de pensées infâmes; la jalousie, la haine, la colère, l'amour-propre, la méchanceté trouvent accès dans mon cœur; je hais les pauvres, je repousse les indigens avec dureté

in egentium improperiis atque conviciis. Et cum ipse nihil sim, me tamen aliquid esse reputo. Cumque tot ego malis sim obnoxius, sanctitatis tamen gloriam aucupor. Cum tot sim districtus peccatis, pro justo tamen existimari volo. Mendax sum, et mendaces reprehendo. Mente ipse sordidus, libidinosos insector. Fures redarguo, et pauperes injuria afficio. Contumeliosos accuso et condemno, cum ipse eidem obnoxius sim vitio. Splendide incedo, cum totus sim immundus. In Ecclesia primum locum occupo, cum ne postremum quidem merear. Honorem appeto, ipse potius ignominia dignus. Salutationes capto, cum ab aliis sim conspuendus. Monachos aspicio, et gravem me gero. Homines saeculares video, et insolentia efferor. Feminis videri volo gratiosus, divitibus pius, hospitibus gravis, domesticis cordatus ac prudens, propinquis honorabilis, et perfectus prudentibus. Inter homines pios ac religiosos ut sapientior versor. Simpliciores, veluti jumenta, despicio. Si contumelia ab aliquo afficiar, ulciscor. Si a quoquam redarguar, succenseo. Si quis justo quid a me repetat, litigo. Vera mihi dicentes, ut inimicos aestimo. Reprehensus aegre fero. Non adulantibus irascor. Laborare nolo, et si quis ministrare mihi recusaverit, in eum stomachor. Operantibus auxilium denego, et si quis suam mihi operam detrectaverit, illi veluti superbo maledico. In necessitate fratrem non agnosco; at si sanus fuerit, cunctantem urgeo. Ægrotantem odi: et si aegrotavero, ab omnibus amari volo. Majores contemno, et in congressibus ficte ac simulate ago. Absens detraho, et praesens adulor. Honorare eos, qui honore digni sunt, nolo; et indignus cum sim, honores ab aliis exigo. Omitto recensere cogitationes mentis meae de lege, de prophetis, de Evangelio (quibus premor atque corripior) et de apostolis, de Ecclesiae doctoribus, de praedicatoribus, de ministris, de lectoribus, de dispensatoribus, et de episcopis.

25. Praetereo quas quotidie novas curarum cogitationes invenio, vanitatis sollicitudines, in precibus negligentiam atque desidiam, et in obtrectationibus vigorem. Si quis forte narret fabulas, oblector.

et mépris. Plongé dans l'ignorance, j'ai de moi une haute idée. Tandis que je suis sujet à tant de vices, je me glorifie de ma sainteté; coupable de tant de péchés, je veux encore passer pour juste. Menteur, moi-même, je reprends les menteurs. Ayant un cœur corrompu, je m'élève contre les libertins. Je poursuis les voleurs de mes remontrances, et je prodigue l'insulte aux pauvres. Je condamne les médisans, et je suis atteint du même défaut. Je marche avec orgueil, et je ne suis que corruption. J'occupe la première place dans l'Église, et je ne suis pas digne de la dernière. Je recherche les honneurs, et je ne mérite que la confusion. Je désire qu'on me salue respectueusement, et on devrait me cracher au visage. J'aperçois des religieux, aussitôt je prends un air grave; je rencontre des hommes du monde, et j'imite leurs manières arrogantes. Je veux paraître aimable aux femmes, pieux aux hommes riches, grave aux étrangers, sérieux et prudent aux gens de ma maison, respectable à mes parens, parfait aux hommes sages. Parmi les personnes livrées à la piété je me montre le plus religieux. Les gens simples je les méprise à l'égal des bêtes. Je ne laisse passer aucune injure sans m'en venger. Aux observations je réponds par l'emportement. Contre les réclamations les plus justes j'élève des contestations. Je regarde comme des ennemis ceux qui me disent la vérité. Je supporte avec peine les représentations. J'écoute volontiers les flatteurs. Je ne veux pas travailler, et si quelqu'un me refuse un service, je m'emporte contre lui. Je refuse d'aider ceux qui travaillent, et si quelqu'un ne veut pas me prêter assistance, je le maudis comme un homme endurci par l'orgueil. Je ne reconnais pas mon frère lorsqu'il est dans le besoin, et s'il jouit d'une bonne santé, je ne trouve jamais qu'il fasse assez pour moi. Je déteste les malades, et lorsque je suis indisposé je désire que tout le monde me donne des témoignages d'intérêt. Je méprise les anciens, et dans les réunions je ne parle jamais avec sincérité. Je déchire les absens, je flatte ceux qui sont présens. Je refuse d'honorer ceux qui le méritent, et j'exige qu'on me respecte, moi qui en suis indigne. Je ne vous exposerai pas les pensées qui se présentent à mon esprit sur la loi, les prophètes, l'Évangile, les apôtres, les docteurs de l'Église, les prédicateurs, les ministres, les lecteurs, les dispensateurs et les évêques; pensées qui déchirent et corrompent mon âme.

25. Je passe sous silence les vains soucis, les misérables inquiétudes de l'amour-propre, ma négligence et ma tiédeur dans la prière, mon ardeur dans la médisance. Je me plais à écouter des histoires futiles;

Si de temperantia loquatur ac continentia, contristor. Si divinam quis Scripturam legat, conturbor. De quæstionibus concertantes audire mihi jucundum est. Omitto fictas assentationes, ut ad preces non assurgam; triviales item ac minus religiosos in Ecclesiam ingressus, conquisitas de industria tarditates, futiles in congregationibus sermones, nimiam in apparandis epulis curam, in ipsis sacris locis obtrectationes, in orando pigritiam, in psallendo negligentiam, in decipiendo studium, in lucrando artificium, simulata cum piis mulierculis colloquia, compellationesque crebras, indigentium contemptionem, divitum observantiam, in non recte ministrantes iram, promissorum immutationes; et quomodo amicorum beneficia, quæ precibus impetranda sunt, quasi debita repoposcerim.

26. Taceo inexplebilem accipiendorum munerum aviditatem, cum alienis peccatis communicationem, inutilia consilia, spe majoris captandi lucri adulationes, dissentiones, supplicationes, vanas commemorationes, perniciosas contentiones, inutiles pugnas, et ineptas collocutiones atque congressiones. Hæc mea est vita, fratres; ista mea sunt delicta. Si adversus tantam peccatorum multitudinem succurrere mihi potestis, merito misereamini mei. Si contra tam improbas passiones decertare valetis, opem mihi ferre contendite. Si vobis fuerint vires, quibus tantam improbarum cogitationum mearum phalangem reprimere queatis; quæso, ne me conflictantem deseratis.

27. Sed non oportebat, forte dicetis, ita anxie et accurate hic de cogitationibus disserere. Quorsum enim de fortuna et casu sermonem instituenti, tam prolixa hic de istis oratio atque indagatio? Ex divina Scriptura de talibus demonstrationes, quas vobis producam, habeo. Offerebat sacrificia Job pro filiis suis, « ne quid forte, inquiens, mali » cogitaverint in cordibus suis[1]. » Si diligens cogitationum non sit faciendum examen, cur vitulum unum pro peccatis cogitatione commissis offerebat? Damnati quoque fuerunt illi, qui in congregatione

[1] Job 1, 5.

si quelqu'un m'entretient de tempérance et de chasteté, il m'inspire un mortel ennui. Si on lit les livres saints, je me trouble. Je me plais à écouter ceux qui disputent sur quelques points de philosophie. Je ne parle pas des prétextes que j'invente afin d'être dispensé de me lever pour la prière, de la manière peu édifiante dont je suis entré dans l'Église, de mes retards calculés, des discours futiles que j'ai adressés aux fidèles réunis, du soin avec lequel je me suis occupé de bonne chère, des invectives que je me suis permises jusque dans le lieu saint, de mon éloignement pour la prière, de ma négligence dans le chant des psaumes, de l'art avec lequel j'ai cherché à tromper, de mon adresse pour me procurer des bénéfices, des paroles remplies de séduction que j'ai adressées à de saintes femmes ; de l'empressement avec lequel je les ai abordées, de mon mépris pour les pauvres, de mes assiduités auprès des riches, de la colère que j'ai montrée à ceux qui ne me servaient pas à mon gré, de tant de promesses auxquelles j'ai manqué, des services nombreux que j'ai en quelque sorte exigés de mes amis, au lieu de les leur demander avec prière.

26. Je ne vous peindrai pas mon avidité insatiable pour recevoir des présens ; je passe sous silence l'approbation donnée mille fois aux péchés des autres, les vains conseils, les flatteries inspirées par l'espoir de m'attirer des dons plus considérables, les disputes, les supplications, les vains récits, les pernicieuses querelles, les luttes inutiles, et tant de discours et de débats. Telle est ma vie, mes frères ; voilà les fautes que j'ai énumérées. Si vous pouvez m'alléger d'un si lourd fardeau, de grâce, prenez compassion de moi. Si vous pouvez quelque chose pour dompter des passions si perverses, empressez-vous de me secourir. Si vous vous sentez la force de mettre en fuite cette légion de mauvaises pensées qui m'assiègent, je vous supplie de ne pas m'abandonner dans le combat.

27. Il n'était pas nécessaire, me direz-vous peut-être, d'entrer ici publiquement dans un examen si détaillé de vos pensées intimes. Après avoir commencé un discours contre le système de la fatalité, à quoi bon s'étendre si longuement sur ses propres défauts ? Je vais citer plusieurs exemples puisés dans les saintes Écritures, et qui semblent me justifier. Job offrait un sacrifice pour ses enfans, « dans la » crainte, disait-il, qu'ils n'eussent conçu quelque pensée criminelle au » fond de leur cœur. » Si l'on ne devait pas examiner scrupuleusement sa conscience, pourquoi donc sacrifiait-il un veau pour des fautes commises par la pensée ? Ceux des partisans de Coré qui avaient formé

Core, quod male cogitaverint combusti sunt[1], quando igitur audimus illud : « Vestri autem et capilli capitis numerati sunt[2]. » Et capilli quidem capitis sunt cogitationes; caput vero, earum mens, in qua est vis cogitanti. Ex consensu adulterium judicat Deus : et ex concupiscentia mulieris, factum ipsum metitur ; et ex iracundia cædem, odiumque homicidium reputat : « Omnis enim, inquit, qui temere irascitur » fratri suo, reus erit judicio[3] : et qui odit fratrem suum, homicida » est[4]. » Quin et beatus Paulus de cogitationum testatur exploratione, dicens : « Revelabit Dominus consilia cordium, et abscondita tenebra-» rum[5] » Rursusque, « Cogitationibus, inquit, accusantibus, aut etiam » defendentibus in hora illa[6]. »

28. Ne ergo mihi dixeritis nihil esse cogitationes, quando assensiones earum pro factis censentur. Neque tamen quamcumque cogitationum multitudinem in unum coalescentem judicare debemus; sed cum ita cogitationi quis inhæret atque indulget, ut voluptatem ex ea percipiat. Semina in terra spargit agricola; sed non omnia coalescunt : sic et mens in voluntate seminat, quæ tamen non omnia suscipit. Eorum, quæ terra decerpsit, fructum exigit agricola; sic omnium, quæ voluntas admittit, Deus rationem repetit. « Pater meus, ait Sal-» vator, agricola est[7]. » Et Paulus : « Dei agricultura estis[8]. » Ne igitur a sollicitudine me removeritis ; sed contra potius etiam vos pro me solliciti sitis. Idemque alibi : « Sermo Dei, inquit, discretor est co-» gitationum atque intentionum cordis, et pertingens usque ad divi-» sionem animæ ac spiritus[9]. » Quod si discernit cogitationes, cur mihi velut reo in defensionem non succurritis? Cupitis animam et spiritum cognoscere? ex agricultura illud rursus intelligetis. Probo norunt agricolæ naturas agrorum, et pro cujusque terræ conditione etiam semina jaciunt; nam sua agricolandi peritia, quid cuique magis conveniat solo discernunt. Sic et Deus noster inter naturales cogitationes et voluntarias optime discernere novit.

[1] Num. xvi, 26. — [2] Matth. x, 30, et Luc. xii, 7. — [3] Matth. v, 22. — [4] 1 Joan. iii, 15. — [5] 1 Cor. iv, 5. — [6] Rom. ii, 15, 16. — [7] Joan. xv, 1. — [8] 1 Cor. iii, 9. — [9] Hebr. iv, 12.

des projets coupables furent condamnés à être dévorés par les flammes; nous lisons dans l'Évangile : « Les cheveux de votre tête ont été » comptés. » Par cheveux il faut entendre ici les pensées ; car c'est la tête qui les engendre, puisqu'elle renferme les facultés intellectuelles. Dieu regarde l'adultère comme s'il était commis, dès lors qu'on y donne son consentement ; à ses yeux, concevoir un désir criminel à la vue d'une femme, c'est comme s'il l'on consommait le crime ; la colère, le désir de la vengeance équivalent au meurtre, à l'homicide. « Quiconque, dit-il, s'irrite sans motif contre son frère subira un ju-» gement; celui qui hait son frère est homicide. » Saint Paul parle lui-même de l'examen qu'on doit faire de ses pensées : « Le Seigneur dévoi-» lera, dit-il, les pensées secrètes des cœurs et les desseins cachés dans » les ténèbres. » Il ajoute. « A ce moment terrible les pensées accuse-» ront ou défendront les hommes. »

28. Ne me dites donc pas que les pensées ne doivent être comptées pour rien, puisque le consentement que nous leur donnons nous rend aussi coupables que si nous commettions le péché. Il ne faut pas mettre cependant sur la même ligne cette multitude de pensées qui surgissent de toutes parts dans notre esprit; mais on doit examiner si notre âme s'y est arrêtée avec complaisance, et s'il en est résulté un certain plaisir. Le laboureur répand la semence à pleines mains ; mais toutes les graines ne fleurissent pas ; de même l'esprit offre mille idées à la volonté, mais celle-ci est loin de les accepter toutes. Le laboureur réclame le fruit de toutes les graines qui ont germé; de même Dieu demande compte de toutes les pensées que la volonté ne repousse pas. « Mon Père, dit le Sauveur, est un cultivateur, » et Saint Paul a dit : « Vous êtes les terres que Dieu cultive. » Ne cherchez donc pas à m'inspirer une fausse sécurité; mais partagez plutôt mes inquiétudes. Le même apôtre dit ailleurs : « La parole de Dieu démêle les » pensées et les sensations du cœur, elle pénètre jusqu'à la di-» vision de l'âme et de l'esprit. » Puisqu'elle démêle les pensées, pourquoi tardez-vous à venir au secours d'un coupable ? Désirez-vous connaître mon esprit et mon cœur ? Une comparaison prise dans l'agriculture vous la fera comprendre. Les cultivateurs savent distinguer les différentes sortes de terres, et ils préfèrent jeter telle ou telle semence suivant la nature du sol; l'expérience leur a appris ce qui convient à chaque espèce. Dieu sait de même discerner parfaitement entre les pensées suggérées par la nature et celles consenties par la volonté.

29. Propterea, « Omnia vanitas, inquit Ecclesiastes, et libera
» electio spiritus [1]. » In vanitate enim naturam constituit, et in libera
electione, actiones naturæ contrarias. Ideo, « Quod vanitatis est, in-
» quit, præteribit [2]: » quæ vero quisque gesserit, « in judicium Deus
» adducet [3]. » Homines quoque secundum naturam, Apostolus animales
vocat : at præter naturam agentes, carnales denominat. Nam qui spiri-
tales sunt, etiam naturam ad spiritum accommodant atque coaptant.
Novit quippe agricola Deus naturam cujusque, et liberam voluntatem,
et facultatem; verbumque suum seminat, et pro ratione virium nostrarum operis fructum repetit. Non patitur se vinci ab agricolis, qui singulos, agros conserunt : imo vero supra naturam ac spiritum, naturam et liberum arbitrium penetrat atque discernit. Et si quidem
naturalibus ratio contenta sit, nihil solet exigere ; modum enim naturæ definivit, ac terminum ipsi ad subsistendum constituit. At si
etiam libera voluntas succumbat naturæ, atque ab ea vincatur, exi-
gitur ab ea ratio, ut quæ non satietur unquam, et Dei terminos
violet.

30. Ita, fratres, consensus ipsi pro factis judicantur; quoniam actionum substantia in libera voluntate consistit. Ideoque Dominus cogitationum consensibus hominem coinquinari dixit [4]; novit enim
animam esse quæ operatur in corpore. Quin et ex lege depromptis
exemplis hoc ipsum comprobare vobis possum; ut si immundus aliquid tetigerit quod mundum est, hoc ipsum coinquinat et expiatione
adversus illud indiget [5]. At fornicatio, et invidia, et injustitia, merito sunt immunda. Si quid igitur mali agas, etiam alios coinquinas.
At si animo et cogitatione malo operi consenseris, coinquinaris ab
ipsa immunditia. Observasti ergo eum, qui coinquinatur, non dici
alios coinquinare : at qui communicat, omnino etiam quæcumque
tetigerit, ab eo coinquinari. Cerniturque hæc ipsa apud nos quoque
differentia. Nam si quis fornicationem, aut scandalum admiserit,
aliisve malo exemplo fuerit, multos coinquinatos reddit. Sin autem in

[1] Eccl. i, 14. — [2] Ibid. ii, 10. — [3] Ibid. xi, 14. — [4] Matth. xv, 11. — [5] Num. xix, por totum.

29. Voilà ce qui fait dire à l'Ecclésiaste : « Tout est vanité, mais le » choix de l'esprit est libre. » Dieu a placé la nature dans la vanité, mais il a laissé à notre libre arbitre le soin de préférer ce qui est contraire à l'inclination naturelle. « Tout ce qui vient de la vanité, ajoute l'É- » criture, périra; mais les actions de chacun seront jugées par Dieu. » L'Apôtre compare à des brutes les hommes qui suivent les penchans de la nature; il appelle charnels ceux qui vont jusqu'au raffinement. Les hommes vraiment spirituels soumettent la chair à l'Esprit. Dieu connaît parfaitement notre nature, sait jusqu'à quel point notre volonté est libre, et quelle est sa puissance ; il jette sa parole comme une semence, et réclame des fruits suivant le degré de nos forces. Certes sa science n'est pas inférieure à celle des cultivateurs, qui approprient leurs soins aux qualités de la terre; il a une idée complète et distincte de notre ame, de notre esprit, de nos penchans, de notre liberté. Si la raison s'accorde avec la nature, Dieu n'exige rien ; car il a posé à la nature des bornes qu'elle ne peut dépasser, il lui a imposé des lois qu'elle ne peut enfreindre. Mais si la volonté est entraînée par une nature dépravée, et se laisse vaincre par elle, on lui demande compte de sa conduite, parce qu'elle est insatiable dans ses désirs, et qu'elle ne respecte pas les limites que Dieu a tracées.

30. Ainsi, mes frères, point de différence entre consentir au mal, ou le commettre, la moralité de l'acte est dans l'intention. Aussi si Jésus-Christ a dit que les hommes se souillent par le consentement qu'ils donnent aux mauvaises pensées, il n'ignore pas que c'est l'ame qui produit tous les mouvemens du corps. Je puis vous prouver cette vérité par des exemples tirés de la loi; le contact d'un homme impur suffit pour souiller celui qui était pur, et rend la purification nécessaire. Or la fornication, l'envie, l'injustice, sont réellement des choses impures. En commettant le mal, vous répandez la souillure sur tous ceux qui vous approchent. Votre volonté consent-elle à une mauvaise action, elle vous souille par cette impureté. Vous avez remarqué qu'on ne dit pas que celui qui se souille souille les autres par là même, mais qu'il souille tout ce qu'il touche, tout ce qui est en communication avec lui. Cette différence se voit dans notre propre conduite. Si quelqu'un tombe dans la fornication, s'il commet un scandale, s'il donne un mauvais exemple, soyez certains qu'il transmet son impureté. S'il ne pèche que par pensées, il ne souille point les autres, parce que son péché n'a pas de témoin; mais il se souille lui-même, et il subit un jugement pour sa faute.

solas inciderit cogitationes, alios quidem non coinquinat, quia non viderunt; ipse vero coinquinatur et judicatur.

31. Quæ igitur judicii in utrisque est differentia? Magna profecto; nam qui opere malum exercet, omnes coinquinat, quibus offendiculo fuit, et qui ipsum imitabuntur. At qui solum cogitat, de se solo rationem reddet. Quin et gentium leges similiter quoque consentientes agentesque judicant et condemnant. Consensus enim pro cooperatione reputatur et judicatur. Lex quoque in ædibus ac lapidibus aliud proponit exemplum: « Si sacerdos, inquiens, ingressus fuerit, » et viderit lepram domus, omnia, quæ in ipsa sunt, immunda » erunt[1]. » Ubi per sacerdotem, mea quidem sententia, lex et cognitio intelligenda est. Si quis igitur, antequam legem cognoverit, peccator existat, pro aliis rationem non reddet, quia ignorans egit; ipse tamen turpiter contaminatus immundusque erit. Admittit porro proposita speculatio etiam aliam vim atque expositionem, quam quidem secure vobis, quantum in me est, persequi debeo; ut me multis obnoxium esse peccatis cognoscatis.

32. Sunt aliqui nondum immundi, et tamen propter communicationem atque societatem inquinati : illi nimirum, qui id quod faciunt ignorantes, alicui rei consensum adhibent; at si celeriter ab ea recesserint atque desierint, ne consensus quidem tunc rationem reddent. Etenim nec leges condemnant conscios prætereuntes, sed eos tantummodo, qui sponte ad eamden rem coeunt. Quando igitur lex, et magistra nostra, ut dico, accedens sententia, quempiam cum inique agentibus sponte versantem consentientemque deprehenderit, illum ut crimini obnoxium ac reum condemnat. Novit et Apostolus legibus ejusmodi uti : « Digni enim sunt morte, inquit, non solum qui mala » faciunt, sed etiam qui eis consentiunt[2]. » Huc ea spectant, quæ in orationis principio adduximus; quoniam qui malorum duntaxat spectatores fuerant, ideo quod morte nihil dignum commiserant, fuerunt liberati; sed auctores scelerum omnes pœnas dederunt.

[1] Lev. XIV, 44. — [2] Rom. I, 32.

31. Quelle différence y a-t-il donc entre ces deux manières de commettre le mal ? Une très-grande assurément : celui qui pèche par action entache tous ceux pour qui il est une occasion de chute et qui peuvent l'imiter. Celui qui pèche seulement par pensée n'aura à rendre compte que de lui-même. Les lois païennes, d'accord en ce point avec les livres saints, condamnent et punissent également et celui qui consent au mal et celui qui le commet : en effet, celui qui consent est regardé et puni comme un complice. Une loi concernant les maisons et les pierres me fournit une nouvelle preuve de ce que j'ai avancé. « Si un prêtre, dit-elle, entrant dans une maison, y aperçoit » des vestiges de lèpre, la maison et tout ce qu'elle renferme seront » considérés comme impurs. » Par prêtre il faut, d'après moi, entendre dans ce passage, la loi et la connaissance qu'on en acquiert. Si quelqu'un pèche avant de connaître la loi, il n'aura pas à rendre compte pour les autres, parce qu'il a agi dans l'ignorance ; mais il n'en reste pas moins impur et couvert de honteuses souillures. La question que j'examine admet une nouvelle interprétation et de nouveaux développemens ; je vais vous les exposer franchement et aussi bien qu'il dépendra de moi, afin que vous appreniez que je ne suis qu'un grand pécheur.

32. Il est des hommes qu'on ne peut pas appeler impurs, mais qui ne sont pas tout-à-fait innocens à cause de leurs relations et des sociétés qu'ils fréquentent. Ceux qui donnent leur consentement sans se douter du mal qu'ils commettent, pourvu qu'ils se retirent promptement de ce pas dangereux, n'auront pas même à rendre compte du consentement accordé : dans la loi il n'y avait point de peine portée contre ceux qui, en voyant commettre un crime, continuent leur chemin, mais bien contre ceux qui s'y mêlent d'une manière active. Aussi la loi et notre conscience, qui en ces matières sont juges souverains, condamnent-elles d'un commun accord comme ayant participé au crime, l'homme qui a été surpris avec des brigands au moment où ils commettaient un forfait, auquel il donne son assentiment. Cette règle de justice n'était pas ignorée de l'Apôtre : « Sont dignes de mort, dit-il, non-
» seulement ceux qui font mal, mais encore ceux qui y donnent leur
» consentement. » Nous trouvons une preuve de cette vérité dans les faits que je vous ai racontés au commencement de ce discours ; ceux qui avaient été simplement témoins des crimes commis furent remis en

33. Nemo ergo vestrum me consoletur, affirmans nihil esse consensum; qui cogitationibus præstatur; at potius perspecta rei veritate, mihi condoleat, suisque precibus auxilietur. Siquidem hoc ipsum, quod loquor, non emendans vitam meam, peccatum est mihi. Ait enim Scriptura : « Scienti bonum facere, et non facienti, peccatum est illi [1]. » Et qui reprehensus non erubescit, gravi supplicio mulctabitur; quoniam ad iracundiam præceptorem provocat. Ego quidem me ipsum redarguo; sed in peccatis persisto. Peccata mea confiteor; at peccare non cesso. Istud unum pro mea excusatione arripere novi, quod videns non videam; quoniam pœnitentiam agens, iterum peccata committo. Neque post eorum, quæ patravi, scelerum cognitionem, mutata sententia, mearum virium imbecillitatem agnosco ac resipisco; sed meam pœnitentiam accuso, quod sim veluti servus peccati, et malum nolens faciam : quodque tanquam peccato militans, ei subjiciar, moremque geram; et licet impotens, vectigal tamen pendo propter consuetudinem, quæ in mentem ac cogitationem meam dominatur. Stipendia carnis accipio, pravis affectibus indulgens. A corruptione me anteverti et occupari scio, et tamen ejus jussa facio. Laborem atque molestiam impendentem fugio, et instar canis alicujus catenis devincti, adversus imperantes insurgo. Peccatum quidem odi; sed in passione atque affectione persisto. Iniquitatem fugio; sed etiam nolens a voluptate superor. Peccati jugo naturam subjeci, et inde necessitas adversus me dimanat. Quæ liberum captivant arbitrium, scaturiunt in me passiones. Mentem enim carni sic univi atque obstrinxi, ut ab ea separari non velit. Mutare propositum studeo; sed inveterata mihi repugnat consuetudo. Animam meam liberare contendo; sed æris me alieni detinet magnitudo. Pessimus fœnerator est diabolus; non enim in memoriam revocat debiti solutionem. Liberaliter mutuo dat, nec vult unquam repetere. Nullum aliud fœnus, præter unam servitutem, deposcit. Suppeditat ea, quibus cupiditates nostræ magis augeantur, nec debitum exigit.

[1] Jacob. IV, 17.

liberté, parce qu'ils n'avaient rien fait qui méritât la mort ; mais tous ceux qui en avaient été les auteurs furent condamnés au supplice.

33. Qu'on ne cherche donc pas à me rassurer en disant que le consentement donné à des pensées coupables n'est pas un mal ; mais puisque maintenant on connaît la vérité, qu'on me plaigne plutôt, et qu'on implore le Seigneur pour moi. Si la confession publique que je fais de mes fautes n'est pas suivie d'une réforme salutaire dans ma conduite, je n'en deviens que plus criminel. Nous lisons dans l'Écriture sainte : « Celui qui connaît le bien, et qui ne le pratique pas, commet » un péché. » Celui qui ayant été repris ne rougit pas de ses faiblesses, subira un châtiment terrible ; il a irrité le conseiller charitable qui l'a prévenu. Je me reprends moi-même, mais je n'en persiste pas moins dans le péché ; je confesse mes fautes, et je continue à les commettre. Ma seule excuse, c'est de ne pas voir, alors même que j'ai les yeux ouverts, puisqu'après en avoir fait pénitence, je retombe dans l'iniquité. Après avoir reconnu mes péchés, je n'ai point changé de conduite, et je sais par là combien mes forces sont insuffisantes : je vois que ma pénitence est sans fruit, puisque je suis l'esclave du péché, et que je fais le mal en dépit de mes résolutions : je suis comme enrôlé sous les drapeaux de l'iniquité, je la sers, je lui obéis ; et quoique sans énergie, je lui paie un tribut, subjugué par l'empire que l'habitude lui a donné sur mon ame. La chair me tient en servitude, je me livre à ses penchans déréglés. Je sais que la corruption me gagne et glisse dans tous mes membres, et cependant je vis sous la loi du péché. Je fuis le travail et la gêne, et semblable à un chien que l'on tient à la chaîne, je m'élance sur ceux qui veulent me donner des ordres. Je hais le péché, mais je demeure attaché aux passions par des liens indissolubles. Je fuis l'iniquité, mais tous mes efforts sont vains contre les charmes de la volupté. Je me suis soumis au joug du péché, et aujourd'hui je ne puis me soustraire à son empire. Dans mon sein fermentent mille passions qui étouffent la liberté. J'ai uni si étroitement mon esprit à la chair, qu'il ne veut plus s'en séparer. Je m'efforce de réformer ma conduite ; mais je suis dominé par d'anciennes habitudes. Je m'évertue à me libérer, et je suis retenu sans cesse par l'énormité de ma dette. Le démon est le plus redoutable des usuriers ; il ne rappelle jamais au débiteur ses obligations. Il prête volontiers et ne réclame jamais ; au lieu d'exiger de vous des intérêts, il vous réduit en esclavage. Il nous fournit avec empressement tout ce qui peut exciter et enflammer nos passions, et ne demande jamais ce qui lui est dû.

34. Cupio ego quæ debeo reddere; at ille alia prioribus adjicit. Quando autem ipsum, ut accipiat cogo, aliis subministrat, ut ex ejus pecuniis videar ipsi fœnus persolvere. Debita adversus me renovat; quoniam novis cupiditatibus priores interrumpit. Cum vetera me persolvisse debita existimo, novis me iterum cupiditatum chirographis obstringit. Videt me debiti continuatione adduci, ut lubens in peccatis persistam, novasque mihi cupiditates injicit. Veterum cupiditatum ut obliviscar curat, ne illas confitear : et ut ad novas, tanquam minime obfuturas, accedam, suadet.

35. Novis igitur cupiditatibus assuesco ac vaco, et temere priores oblivioni trado. Cum ingruentibus paciscor atque convenio, et debitorem me rursus constituo. Ad illas tanquam mihi familiares accedo, et fœnerantes mihi rursus inveniuntur, ut domini. Dum vero ab illis liberari cupio, per eas veluti servus multis venalis efficior. Cum earum præcidere vincula conor, aliis mox catenis detineor, et dum a bello passionum recedere studeo, per progressiones atque largitiones quasi œconomus ipsarum invenior.

36. O improbum igitur draconis dominium, quoniam serviens imperat! O passionum licentiam, quæ passionibus omnes in servitutem redigit! O miseram peccati consuetudinem, quæ in naturam convertitur! Hæc arrhas dedit, ut mentem sibi coemeret. Carni assentata est, ut animam suo obsequio subjiceret. Adolescentiam meam præoccupavit, ut mens quid fieret, ignoraret. Imperfectum sibi sensum conjunxit, ut eo tanquam funiculo ferreo perfectam intelligentiam retineret. Volentem autem fugere non sinit, sed vinculo cohibet, et a carne deficere cupientem, ut stultam atque ingratam redarguit. Peccatum mentem munit, et fores cognitionis occludit; semperque animum malitia observat, ne supplex ad Deum confugiens, vendi carnem prohibeat. Jurejurando affirmat non esse malum indulgere carni, neque de re adeo parvi momenti rationem exactum iri. Confusum plurimarum cogitationum acervum adducit, negatque fieri posse, ut de iis quæstio habeatur. Earum profert tenuitatem, ipsasque obli-

34. Au moment où je veux m'acquitter, il me charge d'une dette nouvelle. Si je le force à recevoir un paiement, il me fait un autre prêt, en sorte qu'il semble que son argent me sert à payer ses arrérages. Il renouvelle sans cesse mes dettes, en faisant succéder des passions nouvelles à celles que j'abandonne. Lorsque je me flatte de solder un compte en retard, il me fait souscrire de nouveaux engagemens, il voit qu'en continuant à être son débiteur, je persiste dans le péché, et il s'efforce d'ajouter des passions nouvelles à celles qui sont déjà maîtresses de mon cœur. Ses soins sont de me faire perdre le souvenir de mes dérèglemens passés, afin que je ne les confesse pas; et il cherche à m'engager dans des liens nouveaux, comme s'il n'en devait résulter aucun préjudice pour moi.

35. C'est ainsi que je change continuellement de chaînes, et que j'ai l'imprudence de ne plus songer à celles que j'ai portées. Je capitule bientôt avec les passions qui attaquent mon âme, et de nouveau je me constitue débiteur. Je leur fais un accueil empressé, tout aussitôt elles m'accablent de leurs usures, et me réduisent en servitude; lorsque je veux secouer leur joug, elles me livrent les uns aux autres comme un esclave que l'on vend. Je me sens retenu par d'autres liens quand je m'efforce de rompre ceux dont elles m'ont enlacé; et si je veux m'arracher à l'agitation de cette vie, je me retrouve insensiblement le défenseur de ces mêmes passions.

36. O empire perfide du dragon, qui vous tyrannise et semble vous obéir! O pouvoir redoutable des passions qui imposent leur joug à tous les hommes! O triste habitude du péché qui deviens en nous une seconde nature! L'iniquité m'a donné des arrhes pour être plus certaine de me posséder. Elle a flatté ma chair, afin de subjuguer mon esprit. Elle s'est emparée de moi dès les premières années, afin que ma raison n'aperçût pas les suites funestes. Elle s'est unie à mes organes encore imparfaits, afin de retenir par un lien de fer mon intelligence parvenue à la maturité. Si je veux fuir, elle m'arrête malgré moi dans ses chaînes; si je veux rompre avec la chair, elle m'accuse de folie et d'ingratitude. Elle s'élève comme une barrière autour de mon esprit, et ferme tout accès à la lumière; sa malice veille sans cesse auprès de moi, de peur que je ne m'adresse à Dieu, et que je ne le supplie de ne pas permettre que ma chair soit vendue. Elle soutient avec serment qu'il n'y a aucun mal à céder aux doux penchans de la nature, et qu'on ne sera pas puni pour une faute si légère. Elle réveille une foule de mauvaises pensées dans l'esprit, et prétend qu'il n'en sera

vione delendas asserit. Si judicium futurum portendero : « Ego, inquit, pœnas pro te dabo. » Si dixero peccatum esse : « Ego, inquit, rationem reddam, ac te purgabo. » Quod si pœnam inde mihi imminere demonstravero : « Qua ratione, inquit, si ego tibi suggessi? » Si dixero me, quod paruerim, condemnandum : « Minime vero, inquit; nam ego te compuli. Et quo pacto morem gessisti, in eo quod ex libera voluntate non egisti? »

37. Illis me rationibus convincit : hisce me vinculis constringit : hisce me vendit, et coemit : hisce me fallit et in errorem impellit : hisce mihi assentatur, et suæ me servituti subjicit. Peccatorem mei similem Paulus carnalem appellat. Peccatum consensu perficitur [1]; mores autem inter naturam et peccatum sunt medii. Passiones animique affectiones peccatum fovent, et naturam exagitant, animum affligunt, et mentem in servitutem redigunt. Nam peccatum cum est in carne, dominatur in mentem, et vincit animum, per ipsam carnem illum subjiciens. Jussa quippe ejus, velut ministra sedula, prompte exsequitur; quin et animam ministerio illius opprimit, ejusque quasi œconomum agit, dum præbet, et opus exigit. Et si verberare voluerit animam, id per carnem efficit, ejusque opera illam affligit, et divexat. Nam caro est veluti quædam animæ catena, qua illam tanquam ovem capit, ac trahit ad occisionem, et tanquam sublime petentem volucrem, hac eam constringit atque devincit; eademque, tanquam fortis alicujus gigantis pedes manusque gladio illam concidit. Fugere nec valeo, nec ipse mihi succurrere. Sum enim veluti mortuus, cum vivo; et tanquam cæcus, dum aspicio; et licet sim homo, factus sum veluti canis; cumque ratione atque intellectu sim præditus, instar jumenti effectus sum.

38. Miseremini ergo mei, o amici mei. Me humi jacentem, corde et animo excitate ac sublevate, quicumque naturam corporis natura spiritus contemporastis. Festinate, obsecro, priusquam sententia pronuntietur, et antequam ego moriar, properate; ne una cum fatuis

[1] Rom. vii, 14.

jamais parlé. Elle assure que ces pensées n'auront aucun danger, et qu'il n'y a qu'à les oublier. Si je lui parle du jugement à venir : « C'est moi, dit-elle, qui subirai la peine pour vous. » Si je réplique que ce sont des péchés : « J'en rendrai compte, dit-elle, et je vous justifierai. » Si je lui prouve que je ne puis manquer d'être puni : « Eh ! pourquoi, me dit-elle, puisque c'est moi qui vous les ai suggérées? » Si je lui réponds encore que je serai condamné pour y avoir consenti : « Mais non ; n'est-ce pas moi qui vous ai poussé au mal ? Et comment pourra-t-on vous reprocher votre consentement, dès l'instant que votre volonté ne fut pas libre ? »

37. Voilà les raisons par lesquelles elle me subjugue ; voilà les liens par lesquels elle m'enchaîne ; voilà par quelles voies elle me vend et m'achète, par quels artifices elle me trompe et m'induit en erreur ; elle flatte ainsi mes penchans, et me soumet à son joug. Saint Paul appelle charnel tout pécheur qui me ressemble. Le péché est consommé dès qu'il y a consentement ; les penchans sont entre la nature et le péché. Les passions entretiennent le mal, excitent la nature, affligent l'ame et réduisent l'esprit en esclavage. Le péché qui vit dans la chair triomphe de l'esprit, et soumet l'ame, qu'il subjugue par le secours de la chair. Celle-ci en effet s'empresse d'exécuter ses ordres avec la docilité d'une esclave ; le péché se sert d'elle pour opprimer l'ame, et bientôt, s'installant en maître, il donne un vil salaire à l'ame, et exige qu'elle travaille à son profit. S'il veut la châtier, il a recours encore à la chair, qu'elle charge de la déchirer et de la tourmenter. La chair tient l'ame liée par une lourde chaîne ; c'est par là qu'elle la conduit comme une brebis, et la traîne à la mort ; avec cette chaîne elle la serre, et l'attire avec autant de facilité que ces oiseaux retenus par les pieds et qui s'efforcent de s'envoler. Quelquefois elle s'en sert comme d'un glaive formidable, appartenant à un géant, pour lui briser les bras et les jambes. Je n'ai pas la force de fuir, je ne puis m'être d'aucun secours. Quoique plein de vie, je suis comme si je n'existais déjà plus ; j'ai de bons yeux, et je suis comme un aveugle ; je suis un homme, et j'imite le chien ; je suis doué d'intelligence et de raison, et je me suis ravalé jusqu'à la brute.

38. Laissez-vous donc toucher de pitié, ô mes amis. Relevez-moi de cet abaissement, soulagez-moi, inspirez-moi votre courage, vous qui avez eu assez d'énergie dans l'ame pour résister à vos appétits charnels. Hâtez-vous, je vous en supplie, avant que mon arrêt soit prononcé ; accourez avant que j'expire, afin que je ne partage pas l'exil des vierges folles ; venez, avant ce moment fatal où je m'en irai

excludar virginibus[1] : antequam in terram abeam, ubi mortalium vitam intueri non licet, nec de justitia injustitiave ratiocinari : ubi non est corpus, per quod vita aut mors ad animam accedat; neque caro, per quam inimicus ab ejus infirmitate devictus, subsannetur. Nam si Dominus mihi auxiliatus fuerit, a miserabili cupiditatum affectione liberari cupio : sique mei misertus fuerit, parere illi plane desidero. Si mecum secundum multitudinem misericordiæ suæ egerit, a peccato me liberabit : et si suam in me benignitatem effuderit, salvus ero. Credo illum posse, et non despero salutem meam. Scio misericordiæ ipsius magnitudine multitudinem peccatorum meorum superari; neque ignoro eum, cum advenit, omnium esse misertum, atque in baptismate peccata condonasse confiteor, nam et ego gratiæ hujus factus sum particeps.

39. Cæterum illorum, quæ post baptisma admisi, medicina indigeo. Sed is, qui mortuos suscitavit, etiam me curare potest. Cæcus sum factus; sed et cæcum a nativitate ipse sanavit[2]. Ovis sum leoni ad devorandum proposita; sed ex ore serpentis ipse Adamum liberavit. Canis ob peccata mea factus sum : at sanabor, et instar illius Syrophœnissæ filius efficiar[3]. Velut leprosus rejectus sum : at, si voluerit, mundabor. Post cognitionem me peccasse scio : sed sanctum habeo David pro me deprecantem. Ille divino adjutus auxilio resipuit : et ego ab ipso visitatus sanabor. Magnis me peccatis obstrinxi, scio; sed major tamen est Dei benignitas atque clementia. Qui publicano principatum dedit[4], etiam mihi licet pluribus malis obnoxio condonabit. Qui Zacchæi[5], ut digni, misertus est, mei quoque quantumvis indigni miserebitur. Lupus erat Paulus, Christi gregem persequens[6]; sed, crudelitate deposita, factus est ovis. Qui instar immanis feræ, oves prius dissipabat, idem tanquam pastor oves postea curabat. Novi ipsum ignoranter fecisse; sed ego sciens peccavi : dumque excellens ejus gratia peccatis meis major sit, veniam duntaxat peto; ille vero, qui per imprudentiam peccaverat, et veniam et majorem consecutus est gratiam.

---

[1] Marc. xxv, 1-12. — [2] Psal. l, 3, 4. — [3] Joan. ix, 1 et 10. — [4] Marc. vii, 26 et 28. — [5] Luc. xviii, 14. — [6] Ibid. xix, 1-6. — [7] Act. xxvi, 11.

en terre, où il n'est plus permis de revenir sur l'examen de sa vie, où il ne peut être question ni de justice ni d'injustice : là il n'existe plus de corps par où la vie ou la mort puisse pénétrer jusqu'à l'ame, ni de chair dont la faiblesse, après avoir triomphé de son ennemi, n'est plus exposée à ses outrages. Si le Seigneur veut m'accorder son assistance, mon plus grand désir est de me délivrer du joug honteux de mes passions. S'il veut prendre compassion de moi, je lui jure une entière obéissance. Et s'il veut agir pour moi suivant l'étendue de sa miséricorde, il me délivrera du péché ; s'il répand sur moi ses bontés, je serai sauvé. J'ai confiance en lui, et je ne désespère pas de mon salut. Je sais que la grandeur de ses miséricordes surpasse le nombre de mes péchés ; je n'ignore pas que, lorsqu'il vient, il a pitié de tout le monde, et que dans le baptême il accorde le pardon des péchés ; moi aussi j'ai eu part à cette faveur.

30. Mais j'ai besoin de me guérir des péchés que j'ai commis depuis le baptême. Celui qui a ressuscité des morts peut bien me rendre la santé. Je suis devenu aveugle, mais il a rendu la vue à des aveugles de naissance. Je suis une brebis que le lion est prêt à dévorer, mais il a délivré Adam de la gueule du serpent. Je suis devenu par mes péchés semblable à un chien, mais je serai guéri comme le fils de la Syrophénicienne dont il est parlé dans l'Évangile. J'ai été rejeté comme un lépreux, mais, s'il le veut, il me délivrera de mon mal. Je sais que j'ai péché après avoir été éclairé par la foi, mais j'ai pour moi les prières du saint prophète David : aidé de la grâce divine, il revint de ses égaremens ; lorsque le même secours me sera accordé, je serai aussi guéri. Je sais que je ploie sous le poids de mes péchés, mais la bonté et la clémence du Seigneur sont encore plus grandes. Celui qui a élevé un publicain à une haute dignité aura bien quelque indulgence pour moi, malgré le nombre de mes fautes. Celui qui a eu pitié de Zachée et qui l'a jugé digne de compassion aura bien un peu de commisération pour moi, quelque indigne que j'en sois. Paul était un loup qui poursuivait avec acharnement le troupeau de Jésus-Christ ; mais il déposa sa cruauté et devint doux comme une brebis. On vit celui qui, naguère semblable à une bête féroce, dispersait les troupeaux, maintenant leur prodiguer ses soins comme un pasteur charitable. Je sais qu'il a péché par ignorance, tandis que j'ai péché avec une connaissance parfaite ; mais, comme la clémence du Seigneur surpasse le nombre de mes péchés, je me borne à lui en demander le

40. Oro vos, fratres, ut huic rei studiose operam detis. Neque enim judicium solum atque damnationem reformido, sed et irrisionem atque ignominiam pertimesco. Eos qui nunc me reverentur, vehementer vereor; metuens ne in eorum tunc conspectu propter occulta peccata mea pudore suffundar. Vereor et eos qui genuerunt me, ne illi in saeculari vita degentes condemnent me, qui ea, quae supra hanc vitam sunt, professus sum. Si vobis denuo molestus esse videor, ignoscite, et necessitati hanc meam molestiam ascribite. Illam imitari volo viduam, quae sua importunitate, quod voluit, a judice impetravit[1]. Et imprudentis illius instar amici videri vobis cupio, ut e lecto surgentes, pro me ad Deum preces fundatis. Ille panis solatium deposcebat; ego autem salutis auxilium. Ille carnis cibum; ego vero animae refectionem. Si volueritis, impetrabo quod cupio : facile enim mihi benignus et misericors Dominus conciliabitur.

41. Pro me igitur, tanquam pro amico, deprecemini, et opera atque industria vestra Deum mihi propitium fore novi. Cupit namque ille sententiam mutare : sed fructum dispositionis vestrae requirit. Paratissimus est ad miserendum; sed ut vos benignitatis suae participes sitis, exspectat. Miserendo enim vult docere, et ignoscendo socios acquirere. In omnibus semper bonitas ejus demonstratur. Qui malum, quod scienter commisit, excusat ac purgat, neque aliis scandalum praebet, aut alios suo exemplo ad peccandum excitat, is facillime judicem placare poterit. Conscientiam uniuscujusque novit Deus, et peccatorum non solum judicat quantitatem. Esau locum poenitentiae non reperit, quoniam per contemptionem peccavit, non invitus, sed sponte; non enim errore atque ignorantia, sed sciens ac volens peccatum admisit : nam et parentes exacerbavit, et Deum non est veritus[2]. Judas quoque proditor poenitentiae locum non invenit[3], quia cum Domino versans, peccavit, et spreto Deo, Justum tradidit.

[1] Luc. XVIII, 3-5. — [2] Gen. XXVII, 41 et seqq. — [3] Matth. XVII, 5.

pardon. Saint Paul, qui avait péché par imprudence, obtint non seulement sa grâce, mais encore des dons précieux.

40. Je vous prie, mes frères, de prêter une sérieuse attention à ce que je viens de vous dire. Ce n'est pas seulement mon jugement et ma condamnation que je redoute, ce sont encore et les moqueries et la honte qui peuvent m'atteindre. Je crains surtout ceux qui maintenant me témoignent des respects. Je crains, à cause de mes secrets péchés, je crains de tomber de confusion en leur présence, et que ceux qui m'ont donné le jour, qui ont vécu dans le monde, ne conçoivent pour moi le plus grand mépris, pour moi qui avais embrassé une profession si sainte. Si je vous parais importun, pardonnez-moi mes instances en les rapportant à la nécessité. Je veux imiter cette veuve qui, à force d'importunités, obtint du juge ce qu'elle désirait. Je reproduis les sollicitations pressantes de cet ami qui s'était levé de grand matin, afin que, vous levant aussi, vous répandiez vos prières pour moi aux pieds du Seigneur. Pour lui, il demandait qu'on lui accordât un pain; moi, je vous prie de m'aider à faire mon salut. Il réclamait de la nourriture pour son corps; moi, je demande quelque chose qui puisse fortifier mon âme. Par vos secours j'obtiendrai ce que je désire; à votre prière le Seigneur se montrera plein de miséricorde.

41. Priez pour moi comme pour un ami; je le sais, ce sont vos prières qui m'attireront la faveur du ciel. Le Seigneur ne demande qu'à révoquer sa sentence; mais il attend que votre charité le prononce. Il est prêt à faire miséricorde; mais il veut que vous participiez à sa bonté et qu'elle vous serve d'exemple: lorsqu'il pardonne, il veut avoir des imitateurs. Sa bonté infinie éclate en toutes choses. Celui qui répare le tort qu'il a fait sciemment; celui qui n'a point été un sujet de scandale et qui n'a entraîné personne par ses mauvais exemples, celui-là n'aura pas de peine à apaiser son juge. Dieu sonde la conscience de chacun, et il n'envisage pas seulement le nombre des péchés. Esaü n'a pas trouvé à faire pénitence, parce qu'il avait péché par mépris, sans entraînement et dans le plein exercice de sa volonté; il ne fit le mal ni par erreur ni par ignorance, mais avec connaissance de cause et parce qu'il le voulut bien. Il avait irrité son père et sa mère, et il n'avait aucune crainte du Seigneur. De même le traître Judas ne trouva point à faire pénitence, parce que, membre de la société de Notre-Seigneur, il a péché par mépris de Dieu et il a livré le Juste.

42. Multum igitur interest inter peccata, quæ scienter committuntur, utrum quis ea sensu, an cogitatione faciat, adhibito utrobique consensu. Et gravius pejusque interdum unus cogitatione, quam alius opere peccat, cum et hic pœnitentiæ reperiat locum, ille vero minime. Exemplis porro sunt ea, quæ proposuimus ac diximus, confirmanda, ne inania vobis adduxisse commenta videamur. Cham, cum solum de irridendo patre cogitasset, repudiatus est [1] : et David, qui reipsa peccatum expleverat, ab eo fuit absolutus [2]. Qui Core consenserant, cum nihil omnino dixissent, aut egissent, igni consumpti sunt [3] : idemque iis accidit, qui ad accersendum Eliam accesserant [4] : totam vero synagogam, quæ conflatum adoraverat vitulum [5], post correptionem ac disciplinam Deus liberavit. Et Saül cogitationibus idololatriæ consentiens, rejectus est [6] : Manasses autem de idololatria a se admissa pœnitentiam agens, in gratiam receptus est [7]. Peccavit scienter consuetudine Achab, et susceptus est [8] ; peccavit Achitophel duntaxat consilio, et in peccato mortuus est [9].

43. Alia quoque ad hanc rem comprobandam exempla suppetunt, quæ si attenderitis, cognoscetis. Ruben, quod patrem offenderet, non ignorabat [10] ; et cum esset rejectus, post ipsius mortem a crimine liberatus est. Simeon et Levi, quod graviter scienterque peccassent [11], ad tempus sunt damnati, sed novissime veniam consecuti sunt. Ipseque Aaron vitulo conflatili sacrificans [12], adhuc excusationem invenit, et per sacerdotium ab illa necessitatis macula expurgatus est : filii vero ejus delinquentes, mortui sunt [13], cum illis ne spatium quidem sese defendendi concessum sit. Ophni quoque ac Phinees hos imitati [14], quia in insolentia et arrogantia perstiterunt, eidem judicio subjecti sunt.

44. Quin et in Evangelio Simon, cum inique se gessisset ac prudens aberrasset, sine dubio venia dignus habetur [15]. Elymas vero, qui prædicationi restitit [16], ad tempus cæcitate percussus, liberatur. At Sa-

---

[1] Gen. x, 22-27. — [2] 2 Reg. xi, 4, et xii, 13. — [3] Num. xvi, 31, 32. — [4] 3 Reg. xviii. — [5] Exod. xxxii. — [6] 1 Reg. xvi, 14. — [7] 2 Paral. xxxiii, 12, 13. — [8] 3 Reg. xxi, 27 et 29. — [9] 2 Reg. xv, xvi et xvii. — [10] Gen. xxxv, 22, et xlix, 4. — [11] Ibid. xxxiv, 25. — [12] Exod. xxxii. — [13] Num. xvi, 31, 32. — [14] 1 Reg. iv, 11 et 17. — [15] Luc. vii, 39. — [16] Act. xiii, 8.

42. Il y a donc entre les péchés de grandes différences, suivant qu'on les commet sciemment par l'entraînement de la passion ou avec délibération réfléchie, et suivant le degré de consentement qu'on y donne. Il en est qui se rendent plus coupables par une simple pensée que d'autres par des actions; ceux-ci trouvent à se repentir, et les premiers meurent quelquefois dans l'impénitence. Je dois appuyer ce que je dis par des faits, de crainte que vous ne preniez mes discours pour de vaines paroles. Cham, pour avoir eu seulement l'idée de se moquer de son père, fut rejeté; et David, qui avait réellement commis le péché, reçut son pardon du Seigneur. Ceux qui avaient embrassé le parti de Coré, quoiqu'ils n'eussent rien dit, rien fait, devinrent la proie des flammes; le même châtiment tomba sur ceux qui étaient allés prendre Élie; mais Dieu, après une punition légère, pardonna à tout le peuple juif qui avait adoré le veau d'or. Saül fut réprouvé pour avoir consenti à des pensées d'idolâtrie. Manassé rentra en grâce après avoir fait pénitence de l'idolâtrie qu'il avait commise. Achab pécha par habitude et avec connaissance, et cependant il reçut son pardon. Achitophel, au contraire, ne fit que donner un mauvais conseil, et il mourut dans son péché.

43. Que d'exemples je puis encore apporter à mon appui! Vous les connaîtrez si vous me prêtez attention. Ruben n'ignorait pas qu'il offensait son père, et après la mort de celui-ci, quoiqu'il eût été rejeté, il fut relevé de son crime. Siméon et Lévi avaient commis sciemment une faute très-grave; ils furent éloignés pour un certain temps, mais à la fin ils obtinrent leur grâce. Aaron lui-même, qui avait sacrifié au veau d'or, trouva néanmoins grâce devant le Seigneur, et à cause de ses fonctions sacerdotales, il fut purifié de cette tache. Ses enfans, ayant péché, furent punis de mort; et ils n'eurent même pas la faculté de se défendre. Ophni et Phinée, ayant imité leur insolence et leur orgueil, subirent le même sort.

44. Nous voyons dans l'Évangile que Simon, tombé dans l'erreur malgré sa prudence, ne laissa pas que d'obtenir son pardon. Élymas, qui résistait à la prédication, fut privé de la vue pour un temps; mais ensuite ce châtiment fut levé. Au contraire, Saphire et son épouse, de même que les prêtres que nous avons cités, n'eurent pas un seul instant pour se défendre, parce qu'il y avait dans leur cœur un mépris secret. Nous avons dit que les pensées devenaient une occasion de péché lorsqu'on y donnait son consentement: un simple examen suf-

phira[1], ejusque consors sacerdotibus similes; quippe qui et ipsi nullum defensionis invenerunt locum, quoniam in occulta quadam contemptione versabantur. Quemadmodum autem in cogitationibus peccatum esse diximus per consensum, tales quoque in antedictis cogitationes invenire licebit. Qui Satanæ traditus fuit, Rubeno similis reperitur, quoniam castigatus, dilectionem et veniam impetravit. Illud tamen in his interest, quod unus, vivente adhuc patre; alter autem defuncto eo, peccavit : ideoque Ruben majori pœnæ subjicitur. Et Judas traditor, similis Esaü exstitit; quia sicut hic primogenita, ita ille gratiam suam vendidit : quare et ambo rejecti sunt. Noverat Judas id quod agebat, quoniam gratiæ experimentum habebat. Nam et Dominus ad eum : « Osculo, inquit, me tradis[2]? » Et licet divinitatem cognovisset, avaritia tamen est devictus. Et Esaü quamvis admonitus, parentes tamen exacerbavit.

45. Magna sane differentia est, fratres, et in ipsa peccati cognitione magnum discrimen; quin et in ipsa potentia cernitur differentia sententiæ. Actionem considera, et discrepantiam cognosces. Consensum respice, et justitiæ momentum ac vim intelliges. Tempus actionis expende, et supplicium plane justum esse dices. Ne autem personæ nos species fallat, quod ea, quæ fiunt, non videamus. Ex me discite, quam recte Pharisæi reprehensi fuerint, cum Christus simulatum ipsorum taxavit habitum ac figuram; illique male sibi conscii, ad insidias mox se converterunt. Mihi quoque frequenter ejusmodi mœstitia accidit atque mœrositas; nam dum a conscientia reprehendor, contristor et moleste fero. Acerbus quippe apud illos, qui latere cupiunt, est veritatis stimulus; duraque videtur reprehensio esse hominibus, præsertim iis qui populo placere student. Detegite figuram hanc meam, et vermes apparebunt. Auferte fictionis operculum, et quid in sepulchro sit, perspicietis. Aspicite actionis meæ virtutem, et pharisaicam agnoscetis similitudinem. Hac sola re ab illis differo, quod et vobis ego, quid sum, confitear.

[1] Act. V, 2 et seqq. — [2] Luc. xxii, 48.

fira pour voir que plusieurs des personnages que nous avons rappelés ont eu de ces pensées de perversité. Celui qui fut livré à Satan est dans le même cas que Ruben, puisque, après avoir subi sa peine, il rentra en grâce et devint cher à Dieu. Il y a cependant cette différence entre eux, que l'un pécha du vivant de son père et l'autre après la mort du sien : aussi Ruben fut-il condamné à une peine plus sévère. Le traître Judas peut être comparé à Ésaü ; celui-ci vendit son droit d'aînesse, celui-là la faveur dont il jouissait auprès du Seigneur ; aussi ont-ils été l'un et l'autre rejetés. Judas n'ignorait pas l'étendue de son crime ; la grâce avait parlé à son cœur ; le Seigneur lui avait dit : « Quoi ! tu me trahis par un baiser ? » Et, quoiqu'il reconnût la divinité de son maître, l'avarice triompha. De même Ésaü, malgré de fréquens avertissemens, ne cessait d'irriter son père et sa mère.

45. Il y a sans doute, mes frères, une grande différence dans l'intelligence du péché et les motifs qui déterminent et révèlent la puissance de la décision. Examinez une action, et ces nuances vous frapperont. Ayez égard au consentement, et vous comprendrez pourquoi la justice a été si prompte et si sévère. Faites attention aux circonstances où le crime a été commis, et vous reconnaîtrez que le châtiment a été justement appliqué. Prenons garde de nous laisser tellement prévenir par l'opinion que nous avons des personnes que nous ne puissions sainement juger de leurs actes. Apprenez de moi combien étaient fondés les reproches que le Sauveur adressait aux Pharisiens, lorsqu'il leur disait qu'ils n'avaient qu'une gravité d'emprunt et un extérieur d'hypocrisie ; ils sentirent la justesse de cette observation, et ils résolurent sur-le-champ de se défaire d'un censeur si importun. J'ai éprouvé souvent un dépit et un chagrin semblables ; lorsque ma conscience me représente mes torts, je m'irrite, je le souffre avec impatience. L'aiguillon de la vérité est cruel pour ceux qui ne veulent pas voir leurs fautes ; les reproches sont toujours désagréables aux hommes, ils sont surtout mal reçus de ceux qui cherchent à plaire au peuple. Otez-moi ce masque, et vous apercevrez les vers qui me rongent. Enlevez cette couche de vernis, et vous verrez ce qu'il y a au fond de ce sépulcre infect. Examinez le but de mes actions, et vous verrez que je suis semblable aux Pharisiens. Je ne diffère d'eux qu'en ce que je me découvre à vos yeux tel que je suis.

46. Quapropter et vestris precibus me procul a supplicio abfuturum spero. Permagni enim refert, ut in tempore quis iniquitatem confiteatur, et confitendo, legislatoris iracundiam evitet. Neque parvi momenti res est, ut judicem quis sibi, culpam non negando, benevolum propitiumque reddat. Pharisæi itaque in sua pertinacia persistentes, cum ipsa Hierusalem capti sunt, et simulatam justitiam venditantes, peccatoribus confitentibus inferiores fuerunt. Quare et ab initio Christus aiebat eos in simulatione incedere. Quin etiam per Esaiam prædixerat eorum fraudem et calliditatem, seque venturum ac reprehensurum illos. Quid igitur ait? « Visitabo eos qui vestes gerunt » alienas : » semperque ab illo redarguebantur, quod justitiam simularent. Si aliorum erant, quorum igitur debebant esse? Si aliena ipsi vestimenta gestabant, quorum ergo illa Pharisæorum indumenta erant? Ego quidem sentio ea fuisse prophetarum; quoniam in illis populus erudiebatur. Sed etiam Apostolus referens quosdam in melotis [1] ac pellibus caprinis versatos esse, consequenter dixit in solitudine sic ipsos facere solitos. Nam in civitatibus habitum mutabant; neque enim scire volebant homines quidnam ipsi agerent.

47. Alienus igitur ac peregrinus Pharisæorum erat habitus; quippe qui cum essent insipientes, sapientum magistrorum more vestiebantur. Pelliceæ quidem vestes erant pro amictu; neque enim populo cupiebant esse conspicui. Pelliceas vero habebant atque gerebant, tanquam ad exercitationem accommodatas. Temperantia enim calore indiget; vestimentique illud genus erat congruens, tum domi, tum etiam foris : nam temperantiæ inopia conducit. Plane autem oratio per meditationem, et prudentia per temperantiam augetur ac proficit, quarum utraque tam sapientibus, quam Prophetis necessaria erat. Illis quidem, quia docebant : his autem, quia reprehendebant. Quamobrem etiam habitu indigebant utrique. Cæterum Pharisæi neutram vitæ rationem servabant; neque enim sapientes erant, neque futura prospiciebant. Proinde et merito eos Dominus reprehendit, quod negotiationi, non veritati vacarent.

48. Ego vero meam vobis, fratres, reprehensionem propono, ne

[1] Hebr. xi, 37, 38.

46. Aussi vos prières me préserveront du supplice que j'ai mérité. Il importe en effet d'avouer ses fautes lorsqu'il en est temps encore, afin que par une humble confession on désarme le courroux du juge. C'est beaucoup de se le concilier par la sincérité de ses aveux. Les Pharisiens, s'obstinant dans leur abominable hypocrisie, sont tombés entre les mains des ennemis lors de la prise de Jérusalem, et, à cause de l'équité apparente dont ils se décoraient, ils ont été mis au-dessous des pécheurs qui avouent ce qu'ils sont. Jésus-Christ avait dit dès le principe qu'ils marchaient dans la dissimulation. Il avait même prédit d'avance par la bouche d'Isaïe et leurs ruses et leurs artifices, et il avait annoncé qu'il viendrait les en reprendre. Dans quel autre but aurait-il dit en effet : « Je visiterai ceux qui portent des habits étran- » gers? » et il leur reprochait continuellement de se donner de faux airs d'équité. Ces habits étrangers, à qui appartenaient-ils donc? Et puisque les Pharisiens portaient des vêtemens qui n'étaient pas à eux, à qui donc pouvaient-ils être? Je pense que c'étaient ceux dont les prophètes se couvraient ; car ceux-ci instruisaient le peuple. Saint Paul rapporte que quelques-uns marchaient revêtus de peau de brebis et de chèvres, mais il déclare en même temps qu'ils ne s'en revêtaient que dans la solitude. En entrant dans les villes ils changeaient ce vêtement, ne voulant pas être reconnus pour ce qu'ils étaient.

47. Les Pharisiens portaient donc un costume étranger, puisque, dans leur démence, ils se mettaient comme ceux qui professaient la sagesse. Les prophètes s'habillaient de peaux ; ils ne voulaient pas que leur luxe frappât les yeux du peuple. Ils portaient de ces habits parce qu'ils étaient plus propres à la vie laborieuse qu'ils menaient. La tempérance a besoin de chaleur ; ce genre de vêtement était convenable et dans la maison et à la campagne, car la pauvreté s'accorde avec la tempérance. L'esprit d'oraison se nourrit par la méditation, et la sagesse fleurit dans la sobriété : or ces deux vertus étaient indispensables aux docteurs et aux prophètes ; à ceux-là, parce qu'ils instruisaient le peuple ; et à ceux-ci, parce qu'ils le reprenaient de ses vices : voilà pourquoi les uns et les autres avaient besoin de ce vêtement. Mais les Pharisiens ne s'occupaient de rien de semblable ; ils n'étaient pas docteurs, et ils ne pouvaient prédire l'avenir. Le Seigneur avait donc raison de leur reprocher de se livrer au commerce, et non à l'étude de la vérité.

48. Je vous expose, mes frères, ce qu'il y a de répréhensible en moi, afin que, lorsque Dieu examinera ma conduite, je ne sois pas

repente, cum Deus causam meam cognoverit, rideatis. « Opus enim « cujusque, inquit Apostolus, ignis probabit[1]. » Quod si opus discernere novit, quanto magis habitum dijudicabit! Nam si quis justorum habitu indutus fuerit tanquam justus, non rejicietur. Sin autem quis, indignus cum sit, illum assumpserit, nudabitur ac spoliabitur eo. Hic porro est ille, de quo dicit Evangelium : « Quia dividet eum[2]. » Distinctione enim habitus etiam honoris ac dignitatis gradus judicatur. Episcopus quippe, et presbyter, et diaconus, et reliqui, habitu et dignitate distinguuntur; qui autem reperti fuerint indigni, spoliabuntur. Non dicit de operibus : « Dividet; » nam ignis hæc cum eorum auctoribus comburet; verum de nomine et habitu illud dictum intelligitur. Decorem enim ac gloriam perdent, et ignominiam atque confusionem induent.

49. Sic igitur est vestimentum ignominiæ, ita est et gloriæ. Quod etiam in hoc mundo cernere licet. Nam alio induti sunt habitu qui ad mortem ducuntur; et alio qui in aliqua dignitate constituti procedunt. Ex rebus terrenis etiam cœlestia discamus, et ex talentis illis inter Christi ministros distributis, habitus et dignitates intelligamus. Non omnibus talentum impertitus est Deus, sed ministrantibus sibi servis. Itaque et monachi talentum, ut mihi quidem videtur, acceperunt; nam libera voluntate et electione a Deo comprehensi sunt. Quamobrem et habitu ab illis, qui in mundo degunt, distincti reperiuntur; quo quidem habitu modestiam et propositum suum designant. Quocirca judicium etiam fit de habitu; nam habitus vim professionis indicat. Si quis igitur non id agit, quod professus est, alienum is sibi habitum lucratur ac vindicat. Cujus autem est iste habitus alienus, nisi eorum, qui peregrinum illum faciunt atque alienum? Siquidem et de sermone quoque otioso judicamur. Et quis est sermo otiosus? Professio fidei, quæ est absque operibus. Credit enim, et Christum profitetur; sed otiose agit, cum ea minime præstet, quæ a Christo præcepta sunt. Est et in alio positus otiosus sermo, quando quis confitetur, sed non emendatur : quando se pœnitere affirmat, et peccare non cessat. Quin et de-

[1] I Cor. III, 13. — [2] Matth. XXIV, 51.

un objet de risée pour vous : « Car le feu éprouvera, dit l'Apôtre, l'ouvrage de chacun. » Si Dieu regarde de si près l'ouvrage qu'a fait chacun de nous, avec combien plus de soin observera-t-il l'extérieur que nous nous serons donné ! Celui qui aura mis l'habit des justes et qui l'aura porté dignement ne sera pas sans doute réprouvé. Mais celui dont la conduite aura été en opposition avec l'habit sera honteusement dépouillé. C'est de celui-là, certainement, que l'Évangile dit : « On le séparera de ce qui l'entoure. » C'est par la différence des habits que nous jugeons de la dignité et du haut rang des personnes. L'évêque, le prêtre, le diacre, tous les ordres ont un vêtement particulier qui les distingue ; celui qui aura été reconnu pour n'avoir pas été digne de le porter en sera dépouillé. Ce n'est pas de ses œuvres que l'Évangile dit « qu'on le séparera ; » les œuvres seront livrées aux flammes avec leurs auteurs. Il s'agit ici du nom et de l'habit qui perdront tout leur lustre, tout leur éclat, et qui seront couverts de honte et d'ignominie.

40. Ainsi, de même qu'il y a un vêtement de honte, il y a aussi un vêtement de gloire. Cette différence peut même s'observer dans ce que nous voyons en ce monde. Celui qu'on mène au supplice est autrement vêtu qu'un haut dignitaire qui s'avance en public. Apprenons des choses de la terre à juger de celles du ciel, et comprenons que ces talens distribués entre les ministres du Christ ne sont autre chose que les habits distinctifs, que les dignités. Dieu n'a pas donné le talent à tout le monde, il n'a fait ce don qu'aux hommes voués à son service. Les religieux, par exemple, l'ont reçu, selon moi ; car Dieu les a retirés du siècle par une vocation spéciale et par un effet de sa volonté souveraine ; aussi portent-ils un habit qui les distingue des gens du monde, et qui désigne leur modestie et les saints engagemens qu'ils ont contractés. Ils seront donc jugés d'après leur vêtement ; car ce vêtement est le symbole des vœux qu'ils ont prononcés. Si la conduite de l'un d'eux n'est pas conforme aux promesses qu'il a faites, il usurpe un habit qui ne lui appartient pas. A qui appartient-il donc, sinon à ceux qui prouvent par leur vertu qu'il ne convient pas à celui qui s'en est revêtu ? Et certes nous aurons même à rendre compte des discours inutiles que nous aurons tenus. Mais que faut-il appeler paroles inutiles ? ce sont les vœux prononcés en embrassant une profession sainte et démentis par la conduite. Tel croit et confesse le Christ ; mais à quoi bon, puisqu'il ne tient nul compte de ce que Jésus-Christ nous ordonne ? Il est encore d'autres discours inutiles ; ce sont les aveux d'un homme

tractio otiosus est sermo; quia, dum præsentem eum videt, cui quis detraxit, obmutescit. Et qui libere confidenterque non reprehendit, etiam obloquitur; quoniam robore ac firmitate sermo ejus caret. Et qui ex se ipso mendacia fingit, eodem sermonis otiosi vitio laborat; quia ea, quæ nec facta, nec visa sunt, enarrat.

50. His autem cunctis obstricti sumus criminibus, fratres. Neque enim hæc temere ac frustra instituta est a me indagatio. Expono autem vobis, tanquam medicis, mala quæ patior, ut curandis meis vulneribus, orationis vestræ medicamenta adhibeatis. Conor vobis singulas actiones meas aperire; nam si veritatem tacuero, me ipsum injuria afficiam. Multi sunt, qui præ pudore occultando morbum, insanabilem eum reddunt, quem novissime dolent se medico non exposuisse. Ego vero, nisi mea peccata propter eorum multitudinem me effugerint, non celabo confusionem meam. Melius est enim opem deposcendo vivere, quam præ verecundia silendo fame miserabiliter perire. Conducitque magis, dolorem tolerando, vitam retinere, quam ad breve tempus quiescendo, morbum plane incurabilem efficere.

51. Letalem igitur in me locum quemdam otiosus sermo tenet totusque in me, ni fallor, abditus est. Quis est ergo sermo otiosus? Qui in solo habitu versatur : qui post boni cognitionem in malis persistit : qui quæ bona sunt docet, et opere non perficit. Scio quidem me multa, fratres, ad vos, et ad alios plures conscripsisse; sed ea scribendo, sententiam in me ipso tuli. Cumque male agerem, cognoscebam quæ a me perficiebantur, et in male agendo perseverabam, et simulabam, fingens justum quod erat injustum. Monachosque judicabam, cum ipse monachi duntaxat habitum in me circumferrem. Verum ea mihi sola tantis in malis reliqua est excusatio atque defensio, quod nemini scandalum præbuerim. Malum quidem commisi; sed illius testes non sunt homines. At os scriptis redargui; at nemini gravis aut molestus fui. Veritatem injuria affeci ad misericordiam in-

confessant ses fautes et qui n'amende pas sa conduite, qui assure que son repentir est sincère et qui n'en continue pas moins à pécher. Les médisances sont encore des paroles oiseuses ; celui qui les profère se tait aussitôt qu'il voit paraître la personne contre laquelle il parle ; celui qui n'a pas le courage de reprendre librement et avec fermeté tombe dans le même défaut ; sa parole manque de précision et d'énergie. Celui qui débite des histoires de son invention se rend coupable de la même faute, puisqu'il raconte ce que personne n'a fait, ce que personne n'a vu.

50. Mes frères, nous sommes sujets à tous ces défauts : ce n'est pas sans motif que j'ai commencé devant vous l'examen de ma conscience ; je vous découvre, comme à des médecins, les maux dont je suis attaqué, afin que vous fassiez couler sur mes plaies le baume salutaire de vos prières. Je m'efforce de vous faire connaître toutes mes actions ; en cachant la vérité, je me nuirais à moi-même ; souvent il arrive que par une mauvaise honte on tait le mal dont on est atteint, et que par là on rend la guérison impossible ; on se repent, mais trop tard, de n'avoir pas tout découvert au médecin. Pour moi, si la multitude de mes péchés m'en fait oublier quelques-uns, je ne me laisserai pas arrêter par la crainte de la confusion ; il vaut mieux vivre en demandant, s'il le faut, l'aumône, que de cacher sa misère et de périr d'inanition ; il est préférable de se résigner à un peu de douleur pour conserver la vie que de rendre son mal incurable pour s'épargner quelques instans de souffrance.

51. Les discours inutiles ont fait une blessure mortelle à mon ame ; leurs ravages, si je ne me trompe, se sont étendus au dedans de moi. Que sont des paroles inutiles ? elles sont une vertu qui ne consiste que dans l'habit ; elles sont la conduite d'un homme qui connaît le bien et qui persiste dans le mal, qui enseigne la vertu et ne la met pas en pratique. Mes frères, j'ai écrit bien des choses pour votre instruction et pour celle de beaucoup d'autres encore ; les lignes que j'ai tracées sont ma condamnation. Lorsque je commettais le mal, je savais parfaitement ce que je faisais, je n'en persistais pas moins dans le crime, et j'usais de dissimulation ; tâchant de me persuader que ce qui était injuste était juste. Je condamnais les religieux, et moi-même je n'avais de ma sainte profession que l'habit. La seule consolation qui me reste au milieu de tant de misère, la seule excuse que je puisse alléguer, c'est que je n'ai occasionné de scandale à personne. J'ai fait le mal, mais nul ne l'a vu. J'ai repris les autres dans mes écrits, mais je n'ai

clinans; sed in me ipso tale quid non præstiti. Fratribus cibos male distribui; sed non eos propinquis meis attribui. Ventrem replevi; sed non epulis sumptuosis. Jejunium solvi; sed non contempsi. Animi continentiam accurate professus sum; sed ad tempus immutavi. Mendacio attrahebar quidem certe, verum non oblectabar. Preces atque orationes neglexi; non ulla tamen adductus impietate. In psalmodia negligenter me gessi; sed non aliis mundanis rebus distrahebar. In manuum opus non incubui; non tamen alicui gravis fui. Multis in locis veritatem parvifeci; sed nulli omnino offendiculum præbui.

52. Peto igitur et obsecro, ut mihi in pavimento jacenti manum auxiliumque præbeatis. Surgere enim dum volo, nequeo; quia peccatorum pondere gravor. Surgere quidem cupio; sed mala me humi detinet consuetudo. Oculis quidem aspicio; sed tanquam in caligine tenebrisque magnis incedo. Manum meam moveo; sed tamen veluti paralyticus existo. Bono quidem sum animo; verum segni ac deside. Oro, liberari cupiens; at licet jejunans, retineor. Bonum animi propositum liberamque voluntatem habeo; sed vi quadam impedior. Fratres hospitesque diligo; at non sicut decet. Pietatis cultor sum; verum tepidus. A quibus sum beneficiis affectus, illis in amore officiisque respondeo. Inimicos si minus ulciscar, non tamen amore ac benevolentia prosequor. Iis, qui me oderunt, infensus sum; sed tamen vindictam insidiasque non molior. Ad peccatum sum indifferens; non tamen auxiliatrices manus præbeo. Gloriam et si aucupor, non tamen exigo. In cunctis denique operibus meis supinus quidem sum ac negligens. Atque ideo velut paralyticus, opem misericordiamque imploro. Cum enim bene habere possim, a bono statu longe recedo. Et cum profutura desidero, juxta illa non ambulo; et dum brevem animadversionem devito, procul non consisto.

poursuivi personne. J'ai fait tort, à la vérité, par trop de compassion, mais je n'ai pas eu la même indulgence pour moi-même. J'ai peut-être mal distribué les alimens à mes frères, mais du moins je ne les ai pas réservés pour mes parens. Je me suis rassasié, mais je n'ai pas mangé des mets recherchés. J'ai rompu le jeûne, mais jamais par mépris. J'ai modéré les sentimens de mon ame, mais j'ai su les exciter lorsqu'il le fallait. Le mensonge avait pour moi quelque attrait, mais je n'en étais pas l'esclave. J'ai négligé la prière et l'oraison, mais non par impiété. J'ai chanté les Psaumes avec peu de ferveur, mais je n'étais pas distrait par des pensées mondaines. Je n'ai pas mis beaucoup d'ardeur aux travaux corporels, mais je n'ai point été à charge à autrui. Souvent j'ai fait peu de cas de la vérité, mais je n'ai été pour personne une occasion de chute.

52. Je vous prie donc et vous conjure de me prêter une main secourable pour me relever de la fange où je suis étendu; je fais des efforts pour me lever, et je ne le puis; je reste accablé sous le poids de mes iniquités. Je voudrais me mettre sur pied, mais de mauvaises habitudes me retiennent attaché à la terre. J'ouvre les yeux, mais je marche au milieu de ténèbres épaisses. Je veux remuer la main, mais je suis comme un paralytique. J'ai de bonnes intentions, mais je suis énervé et sans force. Je prie, soupirant après ma délivrance; mes jeûnes ne peuvent rompre mes liens; mon ame est remplie de saints désirs; ma volonté est libre, et cependant je ne sais quelle force me retient malgré moi. Je fais bon accueil aux frères et aux étrangers, mais non pas autant qu'il convient. J'aime la piété, mais j'en remplis les devoirs avec tiédeur. A ceux qui me font du bien, je réponds par l'amitié et des services réciproques. Si je ne me venge pas cruellement de mes ennemis, du moins je n'ai pour eux ni amitié ni bienveillance. Je rends la haine à ceux qui en éprouvent pour moi, mais je ne cherche pas à leur nuire, je ne leur dresse pas d'embûches. Je laisse commettre le péché, mais du moins je n'y coopère pas. Je désire les témoignages de respect, mais je ne les exige pas. Enfin, dans toutes les parties de ma conduite on voit la même négligence et la même imperfection; aussi, comme le paralytique, j'implore le secours et la commisération de chacun. Pouvant recouvrer la santé, je néglige les voies qui peuvent la ramener; je désire ce qui peut m'être salutaire, et je ne fais rien pour me le procurer; lorsque je pourrais posséder la santé, j'en demeure éloigné; j'aspire au bonheur, et je ne m'en rapproche pas, et je ne sais pas me tenir à l'écart de l'inimitié que je veux éviter.

53. Quocirca in his mihi malis versanti, omni studio atque diligentia succurrite. Quod si sedulo præstiteritis, de Dei benignitate haudquaquam diffido. Liberavit et olim Moyses sororem suam Mariam a lepra [1] : et David, genus Jonathan a judicio Dei, propter pactum [2] : Elias filium viduæ a morte [3] : et Elisæus viduam a fame [4], et Sunamitidem a luctu [5]. Quin et in Evangelio plurimi aliorum precibus fuerunt liberati. Nam de Salvatore quid attinet dicere? quippe qui ea, videntur fieri non posse, reddidit possibilia. Animas siquidem eorum, qui in aliis consolationem præbebant, se autem propter transgressionem liberare nequibant, ipse liberavit atque redemit. Omnia, quæ audistis, quæque egistis, partim a vobis præstari possunt, partim nequeunt.

54. In quibus igitur opitulari nobis potestis, quemadmodum illi, subvenite; confido autem fore, ut illa etiam, quæ a vobis præstari nequeunt, concedat et donet Deus immenso gratiæ suæ pelago, si mihi per vos placetur atque concilietur. Quanto enim ipse hominibus antecellit, tanto etiam vos nolite vinci, rogantes. Nam omnem creaturæ benignitatem sua clementia facile superabit. Vestrum enim est, o sancti, pro peccatoribus deprecari. Dei vero munus est desperatis misericordiam impertiri, eosque ad ovilis unitatem reducere, in Christo Jesu Domino nostro, per quem, et cum quo, Patri gloria et potestas cum sanctissimo Spiritu, nunc et semper, et in sæcula sæculorum. Amen.

SERMONES POLEMICI.

DE MARGARITA.

§ I.

1. Accidit aliquando, fratres, ad manus venire meas Margaritam.

[1] Num. xii, 16. — [2] 1 Reg. xx, 16. — [3] 3 Reg. xvii, 22. — [4] 4 Reg. iv, 1-7. — [5] Ibid. 31.

53. Rappelez tout votre zèle et toute votre charité pour me secourir dans ma déplorable misère, accordez-moi vos soins, et je ne désespère pas de la divine miséricorde. Autrefois Moïse guérit de la lèpre sa sœur Marie ; David, à cause de l'alliance qu'il avait contractée avec Jonathas, préserva ses enfans des effets de la colère de Dieu ; Élie ressuscita le fils de la veuve ; Élisée secourut une autre veuve dans la famine, et délivra la Sunamite du mal dont elle était affligée. L'Évangile nous parle d'une foule de malades guéris par les prières des autres. Que dirai-je de notre divin Sauveur ? N'a-t-il pas exécuté ce qu'avant lui on regardait comme impossible ? Il vint en aide à ceux qui avaient donné des consolations, et il les délivra des maux dont ils étaient accablés, et qu'ils ne pouvaient détourner de dessus leur tête. De toutes les choses que vous venez d'entendre, et dont vous avez fait déjà quelques-unes, il en est que vous pouvez exécuter, il en est qui sont au-dessus de vos forces.

54. Secourez-nous donc en tout ce qui dépend de vous comme l'ont fait les saints que je viens de vous rappeler ; pour ce qu'il n'est pas en votre pouvoir de m'obtenir, j'ai la confiance que Dieu me l'accordera des trésors infinis de sa grâce, toutefois si vous me le conciliez, si vous me le rendez propice. Autant sa puissance l'emporte sur celle des hommes, autant je vous prie de mettre d'ardeur dans vos prières. La clémence du Seigneur sera toujours infiniment au-dessus de la bonté des créatures. C'est à vous qu'il appartient, ames saintes, de prier pour les pécheurs. L'œuvre de Dieu, c'est de répandre sa miséricorde sur ceux qui sont dans la détresse, c'est de les ramener au bercail, en Jésus-Christ notre Seigneur, par qui et avec qui gloire et puissance sont au Père et au très-saint Esprit, maintenant et toujours, et dans tous les siècles des siècles. Ainsi soit-il.

DISCOURS DE POLÉMIQUE.

LA PERLE ÉVANGÉLIQUE.

§ I.

1. Un jour, mes frères, une Perle me tomba entre les mains. Un travail merveilleux réunissait en elle les insignes de la royauté, les images et les symboles de cette majesté imposante et sublime. Je com-

Apparebant in ea affabre elaborata regia insignia, imagines et symbola eximiæ illius singularis majestatis. Fontem esse intellexi, unde mihi haurire liceret latices secretorum Filii Dei. Illam itaque, porrecta statim manu, appetii, dumque teneo, et attente examino, animadverti non unam habere faciem; in ea nulla pars extra faciem, tota facies erat. Quare typum esse deprehendi Filii Dei, cujus Numen inscrutabile et incomprehensum usque manere mirum esse non debet, est totum quippe lumen. Eximius hujus Margaritæ nitor et claritas præcellentem illam naturam repræsentabat, cujus splendor nullis infuscatur tenebris, nec ullo pax perturbatur bello. Ejus iterum singularis candor Domini sui corpus purissimum adumbrabat, ejus demum natura simplex et individua testabatur unam pariter esse veritatem. Videre erat in ea expressam Ecclesiam, immaculatum ejusdem Margaritæ partum, et huic insidentem Filium Dei, Filioque suo assidentem ipsius Genitricem olim in nube ac cœlo significatam, unde lumen illud e lumine manans nobis illuxit. Similibus hieroglyphicis in ea impressæ visebantur victoriarum ejus ac triumphorum imagines, indicabantur ejus utilitates et mirabiles effectus, sic ut omnia ejus ornamenta non modo meis subjecta oculis perspicerem, sed etiam occulta inde conjectarem.

2. Gratulabar ipse mihi inventam arcam Noetica potiorem, cujus contemplatus formam satis admirari non poteram; mirabar in ea thalamos clausos, nec ideo umbra opacatos. Solis quippe filia est, vocales typos, data, tacente oraculo, responsa, et surdam citharam sine voce sonantem: cum ex improviso meas pepulit aures tuba, ruptæque nubis horrificus fragor me perculit his vocibus: « Cave inconcessa procaciter appetas; vide ut arcana et occulta tacitus et admirabundus prætereas, atquo iis, quæ tibi scire indultum est, modeste insistas. » Rursus stupebam sine nube pluviam; fons erat, imber cœlo cadens videbatur, qui plurium arcanorum interpretamentis meas implevit aures : quare melleum illum rorem Margarita referebat, et ille quidem se solo populum alu t, adeo ut eo pasti nullo alio indigerent alimento; ista mihi cujusvis alterius cibi appetitionem sustulit, ut jam nec libros requiram, nec horum mihi lectione, aut expositione sit opus. Et quanquam alia superant arcana quæ scire delectet, os tamen illa non

pris quelle était la source à laquelle je pourrais puiser en abondance les secrets du fils de Dieu. Étendant aussitôt la main, je la saisis, et, tandis que je la tiens et que je l'examine avec attention, je m'aperçois qu'elle n'a pas une seule face; qu'elle est sans aspérités, et ne présente à la vue qu'un seul aspect. Aussi je compris qu'elle était le type du fils de Dieu dont la divinité reste encore impénétrable, incompréhensible, bien qu'elle soit toute lumière. Le lustre, l'éclat brillant de cette Perle représentait cette nature supérieure dont la splendeur n'est obscurcie par aucunes ténèbres et dont la paix n'est troublée par aucune guerre. Son exquise blancheur indiquait l'inaltérable pureté du corps du Seigneur, et sa nature simple et indivisible attestait aussi que la vérité est une. On voyait en elle la figure de l'Église, enfantement immaculé de cette Perle; dans ses bras le fils de Dieu, et près du Fils, sa mère assise avec la gloire qui lui échut autrefois dans les nuées et dans les cieux, d'où cette lumière, émanation de la lumière est venue briller sur nos têtes. De tels symboles laissaient voir en elle l'image de ses victoires et de ses triomphes, indiquaient ses services et ses fruits admirables; en sorte que je ne compris pas seulement les beautés offertes à ma vue, mais que j'en imaginai une foule qu'elle recélait.

2. Je me félicitais d'avoir trouvé une arche plus précieuse que celle de Noé, et je ne pouvais me lasser d'en contempler la magnificence. J'admirais en elle des chambres nuptiales, qui, pour être fermées, n'étaient cependant pas obscurcies par les ténèbres, parce qu'elle est fille du soleil. J'admirais des signes éloquens, la réponse donnée dans le silence de l'oracle, une harpe immobile et résonnant sans bruit, lorsque tout-à-coup le son de la trompette vint frapper mes oreilles, les nuées se rompent et ces paroles retentissent avec un éclat épouvantable : « Garde-toi de désirer orgueilleusement ce que l'on te refuse; passe avec une admiration discrète et silencieuse, sur les secrets et les mystères, et poursuis avec modestie ce que l'on te permet de connaître. » Je fus de nouveau saisi d'étonnement à la vue d'une pluie sans nuages; l'eau qui semblait tomber du ciel était la source qui remplissait mes oreilles de l'interprétation d'une infinité de mystères. Aussi la Perle était pour moi cette rosée de miel qui suffit pour faire subsister le peuple sans qu'il eût besoin d'une autre nourriture. Elle m'a dégoûté de tout autre aliment: déjà je ne recherche plus les livres,

habet, ut eam audiam loquentem, nec aures, ut me sciscitantem exaudiat. Tandem intellexi nullis præditam esse sensibus, quæ mihi novas ad divina percipienda facultates subministrabat.

3. Tunc sic locuta est : « Maris immensi filia sum; arcanorum thesaurum ex eo, quod me genuit, pelago, mecum affero pectori inclusum meo. Tu vero tuis commensa viribus freta metire, horum Dominum reverere, hunc explorare ne audeas. Exercitatos in arte vidi urinatores, istud ingressos mare post me, illico retrocessisse, ejus altitudine perterritos, indeque trepidos in continentem se proripuisse, adeo nec ad breve tempus ejus sustinuere fremitum. Etenimvero quis potis sit longiorem ibi ferre moram, ut Divinitatis profundum otiosus explorator perscrutatur? » Filius Dei pelagus est, navigantibus commoda et damna parat. Quid? num concitatos vestri maris fluctus nunquam spectastis, utve obluctantem fregere ratem; obsequentem contra minimeque obnitentem servarunt? Universos obruit Ægyptios mare, etsi divinorum arcanorum religionem temere pervestigando nunquam violassent. Hebræos etsi hoc insontes crimine terra absorbuit, videte, scrutatores, quale vobis immineat malum. Sodomitas item flamma consumpsit, similem vos exitum pertimescite. Interfectorum gemitibus pelago personante trepidarunt pisces et grandia cete; ferreum vos pectus habere credo, qui talia sontibus constituta supplicia, legitis, et qualia illi perpetrarunt, scelera concipitis. Ego sane tremisco, tum maxime quod illa ab ultrice Dei justitia usque modo dissimulari conspicio.

4. Concurrunt simul impia disceptatio et pia confessio, utram putas victricem fore? lingua suaves modulatur hymnos, eadem disceptando in sacra irrumpit adyta, utras voces dices ad aurem venturas? Supplex precatio et insolens quæstio uno funduntur ore, utram attendet Deus? Cum belluæ natantes a Deo fugientem Jonam suum cernerent factum contubernalem ad breve licet tridui spatium, facinus exhorruerunt : Quis, aiebant, a Deo fugere potis erit? scilicet Jonas Deo se subducere quærit; vos contra, protorvi scrutatores, hunc persequi adhuc pertinaciter obstinatis.

leur interprétation me semble inutile, encore qu'il me reste mille secrets que j'eusse désiré découvrir ; je vois pourtant que cette Perle n'a ni bouche pour me parler quand je l'écoute, ni oreilles pour m'entendre quand je l'interroge. Enfin je reconnais qu'elle n'est douée d'aucun sens, elle qui me transmet des facultés nouvelles pour pénétrer les divins mystères.

3. Tout-à-coup elle s'exprime en ces termes : « Je suis fille de l'immense Océan, et de cette mer qui m'a donné l'être ; j'apporte dans mon sein le trésor des mystères. Pour toi, mesure les flots qui ont été mesurés à tes forces, respectes-en le maître et crains de lever tes yeux jusqu'à lui. J'ai vu des plongeurs expérimentés dans leur art me suivre dans cette mer, et reculer aussitôt épouvantés de ses profondeurs, et, n'en pouvant supporter un instant le murmure, tremblans, ils regagnaient la terre. Et qui donc pourrait sonder à loisir la divine immensité. » Le Fils de Dieu est la mer qui prépare aux navigateurs d'heureux retours ou des naufrages ; n'avez-vous jamais remarqué les flots en courroux briser votre navire qui lutte, tandis qu'ils le conservaient, lorsque, docile, il leur obéissait sans résistance ? La mer a englouti les Égyptiens ; et cependant ils avaient respecté la religion des saints mystères, leur témérité n'avait pas osé les violer. De même les Hébreux innocens de ce crime furent abimés sous la terre : voyez quel châtiment vous menace, vous qui voulez tout connaître. La flamme consuma Sodome ; ah ! redoutez, redoutez cette fin. La mer transmit les gémissemens des mourans, et les poissons et les énormes baleines tremblèrent de frayeur. Vous avez un cœur de fer, je le crois, vous qui lisez que de semblables supplices ont été infligés aux coupables et qui méditez des crimes pareils à ceux qu'ils ont commis. Pour moi, je tremble, je l'avoue, alors que je vois qu'on s'efforce de cacher à Dieu ses forfaits, pour les soustraire à sa justice.

4. La soumission religieuse et la dispute impie entrent ensemble dans la lice : de quelle côté mettez-vous la victoire ? La même bouche célèbre un hymne harmonieux et fait retentir le sanctuaire sacré de ses bruyans débats. Laquelle des deux voix, selon vous, arrive au Seigneur ? Celle-ci l'interroge avec arrogance, et l'autre le supplie humblement ; quels accens pensez-vous que le Seigneur écoute ? Quand les monstres marins aperçurent Jonas, fuyant son Dieu, devenir comme eux habitant des ondes, seulement durant trois jours, ils eurent horreur de son crime, et ils s'écrièrent : Qui peut échapper au Seigneur ? Jonas cherchait à l'éviter ; et vous, impies, vous vous obstinez à le poursuivre.

§ II.

1. Cui similem te esse, Margarita, dicam? Hoc precor, tuum me ab ore tuo pendentem doceat silentium; tacendo loquere; mutas quicumque voces exceperit, intelliget isthuc, quod præfers, mysterium sine voce sonare salutis nostræ Reparatorem. Est mater tua sponsa maris innupta, pelagus illam non duxit, ipsa sponte sua in ejus sinum delapsa est. Virgo te concepit, Virgo mater judæas feminas sugillat gemmata monilia gestantes, nulla præter te gemma suo conceptu refert divinum Verbum, quod cælebs generavit Altissimus. Quas natura fingit gemmas, ad repræsentandum cœlestium margaritarum nitorem formare videtur. Fœtus eximius oculis patet; qui hunc concepit, uterus adhuc latet; tuus, Margarita, conceptus inde valde quam admirandus, quod sine semine et conjugali opere perfectus est, origo tua singularis est, nullam habitura parem. Dominus dicitur habuisse fratres, qui certe nullos habere potuit, cum a natura unicus sit. O partum singularem et admirandum! qui tui similem extra unigenitum nullum habes; esto tot dicaris habere fratres et sorores, quot regum diademata ostendant gemmas. Sint, si placet, tui fratres berylli et sodales pellucidi lapides, cognatum item aurum habeto. Constat tamen ratum extra tuos dilectos neminem in Regis regum diademate locum habiturum. E mari viventium sepulchro emerseras, cum amantes tui tibi obviam venere, quos intuita: « Vos, clamasti, sanctorum cœtus cupiens habere propinquos cognatos et fratres, huc appuli. » Grana frumenti suis aristæ folliculis involuta ferunt, te autem regum diademata gestant aureo venuste cavo illigatam. Nec utique immerenti honor ille tibi reddebatur, ut ex eo, ubi jacebas, loco ad summum honoris gradum conscenderes: triticum arista gerit in agro, te autem velut insigne capitis ornamentum, rex sublimi vectus curru, gloriose circumfert. O beatam maris filiam, quæ de pelago, in quo genita fueras, in continentem migrasti, amatores quæsitura tuos, qui quidem venientem confestim rapuerunt, et ad proprium cultum ornatumque transtulere. Nec porro secus gentes, quæcumque unigenitum adamarunt, cum jam præsentem haberent, complexæ sunt, suoque unaquæque capiti velut splendidum diadema imposuerunt.

§ II.

1. A qui te comparer, ô Perle admirable? J'écoute avec anxiété, oh! de grâce, que ton silence m'instruise; parle, mais sans bruit; tes paroles muettes à qui les comprendra révèleront que le mystère que tu présentes exprime silencieusement le réparateur de notre salut. Ta mère est vierge, et pourtant elle est femme de l'Océan : l'Océan ne l'a point épousée, c'est de son propre mouvement qu'elle s'est précipitée dans son sein. Elle t'a conçue en état de virginité ; vierge, ta mère dédaigne les femmes juives qui se parent de colliers de perles ; nulle autre ne rappelle comme toi par son origine le Verbe divin que dans son célibat engendra le Très-Haut. Les perles sorties des mains de la nature semblent n'avoir été formées que pour rehausser l'éclat des perles célestes. Un fruit délicieux est offert à nos yeux ; le sein qui l'a conçu est encore ignoré ; ô Perle ! ta conception est d'autant plus admirable qu'elle a été opérée sans le secours d'un époux et des principes fécondans ; ton origine est unique, jamais tu n'auras de rivale. On dit que le Seigneur eut des frères, et certes c'est à tort, puisque par sa nature il est seul et unique. O admirable et merveilleux enfantement, qui n'as rien de semblable à toi que le Fils unique! Eh bien, je veux qu'on dise que tu as autant de frères et de sœurs que les diadèmes royaux font briller de rubis. Daigne accepter pour frères et pour amis les précieux béryls et les pierres étincelantes. Que l'or soit aussi admis au nombre de tes parens, il n'en est pas moins vrai que nul, si ce n'est tes élus, ne peut venir prendre place sur le diadème du Roi des rois. Tu étais sortie de la mer, sépulcre d'êtres vivans, lorsque tes bien-aimés vinrent au-devant de toi ; en les considérant tu t'es écriée : « Je suis venue ici, troupe de saints, parce que je voulais vous avoir pour proches, pour parens et pour frères. » Les épis portent les grains de blé enveloppés dans leurs cellules, mais les diadèmes des rois te tiennent enchâssée dans une élégante cavité d'or. Cet honneur si bien mérité t'a été rendu, afin que tu pusses monter, du lieu où tu étais ensevelie, au plus haut degré de la gloire. C'est dans un champ que l'épi de blé porte le froment ; mais c'est à sa tête et comme un ornement de prix qu'un roi, traîné dans un char magnifique, te promène partout avec orgueil. O bienheureuse fille de la mer qui, des ondes où tu as été engendrée, es venue sur la terre pour chercher ceux qui t'aiment. Dès ton apparition, ils se sont emparés de toi pour te faire servir à leur parure. De même les nations ont em-

2. Occulta veritatis vi ab hominibus profligatus draco, pedibus etiam proculcatus est, tum vero victores sordidas abjecere vestes, mundis mox immergendi aquis, hinc per sacramentum chrismatis Christum induerunt, teque simul indidem extractam surripuere sibi; emersere nudi, rejectis, quæ ante exuerant, indumentis. Hac arte suas animas excussere e faucibus draconis amaro, vano tamen questu clamitantis. Ingenium nacta es mitissimum, quale fuit Agni illius mansueti, qui ad occisionem ductus, non aperuit os suum; si quis te infestus aliquando invasit, raptamque egit in crucem, id est, suis auribus suspendit, ut in Calvario colle Judæi Dominum, tuam spectatoribus lucem, adeo non subtrahis, ut inde liberalius etiam non merentibus profundas.

3. Pulcherrimam Filii Dei formam tuo in vultu expressam cernimus, sustinuit ille crucem, ligno trabalibus confixus clavis; quid? num te non similis pœna afflixit immerentem, nec tuæ terebratæ sunt manus? Et illi quidem crux regnum comparavit, tibi vero ærumnæ et labores pulchritudinem et venustatem conciliarunt. Enimvero quo tibi persecutores minus pepercerunt, teque crudelius tractarunt, eo tibi profuere magis; unde enim te tantis affecere malis, regale tibi diadema fabricarunt. Simon Petrus petræ miseratus ærumnas, ex vero prædixit fore, ut collisa suos collideret offensores: adeo liquet persecutionibus ejus splendorem exstinctum non fuisse, ut vel ex hoc ipso conflictu majorem adepta venustatem superis inferisque novam lucem affuderit.

§ III.

1. Te merito, Margarita, miror, quæ nudata quæris lucem et latebras fugis. Negotiator quoque tuo incensus amore, suis se exspoliavit vestibus, non quo vellet te operire nudam, nec enim talis eras; fulgor namque tuus te tegit et ornat, communibus carentem tegumentis. Evam proinde refers, nunquam minus nudam, quam cum nuda fuit. Quare

brassé le Fils unique dès sa venue au milieu d'elles; elles l'ont aimé, et chacune à l'envi l'a porté sur sa tête comme un glorieux diadème.

2. Les hommes ont battu le serpent par la secrète force de la vérité, et le serpent a été foulé aux pieds; alors aussi les vainqueurs ont rejeté leur livrée d'ignominie et, se plongeant bientôt dans les eaux pures, ils se sont revêtus du Christ par l'onction sacrée; c'est aussi de son sein qu'ils t'ont tirée. De là ils sont sortis nus et rejetant loin d'eux les vêtemens qu'ils avaient déjà dépouillés. Par cette résolution ils ont retiré leurs ames de la gueule du serpent qui, dans sa douleur, poussa de vaines plaintes. Et toi tu as acquis ce calme paisible, cette sérénité d'esprit comparable à la douceur de cet agneau qu'on menait à la mort et qui n'ouvrit pas seulement la bouche. Hélas! une main t'a saisie, pour te placer sur sa croix, c'est-à-dire que les méchans t'on suspendue à leurs oreilles. C'est ainsi que les Juifs ont suspendu le Seigneur sur le mont du Calvaire, et cependant tu ne refuses pas ta lumière à ceux qui te regardent, mais tu la répands même avec libéralité sur ceux qui en sont indignes.

3. Sur ton front est empreinte la radieuse beauté du Fils de Dieu. Qui a souffert sur la croix attaché par des clous sur ce bois de douleur. Eh quoi? ne t'a-t-on pas infligé une peine semblable et, malgré ton innocence, tes mains ne sont-elles pas percées? Si la croix lui a valu le royaume des cieux, tes souffrances et tes travaux t'ont mérité l'éclat de la grâce. La constance et la cruauté de ses persécuteurs ont été d'un grand prix pour elle. Simon Pierre, ému de compassion pour les douleurs de la pierre, a prédit au nom de la vérité que, blessée par ceux qui l'attaqueraient, elle les blesserait à son tour : et loin qu'on puisse douter que sa splendeur ait été obscurcie par les persécutions, on peut donner l'assurance qu'elle était plus belle au sortir de ce combat, et qu'elle a répandu une lumière nouvelle dans les cieux et dans les enfers.

§ III.

1. Que j'aime à te voir, ô Perle divine, chercher dans ta simplicité précieuse l'éclat de la lumière et fuir l'obscurité des ténèbres! Le marchand, plein de ton amour, s'est dépouillé de ses vêtemens, non point pour te couvrir, puisque tu n'étais point nue; car ton éclat te protège, t'embellit et te revêt des vêtemens qui te manquent. Par là tu représentes Ève, qui ne fut jamais plus voilée que tant qu'elle con-

merito exsecrandus ille veterator, qui simplicem feminam suis circumventam dolis exspoliavit, nudamque rel'quit. Non ita tuum, Margarita, tibi coluber auferet ornatum unquam, nec enim potest. Consimile tuo amiculum in horto deliciarum beatis feminis nova retexet lux.

2. Margaritas Æthiopia profert candore insignes, uti nobis sacræ testantur Litteræ [1]; quis cedo, Nigritarum regionibus te omnium gemmarum nobilissimam dedit? Ille videlicet, qui diem cunctis attulit gentibus, Æthiopas et Indos etiam illuminavit. Cum enim eunuchum Æthiopem curru vectum aliquando vidisset Philippus, nitidissimus agnus de lavacro veniens, atrum hominem convenit, et sacra prius lectione eruditum, sanctis mox aquis expiavit, inde nova accedente luce illustratus Æthiops, eadem ducente, interruptum resumpsit iter [2]. In patriam revectus, gentiles suos colorem mutare docuit, et atros Æthiopas in candidas margaritas transformavit, quas cum Filius Dei accepisset, Patri suo æthiopicis gemmis illuminatum diadema obtulit.

3. Regina Saba Chananitidem venit [3], ovis videlicet ad saltum ferarum, veritatis lucernam ei Salomon accendit, cumque jam ad vanas gentium religiones declinasset, femur etiam inclinavit. Et regina quidem, recepto lumine, læta discessit. Hebræos autem consueto gentis vitio oculis laborantes reliquit. Cæterum scintilla, quam illa beata in opacam regionem intulerat, lumen suum conservavit, donec, adjuncta nova luce, scintillula crevit in solum, qui, dissipata undique errorum caligine, universam provinciam collustravit.

4. Magnos fert pisces mare, quorum bene multi ad decumanam magnitudinem proveniunt, attamen parvi revera sunt; tua, Margarita, moles quantumvis augusta sit, regale diadema splendide ac magnifice condecorat: scilicet Filii Dei symbolum es, cujus humilitas Adamum ad summam amplitudinem ac dignitatem evexit. Tu quoque diademati inserta caput coronas, pulcherrima specie oculos delectas, auribus splendorem accersis. Oho satis in aquis jacuisti, cui terrestre

[1] Job. xxviii, 10. — [2] Act. viii, 27-39. — [3] 3 Reg. xi.

serva sa nudité. Aussi combien mérite-t-il notre haine, ce fourbe qui, enveloppant la femme de ses piéges, la dépouilla de son innocence et l'abandonna sans voile. Il n'en sera pas ainsi pour toi, le serpent ne t'enlèvera pas ta parure, il n'en a pas la puissance; et, dans ton jardin de délices, une lumière nouvelle te couvre d'une robe semblable à celle de la femme innocente.

2. L'Éthiopie produit des perles d'une étonnante blancheur, ainsi que nous l'enseignent les saintes Écritures; qui donc t'a donnée au pays de la Nigritie, toi la plus éclatante de toutes les perles précieuses? C'est sans doute celui qui donne le jour à toutes les nations et qui éclaire en même temps et l'Inde et l'Éthiopie. Philippe, aussi pur qu'un agneau, revenait du bain lorsqu'il rencontra un eunuque de ce pays qui s'avançait traîné dans son char; il s'approche de l'homme de couleur noire, et, après l'avoir instruit par une lecture sacrée, il le purifie dans les eaux saintes. L'Éthiopien, éclairé par une lumière soudaine, reprend son voyage un moment interrompu. De retour dans sa patrie, il enseigna à ses concitoyens à changer leur couleur et à transformer en perles blanches les noirs Éthiopiens : lorsque le Fils de Dieu les eut agréées, il offrit à son père un diadème enrichi des perles de l'Éthiopie.

3. La reine de Saba, brebis venue parmi des animaux féroces, se rendit au pays de Chanaan. Salomon fit briller à ses yeux le flambeau de la vérité, lui qui déjà penchait vers l'idolâtrie des nations et qui s'inclina aussi devant elle. La reine, après avoir reçu la lumière, se retira joyeuse et laissa les Hébreux livrés à un aveuglement déplorable, vice habituel de cette nation. Cependant l'heureuse étincelle qu'elle avait apportée dans cette région d'ignorance y conserva sa lumière jusqu'à ce que, fortifiée d'une lumière nouvelle, l'étincelle, si faible d'abord, brilla comme un soleil, et, après avoir dissipé les ténèbres de l'erreur, répandit ses clartés sur toute cette province.

4. La mer contient d'énormes poissons, une foule d'entre eux arrivent à une prodigieuse grosseur, et ils sont cependant véritablement bien petits. Mais toi, divine Perle, quelle que soit ta petitesse, tu décores le diadème des rois avec splendeur et magnificence: par là je veux dire que tu es le symbole du Fils de Dieu, dont l'humilité a élevé Adam à la dignité souveraine. Attachée au diadème, tu couronnes le front, ton aspect flatte les yeux, et tu es l'ornement des oreilles. Assez long-temps tu es restée sous les eaux, toi à qui la nature avait assigné la terre pour demeure. Pourquoi retourner dans ta

domicilium natura dixit. Quin ergo ad propria remigras, nostris assuefacienda auribus : consentaneum namque est, ut istæ verbum salutis tecum pari amore complectantur. Intra aurem sedet verbum, extra illam Margarita : auris, cui te tuus Auctor commendavit, discat a te verbum veritatis commendatum habere, hujus speculum esto, atque verbi decorem in tua speculetur forma : in te intelligat ejus pretium. Ramum finge tibi esse aurem, corpus puta arborem, tequemet intra ea quasi divini fœtum luminis : forsan tua etiam symbola lucis genitricem respectant. Tibi Dominus simile dixit regnum cœlorum, quod alias comparaverat quinque virginibus, quibus solertia in conservanda suarum lampadum luce aditum illuc patefecit [1] : virginibus tu quoque similis es, simili, qua illæ nitent, luce coruscas.

5. Nemo sane pauperi feminæ unionem afferat, nec enim huic ejusmodi cultus congruit : quin ergo illa fidem gratis comparare satagit, quæ omnibus plane hominis membris apta et habilis est; sed nec nobilis matrona suam auro distrahat Margaritam. Videsis, qui talia audis, qualem, quamve turpem notam laturus sis, si forte cogitas in lutum projicere tantæ auctoritatis Gemmam. Ex fragilis porro lapilli pretio æviternæ unionis dignitatem æstimare debes, et ille quidem in pixide custoditur, aut annulo inclusus gestatur, aut conditur intra adyta, eique clausis ubique obseratisque ostiis studiose cavetur; tuam vero Margaritam Altissimus ille tuo repositam pectore obsignavit; uti enim rebus pretium ponere novit, sic datorum et acceptorum rationes exigere solet.

§ IV.

1. Latronem capta cepit fides, ligno suffixum refixit sustulitque lignum, et in horto deliciarum sede locavit. Vidit esuriens lignum trabe suspensum immortalitatis antidotum, si fructus fuit, ipse certe illud comedendo Adami imaginem expressit. Fatuus quidam, cum a recta declinasset, fidem quæstionibus quasi prurigentem oculum adortus est. Sed enim si scalpendi voluptas oculos tandem obcæcat, longe magis disceptandi libido fidem. Sed enimvero nec urinator repertam margaritam anxius moroso examinat; et omnes negotiatores gaudent

[1] Matth. xxv, 1.

patrie? tu dois t'habituer à nos oreilles; vraiment, il est naturel qu'elles conçoivent pour toi le même amour que pour la parole du salut, parole qui pénètre en elles, tandis que toi tu restes en dehors : que notre oreille, à qui tu as été destinée par ton Créateur, apprenne de toi à rechercher la parole de vérité : sois-en le miroir, que ta beauté nous rende l'éclat du Verbe, et que par toi nous connaissions tout son prix ! Suppose que l'oreille est un rameau, pense que le corps est un arbre, et que tu es entre eux comme le principe de la divine lumière ; peut-être aussi tes symboles représentent-ils la source de la lumière elle-même. Le Seigneur a dit que tu ressemblais au royaume des cieux, royaume que dans un autre passage il compare aux cinq Vierges qui en obtinrent l'entrée, parce qu'elles avaient su conserver la lumière de leurs lampes. Et toi aussi, tu ressembles aux vierges et tu brilles de la même lumière qu'elles.

5. N'offrez jamais une perle à la femme pauvre, cette parure ne lui convient pas : qu'elle se borne à acquérir gratuitement la foi qui s'unit et s'adapte à tous les organes de l'homme. Mais qu'une dame noble n'échange pas sa Perle pour de l'or. Toi qui saisis le sens de ces paroles, quelle honte ! quelle infamie ! tu le vois, pèserait sur ta tête, si tu pensais à jeter dans la boue une Perle d'un si grand prix. La valeur de la Perle éternelle, il faut l'apprécier en la comparant à ce frêle diamant que nous gardons dans un écrin, que nous portons enchâssé dans un anneau, et qu'ensuite nous cachons sous clef, avec tant de précautions et de soins. Quant à ta Perle, c'est dans ton cœur que le Très-Haut a marqué sa place ; car celui qui a mis un prix aux choses sait demander et tenir compte des bienfaits et de la reconnaissance.

§ IV.

1. Le bon larron avait ouvert son cœur à la foi ; la foi s'en empara, et, l'attachant par des liens spirituels à l'arbre de la croix où il avait été suspendu pour ses crimes, elle l'emporta avec elle en un jardin de délices. Dans la faim qui le pressait, dans cette soif de justice qui le dévorait, ce bois était pour lui le bois sauveur de l'immortalité; et, en mangeant le fruit qui pendait à ses rameaux, il a été l'image d'Adam notre premier père. Égaré dans les voies de l'erreur, un homme insensé s'attaque à la foi, et, pour calmer l'irritation de son œil trompé, il prétend l'enlacer dans les filets de ses questions captieuses ; mais si le plaisir attaché à cette satisfaction passagère trouble un in-

illam ad suas venisse manus, nec unde venerit sciscitantur, sed nec id rescire curat rex, qui suo eam inseruit diademati.

2. Cum Balaamus mutæ animantis stoliditatem induisset, recte jumento monenti parere coactus est, ut qui Deum suo ipsum alloquio dignantem sprevisset; tu vero pro jumento unionem habes hic monitorem. Sic olim populum Deus cor habentem lapideum increpuit per lapidem sibi jubenti obsequentem, suaque rupes obedientia homines refractarios revicit. Vos autem, quicumque ad veritatis monita obsurduistis, hodie Margarita castigat. Deo citante testes affuere turtur et milvus suam hominibus stultitiam exprobraturi, bos item et asinus; accedit modo Margarita avibus, ac bestiis terrestribus ac marinis testimonium dicturis suffragatura.

3. Cæterum ne tu illam similem cogites lunæ crescenti semper et sonescenti, modo immensæ orbe pleno, ac repente nulli; soli potius compara astrorum principi; nam parva licet sit, hac ipsa sua parvitate repræsentat Filium Dei, illum scilicet luminis fontem, qui, quantulamcumque emiserit scintillam, solem occultat. Astrum est Margarita plenoque semper nitet orbe, nec vero quale est gemmarum vulgus, ut ei aliquid demere queat gemmarius; eam quippe sua forma munit integramque servat: neque deteri, aut minui potest, ubicumque est, tota est. Quamobrem si quis velit illam dividere, resectamque inde particulam sibi auferre, continuo a se ipsa excidit, degeneratque in eam, quam sanctæ religionis desertores commenti sunt, fabulam, dum quam hausero fidei regulam discerpere et dilaniare non dubitant. Ejusmodi porro fide potiorem vix duco illorum sectam, qui de sanæ fidei decretis disceptant. Natura fidei perfecta est, nec infringi potest, si quis hanc dilacerare tentat, ipse se, non illam lædit, quique ab ea discedit, nec sibi ipse constat: enimvero qui lumen fugit, nil huic officit, suis duntaxat oculis cernendi facultatem adimit. Aer et ignis interjectu corporum dividuntur, lux una individua est; est lux suo similis Con-

stant son regard, combien la manie de disputer contre la foi aveugle davantage l'esprit! Le plongeur examine-t-il avec une triste anxiété la perle qu'il vient de trouver? Les marchands, qui se réjouissent qu'elle soit tombée entre leurs mains, s'inquiètent-ils d'où elle peut venir? Et le roi prend-il la peine de demander qui l'a placée à sa couronne?

2. Balaam, sous l'enveloppe grossière d'une brute, fut justement forcé d'obéir à la voix impérieuse d'un animal, lui qui avait refusé d'écouter la parole dont l'honorait son Dieu; mais vous, c'est une Perle qui vous sert aujourd'hui de maître et de guide. Autrefois un rocher, docile à sa parole, servit à Dieu d'instrument pour châtier son peuple au cœur de pierre, et le rocher, soumis à la puissance de sa volonté, fit rougir les hommes de leur rébellion. Vous tous qui fermez l'oreille à la vérité, c'est la Perle qui vous invite à entrer aujourd'hui dans le bon chemin. La tourterelle et le milan vinrent, à l'appel de Dieu, porter témoignage contre l'égarement des hommes; le bœuf et l'âne en firent autant; et voici que la Perle, pour sceller de son autorité l'accusation portée contre leur folie, se joint aux habitans de l'air, de la terre et des mers.

3. Gardez-vous de penser qu'elle est semblable à une lune qui croît et décroît sans cesse, qui tantôt brille de tout son éclat, et tantôt nous cache sa lumière. Comparez-la plutôt au roi des astres, au soleil; car, bien qu'elle soit petite, dans cette petitesse même elle représente le Fils de Dieu, cette source de lumière dont un seul rayon éclipse le soleil lui-même. Oui, la Perle est un astre dont la splendeur ne s'altère jamais, et qui ne ressemble en rien aux diamans vulgaires auxquels le lapidaire peut enlever quelque chose; elle est protégée par sa forme, qui la conserve dans son intégrité; elle ne peut être ni usée ni diminuée; en quelque lieu qu'elle soit, elle y est tout entière. Qu'on ose la diviser, et, après en avoir retranché la plus faible partie, se l'approprier, elle cesse tout-à-coup d'être elle-même et nous rappelle cette fable imaginée par les déserteurs de la sainte religion, qui, à force de subtiliser sur la foi, finissent par l'anéantir. Je doute qu'il y ait plus de vérité dans la parole de ceux qui disputent ainsi sur les dogmes de la sainte doctrine. La nature de la foi est parfaite et ne souffre pas d'altération; en essayant de l'attaquer, on se blesse soi-même, et quiconque s'en éloigne n'est pas conséquent avec lui-même. Celui qui fuit la lumière n'en obscurcit point la beauté; il ne fait qu'enlever à ses yeux la faculté de voir. L'air et le feu sont divisés

ditori, nec infecunda est, citra sui detrimentum generat similem.

4. Cœterum si quis te, Margarita, fingit compositam, quasi pluribus compactam partibus, vehementer errat, tua natura clamat te non esse opificis figmentum, nec esse dividuam, quale est omne lapidum genus; illius scilicet Unigeniti imago es, geniti non facti : nec ideo Filio Dei comparabilis es; ab infimo siquidem loco originem ducis, tui autem Conditoris Filius ab illo genitus est Summo, infra quem cuncta summa jacent, et ipsum sibi dissimilem facit similitudo, quam ad Patrem habet perfectam et absolutam. Ex duplici utero diceris edita fuisse; e cœlo namque labens fluidam solutamque naturam habebas, prodiisti post ex aquis velut crystallus concreta totaque in te compressa; inde visa es hominum consuetudine delectari : tum vero quasi corpore assumpto, et artificis manu venuste cavis inclusa fuisti, atque ab iis, quibus te possidere obtigit, diademati inserta velut cruci suffixa, victrices frontes velut virtutis insigne exornas : auribus item ad ornatum accedis, velut earumdem complementum et coronis; sic ad omnia te pandis et explicas.

§ V.

1. Nunc demirare donum, Margarita, id est, quæ sui cupido occurens urinatori sponte sua emersit ex aquis; hanc referens lucem, quæ nostris ultro se offert oculis, divinum adumbrans Solem, qui non rogatus, diem nobis aperit non sensui, sed menti aspectabilem. Vultum, Margarita, tuum simili arte suis coloribus expressit pictor, sic tamen, ut in te descriptam agnosceremus fidem, non pigmentis, sed arcanis figuris notisque depictam, tuique Auctoris vultum simul exhibuit, non quidem penicillo expressum, sed in te tuaque specie adumbratum. Nihil tu quidem sensibus subjectum oles, suavissimo tamen divinorum arcanorum odore nos recreas, nec esculentum quid es, tuorum tamen auditorum palato jucundissimo sapis. Certo liquor non es, nec proinde offerenda potum petenti, mysticum tamen fontem auribus, aliquid de te narranti auscultantibus aperis.

par l'interposition des corps, la lumière seule est indivisible; semblable à son Créateur, la lumière est féconde, et, sans rien perdre de sa force, engendre ces êtres qui lui ressemblent.

4. O Perle, s'imaginer que tu es composée de la réunion de plusieurs parties, c'est une grossière erreur; ta nature atteste que tu n'es pas une œuvre de main d'homme et que tu n'es pas divisible, comme toute espèce de pierre. Non, non, tu es l'image du Fils unique engendré et non fait; l'image! et voilà pourquoi tu n'es pas comparable au Fils de Dieu; car tu tires ton origine d'un lieu obscur, et le Fils de ton Créateur est sorti du Très-Haut, aux pieds duquel rampe tout ce qu'il y a de plus grand; et c'est de sa similitude parfaite avec le Père qu'il faut conclure sa dissemblance avec lui-même. On peut assigner deux berceaux à ta naissance; en descendant du ciel, ta nature était fluide et subtile; puis tu es sortie des eaux solide et compacte comme le cristal, et alors tu t'es complu dans le commerce des hommes; mais dès ce moment tu as pris un corps, pour ainsi dire, tu as été enchâssée dans l'or par la main habile d'un artisan, puis attachée au diadème, comme sur une croix, par ceux qui ont eu le bonheur de te posséder, tu ornes le front des vainqueurs comme l'insigne du courage; tu brilles suspendue aux oreilles, et tu en es comme le complément et la force, et tu as ainsi l'heureux privilége de t'appliquer à tout avec grâce.

§ V.

1. Admirons maintenant ce trésor, c'est-à-dire la Perle, qui est sortie des eaux de son propre mouvement pour venir au-devant des désirs du plongeur, nous rappelant la lumière qui s'offre d'elle-même à nos yeux; brillante image du soleil divin qui, sans qu'on le lui demande, fait luire un jour éclatant, non pas à nos sens, mais dans nos esprits. C'est avec la même habileté que le peintre reproduit ton portrait sous les couleurs de sa palette, mais de manière que nous reconnaissions en toi la figure de la foi exprimée non par l'effort du pinceau, mais par des caractères, des figures et des symboles, en même temps que nous voyons dans les traits dont il t'a embellie ceux de ton divin auteur. Tu es sans parfum; cependant tu nous réjouis et nous enivres par l'odeur des mystères divins; tu n'es pas un aliment, et pourtant tu communiques une saveur délicieuse à notre palais; tu n'es pas une liqueur, et tu ne saurais étancher la soif de l'homme altéré,

2. Tuæ profecto magnitudini nativa parvitas nil detrahit. Mensuræ, moles et pondus infra mediocritatem contracta sunt, eam tamen dignitatem diademati confers, cui parem fingere mens nulla potest; quare si quis sub augusta mole latentem amplitudinem tuam non cernit, teque proinde contemnit, nec curat amissam, suam tandem damnabit imprudentiam, cum te in diademate regis locatam aspiciet, simulque sibi suum a te exprobrari vitium audiet.

3. Immersi pelago urinatores nudi te, Margarita, nobis extulerunt; nec enim cuipiam reges te primi dederunt; sed suis exspoliati vestibus ignobiles mercenarii, te e profundo maris extractam ad nostros transtulere usus; Domini videlicet apostolos inopes, piscatores et Galilæos repræsentabant. Nec enimvero alius ad te patet aditus, nec aliis; incassum scilicet te capere tentant, qui suas non deposuere vestes: quicumque te sunt consecuti, infantium nuditatem affectarunt, aquis sua corpora sepelierunt; et ad te descenderunt, tu vero venientes effuso excepisti sinu, tantopere ab iis te amari gestiens. Tuam illi confestim renuntiarunt amplitudinem et dignitatem; quas vero homines cætera inopes ore prædicabant opes, aperto mox sinu protulerunt, spectantibus et mirantibus gemmariis novam, quam illi exposuerant, gemmam. Propositam populus laudavit mercem, teque sibi liberaliter donatam utraque strinxit manu velut oblatum incommodorum vitæ allevamentum.

4. Quotquot in aquas descensuri suas detraxere vestes, tuum ex aquis, Margarita, ascensum adumbrarunt. Secus stagnum apostoli futuri veritatis præcones, Conditoris sui Unigenitum ab inferis revectum spectarunt; tua tuique Domini præsentiam stagnum mox etiam mare decorata sunt. Quisquis emersit sanctis immersus aquis, suas resumpsit vestes; simili cura Simon Petrus, postquam stagnum nando transmisit, detracta requirebat indumenta: utrique scilicet tuum, tuique Domini amorem velut proprium ornatum induerant.

5. At quo me, Margarita, rapis? ad me ipso jam redeo, teque hactenus otiosos spectator contemplatus, tibi me ipso similem redacro

cependant tu es pour nos oreilles une source mystique, dont le doux murmure charme ceux qui l'écoutent.

2. La bassesse de ton origine n'ôte rien à ta grandeur. Ton volume, ta masse et ton poids atteignent le dernier degré de la petitesse ; cependant tu donnes au diadème une dignité que nul ne saurait imaginer. Celui qui, n'apercevant pas ta grandeur cachée sous ton petit volume, te dédaigne et ne s'afflige pas de ta perte, déplorera bientôt son imprudence lorsqu'il te verra orner le diadème des rois et qu'en même temps il t'entendra lui reprocher son ignorance.

3. Des pêcheurs se plongèrent nus dans les flots de la mer, et te firent briller à nos yeux. Perle admirable, ce n'est pas de la main des rois que tu as passé d'abord dans celle d'un autre ; ce sont de vils mercenaires qui, dépouillés de leurs vêtemens, t'arrachèrent pour notre usage du fond de la mer. Ils étaient la figure des apôtres du Seigneur, pauvres, pécheurs et Galiléens. L'accès jusqu'à toi n'est en effet possible ni par un autre voie, ni pour d'autres hommes ; ceux qui ne se sont pas défaits de leurs anciens vêtemens espéreraient en vain te posséder ; ceux que tu as enrichis ont été nus comme de petits enfans et ont enseveli leurs corps sous les eaux ; ils sont descendus vers toi ; mais tu les as reçus avec tendresse, heureuse de l'amour que tu leur inspirais. Ils proclamèrent aussitôt ta grandeur et ta beauté ; et ces hommes que pressaient l'indigence et la misère tirèrent de leur sein et offrirent aux regards étonnés des lapidaires la perle nouvelle qu'ils avaient conquise. Le peuple était ravi du don précieux qu'on daignait lui faire ; il l'embrassa de ses deux mains : tu étais à ses yeux le baume consolateur des maux de la vie.

4. Tous ceux qui, prêts à descendre sous les flots, se sont dépouillés de leurs vêtemens figurèrent ton ascension du sein des eaux. Les apôtres, qui devaient être les prédicateurs de la vérité du Créateur, attendirent sur le bord de la mer que le Fils unique fût revenu des enfers, et bientôt la mer fut honorée de ta présence et de celle du Seigneur. Quiconque sortit des eaux saintes après s'y être plongé reprit ses vêtemens ; c'est ainsi que Simon Pierre, après avoir traversé la mer à la nage, cherchant à couvrir sa nudité, regrettait les habits qu'on lui avait dérobés. Les uns et les autres, en effet, s'étaient revêtus de ton amour et de l'amour de ton Dieu.

5. Mais où me laissé-je entraîner ? Je reviens à moi, et, jusqu'ici spectateur oisif, je veux désormais m'efforcer de te ressembler. Et

conabor. Et quandoquidem tu tota in te compressa tibi perpetuo constas, unaque tibi semper similis perseveras, dabo operam, ut unus item ipse æquabilis et constans in te permaneam. Gemmas collegi, coronam fabricare proposui, Filio Dei offerendam, sic hærentes meis membris maculas tergere studeo, suscipe, tu Domine, quæso, donum, non quod te meo dato egere credam, sed quod ego meæ indigentiæ succurrere velim, sic meas, oro, labes eluito. Corona siquidem Margaritas ratione cretis conserta est, nec auro, sed charitate constat, nec ligamentis, sed fide cohæret, quamque non manus, sed tantæ majestatis laudes persequens lingua ad Altissimi conspectum sublevat!

§ VI.

1. Utinam frequenter patrum e tumulis exspirans odor filios afflaret. Enimvero cum in paucis sapientia florerent, parem huic simplicitatem et modestiam habere studuerunt: quare, resectis futilibus quæstionibus, acquieverunt fidei testimonio, monstratamque ab illa viam ingressi, hanc sibi perpetuo calcandam statuerunt. Legem promulgante Deo, tanto præsente legislatore liquati defluxere montes, latam legem per summam vecordiam contempserunt homines. Eliæ secus torrentem in vasta solitudine moranti Deus per corvos providit annonam; et Samsoni de sceleto expressit mel, neuter de hoc facto disceptavit, aut Deum ausus est interpellare, cur ista munda pro mundis habenda statuisset, illa contra tanquam immunda rejecisset.

2. Dominus sabbata solvit, et gentes prisca superstitione oppressas curavit: uxorem ab extraneo populo sibi Samson quæsivit, nec ulla ab exoticis nuptiis emersit quæstio inter justos. Propheta meretricem duxit, nec hujusmodi conjugium carpere ausus est quispiam vir probus. Idem Dominus quosdam volentes, se haberi justos, potiusquam esse, severe redarguit, eorumque vitia detexit et publicavit: peccantium tamen casum doluit, lapsos misericorditer relevavit, disjecitque prementem miseros criminum molem. Dei jura discrevit et sanxit ne-

puisque tu te tiens constamment enfermée tout entière en toi-même, et que dans ton unité tu restes toujours semblable à toi-même, je veux demeurer en toi, toujours fidèle à cette grande loi d'unité et de constance. J'ai recueilli des perles; j'ai l'intention d'en faire une couronne pour l'offrir au Fils de Dieu. Aussi je m'étudie à effacer les taches empreintes sur mon corps. Acceptez mon offrande, Seigneur, je vous en conjure. Je suis loin de croire que vous ayez besoin du présent que je vous offre; mais c'est pour que vous veniez en aide à ma misère que je vous prie de me purifier de mes souillures. Ma couronne où brillent des perles, ouvrage de l'intelligence et de la raison, n'est point d'or, il est vrai, mais la charité l'a tressée; la foi en est toute la force et toute la solidité; ce ne sont pas mes mains, c'est ma langue qui, célébrant vos louanges, l'élève jusqu'au trône du Très-Haut.

§. VI.

1. Plût à Dieu que l'odeur qui s'exhale du tombeau de nos ancêtres vînt inspirer plus souvent leurs enfans! Doués d'une sagesse éminente, ils voulurent y joindre la simplicité et la modestie: aussi, rejetant toute question oiseuse, ils s'en tinrent au témoignage de la foi, et, entrés dans la voie qu'elle leur indiquait, ils résolurent d'y marcher avec persévérance. Quand Dieu promulgua sa loi, les montagnes, à l'aspect d'un si grand législateur, se fondirent comme une cire molle sur leur base, et les hommes, dans l'égarement de leur raison, ont méprisé la loi. Dieu se servit des corbeaux pour envoyer de la nourriture à Élie caché près d'un torrent, dans une solitude profonde. D'un cadavre décharné il fit couler du miel pour Samson. Ni l'un ni l'autre ne s'emportèrent jusqu'à interroger Dieu, et à lui demander pourquoi il avait attaché la pureté à certaines substances et à quelques autres l'impureté.

2. Dieu abolit les fêtes du Sabbat et délivra les nations de l'antique superstition qui pesait sur elles. Samson alla chercher une épouse chez un autre peuple, et nulle plainte ne fut élevée par les justes sur ce mariage avec la fille de l'étranger. Un prophète même épousa une courtisane, et aucun homme de bien n'osa l'en blâmer. Ainsi le Seigneur réprimande sévèrement certains hypocrites qui veulent plutôt paraître justes que l'être réellement; il découvre à tous les yeux les vices dont ils sont infectés; mais combien de fois aussi ne le vit-on pas plaindre le pécheur et le relever avec bonté! Combien de fois ne l'a-

mine reclamare auso. Verus cum esset Dominus, habuit obsequentes sibi famulos, velut suam corpus opacum umbram. Unus hero servisque fuit scopus, idem sensus et eadem voluntas. Cumque idem sol esset, offusas suis discipulis tenebras sua luce profligavit.

3. Mirum in quantas se compegerunt lites heterodoxi in rebus cæteroqui patentibus et obviis! clarum utique est Novum, quod nos tenemus, Testamentum a Deo perspicue fuisse præsignatum in eo, quod prophetis traditum fuit; isti nihilominus homuli, alto, quo modo premebantur, sopore necdum penitus discusso, utrumque legentes, affusa velut inde caligine oppressi, delirare cœperunt. Et viam quidem viri sanctissimi ante explanaverant ac triverant, veritati, quam hauserant insistentes, in planissimo tamen calle salebras isti confinxerunt; quid enim rite facerent homines mero pleni? rectam deseruere viam, et in anfractus se ultro conjecerunt. Nec id vero mirum, eos turpiter aberrasse, qui perversum disceptandi studium cæcum ducem sequi obstinarant. Lucem suis incurrent in oculis transformarunt in tenebras, quo liberius vagari liceret. Incidit in manus Margarita, fides, dum illam curiosi negotiatores circumspiciunt et examinant, imprudentibus excidit et periit; sic Margaritam in lapidem transformarunt, unde sibi offendiculum paratum invenient.

4. O donum mortis antidotum, quod fatui homines in venenum converterunt. Judæus, ut claram tuam a fonte scaturiginem intercideret, elaboravit, exitus conatum clusit. Simili astu hæreses, cum tuam pulchritudinem exstinguere non possint, a tuo principio distrahere tentarunt. Sed enimvero quicumque eo projecti sunt, ut a tuo te auctore avellere cogitarint, non te, sed ipsi se ab illo alienarunt, tuaque virtute resecti exciderunt; en videmus, quos Sion protulerat surculos, avulsos ac dispersos, atque hæreticorum sectas exitu non admodum dissimili sublatas. O o, fides, tuam nostræ parvitati admetiro amplitudinem; quandiu enim te totam inspicere et dimetiri non

t-il pas déchargé du poids des crimes qui pesaient sur loi ! Il a établi et sanctionné ses droits sans que personne osât réclamer. Vrai Seigneur et véritable maître, il eut des serviteurs dociles et obéissans, fidèles comme l'ombre au corps qui la projette : même but, même esprit et même volonté ; soleil levé sur le monde chrétien, il a dissipé les ténèbres où étaient plongés ses apôtres.

3. Ce qui étonne, c'est de voir dans combien d'embarras se sont jetés les hérétiques, en des matières d'ailleurs évidentes et faciles ! N'est-il pas clair que le Nouveau-Testament que nous suivons a été annoncé de la manière la plus positive par celui que Dieu donna aux prophètes ? Néanmoins ces hommes à la vue bornée, encore sous le charme du sommeil profond qui les accablait, et comme perdus, en lisant l'un et l'autre, au milieu de ténèbres épaisses, virent s'éteindre les lumières de leur intelligence, et dans la route que les hommes de la plus grande sainteté, sans s'écarter de la vérité qu'on leur avait enseignée, avaient frayée et aplanie sous leurs pas, ils ne rencontrèrent que des précipices. Qu'attendre de bien, en effet, d'hommes gorgés de vin ? Ils ont abandonné le droit chemin pour se jeter d'eux-mêmes dans d'inextricables détours. Il ne faut pas s'étonner qu'ils se soient honteusement égarés, puisqu'ils s'obstinaient à suivre pour guide aveugle la funeste manie de disputer. Ils ont changé en ténèbres, afin sans doute que leur égarement fût libre et plus complet, la lumière qui s'offrait à leurs yeux ; la Perle de la foi tomba entre leurs mains, et bientôt, tout occupés qu'ils étaient du soin de l'examiner en tous sens, dans leur indiscrète curiosité, elle échappa à leurs mains imprudentes et fut à jamais perdue pour eux. C'est ainsi que la Perle devint pour eux une pierre d'achoppement contre laquelle ils se heurtèrent de plein gré.

4. O précieux remède contre la mort, que des hommes insensés ont changé en poison ! Le Juif a tout fait pour détourner les flots limpides de leur source sacrée ; mais l'événement a trompé ses efforts. C'est par une ruse semblable que les hérétiques, ne pouvant anéantir ta beauté, ont cherché à la séparer de son principe. Mais tout ce qu'ils ont entrepris pour te détourner de ton auteur a tourné contre eux, et, sans te séparer de lui, les en a rejetés bien loin, et ils sont tombés vaincus par ta puissance. N'avons-nous pas vu les rameaux qu'avait produits la vigne de Sion, arrachés et dispersés, et les sectes des hérétiques avoir le même sort ? O foi sainte et sacrée, mesurez votre grandeur à notre petitesse ; tant qu'il n'est pas possible à l'œil de

licet, amor nec conquiescere, nec tacere potest. Te ipsa, quæso, contrahito, et parvam, quo potis es modo, minorem facito : cunctis, fateor, superemines, te tamen omnibus longe lateque superfundis.

5. Jam vel ex eo coarguendi veniunt nostræ Margaritæ scrutatores, quod, decedente charitate, discordia fratres incessit, mox etiam audacia, adeo ut visendæ tuæ formæ desiderio incensi, velum ori tuo obductum reducere pertentarent; suspicabantur nimirum, hanc esse fuco quæsitam, cum tamen scirent ejus originem et ortum effari nemini licuisse. Quanquam vel incredulis aliquando te quadantenus conspiciendam dedisti, ut cujus archetypi typus esses cognoscerent, cum autem te totam oculum esse cernerent, hæsere mente attoniti, et usque adeo perturbati, ut ipsi in contrarias sectas divisi, te pariter scindere molirentur; sed contra accidit, ut iidem a te discissi, jam nec sibi ipsi consentirent, cum tamen ipsa invariata perseveres, tibi semper similis et constans. Iis solummodo tuum cernere non licuit vultum, quibus suos veritas oculos negavit. Præterquam quod velum proprium prophetarum insigne arcanis intextum notis, oris tui fulgorem tegebat, simul illorum oculis occultabat; aliam proinde te esse crediderunt, cum eadem ipsa sis datum nobis speculum veritatis propereaque sectæ oculis laborantes infestam sibi lucem tuam obscurare conantur.

6. Sed quoniam alii te supra tuum extulere modum, et infra depresserunt alii, ut partem utramque ad æqualitatem reducas, agesis, et ex eo fastigio, in quo pagani et barbari te locarunt, descendito : rursus inde ascendito, quo a Judæis abjecta fuisti, cœlum licet semper obtineas. Tu vero veritatis amicus imaginare Dominum nostrum medium inter homines, ac Deum tibi præsentem : fac accedant prophetæ, palamque et publice, quem hunc esse credant, loquantur; illa nunc Genitor sua recinat verba, quorum vim Judæos et paganos frustra nituntur infringere.

7. Hic jam adesto, fides, donum sanctæ Ecclesiæ divinitus concessum, in hujus, oro, sinu morare et conquiesce. Quod si te exagitavere circumcisi, id non mirum, fabulas isti et sua somnia consectantur; cum ipsis conspirarunt heterodoxi, nec istuc novum, contentiones

vous voir tout entière et de saisir toute votre étendue, c'est en vain qu'on exigerait de l'amour repos et silence. Daignez rester en des limites plus étroites, abaissez-vous autant que vous le pourrez; car si votre tête domine tout ce qui l'entoure, vous répandez cependant partout et sur tous les trésors de votre grâce.

5. Ce qui suffirait pour réfuter ceux qui examinent notre Perle avec trop de curiosité, c'est que, du moment où la charité s'éloigne, la discorde éclate entre les frères, leur audace s'accroît au point qu'enflammés du désir de connaître tes beautés, ils essaient de lever le voile qui couvre ton visage, persuadés sans doute qu'elle est l'effet de l'art, tandis que son origine et sa naissance sont ineffables. Toutefois tu as daigné, en certains temps, accorder aux incrédules la faveur de te considérer de plus près, pour leur faire voir de quel archétype tu es le symbole; mais lorsqu'ils se sont aperçus que tu es toute lumière, leur esprit s'est arrêté épouvanté et troublé à un tel point qu'ils ont voulu te diviser en autant de parties qu'il y a de sectes qui les partagent. Qu'arriva-t-il? c'est qu'en se séparant de toi, ils ne s'accordaient plus avec eux-mêmes, quand, au contraire, toujours semblable à toi-même, tu restais dans ton immutabilité, privés des yeux de la vérité, il ne leur fut pas même possible de contempler ton visage. Le voile merveilleux tissu par la main des prophètes et qui enveloppe leurs mystérieux symboles couvrait la splendeur de ta face radieuse et la dérobait à leurs yeux; de là vint leur erreur, ils te virent autre que tu n'es, et tu ne fus pas pour eux ce miroir de la vérité que, dans leur aveuglement, ils s'efforcent de ternir.

6. Mais parce que les uns ont voulu t'élever au-dessus de ta nature, et les autres te rabaisser au-dessous, pour les ramener au vrai, descends, tu le peux, des hauteurs où les païens et les barbares te placèrent et relève-toi de l'abîme où les Juifs t'ont précipitée, bien que le ciel soit à jamais ton partage. Toujours fidèle à la vérité que tu aimes, sois notre médiateur entre les hommes et Dieu; qu'à ta voix accourent les prophètes, et qu'ils disent hautement ce qu'ils ont cru du Sauveur, et que Dieu ton Père fasse retentir la parole que les Juifs et les païens s'efforcent en vain d'étouffer.

7. Venez embraser nos cœurs, ô foi, don précieux fait par le ciel à la sainte Église, demeurez, je vous en supplie, reposez vous dans son sein! Si les circoncis cherchent à vous en chasser, il ne faut pas vous en étonner; les insensés s'attachent à la poursuite d'illusions menson-

quippe amant et lites. Videdum, ut ei gratam te præstes, qui tibi condidit adjunxitque gentem tibi decoram, quæ te suis subvectam humeris, gloriose per orbem circumfert. In mosaico Testamento primoribus velut lineis descripta fuisti, in novo deinde fœdere perfecta, pleno velut orbe jam nites; sic a primis ad novissimos lux tua propagata est. Reliquum est, ut ei gratiæ agantur, qui nobis tuæ lucis crepundia primum ostendit, post etiam attulit meridiem.

§ VII.

1. Secessum quærebam, in palæstram incidi, convenerant huc ex parte heterodoxorum sophistæ, nova incesserat otiosos cupido explorandi saporem ignis, cernendique spirituum colores ac mollitu linem, et lenitatem lucis: in has nimirum lites egregios illos disceptatores splendor a sole emicans impegerat. Filium Dei nostris utique sensibus minus obvium, quam nostræ mentis cogitatio, manibus etiam attrectare se posse nugabantur; nam Spiritum sanctum ab omni itidem nostra facultate abstractum jactabant se suis sibi speculationibus sensilem fecisse: Patrem vero, qui vulgo incomprehensus haberetur, ab ipsis proprio acumine fuisse investigatum, et comprehensum. Nos autem perfectum fidei exemplar accepimus ac tenemus Abrahamum: pœnitentiæ nostræ formam Ninivitas et Rahab domum; spei demum nostræ archetypum prophetas et apostolos.

2. Invidiam primus intulit diabolus exitiale malum; ad impiam Ægyptii religionem vitulum, turpe simulacrum invenere. Finxerunt Hethæi horribile spectrum, idolum quadriforme. Græcorum fœtus est occulta tinea, sophistarum dialectica. Jam vero cum hujus artis liberos legisset orthodoxæ fidei adversarius quidam, sana dicta corrupit, impias opiniones disseminavit, spei nostræ fundamenta subvertit. Hunc scilicet fructum felle draconum virulentiorem attulit, quisquis disceptandi libidinem primus accendit.

3. Diabolus ut vidit soles suas ab adversa veritate infractas, eademque subolescente, sata ante zizania suffocata, publicæ luci se subduxit, adversus nostram disciplinam occultos dolos molitus est, te-

gôres qui les entraînent ; ils conspirent les uns contre les autres, et ne se plaisent qu'au milieu des querelles et des plus violens débats. Soyez reconnaissante envers celui qui vous a donné une pieuse et brillante famille, qui promène glorieusement votre trône par tout le monde. Vos traits légèrement esquissés dans le Testament de Moïse brillent dans le Nouveau de tout l'éclat de la perfection, et votre lumière s'est étendue des premiers hommes jusqu'à nous. Il ne nous reste qu'à rendre des actions de grâce à celui qui d'abord nous a montré l'aurore de votre lumière et nous inonde maintenant de tous les feux du midi.

§ VII.

1. Je cherchais une retraite, j'entrai par hasard dans une académie, des sophistes y étaient assemblés. Dans leur oisiveté, ils voulaient examiner la nature du feu, les couleurs dont il brille, l'élasticité et la mobilité de la lumière ; un rayon de soleil qui était venu les frapper avait lancé ces grands génies dans ces hautes questions. Ils prétendaient, dans leur folie, toucher du doigt la nature du Fils de Dieu qui est moins accessible à la faiblesse de nos sens que la pensée elle-même. Ils se vantaient d'avoir rendu palpable l'Esprit-Saint qui échappe également à toutes nos facultés ; le Père lui-même, que l'on regarde généralement comme placé au-dessus de la sphère de l'intelligence humaine n'avait pu se dérober à leurs savantes recherches, à leur sublime analyse. Pour nous, humbles d'esprit, nous avons dans Abraham un modèle parfait de la foi ; de pénitence, dans les Ninivites et la maison de Rahab ; enfin les prophètes et les apôtres sont les archétypes de nos espérances.

2. Le poison fatal de la jalousie est entré dans le monde par le démon ; bientôt les Égyptiens sont tombés dans une religion impie ; ils placent le honteux simulacre d'un veau sur leurs autel profanes ; les Éthéens, un spectre horrible, une idole à quatre visages. Un insecte rongeur, la dialectique des sophistes, est sorti du cerveau des Grecs. Un ennemi de la foi orthodoxe, qui s'est infecté du poison de leurs livres, a de nos jours corrompu la saine parole, répandu des opinions impies, et ébranlé les fondemens de notre espérance. Ah! sans doute celui qui alluma le premier la passion des disputes a donné au monde un fruit plus empoisonné que le venin des serpens.

3. Lorsque le démon vit ses armées renversées par la vérité qu'il combattait, et qu'il la vit grandir, après avoir étouffé l'ivraie qu'il avait semée, il se déroba à la lumière du jour ; il dressa contre notre

tenditque laqueos sacerdotes ante alios adortus ad ambiendum primatum concitavit. Continuo clerici cœperunt inter se certare, et ad ecclesiasticas præfecturas omnes pertentare aditus, fores perrumpere et perfringere claustra : et alii quidem ad dignitates per occultos tramites, quasi per cuniculos conniti; alii contra palam, et velut directa acie viam sibi aperire; plerique rem velut ex æquo et bono pecunia transigere, aut simulatione virtutis et probitatis; sic non unam omnes tenuere viam, etsi unus esset omnibus scopus. Juvenes suos non computavere annos, ut intelligerent ætati suæ locum, quem appetebant, minime convenire; senes spes suas et somnia ultra senium composuere. Hac fraude veterator vaferrimus suis conclusit retibus universos. Ecce jam senes et juvenes, quin et pueri ad summos in Ecclesia honores aspirant.

4. Veteres ille nocendi artes dimisit, sibique nova fabricavit arma. Antiquum Judæorum populum teredo et caries eroserunt et absumpserunt, si quid relictum, sceletus nimirum est, et nudata ossium compages. Ergo in novas vestes, novas videlicet gentes, novum tinearum genus immittendum fuit. Et quoniam videbat Christi interfectores abjectos despectosque et velut extraneos a communi hominum consuetudine contubernioque exclusos, ex domesticorum et familiarium turba scrutatores sibi finxit, adoratores fecit disceptatores, ex ipso panno tineam protulit, eodemque involutam reliquit, dum similem frugibus procurat pestem. Postquam vero plena horrea vermibus scatere vidit, sedit spectator otiosus. Extemplo annona multo labore coacervata, in teredinum retrimentum soluta est; simili astu vestes dignitatis insignia tineis abrodendas dedit et perdidit. Adeo nos ille illudit, et ipsi nos ipsos illudimus, postquam rationem mentemque vino mersimus. Zizania Satanas seminavit, agrum ante cultissimum simul operuere vepres. Caulas infecit, et scabies in oves grassari cœpit, hac arte sibi gregem avertit universum, suoque adjecit censui; pugnam a populo Judæorum inchoavit; eoque profligato, adversus gentiles procurrit, ut eorum cæde prælium conficeret.

5. Calamum senior ille populus, cum Filio Dei illuderet, sceptri loco

croyance des embûches cachées et tendit partout ses dangereux filets. D'abord il s'attaqua aux prêtres et alluma dans leurs cœurs le feu de l'ambition. Bientôt les clercs, renversant toutes les barrières, franchissant toutes les distances, tentèrent toutes les voies qui pouvaient les conduire à des postes plus élevés, à toutes les dignités ecclésiastiques; d'autres y marchèrent par des routes souterraines; d'autres au contraire se frayèrent un chemin par la violence et à main armée, pour ainsi dire; la plupart les achetèrent à prix d'argent, par le mensonge ou l'hypocrisie. Ils ne prirent pas tous le même chemin, mais tous avaient le même but. Les jeunes gens, comptant sur leurs années, ne virent pas, ne réfléchirent pas, que le poste qu'ils convoitaient ne convenait pas à leur âge; et les vieillards étendirent au-delà des jours de la caducité leurs espérances et les songes dont ils se berçaient. C'est ainsi que le fourbe enveloppa tout dans son réseau d'iniquité. Aujourd'hui, jeunes et vieux, et même les enfans, aspirent dans l'Église aux dignités les plus élevées.

4. Laissant de côté ses armes usées, le démon s'en forgea de nouvelles. L'ancien peuple juif (et, s'il en reste encore quelque chose, ce n'est plus qu'un squelette décharné) est en proie à la dent corrosive des vers; à de nouvelles nations, comme à de nouveaux vêtemens, s'attachent de nouveaux insectes. Voyant les meurtriers du Christ avilis et méprisés, et exclus comme des étrangers du commerce des hommes, il alla chercher dans le sein même de la famille chrétienne des esprits curieux qu'il façonna de ses mains, leur souffla l'aigreur de la dispute, les courba sous son joug et fit éclore le ver rongeur au manteau même de la foi, l'y laissa caché, se promettant les mêmes fléaux qu'auparavant. Puis, lorsqu'il vit toutes les moissons infestées, le grain corrompu dans les greniers, il s'assit dans son repos. Soudain les blés, fruits de tant de peines, ne furent plus qu'une vile poussière; les tissus précieux, insignes honorables de la dignité et de la puissance, furent de même en proie à ses ruses infernales : tant il se joue de notre crédulité! tant nous nous faisons illusion à nous-mêmes, quand notre raison s'est éteinte dans le délire de l'ivresse! Satan sema l'ivraie, et les épines envahirent un champ auparavant si bien cultivé. Il infecta la bergerie et les brebis; il attira à lui tout le troupeau dont il s'enrichit. Il commença le combat contre le peuple juif, et après l'avoir vaincu, il s'élança sur les nations, dont il fit un trophée à sa victoire.

5. Le vieux peuple, en insultant au Fils de Dieu, lui offrit un

obtulit; scelere haud dissimili juniores calamo suis in scriptis illum ex Deo purum hominem fecerunt. Calamum itaque pro calamo diabolus adversus salut's nostræ reparatorem strinxit, atque pro diversis vestibus, quibus illum ipsius interfectores per summum dedecus et ignominiam induerunt, nuncupationes ipsi minime decoras malitiose confinxit, eique allevit. Effectorem rerum modo creatum, modo factum appellans : et quoniam alias spinis utique mutis coronam ei texuerat, vocales modo sentes in sertum compegit, hisque superfudit carmina in varios modulata sonos ; sic vepres canoris inclusit tibiis, ut falleret.

6. Satanas, cum animadvertisset suam in præteritis conatibus nequitiam fuisse deprehensam, sputaque et acetum, spinas et clavos, crucem et ignominiosam vestium mutationem, arundinem et lanceam utpote in propatulo posita, et vulgo infamia et dolore exsecrata, mutata velificatione, statuit alium tenere cursum. Quamobrem pro alapis, quibus Dominus noster cæsus fuit, cæcam errandi licentiam induxit, substituit sputis disputandi rixandique pruritum, ignominiosis insignibus clandestinas molitiones, et apertam discordiam arundineo sceptro subrogavit. Adeo nihil prætermisit, quo nos perturbaret et confunderet. Furorem superbia concitavit, incubuere simul invidia, et iracundia, arrogantia et simulatio, factoque agmine Salvatorem nostrum invasere eodem ferme impetu, quo olim in ejus necem conspirarunt. Crucis patibulo conspicuo, et oculis patenti subjere secreta hæresis, clavisque ferreis fraudulentæ disquisitiones, atque Servatoris ad inferos descensui ab orthodoxa veritate defectio. Satanas nimirum typum crucis vetustate prope consumptum restituere satagebat. Pro spongia aspersa aceto ac felle disquirendi pestiferam curiositatem invexit : et Dominus quidem respuit oblatum fel, fatuis contra pruritus a perduelle spiritu accensus, accidit gratissimus.

7. Illatam Salvatori necem tunc judices vindicarunt, contra modo video judices velut adversus nos conspirasse, et pro chirographis impunitatis scribere damnationis judicia; et quod magis dollentium, sacerdotes suoti reges consecrare, ipsis offendicula aggerant, cum pacem imperio precari debeent, imperatores ad arma concitarunt, inde cœpta ab iis adversus subjectos sibi populos bella. Pacem, Do-

roseau pour sceptre. Criminels imitateurs de nos pères, c'est d'un roseau que se servirent leurs enfans pour l'abaisser, dans leurs écrits, à la simple condition de l'homme. C'est l'arme que le démon aiguisa contre le réparateur de notre salut, et, au lieu des vêtemens dont ses meurtriers l'avaient revêtu par dérision et par mépris, il lui attacha la flétrissure de ses stigmates, en désignant l'auteur de toutes choses tantôt par le mot de *créé*, et tantôt par celui de *fait*; comme on lui avait tressé jadis une couronne d'épines naturelles, il lui fit aussi, au bruit d'une trompeuse harmonie, comme une couronne d'épines intelligentes, et cacha ainsi le chardon sous les fleurs.

6. Après s'être aperçu qu'on avait découvert son iniquité, et que le vinaigre et les crachats, les épines et les clous, la croix et les vêtemens ignominieux, le roseau et la lance, les tourmens et les outrages n'inspiraient plus que le dégoût et l'horreur, nautonier prudent, il changea de voiles et lança sa nacelle vers d'autres rivages. Aux soufflets dont Notre-Seigneur fut meurtri, il substitua la licence et l'erreur, il remplaça les outrages par la fureur des querelles, il mit les machinations clandestines à la place des insignes ignominieux, et la discorde fut le nouveau sceptre dont il s'arma. Il ne négligea rien pour nous diviser et nous perdre. De l'orgueil naquit la haine; la jalousie et la colère, l'arrogance et la dissimulation conspirèrent contre notre Sauveur avec la même ardeur qu'elles déployèrent autrefois pour le faire mourir. L'hérésie secrète fut substituée à la croix, instrument public du supplice; les disputes impies aux clous de fer, et l'abandon de la vérité orthodoxe à la descente de notre Sauveur aux enfers. Satan fit tous ses efforts pour renouveler le type de la croix usé par le temps. Au lieu d'une éponge imbibée de vinaigre et de fiel, il suscita l'inquiète curiosité au regard empoisonné, et si le Seigneur refusa autrefois le fiel qu'on lui offrait, l'esprit de révolte fut accepté par des hommes insensés comme un don plein de charmes et de douceur.

7. En ce temps-là les juges vengèrent la mort du Sauveur : maintenant, au contraire, je vois les juges conspirer contre nous, pour ainsi dire, et au lieu d'un acquittement, prononcer une sentence de condamnation. Et ce que nous devons surtout déplorer, c'est que les prêtres, dont les mains consacraient les rois, multiplient sous leurs pas les occasions de chute, au lieu de prêcher la paix, allument les brandons de la guerre, dont le feu dévore les nations. Seigneur, nous

mine, poscimus sacerdotibus et regibus; præsta, quæso, ut in unam Ecclesiam coeuntes clerus et populus, pro salute principum Deo offerant preces et vota, subjectisque clementiam moderatorum exorent. Ita, precor turbatum intestinis discordiis reipublicæ statum pacato tu, Domine, rerum internus et externus dominator omnium.

DE PARTU VIRGINIS.

Sermo adversus hæreticos, in quo, tum ex Margaritæ, tum ex aliorum claris argumentis ostenditur credendum esse sanctam Deiparam præter naturæ leges dominum ac Deum nostrum pro mundi salute et concepisse peperisse.

1. Amo et exosculor tuum Evangelium, Domine, quia me esurientem nutrit. Desidero sermonem tuum, quia, dum sitio, fontis instar mihi fit. Quoscumque volo, ad tua fercula convoco : et plura relinquo quam invenerim. Cum multis comedo, et solus invenior. Bibo cum multitudine, et soli mihi tuam propinas gratiam. « Quid igitur tibi » retribuam [1], » nisi meipsum in consensionem atque concordiam? Et hoc quidem volo, sed nequeo. Nam Adam pater meus debitum naturæ a me repetit. Conor, et ipse me impedio : quia solutionem quæstionis, quæ in me est, non habeo. Aliis, quæ naturæ sunt, recenseo; et ipse me pravis affectionibus impedio. Video me errare, et cognosco; in aliorum vero reprehensionibus meipsum accuso. Sed quid? tacebone, ut non condemner? Et qua ratione meum erga te studium et amorem ostendam? Loquar igitur, nec desistam : malo enim meipsum damnari, modo tuus minister efficiar. Malo etiam mori, ut tu glorificeris. Novi quod haudquaquam condemnabor, abstinens a reprehensionibus, in eos qui peccant : at non desino id facere, ut te insontem nullaque peccati labe inquinatum demonstrem. Cognoscant Græci amoris vim atque potentiam. Judæi amicitiæ intelligant affectionem ; quia absque igne et gladio, aliisque tormentis mortem

[1] Psal. cxv, 12.

vous demandons la paix pour les prêtres et les rois; faites que les prêtres et le peuple réunis dans l'unité de l'Église offrent à Dieu leurs prières et leurs vœux pour le salut de ceux qui gouvernent et qu'ils implorent la clémence des princes pour leurs sujets Seigneur, apaisez les troubles qui agitent l'empire, calmez les haines intestines, vous qui, au dedans et au dehors, étendez votre puissance sur toutes choses.

SUR LA CONCEPTION DE LA VIERGE.

Discours contre les hérétiques; par l'exemple de la Perle et par d'autres preuves évidentes; on y démontre que nous devons croire que la sainte Vierge, en dehors de toute loi de la nature, a conçu Dieu Notre-Seigneur et l'a mis au jour pour le salut du monde.

1. Seigneur, j'aime et je couvre de mes baisers votre Évangile, parce qu'il nourrit ma faim. J'aspire après votre parole, parce qu'elle étanche ma soif comme une source vive. Je convie à votre table tous ceux qu'il me plaît d'y appeler, et son abondance reste toujours inépuisable. Beaucoup d'autres prennent part avec moi à la nourriture céleste, et pourtant je me trouve dans la solitude. Je bois avec une foule de convives, et c'est à moi seul que vous versez votre grâce. « Que vous donnerai-je donc en retour, » si ce n'est mon ame tout entière soumise à vos saints commandemens? Je le veux, Seigneur, mais je ne le puis. Adam est mon père, et il faut que je paie à la nature la dette qu'elle réclame. Je tends vers vous de toute ma force, et je me fais obstacle à moi-même; car il y a en moi un mystère que je ne puis expliquer. Mon regard ne laisse échapper chez les autres aucune des faiblesses humaines, et je suis moi-même dans les liens du péché. Je vois mes égaremens, je les connais, et en accusant les autres, c'est moi-même que j'accuse. Mais quoi! garderai-je donc le silence afin d'éviter ma condamnation? Et comment alors prouver mon zèle et mon amour pour vous? Je parlerai donc et ne cesserai de parler. Que m'importe ma propre condamnation, pourvu que j'accomplisse mon saint ministère? Que m'importe la mort elle-même, pourvu que votre nom soit glorifié? Je sais que je pourrais échapper à ma condamnation, en faisant grâce aux vices des pécheurs; mais je ne cesserai de les poursuivre, afin de faire éclater votre innocence et

pro te eligo. Fortasse hoc credent argumento, quia propter te fero mortem visibilem atque sensibilem. Sed forte dico, et non facio: vereor enim ne, te absente, vincar a natura.

2. At mihi saltem persuade, quia laborantem me adjuvas: et Græcos in eam sententiam adducam, quod supplicium tolero. Certiorem me fac quod mei patientis miserearis: et jam nunc ad luctandum me accingo. Exuo me cum lictoribus et satellitibus Græcorum. Jam enim tuba Græcos volentes ad bellum evocat, et in Persas e Græcia discursitationem compellat: ac minæ ab occidentalibus supplicium in nos retorquent. Pertimesco, quia, peccatores, odisti; at rursus gaudio perfundor, quod pro ipsis sis mortuus. Timore perculsus sum, quia homines sensuales atque carnales abominaris: at solatio mihi est, quod naturæ nostræ fragilitatem noveris. Nosti ut conditor, quod creasti; et ut judex, exploratum habes quod condemnes; ac ut homo factus, nosti quod cogitasti. Tu eam mihi immaculatam dedisti: verum pater meus Adam, multis hanc sordibus contaminatam debilitatamque reddidit. Sordibus init delectationem vanitatis: et nunc ego invitus pœnam sustineo. Naturæ ipse corruptionem admiscuit, et ecce ego tempestatis periculum in mari facio. Miserere igitur mei, ut creator: compatere infirmitati meæ, quippe qui propter me homo factus es. Ne me repellas propter vitia atque perniciosas affectiones meas: sed dissipa et disperge eas propter impetum voluntatis. Neque ob sordes me adverseris, at operum sedulitatem intuere. Et licet me ex parte ob cogitationum turpitudinem aversatus fueris, verum in planctum meum respice, et in voluptatis condemnationem. Habeo propositum: at nescio an etiam vires. Quod habeo, hoc elargior: et si ipse necessarium dare velis indigenti, mentem meam conspicis; quodque sim pauper, et a dracone spoliatus. Infirmus sum, et a corruptione irretitus. Imbecillis sum, et a peccato in errorem impulsus. Donum tuum perdidi: et ideo perfectam pru-

l'inaltérable pureté de votre vie. Que les Grecs connaissent la force et la puissance de mon amour; que les Juifs comprennent toute l'ardeur de mon dévouement, puisque je me résigne pour vous à une mort obscure et privée de l'appareil des flammes, du glaive et des autres tortures. Peut-être croiraient-ils à mon dévouement et à mon amour, si, pour les convaincre, je souffrais à cause de vous une mort réelle, éclatante et environnée de témoins. Mais peut-être, dis-je, que je la souffrirais, et ne le ferais-je pas; je crains bien que, privé du secours de votre grâce, je ne succombe à la faiblesse de ma nature.

2. Mais, Seigneur, donnez-moi l'assurance que vous soutiendrez mes efforts, et je forcerai les Grecs à croire que je puis supporter le martyre. Faites-moi connaître que vous prendrez en pitié mes souffrances, et je vais m'armer pour la lutte. Oui, je suis prêt à me dépouiller de mes vêtemens pour suivre les licteurs et les satellites des Grecs. Déjà la trompette appelle aux combats les Grecs impatiens; elle leur crie d'abandonner leurs foyers pour s'élancer contre les Perses; déjà l'appareil des supplices cesse de menacer l'Occident et se dresse désormais contre nous. Je suis pénétré de crainte, parce que vous haïssez les pécheurs; mais mon âme est inondée de joie, parce que vous êtes mort aussi pour eux. Je suis frappé de terreur, parce que vous détestez les hommes esclaves des sens et de la chair; mais je suis rassuré, parce que vous connaissez la faiblesse de notre nature. Créateur, vous connaissez votre créature; souverain juge, vous sondez tous les replis du cœur de celui que vous allez condamner; Dieu fait homme, vous n'ignorez point ce que vous avez vous-même senti. Vous m'aviez donné une nature sans tache; mais Adam, mon père, l'a corrompue et dégradée par mille souillures. A ces souillures il a mêlé les illusions de la vanité; et maintenant je subis, sans y avoir participé, le châtiment de sa faute. C'est lui qui a mis dans la nature humaine un levain impur; et voici que je suis menacé du naufrage au sein d'une mer orageuse. Ayez donc pitié de ma faiblesse, ô vous qui êtes mon Créateur, prenez en compassion mon infirmité, ô Dieu qui vous êtes revêtu de l'humanité pour moi. Ne me repoussez pas à cause de mes vices et de mes penchans dépravés; mais plutôt expulsez-les de mon cœur, à cause de l'ardeur de ma volonté. Que mes souillures ne vous inspirent point de haine contre moi; mais considérez le zèle de mes œuvres; et bien que mes coupables pensées aient pu vous détourner de moi, daignez accorder un regard bienveillant à mes larmes et à mon aversion pour la volupté. Je connais

dentiam non habeo. Perdidi consuetudinem tuam; et idcirco quo vadam ignoro. Nihil ergo habeo; et siquid habeo, tu mihi illud dedisti natus. Extrema penuria laboro : quod si dives evasero, tuum est totum istud munus, et quidem nunc, et olim tuum est. Solummodo gratiam deposco, confitens quod per te servabor, siquidem servabor.

3. Novi quemdam divitem in Scriptura : verum prudens cum esset, teque nosset, pauperem seipsum appellavit [1]. Paupertatem ille sibi ascripsit, potentiam tuam respiciens; et quid ego dicam, aut quid cogitabo? Nostis autem et vos hunc hominem : nam parabolam de illo Evangelium vobis enarravit : quia omnis sanctorum labor propter hominem susceptus est. Ait autem sic : « Dives quidam erat, et absconditum in agro thesaurum sciens, vendidit omnia, et emit agrum illum [2]. » Alius autem idem ob Margaritam pretiosam faciebat. Quare utriusque diversitatem nosse, et cujusque vim solvere atque interpretari oportet. Nam duo ista unum sunt. Continet autem brevem interpretationis sermonem Margaritæ sententia : ideoque illam cum primis exponamus.

4. Margarita igitur pretiosa e mari est; magnæ autem æstimationis, eo quod inventu difficilis sit : non tamen cibum præbet, sed gloriam; neque potus oblectamentum affert, sed claritatem nominis. Multæ quidem pecuniæ pondus efficiunt : at illa gravitatem sublevat. Parva cum sit, magna potest; et ad portandum facilis est, facileque in suum locum restituitur. Facile absconditur, sed difficile invenitur. Sic quoque est regnum cœlorum : sic etiam Deus Verbum, quod breviter et aperte magnam in se mysteriorum vim complectitur. Non proponitur

[1] Matth. xiii. — [2] Ibid. 44.

le but; mais aurai-je la force d'y atteindre? Du moins je fais tout ce qui est en mon pouvoir, et si vous daignez m'accorder ce qui me manque, vous voyez le fond de mon ame, vous savez que je suis pauvre et dépouillé par le démon. Mon cœur est faible et chargé des liens de la corruption. Mon esprit est sans force, et le péché l'a entraîné à l'erreur. J'ai laissé vos dons se perdre, et voilà pourquoi je ne possède point la parfaite sagesse; j'ai perdu vos traces, et voilà pourquoi j'ignore où je vais. Je ne possède donc rien; ou si je possède quelque chose, c'est vous qui me l'avez donné en vous faisant homme. Je suis dans le dénuement le plus complet; si je deviens riche, c'est un bienfait qui me viendra de vous et maintenant et toujours. J'implore seulement l'appui de votre grâce, confessant que mon salut sera votre ouvrage, si je suis sauvé.

3. Il est parlé d'un certain riche dans l'Écriture; mais comme c'était un homme sage et plein de la connaissance de Dieu, il se donnait à lui-même le nom de pauvre. Il reconnut que sa richesse n'était que pauvreté en songeant à votre puissance. Et moi, que dirai-je ou que penserai-je de moi-même? Vous connaissez aussi cet homme, chrétiens; car l'Évangile vous a proposé une parabole à son sujet, parce que tous les travaux des saints ont pour but le salut de l'homme. C'est ainsi qu'il s'exprime : « Il y avait un homme riche, et cet homme, » ayant connaissance d'un trésor caché dans un champ, vendit tous » ses biens et acheta ce champ. » Un autre fit la même chose pour obtenir une Perle d'un grand prix. Il est bon d'apprécier l'apparente diversité de ces deux paraboles, et d'analyser la force du sens caché dans chacune d'elles; car, au fond, le sens de toutes les deux est le même; et comme celui de la parabole de la Perle ne demande qu'une courte explication, c'est de la Perle que nous parlerons en premier lieu.

4. La Perle, cet objet d'un si grand prix, nous vient de la mer. Sa valeur est proportionnée à la difficulté qu'on éprouve à se la procurer. Pourtant elle ne sert pas à notre nourriture, mais à notre ornement; elle ne donne pas non plus le plaisir d'un breuvage agréable, mais un éclat dont on est fier. Une forte somme d'argent pèse beaucoup; la Perle semble donner de la légèreté à la pesanteur même. Toute petite qu'elle est, son pouvoir est grand. Elle est facile à porter, facile à remettre en place. On la dérobe aisément aux regards; mais c'est avec peine qu'on la trouve. Il en est de même du royaume des cieux; il en est de même aussi du Verbe divin qui renferme, de la

ad manducandum; neque enim ad tempus duntaxat durat. Sed nec pauperibus est ejus usus : verum eorum, qui in cognitione atque scientia divites evaserunt, illius est perceptio. Nullus quippe virtutis inops, illo potiri potest : sed perfectorum est illius possessio. Reperiuntur gradus in loco excelso, per quos ad supremitatem quis conscendit : et in Evangelio similiter, eorum qui ad Deum accedunt, differentiæ sunt. Pauper es? Panis tibi pro consolatione paupertatis erit. Infirmitate laboras? Olusculo te reficit. Sic etiam ex jecinore et ictero morbo laborantibus sinapi et vinum traditur : aliis, ut piscis proponitur, aliis frumentum, aliquibus falx putatoria; quibusdam etiam securis efficitur; panesque hordeaceos rusticioribus apponit, et gladium ad chirurgiam adhibet : quosdam flagellis ex funiculis cædit, virgis alios castigat, et faculis fatigat atque exercet.

5. Hæc et his similia pro gradibus habet Evangelium. Sunt autem ista in parabolis dicta. Divites quippe novit virtutibus locupletatos; pauperes quoque virtutum inopia laborantes; novit infirmos, et novit sanos in fide : novit fortes, et novit imperfectos in religione ac pietate. Gladios multos perimit, ab idolis rescindens, et a populo impietatem avertens. « Videt in abscondito [1] : » atque idcirco infert ignem, ut quod occulitur, in lucem proferat, et quod contra scientiam Dei extollitur, absumat. Cauterium adhibet iis, quibus lethali morbo membra depascuntur : et longe a communitate Ecclesiæ separat pestiferas affectiones. Inter ægrotantes est medicus : inter athletas, præmiorum distributor; inter adversantes, judex; inter iniquos, vindex; pauperum curator efficitur, et viduarum provisor. Adversus tyrannos rex est; et ad humiles, tanquam frater accedit. Peregrinis, ut familiaribus, occurrit; et inter orphanos, ut pater reperitur; ignoranter quo maledicentibus, ut idiotam se exhibet. Hæc autem omnia præstat, cùm unus idemque sit; quodcumque enim vult hoc potest, omnibusque utilia consulit. Propterea multæ sunt parabolæ : ideo quoque variæ virtutes; et in cunctis ipse idem, non diversus; sed sicut multarum chordarum lyra, diversimodo omnibus sua commoda

[1] Matth. vi, 4.

manière la plus manifeste et dans les plus étroites limites, une foule de mystères. Il ne sert pas d'aliment; car sa durée n'est pas limitée au temps fini. Ce n'est pas non plus aux pauvres qu'il peut servir; ceux-là seuls qui ont amassé des trésors de science et de sagesse peuvent en tirer profit. Quiconque est pauvre de vertus ne peut le posséder; il est la propriété exclusive des saints. On ne peut arriver aux sommités qu'en passant par les degrés intermédiaires; de même, dans l'Évangile, divers intervalles séparent ceux qui marchent vers Dieu. Êtes-vous pauvres? le Verbe sera pour vous le pain qui console l'indigence. Êtes-vous accablé sous le poids des infirmités? il sera pour vous le baume qui rend la force. Pour ceux qui souffrent d'une maladie de foie, il est le sénevé et le vin réparateurs. Pour les uns, il est le poisson qui les nourrit; pour les autres, le pur froment. Pour ceux-ci, la faux tranchante; pour ceux-là, la hache vengeresse. Il est le pain d'orge pour les hommes grossiers, l'instrument de l'art dans les mains du chirurgien; pour quelques-uns il est le fouet qui les frappe; pour d'autres, la verge qui les châtie, le fardeau qui les fatigue et qui les courbe.

5. Telles sont les espèces de degrés que présente l'Évangile sous la forme de paraboles. Le Seigneur connaît les riches qui ont acquis des trésors de vertu et les pauvres qui sont en proie à l'indigence de cette même vertu; il connaît ceux qui sont faibles et ceux qui marchent d'un pas ferme dans la foi. Il connaît ceux qui sont pleins d'ardeur et ceux qui sont languissans dans la religion et la piété. Il en frappe un grand nombre par le glaive, afin de les arracher aux idoles et d'éloigner du peuple l'impiété. « Il voit dans les lieux les plus se- » crets. » Le feu de ses regards pénètre partout pour faire éclater au grand jour ce qui se cachait dans l'ombre et pour consumer ce qui s'élevait orgueilleusement contre la science de Dieu. Il cautérise les membres que ronge un ulcère mortel et retranche de la communion de l'Église les affections contagieuses. Parmi les malades, il est le médecin, parmi les athlètes, il est celui qui distribue les couronnes; entre les rivaux, il est l'arbitre; au milieu des méchans, il est le vengeur. Les pauvres ont en lui leur soutien et les veuves leur défenseur. Pour les superbes, c'est un roi; pour les humbles, c'est un frère. Les étrangers le voient venir au-devant d'eux comme un ami; les orphelins trouvent en lui un père, et ceux qui le blasphèment par ignorance un juge indulgent et facile. Il est tout cela, bien qu'il soit toujours un, toujours le même. Car il peut tout ce qu'il veut, et il se prête aux besoins de chacun. Voilà pourquoi il se révèle sous la forme de tant

excogitat. Novi hominem, eumdem medicum et fabrum, ferrarium et aedium structorem, œconomum et agricolam, inspectorem et doctorem, argentarium et figulum, coquum et mercatorem, multasque alias artes callentem; verum in nulla earum artium cum versaretur, naturam amittebat. Quomodo igitur non multo magis Deus immutabilis erit, quamvis multa faciat, et diversa velit?

6. Hæc porro dico, ut ne quis affirmet sicut in una aliqua harum rerum, ita per figuram hominem apparuisse. Aliud enim natura, et aliud scientia. Aliud figura seu forma, et aliud hypostasis. Faber et agricola, figulus et gubernator, curator et rerum necessarium suppeditator, unus idemque est in his omnibus: non secundum quamlibet professionem gignitur, sed cum semel sit natus, meditatione deinde in singulis hisce artibus sese exercet. At qui natus est homo ut rursus hominem procreet, non id meditatione consequitur, sed natura illum perfectum reddit. Filius igitur Dei non per meditationem et contemplationem didicit apparere hominibus: verum per naturam assumpsit hominem ut fieret quod erat, et inter homines fuit ut homo.

7. Adversus Marcionem hæc loquor, talia apud suos nugantem. Contra Manem dissero, deteriora adhuc Marcione de naturæ humanæ assumptione sentientem. Margarita nobis in medium proponitur. Dicant hæretici undenam sit, et quomodo fiat. In ea thesaurum demonstrationis habeo: et pro Scripturis, illam adversariis debitoribus oppono. Dicant nobis quænam sit Margaritæ generatio. Ostendant nobis figuram duntaxat ei esse, et non hypostasim. Novi quid dicant: sed et ego aliquam interrogationem faciam. Absque corporum (inquiunt) conjunctione qui natura genitus est, non potest esse homo; et siquidem factus esset, ut Adam, haberet hominis hypostasim. Cum autem ex Virgine sit natus, sine congressu viri, figuram assumpsit. Sileho equidem, o hæretici: habeo enim, qui vobis pro me respondeat. Ego

de paraboles; voilà pourquoi ses vertus sont si variées; et pourtant il est toujours lui, il n'a point changé. Semblable à une lyre munie de cordes nombreuses, les modes divers de son action sont toujours d'accord avec l'intérêt de tous. J'ai connu un homme qui était à la fois médecin et artisan, forgeron et architecte, intendant et laboureur, inspecteur et savant, orfèvre et potier, cuisinier et marchand. Il possédait encore une foule d'autres talens; mais, bien qu'il se livrât à tant d'occupations diverses, il ne cessait pas d'être lui-même dans chacune d'elles. Comment donc, à plus forte raison, Dieu ne conserverait-il pas son immuable nature, malgré la multiplicité des modes de son action et la diversité des formes que revêt sa volonté?

6. Et qu'on n'aille pas conclure de mes paroles et de l'exemple qui précède que le Verbe aussi n'a revêtu qu'une forme fantastique d'humanité. Autre chose est la nature, autre chose est l'art; autre chose est la figure ou la forme, et autre chose est la substance. Celui qui est à la fois artisan et laboureur, potier et inspecteur, intendant et fournisseur, celui-là est toujours un, toujours le même, sous ses formes diverses. Il ne vient pas au monde avec telle ou telle profession, il naît; puis, plus tard, l'étude le rend habile dans les différens arts. Mais la puissance que possède l'homme de donner la vie à l'homme, ce n'est point par l'étude qu'il l'obtient, c'est la nature elle-même qui l'en a doué. L'étude et la méditation n'ont donc pas appris au Fils de Dieu l'art de se montrer aux hommes avec les apparences de l'humanité; mais il a revêtu substantiellement l'humanité, afin de constituer une réalité vivante, et il fut véritablement homme au milieu des hommes.

7. C'est Marcion que j'attaque ici; ce sont les frivolités mensongères qu'il débite à ses sectaires que je veux détruire. C'est Manès surtout que je veux combattre, Manès dont la doctrine sur le Dieu fait homme est encore plus erronée qu'impie. Je prendrai la perle pour base de ma réfutation. Que les hérétiques nous disent quelle est son origine et quelle est sa formation. Elle m'offre un trésor d'argumens, et au lieu des saintes Écritures, c'est elle que j'oppose à nos adversaires; qu'ils nous disent comment naît la Perle; qu'ils nous prouvent qu'elle n'est qu'une forme sans substance. Je sais ce qu'ils vont dire; mais je saurai les confondre à mon tour. « Celui, disent-ils, qui est né substantiellement sans le secours de l'union des sexes ne peut être un homme, et si le Christ avait reçu une naissance semblable à celle d'Adam, il n'y aurait en lui que la nature humaine, et puisqu'il est

quiesco : nam vobis pro me Margarita loquitur. Edissere igitur quomodo nata sis. Tuam expone naturam, et hæreticos confunde : ostende substantiam tuam, et vanas frivolasque imaginationes destrue. Conchæ loquantur generationem Margaritæ : conceptionem ipsius recenseant. Qui sub acquis sunt murices, fiant doctores hominum qui se in cœlo versari putant. A rationis expertibus, imo et ab inanimatis erudiantur, qui in caput saltantes, naturas cœlestium sibi exploratas perspectasque jactant : et ab iis quæ neque lego neque ritu utuntur, qui leges aliis præscribunt, legem accipiant. Hæresum enim dede c u probrumque non fero : quia rationem a divina potentia repetunt, et modum divinissimæ illius actionis curiose nimis inquirunt. Rationem a Deo reposcunt, cum sint ipsi peccato debitores, quoniam animum intendere conantur in rationem et ortum ineffabilis naturæ : damnantique qui rei sunt judicem, nescientes ipsi pro se respondere. Si incomprehensibile comprehenderitis, non jam amplius incomprehensibile erit : et si quod divinum est intellexeritis, non amplius erit divinum, sed commune quoddam. Si in « ignotum Deum [1], » ut Apostolus ait, aciem animi defixeritis, divinam potestatem vestra cognitione dissolvetis.

8. Refero exemplum, cujus naturam revelare possum : modumque per quamdam similitudinem intelligo, non tamen vim actionis revelo. Margarita lapis est ex carnibus genitus, quoniam ex conchyliis prodit. Quis ergo non credat Deum ex corpore hominem esse generatum ? Illam non concharum conjunctio format, sed fulguris et aquæ commixtio. Sic et Christus in Virgine conceptus est, citra aliquam voluptatem, dum Spiritus sanctus ex ejus massa assumptionem Deo constituit formavitque. Margarita neque murex gignitur, neque ut spiritus in figura procedit : sic et Christus non permixtus cum divinitate, ne-

[1] Act. xvii, 23.

sorti du sein d'une vierge, sans rien devoir à l'homme, il n'a pu revêtir que les apparences de l'humanité. » Je ne vous répondrai point, ô hérétiques, car j'ai quelqu'un qui le fera pour moi. Je garde le silence ; car voici la Perle qui va parler à ma place. Perle brillante, révèle donc le mystère de ta naissance, fais connaître ta nature et confonds les hérétiques. Montre-leur ta substance, et détruis leurs vaines et frivoles imaginations. Que les coquillages racontent comment la perle est née, qu'ils disent comment elle a été conçue dans leur sein. Que les créations qui habitent au fond des eaux instruisent ces hommes superbes, qui s'imaginent pouvoir pénétrer dans les cieux. Que les êtres privés de raison, que les objets inanimés redressent le jugement de ces ambitieux qui se vantent de pénétrer et de connaître la nature des choses célestes, et que ce qui n'est soumis à aucune loi en impose une à ceux qui prétendent imposer leur loi aux autres ; je ne puis supporter l'audace et l'insolence des hérétiques, quand ils osent demander compte de ses œuvres à la puissance divine et porter un regard curieux et téméraire sur la manière dont s'accomplissent ses divins effets. Ils osent demander compte à Dieu de ses œuvres, bien qu'ils soient eux-mêmes chargés d'une dette d'iniquités, quand leur esprit s'efforce de pénétrer le mystère ineffable de sa conception et de sa naissance. Les accusés prononcent la sentence du juge, dans l'impuissance de répondre pour eux-mêmes. Si vous comprenez ce qui est incompréhensible, vous lui ôtez sa qualité d'incompréhensible, et si votre intelligence atteint une chose divine, ce ne sera plus une chose divine, mais un fait ordinaire et commun. « Si, comme dit l'Apôtre, la pénétration de votre esprit va jusqu'à l'intuition de « ce Dieu inconnu, » cette intuition de votre esprit aura détruit la puissance divine.

8. Je reviens à la comparaison de la formation de la Perle et de la naissance du Christ. Je comprends le mode de celle-ci par la similitude qu'elle offre avec celle-là, je ne prétends pas cependant révéler la nature intime du mystère. La Perle est une pierre qui doit sa naissance à une substance charnelle, puisqu'elle sort du sein d'un coquillage. Pourquoi donc se refuserait-on à croire que Dieu s'est revêtu de l'humanité dans le sein d'une vierge? Ce n'est point l'union de deux coquillages qui produit la Perle, mais le mélange de la lumière et de l'eau. C'est ainsi que le Christ a été conçu dans les entrailles de Marie, sans le secours d'une union charnelle, et c'est le Saint-Esprit qui, de la substance de la Vierge, a formé le corps dont Dieu s'est revêtu. La

que purus est homo, neque cum immiscibili divinitate commissus, tanquam in figura spirituali est genitus. Margarita in hypostasi generatur, et alium secundum se lapidem non generat. Christus quoque non est alius, nisi qui a Patre genitus est, et ex Maria natus. Non figuram duntaxat dictus lapis habet, sed etiam substantiam : ita quoque Filius Dei in hypostasi est natus, et non in figura. Duarum naturarum est particeps hic lapis pretiosus, ut ostendat Christum ; quoniam cum Verbum Dei sit, ex Maria homo natus est : non partialem habuit naturam ; quoniam neque aliud animal erat, sed perfectam habet duplicem naturam, ne duas perdat : neque enim una sola natura Deus super terram visus est : neque altera sola homo in coelos ascendit : verum perfectus ex perfecto, homo ex homine, Deus ex Deo, ex Virgine Christus. Non divisa est caro a Divinitate, neque divinam naturam humana natura oneravit. Non est imminuta propter assumptionis nexum, ita ut perdiderit quod habebat, et quod non habebat fieret : sed perfectum habet, quod erat, et perfectum similiter habet quod assumpsit. Conjunctio non est facta confusio : non enim corpus conjunctum erat corpori : at homo unitus erat cum Deitate. Vinum et aqua commixta perdunt naturam : at vinum et aurum, utrumque simul immixtum, constituunt hypostasim. Tegit enim Deus assumptionem, sicut aurea urna manna. Absconditur divinum Verbum in assumptione, velut urna in arca. Intrinsecum efficitur extrinsecum, et extrinsecum fit intrinsecum : ut et unitas demonstretur, et hypostasis. Manna non est assumptio, at conjungitur urnæ, non ut induens Divinitatem, sed ut Margarita ex fulgetro aquæ intrinsecus habens.

D. Intelligo coruscationis et aquæ ordinem, et Christi parabolas

Perle ne naît point coquillage et ne revêt pas seulement la forme d'un corps comme si sa substance était spirituelle; de même le Christ diffère de la divinité; il n'est pas tout entier dans la nature humaine, ni confondu sans mélange dans la nature divine, comme s'il était né avec une forme spirituelle. La Perle est engendrée substantiellement, et n'engendre point d'autre pierre de son espèce. Le Christ aussi n'est autre que le Fils engendré du Père et né de Marie. La Perle n'a pas seulement la forme, mais encore la substance; le Fils de Dieu est né également avec un corps réel, et non avec une forme fantastique. La pierre précieuse qui nous occupe réunit en elle deux natures, et cette union est une preuve de celle qui s'est opérée dans le Christ. Il est à la fois le Verbe-Dieu et l'homme né de Marie, et chacune de ces deux natures n'a point été en lui incomplète et particle; car il n'était point le fruit équivoque d'une union insolite; mais il possédait entière et parfaite chacune de ces deux natures, bien loin de les détruire toutes deux en les partageant. Ce n'est pas revêtu de la seule nature divine que Dieu s'est montré à la terre, et ce n'est pas non plus revêtu de la seule nature humaine que l'homme est monté au ciel, mais le Verbe incarné était le résultat complet de deux natures complètes; Dieu par sa nature divine, homme par sa nature humaine : tel est le Christ, fils de Marie. La divinité n'a rien fait perdre à l'humanité, et la nature humaine n'a point été un fardeau pour la nature divine; l'union de celle-ci avec le corps ne l'a point dégradée, elle ne lui a pas ôté ses attributs primitifs, pour lui en donner d'autres qui lui étaient étrangers. Elle a gardé complets les attributs qui étaient en elle, et on revêtant l'humanité le Verbe en a également revêtu tous les caractères. L'union des deux natures n'a point produit leur confusion; car ce n'était point l'union d'un corps avec un autre corps, mais de l'homme avec Dieu. Le mélange de l'eau et du vin détruit la nature de ces deux liquides; mais le mélange de l'or et du vin produit une substance nouvelle. La divinité renferme l'humanité comme une urne d'or renferme la manne; le Verbe divin à son tour est caché dans l'incarnation comme l'urne dans le coffre. Ce qui était intérieur devient extérieur, et réciproquement. Ainsi se démontre l'unité et la substance du Christ. Sans doute la manne n'est pas une substance née de l'urne, elle lui est seulement unie, non comme l'humanité est contenue dans la divinité, mais comme l'eau est renfermée dans la Perle dont l'essence primitive est la lumière.

9. Considérez avec attention ce phénomène de la lumière et de l'eau

admirare. Considera imperfectæ carnis ministerium in Margarita : et credas revera ex muliere natum esse Christum. Murex, ne obolo quidem dignus, lapidem multis auri talentis pretiosiorem parit : sic et Maria Divinitatem, cui nulla comparari potest natura, genuit. Non affligitur dolore ostreum, dum Margaritam concipit, sed solum accessionis sensum habet ; et Maria beneplacito et consensu Christum concepit, sentiens naturam accedentem. Non corrumpitur murex, neque dum concipit, neque dum parit ; perfectum enim parit lapidem sine dolore : et Virgo sine corruptione concepit, et sine dolore genuit. Non solum concipitur Margarita, verum etiam dum accrescit, perdurat : atque etiam extra cochleam, suam potest hypostasim ostendere. Cum autem carne pro hypostasi ad cooperationem indigeat, naturamque nutritivam adhibeat ad perfectionem subsistentiæ, latet tanquam in utero, in sinu cochleæ, et quasi naturaliter ad substantiæ perfectionem insita est. Augmentum quoque accipit per vitalem naturam, et pinguedinem sibi conducentem participat. Natus est etiam Filius non seminatus ex carne : et Filium fructificavit natura, sine viro ad generationem concurrente. O magna mysteria ! o cœlestia dogmata ! quia peperit natura non proprium : et filius natus est, non ex viro procreatus. Virgo facta est mater, et natura fons ; alvus nutrix, et puella adjutrix et cooperatrix. Assumptio ex ubertate naturæ, et generatio ex plenitudine determinata ipsi naturæ. Sola mulier absque viro genuit : nam corruptionis expers erat qui generabatur : Virgo peperit, propter eum qui puritatis ac castitatis fons erat : voluptatis expers, procreationi filii servivit : nam vitiorum superatorem produxit."

et admirez les paraboles du Seigneur; remarquez le rôle que joue une matière imparfaite dans la formation de la Perle, et croyez que le Christ est né réellement d'une femme. Du sein d'un coquillage pour lequel vous ne donneriez pas même une obole, sort une pierre brillante dont mille talens d'or et plus ne sauraient payer la valeur. C'est ainsi que du sein de Marie est sorti le Dieu tout-puissant. L'huître n'éprouve point de douleur tandis que s'opère en elle la conception de la Perle, elle ne sent que son approche : le sein tranquille et résigné de Marie a conçu aussi le Christ sans éprouver d'autre sentiment que celui de l'apparition d'un nouvel être en elle; la corruption n'atteint point le coquillage, ni pendant la conception, ni pendant la naissance de la Perle; car il enfante sans douleur une pierre brillante et d'une nature parfaite; la Vierge aussi a conçu sans péché et enfanté sans douleur. Et non seulement la Perle est conçue dans le sein du coquillage, mais encore elle s'y accroît avec le temps et peut montrer sa substance hors de l'enveloppe qui la contenait. Mais comme en sa qualité de substance, elle a besoin du secours de la chair pour servir à son alimentation, et d'employer une matière nourrissante pour atteindre le dernier terme de son accroissement progressif, elle est cachée dans le sein du coquillage, comme dans les entrailles d'une mère, et l'on dirait qu'on l'y a mise à dessein pour qu'elle pût arriver à son entier développement. Elle s'y accroît donc grâce à la matière vivifiante qui l'entoure, et elle s'assimile les sucs nourriciers qui lui sont nécessaires. De même le Fils de Marie est né sans le secours d'un acte charnel, et la substance vivifiante de la Vierge a développé celle du Christ, sans que l'homme ait coopéré à son incarnation. O mystères sublimes ! ô dogmes divins ! la nature humaine a produit ce qui n'était point en elle; un enfant est né, qui n'a point été engendré par l'homme; une vierge est devenue mère, son chaste sein a été une source de vie; ses entrailles innocentes ont nourri le Fils de Dieu; une jeune fille a été l'auxiliaire du Verbe divin dans l'œuvre de son incarnation. Sa substance féconde a formé le corps du Sauveur, et c'est après son accroissement complet que le fruit de ses entrailles est venu à la lumière. C'est une femme seule et sans le secours de l'homme qui est devenue mère; car le fruit de ses entrailles était saint. C'est une vierge qui a enfanté, parce que le fils qu'elle a mis au monde était la source de toute pureté et de toute chasteté. C'est exempte du trouble des sens que Marie a coopéré à l'incarnation du Fils de Dieu; car celui à qui elle a donné le jour était le vainqueur du péché.

10. Quomodo igitur figuram tantummodo suscepit, qui et naturam, et essentiam, et tempus generationis participavit? Quo pacto igitur homo prodiit qui omnem creaturæ præbet experientiam, absque corruptione ac partus dolore? Neque enim passa est Maria, ut mulier; neque partus dolorem sensit, ut virgo : neque aliena a gen'to erat : nam propter naturam, quæ nutrivit, communicationem societatemque habebat : et mater filii alienæ naturæ erat, propter assumptionis subministrationem. Crevit in utero Christus, cum, ut Deus, nullius indigens esset : et filius ex muliere natus, cum, Filius esset Dei. Agnovit Mariam matrem : humanitatem enim per eam complexa est Divinitas. Filius erat ejus, quæ subministraverat : quia non solum fide voluntatem atque electionem præbuit; verum etiam natura assumptionem participavit.

11. Si figuram Verbum assumpsisset, quid natura fuisset opus? Si tanquam in specie processit, quæ mulieris necessitas? Si velut per canalem ac fistulam descendit, cur conceptionis tempore indiguit? Cur in Virgine tanquam in loco diversatus est, qui esset extra naturam proditurus? Qui sic natus est, ut qui de cœlo delapsus in Virgine habitasset, cur non illico terræ cœlitus apparuit? Qui naturam humanam non assumpserat, cur subito inter homines ex aere se notum non præbebat? Si perfectam œconomiam habebat, quid ex virginali natura assumebat? Neque supervacaneus est Deus, neque illusor. At supervacanea Maria, si Christus in figura venit. Illuderet etiam Deus, generationem hominibus in præsepi ostendens. Sit ista verborum necessitas, rationum accusatrix. Nam Christum veritatem esse novi, et in Margarita eum suspicio, utpote Deum, qui ex Virgine hominem assumpsit.

10. Comment donc le Verbe n'aurait-il revêtu que la forme apparente de l'humanité, puisqu'il en a revêtu aussi la nature et l'essence, et qu'il est né au temps marqué pour l'enfantement? Comment celui qui présente tous les caractères de la créature naissante a-t-il pu sortir du sein de Marie, avec les apparences de l'humanité, sans que Marie ait éprouvé le travail et la douleur de l'enfantement? Elle n'a point souffert, quoique femme; elle n'a point éprouvé les douleurs de l'enfantement, quoique Vierge. Elle n'était pas non plus étrangère au fruit de ses entrailles, car c'était sa substance virginale qui le nourrissait, et par là, il y avait communication et parenté entre elle et lui; et elle est devenue mère d'un fils dont la nature était étrangère à la sienne, parce que c'est dans son sein que le Verbe s'est fait chair. Le Christ a pris son accroissement dans les entrailles de Marie, bien qu'en qualité de Dieu il n'eût besoin d'aucun secours; et il eut une femme pour mère, bien qu'il fût le Fils de Dieu. Il a reconnu Marie pour sa mère, car c'est par elle que la divinité a revêtu l'humanité. Il était Fils de celle qui avait coopéré à son incarnation, non seulement parce qu'elle avait prouvé son acquiescement et son désir par l'ardeur de sa foi, mais encore parce que sa substance virginale avait servi à former le corps du Sauveur.

11. Si le Verbe avait revêtu seulement la forme apparente de l'humanité, qu'eût-il eu besoin du secours de la nature humaine? S'il était venu sous une forme mensongère, qu'eût-il eu besoin de la femme? Et si le sein de Marie n'a été pour lui que la voie mystérieuse par laquelle il est venu dans le monde, pourquoi lui a-t-il fallu attendre, pour faire son apparition, l'époque marquée pour l'enfantement? Si pour naître il n'avait fait que descendre des cieux et venir habiter le sein d'une vierge, pourquoi ne s'est-il pas montré directement du ciel à la terre? Pourquoi est-il resté dans le sein de Marie comme dans un lieu nécessaire, s'il pouvait se montrer aux hommes sans le secours de la nature humaine? S'il n'a pas revêtu l'humanité, pourquoi du haut des cieux ne s'est-il pas tout-à-coup montré et fait connaître aux hommes? S'il avait tout ce qui était nécessaire à sa venue, pourquoi empruntait-il le secours d'une vierge? Les actes de Dieu ne peuvent être ni vains ni trompeurs; la coopération de Marie serait donc vaine, si le Christ n'était venu que sous les apparences de l'humanité, et Dieu aurait trompé les hommes en leur montrant couché dans une crèche un enfant nouveau-né. Ces propositions sont rigoureusement enchaînées, mes raisonnemens sont donc vrais. Je sais que le

12. Habeo porro et aliud argumentum de vera ipsius substantia, incrementum nimirum usque ad perfectam illius ætatem. Nam si figuram habebat Verbum, vestimentis indutum erat. Ostendite igitur vestium incrementum. Et si in figura Christus advenit, ostende tunicam cum eo crescentem, et quæ fulgens efficiatur et non inveterascat. Et si Christus in figura advenit, cum ex infante usque ad statum perfecti adolevisset, quomodo augmentum conceptioni testimonium præbet, et conceptio incrementum testatur? Neque enim illud cito factum est, neque hæc tempus naturæ præbuit. Non sunt figuræ, communicatio naturæ subsistentis, sed velut vestimenta, artis inventa. Quis igitur naturæ usus, dum ars famulatur Christo? Quid opus fuisset conceptione muliebri, cum materia non a vivis hominibus procedat, sed in terra inveniatur? Virgo naturæ Divinitatis ministravit: ac propterea naturam ei incorruptibilem præbuit. Si actio quæcumque fuisset illud munus, etiam homo hanc efficere potuisset. Et si figura fuit illud ministerium, ars igitur hominum Divinitatem juvisset. Uterus Divinitati servivit: et ob promptam obedientiam, mercedem accepit, ut sine dolore esset. Produxit naturam labori atque dolori obnoxiam; et ipsa doloris laborisque eam expertem recepit. Donum infirmum produxit, validumque illud recepit. Dedit uterum labori atque dolori subjectum, et eumdem integrum illæsumque ipsa recepit. Medicus erat, qui natura ejus utebatur; ac propterea sanam illam restituit. Non erat homo, qui Virginem pro Filii generatione adhibere volebat, sed Deus: atque ideo naturæ, quod non habebat, præstitit ut ostenderet se non venisse ad dirumpendam naturam, sed ut integram atque incorruptam eam conservaret. Margarita erat qui generabatur; ideoque elapsus est, et absque labore atque dolore natus. Neque asper erat, ut terreus; neque fluxus et effusus, ut humidus; neque in multas partes divisus, velut materialis; sed infans Deum perfectum continebat sub natura simplici tectum: ac propterea vi illius qui in ipsa erat, Virgo instar cochleæ naturaliter peperit, et ut mulier nequaquam passa est; rursus natura, sicut conchyliorum plicis ac sinibus usu venit, ad virginalem statum recurrente. Non per-

Christ est la vérité même ; et dans la formation de la Perle, je vois le Dieu qui s'est fait homme.

12. Mais voici une autre preuve de la venue réelle et substantielle du Christ ; je veux parler de son accroissement progressif depuis sa naissance jusqu'à son âge mûr. Supposons un moment que le Christ n'est venu que sous les apparences de l'humanité ; il portait des vêtemens. Montrez-nous donc quel est l'accroissement d'un vêtement. Et si le Christ n'avait qu'un corps chimérique, montrez-nous cette tunique merveilleuse qui croissait avec lui et conservait son éclat sans s'user. Si le Christ n'a pris qu'un corps chimérique, comme il n'a cessé de le développer depuis son enfance jusqu'à sa maturité, comment se fait-il que ce développement prouve son incarnation, et que son incarnation prouve à son tour ce développement ? En effet, son accroissement ne s'est pas fait tout d'un coup, et sa naissance n'a pas devancé non plus l'époque marquée pour l'enfantement. La forme n'est pas la communication d'une nature substantielle, mais, comme les vêtemens, une œuvre de l'art. À quoi donc aurait servi la nature au Christ, si l'art était à ses ordres ? Qu'était-il besoin qu'il fût conçu dans le sein d'une femme, puisque la matière ne procède pas de l'homme vivant, mais a sa source dans le sein de la terre ? Une vierge a coopéré à l'incarnation de la Divinité, et en retour la Divinité a rendu sa nature incorruptible. Si un acte quelconque eût pu accomplir le mystère, cet acte eût pu appartenir aussi bien à l'homme. Et si la forme eût suffi à l'accomplissement de ce mystère, l'art de l'homme aurait donc été l'auxiliaire de la Divinité. Le sein d'une femme s'est ouvert à la Divinité, et sa prompte obéissance a mérité d'enfanter sans douleur. Elle a prêté à l'accomplissement du mystère une nature sujette à la douleur et à la souffrance, et elle lui a été rendue exempte de souffrance et de douleur. Elle a fait un présent plein d'imperfections et de misère, et il lui a été remis plus parfait et plus riche. Les entrailles qui reçurent Dieu étaient soumises au travail et à la douleur, et elles furent délivrées de toute infirmité humaine. Celui qui se servait d'elle pour s'incarner était un grand médecin, et voilà pourquoi il l'a rendue saine et incorruptible. Ce n'était pas un homme qui se servait du secours de la femme pour obtenir la naissance d'un fils, c'était Dieu lui-même, aussi il a donné à la nature mortelle de Marie des dons qu'elle ne possédait pas, afin de montrer qu'il ne venait pas pour corrompre la nature, mais pour la conserver pure et sans tache. C'était une perle qui naissait, et voilà pourquoi il est sorti doucement du

didit sigillum natura Virginis, Christo concepto: et ob id, neque eo genito, reserata est, ut partum in lucem ederet. Neque vero rupta est, dum gigneret.

13. Cogor inhaerere sermoni, ut omnia commemorans, haereticis ostendam Christum natum esse hominem, et non qui videretur prodiisse. Nos quemadmodum concipimur, sic etiam generamur. Corrumpitur mater, dum concipit: laborat ac dolet, dum parit; perdit naturae sigillum, ut concipiat; propterea quoque, dum parit, non modo diducitur, verum etiam ob naturae immunitionem, flaccescit atque languescit, doloreque torquetur, ut corruptionis, quae initio accidit, admoneatur. Quoniam, ubi semen processit, et ad maturitatem proseminatae carnis pervenit, dolores partus comparat. At non sic Christus; sed sine dolore genitus est, quoniam et sine corruptione fuerat conceptus, in Virgine carnem accipiens, non a carne, sed a Spiritu sancto. Propterea et ex Virgine prodiit, Spiritu sancto uterum aperiente, ut egrederetur homo qui naturae opifex erat; et Virgini virtutem in suum augmentum praebebat. Spiritus erat, qui puerperam, tori maritalis nesciam, in partu adjuvabat. Quapropter neque quod natum est, sigillum virginitatis commovit; neque Virgo laborem ac dolorem in partu sensit, divisa quidem ob tumorem geniti filii, sed rursus ad suum ipsius sigillum reversa, instar plicarum conchyliorum, quae margaritam producunt, et rursus in indissolubilem unionem ac sigillum coeunt.

sein maternel; voilà pourquoi il a été enfanté sans travail et sans douleur. Son corps n'était point rude au toucher, comme s'il eût été d'une substance terrestre; il n'était point mou et sans consistance, comme si la substance eût été liquide, ni composé d'élémens nombreux et divers, comme si la substance eût été matérielle; mais l'enfant renfermait un Dieu parfait caché sous une nature simple et pure, et voilà pourquoi, grâce à la puissance de celui qui résidait en elle, la Vierge a enfanté doucement comme le coquillage qui laissa tomber la perle. Elle n'a point souffert comme la femme, et ses chastes flancs, comme les lèvres du coquillage qui se referment, sont revenus aussitôt à leur état virginal. Elle n'a point perdu le signe de sa virginité tandis que s'opérait en elle la conception du Christ, et, une fois qu'il a été engendré, ses flancs n'ont pas eu besoin de s'ouvrir pour le mettre au jour; ils n'ont point éprouvé de déchirement tandis qu'elle enfantait.

13. Je suis obligé de m'arrêter long-temps sur ce sujet, afin que, rassemblant toutes les raisons qui peuvent convaincre les hérétiques, je leur prouve que le Christ est né revêtu de la nature humaine et non de la forme apparente de l'humanité. Nous naissons comme nous sommes conçus; notre mère est atteinte de corruption pendant qu'elle conçoit; elle souffre et gémit pendant qu'elle enfante. Elle perd le signe de la virginité pour concevoir, et c'est pourquoi, au moment qu'elle enfante, non seulement ses flancs sont ouverts, mais encore, par suite de la perte qu'ils éprouvent, ils se distendent, ils retombent, et la douleur les déchire, afin de rappeler à la femme sa corruption primitive. Car, une fois que le germe déposé dans son sein s'est développé et parvient à sa maturité, les douleurs de l'enfantement se font sentir. Il n'en est pas ainsi du Christ; il est né sans douleur, parce qu'il a été conçu sans corruption, recevant un corps dans le sein d'une vierge non par un acte charnel, mais par l'opération du Saint-Esprit. C'est aussi le Saint-Esprit qui a ouvert doucement les flancs de Marie, quand le Sauveur est sorti de son sein, pour que celui qui était l'auteur de la nature parût au milieu des hommes revêtu de la nature humaine. Le Christ donnait lui-même à la Vierge sa mère la vertu nécessaire à son accroissement. C'était le Saint-Esprit qui aidait dans son enfantement cette jeune mère ignorante de la couche conjugale. C'est pourquoi le fruit des entrailles de Marie ne lui a point fait perdre le signe de sa virginité, et la Vierge n'a pas éprouvé les douleurs de l'enfantement; ses flancs se sont ouverts, il est vrai, pour laisser un passage au Dieu qu'ils renfermaient; mais ils sont revenus aussitôt à leur état

14. Novi multos melius id recepisse, quod utendum dederant: quoniam qui utendum sumpserant, cum essent opifices, rei datae vitium corrigentes, eam sanam et integram reddiderunt. Quanto magis Deus non deterius id quod sanum mutuatus est, sed multo melius reddidit quam accepisset? Proptereaque corruptibilem mutuatus naturam, incorruptam reddidit, cum natus est. Mechanici contrario flatu aquas in vasis continere possunt : illas enim per alas quasdam aperiunt et emittunt, et rursus per spontaneos meatus easdem in vasis claudunt. Nonne igitur Deus hominibus artificio praestet, in dilatanda et coarctanda natura, ita ut nulla ex parte labefactetur eorum corporum mole, quae per medium prodeant? Reges in quibus exaltantur, aut geniti sunt, civitatibus privilegia donant. Filius igitur Dei nonne Virgini matri suae, cum possit, virginitatem concessit? Alii locorum possessores ac domini loca et fontes excogitant, et naturas aquarum emendant, et coeli temperiem meliorem solertia ac sedulitate reddunt. Et Christus nonne multo magis etiam ea quae videbantur naturam perturbare posse, correxit ac reparavit? Aut quasi unus ex hominibus, matrem quae ipsum genuit, tanquam unam ex multis esse permisit? Quemadmodum igitur solus ex virgine natus est Christus; ita etiam Mariam in partu virginem permanere decebat, matremque absque dolore fieri.

15. Ne igitur te propria excaecet natura, ut in Deitatem non credas : neque te corpus tuum, perturbationibus atque affectionibus obnoxium, depravet, ut humanam accuses naturam. Non enim advenit Christus, ut affectionibus serviret, sed ut peccatum exterminaret. Non induit corpus, ut naturae illuderet. Non fugit assumptionem, ut honoraret figuram. Si per figuram quis voluerit dignum aliquid admiratione facere, multo sane amplius ipse omnino per ipsam egit naturam. Si figuram honoravit naturae, praeclarum sane quiddam est natura, a Divinitate honore dignata. Si autem ob correctionem venit in figura, nobilior sane natura, quam figura, utpote quae efficaciorem

virginal, de même que les lèvres du coquillage s'ouvrent pour laisser toi berla perle et se réunissent de nouveau et se referment étroitement.

14. Plus d'une personne a reçu en meilleur état ce dont il avait abandonné l'usage à d'autres, parce que ceux qui l'avaient accepté pour s'en servir, étant d'habiles ouvriers, avaient fait disparaître les imperfections de l'objet donné, et l'avaient rendu sans défaut. A bien plus forte raison, loin de gâter ce qu'il avait emprunté, Dieu a dû le rendre beaucoup plus parfait qu'il ne l'avait reçu. Ainsi il a emprunté le secours d'une nature corruptible, et il l'a rendue sans tache par sa naissance. Les mécaniciens savent contenir l'eau dans les vases, au moyen de courans contraires ; ils laissent un passage à son écoulement d'un côté, et ils la font rentrer de nouveau dans les vases par des mouvemens spontanés. L'art de Dieu ne pouvait-il donc l'emporter sur celui des hommes au point d'ouvrir et de refermer les flancs de Marie, sans qu'ils fussent en rien endommagés par la masse des matières qui se livraient un passage? Les rois accordent des priviléges aux cités dans lesquelles ils ont reçu le jour ou la couronne. Pourquoi donc le Fils de Dieu n'aurait-il pas accordé la virginité à sa mère, puisque ce don était en son pouvoir. Les propriétaires et les maîtres de quelques cantons étudient la nature des lieux et des sources qui les entourent ; ils corrigent les eaux, et, à force d'adresse et de constance, parviennent à améliorer la température du climat. Le Christ ne pouvait-il donc, à plus forte raison, corriger les défauts qui auraient apporté le trouble dans le sein de Marie? Devait-il, comme s'il eût été l'un de nous, permettre que sa mère fût semblable au reste des femmes? Le Christ est le seul qui soit né d'une vierge ; il était donc convenable que Marie restât vierge malgré l'enfantement et devînt mère sans éprouver les douleurs de la maternité.

15. Ne vous laissez donc pas aveugler par votre propre nature, au point de ne pas croire à la nature divine, et que votre chair, qui est sujette au trouble des passions, ne corrompe pas votre jugement au point de vous faire accuser la nature humaine. Le Christ n'est pas venu pour servir les passions, mais pour exterminer le péché. Il n'a pas revêtu les apparences de l'humanité pour se faire un jeu de la nature humaine; il n'a pas rejeté la substance pour honorer la forme. Si la forme, entre les mains de l'homme, peut arriver à des résultats dignes d'admiration ; la nature, certes, le pouvait bien davantage entre les mains de Dieu. S'il a voulu honorer la forme de la nature humaine, la nature humaine est donc quelque chose de

præbet correctionem. Si nihil conferre poterat figura, sine ipsa utique effecisset quod erat propositum. Quod si nihil in figura perfecit, frustra sane ipsa inferebatur.

16. Attendite Margaritæ, et nolite errare; non enim cessabo reprehendere, donec corrigam accusatores. Cernite non esse figuram, sed substantiam, et naturæ coadunationem suspicite. Indivisibilis iste pretiosus est lapis. Neque enim aliquis Divinitatis assumptionem separabit. Fulgur et aqua in unum consenserunt, et duo se contraria complexa sunt. Quo igitur pacto quod tenes ignoras? et quod non tenes curioso investigas? Ex igne fulgur et ignis : unde et illuminat et inflammat. Conchæ ex aqua et per aquam crescunt. Quomodo ergo coruscatio non comburit cochleæ corpusculum? Quomodo substantialiter atque essentialiter conveniunt aqua et ignis, ac se invicem non corrumpunt? Non potes dicere; sed cogeris credere quod vides et tangis. Sit tibi pro testimonio natura, quam edicere nescis : quia Filius Dei absque semine nascitur. Illic duo sunt contraria, quorum essentialiter concordant hypostases, et in qualibet ostenduntur natura.

17. Vestram anteverto accusationem, quod ex vobis quosdam dicentes noverim : « Deus ingenitus, caro visibilis; Deus impassibilis, natura passibilis. Quomodo ergo in hujusmodi contrariis concordia atque consensio in unam hypostasim facta est? » Habes Margaritam, omnium quæ dicta sunt apertissimum explanatorem. Nam ignis Deitatem significat, et aqua assumptionem. Non aqua fulgur assumpsit; gravis quippe est naturæ et ad sublimissimum ignis locum non pervenit. Sed fulgur supervolitans conjungitur aquæ, et concha turbata utrumque simul junctum concludit. Calor corporis unitus est rei quæ advenit, et firmitas plicaturarum quæ committuntur ac coeunt, conservat ac retinet, ne diffluat humor qui intus est. Natura per con-

bien noble, puisque la divinité l'a jugée digne d'honneur. S'il est venu sous la forme de l'humanité pour corriger la nature humaine, la nature humaine est donc bien supérieure à la forme, puisqu'elle comporte un perfectionnement plus grand. Si la forme ne pouvait rien ajouter à l'accomplissement de ses desseins, il a dû exécuter sans elle les décrets de sa volonté. Et s'il n'a rien fait qui soit purement formel, c'est bien inutilement qu'il eût revêtu la forme apparente de l'humanité.

16. Étudiez la Perle et abandonnez vos erreurs, car je ne cesserai de poursuivre mes adversaires jusqu'à ce que je les aie confondus. Remarquez qu'elle n'est pas une forme fantastique, mais une substance réelle. Cette pierre précieuse est indivisible; la substance qu'a revêtue la divinité est également indécomposable. La Perle est formée de l'union de la lumière et de l'eau, deux élémens contraires qui se sont confondus intimement. Comment donc ignorez-vous ce qui est sous vos yeux, et cherchez-vous avec tant de curiosité ce qui est loin de vos regards? La lumière procède du feu, voilà pourquoi elle enflamme en même temps qu'elle illumine. Les coquillages viennent dans l'eau et croissent par l'eau. Comment se fait-il donc que l'élément brûlant et lumineux ne consume pas la matière du coquillage? Comment se fait-il que l'eau et le feu s'unissent intimement et substantiellement, sans que l'un nuise à l'autre? Vous ne pouvez le dire, mais vous êtes obligés de croire ce que vous voyez et ce que vous touchez. Que ce phénomène naturel, dont vous ne pouvez rendre compte soit pour vous une preuve que le Fils de Dieu est né sans le secours d'un acte charnel. Il y a aussi en lui deux élémens contraires, dont les substances s'unissent intimement et se confondent l'une dans l'autre.

17. Mais je veux détruire une objection que vous pourriez me faire. Quelques-uns de vous disent : « Dieu est incréé, et la chair tombe sous les sens; Dieu est exempt de toute souffrance, la nature humaine est sujette à la douleur. Comment donc deux natures si opposées ont-elles pu se réunir et se confondre en un seul être? » Consultez la Perle, elle vous expliquera ce mystère. La lumière est le symbole de la divinité, et l'eau le symbole de l'humanité. Ce n'est pas l'eau qui s'est incorporé la lumière, car elle est pesante de sa nature, et ne peut s'élever dans les hautes régions de la lumière. C'est le rayon lumineux qui, dans son mouvement léger, vient s'unir à la goutte d'eau, et le coquillage entr'ouvert les reçoit confondues dans son sein. La chaleur de la substance de l'huître fait germer le nou-

junctionem auget quod inclusum tenebat : progressuque temporis, ex aqua et igni margarita prodit. Sic dicit et Evangelium : « Spiritus Do- » mini superveniet[1] » in Virginem. Cur ita? ut scilicet virtutem acciperet suscipiendi Divinitatem. « Et virtus, *inquit*, Altissimi obum- » brabit tibi[2]. » Fulgur tuæ insidebit naturæ : « quia quod ex te » nascetur Sanctum, vocabitur Filius Dei[3]. » Non dixit : quod genitum est iterum gignetur ; neque dixit : quod nascetur ex virtute, vel ex Spiritu sancto ; sed « ex te. » ut Virginis naturam ostenderet Deitati ministrantem, assumptionemque in ipsa, et ex ipsa, Verbo Deo conjunctam. Nisi enim dixisset, « quod nascetur ex te, » fortasse figuram existimatum fuisset Verbum assumpsisse. Quædam tamen exemplaria non habent illud, « ex te, » ut hæresibus gratificentur. Tametsi autem non habent illud, « ex te, » o hæretice, additio tamen quæ sequitur, adhuc sententiam conservat ; ait enim, « ideoque et quod nascetur, » assumptionis nexum significans. Cæterum conceptio naturam arguit, et figuram rejicit ; et Archangeli locutio testificatur ob nihil aliud Deitatem Virgini obumbrasse, quam ut nasceretur homo. Potuisset quippe citius universæ apparuisse terræ, nisi per veram hominis assumptionem cum hominibus conversari voluisset.

18. Attende igitur ad Margaritam et videbis eam duas continentem naturas. Speciosissima siquidem est propter Deitatem : at candida, ob assumptionem. In candore ergo claritatem cernis : et in virtute inhabitantem potentiam vides. Dura quidem est propter naturam humanam : levis autem ob conditionem cœlestem. Aquatica propter terrenam naturam : ignita vero ob Deitatis hypostasim. Cunctis est consideratio physica : quia unicuique velut in speculo quæ illius sunt resplendent. Specula quidem arte fiunt, ac propterea habent quamdam fallaciam ad rei propositæ perceptionem. At Margarita naturalem

[1] Luc. 1, 35. — [2] Ibid. — [3] Ibid.

vel être, et les lèvres du coquillage, en s'unissant étroitement, empêchent, par leur solidité, l'humeur interne de s'écouler au dehors. La substance nourricière développe le germe qu'elle contient, et le temps fait éclore une perle brillante du mélange d'une goutte d'eau et d'un rayon de lumière. L'Évangile dit de même : « L'esprit du Sei- » gneur pénétrera dans le sein d'une vierge. » Pourquoi cela? afin de lui donner la force de porter dans ses flancs la Divinité. Il ajoute encore : « Et la vertu du Très-Haut te couvrira de son aile. » La lumière viendra s'arrêter sur ta nature mortelle, « car le fruit de tes » entrailles est saint et portera le nom du Fils de Dieu. » Il ne dit pas : « Celui qui est déjà né naîtra de nouveau ; » il ne dit pas non plus : « Celui qui naîtra de la vertu du Très-Haut ou de l'Esprit-Saint, » mais « celui qui naîtra de toi, » afin de montrer que la substance virginale de Marie était nécessaire à l'incarnation de la divinité, et que c'est en elle que le Verbe divin s'est revêtu de l'humanité. Car si l'Évangile n'avait pas dit « celui qui naîtra de toi, » on aurait pu croire que le Verbe n'a pris que la forme apparente de l'humanité. Cependant quelques exemplaires ne portent point ces mots « de toi, » et semblent ainsi donner raison aux hérétiques. Mais, bien que ces exemplaires ne portent point cette addition; cependant les expressions qui précèdent donnent à la phrase le même sens, car l'Évangile dit « celui qui naîtra, » et ces expressions renferment nécessairement l'idée d'incarnation. D'ailleurs la conception a pour conséquence nécessaire l'incarnation, et elle est incompatible avec la forme ; l'expression de l'Archange montre que si la Divinité a résidé dans le sein d'une vierge, ç'a été pour naître revêtue de la nature humaine. Car il eût pu se montrer plus tôt à toute la terre, s'il n'avait pas voulu prendre véritablement le corps de l'homme, pour vivre au milieu des hommes.

18. Contemplez la Perle, et vous verrez qu'elle renferme deux natures. Elle produit beaucoup d'effet à cause de son essence éthérée; elle est brillante à cause de son organisation matérielle. Vous voyez sa pureté dans son éclat, et dans l'effet qu'elle produit vous découvrez la puissance qui réside en elle. Elle est dure par sa nature terrestre, elle est légère par sa nature céleste; elle tient à l'eau par son côté grossier, à la lumière par son côté divin. Tout le monde peut observer que la Perle, comme un miroir pur, reflète l'image de chacun. C'est l'art qui façonne les miroirs; aussi y a-t-il quelque chose de trompeur dans l'image qu'ils donnent de l'objet qu'on leur présente; mais la Perle renferme naturellement cette propriété; c'est une faculté

continet gratiam, utilitatemque innatam. Multa quoque sunt alia, quæ ex duobus aliquibus fiunt quid unum : at non sicut Margarita nascuntur; neque ex igne et aqua concipiuntur.

19. Vide ne quæras exempla in margaritis quibuslibet : non enim omnes sunt veræ, continentes in se cuncta perfecte quæ diximus : nam magna illarum copia potius terream habet partem. Sunt cochleæ quæ in profundo morantur; aliæ in locis humidis limo et cœno gaudent, diversisque stercoribus vescuntur, et raro bonas margaritas producunt. Habet porro et aliam margarita causam : nam si perfectum non fuerit tempus generationis ejus, velut intempestiva, lapidosa reperitur : quare et multæ ex iis quæ in profunda sunt, improbantur : et si arte non expolirentur, nullus esset earum usus. Cæterum multas ejusmodi non reperiunt, verum ex illis conchis eas colligunt atque decerpunt : perfectæ autem ideo atque probatæ dicuntur, quia dum quasi augmentum perficiunt et substantiam in vim naturæ transmittunt, non aufruntur, verum generantur : atque illæ valde quoque pretiosæ redduntur. Et ut discas animalia in mari etiam ex aqua constare, legem revolve et Deum attestantem audies, quod aquis imperaverit ut inter cætera producerent etiam mytulos et conchas[1] : nam hæ quoque ex illorum sunt genere, quæ in aquis repunt. Et margarita ex immundis est animantibus : quoniam et Christus ex natura sordibus obnoxia natus est, quæ purgationibus per visitationem Dei indigebat.

20. Quemadmodum autem fulgur universa explorat, sic etiam Deus : et sicut illud occulta illuminat, ita quoque Christus recondita naturæ purgat. Ideo Virginem purificavit; et sic natus est ut ostenderet ubi Christus est, ibi omnem puritatem operari. Mundavit eam in sancto præparans Spiritu et sic ipsum purificatus concepit uterus. Mundavit eam in castitate ac puritate : ideoque natus Virginem ipsam reliquit. Cochleæ ostendant atque declarent non per femineum membrum concepisse Virginem : nam illæ duabus explicatis commissuris non carneam constitutionem præbent, sed secure solutum habentes cor-

[1] Gen. 1, 20.

innée en elle. Il y a beaucoup d'autres choses qui sont le résultat identique et nu du mélange de deux élémens divers; mais ce n'est point comme la Perle qu'elles naissent, et ce n'est pas de lumière et d'eau qu'elles sont formées.

19. N'allez cependant pas prendre pour exemple toute sorte de perles; car toutes ne sont pas bonnes et ne renferment pas les propriétés dont nous avons parlé : plusieurs, au contraire, participent beaucoup à la nature terrestre. Parmi les huîtres, les unes restent au fond des mers, les autres choisissent les lieux humides, limoneux et pleins de vase, se nourrissent de matières infectes, et produisent rarement des perles de bonne qualité. Une autre cause encore concourt à l'existence de la perle; car si elle ne reste pas dans la coquille le temps voulu pour sa formation, on l'y trouve à l'état de pierre et comme non à terme. Aussi plusieurs de celles qui sont au fond des eaux, ne valent rien et ne doivent qu'à l'art le peu de valeur qu'elles obtiennent. Du reste, ces qualités, on les trouve rarement hors des coquilles; il faut aller les y chercher, les en arracher; celles-là sont appelées bonnes et parfaites, qui, pendant leur espèce d'accroissement, pendant que leur substance s'identifie à la nature, ne sont point ravies à leur enveloppe, mais en sortent d'elles-mêmes; et voilà précisément ce qui leur donne un si grand prix. Que si vous voulez savoir comment certains animaux viennent au milieu des eaux et de l'eau elle-même, ouvrez le livre de la loi, et vous y entendrez Dieu vous dire qu'il a ordonné aux ondes de produire entre autres choses les moules et les huîtres. Car ce sont deux espèces qui se traînent aussi au fond de la mer, et comme la perle est des dernières dans l'échelle des êtres, de même le Christ est né d'une nature souillée et corrompue, que la présence d'un Dieu pouvait seule purifier.

20. Comme la foudre sillonne l'espace, Dieu le Père remplit l'infini; comme l'éclair brille dans l'ombre, le Christ vient épurer nos souillures. Voilà pourquoi il purifia la sainte Vierge et naquit de manière à prouver que partout sa présence engendre la souveraine pureté. La demeure où devait résider l'Esprit saint devint digne de lui, et les entrailles sans tache de Marie conçurent le divin Jésus. Il la rendit chaste et pure; aussi resta-t-elle vierge en lui donnant le jour. Coquillages précieux de nos mers, dites et prouvez à la terre que la Vierge n'a pas eu besoin du concours de l'homme pour concevoir son fils. Qu'on ouvre votre enveloppe d'écaille, et l'on n'y verra point de chair; mais l'éclat soudain de la lumière pénètre ce corps qu'un tranchant

pus, repente fulgure replentur. Ita quoque Virgo Dei Verbum toto suscepit corpore, simplicitateque naturæ, et non curioso ac redundante motu, Deitate impleta est : intellexitque ex conditione humana se assumptionem suscepisse. Cognoscebat conceptionem; at viri congressum et consuetudinem ignorabat ; intelligebat quidem absconditum in se pondus; sed appetitum superfluæ corruptelæ experta non erat; omniaque ad pudicitiam concurrebant membra, proprii impetus et appetitus oblita. Etenim ad ortum solis cuncta redduntur splendida; apparensque foris sol illuminat universa : quid agat in cubiculo totus ad unum admotus? Si Paulum Christus de cœlo illuminans, ad pietatem transtulit, fecitque ex lupo ovem, ex persecutore apostolum, misericordem e crudeli, et ex inobediente atque intractabili obedientem et tractabilem, quanto magis intus in Maria cum esset divinum Verbum, ipsam ab omni corruptione atque mutatione alienam fecit. Pro arrhabone fidem accepit puellæ, et non amplius propendens erat gratia; sed dum jure optimo incorruptionis vim illi præbet, fides naturam adduxit, et hanc excipiens gratia non amplius esse corruptibilem passa est; verum sibi ipsam adjunxit, sicut rex vas privati alicujus hominis proprium sibi faciens. Atque ita facta est Maria non jam mulier sed Virgo per gratiam, sicut cibus jumentorum regius efficeretur, si rex ejus particeps fieret atque eo vesceretur. Non dico immortalem illam fuisse; sed quod ab appetitu seducta oversaque non fuerit, gratiæ vi illustrata. Rubiginem, quam natura habebat ferro adhærentem, gratia mundavit : voluptate affecit, ideoque conservavit.

21. Amo et exosculor evangelicum lapidem, quia cibus animæ meæ factus est. Suspicio ac collaudo Margaritam, quia de Christo loquitur mihi narrationes. Adhibui parabolam, quia duplicem mihi cognitionem contulit. Cognovi in ipsa naturæ commixtionem et Deitatis virtutem. Intelligo contrariarum rerum consensionem, ac permutationem naturalis constitutionis. Considero cœlum cum terra simul uniri. Video duo sæcula in unum coaluisse vinculum. Obsignavit gratia concordiam; neque invenio qua ratione cujusque substantiam separem. Intelligo vim differentem, et margaritæ circumferentia abducit mentem meam, ne comprehendat quo pacto in unum simul convenerint atque

vient de partager ; ainsi la Vierge reçut au milieu de son être le Verbe-Dieu, et sans secours étranger, sans désir, comme sans passion de sa part, la divinité s'incorpora à sa nature, et elle comprit que le mystère de l'incarnation humaine s'opérait dans son sein ; elle éprouvait les tressaillemens de la conception, mais ignorait l'acte qui en est la source ; son corps recélait un nouvel être ; et cependant nul désir charnel ne l'avait agitée ; car pour lui conserver toute sa chasteté, ses sens semblaient avoir oublié les appétits grossiers de leur nature. Lorsque le soleil paraît au firmament, les ténèbres se dissipent, et l'univers entier brille de l'éclat de sa lumière : que sera-ce s'il concentre ses rayons sur un seul point ? Si le Christ, éclairant Paul d'un rayon de sa céleste flamme, l'a ramené à la piété, a fait du loup infidèle une brebis soumise, du cruel persécuteur un apôtre miséricordieux, si, de récalcitrant et endurci qu'il était, il l'a rendu doux et fervent, le Verbe saint, en prévenant habiter le corps de Marie, a dû bien autrement encore la purifier de toute tache et de tout péché. Pour gage de dévoûment, il ne demande à la jeune fille que sa foi : à ce prix il lui donne sa grâce ; et, si dans sa justice il la fortifie contre la corruption, Marie, par la foi, lui soumet sa nature, et la grâce l'inondant de ses flots, elle devient incorruptible à tout jamais. Dieu se l'approprie, ainsi que ferait un roi d'un vase précieux appartenant à un de ses sujets. Aussi, par la grâce, Marie devint, non pas mère, mais vierge, comme la nourriture des troupeaux deviendrait mets royal, si un roi la choisissait pour sa table. Non pas que je dise que Marie fut immortelle ; mais ayant été à l'abri des séductions et des faiblesses de la chair, elle fut sanctifiée par la grâce. La rouille imprimée à sa nature périssable disparut, et son corps libre de passion se conserva toujours pur.

21. J'aime et je couvre de mes baisers la pierre précieuse de l'Évangile, parce qu'elle est devenue la substance de mon âme ; j'élève aux cieux et je glorifie la perle des mers, parce qu'elle me raconte les mystères du Christ ; si j'ai choisi de préférence cette comparaison, c'est qu'elle confirme pour moi deux faits mystérieux. Elle me montre, en effet, le mélange de deux natures, et la force virtuelle de la Divinité. Par elle je comprends la réunion de deux contraires, le changement d'une nature déjà constituée ; j'y vois le ciel uni à la terre, deux anneaux ne formant qu'une chaîne. La grâce a fondu les deux principes en un seul, et je ne trouve point de moyens pour les séparer. Je sais bien en quoi ils diffèrent l'un de l'autre ; mais la forme sphérique

conjunctæ sint. Æqua est undique margarita: etenim Christus inæqualitatem abstulit; et velut artifex duo sæcula æqualia reddens, in unum conglutinavit, nemoque est qui ea separare possit. Concharum commissuræ dirimuntur, at margaritæ dimensiones sunt inseparabiles. Illæ sectionem admittunt, ista vero insecabilis est: ut intelligas duas quidem legis tabulas, sed Evangelii rectitudinem sphæricam esse perfectamque ac præstantem figuram. Terrena quidem lex continet; at Evangelium cœlestia. Ecce concha et margarita, quas simul conjunxit Christus. Per gratiam ad generationem recurrens, et intellectualis margaritæ naturam exquirens, agnovi virtutem, intellexi connexionem, et naturam deprehendi. Volo rursus considerare sapientissimi artificis opificium.

22. Intelligo igitur rerum omnium opificem agricolam esse; simulque intelligo non ab eo agros hos terræ, sed naturarum consensionem coli. Non ille seminando et metendo intentus est; non vindemiando et ex torculari magnum proventum comparando; sed prius utendum naturæ humanæ dat Filium, et fœnus per ipsum exigit, universam animæ libertatem. Propter debitum omnia terrigenarum pascua sibi vindicat, et brevi commercio Dominus omnium efficitur, non solum ut creator, sed etiam ut redemptor, non modo ut Deus, sed etiam ut qui sudoribus emit, tradit margaritam, ne et ipsum naturæ obolum deperdat Filium tradit, ut servum submittat. O maximam benignitatem! o periculorum contemnentem conatum! Conchæ enim committit margaritam, et pro obolo lapidem pretiosum contemni permittit. Cernis mercatorem? Consideras eum qui omnia vendit, ut margaritam emat? cognoscis divitem, quomodo cuncta vendat, ut agrum et qui in eo continetur, thesaurum comparet. Hic est Pater qui per Filium suum omnia emit naturæ humanæ utilia. Cunctas suas terrenas possessiones vendidit, ut jugerum terræ, quod ipse condiderat, compararet. Illud ipsi Adæ tradiderat; at hic vanarum rerum cupiditate ipsum perdidit. Emit vero agrum, non propter terræ usum, sed ob thesaurum in eo reconditum.

de la perle trompe ma sagacité, et ne me permet pas d'apercevoir le lien qui les rassemble et les unit. Tous les points à sa surface se rassemblent et se confondent; car le Christ a fait disparaître tout point distinctif; et, comme l'ouvrier qui réunit deux chaînons égaux, il en a fait un tout uniforme que nulle puissance ne saurait partager. La coquille peut s'ouvrir à sa jointure, la perle, par sa forme, échappe à toute division; dans l'une, l'intersection est toujours possible; dans l'autre, jamais, afin de bien nous faire comprendre que les tables de la loi sont doubles, mais que l'Évangile n'a que l'unité d'une sphère parfaite. La loi d'ailleurs ne s'applique qu'au temporel, et l'Évangile au spirituel : c'est la coquille et la perle réunies par le Christ. Voilà comment, aidé des lumières de la grâce sur le mystère de l'incarnation et recherchant la nature de la perle intellectuelle, j'en ai trouvé la cause, j'en ai saisi les rapports, j'en ai compris la nature. Qu'il me soit permis de revenir encore une fois sur l'œuvre du sublime ouvrier.

22. Le souverain Créateur de toutes choses est à mes yeux un laboureur, non pas qu'il cultive les terres de ce monde, mais il entretient l'harmonie des êtres; non pas qu'il sème et moissonne, non pas qu'il vendange et fasse gémir d'immenses pressoirs; mais il se sert d'abord de la nature humaine pour nous donner son Fils, et de ce Fils pour rendre à notre âme toute sa liberté. Voulant liquider la créance qu'il avait sur la nature entière, il a revendiqué toutes les productions de la terre; et par cette rapide transaction, il est devenu maître absolu de l'univers, non seulement comme créateur, mais encore comme rédempteur; non seulement comme Dieu, mais comme celui qui vend la perle obtenue à la sueur de son front et pour qui la moindre parcelle est précieuse. Afin de mieux obtenir l'esclave, il a donné son Fils. O ineffable bonté ! ô sublime dévouement ! il dépose la perle au sein de la coquille, et laisse ainsi vendre à vil prix la pierre précieuse. Comprenez-vous quel est le marchand ? Distinguez-vous bien celui qui vend tout ce qu'il possède pour acheter la perle ? Vous voyez alors comment le riche se dépouille de toutes ses propriétés pour acquérir un petit coin de terre, afin de posséder aussi le trésor qu'il renferme. Je dis que ce riche est Dieu le Père, donnant son Fils en échange des besoins de l'humanité, se dépouillant de ses riches possessions pour acquérir quelques arpens, objets de toute sa sollicitude; et ces quelques arpens, il les avait donnés en partage à Adam; mais celui-ci, frivole dans ses désirs, ne sut point les conserver; et Dieu n'acheta

23. Quis igitur iste est ager? corpus hominum, et anima est thesaurus. Siquidem propter animam, quam «ad imaginem et similitudinem » suam ipse fecit[1], » vendidit omnia, et ad comparandam possessionem misit Filium. Non igitur Divinitati vendidisset tyrannus, nisi illa tulisset et objecisset humanitatem. Noverat enim potentiam, ac timebat venditionem; sed homini vendebat, sciens ejus infirmitatem, cognoscensque se, quando vellet, rursus per vim auferre posse possessionem et thesaurum. Mittit ergo suum Filium ad tyrannum, dicitque ad ipsum: Trade illi possessiones reliquas, de quibus non est controversia, quia meæ sunt. Solus autem homo voluntate libera dominium meum facit ambiguum; per confessionem autem et negationem thesaurum habet ad exemplar expressum. Verum quia ad gloriam meam pertinet ut non perdam quod mihi ipsi ad obsequium meum ac ministerium procreavi, da ipsi jumenta et cuncta rationis expertia; solum autem hominem redde liberum. Præbet igitur ei porcos in regione Gerasenorum; emitque agrum cum thesauro, ac hominem ex dæmonis potestate redemit. Porci, asini, tauri, atque leones nullam præbent gloriam possidenti; homo autem magnam tribuit, quia ejus sacrificium non est ex cibis corruptibilibus et esculentis, verum ex cœlestibus thesauris. Hic thesaurus est hic ager, cujus quidem mercator est Pater, et mediator Christus. Accessit ut hospes coemit tanquam mercator; auctoritatemque exercuit velut dominus, quoniam ipse et Pater unum sunt in Divinitate. Auctoritatem et potestatem exhibuit in natura assumptionis; porro mediatoris functus est munere in actione, qua emit; potentia autem superans, accepit agrum, et cum tyrannus non cognosceret, etiam thesaurum divendidit.

24. Assumpsit hominem tanquam servum; ignorabatque inimicus se etiam peculium vendidisse ipsi; potitus enim homine Christus, simul accepit etiam in seipso cuncta quæ servi sunt. Omnia rationis expertia animantia mancipata Adamo erant; at inimicus sibi ea videbatur

[1] Gen. 1, 26.

pas le champ pour sa valeur absolue, mais bien à cause du trésor qu'il recélait.

23. Et maintenant ce champ, quel est-il? le corps de l'homme, et le trésor caché dedans, son ame. N'est-ce pas en effet pour cette ame « faite à son image et à sa ressemblance » que Dieu vendit tout ce qu'il avait? N'est-ce pas pour en acquérir la possession qu'il envoya son Fils sur la terre? et certes, le démon ne s'en fût pas départi au profit de la Divinité, si elle n'avait pas été cachée sous l'enveloppe humaine. Dieu savait sa valeur, et il en craignait l'aliénation; mais il la livrait à l'homme, parce qu'il connaissait la faiblesse de ce dernier, et qu'il était persuadé de pouvoir reprendre l'enveloppe et le trésor dès qu'il le voudrait. Il envoya donc son Fils vers le démon, en lui disant : Livrez-lui toutes les choses de la terre, car tout m'appartient; l'homme seul, à cause de son libre arbitre, échappe à mon empire; la faculté qu'il a de se prononcer pour ou contre moi est un vrai trésor qu'il possède. Mais comme ma gloire est intéressée à conserver ce que j'ai créé moi-même pour mon usage et mon service particulier, donne-lui tous les êtres sans raison, mais rends-moi l'homme qui est libre. Aussi lui livra-t-il tous les bestiaux paissant dans les plaines de Génésareth, se réservant le champ au trésor, et arrachant ainsi l'homme à l'empire du démon. Les porcs, les ânes, les taureaux, les lions eux-mêmes ne sont pas pour celui qui les possède un grand sujet de gloire; mais il n'en est pas de même de l'homme, car il ne fournit pas un mets succulent et corruptible, mais bien un trésor digne du ciel. Et c'est le trésor que nous avons représenté par un champ de terre; l'acquéreur de ce champ, c'est Dieu le Père; le médiateur, le Christ son fils. Il s'est présenté comme simple étranger, il a transigé comme acquéreur, il a pris possession comme maître, parce que le Père et le Fils ne font qu'un seul Dieu. Par la nature de son incarnation, il a manifesté sa volonté et son pouvoir; par le fait de son acquisition, il a fait acte de médiateur; s'élevant ensuite au rôle de maître absolu, il a reçu le champ de terre, et le propriétaire, dans son ignorance, lui a aussi livré le trésor enfoui.

24. L'homme est donc devenu la propriété du Seigneur, et le vendeur ne savait pas lui avoir cédé en même temps un immense bénéfice; le Christ, une fois possesseur de l'homme, le devenait aussi de tout ce qui était soumis à l'homme. Tous les êtres sans raison étaient échus en partage à Adam, et cependant le démon semblait en revendiquer la possession, puisqu'il donnait en échange le corps d'Adam

vindicare, pro Adæ corpore illa usurpans, itaque una cum domino vendito illa quoque si ul abierunt, naturale dominium agnoscentia. Vendidit ergo tyrannus etiam hominem cum cunctis animalibus ratione carentibus; nam homo sponte illa Deo obtulerat, ideoque ad extremum cunctas sibi gentes cum 'sraelitis acquisivit. Coemit agrum in cruce Christus, pro pretio suum ipsius præbens sanguinem. Resurgendo in pascua intravit, tyrannos ejiciens et suos introducens. Ager enim erat universa terra, et thesaurus qui in ea occulti latent sancti. Accepit interim possessionem quæ conspiciebatur, ut quando vellet, acciperet etiam qui tegebatur thesaurum. In pascua venit vivorum : comprehensos vero etiam mortuos, qui non apparebant, extulit, interim non accepto thesauro, ut illum in resurrectione accipiat. « Peregre » profectus est [1] » aliqu antulum, custodibus thesauro et œconomis agro adhibitis, ut quando jusserit, thesaurus per resurrectionem præsentetur regi. Thesaurus ergo in testa, velut in vase, servatur; ager autem figuli est tanquam officina : quemadmodum prophetæ dixit Dominus : « Ingredere in agrum figuli [2]. » At cujus figuli nisi Dei? quoniam ipse est qui ex agro isto resurrectionem facit. Ergo usque ad consummationem, luteum efficit agrum in humanis corporibus; post sæculi vero consummationem, lutea efficit vasa; Sanctorum quidem per gratiam, at peccatorum per gehennam ignis.

25. Modus ergo Margaritæ jam patefactus est; non enim in agro defossa remansit, sed illico a mercatore excepta est. Atque ipse est primitiæ crucis, ac propterea etiam solus resurrexit, quia et solus emerat; non post mortem emit Margaritam, quoniam in cruce inimicum profligavit, quo devicto armaturam ipsius accepit, et sic eum spoliavit. Atque ideo ait : « Potestatem habeo ponendi animam meam » et sumendi eam [3]. » Quia potestatem habuit mortis, et antequam moreretur, visa est detineri Margarita, non quidem ab hosto, sed a natura ; et dum adhuc illa esset in terra, commercium et commutatio facta est; mercesque mediatoris Margarita facta est. Nam stultus eum esse dominum ignorabat quem despuebat. Accepit mercedem Chris-

[1] Matth. xxi, 33. — [2] Jerem. xviii, 2. — [3] Joan. x, 18.

lui-même ; mais dès lors qu'il avait cédé l'homme, tout ce qui appartenait à ce dernier devait être compris dans la cession et suivre son possesseur naturel. Avec l'homme furent donc vendus tous les êtres animés ; car celui-ci avait le pouvoir de les offrir à son Dieu, et voilà pourquoi l'empire du Seigneur s'étendit et sur les Juifs et sur les nations les plus reculées. Le Christ venait de faire une acquisition précieuse ; il la paya de son sang sur la croix ; puis il ressuscita, vint en prendre possession, en chassa les premiers maîtres, et y plaça ceux de son choix. Le champ qu'il avait acheté, c'était la terre entière, et le trésor, les saints qu'elle renferme. Il s'attacha d'abord à la surface, se réservant de profiter quand il le voudrait du trésor qui était caché. Il vint au milieu des vivans ; mais les morts étant aussi de son domaine, il les tira de la poussière qui les couvrait, et laissa le trésor pour le moment de sa résurrection. Ensuite « Il s'en alla dans un pays » éloigné, » confiant ce précieux dépôt à des gardes, et son champ à des régisseurs, afin qu'à sa voix ils en fissent plus tard offrande au Roi suprême. Or sa perle chérie reste enfermée dans la coquille comme dans un vase, et le champ peut être comparé à l'atelier d'un potier ; c'est dans ce sens que le Prophète du Seigneur a dit : « Entrez dans le » champ du potier. » Et de quel potier entendait-il parler, si ce n'est de Dieu, puisque c'est Dieu qui nous a ressuscités dans ce champ ? Aussi jusqu'à la consommation des temps le corps de l'homme n'est qu'un champ de limon infect ; mais au grand jour qui sera le dernier, ce limon deviendra un vase purifié : pour les saints, par la grâce, pour les pécheurs, par le feu des flammes.

25. Telles sont les vicissitudes de la Perle, qui ne reste pas ensevelie à tout jamais dans la terre, mais en est extraite par le marchand : aussi devient-il lui-même les prémices de sa croix, et, s'il ressuscite seul, c'est qu'il a contracté seul. Et ce n'est pas après sa mort qu'il a acheté la Perle, parce que c'est sur la croix qu'il a vaincu le démon, qu'il l'a dépouillé et s'est emparé de son armure. Voilà ce qui lui fait dire : « Je puis déposer mon âme et je puis la reprendre. » N'avait-il pas, en effet, un pouvoir absolu sur la mort ? et en mourant lui-même, ne laissait-il pas la Perle précieuse aux mains non pas du démon, mais de la nature ? Ainsi, pendant qu'elle était encore dans les entrailles de la terre, le marché en fut conclu, l'échange se fit, et elle devint le prix de sa médiation. Le vendeur insensé ne se doutait pas que celui qu'il regardait comme un simple étranger était un maître absolu. Le Christ reçut donc l'objet vendu ; il reçut le champ ; il reçut toute

tus, accepit agrum, accepit et pretium agri; simul enim secuta est natura rationis expers ducem, quem habuerat ab initio. Habet ergo vivorum potestatem in agro, habet et mortuorum dominium in thesauro. Habet assumptionem in margarita perpetuo mansuram. Habet arrhabonem, gratiam sancti Spiritus, ungentem Christi corpus ad certamen contra tyrannum. Hoc enim Pater ad victoriam proponebat, et præmium victori dabat.

26. Verum paulo altius et ab initio repetentes cognoscamus quæ dicta sunt, ut quasi summatim intelligamus singula sicut oportet. Siquidem Deum Patrem, agricolam, et opificem, et mercatorem, et figulum, mediatorem, ac creditorem, præmiorum distributorem et honoris cupidum nostra appellavit oratio. Magnum sane Domini verbum, duobus verbis tantam scientiæ vim concludens. Rursus Margarita sit nobis Evangelium; quia simplici ac minuta littera tantam mysteriorum vim continet, et in vili abjectaque chartula cœlestis comprehenditur doctrina. Asserunt hæretici Filium Dei indignum censuisse naturam hominis assumere. Cœlum Deus chartæ commisit; et Filium humanam sumere naturam non permisit? Non propter æqualitatem hæc dico; sed Patris erga nos benignitatem demonstro, qua se ita demisit et commercia nobiscum junxit. Non igitur in figura visus est Christus; absit : non enim in figura vili ac miseranda incederet Divinitas, ut in terra versaretur. Naturam Domini terræ assumpsit naturæ Dominus, ut dominium Adamo redderet, quod per seductionem amiserat. Quod si in figura Christus apparuit, etiam in figura Filius erat Dei.

27. Cernis quo pacto corruant hæretici, dum periculose tentant Christi negare substantiam. Attende eorum dementiam, quoniam linguam duntaxat habent et non mentem, loquuntur quæ volunt, et non intelligunt quæ consequentium sit intelligentia. Etiam tibi fœneratorem ostendam Deum, o hæretice, et quomodo in Virgine excoluerit margaritam; et commonstrabo tibi præterea quo pacto agricola Deitatem mutuam dederit naturæ. Voloque ostendere mercatorem, quomodo socium mercaturæ hominem nactus, dives uno exstiterit obolo, ita ut et fœnus adduceret et hominem coleret et reg-

la valeur de ce champ : car la nature, invariable dans sa marche, obéit aux lois éternelles qui la régissaient. En acquérant le champ, Dieu acquérait tout pouvoir sur les vivans, et pour le trésor qu'il renfermait, les morts lui étaient aussi acquis. Le type de son incarnation reste constant dans la Perle ; le bénéfice lui en est assuré par la grâce du Saint-Esprit, qui fortifie le corps contre le démon ; car c'était ce corps divin que Dieu le Père proposait pour objet et pour prix du combat.

26. Revenons maintenant sur notre sujet ; récapitulons ce que nous avons dit, et tâchons de saisir comme il convient l'ensemble de ces importantes vérités. Nous avons comparé Dieu le Père à un laboureur, à un ouvrier, à un marchand, à un potier, à un courtier, à un prêteur, à un rémunérateur jaloux de sa gloire. Il est bien grand le nom du Seigneur, puisque en deux mots il renferme de si nombreuses attributions ! La Perle a été pour nous tout l'Évangile, car en quelques lettres elle contient l'explication de bien grands mystères ; et ces quelques misérables feuilles de papier expliquent la doctrine céleste. Les hérétiques affirment que l'incarnation humaine était indigne du Fils de Dieu. Eh quoi ! Dieu a permis qu'une simple feuille de papier pût expliquer le ciel, et il n'aurait pas pu permettre que son Fils s'incarnât à la nature humaine ? Non que je veuille établir la parité de ces deux faits ; mais j'y trouve la preuve de la bonté de Dieu envers nous, qui l'a fait se dépouiller lui-même et s'unir aux hommes. Mais, dit-on, Dieu n'est pas venu en personne sur la terre. Non certes, car ce corps terrestre et périssable ne pouvait convenir à la Divinité pour vivre parmi nous. Le maître de la nature a pris la nature du maître de la terre pour rendre à Adam son empire, que la séduction lui avait fait perdre. Et si le Christ a revêtu une forme périssable pour descendre ici-bas sous cette forme, il était encore le Fils de Dieu.

27. Il est facile de voir comment sont battus les hérétiques, lorsqu'ils essayent si imprudemment de nier la substance du Christ. On peut bien les taxer de folie, car ils parlent et ne savent ce qu'ils disent, ils profèrent des mots au hasard et ne comprennent point la conséquence de leurs paroles. Malheureux incrédule ! je veux te montrer Dieu comme un prêteur bienfaisant, qui a préparé une Perle sacrée dans le sein de la Vierge, comme un cultivateur habile, qui a communiqué à la nature sa Divinité. Je veux te le montrer comme marchand associant l'homme à ses transactions, se croyant riche d'un simple denier, laissant de côté tout gain personnel, pour ne songer

num Dei in dominium stabile ac firmum haberet. Accepit natura mendica Divinitatem et decertavit adversus tyrannum. Communicavit Filius consilium cum Patre, et sudavit ut peccatum ex mercatura ejiceret, licitans illam per gratiam. Illud affectibus ac passionibus pelliciebat; ipse autem peccati pretium augebat. Tyranno naturam exhibuit, et ut ille humanitati illuderet persuasit. Ostendit homini gratiam, ac per Patris providentiam annuntiavit; dolorem item intellectualium potestatum et adversus terrena inimicitiam. Persuasit propitiationem, ad reconciliationem mediator fuit; promisit placationem, modumque significavit, quod per crucem fieret; ac servum, ut ad Dominum recurreret, praeparavit Filiumque ut patrem recognosceret: Et contra tyrannum propugnator effectus, Patri dominium confirmavit et servum revera ab ... ba tyrannide liberavit.

28. Audi etiam agricolae artem : nam in utraque dignitate modus dispensationis Christo erga humanitatem exstitit, bellumque adversus peccatum. Ne ergo admireris varietatem interpretationis. Nam Deus diversorum egregiorum operum fons est : et quantam quis vim habet intelligendi, tantum se extendit, et simul invenit quoties quis intelligere potest. Insevit naturae Virginis Divinitatem, ac tanquam in rimam quamdam et scissuram suam inclusit Filium, ut qualitatem participans, naturam redderet communem in assumptione hominis. Fuit igitur Maria Patri arbor, Filio mater, hominibus fons Spiritus aeterni et incorruptionis oriens. Habet porro pro vinculis haec insitio Prophetarum testimonia : et rimula sive scissura pro divisione habet naturae spatium. Agricola falcem habet, quae mundat et expolit, praeparationem scilicet et virtutem Spiritus sancti : arborque ad melioris naturae susceptionem facta, sanctae mulieris Virginis fidem habet.

29. Ne vacilles igitur, o homo, circa ea quae dicuntur; fide enim res invisibiles cernimus. Ne suspectam habeas narrationem, ex te ipso discens quisnam sit rerum status atque conditio, quae sub aspectum non cadunt. Nam si in te non esset anima, non cerneret oculus, nec auris audiret, neque guttur gustaret, aut manus operarentur. Itaque anima facit omnia, corpus autem cooperatur. Ita etiam considera in

qu'à l'homme, et lui donner à tout jamais le royaume céleste. La nature humaine, faible et débile, reçut en elle la Divinité, et put alors combattre son ennemi. Le Fils entra dans les vues du Père, et il souffrit pour purifier son acquisition, la réhabilitant par la grâce ; il donnait au péché l'auxiliaire des passions et des attraits puissans. Puis offrant cette nature fragile au démon, il l'excita à tenter l'humanité. D'un autre côté, il montra à l'homme la grâce divine et la lui promit au nom de son Père, sans lui cacher les combats spirituels qu'il aurait à livrer à la haine qu'il fallait vouer à tout objet terrestre. Il l'exhorta au sacrifice de propitiation et s'offrit pour médiateur dans la réconciliation divine ; il s'engagea à obtenir le pardon et indiqua la croix comme gage assuré de sa promesse, disposant ainsi l'homme à recourir à Dieu et le Fils à se rapprocher de son Père. Combattant ensuite lui-même le démon, il assura la possession à son Père et délivra l'esclave du joug affreux qui pesait sur lui.

28. Admirez encore avec moi son ouvrage comme laboureur, car dans l'une et l'autre fonction le Christ se montre toujours dispensateur de grâces envers l'homme et ennemi déclaré du péché. Et n'est-il pas en effet la source d'une foule de chefs-d'œuvre ? L'infini de ses attributions ne se prête-t-il pas à tout ce que l'esprit le plus vaste peut concevoir ? Peut-on rien imaginer qu'il ne puisse exécuter ? Il a déposé la Divinité dans le sein de la Vierge ; il y a enfermé son Fils, afin que, partageant sa nouvelle nature, il lui communiquât la sienne par l'incarnation. L'on peut donc dire avec vérité que pour Dieu le Père Marie fut un arbre ; pour le Fils une mère ; et pour les hommes une source incorruptible et éternelle de l'Esprit saint. Les liens de cette greffe sacrée sont les témoignages des prophètes ; et la division s'est opérée sur l'étendue de la nature. Le jardinier a une faucille qui lui sert à éluguer et à redresser les branches, c'est-à-dire à préparer et à conserver la vertu du Saint-Esprit ; et l'arbre régénéré ainsi dans son espèce n'est autre que la sainte femme restée vierge.

29. Croyez donc fermement à nos paroles, faibles humains, car tout s'explique par la foi. Et si vous croyez pouvoir nous taxer de mensonge, jetez les yeux sur les mystères qui vous entourent, et étudiez-en l'existence et les conditions. Supposons en effet que vous n'ayez pas en vous ce principe que nous appelons âme, votre œil pourra-t-il voir, votre oreille entendre ? votre palais distinguera-t-il les saveurs, vos mains pourront-elles agir ? C'est donc l'âme qui fait tout ; le corps

stupendis operibus divinam potestatem, occulta atque ineffabili quadam ratione cuncta dirigentem. Ego vero a terrenis quoque artibus ac dignitatibus, generationem persuadere volo : ideoque varie expono, non ut ex multis, sive ex uno assequar, verum ut multa sapientiæ inscribens, varium Divinitatis artificium ostendam, qua ratione singulis ætatibus proprio quodam modo sese peccato opposuerit. Et in nativitate quidem, tali modo : aliter post nativitatem : aliter in adolescentia, aliter vicissim in ætate virili : ac suo deinceps modo nosse par est qua ratione quolibet tempore se gesserit. Cæterum antedictis fidem habe : nam et ipse ait Salvator : « Ego sum vitis, et vos » palmites : Pater autem meus agricola [1]. »

30. Possum porro etiam tibi ex arte confirmare antedicta. In amygdalis quippe optimarum arborum germina inserunt : alii etiam ramos cum frondibus inserunt ; et in vitibus similiter faciunt. Cur ergo præter fidem sit, si etiam Deus in iis, quæ sub aspectum non cadunt, simili arte utatur, sive in Verbo, quemadmodum assumptionem insevit, sive in assumptione Divinitatem? Verumtamen non ex superinducto semine Virgo peperit : absit; sed suam ipsius substantiam sine motu carnali commodavit, et non lapidibus ascia vel securi dolatis Sapientia sibi domum ædificavit. Non est auditus ferri sonus in ædificio : neque enim vir in Maria ministravit, sed sola Virgo. Politi per se ac jam dolati lapides erant, non ab hominibus præparati : ita etiam in Maria assumptio non virili opera facta est, sed ex natura nostra delecta per castissimam Virginem. Sicut e terra sumpti sunt lapides, ita et assumptio aucta est per naturam, et Divinitas mansit immaculata propter incontaminatam naturam. Absque ferro ædificatum est templum, et sine corruptione atque dolore natus est Christus. Sola terra ministravit, sicut et sola Virgo concepit. Non est scissa petra neque sentit lapidum abscissionem terra : et Virgo neque mota est, neque ex voluptate concepit. Non aliunde terra lapides acceptos

[1] Joan. xv, 16.

coopère seulement à ses actes. Voyez encore la puissance divine dans ses œuvres admirables, où préside sans cesse je ne sais quelle sagesse occulte et ineffable. Mais il y a plus, je puis vous prouver l'incarnation du Fils de Dieu par des faits et des autorités purement terrestres; et si j'emploie toutes ces comparaisons, ne croyez pas que ce soit pour appuyer ma conviction sur un ou sur plusieurs points au hasard : c'est bien plutôt pour vous faire comprendre, par ces nombreux témoignages de sagesse, la variété infinie des œuvres de la Divinité et les moyens appropriés à chaque circonstance, dont il s'est servi pour combattre le péché. Agissant toujours d'une manière différente, dans sa nativité et après sa naissance, dans sa jeunesse et dans sa virilité, enfin dans sa propre nature, il nous fait connaître les motifs de sa conduite pour chaque époque voulue. Et s'il vous restait quelque doute sur nos paroles, écoutez le Sauveur lui-même : « Je suis la » vigne et vous les rameaux, et le laboureur, c'est mon Père. »

30. Je puis encore apporter à l'appui de mes convictions les travaux des hommes. Nous les voyons tantôt greffer les amandiers sur les germes des arbres les plus rares, tantôt enter une feuille sur une branche, ce qu'ils pratiquent surtout à l'égard des vignes; pourquoi donc ne croirions-nous pas que Dieu a pu employer des moyens pareils dans des faits qui échappent à nos sens; pour le Verbe, en greffant sur lui l'incarnation, pour l'incarnation, en greffant sur elle la Divinité? Non, la Vierge sainte n'a pas eu besoin d'un germe étranger à son corps pour enfanter : libre de toute affection charnelle, Marie a donné sa propre substance, et la sagesse s'est bâti une maison avec des pierres que la hache ni la scie n'avaient entamées. Dans la construction jamais le bruit du fer ne s'est fait entendre : et aussi dans Marie l'homme n'a rien fait, la Vierge seule a opéré. Les pierres du saint édifice étaient taillées et polies par leur nature, l'homme n'y avait point touché; pareillement l'incarnation dans la Vierge s'est faite sans le secours de l'homme; mais elle a choisi notre nature dans ses entrailles immaculées. Comme les pierres ont été tirées de la terre; de même l'incarnation s'est opérée dans la nature, et la Divinité est restée pure et sans tache, parce que cette nature a été exempte de péché. Sans rien devoir au tranchant du fer, le temple de la Sagesse s'est élevé; sans causer ni douleur ni souillure, le Christ a été mis au monde. D'un côté, la terre seule a tout fourni; de l'autre, la Vierge a conçu seule. La pierre n'a point été partagée, la terre n'en a point senti l'extraction; la Vierge non plus n'a subi aucune altération, et la

præbuit; verum ipsa eos sine labore atque experientia ex seipsa suppeditavit.

31. Similiter quoque in Virgine non superinductus quispiam assumptioni fuit, sed ab ipsa assumptus est. Nam alioquin nutrix fuisset, et non mater; custos depositi et non fons præstantissimæ Filii procreationis. Evangelium illam matrem appellat, et non nutricem. Sed et Josephum quoque patrem vocat, cum nullam in ea generatione partem haberet : non enim propter Christum dicitur pater, sed propter Virginem, ut non ex fornicatione putaretur peperisse, sicut Judæi ausi sunt dicere. Non appellatio naturam tribuit; nam et nos crebro patres nuncupamus, non quidem genitores, verum senio conspicuos. Porro ipsi Joseph natura appellationem indidit, honoremque tempus præbuit : quoniam Virginis et Joseph sponsorum arrhabones, ut hoc nomine vocarentur, effecerunt; patrem autem, qui non genuerit. Palmarum mares, qui dicuntur, dum obumbrant fœminis, fructuosas illas efficiunt, cum tamen neque illis misceantur, neque ullam ipsis substantiam præbeant : et ficulnearum quæque nonnullæ fructum non ferunt, nisi ramis maribus obumbrentur. Quemadmodum igitur ista, quamvis non generent, patres appellantur : ita et Joseph pater est dictus, licet Virginis vir non esset. Magnum mysterium, ad quod perscrutandum oportet omnem vocare creaturam. Major natura, quam ut eam cogitatio ac mens assequi possit. Majus omni imaginatione atque opinione, quod factum est. Cur ergo omnis natura rationalis non persuadet hujusmodi argumentis? Deus erat, quod factum est : et cuncta ut mancipia præsto sint. Deus erat homo natus : et omnis comparere debet creatura, ut suum admiretur creatorem, et obstupescat quomodo omnia procreavit : et credat ea, quæ secundum naturam sunt impossibilia, ei esse possibilia. Intelligat id fieri quod ipse vult, neque ipsum indigere natura. Doceantur gentiles eum non per materiam cuncta fecisse, sed quia ipse voluit. Persuasum sit iis absque materia factum esse mundum et quæ in eo sunt. Ecce enim sine conjugali natura conflavit hominem, qui sæculum continet invisibile et visibile.

passion n'a été pour rien dans sa chaste conception; la terre n'a point fourni des pierres venues d'une autre source; mais sans travail et par instinct, elle a donné ce qu'elle avait.

31. Pas la moindre cause externe n'a concouru à l'incarnation dans la Vierge; le principe existait en elle, et sans cela ne serait-elle pas plutôt une simple nourrice qu'une mère, la dépositaire d'un trésor et non la source d'un prodige de création? L'Évangile lui donne le titre de mère, et non la simple appellation de nourrice; il appelle aussi Joseph père, quoiqu'il n'ait eu aucune part à cette conception; aussi ce n'est pas à cause du Christ qu'il reçoit ce nom, mais bien à cause de Marie, afin de mettre cet enfantement à l'abri de tout soupçon injurieux, comme n'a pas craint d'en soulever l'impiété des juifs. Le nom, d'ailleurs, fit-il jamais la chose; et n'appelons-nous pas bien souvent pères, non pas ceux à qui nous devons le jour, mais seulement de vénérables vieillards? Aussi bien, la position seule de Joseph lui donnait ce nom, et sur la terre il devait l'avoir : le lien conjugal contracté par Joseph et Marie les rendait véritablement époux, et donnait au mari le titre de père. Et les palmiers mâles, n'est-il pas reconnu qu'étendant l'ombre de leurs rameaux sur les femelles, ils font fructifier ces dernières sans les approcher nullement, sans leur rien céder de leur substance? Quelques figuiers aussi restent stériles, s'ils ne croissent pas en vue du mâle de l'espèce. Ainsi, par la même raison qu'on appelle ces arbres *pères*, quoiqu'ils ne contribuent en rien à la génération, ce nom a été donné à Joseph, quoiqu'il n'ait été qu'un ami pour la Vierge. C'est un grand mystère sans doute, et voilà pourquoi il faut appeler à soi toute la création pour le sonder. Les secrets de la nature échappent aux lumières les plus vives de l'esprit et de la pensée. Ce qui existe confond la science et l'imagination la plus ardente. Comment se ferait-il alors que la nature entière ne pût nous faire saisir ce raisonnement? Dieu était ce qu'il était, et tout devait obéir à sa voix. Dieu s'était fait homme, et toute créature doit venir admirer son créateur et s'incliner devant cette puissance créatrice, et croire fermement que ce qui paraît impossible dans l'ordre général de la nature lui est possible à lui. Sachons bien tous que rien ne se fait que par sa volonté, que la nature est son esclave. Répétons-le aux incrédules : Dieu n'a pas eu besoin d'un principe matériel pour créer le monde; il lui a suffi de vouloir. Il faut qu'ils en conviennent, l'univers et tout ce qu'il renferme n'est pas le produit de la matière. Et par la même raison c'est sans le concours des deux sexes qu'il a créé l'homme, qui contient en lui les temps visibles et invisibles.

32. Solus tantæ rei enarrandæ non sufficio. Loquantur igitur mecum, et quæ naturæ sunt, et quæ artis, quæque operationis intellectualis. Dicat cœlum, quod stellam præbuit testem, quam non accepit cum sole et luna. Testetur æther in fulguratione, quæ in cochleis insilit, exemplum ejus qui nasciturus erat ex Virgine. Proclamet terra thesaurum absconditum, et mare margaritam non apparentem, agricultura et ars ædificatorum, studium atque diligentia mercatorum, solertia piscatorum, regum consilium, ducum acies, hominum contradictio, sapientum inventio, astrologorum comprehensio, tyrannorum perturbatio, pessimorum sacerdotum malum consilium, infantium confessio, pastorum prophetia, cuncta veniant atque concurrant ad Dei natale, ut vel sic hæretici credant Christum non in figura apparuisse, sed in humana natura ex Virgine natum esse.

33. Dicunt quoque Judæi se non credere Deum cum hominibus conversatum esse ut hominem. Attamen credunt eum in divina arca conclusum fuisse. At quid majus, arca, an homo? Si credis Deum in arca fuisse conclusum, cur non credis super terram inter homines ipsum versatum? Nos, inquiunt, non credimus eum, si Deus erat, crucifixum fuisse. Sed cur in eo non es incredulus quod arca, quæ Deum continebat, ab alienigenis capta sit[1]? Nam sicut illa videbatur sustinere ignominiam; ita etiam Deus Verbum, quamvis impassibilis esset, per assumptionem tamen injuriis et contumeliis affectus est, dum ipse etiam crucifigeretur. Et quemadmodum inter alienigenas ar a Dagonem destruxit atque subvertit[2]: ita etiam in cruce Christus diabolum profligavit, et blasphemos corripuit, cognitionemque divinæ suæ potentiæ infidelibus vel invitis præbuit. Non creditis Christum tertia die resurrexisse? Cur ergo creditis Jonam post tres dies salvum et integrum e ventre ceti exiisse[3]? Non creditis quod Virgo hominem genuerit et Deum? Cur ergo creditis templum illustre ex lapidibus non dolatis factum, in cujus universa structura ferrum non est adhibitum[4]? Et fuit illud omnium ædificiorum templorumque pulcherrimum.

[1] 1 Reg. iv. — [2] Ibid. v, 3, 4. — [3] Joan. ii. — [4] 3 Reg. vi.

32. Mais je sens ma faiblesse pour parler d'une chose si grande. Venez à mon secours et prêtez-moi vos voix persuasives, lois de la nature, inventions des arts, conceptions de l'esprit! Que le firmament m'explique d'où vient la clarté de l'étoile, elle qui n'a pas reçu en partage la lumière, comme le soleil ou la lune! Que l'air sillonné par la foudre, dont l'éclair tombe au sein de la coquille, fournisse une preuve de celui qui devait naître au sein d'une Vierge. Que la terre nous dise le trésor caché dans ses entrailles; la mer sa perle précieuse et invisible. Venez à mon aide, agriculture, maçonnerie, marchands avides et actifs, pêcheurs adroits, sagesse des monarques, combats des puissans, contradictions des hommes, découvertes des savans, science des astrologues, tyrans détrônés, folie des prêtres sacriléges, enfans confesseurs, pasteurs prophètes; oh! venez tous proclamer avec moi la naissance de Dieu, et peut-être alors les hérétiques avoueront-ils que ce n'est pas seulement en apparence que le Christ est venu parmi nous; mais qu'il a réellement pris un corps et une âme, et qu'il est né d'une Vierge.

33. Voici encore ce que disent les Juifs: ils ne croient pas que Dieu ait vécu, comme homme, au milieu des hommes. Cependant ils croient bien qu'il ait été enfermé dans le saint sépulcre. Et, je vous le demande, qu'est-ce qui est plus grand, le tombeau ou l'homme? Si vous croyez que Dieu a été enfermé dans un tombeau, pourquoi ne voulez-vous pas admettre qu'il a vécu au milieu des hommes? Nous ne pouvons pas croire, disent-ils, que s'il eût été Dieu, il se fût laissé crucifier. Mais pourquoi ne refusez-vous pas aussi de croire que le saint sépulcre, qui renfermait Dieu, ait été pris par les ennemis; car, de même que ce tombeau sacré recevait en apparence une injure; de de même le Verbe-Dieu, impassible de sa nature, a été soumis par l'incarnation aux souffrances et à l'ignominie, jusqu'à pouvoir être crucifié. Et de même que sur la terre étrangère le saint sépulcre renversa et détruisit Dagon, de même sur la croix le Christ triompha du démon, réduisit au silence les blasphémateurs, et fit connaître sa divine puissance à tous les infidèles. Vous ne voulez pas croire que le Fils de Dieu est ressuscité trois jours après sa mort. Et pourquoi croyez-vous alors que Jonas, après avoir resté trois jours dans le ventre de la baleine, en est sorti sain et sauf? Vous ne voulez pas croire que la sainte Vierge a enfanté Dieu fait homme: comment se fait-il donc que vous croyez à la construction d'un temple célèbre, pour lequel aucune pierre n'a été taillée, et qui n'a nécessité l'emploi

34. Non fero Judæorum debacchationem atque temulentiam, quia demonstrationes tenent, et non credunt. Non fero hæreticorum dementiam, quia gentilibus atque paganis potius fidem præbent, quam divinis Scripturis. Si domus ab quo ferro fabricata non est, templum dico ad Dei ministerium, etiam Christus in figura venit. At si etiam nunc fundamenta ejus subsistunt, nolite contendere, sed credite. Ego vero etiam mori pro hac fide expeto. Miscete me cum ethnicis, quod non opto: et facite quod opto, ut scilicet pro Christo moriar. Ego quidem, quod ad me attinet, mortem pertimesco: verum spes atque fiducia mea Christus est. In me timeo: at in illo subsisto. In me confundor: at in illo confido. Ipse est Margarita, ego vero lutum. Ipse thesaurus, ego autem cinis. Ipse vita, at ego mors. Ipse justitia, ego autem peccator. Ipse veritas, at ego mendacium: quia ob vanitatis dilectionem, veritatem sponte repudiavi. Ipse naturam mihi concessit; ego vero eam pravis affectibus desolavi. Ipse mihi sufficientem liberam voluntatem donavit: ego autem illam mutilam reddidi, peccatis eam implicans atque involvens. Ipse est, qui ad mare descendit, Margaritam per varia inde pericula eruens; simulque aderat Divinitas in tentationibus, et assumptionem in cœlos e terra secum sustulit. Ipse est, qui sæpe multumque in agro fodiebat, et in cruce laborabat, ut thesaurum Sanctorum e sepulchro eductum, sibi ipse vindicaret. Allaboremus porro etiam nos, ut participes mercaturæ atque negotiationis Salvatoris nostri Jesu Christi evadamus: quoniam ipsum decet gloria, honor, et adoratio, una cum principii experte ipsius Patre, et sanctissimo, bono, atque vivifico ejusdem Spiritu, nunc et semper, et in infinita sæcula sæculorum. Amen.

d'aucun instrument en fer? Et certes de tous les édifices et de tous les temples celui-là fut sans contredit le plus beau.

34. La folie et la démence des Juifs passe toute borne; ils ont sous les yeux les preûves les plus patentes, et ils refusent de croire. L'ineptie des hérétiques m'indigne, ils ajoutent plutôt foi aux idolâtres et aux païens qu'aux divines Écritures. S'il n'est pas vrai qu'un édifice s'est élevé sans le secours du fer, édifice consacré au culte du Seigneur, j'accorde que le Christ n'est pas venu en personne sur la terre. Mais si les fondemens de ce temple existent encore sous nos yeux, ne disputez plus et croyez Pour moi, je scellerai cette profession de mon sang. Confondez-moi avec les infidèles, ce que je redoute le plus ici-bas, et comblez mes vœux en me faisant mourir pour le Christ. Pour ce qui est de mon corps, je tremble à l'idée de la mort; mais mon espoir et ma confiance sont en Dieu. Par ma nature je chancelle; par son secours je m'affermis. Tout est confusion en moi; en lui tout est espérance. Il est la perle, je suis la boue; il est le trésor, je suis la poussière; il est la vie, je suis la mort; il est la sagesse, je suis le péché; il est la vérité, je suis le mensonge; car, pour satisfaire ma vanité, j'ai repoussé de moi la vérité. Il m'a donné une nature parfaite, et mes affections mauvaises l'ont corrompue; il m'a donné une volonté libre et forte, et moi, je l'ai tuée en la souillant et la ternissant par le péché. C'est lui qui est descendu au fond des mers pour y chercher, à travers des périls sans nombre, la perle précieuse, et sa divinité l'accompagnait dans toutes ses tribulations, et il a emporté avec lui dans le ciel l'incarnation qu'il avait prise sur la terre. C'est lui qui, sans relâche et toujours plus profondément, creusait le champ qu'il avait acquis, et souffrait sur la croix pour s'approprier le trésor des saints qu'il faisait sortir du tombeau. Travaillons donc, nous aussi, et de tous nos efforts, pour participer un jour à la transaction et à la médiation de notre Sauveur Jésus-Christ; car c'est à lui que doit revenir toute gloire, tout honneur, toute adoration; à lui et à son père, qui ne s'est pas soumis au même sacrifice, aussi bien qu'à l'esprit souverainement saint, bon et vivifiant, maintenant et à tout jamais, jusqu'à la consommation des siècles. Ainsi soit-il.

DE RESURRECTIONE ET JUDICIO.

§ I.

DE MORTIS COGITATIONE,

SEU DE HABENDA SEMPER IN MENTE DIE EXITUS VITÆ.

1. Nescitis, fratres mei, qualem timorem et necessitatem sustinere debemus in hora exitus nostri ex hac vita, quando anima a corpore separatur? Magnus timor ac magnum mysterium ibi consummatur. Aderunt enim in ipsa angeli boni et multitudo cœlestis exercitus, et omnes adversariæ potestates et principes tenebrarum, utrique cupidi sumendi animam ac constituendi illi locum. Si igitur anima ex hoc tempore possedit virtutes bonas, vixitque vitam honestam, ac virtute prædita fuit, die exitus sui, ipsæ virtutes quas possedit in hoc statu fiunt Angeli boni, eamque circumdant, neque sinunt ullam ex contrariis potestatibus ipsam tangere; sed cum gaudio atque exsultatione cum angelis sanctis illam suscipiunt, canentes hymnos victoriæ Deo, illamque offerunt Christo Domino et Regi gloriæ, eumque adorant cum ipsa universoque cœlesti exercitu; et ducitur deinde ad locum quietis, ad inexplicabile gaudium, ad lumen æternum, ubi non est dolor, neque gemitus, neque lacrymæ, neque sollicitudo, sed vita immortalis atque æterna lætitia cum omnibus aliis qui Domino placuerunt, in regno cœlorum. Si vero in hac vita turpiter vixit, versata in passionibus ignominiæ, voluptatibus carnis abstracta, et mundi hujus vanitate, in die exitus ejus ex hac vita, ipsæ affectiones et voluptates quas habuit in vita hac, fiunt dæmones mali, et circumdant animam miseram, nec sinunt ut angeli Dei accedant; sed assumunt eam, cum contrariis potestatibus dominis tenebrarum, et abducunt ipsam misere lugentem, demisso vultu incedentem ac lamentantem in loca tene-

SUR

LA RÉSURRECTION ET LE JUGEMENT.

§ I.

MÉDITATION SUR LA MORT,

OU NÉCESSITÉ DE NE JAMAIS PERDRE DE VUE LE JOUR QUI DOIT ÊTRE LE DERNIER DE NOTRE VIE.

1. Songez-vous, mes frères, aux terreurs qui vous assiégeront au sortir de ce monde, à l'heure de la séparation de l'ame et du corps? Quelles angoisses, quelle perplexité pour une ame sur le point d'être initiée aux redoutables mystères de l'autre vie ! Tous les anges du Seigneur, la foule des esprits célestes, toutes les puissances infernales, tous les princes des ténèbres se réunissent autour du lit d'un mourant pour se disputer son ame et pour en fixer les destinées éternelles. Si c'est un chrétien riche de vertus, dont la vie a été pure et qui a marché constamment dans les sentiers de la justice, il voit, à son heure dernière, ces mêmes vertus auxquelles il a été fidèle se changer en autant de bons anges qui le défendent contre les attaques des puissances infernales. Les esprits célestes ouvrent leurs rangs pour recevoir l'ame de ce chrétien, et, au milieu de leurs transports de joie et d'allégresse, entonnant un hymne de victoire en l'honneur du Très-Haut, ils vont la porter au pied du trône de Jésus-Christ. C'est là que cette ame unit ses adorations à celles que l'armée céleste rend au Roi de gloire ; c'est alors qu'elle entre en possession du royaume des cieux; lieu de repos et de joies ineffables, foyer de la lumière éternelle, séjour où l'on ne connaît ni la douleur, ni les gémissemens, ni les larmes, ni les soucis; séjour de la vie immortelle et de la joie éternelle, où règnent tous ceux qui se sont appliqués à plaire à Dieu. Mais si c'est un chrétien qui a mal vécu, qui s'est livré à des passions d'ignominie, qui s'est plongé dans les voluptés, qui a borné son espoir aux vanités de ce monde; maintenant que le voilà sur le seuil de l'éternité, ces passions et ces voluptés qu'il a tant affectionnées pendant sa vie deviennent des dé-

brosa et obscura, et infesta, ubi peccatores omnes servantur in diem judicii suppliciique æterni, quo diabolus ejectus est cum angelis ipsius. Oportet igitur nos ex hoc tempore omnem curam ac sollicitudinem habere de exitu nostro, et præparare virtutes quæ debent nobiscum ex hac vita proficisci, ac nos suscipere in hora necessitatis.

2. Quæ autem sunt virtutes quas diximus angelos fieri, et obsistere dæmonibus, hoc est, passionibus nostris? Hæ sunt, dilectio, humilitas, longanimitas, continentia, patientia, discretio, subjectio, tranquillitas, fortitudo, justitia, atque his similia: hæ virtutes suscipiunt nos illa hora, et nemo est qui iis repugnet. Passiones vero quas diximus dæmones fieri, sunt hæ: odium, animi elatio, asperitas, acedia, otiosi sermones, acerbitas, contentio, æmulatio, invidia, superbia, vana gloria, injuriarum memoria; socordia, negligentia, ignorantia, mœror, iracundia, ira, pigritia, contemptus, nequitia, cupiditas, tumor, mollities, gula, intemperantia, et præter hæc omnia, avaritia, omnisque prorsus satanica astutia: hæ igitur passiones in dæmones mutatæ, die exitus nostri accipient animam; et merito: quas enim hinc assumpsimus et præparavimus, his conceditur potestatem in nobis exercere; hæ etiam post mortem simul nobiscum veniunt, atque ibi in nobis dominantur, et non est qui ab ipsis eripiat. Cogitemus igitur, atque intelligamus, dum tempus habemus, qui sunt super nos, et curramus ex toto corde, et eos ipsos urgeamus ut præcurrentes in hora auditionis nostræ nobis opitulentur, ac nos liberent ab adversariis: oppositos autem nobis, quicumque sint, et qualiumcumque malorum suasores sint nobis, fugiamus, ut a serpente et igne. Si vero nos etiam a virtute abstrahunt atque impedimento nobis sunt, dum tempus habemus et dum sumus in vita, curemus illos propulsare, ac per pœnitentiam exercitationesque virtutum propitium reddere Deum, et præparare nos ad exitum; ne forte veniente et pulsante, imparati inveniamur ad ejus occursum; quia qua hora non exspectatur, Dominus noster venit: ut veniente ac pulsante inveniamur parati ad eumdem

mons qui se précipitent sur son ame et qui empêchent les saints anges d'approcher. Ce lugubre cortège des esprits infernaux et des puissances des ténèbres, entraînant cette ame malgré sa résistance et ses supplications, malgré ses pleurs et ses cris, la précipite dans ces lieux d'épaisses ténèbres, dans ces noirs cachots où tous les pécheurs attendent, en compagnie du démon et de ses suppôts, le jour du jugement et des supplices éternels. Il faut donc que dès maintenant la fin de notre vie soit l'objet de notre attention et de notre sollicitude; il faut que nous acquérions ces vertus qui nous accompagneront dans l'autre monde, et qui nous protégeront à l'heure fatale.

2. Or quelles sont ces vertus, quels sont ces anges qui luttent pour nous contre les démons, c'est-à-dire contre nos passions? Ce sont la charité, l'humilité, la longanimité, la continence, la patience, la discrétion, la soumission, le calme et la force de l'ame, et enfin la justice. Ces vertus, et toutes celles qui s'en rapprochent, se rassemblent autour de nous à l'heure de la mort, et nul ennemi n'est assez ferme pour leur tenir tête. Quant à ces passions qui se changent en démons, ce sont la haine, la fierté, la dureté du cœur, la tiédeur, les discours oiseux, l'aigreur, l'animosité, la jalousie, l'envie, l'orgueil, la vaine gloire, le ressentiment, la nonchalance, la négligence, l'ignorance, le désespoir, l'emportement, la colère, la paresse, le mépris, la méchanceté, la cupidité, la vanité, la mollesse, la gourmandise, l'intempérance, et, par-dessus tout, l'avarice et l'esprit de ruse, esprit vraiment satanique. Ce seront là autant de démons acharnés à notre perte à l'heure de notre mort, sans que nous ayons le droit de nous plaindre. Si nous nous enrôlons sous la bannière de nos ennemis, n'est-ce pas leur reconnaître sur nous un empire absolu? Or nos passions nous suivent après la mort; elles dominent en nous, et nul ne peut leur échapper. Élevons donc notre esprit et nos pensées, tandis qu'il en est temps encore, vers les célestes intelligences; invoquons les anges de tout notre cœur, conjurons-les de nous accorder leur assistance à l'heure où nous la réclamerons; prions-les de nous délivrer de nos ennemis, et ces ennemis, quelle que soit leur perversité, quelque noirs complots qu'ils trament contre nous, fuiront devant eux comme on fuit devant un reptile ou devant la flamme d'un incendie. Mais si malheureusement ces ennemis sont parvenus à nous éloigner des voies de la vertu, et qu'ils aient élevé une barrière entre Dieu et nous, efforçons-nous, en temps propice, alors que la vie nous est laissée, efforçons-nous de déjouer leurs funestes desseins. Recourons

ei obviam; quia ipsum decet gloria, cum Patre et sancto Spiritu, nunc et semper, et in sæcula sæculorum. Amen.

§ II.

IN SECUNDUM ADVENTUM

DOMINI NOSTRI JESU-CHRISTI.

1. Fratres mei, Christo dilecti, audite quæ dicturus sum de secundo et terribili Domini nostri Jesu Christi adventu. Ego enim recordatus sum horæ illius, et tremui, ob nimium timorem cogitans quæ tunc erunt revelanda. Quis enim ea narrabit? quæ lingua referet? quæ auris capax erit ea audiendi? cum Rex regum surgens ex throno gloriæ suæ descendet; ut visitet omnes habitatores orbis terræ, et ponat rationem cum ipsis, et reddat bonam mercedem dignis, et pœnæ dignis similiter pœnas, ut justus judex. Hæc igitur cogitans totus consternor, et timore membra mea concutiuntur : oculi mei lacrymantur, vox mea deficit, comprimuntur labia, horret lingua, et cogitationes silentium meditantur. Necessitate compellor dicere propter vestram utilitatem, ac timor silere me cogit. Hæc enim prodigia magna et terribilia neque unquam contigerunt ab initio rerum creatarum, neque contingent unquam in omnibus generationibus : et modo quidem sæpe cum tonitru vastius fit, omnem hominem terret, atque omnes in terram inclinantur; tunc vero quomodo sustinebimus, cum audiemus tubæ vocem de cœlo omne tonitru clangore superantem, atque e somno eos excitantem qui a sæculo dormiunt, justos et injustos? Tunc et in inferis ossa humanæ terræ, quæ audient sonum tubæ, celeriter current et quærent suas compages, cum videbimus omnem hominum spiritum in ictu oculi resurgentem unumquemque ex loco suo, simulque congregatum ad judicium ex quatuor terminis

aux larmes de la pénitence et à la pratique des vertus les plus saintes pour désarmer la justice divine et pour nous préparer à la mort. Il ne faut pas que le Seigneur frappe à la porte avant que nous soyons prêts à le recevoir. L'heure de la visite du Seigneur est inconnue ; lors donc qu'il se présentera et qu'il frappera à la porte, soyons prêts à marcher à sa rencontre, parce que la gloire lui appartient avec le Père et le Saint-Esprit, à présent et toujours, dans tous les siècles des siècles. Ainsi soit-il.

§ II.

SUR LE SECOND AVÉNEMENT

DE NOTRE SEIGNEUR JÉSUS-CHRIST.

1. Mes frères, bien-aimés de Jésus-Christ, prêtez-moi une oreille attentive : je vais parler du second et terrible avénement de Notre-Seigneur. En pensant à ce redoutable moment, je tremble ; je suis glacé d'effroi, quand je songe à tout ce qui sera découvert et mis au grand jour. Qui pourrait peindre ce désolant tableau ? quelle langue peut décrire ces lugubres scènes ? quelle oreille pourra en entendre le récit ? Descendant du trône de sa gloire, le Roi des rois viendra faire la revue de tous les habitans de la terre, leur demander un compte d'où sortira pour les justes le digne prix de leurs vertus, et le châtiment pour les malheureux qui l'auront mérité ; car s'il est juge, il est juste aussi. A cette image qui obsède ma pensée, je me sens accablé, mes membres palpitent, mes yeux se remplissent de larmes, ma voix s'éteint, mes lèvres se serrent, ma langue frémit, et ma pensée s'arrête silencieuse et sombre. Excité par l'intérêt que vous m'inspirez, je veux parler, et la crainte enchaîne mes paroles ; car jamais, depuis sa création, pareils prodiges n'ont effrayé la terre, et jamais rien de semblable ne viendra consterner le cœur des générations successives. Un coup de tonnerre qui vient tout-à-coup retentir à nos oreilles porte la terreur au fond des ames ; tous les fronts s'inclinent vers la terre. Que deviendrons-nous, mon Dieu ! quand les accens de la trompette, mille fois plus éclatans que ceux du tonnerre, iront éveiller, dans leurs tombeaux, les justes et les pécheurs qui dorment depuis les premiers jours du monde ? Alors, à ce bruit terrible, les ossemens s'arrachant à la terre qui les enferme courront se rassembler

terræ. Jubebit enim magnus Rex qui omnis carnis habet potestatem, et subito tremebunda et festinans dabit terra mortuos suos, suosque mortuos mare; sive feræ discerpserint, sive pisces voraverint, sive volucres rapuerint, omnia in ictu oculi sistentur, et capillus unus non relinquetur.

2. Quomodo sustinebimus, fratres, cum videbimus igneum fluvium erumpentem cum ira tanquam mare ferox, devorantem montes et saltus, et comburentem omnem terram, et quæ in ea sunt opera? Tunc, dilecti, ab illo igne flumina deficient, et fontes evanescent, stellæ cadent, sol exstinguetur, luna abibit, cœlum plicabitur ut volumen, sicut scriptum est [1]. Tunc angeli missi circumcurrent, congregantes electos a quatuor ventis, ut dicit Dominus, a summo cœlorum usque ad extremum eorum [2]. Tunc videbimus cœlum novum et terram novam, secundum promissionem ipsius [3]. Quomodo sustinebimus tunc, Christo dilecti, cum videbimus terribilem thronum præparatum, et signum crucis apparens, in quo affixus est Christus voluntarie pro nobis? Tunc omnes conspicientes in sublimi splendens, terribile ac sanctum sceptrum magni Regis, cognoscent deinceps unusquisque, et recordabuntur sermonis Domini prædicentis quod apparebit signum Filii hominis in cœlo [4], et certo cognoscent omnes post hoc Regem esse appariturum. In hora illa, fratres mei, cogitabit quisque quomodo obviam ibit tremendo Regi, et recogitabit omnes actiones suas. Deinde etiam videbit propria opera coram se posita, sive bona, sive mala. Tunc omnes misericordes, et qui pœnitentiam vere egerunt, gaudebunt videntes vota quæ præmiserunt. Videbunt et ii qui compassi sunt, egenos et pauperes, quorum hic misorti sunt, pro ipsis advocantes, et bona ipsorum prædicantes coram angelis et hominibus, et rursum lacrymas et labores propter pœnitentiam : et ipsi stabunt hilares, et alacres, et gloriosi, « exspectantes beatam spem, et adventum gloriæ magni Dei, et Salvatoris nostri Jesu-Christi [5]. »

[1] Matth. xxiv. — [2] 2 Petr. iii. — [3] Apoc. 1; Isai. LXV, LXVI. — [4] Matth. xxiv. — [5] Tit. ii, 13.

pour reformer des corps. Quel spectacle! Tout le genre humain, renaissant à la fois, viendra, des quatre coins de la terre, comparaître aux pieds du souverain juge! Le roi dont le pouvoir s'étend sur toute chair n'aura qu'à dire un mot, et soudain la terre ébranlée s'empressera de rendre les morts qu'elle a reçus dans ses entrailles ; ceux que la mer avait engloutis, que des animaux féroces dévorèrent, ceux qui avaient péri victime des habitans des eaux ou des oiseaux de proie, reparaissent tous ressuscités, sans qu'ils aient à regretter la plus petite partie de leurs corps!

2. Comment pourrons-nous voir sans trembler, mes chers frères, un fleuve de feu, s'élançant avec l'impétuosité d'une mer en furie, embraser les montagnes et les vallées, consumer le monde entier avec tous les travaux des hommes? Soudain les fleuves se dessèchent, les fontaines se tarissent, les étoiles s'effacent, le soleil s'éteint, la lune a disparu, et le ciel a plié son pavillon comme les feuillets d'un livre, ainsi qu'il a été écrit. Les anges courent rassembler de tous les points d'où soufflent les vents, comme dit le Seigneur, d'une extrémité à l'autre de la terre, les fidèles serviteurs de Dieu. Un nouveau ciel, une nouvelle terre apparaissent bientôt selon les promesses du souverain maître. Tout-à-coup un trône majestueux s'élève, mes bien-aimés, et l'étendard de la croix, où le Christ expira volontairement pour nous, resplendit de lumière. A l'éclat dont il remplit l'horizon, tous les peuples ont reconnu le sceptre redoutable du grand Roi, et i's se rappellent que le Seigneur a prédit que le signe du Fils de l'homme apparaîtra dans le ciel, et personne ne doute plus alors que le moment est venu. Comment oser se présenter à Jésus-Christ? Chacun, dans ce fatal moment, sera poursuivi par le souvenir de toutes ses actions qui se dresseront devant lui, bonnes ou mauvaises. Les hommes au cœur miséricordieux, et qui ont sincèrement pratiqué la pénitence, se réjouiront en voyant s'accomplir les vœux qu'ils avaient formés. Ceux qui ont compati aux souffrances des pauvres, et les pauvres qu'ils n'ont pas repoussés, plaidant pour leurs nobles patrons, dont ils proclameront les vertus devant les anges et les hommes, tout en rappelant les larmes qu'ils ont versées et leurs pénitences laborieuses, seront tous dans la joie, et pleins de l'ivresse du triomphe, et attendant avec confiance « la bienheureuse espérance » et le glorieux avénement du grand Dieu sauveur, notre Seigneur » Jésus-Christ. »

3. Et cur breviter non dico majora? cum audierimus magnam illam vocem et terribilem clamorem e summitatibus cœlorum dicentem : « *Ecce sponsus venit* [1], ecce Judex accedit, ecce Rex apparet, ecce Judex judicum revelatur, ecce omnium Deus venit ad judicandum vivos et mortuos; » tunc, Christo dilecti, ex clamore illo trement fundamenta, nervique terræ a terminis usque ad terminos, et mare, et omnes abyssi. Tunc, fratres, angustia et timor ac stupor supra omnem hominem ex clamore et sonitu tubæ, atque a timore et exspectatione eorum quæ superventura sunt orbi terræ : « Virtutes *enim* cœlorum » commovebuntur [2], » sicut scriptum est. Tunc præcurrent angeli, et chori archangelorum simul current, cherubim et seraphim, et illa plena oculis in potentia et virtute, clamabunt : « Sanctus, sanctus, » sanctus, Dominus Sabaoth, qui est, et qui erat, et qui venturus » est [3], » Omnipotens. Tunc omnis creatura in cœlo, et in terra, et sub terra, cum tremore et virtute clamabit : « Benedictus qui venit » Rex in nomine Domini [4]. » Tunc scindentur cœli, et revelabitur Rex regum, immaculatus et gloriosus Deus noster, ut fulgur terribile, cum virtute magna et gloria incomparabili; sicut et Joannes theologus pronuntiavit dicens : « Ecce venit in nubibus cœli, et videbit eum omnis » oculus, et qui eum pupugerunt, et plangent se super eum omnes tri- » bus terræ [5]. » Quæ igitur anima vult inveniri tunc, ut possit sustinere, cum cœlum et terra fugæ se dabunt, ut ait Theologus rursus : « Et vidi thronum magnum candidum, et sedentem super eum, a cu- » jus conspectu fugit terra et cœlum; et locus non est inventus eis [6]? » Vidistine unquam timorem hujusmodi? vidisti tales res inusitatas et tremendas? Cœlum et terra fugiet, et quis præterea stare poterit? Nos peccatores quo fugiemus, cum videbimus sedes positas, et Dominum omnium sæculorum sedentem; cum aspiciemus innumerabiles exercitus in timore thronum circumstantes?

4. Tunc Danielis prophetia implebitur : « Aspiciebam, *inquit*, do- » nec throni positi sunt, et Antiquus dierum sedit : vestimentum ejus » candidum quasi nix, et capilli capitis ejus quasi lana munda; thro-

---

[1] Matth. xxv, 6. — [2] Ibid. xxiv, 29. — [3] Apocal. iv, 8. — [4] Matth. xxi, 9. — [5] Apocal. i, 7. — [6] Ibid. xx, 11.

3. Et pourquoi ne pas dérouler devant vous un tableau plus imposant encore? A cette grande voix, à ce cri terrible, parti des sommités du ciel : « Voici que l'époux arrive, » voici que le Juge s'approche, que le roi paraît, voici le Juge des juges qui se révèle à tous les yeux, voici le Dieu de l'univers qui vient juger les vivans et les morts; ô vous les bien-aimés du Christ, un frémissement général agite la terre sur ses bases; tout tremble, la mer et ses profonds abîmes. Les angoisses, la crainte, la stupeur sont dans tous les cœurs; tout est consterné dans l'attente des malheurs qui vont fondre sur la terre : « Les puissances des cieux seront ébranlées, » comme il a été écrit. Soudain les anges, et les chœurs des archanges développent à la fois leurs célestes bataillons; les chérubins et les séraphins, les puissances et les vertus chantent l'hymne de gloire : « Saint, saint, » saint est le Seigneur, Dieu des armées, qui est, et qui était, et qui » doit venir dans son triomphe, le Tout-puissant ! » Toute créature du ciel et de la terre a répondu d'une voix tremblante et respectueuse : « Béni soit celui qui vient au nom du Seigneur. » A ce moment le ciel s'entr'ouvre et laisse voir le roi des rois, notre Dieu sans tache et plein de gloire, semblable à la foudre, revêtu de force et d'une incomparable majesté. Ainsi Jean, l'évangéliste-prophète, l'avait annoncé : « Le voici qui vient sur les nuées. Tout œil le verra, et ceux » même qui ont prié ; et tous les peuples de la terre se frapperont » la poitrine en le voyant. » Quel homme assez audacieux pourra soutenir ce spectacle devant lequel fuiront le ciel et la terre, comme le dit le même apôtre : « J'ai vu un grand trône blanc, et quelqu'un » qui était assis dessus, devant la face duquel la terre et le ciel s'en- » fuyaient, et il n'en resta pas même la place? » Jamais pareil effroi a-t-il brisé un cœur d'homme? Jamais vos yeux ont-ils rien vu de plus redoutable? Quand le ciel et la terre fuient, qui donc pourra se tenir de bout? Pécheurs, hélas! où fuirons-nous, quand devant nous se dressera le trône où s'assied le Dieu des siècles; quand nous verrons se déployer autour de ce trône majestueux les armées innombrables du ciel?

4. Alors s'accomplira la prophétie de Daniel : « J'étais attentif à » ce que je voyais, jusqu'à ce que les trônes furent placés, et que » l'ancien des jours s'assit. Son vêtement était blanc comme la neige, » et les cheveux de sa tête étaient comme la laine la plus pure; son » trône était de flammes ardentes, et les roues de ce trône un feu » brillant. Un fleuve de feu sortait de devant sa face; un million

» nus ejus.fammæ ignis; rotæ ejus ignis accensus: fluvius igneus » egrediebatur a facie ejus: millia millium assistebant ei, et decies » centena millia ministrabant ei. Judicium sedit, et libri aperti sunt[1].» Magnus timor, fratres, in illa hora, atque horror et stupor, cum constituet ille sine personarum acceptione judicium, atque aperientur illi libri terribiles ubi scripta sunt et opera nostra, et sermones, et actiones nostræ, qui locuti sumus et operati in vita hac, et putavimus latere Deum, qui scrutatur cord. et renes, ut scriptum est: « Quo» niam capilli capitis vestri omnes numerati sunt[2]; » videlicet cogitationes et discursus, de quibus Judici rationem reddemus. Quot lacrymis indigemus propter horam illam, et negligimus! Quot fletus et suspiria fundemus, cum videbimus magna illa dona quæ suscepturi sunt a gloriæ Rege, qui bonum certamen certarunt! cum videbimus nostris oculis coelorum regnum ineffabile, et rursus ex alia parte conspiciemus præsentes cruciatus tremendos, atque in horum meditullio omnes tribus atque omnes spiritus hominum ab Adam protoplasto usque ad ultimum omnium natum, omnesque cum tremore genua flectentes et supplices procidentes in faciem, sicut scriptum est: « Vivo ego, dicit Dominus, quia mihi curvabitur omne genu[3]!»

5. Tunc, dilecti a Christo, omnis humana natura stans media inter regnum et judicium, inter vitam et mortem, inter securitatem et necessitatem, omnes terribilem horam judicii exspectantes, et nemo nemini poterit auxiliari. Tunc reposcetur ab unoquoque confessio fidei, et baptismatis signum, et fides immaculata ab omni hæresi, et sigillum infractum, et vestis impolluta, ut scriptum est, quod « omnes » in circuitu ejus ferent munera terribili Regi[4]. » Omnes enim qui in sancta Ecclesia tanquam cives adscripti sunt, rationem reddent juxta propriam virtutem. « Potentes vero potenter examinabuntur[5], » ut scriptum est: « Cui multum datum est, multum quæretur ab eo; et » qua mensura metietur quisque, remetietur ei[6]. » Verumtamen, sive magnus quis sit, sive parvus, ex æquo omnes fidem confessi sumus, et sanctum signaculum accepimus; omnes similiter diabolo renuntia-

[1] Daniel. VII, 9, 10. — [2] Luc. XII, 7. — [3] Isai. XLIX, 18, et XLV, 24; Rom. XIV, 11; Philip. II, 10. — [4] Psal. LXXV, 12. — [5] Sapient. VI, 7. — [6] Luc. XII, 48; Matth. VII, 2; Marc. IV, 24.

» d'anges assistaient devant lui, et mille millions le servaient. Le
» Juge s'assit, et les livres furent ouverts. » De quel effroi, mes frères,
ne serons-nous pas saisis, quand, sans acception de personnes, il
prononcera ses arrêts, et que seront ouverts ces livres redoutables où
sont inscrits nos œuvres, nos discours, dans cette vie, et que nous
avons espéré de cacher à Dieu qui, selon l'Écriture, sonde les reins
et les cœurs : « Car tous les cheveux de votre tête ont été comptés; »
c'est-à-dire, les pensées et les paroles dont il nous faudra rendre
compte. Que de larmes à répandre dans ces cruels instans, et nous
n'y pensons pas même ! Que de soupirs s'exhaleront avec effort de
nos poitrines, à l'aspect des riches présens dont le Roi de gloire comblera ceux qui ont vaillamment combattu ! A l'aspect de ce royaume
ineffable des cieux, à l'aspect des plus horribles tourmens, et
de toutes ces générations d'hommes depuis Adam, notre premier
père, jusqu'au dernier né, placées entre ces deux points extrêmes,
toutes agenouillées, tremblantes devant la face de Dieu, comme il a
été écrit : « Je vis, moi, dit le Seigneur, et tout genou se courbera
» devant moi. »

5. C'est alors, ô vous les bien-aimés du Christ, que l'homme, se
tenant debout entre le royaume du ciel et le tribunal, entre la vie
et la mort, entre la liberté et l'esclavage, attendra que l'heure terrible du jugement ait sonné pour lui, l'heure où personne, hélas ! ne
pourra venir au secours de son prochain. Alors chacun confessera
quelle a été sa foi, à chacun sera demandé le signe du baptême, une
conscience que les hérésies n'auront pas souillée, s'il a été fidèle,
s'il n'a pas flétri la pureté de sa robe, ainsi qu'il a été dit :
« Car tous environnant l'autel offriront des présens à ce roi terri» ble. » En effet, tous ceux dont les noms sont inscrits sur les livres
de la sainte Église, au nombre des citoyens, auront à rendre compte,
chacun selon son mérite : « Les puissans seront examinés rigoureu» sement, » comme le dit la Sagesse; « il sera beaucoup demandé à
» qui il a beaucoup été donné ; et l'on appliquera à chacun la mesure
» dont il se sera servi pour les autres. » N'est-il pas vrai que, grands
ou petits, nous avons professé la même foi, nous avons été marqués
du même signe; nous avons tous renoncé au démon, nous l'avons
rejeté loin de nous; nous nous sommes tous unis à Jésus-Christ, et

vimus, exsufflantes eum; atque omnes similiter Christo coaptati fuimus, adorantes eum. Siquidem cognovistis mystici lavacri virtutem, atque inimici renuntiationem : etenim renuntiatio quam in sancto baptismate facere postulamur, exigua quidem videtur verbo; sed re intellecta magna admodum est, quam qui servare potest erit beatissimus. Paucis enim verbis, omni quod mali nomine nuncupatur, quodque odit Deus, nuntium remittimus : non uni, aut duobus, aut decem ; verum omni malo ita dicto, quod odit Deus, renuntiamus. Exempli gratia : « Abrenuntio, *inquit*, Satanæ, et omnibus operibus » ejus. » Quibus operibus ? audi : scortationi, adulterio, impuritati, mendacio, furto, invidiæ, veneficio, divinationi, incantationi, excandescentiæ, iracundiæ, blasphemiæ, inimicitiæ, contentioni, æmulationi : abrenuntio ebrietati, otioso sermoni, superbiæ, inertiæ : abrenuntio risibus, citharæ pulsationibus, cantibus dæmoniacis, puerorum stupris, auguriis, spirituum interrogationi, foliorum scriptionibus : abrenuntio idolothyto, sanguini suffocato, et morticiniis [1]. Quid autem plura dico? non enim tempus est omnia dicendi; sed prætereamus multa, et simpliciter dicamus : Abrenuntio omnibus quæ in sole, luna et stellis fiunt, atque in fontibus, et arboribus, et in triviis, et liquoribus et calicibus, aliisque multis absurdis operibus, quæ turpe est etiam dicere. Omnibus eis atque eorum similibus nuntium remittimus in sacri baptismatis renuntiatione, quæ omnes cognoscimus esse diaboli opera atque institutiones. Omnia hæc, cum eramus in tenebris sub diaboli potestate, didicimus, priusquam præveniret nos lux, cum eramus venditi sub peccato [2] : cum vero voluit benignus et misericors Deus liberare nos ex ejusmodi deceptione [3], « visitavit nos Oriens ex alto [4], » et apparuit gratia Dei salutaris, et dedit seipsum pretium pro nobis, et redemit nos ab errore idolorum, et complacuit renovare nos per aquam et spiritum. Omnia igitur hæc abnegavimus, et exuimus veterem hominem cum actibus ejus; induimus vero novum Adam [5]. Qui facit igitur hæc opera mala quæ prædiximus, post gratiam, a gratia excidit, et nihil ipsi Christus proderit, si in peccato permaneat.

[1] Act. xv, 21. — [2] 1 Joan. 1; 1 Pet. II. — [3] Rom. VII. — [4] Luc. 1, 78. — [5] Ephes. IV; Coloss. III.

nous l'avons adoré? Oui, vous avez été initiés aux mystères de la piscine, vous avez renoncé à l'ennemi du salut, et la renonciation qu'on exige de vous dans le saint baptême ne semble pas d'abord fort grave, mais quand l'esprit en pénètre bien le sens, il en conçoit alors toute l'importance, et mille fois heureux celui qui sait en accomplir le devoir! Quelques mots, en effet, suffisent pour déclarer que nous y renonçons à tout ce qui est mal, à tout ce que Dieu abhorre; il ne s'agit pas d'un, de deux ou de mille, c'est du mal en général; il n'y a pas de distinction, c'est tout ce que Dieu hait. Ainsi : « Je renonce à Satan et à ses œuvres. » Quelles sont ces œuvres? Écoutez : La débauche, l'adultère, l'impureté, le mensonge, le vol, l'envie, les maléfices, la divination, les sortiléges, l'emportement, la colère, les blasphèmes, les inimitiés, les querelles, les rivalités jalouses. Je renonce encore à l'ivresse, aux vains discours, à l'orgueil, à la paresse; je renonce aux frivoles amusemens, aux danses animées par les sons de la harpe, aux chants impies, aux outrages à la pudeur, aux augures, à l'esprit d'interrogation, aux chairs étouffées et au sang. A quoi bon s'étendre plus au long? Je n'ai pas le temps de tout dire; passons donc sous silence une foule d'autres abominations, et disons simplement : Je renonce à toutes les œuvres dont nous rendons complices le soleil, la lune, les étoiles, l'eau des fontaines, l'ombrage des arbres, les chemins, les liqueurs et les coupes du festin; je renonce à tant d'autres actes absurdes, dont je rougirais de dire même les noms. Oui, plongés dans les eaux du baptême, nous renonçons à tout ce que nous savons bien n'être que des œuvres du démon. C'est à son école, quand nous étions enveloppés dans ses profondes ténèbres, que nous avons appris à les connaître, avant que la lumière vînt briller à nos yeux, quand nous étions vendus au péché. Mais du moment où le Dieu plein de bonté et de miséricorde a daigné nous arracher à toutes ces misérables déceptions, « le Soleil » levant nous est venu visiter d'en-haut, » la grâce du salut nous est apparue, elle s'est donnée comme rançon pour nous, elle nous a arrachés au culte des idoles, et s'est plu à nous renouveler par les eaux et en esprit. Nous avons donc tout quitté, nous avons dépouillé le vieil homme et ses actes impurs, nous avons revêtu le nouvel Adam. Ainsi se laisser entraîner aux péchés dont j'ai parlé, c'est, après avoir reçu la grâce, en perdre tous les heureux effets; et à quoi servira le Christ lui-même à celui qui persévère dans le crime?

6. Audistis, o dilecti a Christo, quam multis malis renuntiastis paucis verbis? Hanc igitur renuntiationem et pulchram confessionem reposcitur in illa hora et die unusquisque ex nobis; scriptum est enim : « Ex sermonibus tuis justificaberis [1]. » Et rursus Dominus dicit : « Ex ore tuo te judico, serve nequam [2]. » Clarum igitur est quod sermones nostri vel condemnant vel justificant nos in illa hora. Quo autem modo interrogantur? Interrogantur pastores, id est episcopi, et de propria administratione et de eorum grege, et reposcitur unusquisque de rationalibus ovibus quas suscepit a Christo pastorum principe : si vero ex negligentia episcopi ovis perierit, sanguis ejus ex manibus illius exquiritur. Similiter et presbyteri rationem reddent de propria ecclesia : simul etiam diaconi ; et quisque fidelis de domo sua, de uxore, de filiis, servis et ancillis [3] reddet rationem, an educaverit eos in disciplina et correptione Domini, sicut hortatur Apostolus. Tunc interrogantur reges, principes, divites et pauperes, parvi et magni ; de rebus quas egerunt; scriptum est enim, quod « omnes » stabimus ante tribunal Christi, ut referat unusquisque propria cor- » poris, prout gessit, sive bonum, sive malum [4]. » Et alio loco scriptum est : « Non est qui de manibus meis eruetur [5]. »

7. Precamur te ut nobis dicas quæ fient post hæc? — Loquar in dolore cordis mei, quoniam vos non potestis audire quæ post hæc eventura sunt. Sed quiescamus, dilecti a Christo. — Rursus igitur dicebant Christo dilecti : Num terribiliora sunt ante dictis quæ a te audivimus? — Magister rursus lacrymans dixit : Dico cum lacrymis ; non enim possunt sine lacrymis narrari, quia novissima sunt. Sed quoniam præceptum habemus ab apostolo, hæc *fidelibus hominibus commendari* [6], vos vero fideles estis ; hæc commendo vobis, vos autem alios doceto. Etsi vero cordis dolore afficiar in hac narratione, tamen compatimini mihi, fratres benedicti.

[1] Matth. xii, 37. — [2] Luc. xix, 22. — [3] Ephes. vi. — [4] Rom. xiv, 10 ; 2 Cor. v, 10. — [5] Deut. xxxii, 39. — [6] 2 Tim. ii, 2.

6. Bien-aimés de Jésus-Christ, avez-vous entendu à combien de péchés vous avez renoncé dans le peu de mots qui expriment cette renonciation? Eh bien! c'est en ce moment terrible que chacun de nous aura à répondre, quand il lui sera demandé s'il a gardé ses promesses. Il a été écrit : « Vous serez justifié par vos paroles. » Et ailleurs : « Méchant serviteur, je vous condamne par votre propre » bouche. » Il est donc évident que c'est à nos discours qu'est attachée la condamnation ou la justification de notre vie. Mais comment les hommes sont-ils interrogés? D'abord les pasteurs, je veux dire les évêques, sont interrogés sur leur propre administration et sur leur troupeau ; et on leur demande compte des brebis qu'ils ont reçues du Christ, le premier des pasteurs ; si donc une seule brebis a péri par la négligence de l'évêque, c'est de son sang qu'il doit payer le sang répandu. Après eux s'avancent les prêtres, puis les diacres, ensuite tous les fidèles, qui doivent déclarer ce qu'ils ont fait les premiers des églises qui leur avaient été confiées, les seconds de leur propre famille, de leurs femmes, de leurs enfans, de leurs serviteurs et de leurs servantes, s'ils les ont élevés, instruits dans la connaissance et la crainte de Dieu, comme le veut l'Apôtre. Ensuite vous voyez paraître les rois, les princes, les riches, les pauvres, les grands et les petits, qui tous viennent déposer aux pieds du souverain juge l'aveu de ce qu'ils ont fait sur la terre ; car on lit dans les Écritures : « Nous pa» raîtrons tous devant le tribunal de Jésus-Christ, afin que chacun » reçoive ce qui est dû aux bonnes ou aux mauvaises actions, qu'il » aura faites pendant qu'il était revêtu de son corps. » Et ailleurs : « Nul ne peut rien soustraire à mon souverain pouvoir. »

7. Ne nous apprendrez-vous pas ce qui vient à la suite? — Je vous parlerai dans la douleur de mon cœur ; vous n'êtes pas en état d'entendre ce qui doit suivre ces premiers instans. Reposons-nous quelque temps, bien-aimés de Jésus-Christ. — Ils s'écrièrent de nouveau : Quoi donc! y a-t-il quelque chose de plus terrible que ce que nous avons déjà entendu? — Et Éphrem leur répondit en pleurant : Je le dis avec des larmes amères ; car qui pourrait retenir ses pleurs au récit de » ce qui va suivre. Mais puisque l'Apôtre a dit : « Donnez en dépôt à des hommes fidèles ce que vous avez appris, » et puisque vous êtes fidèles, mes frères, je vais donc vous raconter ce que vous aurez soin à votre tour d'apprendre aux autres. Bien que mon cœur soit en proie à la plus vive douleur, quoiqu'il recule d'horreur à ce récit, écoutez cependant, mes frères, et partagez ma souffrance.

8. Tunc vero, Christo dilecti, post perscrutationem et publicationem operum cujusque coram angelis et hominibus, omnes « adver- » sarii ponentur sub pedibus ejus, et evacuabitur omnis principatus » et potestas, et flectetur Deo omne genu ;[1] » sicut scriptum est : « Tunc separabit eos ab invicem, sicut pastor segregat oves ab hæ- » dis [2]. » Qui enim habent bona opera et bonos fructus, segregantur ab infructuosis et peccatoribus : qui et fulgebunt sicut sol. Hi sunt qui, præcepta Domini custodientes, misericordes, pauperum orphanorumque amantes, et hospitio excipientes, et nudos vestientes, et in carcere detentos visitantes, et laborantium susceptores, et ægrotos invisentes, et lugentes nunc, sicut dicit Dominus; mendicantes nunc propter divitias quæ in cœlis repositæ sunt, et peccata fratrum dimittentes, et signaculum fidei custodientes infractum atque immaculatum ab omni hæresi. Hos statuet a dextris, hædos vero a sinistris. Hi sunt infructuosi, qui Pastorem bonum ad iracundiam provocant, qui non attendunt vocibus pastorum principis, arrogantes, indocti, qui hoc tempore pœnitentiæ tanquam hædi ludentes, et voluptatibus indulgentes, consumpserunt in crapulis atque ebrietatibus et cordis duritie omne tempus vitæ suæ; sicut ille dives qui nunquam misertus est pauperis Lazari. Ideo ii qui sunt partis sinistræ [3], condemnati sunt, ut immisericordes atque immites, et non habentes pœnitentiæ fructus, neque oleum in suis lampadibus. Qui vero, oleum a pauperibus ementes, vasa sua impleverunt, a dextris assistunt gloriosi atque hilares, splendidas tenentes lampadas, audiuntque illam beatam et misericordem vocem : « Venite, benedicti Patris mei, possidete reg- » num quod vobis paratum est a constitutione mundi [4]. » Qui vero a sinistris, audient acerbam illam austeramque sententiam : « Discedite » a me, maledicti, in ignem æternum, qui paratus est diabolo et » angelis ejus [5]. » Sicut non miserti estis, ita nec nunc misericordiam consequemini; sicut vocem meam non audistis, ita neque ego nunc exaudiam vestras lamentationes : mihi enim neque ministrastis, neque esurientem aluistis, neque sitienti potum dedistis, neque peregrinum excepistis, neque nudum induistis, neque ægrotum me visi-

[1] 1 Cor. xv, 24; Rom. xiv, 11; Isai. xlv, 24; Philip. ii, 10. — [2] Matth. xxv, 32. — [3] Luc. xvi, 15. — [4] Matth. xxv, 34. — [5] Ibid. 41.

8. Lorsque chacun, après ce redoutable examen, aura fait l'aveu de ses œuvres en présence des anges et des hommes, « tous ceux qui » s'opposaient à Dieu seront mis sous ses pieds, toute domination, » toute puissance sera détruite, et tout genou fléchira devant le Sei-» gneur. » Et ainsi qu'il a été écrit : « Il séparera les uns d'avec les » autres, comme un berger sépare les brebis des boucs. » Ceux qui sont riches en bonnes œuvres et qui ont produit de bons fruits sont séparés à jamais des pécheurs et de ceux qui ont été stériles. Les premiers brilleront de tout l'éclat du soleil, parce que, fidèles aux commandemens du Seigneur, ils ont été miséricordieux, ils ont aimé les pauvres et les orphelins, les ont reçus dans leurs demeures, les ont vêtus quand ils étaient nus, ont visité les prisonniers dans les cachots, sont venus en aide aux travailleurs, ont couru aux lits des malades et de ceux qui sont dans l'affliction, comme dit le Seigneur; ils aspirent aux richesses qui ont été placées dans le ciel; pleins d'indulgence pour les fautes de leurs frères, ils ont gardé sur leur front, inaltérable et pur de toute hérésie, le signe de la foi. A eux la droite, la gauche aux boucs. Quels sont ces derniers? Tous ceux qui ont langui sans rien produire, ont allumé le courroux du bon Pasteur, et qui, dans leur orgueil et leur ignorance, insensibles à la voix de leur maître, ont, dans ce temps de pénitence, livré leurs cœurs aux voluptés, et ont usé les restes d'une vie honteuse dans l'ivresse et les plus sales débauches; vraies images de ce riche au cœur dur, qui vit sans pitié les maux du pauvre Lazare. Ainsi ceux qui sont rejetés à la gauche sont condamnés, car ils ont manqué de miséricorde, la pitié ne s'est jamais fait entendre à leurs cœurs, ils ont résisté aux exhortations de la pénitence, et leur lampe s'est éteinte faute d'huile. Mais les justes, qui ont rempli leurs vases de l'huile achetée des pauvres, resplendissans de gloire, le front joyeux, portant dans leurs mains des lampes éclatantes, prennent place à droite, et recueillent avec délices la douce parole qui leur est adressée : « Venez, bénis de mon » Père, possédez le royaume qui vous a été préparé depuis le com-» mencement du monde. » A l'oreille des autres, au contraire, retentissent ces mots terribles, cet arrêt sévère : « Arrière, maudits, allez » au feu éternel qui a été allumé pour le démon et pour ses anges. » Vous n'avez pas été miséricordieux, vous n'obtiendrez pas aujourd'hui miséricorde. Ma parole n'a pu pénétrer jusque dans vos ames, eh bien ! je serai sourd aujourd'hui à vos cris et à vos plaintes. Vous avez dédaigné de me servir; vous m'avez refusé des alimens quand la faim

tastis, neque ad me in carcere manentem accessistis. Alterius domini operarii fuistis et ministri, id est diaboli : ideo discedite a me, operantes iniquitatem. « Tunc ibunt hi in supplicium æternum, justi » vero in vitam æternam [1]. »

9. In idem vero supplicium abeunt omnes, an diversa sunt supplicia? Diversa pœnarum loca sunt, ut in Evangelio audivimus. Sunt sane tenebræ exteriores [2], haud dubium quin interiores, gehenna ignis locus alius, stridor dentium locus præcipuus. Vermis qui non dormit, in alio loco est [3]. Stagnum ignis locus alius [4] : Tartarus locus specialis : inextinguibilis ignis propria regio : infernus et perditio in propriis locis. Inferiora terræ locus alius [5]. Orcus, ubi affliguntur peccatores et profundum inferni, locus crudelior. In his suppliciis distribuuntur miseri, quisque pro gravitate suorum peccatorum, sive gravius, sive lenius, secundum quod scriptum est; quoniam « funibus peccatorum » suorum quisque constringitur [6]. » Tale autem et illud est : «Vapula-» bit multis, et paucis [7]. » Quemadmodum et hic sunt diversæ pœnæ, sic etiam in futuro sæculo. Qui autem inimicitias exercent inter se, si contigerit hos sic ex corpore proficisci, inexorabilem damnationem invenient in hora judicii, atque ut exosi in exteriorem ignem mittentur atque in tenebras sempiternas, utpote qui despectui habuerint facile Domini præceptum, quod dicit : « Diligite alterutrum, et remittite » usque septuagies septies [8]. » Quicumque vero peccaverit, non debet secure degere, neque e contrario desperare; « quoniam advocatum » habemus apud Patrem Jesum Christum Deum justum, et ipse pro-» pitiatio est pro peccatis nostris [9] : » non pro iis qui securi vivunt atque otiosi stertunt, quique in deliciis ac risibus vitam ducunt; sed pro iis qui plorant et pœnitentiam agunt, clamantque ad eum die ac nocte : qui etiam a Paracleto consolationem accipient. Qui vero, cum peccaverit, oblitus fuerit peccatorum, in eum, cum morietur, illa ira

[1] Matth. xxv, 46. — [2] Ibid. viii, 12; Marc. ix, 42. — [3] Apoc. xix, 20. — [4] 2 Petr. ii, 4. — [5] Ephes. iv, 9. — [6] Prov. v, 22. — [7] Luc. xii, 47, 48. — [8] 1 Joan. ii, 1; Matth. xviii, 22. — [9] 1 Joan. ii, 12.

torturait mes entrailles ; quand j'avais soif, vous ne m'avez pas donné à boire ; voyageur, vous ne m'avez pas reçu ; nu, vous m'avez laissé sans vêtemens ; malade, je ne vous ai pas vus près de ma couche, et vous n'êtes pas descendus pour me consoler dans les ténèbres de ma prison. Vous avez été les ministres et les serviteurs d'un autre maître, du démon ; éloignez-vous donc de moi, artisans d'iniquité. « Et alors
» ceux-ci iront dans le supplice éternel, et les justes dans la vie éter-
» nelle ! »

9. Ils vont tous au supplice ; mais y a-t-il différentes sortes de supplices ? Il y a différens lieux assignés aux tourmens qui les attendent, comme nous l'apprend l'Évangile : il y a des ténèbres extérieures, mais on ne peut douter qu'il n'y en ait aussi d'intérieures. Ailleurs est la géhenne du feu, ailleurs sont les grincemens de dents. Le ver qui ne dort pas est dans un autre endroit ; dans un autre aussi se trouve l'étang de feu ; ici le lieu assigné particulièrement au Tartare ; là la région du feu inextinguible ; l'enfer et la perdition ont chacun leur place ; plus loin sont les parties les plus basses de la terre ; l'abîme de l'enfer, lieu plus horrible encore, où les pécheurs sont livrés aux peines les plus cruelles. Ces malheureux se rendent aux différens lieux qui leur sont marqués ; chacun, selon la gravité de ses péchés, est traité avec une rigueur dont elle est la mesure même, ainsi qu'il a été dit ; car « chacun est lié par la chaîne de ses péchés. » Et cette autre parole : « L'un sera battu rudement, l'autre le sera moins. » Il y a sur la terre une gradation dans les peines, il en sera de même dans le ciel. Ceux qui mourront sans avoir éteint les feux de la haine qui les a divisés seront impitoyablement condamnés au jour du jugement, et ils seront rejetés dans le feu extérieur, dans les ténèbres éternelles, parce qu'ils n'auront eu que du mépris pour ce commandement si facile à suivre du Seigneur, qui a dit : « Aimez-vous les uns les autres, et pardonnez-
» vous jusqu'à septante fois sept fois. » L'homme qui a péché ne doit pas se reposer dans une sécurité perfide, ni se livrer non plus au désespoir, « parce que nous avons pour avocat auprès du Père Jésus-
» Christ qui est juste, et c'est lui qui est la victime de propitiation
» pour nos péchés ; » non pour ceux qui laissent s'écouler leurs jours dans une molle incurie, livrés tout entiers aux joies et aux plaisirs, mais pour ceux qui pleurent, font pénitence et crient vers lui le jour et la nuit : ils recevront du Saint-Esprit un trésor de consolation. Mais celui qui oublie la faute qu'il vient de commettre sera frappé, en mourant, par les traits de la colère divine qui tomberont sur lui, et il dira

Dei cadet quam significavit Manasses dicens : « Intolerabilis ira com-
» minationis tuæ super peccatores [1]. »

10. Væ scortatori, væ ebrio, væ bibentibus vinum cum tympanis et tibiis, opera autem Domini non aspicientibus, neque sermonum ejus recordantibus! Væ iis qui injuria afficiunt divinas Scripturas! Væ iis qui consumunt tempus hoc pœnitentiæ et conversionis in superbia et rebus ridiculis! quærent enim tempus, et non invenient, quod male expenderunt. Væ iis qui consulunt spiritus deceptionis, et attendunt dæmonum doctrinis [2]! quia cum iis condemnabuntur in futuro sæculo. Væ iis qui scribunt iniquitatem! Væ iis qui inepta patrant incantationis, divinationis et puerorum corruptionis, atque horum similia [3]! Væ iis qui defraudant mercedem mercenarii! quia qui fraudat mercedem, sicut qui sanguinem fundit. Væ injustis judicibus, qui absolvunt impium, et justitiam justi eliminant! Væ iis qui maculant sanctam fidem hæresibus, aut hæreticis consentiunt! Væ iis qui immedicabili morbo laborant, hoc est, invidia atque odio! Et quare plura dico, et non recido celeriter sermonem? Væ omnibus quia sinistris locum sortiuntur in die illa terribili! quia tenebris offundentur, atque amare flebunt quando audient acerbam illam sententiam : « Discedite a me, male-
» dicti [4]! » Alii autem rursus audient gravem illam sententiam : « Con-
» vertentur peccatores in infernum [5]. » Alii audient : « Amen, amen
» dico vobis ; Nescio vos ; discedite a me, operantes iniquitatem [6]. »
Alii audient, scilicet invidi : « Accipe quod tuum est, et vade [7], » et quonam? certe eo quo qui audierunt : « Discedite a me, maledicti, in
» ignem [8]. » Alii audient : « Ligatis manibus et pedibus, mittite in tene-
» bras exteriores. » Alii ut zizania alligabuntur ad comburendum in camino ignis [9].

11. Sicut vero multi modi salutis sunt, sic etiam mansiones multæ in regno cœlorum; et quemadmodum sunt multi modi peccatorum,

---

[1] Oratio Manass. 5; Isai. v. — [2] 1 Tim. iv, 1. — [3] Sap. xviii. — [4] Matth. xxv, 41. — [5] Psal. ix, 18. — [6] Luc. xiii, 27. — [7] Matth. xx, 14. — [8] Ibid. xxv, 41. — [9] Ibid. xxii.

avec Manassé : « Votre colère et vos menaces sont un poids trop lourd
» pour les pécheurs. »

10. Malheur au débauché, à l'ivrogne ; malheur à ceux qui se gorgent de vin au bruit des instrumens de musique, qui, sans égard pour les œuvres de Dieu, ne se rappellent jamais sa sainte parole ! Malheur à ceux qui outragent ses divines Écritures ! Malheur à ces hommes qui consacrent le temps de la pénitence aux triomphes de l'orgueil, et diffèrent de se convertir, pour ne s'occuper que d'objets frivoles et ridicules ! Le temps qu'ils ont perdu, ils le chercheront alors ; mais ils ne le retrouveront plus. Malheur à ceux qui se sont livrés à des esprits d'erreur et à des doctrines diaboliques, car ils seront condamnés avec leurs maîtres insensés ! Malheur à ceux qui écrivent l'iniquité ! à ceux qui s'abandonnent à des pratiques sacrilèges, aux enchantemens, à la divination, qui corrompent la jeunesse et commettent mille autres détestables crimes ! à ceux qui privent l'ouvrier de son salaire, car c'est répandre son sang que de lui enlever le prix de son travail ! Malheur aux juges iniques qui, en absolvant l'impie, dépouillent le juste de ses droits ! Malheur à ceux qui souillent leur foi par des hérésies et qui suivent les drapeaux des apôtres du mensonge ! à ceux que dévore une incurable maladie, c'est-à-dire l'envie et la haine ! Mais pourquoi cette fatigante énumération ? pourquoi ne pas se borner à dire : Malheur à ceux qui, dans ce jour terrible, seront placés à la gauche ; car ils seront enveloppés de ténèbres, et ils pleureront amèrement quand ils entendront prononcer, les uns, ce funeste arrêt :
« Arrière, maudits ! » les autres : « Les pécheurs seront précipités
» aux enfers ! » ceux-ci : « En vérité, je vous le dis : je ne vous con-
» nais pas, éloignez-vous, artisans d'iniquité ; » ceux-là, je veux dire les envieux : « Recevez ce qui vous appartient, et allez ! » Où donc ? aux mêmes lieux que ceux à qui il a été dit : « Éloignez-vous de moi,
» maudits, allez au feu de l'enfer ! » Quelques-uns : « Liez leurs pieds
» et leurs mains, et jetez-les dans les ténèbres extérieures. » Quelques autres enfin seront, comme l'ivraie, précipités dans le feu qui doit les consumer.

11. Plus d'une voie est ouverte au salut, plus d'une demeure est réservée au juste dans le royaume des cieux, et comme il y a mille sortes de péchés et d'erreurs, il y a aussi mille différens supplices. O vous qui avez des larmes dans les yeux, de la componction dans le cœur, pleurez, pleurez avec moi au souvenir de ce terrible partage dont l'idée m'épouvante, frères bénis de Dieu ! car c'est à ce moment

errorumque, sic multi modi tormentorum. Quotquot lacrymas et compunctionem habetis, lugete mecum : ego enim, fratres mei benedicti, recordor miseræ illius divisionis, et ferre non possum. In hora enim illa terribili separabuntur invicem divisione miserabili, et migrabit unusquisque migratione quæ non habet reditum. Quis adeo lapideus est, qui non flebit dehinc illam horam, quando dividentur episcopi a coepiscopis, presbyteri a compresbyteris, et diaconi a sociis diaconis, et subdiaconi et lectores a suis sodalibus? Tunc segregabuntur qui quondam reges fuerunt, et flebunt, atque ut mancipia expellentur. Tunc suspirabunt principes et divites immisericordes, et respicient undique in augustias redacti, et nemo erit qui juvare possit. Neque divitiæ aderunt, neque adulatores assistent, neque invenient misericordiam; neque enim miserti sunt, neque præmiserunt ut invenirent; sicut et dicit Propheta de talibus : « Dormierunt somnum suum, et nihil » invenerunt.[1] » Tunc separabuntur parentes a filiis, atque amici ab amicis; tunc dividentur cum dolore conjuges qui non custodierunt lectum suum immaculatum; tunc discriminabuntur virgines quidem corpore, moribus autem immisericordes et crudeles. Judicium enim sine misericordia illi qui non fecit misericordiam. Sed præteribo multa dicere, quia retinet me timor et tremor in hac narratione; atque ut dicam breviter : tunc præterea ejiciuntur a tribunali, atque ab angelis crudelibus pulsi percussique abiguntur, et stridentes dentibus, et sæpe sæpius convertuntur ut videant justos, et gaudium unde divisi sunt. Et vident ineffabilem lucem illam : vident pulchritudines paradisi; vident notos in regione illa; vident magna illa dona quæ recipient a Rege gloriæ strenue certantes. Deinde paulo post sejuncti ab omnibus justis, et amicis, et notis, postremo absconduntur ab ipso Deo, cum amplius nequeant videre gaudium et verum illud lumen. Et tandem appropinquant ad prædictas pœnas, ut dividantur et dispergantur in ipsis.

12. Tunc aspicientes omnimodam suam derelictionem, et quod omnis sua spes perierit, et nullus poterit auxiliari, sive patrocinium suspicere ipsorum, justum enim judicium Dei est; tunc, inquam, amarissimis lacrymis ululantes dicunt : «Oh! quantum temporis in desidia

---

[1] Psal. LXXV, 6.

cruel que nous serons séparés les uns des autres, et que chacun se rendra dans le séjour qui lui sera assigné et qu'il ne devra plus quitter. Quel cœur serait assez dur pour ne pas pleurer, quand évêques, prêtres, diacres, sous-diacres et lecteurs seront à jamais arrachés des bras de ceux qui ont été leurs compagnons dans la vie et qui ont porté les mêmes fardeaux ? Et ceux qui ont été rois sur la terre, ils pleureront aussi et seront chassés comme de vils esclaves; avec eux s'en iront, le cœur gros de soupirs, les princes, les riches sans miséricorde; ils jetteront de tous côtés des regards inquiets, ils imploreront des secours que nul ne pourra donner à leur faiblesse. Plus de trésors, plus de flatteurs, point de pitié pour eux; car leurs oreilles furent toujours fermées aux cris du malheur, et ils ne se sont pas fait à l'avance des provisions de salut dont ils puissent user maintenant. C'est en parlant de ces hommes que le prophète a dit : « Ils ont dormi » leur sommeil, et ils n'ont rien trouvé. » Alors, mes frères, le père sera séparé de son fils, l'ami de son ami ; alors seront entraînés loin l'un de l'autre les époux qui n'ont pas conservé pur le lit nuptial; alors seront rejetées ces vierges dont le corps fut chaste, mais dont le cœur fut sans pitié. Car il n'y aura pas de miséricorde pour celui qui n'a pas eu la miséricorde. Mais l'effroi que m'inspire ce récit, la crainte que jettent dans mon cœur ces cruelles images, m'empêchent d'entrer dans de plus longs détails; et, pour tout dire en peu de mots, les pécheurs, hélas! seront repoussés du saint tribunal, chassés, frappés par les anges irrités, les membres palpitans, ils tourneront les yeux sur les justes et vers cet asile de paix et de bonheur d'où ils seront bannis. L'éclat d'une lumière ineffable vient baigner leurs regards avides qu'éblouissent toutes les beautés du paradis, où ils voient ceux qu'ils ont connus sur la terre s'empresser de recevoir les riches dons que leur a préparés le Roi de gloire. Puis, arrachés d'avec les justes, d'avec leurs amis et leurs proches, ils seront éloignés violemment de la vue de Dieu même, dont les joies pures et l'éclatante lumière s'effacent à jamais pour eux. Enfin ils arrivent au seuil du séjour affreux des supplices qui les attendent.

12. A l'aspect de l'isolement où ils sont tombés, l'espoir s'éteint, plus de secours à attendre, plus de défenseurs, car le jugement de Dieu est juste, et ils s'écrient en hurlant : Ah! combien avons-nous perdu de temps dans l'oisiveté! De quelles illusions nous avons été le jouet! Hélas! comme nous nous sommes raillés des saintes Écritures!

perdidimus! Heu! quomodo illusi sumus! Heu! quomodo Scripturas audientes ludibrio habuimus! ibi enim Deus loquebatur per Scripturas, et non attendebamus. Sic nos clamamus; ipse vero faciem suam a nobis avertit. Quid profuerunt nobis mundi fines? ubi pater, qui genuit? ubi mater, quæ peperit? ubi fratres? ubi filii? ubi amici? ubi divitiæ? ubi substantiæ? ubi turbæ? ubi cœnæ? ubi multus atque inutilis fructus? ubi reges atque potentes? Quomodo ex omnibus his nemo nos salvare potest, neque nobis ipsis possumus opem ferre? sed prorsus a Deo atque a sanctis derelicti sumus! Quid faciemus; quoniam pœnitentiæ tempus non erit amplius, neque quid poterit patrocinium, neque lacrymarum utilitas, neque adhuc aderunt pauperes et mendici oleum vendentes? Absoluta enim est celebritas. Quando habebamus tempus et facultatem, et vendentes clamabant cum lacrymis : « Emite, » nos aures claudentes, non audivimus, neque emimus : nunc igitur nos quærimus, et non invenimus. Non dabitur ulterius liberatio nobis miseris, non consequemur in posterum misericordiam; non enim digni sumus. Justum Dei est judicium. Non ultra videbimus sanctorum ordines, non amplius lumen verum aspiciemus. Ab omnibus derelicti sumus. Et præterea quid dicemus? Valete, omnes justi, valete apostoli, et prophetæ, et martyres; vale, chorus patriarcharum, vale, ordo monachorum; vale, honorabilis atque vivifica Crux; vale, regnum cœlorum; vale, Hierusalem cœlestis, mater primogenitorum; vale, paradiso deliciarum; vale, et tu, Domina Dei Genitrix, mater misericordis Dei; valete, patres et matres, filii et filiæ : tandem haud amplius quemquam vestrum aspiciemus. » Et demum abeunt singuli in pœnarum locum, quem sibi præpararunt suis scelestis facinoribus, ubi vermis eorum non moritur, et ignis non extinguitur.

13. Ecce consolationem vestram explevi, vestroque desiderio satisfeci; ecce hostis quid nobis ipsis paremus; ecce audistis quid negligentes et desides, quique pœnitentiam non agunt, lucrentur : audistis quomodo qui Domini præcepta irrident deridentur; audistis quomodo vita hæc, quæ animam labefactat, multos seducit et decipit ; nostis quo pacto qui sacras litteras ludibrio habent illuduntur. Nemo decipiatur, dilecti mei ac benedicti; nemo incredulum se præbeat, quod sermones qui de judicio dicuntur exiles sunt : sed sedulo ac firmiter

C'était la voix de Dieu qui s'y faisait entendre, et nous ne l'avons pas écoutée ! Nos cris implorent aujourd'hui sa bonté, mais il a détourné de nous sa face indignée. Oh ! pourquoi nous sommes-nous laissés aller aux séductions du siècle ? A quoi nous a-t-il servi d'obéir au monde ? Où sont les parens de qui nous avons reçu le jour ? Où sont nos frères, nos fils, nos amis, nos richesses ? Où sont les biens et les plaisirs, ces trésors inutiles que nous avions amassés ? Que sont devenus les rois et les princes ? Eh quoi ! pas un d'eux ne peut nous sauver ? pas un d'eux à qui nous puissions prêter quelque appui ?... Nous sommes, hélas ! abandonnés de Dieu et des saints ! Que faire, malheureux ? le temps du repentir est passé. Que pourrait faire une vaine protection ? que pourraient faire des larmes superflues ? Plus de pauvres, plus d'indigens qui se pressent autour de nous et nous vendent le fruit de leur travail ; nous voilà seuls maintenant ! Quand nous en avions le temps et le moyen, et que ces infortunés nous criaient en pleurant : « Achetez, » nous fermions les oreilles et nous n'achetions rien. C'est à notre tour de chercher ; d'implorer ; et rien, rien ne vient à nous. Nous n'avons pas à espérer d'être délivrés de nos misères ; nous n'avons pas à compter sur la pitié, nous n'en sommes pas dignes. Le jugement de Dieu est juste. Nous ne verrons plus les saintes légions des justes, nous ne verrons plus la véritable lumière. Tout nous abandonne. Et que dire encore ? Adieu, adieu pour jamais, saints et justes ! adieu, prophètes, apôtres et martyrs du Seigneur ! adieu, patriarches et solitaires ! adieu, croix, source de vie et de gloire ! royaume des cieux, adieu ! adieu, céleste Jérusalem ! délices du paradis, adieu ! auguste mère du Sauveur, d'un Dieu plein de miséricorde, adieu ! adieu, parens, famille, enfans, que nous ne verrons plus jamais ! » Ils partent alors pour le séjour des douleurs où leurs crimes ont marqué leurs places, où le remords, comme un ver rongeur, se dresse sans cesse contre eux, où brûle un feu qui ne s'éteint jamais.

13. Eh bien ! mes frères, j'ai satisfait à vos désirs, j'ai répondu à vos vœux ! Vous savez maintenant quel sort nous nous préparons par nos fautes ; vous savez maintenant ce qu'on gagne à se laisser aller à cet engourdissement du cœur, à cette paresse d'esprit qui s'oppose à la pénitence. Vous avez entendu les sarcasmes cruels qui sont tombés sur ceux qui se rient des préceptes de Dieu ; je vous ai dit à combien d'illusions nous livre le siècle en corrompant nos ames ; quelle amertume empoisonne ceux qui se font un jeu des saintes Écritures. Gardons-nous de ces vaines chimères, mes bien-aimés frères ; défen-

credamus omnes Domino, esse resurrectionem mortuorum, et judicium, retributionemque bonorum pariter et malorum secundum divinas Scripturas; et contemptis rebus omnibus hujus temporis, iisque neglectis, curemus quæ pertinent ad defensionem cautionemque terribilis tribunalis, horrendæque illius ac formidabilis horæ. Hæc enim est illa hora multorum gemituum, multorum dolorum, multarum tribulationum, quæ universam vitam probat.

14. De hac hora terribili ac die sancti prophetæ atque apostoli prædixerunt; de hac die atque hora divinæ litteræ a terminis usque ad terminos terræ in ecclesiis et omni loco clamant, omnibusque testificantur, admonentque dicentes : « Videte, vigilate, attendite, sobrii estote, orate, misericordes estote ac parati, quia « nescitis diem, neque horam, qua Dominus venturus est [1]. » Omnes igitur, ut dicebam, divini homines cum laboribus ac lacrymis clamant, exspectantes illius diei necessitatem. De hac die dicebat Isaias propheta : « Ecce Domi- » nus venit ad consumendam omnem terram, et ad perdendos pecca- » tores ex ea [2]. » Et rursus idem propheta inquit : « Ecce Dominus » venit, et merces ejus cum eo; et opus cujusque coram eo [3]. » Alius propheta clamat, dicens : « Ecce Dominus venit, et quis poterit cogi- » tare diem adventus ejus, et quis stabit ad videndum eum [4]? » Alius vero propheta clamat, dicens : « Domine, audivi auditionem tuam, et » timui, et ingressus est tremor in ossibus meis [5]. » Alius propheta clamat ex ore Domini : « In die ultionis retribuam, et non est qui de » manibus meis eruetur [6]. » De hac die divinus David dixit : « Deus ma- » nifeste veniet, Deus noster, et non silebit : ignis in conspectu ejus » exardescet, et in circuitu ejus tempestas valida [7]. » De hac die clamat apostolus Paulus : « In die qua judicabit Deus occulta hominum, se- » cundum evangelium meum [8]. » Et rursus dicit : « Videte quomodo » ambuletis [9] : horrendum est incidere in manus Dei viventis [10]. » Clamat autem et beatus Petrus, princeps apostolorum, de die illa loquens: « Dies Domini veluti fur in nocte, ita veniet; in quo cœli igne solven-

[1] Matth. xxv, 14. — [2] Isai. xiii, 9. — [3] Ibid. xl, 10, et lxii, 12. — [4] Malach. iii, 2. — [5] Habac. iii, 16. — [6] Deut. xxxii, 35, 39. — [7] Psalm. xlix, 3. — [8] Rom. ii, 16. — [9] Ephes. v, 15. — [10] Hebr. x, 30.

dons-nous de ces pensées d'incrédulité qui ne nous présentent le jugement que sous les couleurs du mensonge. Mais croyons fermement en Dieu, croyons à la résurrection des morts, au jugement et à la rétribution que chacun a méritée par ses bonnes ou par ses mauvaises actions ; et, foulant aux pieds toutes les choses de la terre, pensons à nous mettre à l'abri, par nos actes, des arrêts du tribunal terrible qui nous jugera dans ce moment redoutable. Car c'est l'heure des gémissemens, de la douleur, des souffrances : c'est l'heure où la vie tout entière est justifiée ou condamnée.

14. Mais cette heure qui nous épouvante, ce jour qui doit se lever si plein de menaces, les saints prophètes et les apôtres l'ont prédit. D'un bout de la terre à l'autre, les églises, les villes ont retenti du bruit de cette grande voix qui l'annonce : « Ouvrez les yeux, veillez, » soyez sobres, miséricordieux, priez, tenez-vous prêts, parce que » vous ne savez ni le jour, ni l'heure où le Seigneur viendra. » Voilà, comme je le disais, les saintes paroles que nous adressent, en versant des larmes, ces hommes inspirés de Dieu, dans l'attente de ce grand jour. Écoutez le prophète Isaïe : « Voici que le Seigneur va venir » pour dépeupler la terre et perdre les pécheurs. » Écoutez encore : « Voici le Seigneur qui vient, apportant à chacun la récompense de » ses œuvres. » Un autre prophète s'écrie : « Voici le Seigneur qui » vient ; qui pourra seulement penser au jour de son avénement, ou » qui en pourra soutenir la vue ? » Un autre dit aussi : « Seigneur, j'ai » entendu vos paroles, j'ai tremblé, mes entrailles se sont émues. » Le Seigneur dit par la bouche d'un autre prophète : « C'est moi-même » qui me vengerai, et je leur rendrai ce qui leur est dû ; nul ne peut » rien soustraire à mon souverain pouvoir. » David dit en parlant de ce jour fatal : « Dieu viendra manifestement, notre Dieu viendra, et » il ne se taira point. Le feu s'enflammera en sa présence, et une » tempête violente l'environnera. » L'apôtre Paul dit encore : « Au » jour où Dieu jugera tout ce qui est caché dans le cœur des hommes, » selon l'Évangile que je prêche. » Et ailleurs : « Voyez donc dans » quelle voie vous marchez ; il est affreux de tomber entre les mains du » Dieu vivant. » Et le prince des apôtres, saint Pierre, ne dit-il pas : « Le jour du Seigneur viendra comme un larron pendant la nuit ; et » les élémens embrasés se dissoudront, et la terre sera brûlée avec » tout ce qu'elle contient. » Mais que parlé-je ici de prophètes et d'apôtres ? Notre Seigneur, notre maître et notre Dieu a rendu témoignage de ce jour funeste : « Prenez donc garde à vous, de peur que

» tur, et elementa calore tabescent [1]. » Et quid dico de prophetis et apostolis? ipse Dominator noster et Dominus de die illa testimonium præmisit dicens : « Videte ne graventur corda vestra in crapula et » ebrietate, et curis hujus vitæ, et superveniat super vos repentina » dies illa : tanquam laqueus enim superveniet in omnes habitantes » super faciem omnis terræ [2]. Vigilate itaque, quoniam qua hora non » putatis, Filius hominis veniet [3]; et contendite intrare per angustam » portam quæ ducit ad vitam [4]. »

15. Per eam, fratres mei, gradiamur viam, ut vitam æternam hæreditate possideamus; qui enim hanc calcat, manifestum est quod et vitam consequetur æternam; hæc enim via est vita. Nam si pauci sunt qui inveniunt ipsam, nos, dilecti, non aberremus ab ea. Nemo ex vobis extra illam gradiatur, ne in perditionem abeat; quemadmodum et Propheta inquit : « Ne forte irascatur Dominus, et pereatis a via justa [5]. » Audiamus Dominum dicentem : « Ego sum lux mundi, ego sum vita; » ego ostium, per quod si quis introierit, salvabitur. Ego sum via, qui » sequitur me, non offendet, sed habebit lumen vitæ [6]. » Per hanc igitur beatam viam ambulemus, per quam ambularunt omnes qui Christum concupierunt. Per hanc ambulationes angustæ, sed requies beata; per hanc ambulationes austeræ, sed retributio hilaris; per hanc ambulationes arctæ, sed diversoria spatiosa; per hanc ambulationes pœnitentia, jejunium, oratio, vigilia, humilitas, paupertas spiritus, contemptus carnis, animæ diligentia, cubatio humi, abstinentia a lavacris, aridorum comestio, fames, sitis, nuditas, misericordia, lacrymæ, fletus, suspiria, genuflexiones, ignominiæ, persecutiones, prædæ, colaphi, labores manuum, pericula, insidiæ; convicia accipere, et sustinere; odio haberi, et non odisse; mala pati, et bona retribuere; dimittere debitoribus debita, animam ponere pro amicis; demum effundere sanguinem pro Christo, cum tempus requirit. Hujus arctæ portæ et angustæ viæ ingressus si quis tenuerit, beatam recipiet retributionem, quæ est in cœlis, cujus nunquam erit finis.

[1] 2 Pet. III, 10. — [2] Luc. XXI, 34-35. — [3] Ibid. XII, 40. — [4] Ibid. XIII, 24. — [5] Psal. II, 12. — [6] Joan. VIII, 12; X, 9, et XI, 9.

» vos cœurs ne s'appesantissent par l'excès des viandes et du vin et
» par les inquiétudes de cette vie, et que ce jour ne vous vienne tout
» d'un coup surprendre ; car il enveloppera comme un filet tous ceux
» qui habitent sur la surface de la terre. Tenez-vous donc aussi tou-
» jours prêts, parce que le Fils de l'homme viendra à l'heure que vous
» n'y penserez pas, et efforcez-vous d'entrer par la porte étroite qui
» conduit à la vie. »

15. Marchons dans cette voie, mes frères, pour arriver un jour à l'héritage de la vie éternelle. En effet, c'est le prix réservé à l'homme qui la suit. Cette voie, n'est-ce pas la vie? Si peu de chrétiens savent la trouver, sachons, mes bien-aimés, ne pas nous en écarter. Qu'aucun de vous n'en sorte, s'il ne veut pas se perdre ; car le prophète a dit : « Prenez garde que le Seigneur ne s'irrite, et que vous ne pé-
» rissiez hors des voies de sa justice. » Écoutez encore cette parole du Seigneur : « Je suis la lumière du monde, je suis la vie ; je suis la
» porte, si quelqu'un entre par moi, il sera sauvé. Je suis la voie, et
» celui qui me suit ne se heurtera point, parce qu'il verra la lumière
» de la vie. » Marchons donc dans l'heureux sentier qu'ont parcouru tous ceux qui ont voulu s'unir à Jésus-Christ ; il est étroit sans doute, mais le bonheur nous attend au terme ; il est âpre et triste, mais la récompense qu'il promet est douce et riante ; il est resserré entre des défilés, mais le lieu du repos est vaste ; sur les bords se trouvent la pénitence, le jeûne, la prière, les veilles, l'humilité, la pauvreté d'esprit, le mépris de la chair, la vigilance, une couche sur la terre, l'abstinence du bain, une nourriture aride et sèche, la faim, la soif, la nudité, la pitié, les larmes, les gémissemens, les soupirs, les génuflexions, l'ignominie, la persécution, le larcin, les mauvais traitemens, les travaux des mains, les dangers, les embûches ; c'est là qu'il faut se résoudre à ne pas répondre à un outrage par un autre outrage, à ne pas haïr ceux qui nous haïssent, à souffrir le mal et à rendre le bien en échange ; à pardonner à ceux qui nous ont offensés, à mourir pour ses amis, et enfin à répandre son sang pour le Christ, quand il le faut. Si quelqu'un est assez heureux pour entrer par cette porte étroite, il recevra pour prix le bonheur dans les cieux, le bonheur éternel.

16. Lata autem janua, et spatiosa via, quæ ducit ad perditionem ! hujus gressus impræsentiarum jucundi, sed postea tristes; hic dulcia, illic felle amariora ; hic levia, illic vero gravia et molesta ; hic futilia nulliusque ponderis videntur, illic autem veluti agrestes feræ circumdant peccantes et pœnitentiam non agentes, juxta sermonem Prophetæ; ait enim : « In die mala iniquitas calcanei mei circumdabit » me [1]; » hoc est : iniquitas ejus vitæ, scilicet, gressus spatiosæ viæ, quos Apostolus ex parte enumeravit dicens, « quales sunt fornicatio, » adulterium, impudicitia, idololatria, contentio, æmulatio, ira, se- » ditio, invidia, homicidia, atque horum similia [2], » sunt gressus spatiosæ vitæ : similiter vero ludicra, clamores, deliciæ, citharæ, tibiæ, saltationes, lavacra, mollia indumenta, prandia opipara, manuum plausus et strepitus, hymni temere prolati, strata mollia et cubilia promiscua, nimia edacitas, fraterna odia, quodque omnium deterrimum est, impœnitentia omnimodaque oblivio exitus hujus vitæ; hujusmodi sunt gressus asperæ illius viæ, quam multi ingrediuntur; ideoque diversorium idoneum invenient : pro deliciis famem, pro ebrietate sitim, pro requie dolorem, pro risu fletum, pro cithara gemitum, pro corpulentia vermes, pro desidia sollicitudinem, pro saltationibus dæmonum societatem, pro curiositatibus atque incantationibus, reliquisque studiis scelestis, tenebras exteriores et gehennam ignis, atque his similia, quæ mortis sunt stipendia, ubi pascit proprias oves, et proprios discipulos, atque amicos per latam ac spatiosam viam ambulantes, juxta verbum Prophetæ; ait enim : « Sicut oves in inferno positi sunt : mors depascet eos [3]. »

17. Nos autem, fratres dilecti, ab illa via difficili declinantes, audiamus Dominum dicentem : « Contendite intrare per angustam por- » tam; dico enim vobis, quod multi quærent ingredi, et non inve- » nient [4]. » Et multa alia Dominus, omnesque divini homines horum similia clamant. Hanc diem mente volventes sancti martyres, suorum

[1] Psal. XLVIII, 6. — [2] Galat. V, 19-21. — [3] Psal. XLVIII, 15. — [4] Luc. XIII, 24.

16. Mais l'autre porte est large et spacieuse, elle conduit à la mort; l'abord en est plein de charmes, mais la douleur est assise derrière; ici des objets charmans, là empoisonnés d'amertumes; ici rien ne nous pèse, là tout est lourd et accablant; ici on les juge futiles, sans importance, sans conséquences dangereuses; là, semblables à des bêtes féroces, ils entourent le pécheur qui ferme son cœur à la pénitence, selon ces paroles du Prophète : « Je serai enveloppé dans ce » jour funeste dans l'iniquité de ma voie; » il veut dire l'iniquité de la vie, et par ce mot il entend chacun des pas que l'on fait dans la voie large, et dont l'Apôtre a fait en partie l'énumération : « La for- » nication, l'adultère, l'impudicité, l'idolâtrie, la discorde, la jalousie, » la colère, les séditions, l'envie, le meurtre, et autres choses sembla- » bles. » Voilà les degrés de cette voie spacieuse, de cette vie qu'accompagnent, pour l'enivrer de leurs philtres corrupteurs, les jeux, les délices, les cris de joie, les harpes et les flûtes, les danses, les bains, les moelleux tissus, les festins somptueux, les applaudissemens et les félicitations de la foule, des hymnes d'un triomphe anticipé, des couches délicates, des unions illégitimes, des appétits charnels que rien ne peut satisfaire, la discorde allumant sa torche dans le sein des frères, et ce qui est plus affreux mille fois, l'impénitence et l'oubli de la mort. C'est un sentier rude où trop de malheureux s'engagent témérairement, et au bout duquel les attend un séjour digne d'eux, où ils verront la faim succéder aux plaisirs, la soif à l'ivresse, la douleur au repos, les pleurs aux rires, les gémissemens aux accords de la harpe, la maigreur à un heureux embonpoint, les chagrins à une douce quiétude, la société des démons aux orgies de la danse, et enfin à tout ce qui excitait les désirs, charmait les esprits, à toutes les passions extravagantes ou criminelles les ténèbres extérieures, le feu de l'enfer, et cent autres tourmens, tribut imposé par la mort qui déchire ses propres brebis, ses propres disciples, et ses amis qui ont suivi la voie large et spacieuse, comme dit le Prophète : « Ils ont été placés dans » l'enfer comme des brebis, et la mort les dévorera. »

17. Pour nous, mes frères bien-aimés en Jésus-Christ, fuyons ce sentier empesté, et ne fermons pas les oreilles à cette parole du Seigneur : « Efforcez-vous d'entrer par la porte étroite; car je vous le dis, » plusieurs chercheront à y entrer, et ils ne le pourront. Voilà ce que nous crient le Seigneur et les hommes qu'il a inspirés de son esprit. C'est en pensant à ce grand jour que les saints martyrs, sans être arrêtés par les douleurs du corps, ont enduré les plus cruels supplices,

corporum non miserti sunt; sed omne suppliciorum genus sustinuerunt, gaudentes spe coronæ : alii in solitudinibus et montibus jejuniis ac virginitate certarunt, atque etiamnum certant; nec solum viri, sed et mulieres, infirmiorem partem, et arctam portam, angustamque viam tenentes, regnum cœlorum rapuerunt. Quis igitur sustinebit confusionem illam, cum die illa feminæ coronabuntur, et multi viri ignominia afficientur ? « Non enim est ibi mas et femina[1], sed unusquisque pro- » priam mercedem accipiet secundum proprium laborem[2]. » Non solum autem in solitudinibus et montibus hoc contigit, sed multo magis in urbibus, insulis atque ecclesiis multitudo electorum emicuit, cum singuli pro sua conditione præcepta Domini diligenter custodirent : episcopi, presbyteri, cæteriquo Ecclesiæ ordines; reges ac principes, principatus ac potestates. Non enim Dominus Deus diversitates fecit, aut locum loco præelegit ; sed ita inquit : « Ubicumque sunt in no- » mine meo congregati[3], » hoc est, in solitudine, et in montibus, vel in speluncis, vel in quocumque loco dominationis meæ, « ibi sum in » medio eorum[4], » et cum ipsis ero usque ad consummationem sæculi, et in futuro sæculo pascam eos in sempiternum.

18. Terribile illud judicium judicemque inexorabilem memoria recolens beatus David, per singulas noctes stratum lacrymis rigabat, Deumque precabatur, dicens : « Domine, ne intres in judicium cum » servo tuo[5], » neque velis jus mecum dicere, misericors; sed cum sim omnis defensionis inops, ideo deprecor bonitatem tuam, ne intres in judicium cum servo tuo : si enim volueris hoc facere, non justificabitur in conspectu tuo omnis vivens. Videte, fratres, beatum David timentem diem illam et horam, obsecrantem, et ad defensionem paratum. Venite igitur et vos, fratres Christo dilecti, antequam veniat dies illa, priusquam dissolvatur conventus, priusquam Deus manifeste veniat et inveniat nos imparatos. « *Præoccupemus faciem ejus in confes-* » *sione,* » in pœnitentia, in orationibus, in jejuniis, in lacrymis, in peregrinorum susceptione; præoccupemus, antequam ipse manifeste veniat, nosque inveniat imparatos. Ne cessemus pœnitentiam agere,

[1] Galat. III, 28. — [2] I Cor. III, 8. — [3] Matth. XVIII, 20. — [4] Ibid. — [5] Psal. CXLII, 2.

dans l'espérance de mériter la couronne de gloire; d'autres, enfoncés dans la profondeur des solitudes, cachés dans les antres des montagnes, ont jeûné et jeûnent encore, ont lutté sans cesse contre les désirs de la chair: ce ne sont pas seulement des hommes, ce sont même des femmes, ce sexe si faible et si délicat, qui, se précipitant par la porte étroite, ont conquis le royaume des cieux. Qui donc ne rougira pas de honte quand des femmes seront couronnées au jour du jugement, et qu'une foule d'hommes seront couverts d'ignominie? « Il n'y a plus » ici ni d'homme ni de femme; mais chacun recevra sa récompense » selon ses œuvres. » Ce ne sont pas les montagnes et les déserts seulement qui ont été témoins de ces prodiges, c'est dans les villes surtout, dans les îles, dans les églises qu'ils ont éclaté, lorsque les élus de Dieu, chacun dans sa condition, observaient fidèlement ses pieux commandemens, tous fidèles à la loi, évêques, prêtres, et les autres ordres de l'Église, rois et princes, grands et nobles. Car Dieu n'admet pas de distinction de classes, Dieu n'a pas de prédilections exclusives; mais il le dit lui-même : « Partout où ils sont réunis en mon nom » dans le désert, sur les montagnes, dans les grottes, dans tous les lieux où s'exerce mon empire, « je suis au milieu d'eux, » et j'y resterai jusqu'à la consommation des siècles, et après cette vie je ferai paître cet heureux troupeau dans l'éternité.

18. En pensant au jugement et à l'inflexibilité du juge, David mouillait toutes les nuits sa couche de larmes, et implorait le Seigneur en disant : « Mon Dieu, n'entrez point en jugement avec votre servi- » teur, » ne me citez point à votre tribunal, père de toute miséricorde; et permettez-moi, sans défense comme je suis, de vous supplier de désarmer votre justice irritée, et de me traiter avec bonté. Car si vous appelez devant vous tous les hommes, il n'y en aura pas même un qui sera justifié. Voyez, mes frères, quelles craintes ce jour et cette heure inspirent à David, tombé aux genoux de Dieu et préparé à ce terrible appel. Venez donc, ô vous les bien-aimés de Jésus-Christ, avant que ce jour ne se lève, avant que les liens qui nous unissent ne soient brisés, venez avec moi avant que Dieu ne se manifeste et ne nous surprenne dans notre imprévoyance; venez, et « disposons-nous à pa- » raître devant sa face par la confession, » la pénitence, la prière, le jeûne, les larmes, la bienveillance envers les voyageurs: voilà, mes frères, ce que nous avons à faire, les précautions qu'il nous faut prendre. Ne cessons point de faire pénitence, de prier, de nous tenir

et obsecrare diligenter, et præparari in occursum Domini, omnes simul viri et mulieres, divites ac pauperes, servi ac liberi, senes et juvenes.

19. Videte ne quis dicat: « Quoniam multum peccavi, et non est » mihi remissio. » Qui hoc dicit, nescit quoniam Deus est pœnitentiam agentium, et advenit propter male habentes, qui ait : « Gaudium est » super uno peccatore pœnitentiam agente[1]; » quique ait : « Non » veni vocare justos, sed peccatores ad pœnitentiam[2]. » Hæc autem est vera pœnitentia, abstinere a peccato, illudque odisse, juxta dicentem : « Iniquitatem odio habui, et abominatus sum[3]; » et illud : « Juravi et statui custodire justificationes tuas[4]. » Et tunc Deus cum gaudio suscipit accedentem ad se.

20. Videte ne quis audacter dicat : « Quoniam non peccavi. » Qui hoc dicit cæcus est, cæcutiens et seipsum seducens, et ignorat quomodo furatur eum Satanas cum in verbis, tum in operibus, cum per auditum atque oculos, tum per tactum ac cogitationes. Quis enim jactabit se habere cor mundum, omnesque suos sensus puros? Nullus sine peccato, nullus mundus a sorde, nullus omnino inter homines innoxius, nisi solus ille qui pro nobis pauper factus est, cum dives esset[5]. Ipse solus sine peccato, qui solvit peccatum mundi, quique vult omnes homines salvos fieri, et non vult mortem peccatoris; qui est amator hominum, et multæ misericordiæ, propitiator, bonus, animas diligens, atque omnipotens, omnium hominum redemptor, pater orphanorum, judex viduarum, Deus pœnitentiam agentium, animarum corporumque medicus, desperantium spes, fluctuantium portus, desertorum auxilium, via vitæ; qui omnes ad pœnitentiam vocat, nullumque pœnitentium aversatur. Ad hunc confugiamus et nos : omnes enim quotquot ad ipsum confugerunt peccatores salutem sunt assecuti.

21. Et nos igitur, fratres mei, ne desperemus de propria salute. Peccavimus? pœnitentiam agamus. Millies peccavimus? millies pœ-

---

[1] Luc. xv, 7. — [2] Ibid. v, 32. — [3] Psal. cxviii, 163. — [4] Ibid. 106. — [5] 2 Cor. viii, 9.

prêts à recevoir le Seigneur, hommes et femmes, riches et pauvres, esclaves et hommes libres, vieux et jeunes.

19. Veillons à ce qu'aucun de nous ne puisse dire : « Parce que j'ai » beaucoup péché, mes fautes ne me seront pas remises. » Ce langage dans la bouche d'un chrétien prouve qu'il ignore que Dieu est le Dieu de ceux qui se repentent, qu'il vient pour punir ceux qui vivent dans le mal, et qu'il a dit : « Il y a grande joie dans le ciel pour un seul » pécheur qui fait pénitence; « et ailleurs : « Je suis venu pour » appeler non les justes, mais les pécheurs à la pénitence. » Et la véritable pénitence consiste à s'abstenir du péché, à le haïr, selon cette parole du Prophète : « J'ai haï l'iniquité, et je l'ai eue en abomi- » nation. » Et encore : « J'ai juré, j'ai résolu fortement de garder les » jugemens de votre justice. » C'est alors que Dieu accueille avec joie celui qui vient à lui.

20. Que personne ne dise dans son fol orgueil : « Je n'ai point pé- » ché ! » Parler ainsi, c'est être aveugle, c'est vouloir se tromper soi-même, c'est ne pas savoir comment le démon, comme un larron adroit, se glisse dans nos paroles, dans nos œuvres, entend par nos oreilles, voit par nos yeux, touche par nos mains, et inspire nos pensées. Qui donc osera dire que son cœur est pur, et que ses sens ne l'ont pas égaré? Nul n'est sans péché, nul n'est sans souillure, nul parmi les hommes n'est tout-à-fait innocent, si ce n'est pourtant celui qui, riche, s'est fait pauvre pour nous. Oui, celui-là seul est sans péché, qui est venu délier les péchés du monde, qui veut sauver tous les hommes, et qui ne veut pas la mort du pécheur; il aime les hommes, son cœur est un trésor de miséricorde; il est bon, propice, tout-puissant, rédempteur des hommes, le père des orphelins, le juge des veuves, le Dieu de ceux qui font pénitence, le médecin des ames et des corps, l'espérance des affligés, le port de ceux qui sont battus par la tempête, l'appui des infortunés que tous ont abandonnés, la voie de la vie enfin, et qui nous appelle tous à la pénitence, et qui ne rejette pas les pécheurs repentans. Réfugions-nous dans ses bras; c'est en lui que nous trouverons notre salut.

21. Ne désespérons pas de notre salut, mes frères ; avons-nous péché? faisons pénitence. Avons-nous péché mille fois? que mille fois aussi le repentir pénètre dans nos ames. Toute bonne œuvre est agréable à Dieu; mais c'est surtout un cœur repentant qu'il aime: il va tout entier à lui, il lui tend une main secourable, il l'appelle en di-

nitentiam agamus. Omni opere bono gaudet Deus, supra modum autem anima pœnitentiam agente : erga hanc enim totus extenditur, propriisque manibus suscipit atque advocat, dicens : — « Venite ad » me, omnes qui laboratis, » quoniam qui venit ad me non ejiciam foras ; « Venite ad me, omnes qui laboratis et onerati estis, et reficiam » vos [1] » in superna civitate. Ibi omnes sancti mei magno cum gaudio requiescunt. Venite ad gaudium inexplicabile, incomparabile, inenarrebile, ad ea bona quæ « desiderant angeli prospicere [2] » ubi sunt chori atque ordines justorum. Ibi sinus Abrahæ suscipit omnes qui sufferunt tribulationes, quemadmodum et Lazarum quondam pauperem : ibi aperiuntur thesauri bonorum meorum æternorum : ibi superna Hierusalem mater primogenitorum : ibi est beata terra mitium. « Ve- » nite ad me omnes, et ego reficiam vos, » ibi, ubi omnia placida atque a tumultu libera ; ubi lucida et Deo grata ; ubi nemo injurias neque tyrannidem exercens ; ubi non amplius erit peccatum, neque pœnitentia ; ubi lumen inaccessibile, et gaudium indicibile. « Beati » qui lugent [3]. » Lugete, pœnitentiam agite, et convertimini ad me, et ego reficiam vos, ubi non amplius erit labor, neque lacrymæ, neque cura, neque sollicitudo, neque querela. Convertimini, filii hominum, et ego reficiam vos, ubi non amplius mas et femina ; ubi non amplius diabolus, neque mors, neque jejunium, neque tristitia, neque contentio, neque æmulatio ; sed gaudium, pax, et requies, atque exsultatio. Convertimini ad me, et ego reficiam vos, ubi aqua quietis, et virentis herbæ locus, et vinea culta a Deo universorum ; in illam beatam terram mansuetorum, in qua et ego vitis vera germino, cujus agricolam Patrem auditis [4].

22. « Venite, omnes qui laboratis et onerati estis, et ego reficiam » vos [5], » ubi incorruptibilis vita, et totius bonitatis lætitia. Venite ad me omnes laborantes, et ego reficiam vos, ubi solum amabile, continua exsultatio, æterna lætitia, inocciduum lumen et sol indeficiens. « Tollite jugum meum super vos, et dicite quia mitis sum et humilis » corde, et invenietis requiem animabus vestris. » Ibi sonus festa agentium, ibi thesauri occulti sapientiæ et scientiæ revelantur. Ve-

---

[1] Matth. xi, 28. — [2] 1 Petr. 1, 12. — [3] Matth. v, 5. — [4] Joan. xv, 1. — [5] Matth. xi, 28.

sant : « Venez à moi, vous tous qui êtes dans la peine ; » je ne rejetterai point le pécheur qui vient à moi ; « venez à moi, vous tous qui êtes » chargés, je vous soulagerai, » dans la cité éternelle. C'est là que mes saints se reposent dans une douce joie. Venez boire à cette coupe de félicité inépuisable, dont les charmes ne peuvent se comparer à rien, que le langage est impuissant à expliquer ; venez vous rassasier des biens « après lesquels soupirent les anges » et l'assemblée des justes. Le sein d'Abraham s'ouvre à tous ceux qui, comme le pauvre Lazare, ont gémi dans les douleurs ; là sont étalés mes riches trésors ; là s'élève la Jérusalem céleste, heureuse patrie des premiers-nés de mon père ; là vous offre un abri la douce région des cœurs pacifiques. « Venez tous à moi, et je vous soulagerai ; » car dans ces lieux charmans tout est repos et liberté, tout s'éclaire de la lumière de Dieu ; point d'esclaves, point de tyrans ; point de péché, point de remords ; tout y brille d'un pur éclat, tout y est inondé d'ineffables délices. « Heureux ceux qui pleurent. » Laissez donc couler vos larmes, soyez repentans, convertissez-vous à moi, et j'effacerai la trace de vos maux ; alors plus de chagrains, plus de pleurs amers, plus de soucis cuisans, plus de dévorantes inquiétudes, plus de plaintes. Convertissez-vous, fils des hommes ; et je vous rendrai la tranquillité, je ne ferai point de distinction entre l'homme et la femme ; le double empire du démon et de la mort sera détruit. Vous n'aurez plus de jeûnes à pratiquer, plus de tristesse qui vous perce le cœur, plus de haines jalouses et d'ardentes rivalités ; mais partout et toujours, la joie, la paix, le repos et le bonheur. Convertissez-vous, et je ferai couler pour vous des sources d'eau vive, j'étendrai sous vos pas les frais tapis de gazon, de mes mains divines je cultiverai la vigne de chacun de vous ; venez dans la contrée où habitent les cœurs humbles et doux ; c'est moi qui suis la vraie vigne, dont mon père est le vigneron.

22. « Venez, vous tous qui êtes fatigués et courbés sous le joug, » venez, et je vous soulagerai. « Avec moi est la vie, mais pure, mais inaltérable ; avec moi tous les plaisirs vous attendent. Venez, il n'y a près de moi rien que d'aimable, rien que du bonheur, rien que d'éternel ; avec moi est la lumière, mais inextinguible, et mon soleil ne s'éclipse jamais. « Prenez mon joug sur vous, et apprenez de moi que je » suis doux et humble de cœur, et vous trouverez le repos de vos ames. » Ici se font entendre les sons joyeux des instrumens de fête ; ici vous sont enfin découverts les trésors cachés de la sagesse et de la science. Venez tous à moi, et je vous soulagerai ; c'est ici que vous attendent

nite ad me omnes, et ego reficiam vos, ubi magna largitio, incomparabile gaudium, immutabilis lætitia, incessabilis laudatio, indeficiens encomium, perennis gratiarum actio, indesinens de Deo sermo, interminabile regnum, infinitæ divitiæ, æterna sæcula, abyssus miserationum, propitiationis et misericordiæ pelagus, quæ ab ore hominum explicari nequeunt, sed solum per ænigmata subindicari. Ibi millia millium angelorum, primogenitorum conventus, apostolorum throni, prophetarum prima subsellia, patriarcharum sceptra, martyrum coronæ, justorum laudationes. Ibi omnis principatus, potestatis atque ordinis merces reconditur, locusque paratur. Venite ad me, omnes esurientes et sitientes justitiam, et ego implebo vos bonis quæ concupivistis, « quæ oculus non vidit, neque auris audivit, neque in cor » hominis ascendit [1]. » Hæc enim paravi illis qui a via sua mala resipuerunt; hæc paravi misericordibus, et pauperibus spiritu; hæc paravi lugentibus per pœnitentiam, hæc paravi pacificis; hæc paravi iis qui propter me persecutiones, calumnias et ludibria perpessi sunt.

23. Venite ad me, omnes qui onerati estis, excutite ac abjicite a vobis pondus peccatorum : nemo enim ad me confugiens mansit oneratus, sed abjecit malam consuetudinem, artemque quam a diabolo male didicerat dedidicit, bonam artem a me edoctus. Magi appropinquantes mihi abjecerunt magiam. Deique cognitionem didicerunt [2]. Publicani reliquerunt telonia, et constituerunt ecclesias [3]. Persecutores persequi destiterunt, et libenter persecutiones sustinuerunt [4]. Meretrices scortationes oderunt, continentiamque dilexerunt [5]. Latro cædes deposuit, latronum artem dediscens, et fidem sinceram suscepit, et factus est incola paradisi. Venite igitur vos ad me, quoniam « eum qui venit ad me, non ejiciam foras [6]. »

24. Audistis, dilecti, utiles promissiones, dulcesque voces Salvatoris animarum nostrarum? Quis vidit Patrem ita benevolum? quis

[1] I Cor. II, 9. — [2] Matth. II. — [3] Luc. V. — [4] Act. VIII. — [5] Luc. XXII. — [6] Joan. VI, 37.

une grande récompense, une joie incomparable, une félicité immuable, des concerts de louanges sans fin, de perpétuelles actions de grâces, des entretiens dont Dieu seul est l'objet, un royaume éternel, des richesses infinies, des siècles qui vont se déroulant sans cesse, un abîme de miséricorde, une mer de propitiation ; tout ce qu'enfin ne saurait expliquer la parole imparfaite de l'homme, et dont on ne peut vous offrir qu'une image enveloppée d'un voile épais. Venez, et vous verrez près de moi les régions innombrables des anges, des premiers-nés, les trônes des apôtres, les siéges des prophètes, les sceptres des patriarches, les couronnes des martyrs et le triomphe des justes. Ici tout reçoit le prix qu'il a su mériter ; ici chacun a un séjour tout préparé. Venez, vous tous qui avez faim et qui avez soif de la justice, je vous rassasierai des biens que vous avez désirés et « que l'œil » n'a point vus, que l'oreille n'a pas entendus, et qui ne sont ja» mais montés au cœur de l'homme. C'est là que je les tiens en dépôt pour ceux qui ont déserté la voie du mal, pour les hommes miséricordieux, pour les pauvres d'esprit, pour ceux qui versent les larmes de la pénitence, pour les pacifiques, pour tous ceux qui ont souffert à cause de moi la persécution, et qui ont été en butte à la calomnie et à l'amère dérision.

23. Venez à moi, vous tous qu'un poids pesant accable ; rejetez loin de vous le fardeau de vos péchés ; quiconque se réfugie dans mes bras est soulagé. Mais renoncez à de funestes pratiques, oubliez les artifices que vous a enseignés le démon, pour ne vous souvenir que des pieuses leçons que je vous ai données. En s'approchant de moi, les mages renoncèrent à leur art imposteur, et reçurent en retour la connaissance de Dieu. Les publicains ont abandonné leurs comptoirs pour me suivre, et ils se sont rassemblés en mon nom. Les persécuteurs ont été désarmés, et de bourreaux sont devenus victimes sans se plaindre. Les femmes débauchées ont déserté leurs immondes plaisirs pour embrasser une vie de continence. Le fer est tombé des mains de l'assassin, son cœur s'est rempli de foi, et, renonçant à son infâme métier, il s'est acquis une place dans le paradis. Venez donc à moi, parce que « je ne rejetterai point celui qui me tendra les bras. »

24. Vous avez entendu, mes chers frères, les grandes et belles promesses, les douces paroles du Sauveur de nos ames. Quel père fut jamais plus tendre ! quel meilleur médecin ! venez donc, adorons-le, tombons à ses pieds et faisons l'aveu de nos fautes. Gloire à sa bonté ! gloire à sa patience, à sa générosité, à son indulgence ! gloire au Dieu

medicum ita bonum vidit? Venite igitur, adoremus, et procidamus ante eum, confitentes peccata nostra¹. Gloria bonitati ipsius; gloria ipsius longanimitati; gloria ipsius benignitati, ipsiusque indulgentiæ; gloria ipsius miserationibus; gloria regno ipsius; gloria, honor et adoratio nomini ejus in sæcula! Amen.

25. Iterum dico, et dicere non desistam : ne inertiæ, peccatores, ac timiditati dedamus nos : ne cessemus clamare die noctuque cum lacrymis; misericors enim est, et verax, et faciet omnimodam ultionem pro illis qui clamant ad ipsum die ac nocte : ipse enim est Deus eorum qui pœnitentiam agunt, Pater, et Filius, et Spiritus sanctus, cui gloria et imperium in sæcula sæculorum. Amen.

DE POENITENTIA.

I.

SERMO COMPUNCTORIUS.

§ I.

1. E 'essena ex urbe benedicta, quodam die diluculo surgens, cum duobus fratribus egressus sum : sublatisque in cœlum oculis, speculum illud nitidum, astrisque ornatum cum gloria fulgens, aspiciebam. Ego vero cum admiratione tacitus mecum ista revolvens : « Si hæc, inquam, tanto cum decore resplendent, justi et sancti divinæ obtemperantes voluntati, in hora illa, quando Dominus venerit, quanto magis ineffabili luce gloriæ Salvatoris fulgebunt? » Subito autem in memoriam mihi venit terribilis ille Christi adventus : unde contremuerunt ossa mea, corporeque simul et anima totus exhorrui : atque sic concussus, et perturbatus, magno cum dolore cordis flere cœpi : et ingemiscendo dixi : « Quomodo ego peccator in illa hora terribili ac formidanda inveniar? Quomodo ego coram tribunali tremendi judicis adsta-

¹ Psal. xciv, 6.

miséricordieux! gloire à son règne éternel! gloire, honneur et adoration à son nom dans tous les siècles! ainsi soit-il!

25. Je vous le dis, mes frères, et je ne cesserai de le répéter ; ne nous laissons point entraîner à la paresse, à la crainte; ne cessons de crier vers lui nuit et jour, et de pleurer. Car il est plein de miséricorde, sa parole est sincère, et sa vengeance sera désarmée en faveur de ceux qui s'adressent à lui, pendant le jour ou quand il s'éteint; il est le Dieu des cœurs pénitens, Père, Fils et Saint-Esprit; à lui gloire et puissance dans les siècles des siècles! ainsi soit-il

SUR LA PÉNITENCE.

I.

SUR LA COMPONCTION.

§ I.

1. Un jour je me levai de grand matin, accompagné de deux de mes frères, je sortis d'Édesse, ville de bénédiction : je portai les yeux vers le firmament, je contemplai son éclat et sa transparence, la richesse de ses étoiles et la splendeur glorieuse qui les environne. Silencieux et transporté d'admiration, je me disais en moi-même : « Si ces astres brillent avec cette magnificence, que sera-ce donc pour les justes et les saints qui auront été soumis à la volonté de Dieu, et qui resplendiront de la lumière ineffable et glorieuse du Sauveur, lorsqu'il apparaîtra au jour du jugement! » Ce terrible avènement du Christ frappa subitement mes esprits; mes os s'ébranlèrent, la terreur et l'effroi s'emparèrent en même temps de mon corps et de mon âme : éperdu, troublé jusqu'au plus profond du cœur, je versai des larmes amères, et mes gémissemens furent interrompus par ces paroles : « Pécheur que je suis, comment me trouverai-je à cette heure formidable et terrible? Comment comparaîtrai-je devant le tribunal d'un juge aussi re-

bo? quomodo ego elatus et superbus cum perfectis consistam? quomodo ego hædus cum ovibus a dextris Christi statuar? aut quomodo ego arbor infructuosa, cum sanctis illis, qui in hac vita justitiæ fructum tulerunt, collocabor? aut quando se mutuo in aula cœli cognoscent justi, quid tunc faciam? quis me tunc agnoscet? In thalamo justi, et impii in igne. Rursus martyres sua ostendent supplicia, suasque virtutes ascetæ. Sed ego quid ostendam, nisi socordiam ac negligentiam meam?»

2. O anima superba atque elata! O anima peccatrix! O anima impudens! O anima, quæ semper vitam tuam odisti! quandiu rerum terrenarum cupiditate traheris? quandiu prava improbarum cogitationum consuetudo in te dominabitur? An ignoras malis cogitationibus per singulas horas fieri, ut tanquam caligine ac tenebris obducta, viam non reperias, qua ad Deum vigiles? Quid ulterius exspectas, et differs negligens? An quod venire tardabit cœlestis sponsus? Non tardabit, misera, sed ut fulgur horribile, e cœlo adventus ejus erit[1]. Quapropter advigila, ut parata in illa terribili hora inveniaris, ut ne luctu ibi afficiaris sempiterno[2]. Aliena peccata ne respexeris, quin tua potius defleto : neque consideraveris festucam in oculo fratris ac proximi; sed trabem, quæ in tuo est, assidue potius animadverte[3]. Ubi ex oculo tuo trabem eripueris, tunc ex fratris quoque, et proximi oculo festucam eximes. Quod si te curare non potes, est quod gravem cæcitatem tuam defleas. Quomodo enim aliis lumen præbere poteris? Prius ergo tibi ipsi medere, o anima! et postea fratrum infirmorum sanitati attende. Nullam socordiæ tuæ excusationem habes. Cuncta enim tibi largitus est sanctus Deus, judicium, et intellectum, et cogitationem rerum spiritualium. Quæ tibi prodesse possunt, agnosce.

3. Tunc duo illi fratres et ipsi illacrymantes, his me verbis interpellabant : « Quid ita acerbo plangis, o pater? » Et ego ad ipsos : Meam, inquam, socordiam, o filii charissimi, defleo. Cum enim cognitionis nobis lumen tribuerit Deus optimus, ego quotidie illud repello. Nam si divinæ voluntatis mandata perfecissem, beatus sane in hora illa forem : et non solum ego, sed et omnes qui obediunt voluntati ejus.

[1] Luc. XVII, 24. — [2] Matth. XXIV, 42. — [3] Ibid. VIII, 3-5, et Luc. VI, 41, 42.

doutable? Oserai-je prendre place près de ces homme parfaits, moi, si orgueilleux, si vain? Me tiendrai-je à la droite du Christ parmi ses brebis, moi qui suis un loup dévorant? Me confondrai-je avec ses saints qui ont produit en cette vie des fruits de justice, moi qui suis semblable à un arbre stérile? Les justes se connaissent tous dans la cour céleste, que ferai-je alors, et qui me reconnaîtra? Les justes iront dans la chambre nuptiale, et les impies dans le feu. Les martyrs montreront de nouveau leurs souffrances, les religieux leurs vertus, et moi, que montrerai-je, ma négligence et ma lâcheté? »

2. Ame orgueilleuse et superbe, ame pécheresse, ame coupable, toujours tu as détesté ta vie ; mais quand cesseras-tu donc d'être l'esclave de ta passion pour les choses terrestres? Quant te délivreras-tu de tes pensées impies, de tes criminelles habitudes? Ne sais-tu pas que tes mauvaises pensées peuvent à chaque instant te dérober le chemin qui conduit à Dieu et l'envelopper, pour ainsi dire, d'ombres et de ténèbres? Et pourquoi ces retards? N'as-tu pas été assez négligente? Le céleste époux tardera-t-il à venir? Non, misérable, il ne tardera pas, mais, semblable à la foudre du ciel, son apparition sera terrible. Veille donc afin que ce moment te trouve préparée; veille pour n'être pas surprise et affligée de tristesse pour l'éternité. Ne regarde pas les fautes des autres, attache-toi plutôt à pleurer tes péchés; n'examine point la paille qui est dans l'œil de ton prochain ou de ton frère ; mais plutôt considère avec attention la poutre qui est dans le tien ; et lorsque tu auras ôté la poutre qui est dans ton œil, tu verras à ôter la paille de l'œil de ton frère. Si tu ne peux te guérir, pleure, pleure sur ton aveuglement. Comment alors porter secours aux autres? Applique tes soins à toi-même, ame de pécheur, et tu penseras ensuite à la santé de tes frères et à leurs infirmités. Ta lâcheté est sans excuse. Dieu t'a donné tout ce dont tu as besoin, l'intelligence, le jugement et la connaissance des choses spirituelles : apprends à discerner ce qui peut te servir. »

3. Alors les deux frères qui étaient avec moi pleurèrent aussi, en m'adressant ces paroles : « Mon père, pourquoi pleurez-vous si amèrement? » C'est, mes chers enfans, leur répondis-je, c'est ma lâcheté que je pleure. Dieu, par sa bonté infinie, nous a donné les lumières de notre intelligence pour y remédier, et chaque jour je les rejette. Si j'avais gardé ses divins commandemens, si j'avais accompli sa sainte volonté, que de bonheur pour moi à cette heure dernière ! pour moi, et pour tous ceux qui lui auront obéi ! Aussi, mes frères, n'aurons-

Idcirco, fratres, nullam penitus ibi excusationem habituri sumus, quoniam scienter peccamus cuncti. Divinam itaque Providentiam, et quanta nobis pro sua bonitate largiatur Deus, consideremus universi. Semper ejus gratia corda nostra visitat: et, si locum, ubi requiescat, invenerit, ingreditur, semperque in anima inhabitat: sed si cor immundum offenderit, illico recedit. Rursusque miserationes ejus cogunt eam ad nos peccatores invisendos venire; quoniam omnes mutabiles sumus, libera voluntate, non natura: elati semper invenimur et segnes, invidi et improbi, mala alii contra alios assidue cogitantes, pravisque ac impudicis cogitationibus gaudentes, in iisque, velut in foetidissimo coeno, perpetuo jacemus. Unde fit, ut cum ad nos visitandos gratia ingredi cupiat, improbarum cogitationum foetorem turpissimum in cordibus nostris reperiat: quare illico recedit, cum locum introeundi ac quiescendi in nobis, sicut volebat, non inveniat. Verumtamen cor nostrum dulcedine luminis sui pulsat, ut resipiscat, quoniam visitavit illud, et non invenit locum introeundi. Ut sic lucis dulcedine allectus homo, ipsam inquirat: nequit enim penitus nos gratia deserere, a propria enim ipsius benignitate eo adigitur, ut omnium nostri misereatur.

4. Cernis providentiam Dei? Cernis Christi in nos pietatis viscera? quanto nos desiderio Deus sanctus desideret? et quantopere nos salvari cupiat? Felicem atque beatum illum, qui purum semper cor gratiae parare studet, ut cum ad introeundum venerit, offendens in eo suavissimum virtutum odorem, atque animae sanctitatem, saeculis omnibus ibi mansionem faciat! Quid igitur misericordissimo Deo pro tot tantisque bonis ac donis retribuemus? quam illi gratiam referemus, quod de coelis e sinu Patris descendit? quod pro nobis in utero incarnatus est? quod nostri causa alapis caesus est? Tametsi in terra mille annos viveremus, ne pro uno quidem colapho dignas Deo gratias referre possemus. Istud enim, filii mei charissimi, pertimesco: exploratissimam enim habeo negligentiam meam: ne omnes, qui me jam intuentur, ac beatum praedicant, fictamque pietatem ac religionem meam collaudant, ibi me irrideant, cum me igne cruciari aspiciunt.

nous alors aucune excuse, parce que tous nous avons péché sciemment. Considérons donc la divine Providence et les largesses dont la bonté de Dieu nous comble sans se lasser. Toujours sa grâce visite nos cœurs, si elle y trouve une place pour se reposer. Elle entre et fixe à jamais sa demeure dans notre ame ; mais si elle rencontre un cœur impur, elle se retire aussitôt. Toutefois sa miséricorde la porte à nous visiter de nouveau, quoiqu'elle nous connaisse dans le péché. Dieu sait bien que nous sommes sujets au changement, sinon, par notre nature, au moins par les mobiles impulsions de notre volonté. Toujours il nous trouve lâches, toujours enflés d'orgueil, envieux et méchans, ne songeant qu'à nous nuire, remplis de pensées licencieuses et impudiques, et nous y vautrant sans cesse comme en un bourbier immonde. Aussi, quand la grâce désire venir en nous pour nous visiter, elle trouve nos cœurs infectés de corruption. Elle se retire aussitôt, parce qu'elle n'a pu trouver ni une issue pour y pénétrer, ni un asile pour s'y reposer selon son désir. Cependant sa douce lumière frappe encore à la porte de notre cœur, afin qu'il vienne à résipiscence, car elle s'est présentée pour le visiter et elle n'a pu trouver un passage. La grâce frappe sans cesse, afin que la douceur de sa lumière invite l'homme à la chercher. Jamais elle ne s'éloigne entièrement ; par les élans de sa propre bonté, elle se sent portée à avoir pitié de nous tous.

4. N'admirez-vous pas la providence de Dieu ? Ne voyez-vous pas ces entrailles de miséricorde que Jésus-Christ a pour nous ? Avec quel excès d'amour nous chérit ce Dieu saint, et combien il désire nous sauver ? Heureux donc, heureux celui qui s'applique sans cesse à purifier son cœur et à le préparer à recevoir la grâce, afin que, se présentant pour y entrer, elle y établisse sa demeure dans tous les siècles des siècles ! Qu'offrirons-nous donc à ce Dieu si rempli de miséricorde ? Que lui offrirons-nous pour tant de dons, pour tant de bienfaits ? Quelles actions de grâces lui rendrons-nous pour être descendu du sein de son Père qui est dans les cieux ; pour s'être incarné dans le sein d'une vierge ; pour avoir souffert tant d'outrages pour nous ? Quand nous vivrions mille ans sur terre, nous ne pourrions jamais remercier dignement le Seigneur, même pour une seule injure ? O mes chers enfans, je connais ma négligence, et je crains que ceux qui me voient maintenant, qui m'appellent heureux et qui font l'éloge de ma piété et de ma sainteté apparente, ne se rient de moi quand ils me verront tourmenté par les flammes éternelles.

5. Parce, parce, Domine clementissime, Christe Salvator, Fili unigenite, mihi servo tuo inutili; ne coram tribunali cum tremore et ignominia magna ibi deprehendar, ludibrioque sim spectantibus tam angelis, quam hominibus. Verum hic me, Salvator meus, tanquam clementissimus pater et filiorum amantissimus, erudi et corripe; ibi autem, ut cœlestis Deus et solus absque peccato, ignosce mihi. Nisi enim in hac vita, Salvator, misero peccatori sanam mentem dederis, tuoque lumine cor ejus illustraveris, ut quotidie peccata sua per pœnitentiam abluat; illic absque defensione quid faciet? Antequam ego in terra essem, placuit tibi pro infinita misericordia tua, Domine, in utero matris meæ peccatricis formare me : et in lucem indignus ego jam editus, factus sum dignus, ut vas fierem gratiæ tuæ, et velut cithara bona, quæ verba salutis omnibus audientibus dulciter occineret. Hæc ego ignavus et peccator dona accepi, et tantæ tuæ gratiæ me per desidiam ingratum præbui. Tu dulcia sanctitatis cantica in ore inertis famuli tui expromere dignare. Sicut voluit gratia, sic mentem tenebris circumfusam collustravit, ut laudes tuas dulciter personaret. Hujus ego rei gratia rursus ad te supplex recurro, Fili unigenite, Salvator animarum nostrarum, ut sicut hic gratia tua mihi quantumvis indigno fuit cunctis horis illuminatio, protectio, susceptio, perfugium et gaudium; ita et illic, Salvator, sub umbra alarum ejus in horrendo illo judicio protegar; ut ad dexteram in regno tuo collocatus, gratiæque miserationes consecutus, et misericorditer salutem obtinens, longanimitatem tuam collaudem celebremque, mundissime opifex, qui inutilis et peccatoris servi tui lacrymas nequaquam despexisti.

§ II.

1. Compungere, o anima mea, compungere super universis bonis, quæ a Deo accepisti, et non custodisti. Compungere de omnibus, quæ fecisti, malis. Compungere in cunctis, in quibus te diu patienter Deus expectavit. Compungere, et pœnitentiam age, ne tenebris tra-

5. Dieu de bonté, Jésus-Christ mon Sauveur, Fils unique du Père, pardonnez, pardonnez-moi, bien que je ne sois qu'un serviteur inutile; faites que devant votre auguste tribunal je ne me présente pas pénétré de frayeur, couvert de confusion, de honte, et que je ne serve pas de risée aux anges et aux hommes qui vont m'entourer. Mon divin Sauveur, punissez-moi en cette vie et instruisez-moi comme un père rempli de clémence et d'amour pour ses enfans : mais, Dieu du ciel, seul exempt de tout péché, pardonnez-moi au jour du jugement. O mon Sauveur, si vous ne donnez pas, en ce monde, à ce pécheur misérable un esprit sain, si vous n'éclairez pas son cœur des rayons de votre lumière, afin que tous les jours il se purifie de ses péchés par la pénitence, que fera-t-il au jour de la justice, lui qui viendra paraître sans défenseur? Avant que je fusse sur la terre, votre miséricorde infinie, ô mon Dieu, se plut à me former dans le sein de ma mère pécheresse, et, quoique indigne de la lumière, vous m'avez mis au monde et m'avez fait digne de devenir un vase d'élection, et une harpe harmonieuse capable de faire entendre à tous les hommes les chants si doux de notre rédemption. Lâche et pécheur que je suis, j'ai reçu des dons infinis, et, pour tant de faveurs et de grâces, je n'ai montré qu'indifférence et ingratitude. Daignez inspirer à votre serviteur de doux cantiques et des hymnes pieux. Par votre grâce vous avez dissipé les ténèbres qui obscurcissaient mon esprit, vous l'avez éclairé de votre clarté divine, et il a pu célébrer vos louanges. Ah! c'est à vous que je vais humblement recourir, c'est votre appui que je veux implorer, Fils unique, Sauveur de nos âmes; et, puisqu'ici bas votre grâce, malgré mon indignité, a toujours été ma lumière, mon asile, mon refuge et ma joie, ô mon Dieu, qu'elle me protège au jour du jugement terrible, qu'elle m'abrite sous l'ombre de vos ailes! Oh! qu'elle me place à votre droite dans votre royaume, qu'elle me pénètre de ses douceurs ineffables, qu'elle obtienne ainsi mon salut de votre miséricorde : et je louerai, et j'exalterai votre bonté infinie, source de toute pureté, divin créateur, qui n'avez point repoussé les larmes d'un serviteur inutile et couvert d'iniquités.

§ II.

1. Gémissez, ô mon âme, soyez touchée de componction : tous les biens que vous avez reçus de Dieu, vous ne les avez pas conservés. Gémissez de tout le mal que vous avez fait. Gémissez d'avoir si longtemps abusé de la patience de votre Dieu. Repentez-vous et faites pé-

daris exterioribus. Resipisce, misera anima, ne coram horrendo Christi tribunali confundaris. Hei mihi peccatori, qui puritatem cordis mei ob ignaviam meam contaminavi ! Nam negligentia et pigritia mihi cordis libertatem obscurarunt. Improba concupiscentia mihi, ut dominus servo, imperat : egoque mox cum timore, infantis instar, obedio; meque dum decipit, oblector. Quis porro mihi condoleat, aut solatium praebeat? Solus ipse Salvator meus, qui propriam bonitatem possidens, in me desperabundum respexit. Hei mihi peccatori, quoniam solus ego vulneratus sum ! Hei mihi, quoniam mundum me fecisti, Domine ! ego autem me mea negligentia peccando foedavi. Similis cum essem angelis, me ipsum abjeci. Multiplicatae sunt iniquitates meae, Domine, multiplicatae sunt, et non est finis multitudinis earum. Quo pacto autem supplicabo tibi, Salvator meus, qui os meum conviciis et maledictis replevi? aut quomodo collaudabo te, qui conscientiam pollutam habeo? aut quomodo te diligam, qui odio plenus sum? Quo pacto veritas in me inhabitabit, qui me ipsum mendaciis munivi? quonam pacto invocabo te, qui tua non custodivi mandata? Verum cum sis ipse mendacii expers, ne, quaeso, me adjectum despexeris, neve detestandum me abjeceris, neque pene desperatum me deserueris. Valde enim laetatur inimicus meus, dum me de propria desperantem salute cernit : in hoc quippe solo laetatur atque exsultat, ut me per desperationem captivum aspiciat. Verum ipse per viscera misericordiae tuae spem ejus confunde, meque ex dentibus ipsius eripe : et a fraudulenta atque maligna ejus mente, totoque, quem in me movet, conatu libera.

2. Ideo cunctos vos hortor, qui conscientia scelerum et iniquorum operum angimini, ne de vobis ipsi desperetis, neque adversarium vestrum laetificetis. Sed audacter ad Deum accedite, et coram ipso plorate, et nequaquam vos ipsos desperetis. Vehementer enim super poenitentiam agentibus gaudet Dominus noster, conversionemque nostram libenter suscipit. Ait enim : « Post haec omnia ad me rever-

nité ice ; tremblez qu'il ne vous livre aux ténèbres extérieures. Rentrez en vous-même, ame pécheresse, ou vous serez confondue devant le redoutable tribunal de Jésus-Christ. Malheur à moi, pécheur, malheur à moi, j'ai souillé la pureté de mon cœur par ma lâcheté ! Ma négligence et ma paresse ont obscurci mon esprit, lui ont ravi sa liberté. La concupiscence, fille du démon, me commande en maître, et je suis son esclave : et c'est avec la crainte d'un enfant que je m'empresse d'exécuter ses ordres, et que je me réjouis au milieu de ses trompeuses séductions. Qui sera touché de ma misère, qui me consolera ? Vous seul, mon divin Sauveur, source de toute bonté, vous seul jetez un regard de compassion sur mon désespoir et mes larmes. Malheur à moi, pécheur, je me suis fait mes propres blessures ! malheur à moi, Seigneur, vous m'avez créé pur et sans tache, et je me suis souillé par ma négligence et mon péché ! J'étais semblable aux anges, et je me suis dégradé. Mes iniquités se sont multipliées, ô mon Dieu ! leur nombre est devenu infini. Maintenant, ô mon Sauveur, comment oserai-je ouvrir la bouche pour vous prier, elle est toute infectée de malice et de venin ? Ma conscience est impure, comment pourrai-je chanter vos louanges ? Je suis plein de haine, comment votre amour trouvera-t-il place dans mon cœur ? Je me suis fait un rempart du mensonge, comment la vérité viendrait-elle habiter en moi ? Comment invoquerai-je votre saint nom, j'ai violé vos commandemens ? Mais vous, Seigneur, vous qui êtes exempt de tout mensonge et de tout péché, de grâce, ne me rejetez pas. Quelque méprisable, quelque vil que je sois, ne m'abandonnez pas, mon désespoir touche à son comble. Mon ennemi triomphe lorsqu'il me voit désespérer de mon salut : il met tout son plaisir, toute sa joie, à me voir captif sous le sentiment de la défiance qu'il m'inspire ; au nom de votre pitié, de votre miséricorde, confondez-le, mon divin Sauveur ; enlevez-lui toute espérance, tirez-moi de la gueule de ce lion rugissant : délivrez-moi de cet esprit malin, et ne permettez pas que je succombe aux violens efforts qu'il dirige contre moi.

2. Vous tous qui avez la conscience chargée de crimes, d'iniquités et de remords, oh ! je vous en conjure, gardez-vous de vous laisser aller au désespoir, ne donnez pas cette joie à votre ennemi. Approchez-vous de Dieu avec une confiance pleine et entière, pleurez devant lui, et ne vous désespérez jamais. Le Seigneur notre Dieu éprouve une joie extrême à la vue de ceux qui font pénitence, et il accepte volontiers ceux qui travaillent à leur conversion, puisqu'il dit par la bouche de son prophète : « Revenez à moi malgré vos infidélités. » Et dans son

» tere⁴. » Rursusque per sancta Evangelia dicit : « Venite ad me » omnes qui laboratis, et onerati estis, et ego reficiam vos ². » Nemo igitur se ipsum desperet, etiamsi peccaverit : requirentibus enim ipsum, mercedis retributor erit; aspernantibus vero, et nullam pœnitentiam agentibus, rigidum se præbebit atque austerum. Qua ergo via poterit quis eum inquirere et invenire? Primum quidem omnium, mutua ergo fratres servanda est charitas. « Deus enim, ut ait, est » charitas ³. » Si quis igitur charitatem possederit, Deum possidebit. Si quis humilitatem possederit, Christi similis est. Qui autem sine humilitate est, a Christo alienus est. Si quis obedientiam possederit, Deum imitatur : qui vero contradixerit, Christo alienus redditur. Si quis præfecto paret, angelos imitatur : qui autem resistit ei, diabolo familiarem se reddit. Si quis veritatem diligit, vere Christi amicus est : qui autem mendacio gaudet, diaboli discipulus efficitur. Qui fratrem suum amat, a Deo amatur : at qui odio fratrem persequitur, Deo exosus erit. Si quis fratrem apud alios calumniatur, cum diabolo condemnabitur : qui autem proximi causa patitur, Christum talis hæreditate possidebit. Si quis in peccatis aberrantem detestatur, se ipsum condemnat : qui autem lapso compatitur, ac condolet, mundam suam animam efficit. Qui erratum proximi publicat, suam animam contaminat : at qui compassionis quodam affectu illud occultare studet, iræ tempore is protegetur. Si quis superbia inflatur qua de vita se recte instituta, seque perfectum existimat, laborem hic perdidit, et mercedem recepit : qui vero recte a se facta per humilitatem celare nititur, hic a Domino exaltabitur, suamque ab ipso mercedem accipiet. Si de bonis quis gloriatur successibus, hic cadet : qui autem se ipsum humiliat atque extenuat, in sublimiorem se altitudinem provehet. Qui ad iracundiam celer est, extra Dei justitiam est, neque cum ipso Christus demorabitur : qui vero mansuetudinem possidet, et benignitatem atque æquitatem amplectitur, hic domicilium est Spiritus sancti.

3. Si quis fratrem delinquentem aversatur, hic seductus est, mentemque vanam possidet : qui autem in charitate compatitur, in virtu-

---

¹ Osee. xiv. — ² Matth. xi, 28. — ³ 1 Joan. iv, 16.

saint Évangile : « Venez à moi, vous tous qui êtes chargés d'un lourd
» fardeau, venez, et je vous soulagerai. » Que personne ne se désespère malgré ses péchés, car le Seigneur est toujours prêt à récompenser avec bonté ceux qui retournent sincèrement à lui ; mais il montrera sa rigueur contre ceux qui méprisent sa grâce, et qui n'ont pas recours à la pénitence. Mais dans quelle voie peut-on sûrement le chercher et le trouver ? La première de toutes, c'est une charité profonde pour ses frères, pour son prochain. Car, suivant l'Écriture : « Dieu est amour ; » aussi quiconque demeure attaché à la charité est sûr de demeurer en Dieu. Celui qui est humble est semblable à Jésus-Christ, mais celui qui manque d'humilité, qu'il est loin de son divin modèle ! Quiconque est obéissant imite notre Sauveur, mais celui qui est rebelle n'a aucune ressemblance avec lui. Celui qui obéit à son supérieur imite les anges, mais celui qui résiste se rend imitateur du démon. Si l'on aime la vérité, on est certainement ami de Jésus-Christ. Mais celui qui se complaît dans le mensonge devient le disciple de Satan. Celui qui aime son prochain est aimé de Dieu, mais celui qui hait son frère et le persécute est en aversion aux yeux de Dieu : celui qui calomnie son prochain participera au jugement porté contre le démon, mais celui qui souffre pour son frère aura Jésus-Christ en partage. Qui conçoit de la haine contre le pécheur se condamne lui-même : mais celui qui compatit à ses fautes et gémit avec lui travaille à sa propre justification. Un homme qui publie les fautes de son prochain souille son âme, mais celui qui, par un sentiment de compassion et d'amour, s'applique à les cacher, trouvera protection au jour de la colère. Si quelqu'un, pour s'être prescrit à lui-même une règle de vie, s'enfle d'orgueil et se croit parfait, il perd dès lors le fruit de ses travaux, et il a déjà reçu sa récompense. Mais le Seigneur élèvera celui qui s'abaisse, et il récompensera de sa main celui qui s'efforce de cacher ses bonnes œuvres sous le voile de l'humilité. Si quelqu'un se glorifie de ses succès et de son élévation, sa chute ne se fera pas attendre. Mais celui qui s'abaisse et qui s'humilie volontairement, sera élevé à une plus haute perfection. L'homme colère et emporté sort des règles de la justice, et bannit Jésus-Christ de son cœur. Voulez-vous devenir la demeure de l'Esprit-Saint ? pratiquez la douceur et la miséricorde, et observez les règles de l'équité.

3. Votre frère a commis une faute, il a péché, et vous le haïssez, et vous le fuyez ; vous péchez vous-même, et vous montrez que vous n'avez qu'un esprit d'orgueil ; mais lui montrer de la pitié, voilà la cha-

tibus perfectus est. Si quis fratrem peregrinum fastidierit, hunc aversabitur Deus : qui vero in charitate eum excipit, Deum ipsum suscipit. Si quis fabricationibus delectatur, et ædificiis, æternis se bonis spoliare satagit : at qui in spiritualibus occupatur et certat, hic æternorum bonorum dulcedinem novit. Qui splendidarum vestium elegantiam curat, divina stola exuetur : at qui se vestibus ex consuetudine obtegit, spiritualem is stolam induere sedulo cogitabit. Si quis precationis ac psalmodiæ tempore negligens, distractaque mente fuerit, Deum hic ad iracundiam provocat : qui autem prompte ac sedulo psalmodia delectatur, Spiritus sancti hic particeps efficitur. Si quis circa Scripturarum utilitatem ac lectionem non elaborarit, easque avide non evolverit, arborem se is infructuosam reddit : at qui studiose illas excusserit, atque examinaverit, fructum duplicat, instar ligni secus decursus aquarum plantati [1]. Si quis in nocturnis precibus somno se dederit, eumque prætulerit, carnalem se, non spiritalem esse demonstrat : qui autem sibi vim facit ad vigilias cum alacritate, hic cum desiderio Christum quærit. Si quis in verbis inanibus multus sit, abominabilem seipsum coram Deo et hominibus reddit : qui autem silentio se accommodat, Deum glorificat, et a multis diligetur. Si quis ex fratribus abundans indigentiori non suppeditat, hic sanctimoniæ expers est, et bonis ipsius alii ad delicias abutentur : qui vero præbet indigenti, regnum cœlorum possidebit. Si quis tanquam validus et sanus in infirmiorem impotentioremque effertur, is et a Deo maledicetur, et ab ipso audiet : « Omnis qui seipsum exaltat, humi» liabitur [2] : » at qui succurrit atque compatitur, a Domino audiet : « Quod uni ex minimis meis fecistis, mihi fecistis [3]. »

4. Si quis conturbat fratres, unum apud alterum traducens, hic angelis et hominibus exsecrabilis erit : qui autem irascentes atque lugentes placat ac mitigat, hic filius Dei vocabitur. Si quis jejunium despicit, et carnalia desideria perficit, a puritate et castitate alienus

[1] Psal. 1, 3. — [2] Luc. xiv, 11. — [3] Matth. xxv, 40.

rité, voilà le véritable signe de la perfection. Il est étranger, et vous n'exercez pas envers lui l'hospitalité? Dieu fera de même à votre égard, il vous repoussera; mais si vous le recevez charitablement, c'est Dieu lui-même que vous recevez sous votre toit. Lorsqu'on se plaît à bâtir et à élever de grands édifices, on travaille à se dépouiller des biens éternels; mais c'est prouver que l'on connaît le mérite et le prix de ces biens que de s'occuper des choses spirituelles, et de s'exercer à leur conquête. Celui qui s'étudie à se parer de vêtemens somptueux se dépouille de sa robe divine; mais celui qui se revêt d'habits simples et communs s'applique avec soin à se revêtir de la robe céleste. Porter dans ses prières un esprit de distraction, se montrer inattentif pendant les chants des psaumes, c'est affronter la colère de Dieu. On a l'Esprit saint en partage si l'on prie avec zèle et recueillement. C'est être un arbre stérile que de ne pas se livrer avec toute l'ardeur qu'elles méritent, à la lecture et à la méditation des saintes Écritures; mais celui qui les lit attentivement et en recherche le sens se chargera de fruits, semblable à cet arbre planté sur le bord des eaux. Celui qui, la nuit, se livre au sommeil et préfère le repos à la prière, se montre dévoué à la chair et non point aux spiritualités; mais se faire violence pour veiller avec joie, ah! c'est marcher avec amour à la poursuite de Jésus-Christ. Si quelqu'un se répand en vaines paroles, il se rend abominable devant Dieu et devant les hommes; mais celui qui ne parle qu'à propos et qui garde volontiers le silence, glorifie Dieu et s'attire l'affection du monde. Le riche qui ne fait pas l'aumône au pauvre et ne le soulage pas dans ses besoins, est dépourvu de religion, les autres feront bientôt un triste usage de ses biens, ils les dissiperont en vains plaisirs; mais celui qui vient en aide à l'indigent possédera le royaume des cieux. Celui qui se sent de la vigueur et de la santé, et qui s'élève avec mépris au-dessus de ceux qui sont faibles et infirmes, le Seigneur le maudira, il lui prononcera cette sentence : « Quiconque » s'élève sera abaissé. » Mais à celui qui éprouve de la pitié et qui aime à porter assistance, le Seigneur dira : « Ce que vous avez fait à l'égard » du plus petit des miens, c'est à moi que vous l'avez fait. »

4. Si quelqu'un met la division et le trouble parmi ses frères, il sera en exécration et aux anges et aux hommes; mais celui qui apaise ceux qui sont irrités et console ceux qui sont dans l'affliction et dans les larmes, sera appelé enfant de Dieu. Celui qui méprise le jeûne et qui accomplit les désirs de la chair, est ennemi de la pureté et de la chasteté; mais celui qui se mortifie par l'abstinence vivra pur et chaste.

est : qui vero seipsum jejunio conficit, operator omnis puritatis ac continentiæ pudicitiæque existit. Si quis edacitate epulisque delectatur, hic aperte gastrimargiæ spiritui servit : qui autem temperantiæ seipsum tradit astringitque, facile passiones cogitationesque improbas refrenabit. Si quis fœminarum congressibus delectatur, et apud eas alacrem hilaremque se reddit, passionibus pravis deservit, et cum conscientia bellum gerit : has vero qui aversatur, seque a consuetudine hujusmodi abstrahit, belli molestia liberatur, pacemque cum conscientia retinet. Si quis carnali sanguinis nobilitate gaudet, fiduciam in ea reponens, hic seipsum secundum Deum non tradidit, sed illudit, et illuditur suis cogitationibus : at qui a carnali se consanguinitate retrahit, in eamque cœco non fertur affectu, hic vere mundo renuntians, divino se servitio emancipat. Si quis ad præceptum superioris obmurmurat, obedientiæ mercedem aperte deperdit : qui vero alacriter mandatum exsequitur, hic præclaram animæ pulchritudinem conservat. Si quis admonitus aversatur, et admonentem damnans, in eum stulto insurgit, Christum is repellit, omnique se commodo atque utilitate exspoliat. Ejusmodi nos omnes cogitationibus, fratres, probos efficere ac decertare debemus : ideoque nobis ipsi attendamus, charissimi, ut ne per carnales affectiones atque passiones æternis bonis destituamur.

5. Hei mihi! cujusmodi præparatæ sunt deliciæ atque oblectamenta, nec est qui enitatur atque decertet, quique serio agat aut desideret : sed contra potius præsentia anteponimus, et temporalia minimeque permanentia : at bona illa æterna ne cogitatione quidem complectimur. O excœcationem! O imposturam inimici ! Hei mihi! qualia tormentorum supplicia peccatoribus mei similibus et negligenter viventibus parata sunt? et non est qui reformidet ac contremiscat; sed tanquam nugas æstimamus quæ dicuntur, læti atque gaudentes passionibus corporis. Constricti enim sumus iis velut catena aliqua ferrea, nec est qui certet, quin et sic ligati adhuc gaudemus. O pessimum inventum impurissimi draconis ! Quo pacto cunctorum mentes excœcat, ut contrarium sentiamus, noxiaque præ futuris diligamus bonis. Venite igitur, fratres mei : venite, patres : venite, Christi servi : compungamur corde, et die noctuque coram ipso plangamus. Venite, et

Celui qui aime les festins se montre esclave de ses appétits ; mais celui qui observe la tempérance réprime sans peine et ses pensées, et ses honteux désirs. Celui qui se plait dans le commerce des femmes et les poursuit de ses empressemens, obéit à de mauvais penchans et lutte contre sa conscience ; mais celui qui les fuit et s'éloigne de leurs entretiens, se préserve des dangers du combat et reste en paix avec lui-même. Un grand qui se réjouit de la noblesse de son sang et de son origine, et qui y met sa confiance, ne se conduit pas selon Dieu, il s'abuse et devient le jouet de ses pensées. L'homme simple, qui éloigne ces idées de grandeur humaine, et qui n'aime pas son sang d'un amour déréglé, renonce véritablement au monde et s'attache au service de Dieu. Celui qui murmure en accomplissant les ordres de son supérieur perd le mérite de son obéissance ; mais celui qui les exécute promptement et avec joie conserve l'excellence et la perfection de son ame. Si un avertissement vous fâche et si vous emportez contre celui qui le donne, votre révolte fait fuir Jésus-Christ, et vous dépouillez vous-même de tous vos avantages. Tous nous devons, mes frères, nous tenir en garde contre ces sortes de pensées : c'est une voie sûre pour s'avancer dans la vertu. Veillons donc sur nous-mêmes, mes bien-aimés, pour que nos passions et les désirs de notre chair ne nous privent pas des biens éternels.

5. Quels sont, hélas ! et les plaisirs et les délices qui nous attendent ? Nul ne travaille et ne combat pour les acquérir, nul n'en prend aucun souci, ni ne les recherche sérieusement : nous leur préférons, au contraire, des biens présens et passagers, nous ne daignons pas même penser aux biens éternels. O fatal aveuglement ! déception de notre ennemi ! Hélas ! quels supplices, quels tourmens ne sont pas réservés aux pécheurs qui me ressemblent et qui vivent dans la tiédeur et dans la mollesse ? Et nous ne frémissons pas d'épouvante, et les avertissemens ne font rien, et nous sommes livrés à nos désirs et à nos passions ; nous y sommes liés comme par des chaînes de fer, nul ne combat pour les rompre, bien plus, nous nous réjouissons dans les liens qui nous retiennent. O détestable artifice de l'enfer et du démon ! qui trouble et aveugle nos esprits, qui les égare en sorte qu'ils préfèrent le mal à la possession des biens à venir ! Venez donc, mes frères, venez mes pères, vous tous qui êtes les serviteurs de Jésus-Christ, que nos cœurs soient remplis de componction ; gémissons et

nobis horam illam, inevitabilemque necessitatem in memoriam reducamus, compunctique plangamus. Venite, et ineffabilia atque inenarrabilia illa bona ad mentem revocemus, et compungamur. Venite, et tremendi illius atque horribilissimi tribunalis, et confusionis, quæ nobis futura est eo tempore, recordemur, ac nos ipsos deploremus. Venite, et nobiscum ipsi recolamus, fratres, qua ratione justi quidem fulgebunt sicut sol; peccatores autem tanquam ollæ adustio invenientur; et compuncti corde, bonorum operum æmulationem resumamus. Adeste ergo, fratres mei, et nos ipsos per charitatem in timore Dei confirmemus, ut æternis bonis potiamur. Venite, procidamus ei in compunctione ac simplicitate cordis. Bonus quippe est, et misericors, salvatque pœnitentiam agentes. Rogemus ergo eum, ut nos in regnum suum introducat : quia ipsi debetur gloria in sæcula. Amen.

II.

DE POENITENTIA.

1. Qui e sinu Patris descendit Dominus, nobisque factus est via salutis, ipso nos beata ac divina illa sua voce de pœnitentia instruit, dicens : « Non veni vocare justos, sed peccatores ad pœnitentiam [1]. » Et rursus : « Non indigent qui sani sunt medico, sed qui male habent [2]. » Si hæc ego dixero, nolo me audias. Si vero Dominus illa dicat, quare contemnis, et vitam tuam negligis? Quod si conscius tibi sis vulnerum, cogitationum actuumque in te latentium, quare occulta illa tua vulnera negligis? Quid times medicum? non est durus, neque vero immitis atque immisericors : non utitur ferro, neque medicamento austero, vel cauterio : solo verbo sanat. Si ad eum accedere velis, plenus est bonitate, plenus misericordia. Propter te ex sinu Patris advenit, propter te incarnatus est, ut ad eum sine timore accedas. Propter te factus est homo, ut te a gravibus tuis vulneribus liberet. Te multa cum dilectione omnique bonitate ad se vocat. Accede, pec-

[1] Matth. ix, 13, et Marc. ii, 17. — [2] Luc. v, 31.

pleurons jour et nuit devant le Seigneur. Venez et rappelons à notre mémoire cette heure inévitable et terrible. Soyons touchés de componction et versons d'abondantes larmes. Venez et représentons-nous ces biens ineffables, forçons notre esprit à s'y attacher, et soyons touchés de repentir. Venez et souvenons-nous de ce tribunal redoutable, de la confusion dont nous serons couverts au jour du jugement, et pleurons sur nous-mêmes. Venez, mes frères, venez, et nous considérerons attentivement par quelles voies les justes brilleront comme le soleil, et les pécheurs paraîtront noirs comme les plus épaisses ténèbres. Notre cœur sera touché de regrets, et nous réunirons nos efforts pour accomplir de bonnes œuvres. Hâtez-vous donc, mes frères, affermissons-nous dans la crainte de Dieu par la charité, afin de jouir un jour de l'éternel bonheur. Venez, et, pleins de componction dans la simplicité de notre cœur, prosternons-nous devant Dieu. Il est bon, il est miséricordieux, et il sauve tous ceux qui font pénitence. Supplions-le de nous faire entrer dans son royaume. C'est à lui qu'appartient la gloire dans tous les siècles des siècles. Ainsi soit-il.

II.

DE LA PÉNITENCE.

1. Descendu du sein de Dieu son Père, le Seigneur, qui nous a ouvert la voie du salut, daigne nous inviter lui-même à la pénitence par cette heureuse et divine parole : « Ce ne sont pas les justes, ce » sont les pécheurs que je suis venu appeler à la pénitence. » Et encore : « Ceux qui sont en bonne santé n'ont pas besoin de médecin, » mais ceux qui sont malades. » Si c'était ma bouche qui fît entendre ce langage, vous pourriez ne pas y prêter l'oreille ; mais quand c'est Dieu qui s'exprime ainsi, d'où vous vient ce dédain superbe, cet oubli coupable de votre salut? Que si vous avez la conscience des blessures cachées que vous ont faites vos pensées et vos actions, pourquoi négligez-vous d'apporter un remède aux maux secrets qui vous tourmentent? Redouteriez-vous le médecin? Mais il n'est ni dur, ni inhumain, ni sans pitié; il n'emploie ni fer, ni breuvage amer, ni remède douloureux ; il guérit par sa simple parole. Venez à lui, il est plein de bonté et de miséricorde. C'est pour vous qu'il a quitté le trône où il est assis avec son Père, pour vous qu'il a pris une chair semblable à la vôtre, afin que vous approchiez de lui sans crainte ; pour vous qu'il

cator, et sanaberis facile : abs te pondus peccatorum projice ; preces offer, et lacrymas putredini impone. Hic enim cœlestis medicus cum bonus sit, lacrymis atque gemitibus vulnera curat.

2. Accede, peccator, ab bonum medicum, et pro optimo medicamento lacrymas offer. Sic enim vult cœlestis medicus unumquemque suis sanari lacrymis et salvum fieri. Hoc enim medicamentum non strictius devincit, neque exacerbat vulnus, sed brevi te compendio sanat. Tuas exspectat medicus videre lacrymas ; accede, et noli timere. Ostende ei vulnus, et pro medicamento lacrymas ac gemitus affer. Ecce enim ostium pœnitentiæ apertum est : festina, peccator, priusquam illud occludatur. Non exspectat ad tuam negligentiam tempus ; ut neque ipsum ostium, te segnem et desidem cernens, tuum semper contemptum sustinebit. Quare tuam odisti vitam, miser? Quid præstantius tua anima, o homo? At tu eam, o peccator, spernis. Ignoras, dilectissime, qua hora cœlestis medicus ostium medicinæ suæ occludi jussurus sit. Accede, obsecro, festina ut cureris. Gaudium ex tua conversione afferre vult cœlesti exercitui. Sol jam ad vespertinam inclinat horam, et propter te adhuc exspectat, ut ad mansionem occurras. Quousque inimicum tuum immundum præfers, impudenter ejus voluntatem perficiens? Illo enim te quærit in ignem projicere. Hoc ejus est studium : hoc ipsius munus, quod suis largitur amatoribus. Ipse concupiscentiis suis pessimis et immundissimis continuum cum omnibus hominibus bellum gerit. Ipse rursus scelestus adversarius in desperationem perducit obedientes sibi. Indurat eorum cor, et exsiccat lacrymas, ut non compungatur peccator.

3. Fuge hunc omnino, ô homo ; odio, et abominationi blanditias ejus habe. Detestare malignum, et fuge dolosum : homicida enim est ab initio usque ad finem. Fuge ipsum, o homo, ne te interficiat. Audi, dilectissime, beatam illam vocem Domini assidue dicentis : « Venite » ad me omnes, qui laboratis et onerati estis, et ego vos requiescere

s'est fait homme, afin de fermer vos blessures. Il vous aime tendrement, il est bon, il vous appelle; approchez, pécheur, et bientôt vous serez guéri. Rejetez seulement loin de vous le fardeau de vos péchés; faites brûler l'encens de la prière, et que vos larmes coulent sur la corruption de votre ame. Car il y a des trésors de bonté dans ce médecin céleste qui guérit les blessures par le baume des larmes et des gémissemens.

2. Approchez, pécheur; venez au bon médecin; offrez-lui vos larmes; c'est un puissant remède. Car il veut, ce médecin tout céleste, il veut que chacun trouve dans ses pleurs guérison et salut. Ce remède n'a rien de violent; il n'aigrit point le mal, mais il rend en peu de temps la santé. Ces pleurs que Dieu attend, qu'il veut voir, laissez-les couler; venez, et soyez sans crainte. Découvrez-lui la plaie qui vous ronge, pleurez et gémissez. La porte est ouverte à la pénitence; hâtez-vous, pécheur, avant qu'elle se ferme. Le temps ne tient pas compte de votre lenteur, il marche, et, en présence de votre hésitation et de votre lâcheté, cette porte elle-même s'indignera de vos mépris. Vous ignorez, ô mon bien-aimé, à quelle heure le céleste médecin vous refusera l'accès du dépôt où il tient votre salut en réserve. Venez, je vous en conjure, précipitez vos pas et vous serez guéri. Il veut, par votre conversion, verser la joie au cœur des légions du ciel. Déjà le soleil s'abaisse vers le couchant; c'est pour vous qu'il semble attendre encore, afin de vous donner le temps d'entrer dans sa demeure. Jusques à quand, soumis en esclave à l'esprit impur, votre ennemi, obéirez-vous à ses ordres? car c'est lui qui vous cherche pour vous précipiter dans les feux éternels. Voilà ce qu'il veut, voilà le moment qu'il appelle de ses vœux; voilà quel don il fait à ceux qui l'aiment. Armé de tous les feux de la concupiscence dont il allume les flammes dans le cœur des hommes, il leur fait à tous une guerre acharnée. Le traître! il jette dans les tortures du désespoir des infortunés qu'il a rangés sous ses drapeaux; il endurcit les ames, il sèche les larmes dans les yeux, pour que le pécheur insensible étouffe dans son ame la voix du repentir.

3. O homme, fuyez-le; repoussez avec horreur ses odieuses caresses. Détestez dans votre cœur cet esprit de malice, fuyez ses perfidies. Car dès le commencement il a été homicide, il le sera toujours. Fuyez, ô homme! car il vous tuera. Écoutez cette aimable parole du Sauveur : « Venez à moi, vous tous qui êtes fatigués sous le poids qui » vous accable, et je vous soulagerai. Portez mon joug, et apprenez

» faciam. Tollite jugum meum super vos, et discite a me, quia quie-
» tus sum, mitis, et humilis corde, et invenietis requiem animabus
» vestris [1]. » Requiem dicit, et vitam tibi promittit de die in diem.
Accede, ne timeas : bonus est et nullius indigens Dominus : non requirit chirographum omnium peccatorum. Perfugium a cunctis malis
ipse est : sanat vulnera, donatque vitam sine invidia, ut benignus.
Suscipit facile coram ipso procidentes, quandoquidem Deus magnus,
et præcognitor futurorum est, sciens universas cogitationes nostras.
Quando quis ad eum accedit, ut sanetur, videt cor ejus, omneque
propositum : cumque immutabilem piamque cogitationem habeat
accedens, tunc benignissimus Deus, ob magnam suam bonitatem,
protinus ab inquirentibus se invenitur : et priusquam homo oculos ad
Deum attollat, dicit ipsi : « Adsum : » et antequam ad eum accedat,
thesaurum coram inquirente aperit. Priusquam effundat lacrymas,
thesauros effundit; et priusquam ipsum imploret, reconciliatur ei.
Priusquam ipsum oret, misericordiam ab eo consequitur. Charitas
enim Dei sic requirit, et sic vult : et qui in veritate accedunt ad eum,
non cunctatur audire. Neque rursus accedenti ad ipsum impio improperat, dicendo : « Cur tanto tempore serviisti inimico, me autem
Dominum tuum volens sprevisti? » Non quærit præteriti temporis
quantitatem; sed tantummodo humilitatem, lacrymas ac gemitus sibi
procidentis intuetur Dominus. Et quia futurorum præscius est, quippe
Deus et creator noster e vestigio cuncta peccata nostra, et offensiones
cogitationum et actuum remittit : primamque stolam afferri ei jubet,
cum annulo etiam in manu dextera : omnesque angelos sibi gratulari
præcipit super anima ista peccatoris inventa.

4. Beati enim nos cuncti sumus homines, qui Dominum adeo habemus dulcem, malitiæ immemorem, benignum, pium, misericordem, longanimem, et iniquitates semper nostras, si tamen ipsi voluerimus, remittentem. Ecce enim hortatur : ecce longanimiter
suffert : ecce cuncta nobis bona sua largitur in hoc sæculo, et in
futuro, si voluerimus ipsi. Venite ergo, obsecremus, quandiu tempus
nobis suppetit. Donec hic in præsenti vita sumus, semper Deum exorare atque placare possumus. Facile nobis est indulgentiam depos-

[1] Matth. xi, 28, 29.

» de moi que je suis doux et humble de cœur, et vous trouverez le
» repos de vos ames. » Le repos! dit-il ; et à tout moment il vous
promet la vie. Approchez donc avec confiance; le Seigneur est bon
et n'a besoin d'aucun secours étranger ; il ne tient pas une note sévère
de nos fautes. Il est le refuge et l'asile de tous les pécheurs; il guérit
leurs blessures, et, dans sa bonté miséricordieuse, il leur donne la
vie sans aucun sentiment jaloux. Il accueille avec indulgence ceux qui
se prosternent devant lui, car il est le Dieu grand et fort, car il lit
dans l'avenir, et ses yeux découvrent toutes les pensées qui se cachent
dans les replis des cœurs. Le pécheur vient-il à lui pour être guéri? il
voit son cœur à nu et tout ce qu'il y renferme ; et s'il y trouve la piété
et une résolution courageuse, alors ce Dieu plein de clémence court
au-devant de celui qui le cherche, et lui dit, avant que son œil se soit
levé pour l'implorer : Me voici! avant qu'il a't fait un pas, les trésors
lui sont ouverts; il y puise avant d'avoir répandu une larme, et il n'a
pas encore sollicité son pardon qu'il est déjà réconcilié. Voilà ce que
demande, ce qu'exige l'amour de Dieu, et il s'empresse d'écouter quiconque l'aborde et vient à lui dans la vérité. Il lui épargne même le
reproche, et ne lui dit pas : Pourquoi avez-vous si long-temps servi
mon ennemi, et m'avez-vous repoussé volontairement, moi votre Dieu
et votre maître? Le temps passé, il n'en mesure pas la durée; mais il
ne voit que les larmes, les gémissemens et l'humilité du pécheur qui
s'est jeté à ses pieds. Et, dans sa prescience de l'avenir, ce Dieu notre
créateur efface aussitôt nos péchés et nous pardonne les offenses où
nous ont emportés contre lui nos pensées et nos actions. Il ordonne
qu'on lui apporte la robe la plus belle, il nous en revêt, il place à
notre doigt l'anneau, symbole de l'alliance, et il invite ses anges à le
féliciter d'avoir retrouvé une ame si long-temps égarée.

4. Heureux hommes, qui avons un Dieu si doux, qui oublie le mal,
un Dieu bon, pieux, plein de miséricorde et de patience, et toujours
prêt, si nous le voulons, à étendre le pardon sur nos iniquités! Il nous
invite, il nous appelle à lui, il nous supporte ; et, pour peu que nous
n'y fassions point obstacle, voici qu'il répand sur nous tous ses biens,
pour ce monde et pour l'autre. Venez donc, prions-le, puisqu'il en est
temps encore. Tant que le flambeau de cette vie nous éclaire, nous
pouvons implorer Dieu sans cesse, et désarmer sa justice. Il nous est
facile de solliciter son indulgence ; frappons, nous le pouvons encore,
à la porte de sa miséricorde. Que nos larmes ne tarissent point, tant

cere : opportunum nobis est januam misericordiæ ejus pulsare. Fundamus lacrymas, quandiu tempus est suscipiendi nostras lacrymas, ne abeuntes in sæculum illud, absque ulla utilitate plangamus : ibi enim pro nihilo ducentur lacrymæ. Quantum hic voluerimus, tantum benignissimus remittet Deus : hic enim nos obsecrantes audit : hic nobis sibi supplicantibus remittit : hic nostras iniquitates, nobis resipiscentibus, delet. Hic oratio et obsecratio, ibi vero est inquisitio. Hic longanimitas, ibi severitas. Hic indulgentia, ibi accurata exploratio. Hic voluntatis libertas, ibi judicia. Hic securitas, ibi angustia. Hic voluptas atque fruitio, ibi tormenta. Hic habendi cupiditas, ibi cruciatus. Hic risus, ibi luctus. Hic negligentia atque incuria, ibi autem supplicium. Hic contemptus, ibi ignis æternus. Hic ornatus vestium, ibi vermis nunquam dormiens. Hic elatio, ibi humiliatio. Hic rapinæ, ibi stridor dentium. Hic cuncta deaurata, ibi tenebræ et caligo. Hic desidia, ibi nulla delictorum venia. Atque omnia ista scientes, fratres dilectissimi, cur nostræ salutis adeo sumus ignavi? non igitur hic mens nostra, fratres, defixa hæreat. Neque dulcescat nobis amor rerum terrenarum, ne planctus ibi noster amarus fiat.

5. Quare sanari contemnimus, quandiu tempus adhuc superest? Per modicas lacrymas exiguo hoc tempore, ac per pœnitentiam remittit Deus cuncta delicta. Plange hic modicum, ne plangas ibi in sæcula sæculorum in tenebris exterioribus. Æquus hic esto, ne ibi in ignem projiciaris inexstinguibilem. Quis nos non lugeat, et quis non defleat? Odio enim habentes vitam, mortem diligimus. Tecum ipse reputa, frater charissime, et quæ potiora atque utiliora animæ tuæ sunt tibi, delige. Quæ enim tibi difficultas est, ut de peccatis in hac vita lugeas, et pœnitendo melior factus, hic obsecres potius, quam ut ibi in igne absque ulla utilitate plangas? Hic enim lacrymis indulgentiam consolationemque omnem assequeris : ibi autem, quamvis lacrymeris, ad supplicium perges, et ad pœnam ob decem millium talentorum debitum. At tu parum quid in hac vita persolve, rogando Dominum, ut tibi animæ tuæ debita remittat. Si autem hic nolueris

qu'elles peuvent être accueillies; oui, pleurons, dans la crainte que, précipités une fois dans l'autre monde, nos gémissemens ne soient stériles. Car dans ce lieu terrible nos larmes seront comptées pour rien. Dieu, si clément et si bon, nous remettra nos offenses autant que nous le voudrons ici-bas; car ici-bas il entend la voix de la prière; ici-bas il oublie nos fautes, il pardonne à ceux qui l'implorent; ici-bas il sourit au repentir et efface les iniquités. Ici est la prière qui conjure, mais là l'inquiète et jalouse recherche; ici la patience, là la sévérité; ici indulgence et bonté, là rigoureux examen; ici indépendance et liberté, là jugement; ici le repos, là les angoisses; ici le plaisir et la jouissance, là les tortures et la douleur; ici l'ambition, là d'affreux tourmens; ici des ris, là des pleurs; ici mollesse et tiédeur, mais là vengeance et supplice; ici le mépris, là des feux éternels; ici de somptueux vêtemens, là pour parure un ver rongeur qui ne dort jamais; ici élévation et puissance, là humiliation et faiblesse; ici la cupidité, là les grincemens de dents; ici tout l'éclat de l'or, là d'épaisses ténèbres; ici la paresse, là point de pardon. Nous savons tout cela, mes frères bien-aimés; pourquoi donc cette lâcheté qui nous enchaîne dans l'affaire de notre salut? Mes frères, ne laissons donc pas nos cœurs aux choses de ce monde; ne nous livrons pas aux charmes décevans des biens de la terre, si nous ne voulons pas qu'une profonde amertume empoisonne nos soupirs.

5. Pourquoi différer notre guérison, quand elle est encore possible? Au prix de quelques larmes versées dans cette vie d'un jour, et par la pénitence, nous obtiendrons de Dieu la rémission de nos fautes. Pleurez donc sur la terre, pour ne pas pleurer éternellement dans les ténèbres extérieures. Soyez juste ici-bas pour ne pas être jeté dans les flammes que rien ne saurait éteindre. Qui ne pleurerait pas sur notre aveuglement, qui pourrait ne pas en gémir? Fatale inconséquence! Nous haïssons la vie, nous aimons la mort. Pensez-y, mon frère, et choisissez ce qui convient mieux à votre ame. Vous est-il donc si difficile de pleurer vos péchés en cette vie, et, une fois purifié dans les eaux salutaires de la pénitence, de prier ici-bas plutôt que de pousser de vains sanglots dans les feux de l'enfer? Ici vous achèterez par vos larmes l'indulgence et la consolation; mais là vous serez traîné au supplice en dépit de vos pleurs, et vous y acquitterez une dette immense. Payez-en donc une partie dans cette vie, en priant le Seigneur de faire grâce à votre ame; car si vous ne voulez pas donner sur la terre quelques faibles à-compte, il vous faudra, dans

ex multis pauca reddere, ibi multis adhibitis cruciatibus omne tuum debitum persoluturus es.

6. Atque ista vestræ charitati dico, fratres charissimi Deique amantes, non quod ego dignus sim, et a sorde in hac vita mundus, aut pure vivens, sed ex multo dolore ac tristitia cordis ista commemoro, mecum cogitans quid nobis immineat, dum interim nos negligenter vivimus. Ego autem, o fratres, immundus sum, et impie vivo actu et cogitatione, nullius boni prorsus mihi conscius : quin et nunc, et semper peccator ac remissus voluntati meæ deservio. Atqui hæc ideo charitati vestræ dico, quoniam dolore cordis mei semper angor ob futurum horribile Dei judicium : omnes enim contemptores sumus, perpetuo existimantes nos in hoc sæculo vano victuros in æternitatem; cum sæculum hoc transeat, et cuncta quæ in eo sunt. Et nos, dilectissimi, rationem de his omnibus sumus reddituri, tanquam scientes bona, et facientes mala; hæcque contemnentes, dilectioni Dei et regno ejus prætulimus terram et omnia quæ in ea sunt. Argentum et aurum non liberabit nos ab igne illo formidabili. Vestes et deliciæ in nostram condemnationem ibi reperientur. Frater ibi proprium non liberabit fratrem, neque pater vicissim suum filium : sed stabit unusquisque in ordine suo, in vita et in igne. Multi sunt sancti, justi, ac pii, descrentes sæcularem vitam cum actibus ejus, qui præclaro instituto atque consilio liberæ voluntatis, bonaque spe præceptis Dei obtemperantes, confidunt se divinis fruituros bonis in paradiso deliciarum : Christum enim expetentes, omnibus corruptibilibus prætulerunt ipsum. Quapropter etiam quotidie in Deo exsultant, et in Christo illuminantur, ac in Spiritu sancto indesinenter gaudent. Exsultat in eis sancta Trias : lætantur super eos angeli et archangeli : congaudet super eos paradisus deliciarum. Vere sunt hi laudabiles, gloriosi, atque beati per omnia : quoniam angeli et homines beatos eos prædicant, quod Dei dilectionem universo prætulerint mundo. Et Deus sanctus, justus, et verus largitus est eis suum regnum, majoremque iis gloriam donavit, ut videant ipsum cum sanctis angelis semper in gaudio. At multi sunt homines, qui terrena appetunt, et corruptibilia mundi, quorum mens semper in corruptibilibus defixa hæret, et propemodum ut animantia rationis expertia, ciborum saturitate corpora

le séjour des regrets, acquitter, au milieu des plus cruels tourmens, la dette tout entière.

6. Mais si je parle ainsi à votre charité, mes très-chers frères, les bien-aimés de Dieu, ce n'est pas sans doute que je sois digne de vous présenter ces grandes vérités, ce n'est pas que ma vie soit sans tache; mais c'est que la douleur me saisit, en pensant au terrible avenir qui menace notre indifférence. Oui, mes frères, je suis tout chargé d'iniquités; mes pensées, mes actions sont impies; je n'ai en moi le sentiment d'aucune vertu; oui, maintenant et toujours pécheur, j'obéis en esclave aux volontés impérieuses de mes passions. Je vous tiens ce langage, mes frères, parce que l'effroi glace mon cœur, quand je vois planer sur nos têtes le redoutable jugement de Dieu. Nous sommes tous vains, tous légers et dédaigneux des biens futurs, follement persuadés que le temps pour nous ne doit jamais finir, et pourtant le siècle passe et entraîne tout avec lui. Et nous, mes frères, nous aurons à rendre compte, puisque, connaissant le bien, nous faisons le mal, et que, dans notre incorrigible orgueil, nous avons préféré la terre et tout ce qu'elle renferme à l'amour de Dieu et à son royaume. L'or et l'argent ne nous arracheront point aux feux de l'enfer. Le luxe des habits, les molles délicatesses de la vie plaideront alors pour notre condamnation. Là point de frère qui délivre son frère, point de père son fils; mais à chacun sera marquée sa place, soit dans la vie, soit dans la mort. On voit des hommes saints, justes et pieux, s'arrachant au monde et à ses œuvres, se soumettre, par le libre exercice de leur volonté, aux règles d'une salutaire pénitence, et qui, animés d'une douce espérance, obéissent aux commandemens de Dieu, et ont la ferme confiance qu'ils jouiront un jour des biens qui leur sont réservés dans le paradis des délices; car, brûlés du désir de posséder Jésus-Christ, ils l'ont préféré à tout ce qui est corruptible et périssable. Voilà pourquoi ils se réjouissent tous les jours dans le Seigneur, pourquoi Jésus-Christ les éclaire des rayons de sa gloire, et qu'ils sont remplis d'allégresse dans le Saint-Esprit. La sainte trinité se complaît en eux; à leur aspect les anges et les archanges tressaillent de joie, et le paradis des délices prend part à leur félicité. A eux les louanges! à eux la gloire! à eux le bonheur! car le ciel et la terre les proclament heureux d'avoir préféré l'amour de Dieu au monde entier. Dieu, qui est saint, juste et vrai dans ses promesses, les met en possession de son royaume et les élève aux plus grands honneurs, pour qu'ils puissent sans cesse le contempler

sua nutriunt, quasi immortalem hanc vanam sibi vitam ducerent. Quid agis, homo? Quid vitam ut rationis expers traducis? Prudentem, atque intelligentem, et discernendi compotem te creavit Deus. Ne similis fias tua imprudentia dementiaque jumentis insipientibus.

7. Modicum saltem vigila, o homo; te ipsum recollige, et agnosce ut sapiens, quoniam propter te Deus excelsus de cœlo descendit, ut te ex terra in cœlum elevaret. Ad nuptias cœlestis Sponsi vocatus es : quid contemnis? et quorsum hæsitas? Quo pacto ad nuptias ire poteris, quæso te, vestem pretiosam ac nuptialem non habens, nec lampadem ardentem tenens? Et quomodo intrabis? Per contemptionem ingredieris? At audies mox formidabilem illam vocem : « Amice, quo- » modo intrasti ad nuptias, non habens vestem nuptialem regni » mei¹? » Per contemptionem intrasti, ut tua nuditate injuriam faceres convivis meis? At rex suis ministris præcipiet, dicens : « Ligatis manibus et pedibus, projicite hunc miserum in caminum ignis, ut crucietur in sæculum sæculi. Quoniam ego ipse a multis temporibus veni, et omnes vocavi ad nuptias : hic autem vocationem meam spernens, non sibi præparavit indumentum ad nuptias. Ideo jubeo tormentis affici miserum, quia regnum meum sprevit atque contempsit. » Non ergo ista times, o homo? non contremiscis, cum prope sit Sponsus, ut resplendeat? Ignoras jam omnia parata esse, cœlestemque tubam divinum nutum præstolari? Et quid acturus es ibi in hora illa, si te ipsum in horam illam divinæ beatitudinis non te præparaveris? Dei enim beatitudo dignis continget.

8. Cœlestis tuba de cœlo resonabit, dicetque : « Surgite, dilectissimi Christi : ecce Rex cœlestis advenit, redditurus vobis requiem et gaudium in vita æterna pro labore illo piæ exercitationis vestræ. Surgite,

¹ Matth. xxii, 12.

avec les anges dans tout l'éclat de sa majesté. Mais on en voit d'autres, et le nombre en est grand, qui, toujours soupirant après les biens corruptibles du siècle, attachent tout leur cœur à ce qui est fragile et périssable, et, semblables aux animaux privés de raison, ne pensent qu'à satisfaire leur grossière sensualité, comme si cette vie fugitive et passagère devait pour eux prolonger à jamais sa durée. Homme insensé, que fais-tu? pourquoi vivre de la vie des brutes? Dieu t'a donné la sagesse et l'intelligence, il t'a créé capable de discerner le bien d'avec le mal. Ah! par ton imprudence et ta folie, ne descends pas du moins au niveau des bêtes!

7. Ne ferme pas tout-à-fait tes yeux à la lumière, veille pendant quelque temps au moins ; rentre en toi-même, et, comme fait le sage, travaille à te reconnaître, car c'est pour toi que le Très-Haut est descendu de sa gloire pour t'élever de la terre au ciel. Tu as été invité aux noces du céleste Époux; pourquoi ne pas t'y rendre? pourquoi hésiter? mais comment, réponds-moi, je t'en prie, pourras-tu entrer dans la salle du festin? tu n'as point de robe nuptiale; je ne vois pas briller dans tes mains le flambeau accoutumé ! comment entreras-tu? le mépris au front, le dédain à la bouche? Mais bientôt tu entendras retentir ces formidables paroles : « Ami, qu'es-tu venu faire ici, sans la robe nuptiale de mon royaume? » tu veux donc t'asseoir à ce festin, pour que ta nudité fasse outrage à mes convives? et soudain le roi donnera cet ordre à ses ministres : « Liez ses pieds et ses mains, jetez-le dans la fournaise ardente, pour qu'il y souffre dans les siècles des siècles. Eh quoi! il y a long-temps que je suis venu, j'ai convié tout le monde à mes noces, et cet homme, sans s'inquiéter de l'honneur que je lui ai fait en l'invitant, n'a pas préparé sa robe nuptiale! eh bien donc, qu'il meure dans les plus affreux tourmens, puisqu'il n'a eu que du mépris pour mon royaume. » Quoi! tu ne crains pas un avenir aussi épouvantable? tu ne trembles pas, quand déjà s'avance l'Époux tout resplendissant de clartés? Ignores-tu que tout est prêt, que la trompette céleste n'attend plus que le signal de Dieu? et que feras-tu, malheureux, si tu n'es pas préparé à cette heure pour entrer dans le séjour de la béatitude éternelle? car à ceux-là seulement qui en seront dignes appartiendra l'éternelle félicité!

8. Du haut des cieux va retentir la trompette divine, et elle dira : « Levez-vous, enfans aimés du Christ ! voici le Roi du ciel qui s'avance pour vous rendre, dans la vie éternelle, le repos et la joie que vous avez achetés au prix des plus rudes épreuves. Levez-vous, et voyez le

et cernite Christum Regem, Sponsum immortalem, quem desiderabatis. Illius enim amore ac desiderio, facti estis incolæ super terram. Surgite, cernite regnum ejus, quod paravit vobis. Surgite, intuemini Christum desiderabilem vobis. Surgite, et videte Dominum, cujus vos aspectus sine satietate delectabit, quem dilexistis, propter quem tribulationes sustinuistis, pro quo pietatis ac religionis studia coluistis. Venite nunc, et videte eum cum magna fiducia, quem expetebatis. Gaudete et exsultate cum ipso lætitia inenarrabili, « et gaudium ves-
» trum nemo tollet a vobis [1]. Venite, perfruimini bonis, quæ oculus
» non vidit, nec auris audivit, neque in cor hominis ascenderunt, quæ
» vobis donat ipse desiderabilis Dominus [2]. » Rapientur enim sancti in nubibus lucidis in occursum ejus. Evolabunt justi et digni Deo in sublimate aeris cum gloria inenarrabili, ad videndum Sponsum cœlestem et immortalem [3]. Quis putas ita dignus reperietur tunc, ut rapiatur in nubibus hora illa magno cum gaudio obviam Christo? Omnes quidem digni tunc rapientur in gloria : sed cuncti impii ac peccatores deorsum relinquentur cum confusione maxima. Beatitudo atque lætitia iis erit, qui hic diligentes fuerint : supplicium autem et confusio peccatoribus universis. Beatus ille, qui hic studuerit dignus inveniri in horam illam : contra miser atque infelix, qui seipsum tunc indignum reddiderit. Nubes e terra in cœlum omnes sanctos rapient : rursusque impios angeli abripient, ut in caminum ignis inexstinguibilis immittant. Quis dabit capiti meo aquam longe immensam, et oculis meis rursus fontem lacrymarum jugiter scaturientem, donec tempus erit lacrymas suscipiendi, ploremque me ipsum die ac nocte, Deum rogans, ne in hora ipsius adventus inveniar indignus, et ne terribilem illam Domini sententiam audiam : « Discede a me, operarie iniquitatis : nescio te, quis, et unde sis? »

9. Deus altissime, qui solus immortalis es, largire mihi peccatori

[1] Joan. XVI, 22. — [2] I Cor. II, 9. — [3] I Thess. IV, 16.

Christ votre Roi, votre Époux immortel, l'auguste objet de vos vœux. Car votre amour et le désir de vous unir à lui ont fait pour vous de la terre qu'un lieu de passage. Levez-vous, contemplez quel royaume il vous a préparé. Levez-vous, et jouissez enfin de la vue de ce Christ après lequel vous avez soupiré sans cesse. Levez-vous, et regardez à loisir, dans une ravissante extase, le Seigneur dont l'aspect charmera vos ames, sans que jamais vous puissiez vous en rassasier; le Seigneur que vous avez aimé, pour lequel vous n'avez pas reculé devant la persécution, et à qui votre zèle pieux n'a cessé d'offrir l'hommage des plus saintes actions. Venez, venez maintenant, et jetez avec confiance vos regards sur celui que vous attendiez. Réjouissez-vous avec lui, tressaillez d'une joie ineffable, et nul ne vous ravira votre joie. « Ve-
» nez, jouissez des biens que l'œil n'a point vus, que l'oreille n'a point
» entendus, dont l'intelligence échappe au cœur de l'homme qui ne
» sent pas le prix des dons que vous fait le Seigneur si digne de vos
» désirs. » Sur des nuées transparentes les saints seront portés à sa rencontre; tout resplendissans d'une gloire éclatante, les justes et ceux qui sont dignes de Dieu s'élèveront au plus haut des airs, pour contempler l'immortel et céleste Époux. Qui, dites-moi, sera trouvé digne alors d'être enlevé à travers les nuages, dans l'enivrement d'une sainte joie, pour voler au-devant du Christ? tous ceux qui l'auront mérité monteront alors sur ce char de triomphe; mais les impies et les pécheurs resteront sur la terre, dans le linceul de honte et d'infamie: au ciel, joie et bonheur pour ceux qui auront été vigilans; ici-bas, supplice et confusion pour tous les pécheurs. Heureux celui qui aura travaillé à ne pas être rejeté dans ce grand jour! malheureux, au contraire, l'insensé qui aura appelé le châtiment sur sa tête! Les saints monteront de la terre au ciel, portés sur les nuages, en même temps que les impies rouleront précipités par les anges dans la fournaise ardente dont les feux ne s'éteindront jamais. Ah! qui changera ma tête en une source de larmes, mes yeux en une fontaine intarissable! Ah! laissez-moi pleurer sur moi-même et le jour et la nuit, laissez-moi prier le Seigneur, tant qu'il me sera permis de l'implorer, pour qu'il ne me trouve pas indigne de me présenter à lui le jour où il viendra, et qu'il ne lance pas contre moi cette terrible parole : « Fuyez, éloignez-vous, artisan d'iniquité; je ne sais ni qui vous êtes, ni d'où vous venez. »

9. Dieu très-haut et seul immortel, laissez couler à cette heure sur mes péchés les flots de votre miséricorde, pour que mon impiété,

in illa hora multas miserationes tuas, ne tunc mea appareat impietas, quæ nunc est occulta, coram spectatoribus angelis, archangelis, prophetis, apostolis, justis ac sanctis. Verum salva me impium gratia et miserationibus tuis, et induc me in paradisum deliciarum cum perfectis justis. Suscipe deprecationem servi tui, Domine, precibus et intercessione sanctorum, qui tibi placuerunt. Gloria Christo. Amen.

DE VITIIS ET VIRTUTIBUS.

I.

DE PASSIONIBUS ANIMI.

1. Cupio exponere omnem meam acerbitatem, omnemque malitiam, atque insipientiam, coram gloria tua, Christe Salvator. Dicam rursus omnem tuam jucunditatem, atque dulcedinem, quam in me propter te demonstrasti, clementissime hominum amator. Ab utero matris meæ factus sum exacerbator, et contemptor gratiæ tuæ, et ad bonum tardus. Verum tu, Domine, universam meam malitiam despexisti propter multas miserationes tuas, Fili Dei. Erigitur mihi caput, mediante gratia tua, Domine; verum quotidie propter peccata mea demittitur. Ad vitam me rursus, eadem tua gratia allicit; sed ego ad mortem promptior pergo. Nam hæc pessima ignaviæ consuetudo me ad se attrahit, dum ipsi parco. Gravis sane est, et pessima passionum consuetudo. Perstringit enim tanquam indissolubilibus vinculis mentem, eademque semper optata ac desiderabilia mihi obtingunt vincula, quod sic laqueari velim. Ex consuetudine laqueis capior; illaqueatuique gaudeo. In acerbissimam profunditatem immersus, adhuc lætor. Vincula mea quotidie inimicus renovat: cernit enim me vinculorum meorum varietate delectari. Veterator inimicus meus non me devincit vinculis, quæ ego nolim; sed semper ejusmodi mihi laqueos nectit ad vincula, cujusmodi ego magna cum voluptate complector.

qui est aujourd'hui cachée, ne se dresse pas contre moi, au jour du jugement, en présence des anges, des archanges, des prophètes, des apôtres, des justes et des saints! Mais, Seigneur, sauvez-moi par votre grâce et par votre bonté, sauvez-moi tout impie que je suis, et faites-moi entrer avec les justes et les parfaits dans le paradis de délices! daignez exaucer la prière de votre serviteur par l'intercession des saints qui vous ont été agréables! gloire à Jésus-Christ! Ainsi soit-il!

SUR LES VICES ET SUR LES VERTUS.

I.

DES PASSIONS DE L'AME.

1. C'est en présence de votre majesté, Jésus-Christ, mon Sauveur, que je veux dérouler le tableau des amertumes de mon ame, sa malice et sa folie. Mais je publierai en même temps la bonté, la douceur que vous avez fait éclater en moi, Dieu plein de clémence, qui daignez aimer les hommes. Dès le sein de ma mère, j'ai semé la discorde, j'ai allumé la haine : contempteur malheureux de votre grâce, je me suis traîné péniblement et avec lenteur dans la route du bien. Mais vous, Seigneur, en fouillant dans le trésor de vos miséricordes, vous n'y avez trouvé, Fils unique de Dieu, que du mépris pour mes outrages. Votre grâce, Seigneur, me fait lever la tête, que chaque jour le poids de mes péchés abaisse vers la terre. C'est votre grâce encore qui me sollicite et m'appelle à la vie éternelle, mais je cours à la mort d'un pas précipité. Je cède, sans combattre, à la détestable habitude de la paresse qui m'entraîne. Oui, l'habitude des passions est chose cruelle et funeste; car elle presse l'esprit de liens presque indissolubles, et ces liens, je les aime, je leur tends les mains, parce que je me plais à m'en charger. L'habitude me les rend aimables, et je tressaille de joie dans mes chaînes. Plongé dans l'abîme d'iniquité, la joie me sourit encore. L'ennemi renouvelle tous les jours mes fers, car il voit que leur variété me charme. Mais le fourbe se garde bien de m'attacher avec ceux qui me déplaisent; c'est toujours avec ceux que j'aime qu'il

Novit enim meæ voluntatis propositum esse vehementius, et in ictu oculi, quæ voluerit, vincula injicit.

2. Hic ejulatus atque ploratus, et luctus; hoc probrum et confusio, quod ego vinculis propriæ voluntatis constrictus detinear. Cum enim unico momento conterere vincula possim, ac me a laqueis quibuscumque liberare, hoc facere recuso, negligentia atque socordia detentus, et passionibus tanquam consuetudini malo voluntatis proposito deserviens. Hoc gravius est, et intolerabilius, ac dedecoris luctus, quod ad inimici mei voluntatem ego concurram. Vinculis constringor, quæ mihi ipse injicit, passionibusque immorior, in quibus ipse lætatur. Cum enim vincula confringere possim, nolo : cumque laqueos evitare conceditur, non urgeo. Acerbiusne quidquam est eo luctu ac plancta? estne aliud ullum gravius dedecus? Sic quippe affirmo non esse quid ea confusione acerbius, quando inimici placita homo explet. Cum enim sint mea mihi vincula perspecta, ea tamen in singulas horas a cunctis spectatoribus abscondere contendo, pietatis formam præ me ferens; propriaque me arguit conscientia ista agentem, sic me compellans quotidie : « Cur te sobrium ac vigilantem non præbes miser? an ignoras advenisse et appropinquasse diem horribilis judicii, quo cuncta declarantur? Surge tanquam potens, disrumpe vincula tua : in te potestas est solvendi atque ligandi. »

3. Ista licet semper mihi dicat reprehendatque conscientia, non tamen e vinculis ac laqueis liberari volo. Super hisce quotidie lugeo atque suspiro, et istis ego animi passionibus implicatus reperior. Miser ego et segnis, ac ad bonum animæ meæ non proficiens, dum laqueos mortis non pertimesco. Corpus meum pulchro religionis ac pietatis habitu amictum est; anima vero indecentibus cogitationibus ligatur atque impeditur. Coram spectatoribus studiose pietatem colo; intus autem tanquam fera immitis propemodum existo. Dulcem et suavem affecto sermonem, dum ago cum hominibus, cum interim ego proposito ac voluntate semper acerbus sim atque perversus. Et quid tandem in die judicii faciam, quando ista omnia coram tribunali manifestabit Deus? Ipse ego novi me ibi poenas daturum, nisi hic judi-

m'enchaîne. Il connaît, en effet, toute l'impétuosité de mes désirs, toute la vivacité de mes passions, et, plus rapide que le regard, sa main me jette les liens qu'il veut.

2. Alors je soupire, je pleure, je gémis ! O honte ! ô confusion ! ces fers qui me pressent, c'est ma propre volonté qui les a rivés. Je pourrais les rompre, je pourrais, en un moment, m'arracher à leurs étreintes, je ne le veux pas; la lâcheté, qui a brisé en moi toute énergie, me retient sous le joug des passions que l'habitude me rend naturelles et volontaires. Mais ce qu'il y a de plus fâcheux, de plus insupportable, ce qui ajoute à ma honte et à ma douleur, c'est que je prête à mon ennemi le concours de ma volonté. Les chaînes qui me lient, c'est de lui que je les ai reçues; ces passions qui me tuent font sa joie et son plaisir. Je pourrais m'affranchir de cette servitude, et je ne le veux pas; il m'est facile de reconquérir ma liberté, et je n'y mets aucun empressement. Où trouver une affliction plus amère? Y eut-il jamais rien de plus honteux, de flétrissure plus grande? Oui, je l'affirme, de toutes les conditions, la plus déplorable, la plus avilissante, c'est celle d'un homme forcé d'accomplir la volonté de son ennemi. En effet, je connais mes liens, je les sens; et cependant à chaque heure je travaille à en dérober le spectacle aux yeux des autres, en le cachant sous le manteau de la piété; mais ma conscience m'accuse et me reproche tous les jours ma faiblesse : « Malheureux ! pourquoi n'es-tu ni sobre ni vigilant? Ignores-tu que le jour terrible du jugement est proche; qu'il est venu enfin ce moment redoutable où tous les voiles doivent tomber? Lève-toi dans ta force, brise les chaînes; tu as en toi le pouvoir de lier et de délier. »

3. Malgré ces cris de ma conscience, malgré ces reproches, je ne veux pourtant pas m'arracher à mon esclavage en rompant de honteuses entraves. Chaque jour je les baigne de mes pleurs, chaque jour des sanglots sortent de ma poitrine, et chaque jour me retrouve sous l'empire des mêmes passions et agité des mêmes troubles. Malheureux et lâche tout à la fois, je ne fais rien pour le salut de mon âme, et je ne crains pas de tomber dans les filets de la mort. Je jette sur mon corps un beau vêtement de religion et de piété, et mon âme est flétrie par les honteuses pensées qui l'enchaînent. Au dehors, sous les yeux des autres hommes, j'affecte un zèle ardent pour la vertu; au dedans, une bête féroce semble rugir, triste image de mes désordres. J'ai sur les lèvres des paroles affectueuses et douces, et cependant il n'y a dans ma volonté qu'aigreur, amertume et perver-

cem per lacrymas p'acavero. Et propterea miserationes in ira non concludit, quod conversionem ipse meam exspectet. Non enim quemquam videre cupit in igne ardentem, cum omnes homines ad vitam ingredi desideret. Quocirca tuis confisus miserationibus, Domine Fili Dei, supplex tibi procido, rogoque, ut et in me tuos oculos convertas. Animam meam ex iniquitatum custodia educito, resplendeatque in mente mea radius lucis, antequam ad formidandum me manens judicium abeam, ubi nulla penitus reliqua est de iniquitatibus poenitentia. Ecce enim alterutra cogitatione coarctor, ut exire e corpore, aut non amplius peccare. Rursusque timor me miserum et impium corripit ac detinet : quo pacto me imparatum subducam, qui omni plane virtute destituor?

4. Magnus continenter cor meum timor discruciat, manendi in carne, et migrandi ex ea, et utrum e duobus magis mihi expetendum sit ignoro. Quoniam me ipsum ad opus bonum tardum video. Atque ideo vitam in carne ducere, mihi metus est ac terror. Nam in laquearum medio quotidie incedo, similisque sum mercatori segni atque ignavo, jacturam in horas facienti totius summae simul et lucri. Sic et ego detrimentum bonorum patior coelestium, variis praepeditus distractionibus, quae me ad mala pertrahunt. Sentio quippe in me ipso, quomodo singulis horis decipiar, nolensque in rebus, quas odi, inveniar. Obstupesco in creaturae pulchritudine perpetua, et quomodo mea mens in medio rerum venustissimarum tam sit inde indecora. Obstupesco super voluntate mea adeo prava, et quomodo etiam in tribulationibus semper diverso modo peccet. Obstupesco de mea poenitentia quotidie, quomodo firmum fundamentum non habeat aedificii: nam singulis diebus fundamentum aedificii colloco, propriisque rursus manibus laborem dissolvo.

5. Non bonum adhuc sumpsit principium mea bona poenitentia, et nondum in me cessat pessima inertia. Ignaviae mancipatus sum, et

sité. Que ferai-je toutefois, quand, au jour du jugement, Dieu, fouillant dans toutes ces turpitudes, les étalera devant son tribunal ? Je le sais, les plus grands supplices m'attendent, si mes larmes ici-bas ne désarment point la colère du souverain juge. Toujours miséricordieux, il suspend son arrêt, parce qu'il attend que je revienne à lui. Désirant en effet que tous les hommes entrent dans la vie éternelle, il ne veut voir personne brûler dans les flammes. Eh bien donc, Seigneur, Fils unique de Dieu, plein de confiance dans votre bonté généreuse, me voici suppliant à vos pieds, daignez, je vous en conjure humblement, tourner les yeux sur moi. Délivrez mon ame de sa prison d'iniquité, faites briller dans mon cœur un rayon de la céleste lumière, avant que je paraisse devant le tribunal redoutable qui m'attend, où le repentir ne pourra plus se faire entendre, où le regret sera impuissant. Deux pensées m'assiégent tour à tour : m'affranchir des liens du corps, ou ne plus pécher. Mais soudain, malheureux que je suis! la crainte me saisit et m'arrête : comment, sans y être préparé, me soustraire à l'arrêt de mon juge, moi qui suis sans vertu?

4. Déchiré par de mortelles angoisses, je crains de demeurer dans la chair, je crains d'en sortir, et j'ignore lequel de ces deux partis je dois adopter; car, je le vois, je suis lent à me porter au bien. C'est pourquoi je tremble à l'idée de demeurer dans cette chair de péché. Je marche tous les jours environné de piéges, et j'offre l'image d'un marchand sans énergie et sans courage, qui, à toute heure, voit se perdre le fond de son argent et l'intérêt. C'est ainsi que m'échappent les trésors célestes, embarrassé que je suis dans les affaires de la vie, qui m'entraînent au mal. En effet, je sens en moi-même qu'à chaque instant du jour je suis le jouet des illusions qui m'abusent, et que je me laisse prendre, malgré moi, aux choses que je hais. Je suis en extase devant la perpétuelle beauté des créatures, et je frémis, au milieu de ce merveilleux spectacle, de la difformité, de la laideur de mon ame; je frémis de cette volonté perverse qui me pousse au mal, et de ces inclinations honteuses qui sans cesse me jettent dans le péché, même au sein de l'affliction; je frémis de la pénitence que je m'impose tous les jours, quand je vois qu'elle n'a pas de fondement solide; car ce fondement, je le pose tous les jours, et tous les jours je le renverse de mes propres mains.

5. Non, la pénitence n'a point encore jeté en moi de profondes racines; il y a encore dans mon cœur une pernicieuse mollesse; je suis

inimici me voluntati accommodo, promptissime quævis ipsi grata perficiens. « Quis dabit capiti meo aquam longe inenarrabilem, et » oculis meis perpetuos fontes [1], » ut inde scaturiant lacrymæ, ploremque ad misericordem Deum semper, ut suam mittens gratiam, me peccatorem e furibundo extrahat mari fluctibus peccatorum meam animam perturbante, procellisque in singulas horas exagitante. Nam cupiditatibus meis vulnera superantur, cum curationis involucra et fascias omnino non admittant. In spe pœnitentiæ mea est præstolatio: sed inanibus hisce ejus promissis deceptus, quousque deficio? Hac detentus exspectatione, semper in ore pœnitentiam habeo, et nunquam ad pœnitentiam devenio. Verbis studiose pœnitentiam profiteor, verum operibus a pœnitentia absum quam longissime. Si res secundæ ad voluntatem fluunt, meæ etiam obliviscor naturæ. Sin contra a rebus premor adversis, murmurator evado. Sancti quippe patres Deo devoti, in tribulationibus atque tentationibus probati sunt, coronamque immarcescibilem a Deo cœlesti cum gloria ac laude acceperunt, et famam nomenque ex tribulationibus consecuti, futuris generationibus pulchra imago evaserunt. Sæpius autem cum patribus et sanctis considero etiam castum, decorum, temperantissimumque Joseph, cœlesti pulchritudine plenum cum charitate Altissimi: quam egregiam patientiam obtinuerit in tentationibus. Non enim valuit gravissima fratrum invidia ac livor pulchritudinem animæ illius lædere; ut neque callida aspis in proprio antro florentem pueri pulchritudinem tabefacere. In florem illius temperantis continenter aspectum retorquebat, ut acerbum venenum suæ in eum insaniæ evomeret. Neque rursus carceres aut vincula decorem animæ floremque pueri Deo devoti labefectarunt. Si porro miser ego atque infelix sine ulla tentatione pecco, Dominumque exacerbo; cum expertus sim multas tuas et ineffabiles miserationes, Domine, magnitudinem misericordiæ tuæ deposcit, Domine: ut assidue fontis instar scaturiat gratia tua in corde et ore mei ipsius famuli tui, sitque cor meum ac os divinæ gratiæ purum et immaculatum templum, quod cœlestem regem excipiat, ut ne sit tanquam latibulum improbarum cogitationum, et spelunca iniquorum latronum pravis desideriis. Sed digitus gratiæ semper moveat linguam

[1] Jer. ix, 1.

esclave de ma lâcheté, et, docile à la volonté de mon ennemi, je m'empresse d'accomplir tout ce qui peut lui plaire. « Qui fera de ma » tête une source intarissable d'eau, de mes yeux une fontaine de » larmes », qui coulent sans cesse, pour que je pleure devant le Dieu de miséricorde, et qu'en répandant sur moi les bienfaits de sa grâce, il m'arrache à cette mer furieuse dont les flots bouleversent mon ame, et à ces tempêtes du péché qui grondent à toute heure sur ma tête? Le mal triomphe de mes efforts, mes passions victorieuses le rendent incurable. L'espoir de la pénitence, voilà mon attente; mais trompé par ses vaines promesses, à quel degré d'abaissement ne suis-je pas descendu? Toujours retenu par cette illusion décevante, j'ai le mot de pénitence sur les lèvres, mais jamais je n'en atteins la vertu; à m'entendre, on croirait qu'elle m'exerce par les plus pénibles travaux, tandis que mes œuvres m'en éloignent sans cesse. La fortune vient-elle me sourire? tout succède-t-il au gré de mes désirs? je m'oublie promptement moi-même; mais que le malheur me frappe, soudain je me répands en murmures. Trésors de sainteté, consacrés à jamais au Seigneur, nos pères ont eu à soutenir les rudes épreuves de la douleur et de la tentation, et la main de Dieu a tressé sur leurs fronts la couronne immortelle. Après avoir conquis par la souffrance un renom glorieux, ils sont devenus pour les âges suivans des modèles parfaits et révérés. Souvent, en considérant, parmi les patriarches et les saints, le chaste Joseph, cet homme tout brûlant d'amour pour le Très-Haut, doué de charmes tout célestes, et dans lequel la modestie s'alliait aux grâces du corps, j'admire la sublime patience dont il s'était armé contre les tentations. Ni la sombre jalousie de ses frères, ni l'envie, ne purent altérer la pureté de son ame, et ce serpent plein de ruses et de malice ne put, du fond de son repaire, ternir l'éclat de sa beauté. Il tenait ses yeux attachés sur lui pour le souiller de l'odieux venin de sa malignité. La prison et les chaînes ne peuvent non plus ébranler son courage, ni flétrir, en sa brillante fleur, la jeunesse de cet enfant qui dès lors s'était dévoué à son Dieu. Et moi, infortuné que je suis! sans avoir eu à lutter contre la tentation, je pèche cependant, et j'irrite la colère de mon Dieu, après avoir éprouvé mille fois les heureux effets de sa miséricorde ineffable; je viens encore vous supplier, mon Dieu! j'implore à genoux votre immense bonté! Puisse votre grâce, comme une source inépuisable, baigner mon cœur de son eau salutaire! puissent mon cœur et ma bouche devenir le temple saint, le pur sanctuaire où descende le roi du ciel!

meam, tanquam nervos citharæ ad gloriam tuam, benignissime, ut sine ulla intermissione glorificem te ac benedicam cum amore et desiderio, corde ac ore, per universum tempus vitæ meæ. Qui enim in te collaudando piger est ac segnis, Domine, is ipse a futura vita alienus est.

6. Concede mihi, Christe Salvator, petitionem cordis mei, fiatque lingua mea velut cithara gratiæ, ut hinc testamentum exprimere queam ex multis Scripturis, quamvis pauca sint delicta : ibique iterum salvari merear sub tegmine atque protectione manuum tuarum; quando contremiscet omnis anima ex tremenda gloria tua. Etiam, Domine, Fili unigenite, exaudi ac suscipe tanquam donum aliquod, preces servi tui. Peccator ego sum, gratia salvatus. Gloria illum decet, qui peccatorem in miserationibus salvat.

II.

QUOD LUDICRIS REBUS ABSTINENDUM SIT CHRISTIANIS : ET DE AMORE PAUPERUM.

1. In rebus ludicris non esse tempus a christianis consumendum, omnes novimus, et ex divinis quidem Scripturis hausimus, præsertim cum Dominus comminando in Evangelio dicat : « Væ vobis qui ridetis » nunc, quia ibi lugebitis, et flebitis[1] ; » rursusque alibi : « Nolite, » inquit, in sublime tolli : hæc enim omnia gentes faciunt[2]. » Isaias autem propheta, aut potius ipse Deus per Prophetam ait : « Væ iis, » qui cum tympanis, ac tibiis, et citharis vinum bibunt[3]. » Quin et beatus David, tanquam animi elationem abominans, et in Domino glorians, dicebat : « Domine, non est exaltatum cor meum, neque » elati sunt oculi mei[4]. » Atque Jacobus frater Domini : « Lugete, » inquit, et plorate : risus vester in luctum convertatur, et gaudium » in mœrorem[5]. » Quin et beatus apostolus Paulus idololatras vocat

[1] Luc. vi, 25. — [2] Ibid. xii, 29, 30. — [3] Isai. v, 11, 12. — [4] Psal. cxxx, 1. — [5] Jacob. iv, 9.

puissent les mauvaises pensées, les désirs coupables en être à jamais bannis, et qu'ils ne soient plus comme une caverne de scélérats et de voleurs ! que ma langue résonne, comme une lyre, sous votre doigt divin, qu'elle chante vos louanges et votre gloire ; que, pendant tout le cours de ma vie, je ne cesse de vous offrir, de cœur et de bouche, l'hommage respectueux du plus sincère amour. L'homme qui tarde, Seigneur, à célébrer votre nom, et qui ne le fait qu'avec indifférence et tiédeur, est exclus de la vie future.

6. Jésus-Christ, mon Sauveur, exaucez ma prière ; oui, que ma langue, lyre aux sons mélodieux, fasse retentir partout la puissance de votre grâce, afin que je puisse expliquer à la terre, dans mes écrits tout imparfaits qu'ils sont, votre saint Évangile, et que, sous l'abri de votre main, je mérite d'être sauvé encore une fois, quand la majesté de votre gloire remplira d'effroi toutes les créatures. Seigneur, Fils unique de Dieu, recevez, comme un don, la prière de votre serviteur. Je suis un pécheur, mais un pécheur sauvé par votre grâce. Gloire soit rendue à celui qui sauve le pécheur dans sa miséricorde !

II.

QUE LES CHRÉTIENS DOIVENT S'ABSTENIR DES DIVERTISSEMENS MONDAINS ; DE L'AMOUR DES PAUVRES.

1. Nous savons tous, mes frères, que les chrétiens ne doivent point perdre le temps à des divertissemens mondains. C'est ce que nous enseigne l'Écriture, et surtout l'Évangile, dans ces paroles menaçantes du Seigneur : « Malheur à vous qui riez maintenant, parce que vous » pleurerez et vous gémirez ! » Et dans un autre passage : « Ne vous » abandonnez point aux folles dissipations que recherchent les gens » de ce monde. » Le prophète Isaïe dit, ou plutôt Dieu dit par la bouche de ce prophète : « Malheur à ceux qui boivent le vin au bruit » des tambours, au son des flûtes et des harpes ! » Le saint roi David, qui regarde l'orgueil comme une abomination et qui se glorifie toujours dans le Seigneur, disait : « Seigneur, mon cœur ne s'est jamais enflé, » et mes yeux ne se sont jamais levés avec orgueil. Pleurez et gémissez, » dit saint Jacques, le frère du Seigneur ; car votre rire se changerait » en cris douloureux et votre joie en amertume. » L'apôtre saint Paul va même jusqu'à appeler idolâtres ceux qui se livrent à des jeux frivoles : « Ne devenez point des idolâtres, comme il est écrit. » Puis il

ludentes, dum ait : « Nolite idololatræ fieri, sicut scriptum est [1]. » Ac rursus : « Omnis sermo malus ex ore vestro non procedat, sed » potius sermo bonus [2]. Sive manducatis, sive bibitis, sive aliud quid » facitis, omnia in gloriam Dei facite [3]. » Idemque denuo ait : « Fra- » tres, estote imitatores Dei, et ambulate in dilectione. Fornicatio » autem, et omnis immunditia, aut avaritia, nec nominetur in vobis ; » aut turpitudo, aut stultiloquium, aut scurrilitas, quæ ad rem non » pertinet : sed magis gratiarum actio [4]. » Aliaque multa in sacris Scripturis huc spectant : et non est qui intelligat. Verum in nobis impletur sermo Domini : « Erratis, nescientes Scripturas [5]. » Impletur quoque Pauli prophetia in nobis, quæ sic habet : « Veniet tempus, » quando sanam doctrinam non sustinebunt : sed ad sua desideria » coacervabunt sibi magistros, prurientes auribus : et a veritate qui- » dem auditum avertent, ad fabulas autem convertentur [6]. » Hæc in nos pervenerunt, o dilecti, et ecce jam cernimus, quod dicitur, reipsa comprobatum.

2. Quis enim hodie Scripturas sacras sustinet? Quis sedulo Christi mandatis intentus est? « Quis sapiens et custodiet hæc? [7] » Quis ostendet nos non esse prævaricatores legis? Multi potentes, multi sapientes secundum carnem, inquit. Multi nobiles, multi scientes, scribæ et legisperiti, et doctores, divites et pauperes, servi, et liberi; solitariam vitam sectantes, et virgines, et in cœtibus aliorum viventes, et senes, et juvenes. Quis autem horum omnium demonstrare poterit convenire Christianis, citharizare, aut tripudiare, aut cymbala pulsare, aut tibiis ludere, aut acclamare, aut aruspicem agere, aut phylacteria quæ vocant facere, aut eadem circumgestare; aut dæmonia consulere, aut inebriari, aut tolerare hos, qui ejusmodi res impias sectantur? Quis, ut ante dixi, hæc christianorum esse ostenderit? Quis ex prophetis? Quod Evangelium? Cujus modi apostolorum liber? Si omnino ista Christianis conveniunt : omnia vana, et erroribus plena, et lex, et prophetæ, et apostoli, et Evangelia. At si Dei hæc sint verba et vera, et divinitus inspirata, ut revera sunt : nefas sane fuerit

---

[1] 1 Cor. x, 7. — [2] Ephes. iv, 29. — [3] 1 Cor. x, 31. — [4] Ephes. v, 1-4. — [5] Matth. xxii, 29. — [6] 2 Tim. iv, 3, 4. — [7] Psal. cvi, 43.

ajoute : « Que nul mauvais discours ne sorte de votre bouche; mais
» qu'il n'en sorte que de bons discours. Soit que vous mangiez, soit
» que vous buviez, quelque chose que vous fassiez, faites tout pour
» la gloire de Dieu. » Et plus loin : « Mes frères, soyez les imitateurs de
» Dieu et marchez dans la charité. Qu'on n'entende parler parmi
» vous ni de fornication, ni d'impureté, ni d'avarice; qu'on n'entende
» parmi vous ni parole infâme, ni raillerie, ni bouffonnerie, ni rien de
» semblable ; mais qu'on y entende plutôt des paroles d'actions de
» grâces. » Le même précepte se trouve dans une foule d'autres passages de l'Écriture ; mais personne ne sait la comprendre. Et c'est ainsi que s'accomplit en nous la parole du Seigneur : « Vous êtes dans
» l'erreur, parce que vous ignorez les Écritures. » Et c'est encore ainsi que s'accomplit cette prophétie de saint Paul : « Un jour viendra qu'ils
» ne pourront plus supporter la saine doctrine ; dans leur curiosité
» effrénée ils rassembleront autour d'eux des maîtres dont les paroles
» sonnent agréablement aux oreilles, et ils fermeront leurs oreilles à
» la vérité, et ils se détourneront pour chercher le mensonge. » C'est ce qui nous arrive, mes frères, et nous voyons ces paroles se réaliser en nous-mêmes.

2. Or, qui pratique aujourd'hui les saintes Écritures? Qui se montre docile aux préceptes de Jésus-Christ?« Qui aura la sagesse et qui gar-
» dera les commandemens du Seigneur ? » dit le Psalmiste. Qui nous montrera que nous ne sommes pas des prévaricateurs? Il y a beaucoup de puissans, beaucoup de sages selon la chair ; il y a beaucoup de nobles, beaucoup de savans, beaucoup de scribes, de légistes et de docteurs, beaucoup de riches et de pauvres, beaucoup d'esclaves et d'hommes libres, beaucoup de solitaires et de vierges, beaucoup de gens du monde, beaucoup de vieillards et d'enfans ; mais y en a-t-il un seul parmi eux qui puisse nous montrer qu'il convienne à des chrétiens de pincer de la harpe, de danser, de jouer des cymbales ou de la flûte, d'exprimer sa joie par de bruyans applaudissemens, de recourir à la divination, de fabriquer des talismans mystérieux et de les porter partout avec soi, de consulter les démons, de s'enivrer, ou enfin de tolérer ceux qui se livrent à ces impiétés? Or quels sont les maîtres qui vous ont appris que de si coupables occupations conviennent à des chrétiens ? Les prophètes? l'Évangile? les livres des apôtres? Si de telles occupations conviennent à des chrétiens, la loi de Moïse, les prophètes, les Évangiles, les livres des apôtres ne renferment plus qu'erreurs et mensonges. Mais s'ils nous transmettent réel-

christianos, quæ jam diximus agere. Nam ecce ab Oriente ad Occidentem usque, et a finibus orbis terrarum, divina Scriptura per ecclesias, et in omni loco legitur : lex, et prophetæ, et apostoli; Dominus universorum, et cuncti Deiferi patres. Neque usquam reperitur hæc christianis permissa esse : verum, sicut scriptum est, unusquisque nostrum propria errat via [1], et transgreditur, et est transgressor, et mendax, et sine Deo, et per prævaricationem legis Deum inhonorat[2]. Et ne durum vobis appareat quod dixi : « Sine Deo : » non enim hic meus est sermo, sed Joannis theologi, sic dicentis : « Omnis qui recedit et non permanet in doctrina Dei, Deum non ha-
» bet [3]. § Quis hoc infelicior, et eo qui Deum istud mandantem atque loquentem per legem, et prophetas, atque apostolos contemnit, abominabilior? Quique væ illud a Domino per prophetam prædicatum, secum portat : « Væ per quos nomen meum blasphematur inter
» gentes [4]. »

3. Ne, quæso, fratres mei, ne, quæso, sic dies nostræ consumamus pœnitentiæ : verum David prophetam clamantem, et nos exhortantem, atque dicentem audiamus : « Venite, exultemus Domino. » Festinansque subjungebat : « Præoccupemus faciem ejus in confes-
» sione [5]. » Præoccupemus, antequam solvatur celebritas. Præoccupemus, antequam aporte veniat, et nos otio, atque desidia torpentes inveniat. Antequam clamor ille fiat : « Ecce Sponsus venit[6]. » Tunc qui parati erunt, gaudebunt. Tunc qui misericordes fuerint, exultabunt. Viles, et abjecti conflictabuntur, et digni lætitia ineffabili gloriabuntur. Sed præoccupemus, fratres, et curramus, dum per tempus licet, antequam throni constituantur; antequam nos ab invicem segregemur. « Præoccupemus faciem ejus in confessione, et in
» psalmis jubilemus ei. » In psalmis, inquit, et non in rebus ridiculis; in psalmis, et non in canticis dæmoniacis. Ait : « Venite, adoremus,
» et procidamus ante Deum, atque ploremus? [7] » non autem cym-

---

[1] Isai. XLVII, 15. — [2] Rom. II, 23. — [3] 2 Joan. IX. — [4] Isai. LII, 5, et Rom II, 24. — [5] Psal. XCIV, 1, 2. — [6] Matth. XXV, 6. — [7] Psal. XCIV, 6.

lement la parole de Dieu, si leurs doctrines sont des inspirations d'en-haut, comme nous n'en devons pas douter, c'est un crime à des chrétiens de se livrer à des œuvres que les livres saints condamnent. En effet, de l'Orient à l'Occident, d'une extrémité du monde à l'autre, dans les églises et partout, dans la loi, dans les prophètes, les livres des apôtres, on lit cette défense dans tous les cultes, dans toutes les religions, et l'on ne voit nulle part que ces divertissemens profanes soient permis aux chrétiens; mais on y trouve écrit que quiconque erre dans la vraie voie et transgresse les commandemens du Seigneur est un prévaricateur, un imposteur, un homme qui n'a point de Dieu, puisqu'il déshonore le Seigneur en prévariquant à sa loi. Et ne vous récriez pas à ce mot : « Qui n'a pas de Dieu; » ce mot n'est pas de moi, il est de saint Jean, qui s'exprime en ces termes :« Quiconque ne » demeure pas dans la doctrine de Dieu, mais s'en écarte, *n'a pas de* » *Dieu.* » Or n'est-ce pas le plus grand des malheurs que de mépriser les enseignemens et les ordres que Dieu nous donne par sa loi, par ses prophètes, par ses apôtres ? Et un homme coupable de cette abomination n'est-il pas sous le poids de l'anathème lancé au nom du Seigneur par son prophète ? « Malheur à ceux qui font blasphémer » mon nom parmi les nations. »

3. Je vous en conjure, mes frères, ne perdons pas des jours destinés à la pénitence; mais prêtons l'oreille aux cris et aux exhortations du roi-prophète. « Venez, réjouissons-nous dans le Seigneur, » dit-il d'abord; mais aussitôt il s'empresse d'ajouter : « Prévenons le cour- » roux du Seigneur en lui confessant nos fautes. » Ainsi prévenons le courroux du Seigneur avant la fin de la solennité. Prévenons le courroux du Seigneur avant qu'il ne vienne ouvertement, de peur qu'il ne nous trouve engourdis du sommeil de l'oisiveté; n'attendons pas que retentisse ce cri : « Voici l'Époux. » Alors ceux qui seront prêts se réjouiront; ceux qui auront été miséricordieux tressailleront d'allégresse. Les pécheurs seront dans l'abattement et dans la consternation; mais les justes ressentiront les douceurs ineffables d'une joie céleste. Encore une fois, mes frères, prévenons le courroux du Seigneur lorsqu'il en est temps; accourons avant que les trônes ne s'élèvent, avant que ne commence la séparation des boucs et des brebis. « Prévenons le courroux du Seigneur, et faisons retentir le chant des » psaumes en son honneur. » Le chant des psaumes, comme dit le Psalmiste, et non des airs profanes; le chant des psaumes, et non le chant des démons. « Venez, s'écrie-t-il, adorons le Seigneur, prosternons-nous

balis ludamus aut citharis. Verum ploremus, inquit, in psalmis et hymnis.

4. Psalmus enim dæmonas propellit, psalmus telum in timoribus nocturnis. Psalmus diurnorum requies laborum. Psalmus infantibus tutela. Psalmus senibus consolatio. Mulieribus ornamentum decentissimum. Hic festa collustrat. Hic cum, qui secundum Deum est, dolorem procreat : psalmus siquidem ex lapideo licet corde lacrymas excitat. Psalmus angelorum opus. Cœlestis vitæ ratio et institutum, spiritalisque quidam suffitus. Hic mentem illuminat. Hic in cœlum reducit. Hic homines Deo familiares colloquio reddit. Animam lætificat, otiosas collocutiones removet, risumque exterminat, de judicio nos admonet, dissidentes reconciliat. Ubi psalmus cum compunctione, ibi et cum angelis Deus adest. Ubi autem adversarii cantica, ibi ira Dei, et væ, remuneratio risus. Ubi Libri sacri, et lectiones, ibi lætitia justorum, et auscultantium salus, ac diaboli confusio. Ubi autem citharæ ac chori, et plausus manuum; ibi virorum tenebræ, et mulierum perditio, angelorum tristitia, et diaboli festum.

5. O improbum diaboli consilium! Quomodo unumquemque fraudulenter supplantat, fallitque, ac mala pro bonis facienda suadet? Hodie, ut videre licet, psallunt ex ordinatione Dei, et cras studiose choreis incumbunt juxta doctrinam Satanæ. Hodie abrenuntiant Satanæ, et postero die iterum sequuntur ipsum. Hodie conjunguntur Christo, et cras abnegant inhonorantque eum. Hodie christiani, et cras ethnici ; hodie pii, et cras impii ; hodie fideles et servi Christi, et cras apostatæ, inimicique Dei. Nolite errare, fratres mei, nolite errare. Nullus servus potest duobus dominis servire, sicut ait Christus Dominus : « Quia nemo potest Deo servire, et mammonæ[1], » ac cum diabolo choreas ducere. Ad imaginem Dei formati sumus, non dedo-

[1] Matth. vi, 24.

» devant lui et pleurons. » Ne jouons pas des cymbales ; ne pinçons pas de la harpe, mais pleurons, comme David, au chant des psaumes et des hymnes.

4. Le chant des psaumes met les démons en fuite ; c'est une arme dans les terreurs nocturnes et un allégement à nos travaux journaliers. Le chant des psaumes est la sauve-garde de l'enfance, une consolation pour la vieillesse, une parure décente pour les femmes. Le chant des psaumes embellit une fête ; il remplit aussi l'ame d'une tristesse agréable au Seigneur, car il n'y a pas de pécheur si endurci auquel il n'arrache des larmes. Le chant des psaumes est la plus douce occupation des anges et des bienheureux ; c'est une espèce de parfum spirituel. Le chant des psaumes éclaire le cœur, l'introduit, pour ainsi dire, au ciel ; il fait admettre les hommes dans l'entretien et dans l'intimité de Dieu ; il réjouit l'ame, il bannit les conversations inutiles et les rires immodérés, nous avertit de l'heure du jugement, et il réconcilie les pécheurs ; Dieu et les anges assistent au milieu de ceux qui chantent les psaumes dans la componction de leurs cœurs, au lieu que les chants impies soulèvent la colère de Dieu, et que sa malédiction devient la récompense des joies mondaines. Où l'on entend la lecture des livres saints, là les justes sont pleins de joie, les enfans de Dieu pleins de célestes espérances, et le démon plein de rage et de confusion. Où l'on entend le bruit des harpes, le chant des chœurs profanes, des applaudissemens bruyans, là les hommes croupissent dans les ténèbres de l'ignorance, les femmes ont perdu la pudeur, et les anges sont remplis de douleur, car le démon préside à ces fêtes.

5. O perfides machinations de l'ennemi du salut ! Par quelle ruse trompe-t-il et abuse-t-il les chrétiens au point de leur faire abandonner les bonnes œuvres pour les mauvaises ? Aujourd'hui dociles au précepte divin, ils font retentir à nos oreilles le chant des psaumes ; demain, plus dociles encore aux insinuations de Satan, ils laisseront éclater un fol enthousiasme à des concerts impies, et se livreront avec fureur à des danses criminelles. Aujourd'hui ils renoncent à Satan ; demain ils embrasseront derechef son parti. Aujourd'hui ils font alliance avec Jésus-Christ ; demain ils le renieront et déshonoreront son nom. Aujourd'hui chrétiens, et demain païens ; aujourd'hui pieux, et demain sans religion ; aujourd'hui fidèles serviteurs de Jésus-Christ, et demain apostats et ennemis de Dieu. Sortez de votre erreur, mes frères, sortez de votre erreur. Nul ne peut servir deux maîtres, comme dit Jésus-Christ ; « parce que nul ne peut servir Dieu et l'argent, » et

coremus imaginem ipsius Dei; sed tanquam milites Christi, illum sequamur, illi serviamus. Noli hodie psallere cum angelis, et crastino die in tripudiis esse cum dæmonibus. Noli hodie sacras lectiones audire, tanquam Christo dilectus auditor, ac cras citharis intentus esse, ut prævaricator, et Christi inimicus. Noli hodie pœnitentiam agere de peccatis, et cras in perditionem tuam saltare in choreis. Ne hodie jejuniis, ac temperantiæ operam des, cras autem ebrius venias, huc illucque agiteris, ac omnium irrisione ludaris. Ne, obsecro, fratres mei, ne sic tempus pœnitentiæ deperdamus, quod nobis ad pœnitentiam, atque salutem concessit Deus. Meminerimus illius, quod comminando dixit Dominus : « Væ vobis qui ridetis nunc, quoniam lugebitis » postea [1]. » Ac rursus : « Beati qui lugent [2]. » Nemo vos seducat, Christo dilecti mei fratres. Non est ista Apostolorum doctrina, qui dicunt : « Si quis vos doceat ejusmodi, quæ vos non docuimus, ana- » thema esto [3]. » Non sunt enim christianorum illa, sed infidelium gentilium, qui non obediunt Evangelio, sicut ait Dominus : « Quo- » niam cuncta ista gentes faciunt [4], » quibus non est ulla spes salutis.

6. Nostis, fratres mei, quia quotquot in Christo baptizati sumus, Christum induimus. Quo pacto ergo Christum exuentes, Antichristo servire vultis [5] ? Mandatum ab Apostolo accepimus incessanter orandi, et omnia in gloriam Dei faciendi [6]. Tu autem ad ista non attendis, sed auditum avertis, et oculos claudis. Novissima vero amara quasi absinthium, et acuta, quasi gladius biceps tibi erunt. Iterum dico : Ne decipiamini, fratres Christo dilecti ; non sunt ista christianorum, sed gentium Deum non habentium. Consideremus, fratres, quod homo vanitati sit similis [7], et dies ejus, ut flos fœni, sic præteribunt, uno temporis momento, et cuncta cessabunt. Quid frustra turbaris, o homo ? Unico febris impetu, tuæ saltationes atque lasciviæ finem capient. Una

---

[1] Luc. vi, 15. — [2] Matth. v, 5. — [3] Galat. i, 9. — [4] Luc. xii, 30. — [5] Galat. iii. — [6] Ephes. vi, et 1 Cor. x. — [7] Psal. cxliii, 4.

courir aux fêtes licencieuses du démon. Nous sommes faits à l'image de Dieu ; n'avilissons pas cette image sacrée. Nous sommes les soldats du Christ ; nous devons le suivre et le servir uniquement. Qu'on ne vous voie pas aujourd'hui vous mêler au chœur des anges, et demain bondir aux bacchanales de l'esprit infernal. Aujourd'hui disciples chéris de Jésus-Christ et occupés de saintes lectures, n'allez pas demain vous passionner pour le son des harpes, comme un prévaricateur et un ennemi du Christ. Après avoir fait aujourd'hui pénitence de vos fautes, n'allez pas demain chercher votre perdition au milieu de danses criminelles. Après avoir jeûné aujourd'hui et donné l'exemple de la tempérance, prenez garde demain de chanceler, agités par les fumées du vin, et de devenir un objet de scandale et de dérision. Je vous en conjure, mes frères, ne perdons pas un temps que Dieu ne nous a donné que pour la pénitence et pour le salut. Rappelons-nous ces menaces du Seigneur : « Malheur à vous qui riez, parce qu'un jour » vous pleurerez. » Et cette autre parole : « Heureux ceux qui pleu- » rent. » Ne vous laissez séduire par personne, mes frères, vous les disciples chéris du Christ. La doctrine du monde n'est pas celle des apôtres, qui nous disent : « Si quelqu'un vous enseigne autre chose » que ce que nous vous avons enseigné, qu'il soit anathème. » Ainsi les divertissemens du monde ne conviennent nullement aux chrétiens ; ils ne conviennent qu'aux infidèles qui n'obéissent point à l'Évangile ; et comme dit le Seigneur : « Toutes ces œuvres sont les œuvres des » nations » qui n'ont aucune espérance du salut.

6. Vous savez, mes frères, que, tous tant que nous sommes, qui avons été baptisés, nous avons été revêtus de Jésus-Christ. Pourquoi donc voulez-vous vous dépouiller de Jésus-Christ, pour servir l'Antechrist ? Nous avons reçu de l'Apôtre le précepte de prier sans cesse et de tout faire pour la gloire de Dieu : pourquoi vous montrer indociles à ce précepte ? pourquoi fermer vos oreilles et vos yeux ? Les nouveautés vous seront amères comme l'absinthe, et douloureuses comme une épée à deux tranchans. Je vous le répète, enfans chéris du Christ, les plaisirs sensuels ne conviennent point aux chrétiens, ils ne conviennent qu'aux nations qui n'ont pas de Dieu. N'oublions pas que l'homme est misère et vanité, que ses jours passent en un instant, comme la fleur des champs, et que toutes choses retomberont dans le néant. O homme, pourquoi t'agiter ainsi ? un accès de fièvre viendra mettre un terme à toutes tes danses et à tes folâtres divertissemens ; une heure suffira pour te séparer à jamais des compagnons de tes

hora te ab iis, quibuscum tripudiare solebas, separabit. Una nox intercedet, et caro tibi marcescet, pedesque ad malum cursum dispositi deficient : manus tibi dissolventur : oculi tui tabescent, lingua ex improviso quiescet, et incomposita tua vox deficiet; gemitus tibi abundabit, et lacrymæ inutiles tibi profundentur : cogitationes tuæ peribunt, et nemo erit, qui juvare possit (Deum enim contempsisti, et dedecorasti), ac cuncti, te relicto, recedent, nemoque præsto erit, præter invisibiles dæmones, quibus obsecutus es. Qui autem eo missus erit angelus truculentus, dejecto vultu, a longe consistens, assensum a Domino exspectabit, ut infelicem tuam animam rapiens, abducat in præparatum sibi locum, ut metat quæ seminavit; ubi colitur, et exsuperat, redundatque fletus, tribulatio, angustia, stridor dentium, et væ.

7. Quid frustra turbaris miser? Ibi ebriosorum oculi tabescent : ibi tripudiantium carnes marcescent : ibi dolore affligentur, atque esurient, qui cum citharis, ac tibiis vinum bibunt. Ibi magno cum dolore plorabunt, et dentibus stridebunt, vultumque percutient, fornicatores, adulteri, fures, homicidæ, divinatores, venefici, incantatores, falsarii, masculorum concubitores, puerorum corruptores, raptores, sanguivori : hi omnes, et horum similes, absque pœnitentia ad finem usque peccantes, et per latam, ac spatiosam incedentes viam, quæ ducit ad perditionem, idoneum omnino ibi diversorium reperient. Neque enim licet, et hic cum dæmonibus choreis delectari, et ibi cum angelis saltare : sicut ait Dominus : « Væ qui ridetis nunc, quia ibi » lugebitis et flebitis [1]. » Fieri non potest, fratres, ut modo christiani, modo ethnici simus. Nusquam, ut ante diximus, conceditur agere aliquid christianis hominibus hujusmodi. Dominus siquidem noster et Salvator, in hunc mundum veniens, cuncta illa, ut dictum est, funditus delevit ac sustulit : hoc est universam diabolicam doctrinam, qua male instructus homo, factus est transgressor mandati Dei creatoris sui, et e paradiso exul; didicitque omne quod sub cœlo vocatur malum. Atque hæc cuncta, ut jam diximus, veniens Christus Dominus repressit, exterminavitque, et per semetipsum et per discipulos suos,

[1] Luc. VI, 25.

plaisirs ; une nuit s'écoulera, et ta chair se flétrira, tes pieds, si légers à courir au mal, te refuseront leur service, tes mains tomberont sans force, tes yeux s'éteindront, ta langue s'arrêtera tout-à-coup, et ne bégaiera plus que des sons inarticulés. Alors tu te répandras en gémissemens et en larmes inutiles ; toutes tes pensées périront, tu n'auras de secours à attendre d'aucune créature, et, de même que tu auras méprisé et déshonoré Dieu, de même les autres se retireront de toi et te laisseront pour uniques compagnons les démons invisibles dont tu t'es fait l'esclave. Chargé de l'exécution des vengeances du Seigneur, l'ange des ténèbres, à la face hideuse et sombre, debout au loin et comme en sentinelle, n'attendra que le signal du souverain juge pour se saisir de ton ame et pour la précipiter dans ces abîmes profonds où l'impie moissonne ce qu'il a semé ; demeure affreuse où la colère divine a réuni et a monceié les pleurs, les tribulations, les angoisses, les grincemens de dents et les malédictions.

7. Malheureux, pourquoi te donner tant de mouvement ? Là les yeux de ces heureux convives ne brilleront plus de joie ; là le visage de ces légers danseurs sera couvert d'une effrayante pâleur ; là les douleurs aiguës et la faim dévorante tourmenteront ceux qui boivent maintenant le vin au son des harpes et des flûtes ; là pleureront, en proie à d'atroces douleurs, là grinceront des dents, là se frapperont le visage les fornicateurs, les adultères, les voleurs, les homicides, les devins, les sorciers, les enchanteurs, et ceux qui corrompent l'enfance, et ceux qui se livrent à d'horribles voluptés, et les ravisseurs du bien d'autrui, et tous les hommes de sang : tous ces pécheurs et tous ceux qui leur ressemblent, tous ceux qui mourront dans l'impénitence finale, tous ceux qui marchent dans la voie large et spacieuse de la perdition, seront éternellement renfermés dans ces épouvantables demeures. On ne peut partager ici-bas les fêtes du démon et participer dans le paradis au bonheur des anges ; car le Seigneur a dit : « Malheur à vous qui riez maintenant, un jour » vous pleurerez et vous gémirez. » Non, mes frères, nous ne pouvons être tantôt chrétiens, tantôt païens. Et jamais, je vous le répète, les divertissemens du siècle n'ont été autorisés parmi les chrétiens. Notre Seigneur n'est-il pas venu en ce monde pour tout changer, et, comme on l'a dit, pour tout détruire, c'est-à-dire, pour détruire la doctrine de Satan, qui a corrompu l'homme, qui lui a fait transgresser les ordres de son Dieu, qui l'a fait bannir du paradis terrestre, et qui a attiré sur lui ce déluge de maux dont le monde est inondé ? Le Seigneur n'est-il

dicens : « Euntes docete omnes gentes, baptizantes eos, et docentes » servare omnia, quæcumque mandavi vobis [1]. » Ac si dicat : « Dicite ipsis : Pœnitentiam agite, appropinquavit enim regnum cœlorum. » Non dixit : « Ebrietati vos tradite, non choreis : sed pœnitentiam agite. Lugete, et vigilate : orate et semper estote parati ; quoniam adventus Domini appropinquavit, et regnum cœlorum pro foribus est. » Quocirca simus parati, ac digni : ut cum venerit Dominus noster, inveniat nos cum pœnitentia paratos, nullumque ex nobis condemnet : sed hæredes sui nos regni constituat. Quoniam ipsi gloria in sæcula sæculorum. Amen.

III.

DE VIRTUTE.

PROLOGUS.

Necessarium duxi, charissime, et alia quædam cum his congruentia in hoc commentario addere, ut legens depreceris Dominum pro me peccatore atque operibus confuso, ut mihi peccata remittat, faciamque fructum ei gratum, antequam edictum veniat tremendum de anima mea e corpore tollenda : quando omnis humanus apparatus et ornatus evanescet. Væ tunc e , qui Dominum Deum nostrum offenderit, neque resipuerit. Requiret enim tempus in negligentia deperditum, et non inveniet. Ploremus igitur coram Deo nostro, ut miserationes ab ipso obtineamus. Donec tempus habemus, parcamus nobis ipsis, et placare Dominum studeamus. Non est nobis certamen de pecuniis, quarum jacturam licet quis fecerit, alias pro illis rursus comparare sibi poterit. De anima nobis periculum, quam si perdiderimus, non amplius recuperare poterimus, juxta quod scriptum est : « Quid proderit » homini, si mundum universum lucretur ; animæ vero suæ detrimen- » tum patiatur ? aut quam dabit homo commutationem pro anima » sua ? Filius enim hominis venturus est in gloria sua, et tunc reddet » unicuique secundum opera ejus [2]. » Si ergo datur retributio, nulla-

---

[1] Matth. xxviii, 19. — [2] Matth. xvi, 26, 27.

pas venu, comme nous l'avons dit, pour tout changer et pour tout détruire, et par lui-même et par ses disciples, auxquels il a dit: «Allez, » instruisez les nations, baptisez-les et enseignez-leur à observer toutes » les choses que je vous ai commandées. » Or, si Notre-Seigneur a dit à ses disciples : « Dites-leur : Faites pénitence, car le royaume de » Dieu est proche, » il ne leur a pas dit : « Livrez-vous à la bonne » chère et aux danses profanes ; » mais : « Faites pénitence, pleurez » et veillez; priez et soyez toujours prêts, parce que le jour de l'ar- » rivée du Seigneur approche, et que le royaume de Dieu est à votre » porte. » Alors soyons prêts, soyons justes, afin que le Seigneur, quand il viendra, nous trouve purifiés par la pénitence, qu'il ne condamne aucun de nous, mais qu'il nous fasse les héritiers de son royaume ; parce qu'à lui appartient la gloire dans les siècles des siècles. Ainsi soit-il.

III.

SUR LA VERTU.

PRÉFACE.

J'ai cru nécessaire, mon bien-aimé, de joindre à ce traité de la vertu quelques instructions qui s'y rapportent, afin qu'en le lisant vous priiez le Seigneur pour moi, pauvre pécheur que ses mauvaises œuvres couvrent de confusion, et que vous le suppliiez de me remettre mes péchés et de me faire porter des fruits qui lui soient agréables, avant le redoutable arrêt de la séparation de mon ame et de mon corps, avant ce jour où s'évanouissent pour jamais les pompes et l'éclat fastueux du monde. Malheur alors à celui qui aura offensé le Seigneur notre Dieu, et qui n'aura pas fait pénitence ; c'est en vain qu'il voudra retrouver le temps perdu et réparer ses négligences. Pleurons donc en présence de notre Dieu pour obtenir ses miséricordes, et, puisqu'il en est temps encore, travaillons à notre salut, efforçons-nous d'apaiser la colère du Seigneur. Ce que nous risquons, ce n'est pas de l'argent, dont la perte peut être facilement réparée ; c'est notre ame qui est en danger : si nous la perdons, c'est pour toujours, suivant cette parole de l'Écriture : « Que servira à un homme de gagner tout le monde et » de perdre son ame? ou par quelle rançon l'homme pourrait-il la ra- » cheter? Le Fils de l'homme viendra dans sa gloire, et alors il rendra » à chacun selon ses œuvres. » S'il rend à chacun selon ses œuvres, et si aucune d'elles ne peut être cachée à Dieu, pourquoi ne faisons-nous

que opera nostra latere possunt Deum, quare non operamur bonum, ut bonum bonis retribuatur; abstinemusque a malo, ne mala nos invadant? sicut scriptum est : « Recede ab iniquo, et non timebis, et » tremor non appropinquabit tibi[1]. » Dicere erubesco, et tacere nequeo, ob meam meique similium ignavorum negligentiam ; quod milites hujus sæculi, misera a rege dona accipientes, prompte alacriterque ad mortem usque pro ipso periculis se subjiciunt. quanto magis nos, quibus tales factæ sunt promissiones, debemus non cessare ab operibus justitiæ, ut a venturo salvemur judicio; ne tanquam inimica utamur nostra anima, quam sibi vindicat Deus. Cogitemus quomodo ardorem solis, vehementiamve febris tolerare nequeamus, et quo pacto inextinguibilem illum ignem pro nihilo ducimus? Deus autem suo nos consilio dirigat, manuque sua forti nos protegat in sæcula sæculorum. Amen.

1. Beata civitas quæ a piis regitur, et navis, quæ a peritis gubernatur, et monasterium quod a continentibus administratur. Væ autem civitati quæ ab impiis dirigitur, et navi quæ ab imperitis gubernatur, ac monasterio quod ab incontinentibus administratur[2]. Nam et civitas replebitur barbaris ob impietatem eorum qui eam tenent, et navis confringetur propter imperitiam gubernatorum; monasterium autem desolabitur ob ignaviam administrantium.

2. Si sub obedientia spiritualium patrum consideris, non, cum tibi ministratur, et assentationis verba audis, apparet fidei tuæ stabilitas ac firmitas : sed quando contemptus, atque percussus sustinueris; nam etiam fera cum demulcetur, merito mansuescit, atque mitescit. Ne itaque erga corripientem et instituentem te amarulentior fias : si nimirum cupis vas electionis evadere; sed scias obedientiæ in Domino, ac humilitatis profectum, quoniam huc progressus es, nempe si ejus gloriam cognoscens, eam tibi delegisti. In hac, frater, sanctorum vita illustris est et magnifica. Moyses enim servus Domini, etsi doctrina Jethro non erat imbutus, verumtamen illi se subjecit, atque servivit[3],

[1] Isai. LIV, 14. — [2] Eccli. x, 16, 17. — [3] Exod. III, 1.

pas le bien dans l'espérance de recevoir le bien en échange? Pourquoi ne nous abstenons-nous pas du mal, pour ne pas devenir la proie du démon, ainsi qu'il a été écrit : « Éloignez-vous du mal, et vous ne » craindrez pas, et la frayeur n'approchera point de vous. » J'ai honte de le dire, et je ne puis pas me taire, tant a été grande ma négligence et celle des hommes qui me ressemblent! Les soldats, pour un misérable salaire qu'ils reçoivent du prince, n'hésitent point à s'exposer pour lui à toutes sortes de périls, et courent avec joie au-devant de la mort. Avec combien plus d'empressement, nous à qui de riches promesses ont été faites, ne devons-nous pas, par des œuvres de justice multipliées, prévenir les terribles effets du jugement éternel! Ne traitons pas en ennemie notre ame qui appartient à Dieu. Considérons la peine avec laquelle nous supportons l'ardeur du soleil et la violence de la fièvre, et demandons-nous pourquoi nous semblons ne pas redouter ce feu qui ne s'éteindra jamais? que Dieu dispose donc de nous suivant sa volonté, et que la force de son bras nous protège dans les siècles des siècles. Ainsi-soit-il.

1. Heureuse la ville gouvernée par des gens de bien; heureux le navire conduit par d'habiles pilotes; heureux aussi le monastère régi par des supérieurs sobres et continens. Mais malheur à la ville gouvernée par des méchans; malheur au vaisseau dirigé par des mains inexpérimentées; malheur au monastère tombé aux mains d'hommes intempérans! La ville sera envahie par les barbares, en punition de la perversité de ses magistrats; le vaisseau se brisera contre les écueils par l'impéritie de ceux qui le gouvernent, et la corruption des supérieurs ne fera du monastère qu'un lieu de désolation et d'effroi.

2. Quand, placé sous l'autorité de vos pères spirituels, vous êtes l'objet de leurs soins vigilans et qu'un mot flatteur vous est adressé en récompense de votre bonne conduite, ce n'est pas alors que peuvent éclater la force et la fermeté de votre foi; mais c'est lorsque vous avez à supporter les mépris et les corrections : l'animal le plus féroce s'apprivoise sous la main qui le caresse. Étouffez tout ressentiment de haine contre celui qui vous instruit et vous corrige, si vous voulez devenir un vase d'élection. Sachez ce qu'il vous faut d'obéissance et d'humilité pour marcher dans la voie du Seigneur, et n'oubliez pas l'honneur qui vous en reviendra, si vous y êtes fidèle. Les saints, mon cher frère, y ont trouvé toute la gloire de leur vie. Moïse, serviteur de Dieu, qui avait puisé dans les sciences de l'Égypte des

quamvis in Ægypto satis esset eruditus. Jesus quoque Nave filius perfecta sua obedientia tantum donum promeruit, ut Moysis successor fieret [1]. Et Samuel per obedientiam, quam Heli sacerdoti præstitit, dignus habitus est, qui vocem Dei audiret [2]. Elisæus vero hujus virtutis adminiculo pallium et gratiam sui accepit magistri [3]. Quid porro homines similes nobis, passionibus subjectos, commemoro? Ipse quoque Deus Verbum incarnatum vitam in humilitate et obedientia traduxit, sicut nos docet Evangelista, dicens: « Et erat subditus illis [4]. » Rursus autem et Apostolus ait: « Humiliavit semetipsum, factus obe- » diens usque ad mortem, mortem autem crucis [5]. » Quinetiam quotquot vivendo nolunt bonam parentum tolerare disciplinam, non levi se periculo exponunt. Plerique enim, qui in civitatibus a magistratu puniuntur, propter inobedientiam, atque contumaciam, duramque cervicem, fustibus cæduntur. Quin et puellæ nolentes bonis morem gerere admonitionibus, et verecundia, ac pudicitia abjecta, in plateis, vicisque turpem vitam traducentes, in summa sunt infamia: quæ autem intentæ sunt operi, et silentio, atque pudicitiæ vacant; ab hominibus quidem honorabuntur, a Domino autem glorificabuntur. Bonum incœpisti opus: in eo persiste, ut magnificeris a Domino cum mansuetis et humilibus in regno cœlorum.

3. Si ad dimidium frater tuus perduxerit opus aliquod, contigeritque ipsum in morbum incidere, tuaque opera indigere in opere, curam ejus suscipe, omni cum humilitate patienti compatiens. Postquam vero sanitatem is recuperavit, ne fratris tui appetieris opus; ne forte tibi ipse a Domino et hominibus damnationem adsciscas. Sed forsasse suggerit cogitatio, non sine divina Providentia id accidisse, ut ille se malo habeat, et ego interim hoc consequar. At cur non bonum illud cogitasti; quod scilicet divino id factum sit permissu, ut cujusmodi voluntate sis, demonstres, tui ne ipsius, an fratris amator? Quod si a morbo liberatus ipse recusaverit, rem bona conscientia, cum permissu tamen præfecti, accipe, ut bonum habeas testimonium ab his, qui foris

[1] Deut. xxxiv, 9, et Jos. i, 10. — [2] 1 Reg. iii, 4-15. — [3] 4 Reg. ii, 13. — [4] Luc. ii, 51. — [5] Philip. ii, 8.

connaissances profondes, se soumit néanmoins à servir Jéthro, étranger à toute espèce d'étude; Josué, fils de Navé, mérita par sa parfaite obéissance d'être le successeur de Moïse. L'obéissance au grand prêtre Héli rendit Samuel digne d'entendre la voix de Dieu. C'est encore par l'effet de cette grande vertu qu'Elisée reçut le manteau de son maître et les grâces qui y étaient attachées. Mais pourquoi parler d'hommes semblables à nous et sujets aux mêmes misères? Le Verbe lui-même qui s'est incarné a vécu dans l'obéissance et dans l'humilité, comme nous l'apprend l'Évangéliste par ces paroles : « Et il leur » était soumis. » L'Apôtre dit encore : « Et il s'est rabaissé lui-même, » il a été obéissant jusqu'à la mort, et jusqu'à la mort de la croix. » Combien ne voyons nous pas d'enfans qui s'exposent à de graves dangers, parce qu'ils ne veulent pas se conformer à la règle de vie que leur tracent leurs parens? Dans les villes, la plupart des peines qu'infligent les magistrats n'ont d'autre source que la désobéissance, l'obstination et la raideur de caractère. Les jeunes filles qui se refusent à régler leur conduite sur les bons avis qu'on leur donne, foulant aux pieds tout sentiment de honte et de pudeur, usent une vie infâme dans la débauche sur les places et dans les rues. Celles, au contraire, qui sont attentives au travail, gardent le silence et observent les lois de la pudeur, sont honorées des hommes, et un jour elles seront couronnées par les mains du Seigneur. Votre œuvre est bien commencée, soyez persévérant, afin d'être honoré dans le royaume des cieux avec ceux qui sont doux et humbles de cœur.

3. Si votre frère tombe malade au milieu de son travail, qu'il ait besoin de votre secours, remplissez sa tâche avec amour, patience et humilité; mais lorsqu'il aura recouvré la santé, ne lui prenez rien de son travail, vous attireriez sur vous la condamnation de Dieu et des hommes. Peut-être avez-vous eu cette pensée : c'est la divine Providence qui a permis que mon frère tombât malade, pour que pendant ce temps je puisse profiter de son ouvrage. Mais pourquoi n'avez-vous pas eu plutôt cette bonne pensée : Cela s'est fait ainsi avec la permission de Dieu qui a voulu faire éclater ta bonne volonté, et montrer si c'est toi ou ton frère que tu aimes? Si votre frère, après sa guérison, refuse lui-même le salaire de son travail, recevez-le avec confiance, mais d'après l'avis de votre supérieur, afin que les étrangers rendent de vous bon témoignage; la piété ne suffit pas sans la justice. Il est écrit de saint Siméon qui prit le Seigneur entre ses bras, « qu'il était » juste et pieux. »

sunt[1]. Justitia enim indiget pietas. De sanctissimo quippe Simeone, qui Salvatorem in ulnas suas accepit, scriptum est : « Quod esset jus- » tus et pius[2]. »

4. Firmo ac stabili corde simus, charissime; nam virtuti adversatur segnities. Ne igitur exigua nobis ingruente acedia, evadamus pusillanimes : verum vim nobis ipsi inferamus, magnanimi viatoris instar; quippe cui cum defectio atque debilitas per viam accidit, non cadit animo, neque a scopo desistit propter longitudinem viæ; sed se ipsum consolatur, dicens : « Adhuc modicum restat viæ, et ad diversorium pervenies, atque quiesces. » Et Dominus vim ejus cernens, robur illi viresque præbet, viæque mollit, ac mitigat asperitatem. Segnities enim atque pigritia paupertatis conciliatrices sunt, non modo donorum spiritualium, sed etiam necessitatum corporalium.

5. Si ante cunctos in synaxim ac congregationem prodeas, ac persistas, donec absolvatur, ne in hoc te efferat cogitatio : quoniam et artifices multum studii, ac vigilantiæ in suo opere adhibent. Neque corpore duntaxat præsentem te exhibeas Domino, sed et cogitationes in corde humili colligito. Superbia enim latibulo similis est, in quo draco libenter moratur, et eum, qui ad illud accesserit, interficit. Porro de non inebriando se vino, aut de mulierum consuetudine vitanda, superfluum mihi videtur tuæ significare pietati; quia manifestum est omnibus hoc a virtute esse alienum. Necessarium est ergo non solum in hac parte impetum dæmonum observare, atque cavere : sed neque cum maribus conferre licet sermones lascivos atque effeminatos, qui animam in perniciem trahunt. Non tamen quod malum sit femina, ejus conversationem aversamur , sed quia facile est inimico per colloquia et conversationem mulierum nos subvertere, et ad transgressionem divini mandati inducere. Quocirca nos oportet undequaque observare malorum spirituum jacula, confidentes armaturæ, ac virtuti Spiritus sancti. Nam qui unam portam inimico præcludit, duas autem ei aperit, existimans se securum esse, fallitur hic, quisquis est. Necessarium est ergo, ut nos ipsos undique communiamus, nullamque occasionem præbeamus iis, qui occasionem quærunt. « Deus enim

[1] 1 Tim. III, 7. — [2] Luc. II, 25 et 28.

4. Mon bien-aimé, que votre cœur soit ferme et constant : la tiédeur est ennemie de la vertu. Lorsque nous sentons s'éteindre le feu qui nous animait, ne nous laissons point aller à l'abattement ni à la pusillanimité, mais reprenons courage à l'exemple de ce voyageur intrépide qui, sentant ses forces s'affaiblir et lui manquer dans le chemin, ne laisse point abattre son esprit, ne se détourne point de son but à cause de la longueur du voyage, mais se console lui-même en disant : « Il n'y a plus qu'un peu de chemin pour arriver à l'hôtellerie et tu t'y reposeras. » Et le Seigneur, voyant son courage, lui donne de nouvelles forces, lui aplanit le chemin et le lui rend plus doux. A la suite de la nonchalance et de la paresse marchent l'indigence des dons spirituels et la privation des choses nécessaires à la vie matérielle.

5. Si vous entrez avant les autres dans l'enceinte où l'on célèbre les mystères divins, et que vous y demeuriez jusqu'à ce que tout soit consommé, que votre esprit ne s'enorgueillisse pas pour cela : pensez que les ouvriers emploient beaucoup de soins et d'attention à leur ouvrage. Ne vous mettez pas seulement de corps en présence du Seigneur, recueillez aussi vos pensées et humiliez-vous devant lui. L'orgueil est-il autre chose que la caverne où le dragon se tient caché pour tuer ceux qui s'en approchent ? Parler de l'ivresse ou des plaisirs charnels me semble superflu avec un homme que la piété éclaire, parce qu'il est évident pour tout le monde qu'il y a en cela antipathie formelle avec la vertu. Il faut, en ce point, se tenir sur ses gardes et se préserver des attaques du démon ; mais ce qu'il faut éviter aussi, ce sont les conversations licencieuses avec les hommes, car elles corrompent l'âme et l'entraînent à sa perte. Ce n'est pas parce que la femme est un mal en elle-même qu'il faut fuir sa conversation ; mais parce qu'il est facile à l'ennemi de se faire contre nous des armes de l'entretien et des discours des femmes et de nous faire transgresser la loi divine. Aussi devons-nous considérer tous les côtés par lesquels les traits du démon peuvent arriver jusqu'à nous, et mettre notre confiance dans la solidité de l'armure que nous avons reçue du Saint-Esprit. Celui qui ferme une porte à l'ennemi et lui en ouvre deux, croyant s'être mis ainsi en sûreté, se trompe certainement. Il faut donc nous fortifier de toutes parts et ne fournir aucun moyen d'attaque à ceux qui les recherchent. « On ne se rit pas de Dieu, » et « c'est une chose terrible que de tomber

» non irridetur¹ : » et, « horrendum est incidere in manus Dei viven-
» tis². » Cui gloria, et potestas in sæcula sæculorum. Amen.

6. Frater quidam sub obedientia spiritualium patrum residens, alium fratrem adiit, dixitque : « Cupio relinquere patres meos spirituales, et per me tranquille degere. » Ad quem ille : « Homo, inquit, quidam habebat filium, quem accipiens, tradidit in manus artificis, qui eum artem suam doceret : eratque puer distractus circa opus. Cumque post dies aliquot adolescens ad patrem suum accederet, dixit : « Pater, tolle me ab hoc magistro meo : per me enim magis artem apprehendere potero. » At pater ad ipsum : « Si cum ab aliis, inquit, docearis et manuducaris, nihil didicisti, quid per te solum præstare poteris, o fili, qui non addidicisti, neque obedivisti, quemadmodum oportet? video te male erga artem, quam addiscis, affectum, o fili, metuoque ne forte frustra in te laboraverim. Arripe igitur opificium tuum, sicut oportet, fili, ut in arte exercitatus, ipse tibi requiem invenias : nam ineruditis disciplinæque expertibus occurrit mors. » Quapropter et nos, charissime, caveamus a nobis abjicere jugum obedientiæ in Christo, ne forte non placeat Deo : cumque in tentationem inciderimus, non sit qui auxilietur nobis. Quando enim Agar ancilla Saræ aufugit a conspectu dominæ suæ, inveniens eam angelus Dei, dixit ad ipsam : « Revertere ad dominam tuam, » et humiliare sub manu illius³. » Fecitque illa, sicut dictum erat ad eam. Cum vero adesset tempus ejus, assumpto commeatu, dimissa est cum fiducia una cum filio suo : oberranteque ipsa per solitudinem, adeo ut siti peritura videretur simul cum filio suo Ismael, non despexit eam Deus⁴. Oportet ergo et nos patienter perferre tribulationes, tanquam Domino servientes, et non hominibus. Ideoque dum sub odedientia versamur, ne opera inobedientiæ agamus, ne et nos patiamur, quemadmodum passus est Giezi minister prophetæ Elisæi⁵ : quin potius per piam religiosamque obedientiam fructum reddamus perfectum Domino nostro Jesu Christo : cui gloria et imperium in sæcula. Amen.

¹ Galat. vi, 7. — ² Hebr. x, 31. — ³ Gen. xvi, 9. — ⁴ Ibid. xxi, 17 et seqq. — ⁵ 4 Reg. v, 27.

» entre les mains du Dieu vivant. » A lui soient la gloire et la puissance dans les siècles des siècles. Ainsi soit-il.

6. Un religieux qui était sous l'autorité des pères spirituels alla trouver un de ses frères, et lui dit : « Je désire quitter mes pères spirituels et vivre tranquillement par moi-même. » Le frère lui répondit en ces termes : « Un homme avait un fils qu'il confia aux soins d'un artisan chargé de lui apprendre sa profession. Mais le jeune homme était distrait et peu attentif à son travail. Quelques jours après, il alla trouver son père, et lui dit : « Mon père, faites-moi sortir de chez mon maître, j'apprendrai bien mieux cet état par moi-même. Si vous n'avez rien fait, lui répondit son père, quand d'autres vous instruisaient et vous guidaient, que pourrez-vous faire par vous-même, ô mon fils! vous qui n'avez su ni apprendre ni obéir comme vous le deviez? Je vois, mon fils, que vous avez du dégoût pour la profession à laquelle je vous ai destiné, et je crains fort que je ne me sois donné pour vous une peine inutile. Appliquez-vous donc comme il convient à votre travail, afin que, devenu habile dans cette profession, vous trouviez le calme et le repos : la mort, voilà le partage de ceux qui, dans leur ignorance, refusent de se soumettre au joug de la discipline. » Et nous aussi, mon frère, gardons-nous de briser le frein de l'obéissance en Jésus-Christ, dans la crainte de déplaire à Dieu et de n'avoir personne qui vienne nous secourir, quand nous tomberons dans quelque tentation. Lorsque Agar, servante de Sara, fuyait les regards de sa maîtresse, l'ange de Dieu vint à elle, et lui dit : « Retournez vers votre » maîtresse, et humiliez-vous sous sa main. » Elle fit ce qui lui avait été ordonné ; mais lorsque son temps fut venu, Abraham lui donna des vivres et la renvoya paisiblement avec son fils : et comme elle errait dans le désert, et qu'elle et son fils Ismaël étaient sur le point de mourir de soif, Dieu ne les abandonna pas. Nous devons donc souffrir avec courage les afflictions, en nous souvenant que c'est le Seigneur que nous servons et non les hommes. Aussi, puisque nous sommes sous la puissance des autres, nous devons nous garder de rien faire par esprit de révolte, dans la crainte d'avoir à souffrir comme Giési, serviteur du prophète Élisée. Travaillons plutôt, par une pieuse et religieuse obéissance, à offrir des fruits parfaits à notre Seigneur Jésus-Christ, à qui soient la gloire et l'empire dans tous les siècles. Ainsi soit-il.

7. Si quis ad te accesserit secreto, dicens : « Conveniamus inter nos, ac simul fœdus et amicitiam ineamus, ut si quid dixero tibi, me sine ulla contradictione audias : » deinde etiam post jusjurandum si te in peccatum inclinare atque subvertere voluerit, ne morem geras illi, quamvis magnifica protulerit, seque ipsum humi prostraverit, ut violes Dei præceptum, supplicans. « Noli acceptor esse personæ adversus » animam tuam [1]. » Novit quippe diabolus non tantum ista subornare, sed etiam e Scriptura afferre, carnisque infirmitatem allegare, ac multa alia comminisci, ut hominem prævaricatorem mandatorum Dei efficiat, habeatque quod contra eum glorietur. At nos tali illius studio, inanique labore edocti, ad pietatem fortes in proposito susceptoque consilio erimus. Nam si illi, dum propriam cupiunt voluntatem perficere, aut potius operantis in eis diaboli, tantum studium artemque exercent, ne suo frustrentur instituto, quanto magis eos, qui spiritualem exercent vitam, decet peritiores ac vigilantiores esse, ut ne adversus eos glorietur diabolus? Atqui oportebat non jurare omnino ob præceptum Salvatoris nostri Dei [2]. At nunc abreptus es verbis? ne parvi facias. In manus enim malorum, venisti propter amicum tuum. « Ne dederis somnum oculis tuis, neque dormitationem » palpebris tuis, ut salveris, tanquam damula e laqueis, et quasi avis » de reti [3]. » Verumtamen ne cadas animo, neque confundaris : est enim emendatio sententiæ, si de cætero præ oculis habeas Dominum. Attende igitur tibi ipsi : non enim obnoxius es jurijurando, si te ipsum a malo elongaveris. Nam ipse, qui Evangelium in mundo prædicavit, propter nimium suum in homines amorem, ipse, inquam, Dominus mandavit hominibus, ut pœnitentiam agant, abstineantque ab omni peccato [4]. Videndum igitur, ne, dum voluptates nostras explere desideramus, jurisjurandi prætextum adducamus, quasi amplius nos ex inimici retibus subducere nequeamus [5]. « Deus non irridetur [6], » cupientibus salvari manum porrigit. « Declina ergo a malo, et fac » bonum [7]; » sicque sermonem servaveris secundum eum, qui dixit : « Ab omni via mala prohibui pedes meos, ut custodiam sermones » tuos [8]. »

---

[1] Eccl. iv, 20. — [2] Matth. v, 34. — [3] Prov. vi, 4, 5. — [4] Matth. iii, 2. — [5] 1 Thess. v. — [6] Galat. vi, 7. — [7] Psal. xxxiii, 15. — [8] Ibid. cxviii, 101.

7. Si quelqu'un vient vous trouver en secret et vous dire : « Unissons-nous ensemble, et lions-nous d'une si étroite amitié que, quand je vous dirai quelque chose, vous m'écoutiez sans me contredire. » Puis si, après avoir reçu votre serment, il veut vous détourner de la bonne voie et vous porter au péché, ne déférez point à ses conseils, bien qu'il ait recours à de magnifiques paroles et qu'il se prosterne à vos pieds jusqu'à terre, dans l'intention coupable de vous faire transgresser les préceptes du Seigneur. « Ne faites point acception des per» sonnes, lorsqu'il s'agit de votre âme. » Ce n'est pas seulement ainsi que le démon travaille à la corruption ; il sait aussi employer à son gré des citations de l'Écriture, alléguer la faiblesse de la chair et imaginer mille artifices pour rendre l'homme prévaricateur et se glorifier de sa défaite. Mais nous qui connaissons son activité et les vains efforts dans lesquels il s'épuise, nous devons être fermes dans notre piété et inébranlables dans les résolutions que nous avons prises. Ceux qui veulent faire leur propre volonté, ou plutôt celle du démon qui agit en eux, se donnent tant de peines et de soins pour atteindre au but qu'ils se sont proposé ! quelle adresse et quelle vigilance doivent donc déployer ceux qui font profession de la vie spirituelle, de peur que l'ange des ténèbres ne parvienne enfin à les vaincre ! Mais, suivant les préceptes du Seigneur notre Dieu, il ne fallait pas se lier par un serment ; car vous voilà pris par vos propres paroles. Ne dites pas que c'est peu de chose ; la complaisance que vous avez eue pour votre ami vous a fait tomber entre les mains des malins esprits. « Ne laissez » point aller vos yeux au sommeil, et que vos paupières ne se ferment » point ; sauvez-vous comme un daim qui échappe au piège et comme » l'oiseau qui se tire du filet. » Que le découragement et la confusion ne s'emparent pas de votre esprit. Vous pouvez changer de vie, si d'ailleurs vous avez toujours le Seigneur devant les yeux. Veillez sur vous-même : votre serment est nul et vous pouvez encore renoncer au mal. Celui qui, par amour pour les hommes, a prêché l'Évangile dans le monde, le Seigneur enfin, a ordonné aux hommes de faire pénitence et de s'abstenir de tout péché. Il faut donc prendre garde que, dans le désir de satisfaire nos passions, le serment ne soit qu'un vain prétexte de ne point nous dégager du réseau empesté de notre ennemi. « On ne se rit pas de Dieu. » Il tend la main à ceux qui veulent être sauvés. « Évitez le mal et faites le bien. » C'est ainsi que vous garderez votre parole selon le Psalmiste : « Je retire mes pas de toute » mauvaise voie, afin d'accomplir vos ordonnances. »

8. Vis autem ut plenam perfectamque tibi fidem faciam, quod verbis non sis obnoxius? si mala vitaveris, bona autem egeris, subtraxerisque te ab omni homine ambulante inordinate [1]. Audi parabolam, aut potius exemplum. Homo quidam habebat filium, qui patrem suum vehementer honorabat, studebatque omnia ejus præcepta servare, eique in cunctis obsequebatur. Alius autem quidam invidia ductus, super profectu junioris, oc ulte accedens, dixit ei : « Jura mihi adversus patrem tuum, quod quæ tibi sum dicturus, facies, servabisque absque omni contradictione. » Atque ille, non recte agens, juravit ipsi. Deinde post hoc dixit ad eum. « Vado, ac dedecore patrem tuum afdee, ipsumque plagis cæde, et noli amplius revereri conspectum ejus : et quæcumque tibi mandaverit non facienda, facito : quoniam jurasti mihi, et non poteris non obedire iis, quæ tibi a me dicta sunt. » Sed numquid tantam sustinebit dementiam, aut potius impietatem filius, et non despiciet iniquissimum consilium illius, propter cultum ac reverentiam erga patrem? ad cumque respondebit : « Video te hominem non verum nec justum esse, sed inimicum patris mei, animæque meæ insidiatorem. At me non decipies, sicut serpens sua calliditate Evam [2] : neque me ad impietatem versuta tua improbitate compelles. Nolo ut me accusare vel reprehendere pater possit, quod tuæ impietati paruerim. Despicio itaque consilium tuum nefarium ob patris mei reverentiam, animæque meæ salutem: auresque meas crucis signaculo obsigno, ne amplius intret in aures meas verborum tuorum virus : ipsamque tuam consuetudinem vitabo, propter dolum in te latentem. »

9. Admonet quoque nos Apostolus, ut subtrahamus nos ab omni fratre ambulante inordinate [3]. Nam Deus malis actionibus non colitur. Ne igitur abduci te a scelestis hominibus patiaris, charissime, ut non exacerbes patrem tuum, qui in cœlis est, contraria præceptis ejus agendo, et non habens excusationem in die judicii. Propter transgressionem enim mandatorum sancti Evangelii, Deum provocas. Attende tibi ipsi, summam sermonis per Prophetam edoctus; ait enim Propheta : « Juravi, et statui, » non quidem transgredi præcepta tua, et cuncta judicia tua; sed, « Juravi, et statui custodire

---

[1] 2 Thess. III, 6. — [2] Gen. III. — [3] 2 Thess. III, 6.

8. Voulez-vous que je vous prouve d'une manière complète et invincible que vous n'êtes pas lié par votre parole? Fuyez le mal, faites le bien, et séparez-vous de toute personne qui marche dans la voie du désordre. Écoutez cette parabole ou plutôt cet exemple : Un père avait un fils qui l'entourait de ses respects, qui, toujours docile à ses ordres, se plaisait à lui obéir en toutes choses. Quelqu'un, jaloux de la sagesse et de la perfection de ce jeune homme, vint lui dire en secret : « Jurez-moi que vous ferez à l'égard de votre père tout ce que je vous dirai, et que vous ne m'opposerez jamais la moindre résistance. » Le fils eut l'imprudence de le lui jurer; et aussitôt après il lui dit : « Allez outrager votre père, frappez-le, ne respectez plus sa présence, et faites tout ce qu'il vous aura défendu de faire; j'ai reçu votre promesse, et vous ne pouvez vous refuser à m'obéir. » Ce fils serait-il assez insensé, ou plutôt assez impie, pour ne pas mépriser cet abominable conseil? Et le respect et la vénération qu'il a pour son père ne seront-ils pas plus puissans? Certes, il lui répondra : « Je vois que vous êtes un homme qui foulez aux pieds la vérité et la justice, qui êtes l'ennemi de mon père et qui ne cherchez qu'à perdre mon ame. Mais vous ne me tromperez pas comme le serpent séduisit Ève. Votre fourberie et votre méchanceté ne me feront pas commettre une impiété aussi grande. Je ne veux pas que mon père puisse m'accuser ou me reprocher d'avoir obéi à un homme aussi pervers. Je méprise votre conseil par respect pour mon père et pour le salut de mon ame. Que le signe de la croix ferme mes oreilles à vos paroles empoisonnées, qui ne pourront y entrer désormais; je fuirai tout rapport avec vous, parce que vous êtes plein de ruse et de dissimulation. »

9. L'Apôtre nous avertit aussi de nous séparer de tous ceux d'entre nos frères qui mènent une vie déréglée. On n'honore point Dieu par de mauvaises actions. Mon bien-aimé, ne vous laissez pas entraîner par les hommes pervers, dans la crainte d'offenser votre Père qui est dans les cieux; si vous faites des choses contraires à ses commandemens vous n'aurez pas d'excuse au jour du jugement. Vous irritez votre Dieu en transgressant les préceptes du saint Evangile. Veillez sur vous-même et profitez du sublime enseignement du prophète lorsqu'il dit : « J'ai juré et j'ai résolu, » non pas de violer vos préceptes et vos commandemens, mais « j'ai juré et j'ai résolu de garder vos préceptes » et d'accomplir tout ce qu'ordonnera votre justice. » Et il ajoute: « Je

» mandata tua, et omnia judicia justitiæ tuæ[1]: » Rursusque ait : « Iniquitatem odio habui, et abominatus sum, legem autem tuam » dilexi[2]. » Et in hoc per Dei misericordiam magnas evitabis tentationes atque pericula. In illo autem eveniet quod scriptum est : « Con» vertetur labor ejus in caput ejus, et in verticem ipsius iniquitas ejus » descendet[3].. » Charitatem igitur ac unionem posside, non quidem per juramenta, et blanditias, aliave prohibita, coactam; sed quæ secundum Deum sit, et ex animi affectu directa : quippe in qua nihil iniquum aut coactum obrepit. Eritque gratia Domini nostri Jesu Christi tecum. Cui gloria et imperium in sæcula. Amen.

10. Devita concessum hominum hæreticorum ac libidinosorum, nihil fidele loquentium. Nam instar sagittarum, sermones ipsorum vulnerant corda. Novi quosdam sermonibus animas pervertentes; cujusmodi quidem homines fortasse per symbola quædam, seminis fluxu laborantes et leprosos Scripturæ sermo appellat[4]. Quemadmodum enim qui seminis fluxu laborat, immundum reddit, secundum legem, ubicumque consederit, vel quodcumque conspulaverit : sic, et horum impurus fluxus animæ male affectæ, sermonumque conspulatio exsecrabiles reddit suscipientes, et fortasse illorum depravata animi affectio cum eo, qui lepra laborat, comparanda est, sicut jam dictum est. Et omnis quidem Sanctorum cœtus zonam habebat lumbos constringentem, asperitatem vitæ demonstrantem : nam armaturam Spiritus sancti possidebant, et undequaque virtute sancti Spiritus confirmati erant. Istos autem ex propria negligentia hoc dono cernimus nudatos; nec lumbi ipsorum cogitationibus castis coercentur; verum cuncti eorum mores dissoluti, atque corrupti sermones, actionesque. Atque is quidem, qui circa fidem laborat : « Quid noceat, inquit, cum quovis homine versari; isve recte credat, sive male sentiat, modo sanam nos fidem teneamus ? » At qui voluptatibus ventris indulgent, his quæ infra ventrem sunt dicent : « Et quid obesse poterit edere, ac bibere, et deliciis frui ? » Mala est corporalis concupiscentia : malum est concupiscere rem alienam, seu furari. Et si quando de his quoque coarguantur, iterum dicent : « Necessitate coactus hoc feci. Furatus sum, ut esurientem explerem animam. » Quid hoc dicto impurius ? aut ejusmodi lepra, turpius ac indecentius ? Ideo non per-

[1] Psal. cxviii, 160. — [2] Ibid. 163. — [3] Ibid. vii, 17. — [4] Lev. xv, 27.

» hais l'iniquité et je l'ai en abomination, mais je chéris votre loi. » Avec ces préceptes et la miséricorde de Dieu, vous éviterez bien des tentations et bien des dangers, et ce qui est écrit s'accomplira : « Le » mal qu'il méditait tournera contre lui, et ses iniquités retomberont » sur sa tête. » Travaillez donc à acquérir la charité et la paix, non pas celle que peuvent donner les sermens, les flatteries et tout ce qui est défendu, mais celle qui est selon Dieu et qui émane directement de l'amour que votre âme a pour lui ! alors il ne s'y glissera rien d'injuste, rien de forcé, et la grâce de notre Seigneur Jésus-Christ sera avec vous. A lui la gloire et la puissance dans les siècles. Ainsi soit-il.

10. Fuyez la compagnie des hérétiques et des libertins ; leurs entretiens sont contraires à la foi, et, semblables à des flèches, ils font au cœur de profondes blessures. Combien de gens empoisonnent les ames du venin de leurs discours ; ce sont peut-être ceux-là que l'Ecriture désigne par l'expression symbolique d'hommes couverts de la lèpre et dévorés de maladies honteuses. Ces derniers, selon le témoignage de la loi, rendent impurs tous les meubles sur lesquels ils se reposent et tout ce que touche leur salive. Ainsi les hérétiques et les débauchés, par leurs discours empestés, rendent abominables tous ceux qui reçoivent les émanations de leur ame impure et corrompue, et, comme je l'ai déjà dit, la dépravation de leur esprit peut être comparée à la lèpre. Une foule de saints se sont serré les reins avec une ceinture qui révélait toute l'austérité de leur vie. Ils étaient couverts de l'armure du Saint-Esprit, dont la vertu les défendait de toutes parts. Mais les hérétiques sont privés, par leur négligence personnelle, de ce don précieux : leurs appétits charnels ne sont pas contenus par la barrière de chastes pensées ; leurs mœurs sont dissolues, leurs actions et leurs paroles, tout en eux est corrompu. Les uns, dont la foi est faible et chancelante, disent : « Quel mal y a-t-il à se lier avec un homme quelconque, qu'il pense bien ou mal, pourvu que nous conservions l'intégrité de notre foi ? » D'autres, esclaves des plaisirs sensuels, se demandent : « Quel inconvénient y a-t-il à manger, à boire et à vivre dans les délices ? » La concupiscence de la chair est un mal ; c'est un mal de désirer le bien d'autrui ou de le dérober. Cependant si on leur en fait un reproche, ils répondent : « J'y ai été contraint par la nécessité ; si j'ai volé, c'était pour satisfaire la faim qui me pressait. » Est-il rien de plus impie que ce langage? Rien de plus honteux et de plus ignominieux qu'une semblable lèpre? Ne lais-

mittit sermo divinus exsecrandas hasce cogitationes in sanctarum animarum castris versari : sicut neque lepræ contactu notatos sinit lex tentoria figere in medio castrorum filiorum Israel. Etenim turpissimum revera in medio illustrium atque sanctarum cogitationum morari; et immundis interim cogitationibus aditum præbere. Dissolutionem autem, ac turpitudinem, corruptionemque operum ipsorum, atque indecens propositum, et inverecunda ac inexcusabilia eorum opera innuens, dicit : « Quicumque tactus fuerit lepra, vestimenta ejus dissuta sint, et caput ipsius revelatum, et circa os ejus contegatur, et immundus vocabitur omnibus diebus, quibus fuerit super eum lepræ contactus et immundus cum sit, immundus erit, separatusque sedebit, et extra castra erit conversatio ejus [1]. » Ex his sunt, qui dicunt : « Comedamus, et bibamus ; cras enim moriemur [2]. » Sunt autem isti hominum, qui a veritate aberrant sermones, atque etiam hæretici sensus.

11. Nam hæretici suum volentes confirmare errorem, ex divinis Scripturis loca atque testimonia depromere conantur, ad corda obedientium ipsis pervertenda, ad quos pulchre et magnifice quidam sanctorum enuntiavit, dum sic docens ait : « Cum sit igitur tale illorum argumentum, quod neque prophetæ prædicaverunt, neque Dominus docuit, neque apostoli tradiderunt, quod abundantius glorientur plus quam cæteri cognovisse, de iis, quæ non sunt scripta, legentes; et quod solet dici, de arena resticulam nectere affectantes, fide digna aptare conantur iis, quæ dicta sunt, vel parabolas dominicas, vel dictiones propheticas, aut sermones apostolicos, ut illorum figmentum testimonio non carere videatur. Ordinem quidem, et textum Scripturarum supergredientes atque transilientes, et quantum in ipsis est, solventes membra veritatis. Transferunt autem, et transfingunt, et alterum ex altero facientes, seducunt multos ex eis, quæ aptant ex dominicis eloquiis, male composito commento. Quomodo si quis regis imaginem bene diligenterque fabricatam ex gemmis pretiosis a sapiente artifice, solvens subjacentem hominis figuram, transferat gemmas illas, et reformans, faciat ex iis formam canis, aut vulpeculæ : et hanc male dispositam dehinc distinguat determinetque, et dicat hanc esse regis illam imaginem bonam, quam sapiens artifex fabricavit, os-

[1] Lev. xiii. — [2] Num. xii.

sez point ces abominables pensées infecter vos ames; Dieu ne le veut pas. La loi ne permet pas à ceux qui ont eu des relations avec des lépreux de dresser leurs tentes au milieu des enfans d'Israël. Celui qui ouvre dans son cœur un sanctuaire aux saintes et sublimes pensées ne peut pas, sans crime, y laisser pénétrer l'impureté et le crime. L'Écriture fait assez connaître la corruption et la dissolution des mœurs de ces hommes pervers, le but honteux qu'ils se proposaient, leur conduite que rien ne saurait excuser, lorsqu'elle dit : « Tout homme affecté de la lèpre aura ses vêtemens déchirés, la tête nue, le visage couvert, et il sera déclaré impur pendant tout le temps de sa maladie; et, à cause de son impureté et de ses souillures, il sera séparé du peuple et demeurera hors du camp. » Certains d'entre eux ne rougissent pas de dire : « Mangeons et buvons; nous mourrons peut-être demain. » Ce sont là les discours de gens qui ont fait divorce avec la vérité; c'est aussi le sentiment des hérétiques.

11. Pour donner une base à leurs erreurs, les hérétiques s'efforcent d'emprunter aux divines Écritures des passages et des citations à l'aide desquels ils pervertissent le cœur de ceux qui ont la faiblesse de les écouter. Un de nos saints leur adresse ces admirables paroles, qui renferment une excellente leçon : « Les raisons sur lesquelles ils s'appuient ne peuvent avoir pour fondement ni les prédictions des prophètes, ni les enseignemens du Seigneur, ni la tradition des apôtres. Mais, pour qu'on ne dise pas que le travail de leur imagination ne repose sur aucune autorité, ils prétendent connaître les saintes Écritures bien mieux que tous les autres, et ils y voient ce qui ne s'y trouve pas; ils bâtissent sur le sable, comme dit le vulgaire, en tâchant d'ajuster des vérités dignes de foi, ou les paraboles du Seigneur, ou des discours des prophètes et des apôtres, aux principes erronés qu'ils mettent en avant; ils passent sur toutes les règles prescrites pour expliquer les saintes Écritures, ils en corrompent le sens et morcèlent, autant qu'ils peuvent, la vérité même. Ils transposent les passages, les retournent, les mêlent ensemble et les confondent; enfin ils dénaturent les paroles du Seigneur pour les adapter à l'imperfection de leur doctrine; ils ressemblent à un fou qui, prenant la statue d'un roi faite par un artiste habile et enrichie de pierres précieuses, les retirerait une à une, lui ferait perdre la forme humaine, pour ne reproduire que l'image d'un chien ou d'un renard, et qui soutiendrait ensuite et ferait croire, en montrant les pierres précieuses dont l'éclat séduirait peut-être les sots qui n'ont aucune idée exacte de la vérité,

tendens gemmas, quæ bene quidem a primo artifice in regis imaginæ compositæ erant, male vero a posteriore in canis figuram translatæ sunt : et per gemmarum phantasiam decipiat idiotas, qui comprehensionem regalis formæ non habeant, et suadeat hanc turpem vulpeculæ figuram, illam esse præclaram regis imaginem. Eodem modo et hi anicularum fabulas assumentes, deinde sermones, et dictiones, et parabolas hinc inde avellentes, aptare volunt fabulis suis eloquia Dei [1]. » Itaque sufficienter exemplis edocti, fugiamus perversos hæreticorum sermones, imitationemque eorum, qui in luxu ac lascivia vivunt, etsi ex Scripturis testimonia proferre videntur ; ut fide, et operibus sanis, fructum referamus perfectum Domino nostro Jesu Christo. Cui gloria in sæcula. Amen.

12. Considera habitum, quo indutus es, o humilis monache, et cerne quantum sit inter hunc, sæcularemque discrimen, diligenterque animadverte quidnam iste designet. Constat quippe, quod sæcularium morum rerumque significet abjectionem, spiritualiumque operationum recordationem afferat. Noli igitur virtutem negligere, sed totis viribus sanctificationem procura; quoniam ideo e mundo egressus es. Acquire ergo tibi castitatem, ut inhabitet in te Spiritus sanctus. Audi bonam in Domino admonitionem, charissime, et hanc nequaquam spernas, ut quietem in te invenias. Noli animum convertere ad detestabiles concupiscentias, assentationesque vanas. Ne quis te fallat verbis inanibus, et ne zelaveris in malis, neque erratis attendas alienis. Te castum custodi, et si jam cœpit in te peccati flamma incendium excitare, eam lacrymis restingue : salvat enim eos Dominus, qui ad ipsum convertuntur. Hæc igitur tibi a Domino deposce; nam eos Dominus diligit, qui in sanctitate ipsi serviunt. Possessio pretiosa est puritas in cogitatione recta : hanc si amaveris, a Domino glorificaberis, et in omnibus prosperaberis. Ista audiens, vide ne diabolus oculos mentis tuæ vanis cogitationibus claudat ; non enim ille te adjuvabit, quando ab angelis traheris improbis, qui certe ne sibi quidem ipse opem ferre potest. Illi enim parata est gehenna, et angelis ejus [2] : at tibi gaudium paradisi præparatum, si ab operibus ipsius recesseris. Tunc lætatur diabolus, quando vitam turpiter degis; dolet autem,

[1] S. Irenæus, I, adversus hæreses, 1. — [2] Matth. xxv, 41.

que cette statue ainsi défigurée est le véritable chef-d'œuvre de l'artisan habile qui voulut dignement représenter le prince. Ainsi les hérétiques, assemblant avec effort des contes et des fables absurdes, s'emparent des passages, des citations et des paroles éloquentes de Dieu pour les adapter à leurs folles rêveries. » Suffisamment instruits par ces exemples, fuyons les hérétiques et leurs conversations perverses. Gardons-nous d'imiter ces hommes qui vivent dans le luxe et dans la débauche, tout en invoquant l'autorité de l'Écriture. Conservons-nous dans la pureté de la foi et des bonnes œuvres, afin d'offrir des fruits excellens et parfaits à notre Seigneur Jésus-Christ, à qui soit la gloire dans les siècles. Ainsi soit-il.

12. Considérez l'habit dont vous êtes revêtu, humble solitaire; voyez combien il diffère de celui des gens du monde, et examinez avec soin les devoirs dont il est l'emblème et le signe. Il vous montre et il vous apprend le mépris que vous devez faire des mœurs et des choses du siècle, en même temps qu'il vous rapelle que vos œuvres doivent toutes être spirituelles. Ne négligez donc point la vertu, mais réunissez toutes vos forces pour travailler à votre purification; c'est pour cela que vous avez quitté le monde. Appliquez-vous à conquérir la chasteté, et l'Esprit saint demeurera en vous. Écoutez cet avis dans le Seigneur, ô mon bien-aimé, ne l'oubliez jamais, et vous trouverez le repos en vous-même; loin de vous toute vaine complaisance, toute exécrable pensée de concupiscence. Gardez-vous de l'appât des paroles trompeuses, ne portez point envie à ceux qui vivent dans l'iniquité et ne faites point attention aux fautes de votre prochain. Conservez-vous dans la pureté, et si l'ardeur du péché vous excite et vous embrase, que vos larmes en éteignent les flammes impures. Le Seigneur sauve ceux qui ont recours à lui; demandez-lui donc ses grâces, car il aime ceux qui le servent saintement. La pureté est un précieux trésor, lorsqu'on y joint des pensées droites; si vous l'aimez, le Seigneur vous glorifiera et vous prospérerez en toutes choses. Suivez mes conseils, repoussez le démon lorsqu'il veut étendre sur les yeux de votre esprit le voile de mauvaises pensées. Il ne viendra pas à votre secours, quand les mauvais anges vous entraîneront, lui qui ne peut se secourir lui-même; c'est pour lui et ses anges que l'enfer a été préparé; mais pour vous toutes les délices du paradis, si vous renoncez à ses œuvres. Le démon est dans la joie quand vous menez une vie crimi-

quando in bonis te viderit proficientem actionibus. Ne ergo jam dictam virtutem despexeris : in ejus enim exercitio parum laboris atque molestiæ capies. Verum confide, quoniam cito fructus ejus comedes. Si autem utiles commonitiones male acceperis, in novissimis te pœnitebit, quando consumpseris carnes corporis tui, et dices : « Cur detes » tatus sum disciplinam, et increpationibus non acquievit cor meum : » nec audivi vocem docentis me, et magistro non inclinavi aurem » meam ? Pene fui in omni malo, in medio Ecclesiæ et synagogæ [1]. » Ne ergo salutem nostram negligamus, charissime; neque æmulemur eos, qui in lascivia et superbia, ac sine timore vivunt. Nam confusio et improperium operient eos, qui oderunt Dominum. Dies nostri currunt, et finis appropinquat. Ploremus coram Domino Deo nostro, antequam tenebris concludamur exterioribus. Quomodo dies istos cum multis lacrymis poterimus quærere, si in malis eos transegerimus, nihilque omnino profuerimus ? « Ecce nunc tempus acceptabile, ecce » nunc dies salutis [2]. » Beati sobrii atque vigilantes, quoniam ipsi in exsultatione coronabuntur. Beati qui lugent nunc, quoniam ipsi cum electis Dei consolabuntur [3]. Beati qui laborant in Domino, quoniam deliciæ paradisi eos manent : quibus concedatur nobis perfrui, intercessione omnium, qui conplacuerunt Domino nostro Jesu Christo, cui gloria in sæcula sæculorum. Amen.

13. Vitam spiritualem consectemur, charissime, ut opere fidei cooperante, ex utrisque homo reperiatur perfectus. Ad theologiam vero tum demum vix erimus idonei, quando superando passiones, a nobis ipsi omnem affectionem carnalem exterminaverimus, nullamque occupationem mente retinuerimus. Tunc enim Spiritus sancti gratia requiem in nobis inveniens, intelligendique vim præbens, illuminabit corda nostra instar lucernæ instructæ, oleo et stuppa plenæ, in qua quidem ignis subjectam materiam apprehendens, lampadem accendet abunde exhilarantem, ac eos, qui adsunt, illuminantem. Si vero passionibus adhuc angimur et opprimimur, in iisque volutati dignitates

[1] Prov. v, 12-14. — [2] 2 Cor. vi, 2. — [3] Matth. v, 5, et Luc. vi, 21.

nelle; il s'afflige, au contraire, quand il vous voit avancer par de bonnes œuvres dans la route de la vertu. Ne vous rebutez pas dans la carrière du bien que je vous ai tracée; la pratique est aisée et facile, et si vous croyez fermement, bientôt vous en recueillerez des fruits; mais si vous êtes indocile à ma voix, vous vous en repentirez bientôt, et lorsque vous aurez consumé vos forces, vous direz: « Pourquoi ai-je rejeté les saintes règles de la discipline? Pourquoi mon » cœur a-t-il été rebelle à toutes les remontrances? Pourquoi n'ai-je » point écouté la voix qui m'instruisait, ni prêté l'oreille aux leçons » de mon maître? J'ai été presque plongé dans toutes sortes de maux, » au milieu de l'église et de l'assemblée. » Ne négligeons donc pas notre salut, mon bien-aimé, et n'imitons point ceux qui vivent sans crainte dans l'ivresse de l'orgueil et de la volupté. Ceux qui haïssent le Seigneur seront couverts de honte et de confusion. Nos jours passent vite, notre fin approche: pleurons devant le Seigneur notre Dieu, avant que nous ne soyons enveloppés dans les ténèbres extérieures. Comment pourrons-nous nous préparer à ce temps, en versant d'abondantes larmes, si nous l'employons à opérer l'iniquité, ou si nous ne faisons aucun progrès dans la vertu? « Voici maintenant le » temps favorable, voici maintenant les jours de salut. » Heureux ceux qui sont sobres et vigilans, ils seront couronnés de gloire au milieu des tressaillemens de joie; heureux ceux qui pleurent maintenant, ils seront consolés avec les élus de Dieu; heureux ceux qui souffrent dans le Seigneur, les délices du paradis les attendent. Puissions-nous en jouir par l'intercession de tous ceux qui se sont rendus agréables à notre Seigneur Jésus-Christ, à qui soient honneur et gloire dans les siècles des siècles. Ainsi soit-il.

13. Dévouons-nous, mon cher frère, à la vie spirituelle, unissons les œuvres à la foi, afin que par leur coopération mutuelle l'homme en nous arrive à la perfection. Nous ne serons propres à étudier la science de Dieu que du moment où nous aurons réprimé nos passions, chassé loin de nous toute affection charnelle et dégagé notre esprit de toute sollicitude pour les choses du siècle. La grâce du Saint-Esprit pouvant alors se reposer en nous, nous aurons par elle le don d'intelligence, elle éclairera nos cœurs et les rendra si resplendissans qu'ils seront comme des lampes bien garnies, d'où le feu jaillit aussitôt qu'on l'en approche, et qui répandent partout une éclatante lumière. Mais si nous sommes encore tourmentés par nos passions et dominés par elles, si, tout couverts de leur fange immonde, nous recherchons les hon-

petimus, non vulgariter periclitamur, lucernæ assimilati oleo et combustibili materia destitutæ, quæ ne ad breve quidem tempus calorem et efficacitatem ignis ferre poterit. Oportet ergo primum procurare præparationem ad intelligibilis luminis susceptionem, ut spiritualibus gratiarum donis digni reddamur. Vitam spiritualem sectemur, ut mens in potestatem Spiritus sancti redacta sanctificetur, una cum corpore per Spiritus participationem. Singulis diebus a Domino compunctionis lacrymas efflagitemus, ut nobis de peccatis nostris flentibus, anima nostra a peccatorum corruptione revirescat. Non negligamus propriam animam. Fodiamus circa ipsam, stercora projicientes, ut emollita atque calefacta, fructum utilem referat Domino. Pro ligone vetus ac novum Testamentum habeamus, et stercorationis loco, ardorem sancti Spiritus. Istis curam geramus animæ, rigantes eam lacrymis, ut sic exculta, lacrymisque irrigata, fructum reddat in justitia : ne ex negligentia dicamus et nos in separationis hora cum timore atque tremore, sicut rex Amalecitarum : « Siccine amara mors est[1]? » Ezechias quia cum valeret, non neglexerat justitiæ opus, tempore angustiæ ac mortis consolationem apud Dominum invenit : nam cum mortis sententiam per prophetam accepisset, convertit faciem suam ad parietem, et oravit Dominum dicens : « Memento, Domine, quomodo ambulaverim co- » ram te in veritate et in corde vero, et quæ placita sunt coram te » feci[2]. » Flevitque Ezechias fletu magno. Et quid ad eum misericors Dominus? Mox et e vestigio per Prophetam ad ipsum misit, dicens : « Audivi orationem tuam, et vidi lacrymas tuas : et ecce addo tempori » vitæ tuæ quindecim annos : sed et de manu regis Assyriorum sal- » vabo te[3]; » et reliqua.

14. Vides quale bonum sit non negligenter vivere, sed semper ante oculos timorem Dei habere? Magnus nobis timor ac tremor imminet. Demus et nos operam bonis operibus, ut tempore necessitatis ac tribulationis protectorem inveniamus Dominum. Prædictorum ergo non immemor, charissime, attende tibi ipsi, et vehementer custodi animam tuam, ne quæsita frustreris margarita. Pietatem et temperantiam ama, ut valde proficias. Si vero negligenter vivere incœperis, crapulæ et

[1] 1 Reg. xv, 32. — [2] 4 Reg. xx, 3. — [3] Ibid. 5, 6.

neurs et les dignités, nous courons les plus grands dangers et nous sommes semblables à une lampe qui, faute d'huile, ne peut conserver la lumière ni même la recevoir, quand on veut la lui communiquer. Il faut donc, avant tout, nous préparer à recevoir la lumière de l'intelligence, afin de nous rendre dignes des dons spirituels et de la grâce, et pour que l'ame soumise à l'Esprit saint soit purifiée par sa divine puissance et que notre corps le soit en même temps, demandons tous les jours au Seigneur les larmes de la componction, pleurons nos fautes, et notre ame sortira de la corruption du péché et reprendra une vigueur nouvelle. Ne négligeons point notre ame ; c'est un champ qu'il faut cultiver et engraisser, afin qu'amollie et réchauffée, la terre rapporte de bons fruits pour le Seigneur. Elle s'amollira sous la double influence de l'Ancien et du Nouveau-Testament ; le feu du Saint-Esprit l'échauffera et la rendra féconde. Abandonnons-leur le soin de notre ame, arrosons-la de nos larmes, afin qu'étant ainsi cultivée et arrosée, elle porte des fruits de justice, et de peur que par notre négligence, au jour de la séparation, nous ne disions avec crainte et en tremblant comme le roi des Amalécites : « La mort est-elle donc si amère ! » Ézéchias, qui n'avait pas négligé les œuvres de justice, pendant qu'il était en santé, trouva de la consolation auprès du Seigneur au milieu des souffrances et à l'approche de la mort. Le prophète lui ayant annoncé sa dernière heure de la part du Très-Haut, il tourna son visage vers la muraille et pria ainsi le Seigneur : « Souvenez-vous, Seigneur, » de quelle manière j'ai marché devant vous dans la vérité et dans la » pureté du cœur, et que j'ai fait ce qui vous était agréable. » Ézéchias versa aussi une grande abondance de larmes. Que lui répondit alors le Seigneur plein de miséricorde ? Il lui fit dire aussitôt par son prophète : « J'ai entendu votre prière, et j'ai vu vos larmes ; j'ajou- » terai encore quinze années au cours de votre vie, et je vous délivrerai » des mains du roi des Assyriens. »

14. Vous le voyez, il est bon de ne pas vivre dans l'indifférence de ses devoirs, et d'avoir toujours devant les yeux la crainte du Seigneur. Un violent orage gronde sur nos têtes. Eh bien ! appliquons-nous à faire de bonnes œuvres, afin qu'au temps de la persécution et du malheur, nous trouvions un appui et un soutien dans le Seigneur. O mon bien-aimé, que ces instructions ne sortent jamais de votre mémoire, veillez sur vous-même et gardez soigneusement votre ame, dans la crainte de ne pas trouver la perle que vous cherchez. Chérissez la piété et la tempérance, et vous ferez de grands progrès dans la vertu.

ebrietati te dando, exterminaberis simul cum iis, qui delicatis et conquisitis vescuntur cibis. Et primo quidem divinam in istis gratiam avertes. Deinde vero ab iis, qui te in his dissolutum atque impudentem cernunt, condemnaberis. Tertio, neque ipsa manuum cujusque nostrum industria ad tantos sumptus sufficiet. Inde porro enascuntur distractiones, curiositates, mendacia, injuriæ, divagationes, et erga eminentes ac sublimes personas assentationes, ac quæcumque his similia. Unde maximum bonum est pietas et temperantia. Siquidem edacitas, victusque immoderatio dissolvit; temperantia vero ædificat. Atque ista sibi mutuo adversantur, nec se una admittunt. Si ergo pietatem ac temperantiam recta cogitatione dilexeris, omnibus ex partibus exaltaberis. Pietas enim scorsim habitare docet, et non diu extra cellam versari, neque vana suadentibus commisceri. Verum neque sis de splendido vestitu sollicitus, eoque distraharis: neque multa vestimenta conteras, quieti vacans. Temperanter autem vivens, de multis expensis non eris sollicitus, præsentibus contentus. Tribus enim, aut quatuor, sive quinque paxamaciis paucisque lentibus, cæterisve leguminibus, sive oleribus exigentem necessitatem exples: Dominumque in cunctis istis adjutorem habes atque cooperatorem, vires animæ tuæ bona spe impinguantem. Qui vero lascivis effusi sunt concupiscentiis, curis atque sollicitudinibus plena est omnis vita eorum. Quin et recordationis ipsius Dei oblivionem capiunt, quo pejus graviusque est nihil. Nam continua Dei recordatione turpes animæ passiones recedunt, instar maleficorum, prætore accedente. Unde et mundum sancti Spiritus habitaculum efficitur. Ubi vero memoria Dei abest, ibi tenebræ ac fœtor dominantur, omnisque res improba exercetur. Existimo autem quasi gradus quosdam esse in iis, quæ tum ad carnalem vitam, tum ad religiosam virtutequo ornatam conversationem referuntur.

15. Et diabolus quidem malitiæ inventor, qui nostrum omnium interitu gaudet, efficit ut anima deorsum ad carnalia se inclinet: atque ita paulatim pertrahit, atque devolvit, agitque præcipites eos, qui non multum attendunt; donec ad ipsum inferorum profundum eos dedu-

Mais si vous vous relâchez dans votre conduite, si vous vous abandonnez à l'ivresse et aux excès, vous périrez avec ceux qui se nourrissent de mets délicats et recherchés. Et d'abord, vous éloignerez de vous la grâce de Dieu; puis ceux qui verront la dissolution de vos mœurs et votre intempérance vous blâmeront et vous condamneront. Le travail de vos mains ne pourra pas suffire à de si grandes dépenses; enfin de là naîtront la dissipation, la curiosité, le mensonge, l'insolence, l'erreur et la folie, et les flatteries et les complaisances pour les grands et pour les personnes élevées en dignité, et tant d'autres vices semblables. Que la piété et la tempérance sont de grands biens! L'avidité et l'excès des alimens corrompt les mœurs, la tempérance édifie. Ces deux manières de vivre sont opposées l'une à l'autre, et s'excluent mutuellement. Si vous aimez sincèrement la piété et la tempérance, votre esprit planera au-dessus de toutes choses. La piété vous fera aimer à vivre dans la solitude et à ne pas rester long-temps absent de votre cellule, et à éviter avec soin les conversations inutiles. Ne vous mettez point en peine d'avoir des habits somptueux : que cela ne vous occupe même pas. N'usez pas à la fois un grand nombre de vêtemens, vous n'en serez que plus tranquille. Si vous vivez avec tempérance, satisfait du présent, vous n'aurez pas à vous inquiéter de dépenses fastueuses. Vous satisferez à tous vos besoins avec trois, quatre ou cinq petits pains cuits sous la cendre, un peu de lentilles, ou d'autres légumes ou herbages : en vivant ainsi, le Seigneur vous viendra en aide, il fortifiera votre ame qu'il nourrira des plus riches espérances. L'existence de ceux qui s'abandonnent à leurs honteux désirs est pleine d'inquiétudes et de tourmens; et ce qui est le pire de tous les maux, c'est qu'ils oublient Dieu lui-même, jusqu'à n'en point garder le souvenir. Les misérables passions de l'ame se dissipent à la seule pensée de Dieu, comme les malfaiteurs à l'approche du magistrat; elle suffit aussi pour nous purifier et faire de nous un temple où l'Esprit saint se plaît à habiter. Mais dès que le souvenir de Dieu s'efface, le règne des ténèbres et de la corruption commence, et la carrière est ouverte à toute espèce de mal. Au reste, je pense qu'il y a différens degrés qui conduisent à la vie charnelle ou à la vie spirituelle et religieuse, embellie du cortège de toutes les vertus.

15. Le démon, auteur du mal, ce malin esprit qui triomphe de notre perte, s'efforce d'attirer notre ame hors de la bonne voie, pour qu'elle s'abaisse jusqu'aux choses charnelles : c'est ainsi qu'il entraîne peu à peu, qu'il pousse et qu'il précipite ceux qui ne veillent pas attentive-

cat, peregrinos, alienosque a regno cœlorum illos reddens. Unde Apostolus tanquam gradus quosdam ad infernum ducentes enumerans, ait: « Manifesta sunt autem opera carnis, quæ sunt : fornicatio, immundi- » tia, impudicitia, idolorum servitus, veneficio, inimicitiæ, æmulatio- » nes, iræ, contentiones, dissensiones, sectæ, invidiæ, homicidia, » ebrietates, comessationes, et his similia[1]. » Quis autem istorum finis, magna cum vehementia declarat, dicens : « Quæ prædico vobis, » sicut et prædixi : quoniam qui talia agunt, regnum Dei non possi- » debunt[2]. » Propterea necessarium fuerit totam nostram mentem ac cogitationem ad superna attollere, neque illam sinere deorsum ad vetita demitti.

16. Si vero nos in aliquo supplantaverit inimicus, cito resurgamus: ne etiam ad reliqua nos mala pertrahat, paulatim convolvens, rapiensque nos ex uno lapsu in alium, et denique ad fundum ipsum perditionis atque desperationis subvertat. Si porro etiam nos in quæcumque prohibita inimicus deduxerit, ne in illis permaneamus, neque de nobis ipsi desperemus; cum liceat ista omnia per pœnitentiam transilire, et in ipsis pietatis septis consistere. Cæterum tunc vitæ mutationem, sinceramque nostram pœnitentiam cernens Dominus, quodque ipsum solum toto corde desideremus, et quæ grata atque accepta ei sunt, faciamus; non amplius ut servis loquetur nobis; sed tanquam amicos veros, ad perfectiores sublimioresque virtutes nos invitabit, dicens : « Amice, ascende superius[3] : » id est, ad bonum, pulchrumque ascensum, in cœlos sustollentem, cujus gradus sunt fides, spes, charitas, cæteriquo fructus Spiritus : factique cives supernæ Jerusalem, gaudeat cor nostrum : gaudiumque nostrum nemo tollat a nobis[4]. Dominus autem Deus omnipotens suo nos deducat consilio, fortique manu sua nos protegat. Væ enim, et interitus homini non habenti Deum adjutorem sibi : quoniam non est alius præter Deum vivum : quia ipso est Dominus cœli et terræ : et omnia quæcumque voluerit, facit in cœlo sursum, ac in terra deorsum, et in mari, et in abysso[5]: neque est ullus, qui resistere possit voluntati ipsius. Ipsi gloria, atque majestas, et magnificentia in sæcula sæculorum. Amen.

[1] Gal. v, 19-21. — [2] Ibid. — [3] Luc. xiv, 10. — [4] Joan. xvi, 22. — [5] Psal. cxxxiv, 6.

ment sur eux jusqu'à ce qu'il les ait jetés dans les profonds abîmes des enfers et qu'ils soient complètement exclus et chassés du royaume des cieux. Aussi l'Apôtre, comptant, pour ainsi dire, les degrés qui conduisent à l'enfer, s'exprime ainsi : « Il est aisé de connaître les » œuvres de la chair, qui sont la fornication, l'impureté, l'impudicité, » l'idolâtrie, les empoisonnemens, les inimitiés, les jalousies, les riva- » lités, les querelles, les dissensions, les hérésies, l'envie, les meur- » tres, l'ivrognerie, les débauches et autres crimes semblables. » Et il déclare très-positivement quelle en sera la fin, en disant : « Je vous » déclare, encore une fois, que ceux qui agissent ainsi ne posséderont » pas le royaume de Dieu. » Il est donc nécessaires d'élever notre esprit et nos pensées vers le ciel, et de ne les point laisser courir vers tout ce qui est défendu.

16. Si l'ennemi nous renverse par terre, relevons-nous au plus tôt, de peur qu'il ne nous entraîne encore au mal, et que, nous enveloppant peu à peu, de chute en chute il ne nous porte au comble du désespoir et à notre perte éternelle. Quelle que soit donc la défense qu'il nous fasse transgresser, gardons de persévérer dans notre faute, et ne désespérons point de nous-mêmes, puisque la pénitence peut nous soustraire à toutes ces horreurs, et nous conduire au sanctuaire de la piété. Voyant notre changement de vie et notre sincère pénitence, voyant en même temps que c'est lui seul que nous désirons de tout notre cœur et que nous faisons ce qui lui plaît et lui est agréable, le Seigneur ne nous parlera plus comme à des serviteurs, mais, nous regardant comme ses véritables amis, il nous exhortera aux vertus les plus parfaites et les plus sublimes, en nous disant : « Mon ami, montez plus haut, » c'est-à-dire élevez-vous à cette hauteur, où s'ouvrira pour vous la porte des cieux, et dont les degrés sont la foi, l'espérance, la charité et les autres fruits du Saint-Esprit. Devenez citoyens de la Jérusalem céleste, et alors votre cœur sera dans la joie que nul ne saurait lui ravir. Puisse le Seigneur Dieu tout-puissant nous conduire lui-même par sa sagesse et nous protéger par la puissance de son bras. Malheur, malheur à l'homme que Dieu n'assiste pas ! Il n'y a pas d'autre Dieu que le Dieu vivant : il est le Seigneur du ciel et de la terre, et il a fait tout ce qu'il a voulu dans le ciel et sur la terre, dans la mer et dans les abîmes, et personne ne peut résister à sa volonté. C'est à lui qu'appartiennent la gloire, la puissance et la grandeur dans les siècles des siècles. Ainsi soit-il.

HOMILIA.

IN MULIEREM PECCATRICEM, QUÆ UNGUENTO DOMINUM UNXIT.

1. Inter multos viros sanctos ac dignos Dei, qui pie atque religiose laudant prædicantque immaculatum Dominum, dignus et ego sum habitus, licet indignus, qui cum eis, gratia ac dono fidei, laudibus Deum concelebrem. Numquam enim gratia quemquam rejicit hominum salvari cupientium. Nam quemadmodum fons sine intermissione scaturiens atque effundens pura fluenta variosque latices, numquam aliquem impedit affatim ex mundis ac limpidis suis aquis refici, ac quidem gratis, cupientem; sic et divina gratia omnibus exposita est ac patet semper ea frui volentibus, et unicuique quantum voluerit. Quando enim Salvator in Evangeliis divina sua voce omnes invitabat, dicens : « Si » quis sitit, veniat ad me, et bibat [1], » non distinxit omnino pauperem a divite, neque peccatorem a justo. Quapropter et ego, quamvis indignus, particeps ejusdem factus sum gratiæ, eamque libere audacterque etiam cum lacrymis, collaudare aggredior, ut et ego remissionem peccatorum accipiam; sicut mulier illa peccatrix [2], quæ intrepide ingressa est in fervore animæ in jucundam ac delectabilem illam domum, ubi indultor debitorum recumbebat.

2. Considero ista, et maximam alacritatem capio, ut et ego impudentissimus in petitione reddar. Cerno enim fervoris animæ illius magnitudinem atque excessum, et summam illam atque honestam inverecundiam. Adeste igitur auscultatores, Christo dilecti, atque perfecti, et voluptatem ex hac pulchra narratione magnæ illius atque suspiciendæ mulieris capite, quæ singulis nos horis ad divinam hanc expositionem conviviumque invitat. Divinum porro hic dico spectaculum illud, in quo mulier cum angelis et hominibus convivata est.

[1] Joan. vii, 36. — [2] Luc. vii.

HOMÉLIE.

SUR LA FEMME PÉCHERESSE QUI RÉPANDIT DES PARFUMS SUR LES PIEDS DE NOTRE SEIGNEUR.

1. Et moi aussi, malgré mon indignité, je suis admis par un don de la grâce à unir ma voix à celle de ces hommes saints et pieux, qui, pleins d'une foi vive ont chanté de concert les louanges et la pureté du Seigneur. Et, en effet, la grâce ne rejette aucun de ceux qui désirent être sauvés. Une source dont les eaux pures et toujours nouvelles jaillissent sans cesse et se répandent par mille issues, ne refuse jamais ses flots à qui les désire; elle les offre abondamment, afin qu'on s'y désaltère. Ainsi la grâce divine est ouverte, à ceux qui veulent en jouir, chacun peut y puiser selon sa soif. Quand le Sauveur appelait à lui tous les hommes par la voix de ses divins Évangiles, lorsqu'il disait : « Que celui qui a soif vienne à moi, et je le désaltererai ; » il n'établissait aucune distinction entre le pauvre et le riche, entre le pécheur et le juste. Bien que j'en suis indigne, j'ai participé de même à sa grâce, et si j'ose célébrer ses louanges avec tant de liberté, si j'ose mêler quelques larmes à mes chants, c'est afin de recevoir aussi la rémission de mes fautes, à l'exemple de cette pécheresse qui dans la ferveur de son ame entra courageusement dans cette maison d'espérance et de joie, où s'était arrêté celui qui remet les péchés.

2. A cet examen, mon ame s'exalte, et je deviens plus pressant, plus hardi dans mes vœux. Je considère l'ardeur de cette foi, cette témérité pleine de confiance et de respect. Oh! venez donc disciples de Jésus-Christ, ses bien-aimés, ses élus, venez puiser de la joie dans un récit qui recommande à votre admiration cette sainte femme, dont la voix vous invite et vous convie à toute heure à ce banquet divin. Oui, c'est un spectacle vraiment digne de Dieu que celui qui vous montre une femme devenue tout à la fois convive, et des hommes et des anges. Mais comment est-elle entrée au milieu d'eux, elle qui n'avait point été appelée? Pourquoi s'est-elle approchée du Sauveur pour lui dévoiler les secrets de son ame, pour les lui exposer

Sed quomodo palam ingressa est, quæ prorsus vocata non erat? Et quo pacto ad discumbentem accessit, cuncta cordis sui arcana enuntians, omniaque ipsi absque sono et voce exponens? Vides eminentem animæ promptitudinem et desiderium, et quo pacto in sua seipsam circummunivit inverecundia? Non domesticorum tumultum virilis atque generosa mulier timuit, neque duram adstantium increpationem, unum hoc secum cogitans, dicensque : « Quod, si vultum meum, ferri, ac æris instar, durum inverecundumque non reddidero, salvari ex turpi inundatione lasciviæ meæ nequibo. Contemnam momentaneas hominum irrisiones et convicia, contumeliasque eorum pro nihilo putabo; hoc tempus exiguum honestæ est impudentiæ; plurisque mihi faciendum est illo, quando adhuc indecentem illam meam impudentiam exercebam. Tunc enim impudenter in biviis consistens, omnes ad opus absurdum illicitumque advocabam : vestimentisque jucundis ac speciosis ornata, obviam omnibus procedens, capillos meos certo numero complicabam, et supra maxillas collustrans, ad deceptionem aliorum formabam, ut omnem adolescentem compositum ac speciosum ad me ipsam pertraherem. Laqueus diaboli jam plane effecta eram, animas captans atque deprædans in judicium æternum. Nunc igitur conandum est mihi, ut celeriter vadam ac curer, et bona pro malis commissis agam. Nunc hinc abiens, magno procidam medico, qui omnes suscipit, et neminem spernit. Dicam ipsi omnia quæ corpore meo ad juvenum deceptionem egi ; et pulchros meos capillorum nexus in oblectationem ac scandalum multorum renitentes jam explicabo et lintei loco adhibebo : palpebrasque meas turpiter annuere solitas, cum pupillis oculorum, in fontes lacrymarum convertam, et deinceps vestigia sanctissimi medici vigilanter persequar, ut ipsi procidam. »

3. Hoc autem bonum propositum cum haberet admirabilis illa mulier, tempus observabat, quo posset vehementissimum animæ suæ desiderium explere, et pedes Domini ferventer complecti. Cognoscens porro quod Simon, unus ex Pharisæis, invitasset Salvatorem, summopere exsultavit [1], et currens abiit magno animi ardore ad quemdam aromatarium, ut alabastrum unguenti coemeret : atque inter eundum ajebat intra se : « Ubinam reperire et accipere potero unguentum se-

[1] Luc. vii.

sans prononcer une parole? Voyez la grandeur de sa foi, la profondeur de ses regrets, et comme elle se réfugie elle-même dans sa propre indignité! Pleine de résolution et de courage, elle ne redoute ni les insultes des valets, ni les reproches des assistans : elle n'a qu'une pensée, elle se dit à elle-même : « Si je ne rends mon front aussi dur que le fer, aussi dur que l'airain, je ne pourrai jamais me sortir de cet océan de luxure où je demeure plongée. Eh bien, méprisons des insultes et des railleries d'un instant! Qu'importent les outrages? Montrons quelques momens encore une hardiesse qui cette fois a un principe honorable. C'est le courage d'un moment qu'il me faut, et ce moment ne m'est-il pas plus précieux que ces heures coupables où j'étalais aux yeux des hommes mon impudeur et mon effronterie? Alors, du carrefour où je tendais mes filets, ma voix appelait la jeunesse à des plaisirs criminels ; parée de vêtemens somptueux, je courais au-devant de ceux qui passaient; je peignais mes cheveux avec art, un fard imposteur colorait mon visage ; j'attirais ainsi dans le piége tout jeune homme imprudent en qui je voyais briller les charmes de la beauté et l'éclat de la richesse. Oui, j'étais alors le réseau empesté où le démon jette les ames qu'attend le jugement éternel. Maintenant mes efforts ont un autre but; je dois courir, je dois voler dans la voie du bien, et racheter mes crimes passés par mes bonnes œuvres. En sortant d'ici, j'irai tomber aux pieds du médecin qui accueille tout le monde, et ne fait acception de personne. Je lui avouerai tous les artifices dont j'ai usé pour séduire la jeunesse; je dénouerai mes cheveux dont les longues tresses ont enlacé tant d'hommes voluptueux et corrompus, et je m'en envelopperai comme d'un voile : mes paupières et mes yeux, si souvent exercés à des provocations honteuses, deviendront des sources de larmes; et je m'attacherai désormais à suivre les pas du divin médecin aux pieds duquel j'humilierai ma vie passée. »

3. Après avoir pris cette sage résolution, la pécheresse épiait le moment où elle pourrait satisfaire son désir le plus violent, et embrasser les pieds du Seigneur. Dès qu'elle sut qu'un pharisien nommé Simon avait invité le Sauveur, elle ressentit une joie extrême, et s'empressa de courir au plus vite chez un marchand d'aromates, pour y acheter un vase d'albâtre rempli de parfums. Elle se disait en chemin : « Où pourrai-je trouver un parfum assez exquis, qui soit digne de la sainteté du grand médecin, et dont je puisse lui faire hommage avec mes larmes? Rien ne me coûtera pour posséder l'objet de

lectum, ac magno et sancto medico dignum, ut illud una cum meis lacrymis suscipiat? Dabo largissimum pretium, ut optato fine meo potiar : ipsumque aromatarium indesinenter interpellabo, aut potius conjurabo in nomine Dei sanctorum Patrum, in quem ipsi credunt, ut det mihi unguentum regium electum, ad honorem medici, largo a me accepto pretio. » Cum autem ad quemdam jam adventaret aromatarium, dixit ad eum læte ac hilare : « Pax tibi, aromatarie ; unguentum selectum quæro, regale ac pretiosum, cui nullum unquam inventum fuerit simile : quem enim diligo, major est omnibus, et non est alius, qui cum illo conferri possit. » Respondens autem aromatarius, dixit ad eam : « O mulier, magnifica atque superba satis protulisti verba. Quis te non novit in biviis civitatis, magnam amatorum habere frequentiam? Et cui ex his omnibus plane cupis, o mulier, deferre unguentum hoc regale atque electum? Quidnam ille tibi præbere poterit pro unguento, quod tanto vis comparare pretio? Etiam ego tibi vendere volo ; discere tamen ex te prius cuperem cui illud tanto studio, atque animi perturbatione deferas? Numquid regiæ progeniei atque familiæ est tuus ille amator? aut alicujus ex primatibus filius? Vel etiam præstans atque excellens quispiam stirpis Davidicæ : quo quidem rege major in Israel non reperitur alius. Anne ex illius est genere juvenis ille tuus amicus? O mulier, dic mihi : volo enim ex te audire. Siquidem largum unguenti istius pretium, ipsumque tuum studium in extasim ac stuporem animi me rapiunt, quisnam sit ille talis tuus amicus. »

4. Tunc admiranda illa mulier animo conturbata, respondit aromatario dicens : « Deum Patrum time, o homo, et alabastrum unguenti mihi præbe, ut cito assequar quod efficere contendo. Adjuro te per Deum, qui tantam dedit potentiam in manu Moysis, ut virga divideret aquas maris, et firmaret eas ut petram durissimam, traduceretque populum in sicco pulvere [1]. Adjuro te, o adolescens, per sancta ossa, quæ tulit Moyses, in valle maris secum [2] : reliquias, inquam, Joseph athletæ, qui aspidem in spelunca devicerat [3]. Adjuro te, o adolescens, per vocem sanctam, quæ locuta fuit Moysi in flamma ardenti, et rubo, qui non absumebatur [4]. Adjuro te, o adolescens, per eum, qui splendorem dedit in facie Moysis in monte, et gloriam ostendit inaccessibi-

[1] Exod. xiv. — [2] Gen. l, 24. — [3] Ibid. xxxix. — [4] Exod. iii, 3.

mes vœux. Je demanderai avec instance au marchand, ou plutôt je le conjurerai, au nom du Dieu des patriarches, dans lequel ce peuple met sa foi, de me donner un parfum de roi en l'honneur du divin médecin; je lui en donnerai le prix le plus élevé. » Elle va donc trouver un marchand. « Que la paix soit avec vous, lui dit-elle, sur le ton de la joie la plus vive; je cherche un parfum exquis et digne d'un roi, et tel qu'on n'en ait jamais trouvé de semblable, car celui que j'aime est au-dessus de tous, et nul ne peut lui être comparé. » Le marchand lui répondit : « Femme, vous élevez bien haut l'orgueil de vos prétentions! Qui ne vous a pas vue dans les carrefours de la ville, environnée d'une foule d'adorateurs? Et quel est l'amant fortuné auquel vous désirez offrir ce parfum précieux? Que peut-il donc vous donner en échange de ce parfum, que vous voulez payer si cher? Je veux bien vous le vendre; mais je désirerais aussi savoir de vous à qui vous voulez le porter avec tant de zèle et de trouble d'esprit? Celui que vous aimez est-il du sang royal? Est-ce le fils de quelque grand personnage? Ou bien est-il sorti de l'illustre et admirable race de David? Il n'y a pas eu dans Israël de plus grand roi que celui-là. Ce jeune homme votre ami est-il issu de cette noble race? Femme, répondez-moi, je désire l'apprendre de votre bouche. Le prix élevé de ce parfum et votre empressement excitent ma surprise et mon admiration; votre amant, enfin, quel est-il? »

4. Alors le trouble s'empara de l'esprit de cette femme extraordinaire, et elle répondit en ces termes : « Craignez le Dieu de vos pères, ô homme, et donnez-moi un vase d'albâtre rempli de parfum, pour que j'accomplisse au plus vite ce que j'ai résolu de faire; je vous en conjure au nom du Dieu qui donna assez de puissance à Moïse, pour diviser par sa baguette les eaux de la mer, pour les rendre aussi dures qu'un rocher et faire passer le peuple à pied sec; je vous en conjure par les os sacrés que porta Moïse, au sein de la mer transformée en vallée, par les restes de Joseph, l'illustre athlète qui avait vaincu le serpent de la corruption; je vous en conjure par celui qui fit briller sur la montagne la figure de Moïse, et l'environna de gloire et de splendeur; je vous en conjure par l'arche sainte qui affermit les eaux du Jourdain, pour donner un libre passage au peuple de Dieu.

lem [1]. Adjuro te, adolescens, per arcam sanctam, quæ firmavit fluenta Jordanis in defectione perfecta. Adjuro te, adolescens, per virtutem sanctam, quæ in ictu oculi septem effregit muros civitatis Hiericho, per manus sanctas Jesu filii Nave, extensas in sublimitate aeris, qui solo verbo cursum elementorum firmavit, ita ut ex duobus diebus unus fieret [2]. Si porro quæcumque tibi recensui, nomen, inquam, Dei, et sanctorum omnium, qui grati acceptique ei fuerunt, religiose colis et veneraris; præbe mihi deinceps unguentum, et cape quodcumque volueris pretium a me alabastri : solum pretiosum atque electum mihi porrige, et me jam dimitte, ut cito videam magnum et desideratum meum amatorem immaculatum. »

5. Rursusque unguentarius mulieri respondit : « Conspicio largitatem pretii alabastri : sed quid, inquit, obesse poterit, o mulier, si et mihi de amatore illo tuo dixeris, quem nunc tanto talique amore ac desiderio tibi acquisivisti? Nam et me desiderio videndi ipsum, mulier, affecisti, et quod petis unguentum, tibi dare nequeo, nisi mihi, quisnam ille sit, recensueris. »

6. « Quid me ita urges et cogis, inquit mulier : sic, inquam, accurate perquirendo, quæ discere non licet? Flagrat anima mea, et inardescit cor meum. Quando tandem ipsum aspiciam, ut gaudio me repleat? Time Dominum purum et immaculatum, o homo, et me jam bono responso recrea. Time Deum sanctum, o homo, qui Abraham vocavit, et filium ejus Isaac glorificavit, et Jacob Israel vocavit et patriarcham in duodecim tribubus posuit [3]. Time Deum, o homo, qui Annæ Samuelem dedit, cum dolore oranti et in afflictione cordis [4]. Time justum Deum, o homo, qui agnam Susannam de sævissimis lupis liberavit [5]. Crede mihi ac morem gere, adolescens, et alabastrum da regale atque electum, sicut jam ante dixi. Si enim scires, o homo, flammam cordis mei, ipse sane festinares hinc me dimittere. »

7. At pharmacopola rursus ad eam. « Interrogare, inquit, te volo de alabastro. Ausculta, o mulier : multis me conjurasti et condemnasti, ut tradam tibi unguentum : et ego te frequens rogavi; ut diceres. Num-

---

[1] Exod. xxxiv. — [2] Jos. iii, iv, v, vi et x. — [3] Gen. xvii, xxii et xxxii. — [4] 1 Reg. i. — [5] Dan. xiii.

Je vous en conjure par cette vertu divine, qui en un instant renversa les murailles de la ville de Jéricho, par l'entremise de Josué, fils de Navé, qui, les mains étendues vers le ciel, arrêta d'un seul mot le cours des astres et de deux jours n'en fit qu'un. Si donc vous avez quelque respect, quelque sentiment de vénération pour le nom de Dieu et pour celui des saints qui lui ont été agréables, donnez-moi le parfum que je vous demande, et laissez-moi partir, laissez-moi courir aux pieds de celui que j'aime et dont la pureté égale la grandeur. »

5. « Sans doute, lui répliqua le marchand, j'admire l'élévation du prix que vous m'offrez ; mais qui vous empêche de me dire quel est ce bien-aimé qui a su vous inspirer tant d'amour et d'ardeur ? En vérité, je suis fort curieux de le voir, et je ne puis vous donner le parfum que vous me demandez, avant que vous me l'ayez fait connaître. »

6. « Pourquoi, dit la pécheresse, me presser et m'importuner ainsi, en cherchant à connaître ce que vous ne devez pas savoir ? Mon ame est brûlante, mon cœur est tout de feu. Quand enfin verrai-je celui qui doit me remplir de joie ? Craignez un Dieu pur et sans tache, ô homme, et hâtez-vous de me donner une réponse satisfaisante. Craignez le Dieu saint qui appela Abraham, glorifia son fils Isaac, qui appela Jacob Israël, et en fit le père de douze tribus. Craignez le Dieu qui accorda Samuel aux prières et aux larmes d'Anne. Craignez le Dieu juste qui délivra Suzanne, la douce brebis, de la fureur des loups. Croyez-moi, cédez à mes vœux; l'âge n'a point encore endurci votre cœur; donnez-moi sans retard le vase d'albâtre et le parfum que je vous demande. Si vous pouviez connaître l'ardeur qui me dévore, vous vous hâteriez de me laisser partir. »

7. « Mais, lui dit encore le marchand, permettez que je vous adresse quelques questions. Écoutez-moi, femme, vous m'avez longuement prié et conjuré de vous accorder votre demande, et moi, je vous ai pressée de me répondre. Il est donc bien supérieur aux autres hommes et bien au-dessus d'eux, celui que vous aimez? Il est donc plus beau que tous ceux qui sont sur la terre, puisque ses charmes

quid omnibus superior atque sublimior ille est hominibus, et non est eo super terram speciosior aliis, quod ita pulchritudine illius vulnerata sis, ut unguentum electum specioso illi deferre velis? Numquid ex progenie est Davidis regis justi? aut magni Abraham amici Altissimi? Dic jam ergo mihi, quis ille sit, quod tanto studio atque desiderio tenearis videndi pulchritudinem ejus. »

8. Tunc respondens mulier ait aromatario : « Quid ita me cogis recensere tibi arcana mea? non ut tecum disputarem, sed unguentum abs te compararem, veni. Time Deum immaculatum, o homo, et miserere mei, et cito dimitte me, ut studiose magno amatori meo casteque occurram, eique alabastrum offeram. Quocirca ne moram mihi nectas, ut non auctor æterni mihi doloris fias, tali tantoque thesauro orbatæ. »

9. Ad quam denuo unguentarius : « Nisi, inquit, aliqua labores invidia, patefacito mihi illum tuum benefactorem; ut et ego prompte libenterque eum amplectens, præbeam tibi quod a me deposcis regale unguentum : quin etiam me tam bonæ exspectationis tuæ, ut puto, adjutorem sociumque invenies. »

10. Cernens igitur mulier magnam aromatarii inquisitionem verborum ad ipsam factorum, vehementer studium atque diligentiam ejus admirata est, quod tanto desiderio cognoscere illum contenderet, et deinceps respondit, ac dixit : « Neminem, ut arbitror, in civitate latet, quæ ego admisi, quacumque me ipsam hora fornicationibus polluens, et alios ad eamdem immunditiem alliciens atque inescans. Vidi autem repente sanctum illum, qui in terris apparuit, medicum et Salvatorem, et anima mea illico immaculata illius pulchritudine capta est. Conspexi quippe oculis meis medicamenta horribilia, et signa incomparabilia, maximamque in ipso compassionem atque indulgentiam. Peccatores recipit, ad publicanos accedit, leprosos non respuit, impios non repellit : sed omnes pariter suis commiserationibus suscipit, non succensens ullis ad ipsum accedentibus. Hæc autem cernens, obstupui, et ad me ipsam dixi : « Quomodo vivam ego misera et infelix, nisi ad ipsum accessero? nam et lascivia atque impudicitia, putredo maxima. Quare me ipsam negligo? nam aliud tempus ejusmodi invenire nunquam potero, neque alium talem medicum adeo benig-

vous ont éblouie au point de vouloir lui porter un parfum précieux? Est-il de la race du saint Roi David? Du grand Abraham, l'ami du Très-Haut? Dites-moi donc enfin quel est celui dont la beauté vous fait désirer si vivement de le voir et de le contempler? »

8. « Pourquoi, réplique la pécheresse, pourquoi me forcer ainsi à dévoiler mes secrets? Je ne suis pas venue pour vous donner ces explications, je suis venue pour acheter un parfum. Respectez le Dieu sans tache, ayez pitié de moi, et laissez-moi partir, laissez-moi courir près de l'objet pur et sacré de mon amour, et lui offrir mon présent. Ne me retardez pas d'avantage, et ne rendez pas ma douleur éternelle en me privant d'un si riche trésor. »

9. « Mais enfin, reprit le marchand, si vous n'êtes pas tourmentée de quelque jalousie secrète, faites-moi connaître votre bienfaiteur, afin que je m'empresse d'aller moi-même l'embrasser; à ce prix, je vous donnerai le parfum royal que vous me demandez. Vous pourrez même trouver en moi, je l'espère, un soutien de vos espérances que je partage. »

10. La pécheresse, voyant quelle foule de questions lui adressait le marchand, ne put s'empêcher d'admirer avec quel empressement il manifestait le désir violent de connaître celui dont elle avait parlé, et elle lui répondit en ces termes : « Personne, je pense, n'ignore dans la ville l'indignité de ma vie passée, les désordres honteux dans lesquels je me suis jetée, en y entraînant les autres par l'appât des plaisirs. Mais dès que j'ai pu voir le Saint qui est apparu sur la terre, ce médecin, ce Sauveur, mon âme a été touchée de sa beauté si pure. J'ai vu de mes propres yeux ses moyens extraordinaires de guérison, ses miracles incomparables, sa miséricorde et son indulgence extrême. Il accueille les pécheurs, ne craint pas l'approche des publicains, ne repousse ni les lépreux, ni même les impies; tous ont un droit égal à sa commisération, et il ne s'irrite contre aucun de ceux qui l'approchent. Ce touchant spectacle m'a émue, et je me suis dit : Malheureuse que je suis, comment pourrai-je vivre, si je n'ose m'en approcher! l'oserai-je toutefois, du sein de la corruption qui me dévore? Mais pourquoi négliger le soin de ma propre vie? trouverai-je jamais un médecin plus habile et une plus heureuse occasion? Je suis persuadée

num. Ego persuasum mihi habeo, quod Deus is sit qui apparuit, magnam auctoritatem ac potestatem habens. Verbo omnia jubet, verbo cunctos sanat, et peccata condonat magna cum potestate atque auctoritate. Tempus cum ejusmodi jam invenerim, medicumque talem, obtorpescere non debeo, nec me sanitatem propriam negligere oportet. Propterea festino tradere optimo indultori tabulam ac syngrapham debitorum meorum : novi enim, quod supra mensura et modum peccavi, et nequeo exprimere impudicitiam et lasciviam meam. Cæterum ad multitudinem viscerum pietatis ac misericordiæ ipsius comparata, velut guttæ atque stillicidia sunt omnia peccata mea, certoque novi, quod, si solum ad eum accessero, statim mundabor ab omnibus malis et iniquitatibus meis, expellens a me quodcunque opus absurdum atque illicitum : quoniam cœlestis est, et sanctus atque immaculatus. Ecce, adolescens, omnia tibi occulta cordis mei percensui : præbe mihi deinceps unguentum : jam enim multo me tempore destines ac impedis, et dicere compellis, cuinam unguentum hoc deferam. »

11. Quæ omnia aromatarius audiens, cum gaudio cordis ad mulierem dixit : « Gratias tibi ago, o mulier fidelissima, quod bonum animi tui institutum atque propositum revelaveris mihi. Magnum repente acquisivisti tibi amatorem cœlestem, qui verbo solo omnes sanctificat ac mundat : divinum plane opus, et omni laude plenum, remque valde utilem vis agere, o mulier, cunctis generationibus. Maxima hæc revera est salus, tibi autem ipsi prima, et omnibus peccatoribus. Filia tu es Patrum, et consanguinea sanctorum eorum, qui recte in Deum sanctum crediderunt. Parvum autem tibi ego consilium suggeram, quod bono velim animo citra omnem reprehensionem accipias. Nosti et ipsa clare, quod Pharisæi improbi sint, et ei contrarii ac repugnantes : quoniam Deus magnus est, et amator hominum benignissimus, sua pietate ac misericordia peccata dimittens. Si te igitur illuc ingredientem conspexerint, occludent tibi januam, et contumeliis indesinenter atque verberibus te excipient. Ipsa vero audiens, ne animo percellaris omnino, sed mento esto quavis petra solidior ac firmior. Nam si in operibus fornicationis fuisti impudens, quanto magis hic pro tua salute inverecundam te præbere debes? Futurum quippe est,

que c'est un Dieu qui est apparu environné d'un grand pouvoir et d'une grande autorité. Il commande à tout par sa parole, par sa parole il guérit les malades, et, toujours libre et indépendant dans sa volonté puissante, il remet les péchés aux coupables. Puisque enfin j'ai trouvé une aussi belle occasion et un si grand médecin, je ne dois pas m'endormir dans un repos funeste, ni négliger ma propre guérison. Courons donc présenter au souverain juge la liste de mes fautes; je sais que j'ai péché au-delà de toute mesure, et je ne puis dire tout ce qu'il y a en moi d'impureté et de débauche. Cependant comparés à l'abondance de sa miséricorde, aux trésors de sa piété, mes péchés, quelque nombreux qu'ils soient, ne sont qu'une goutte d'eau, et j'ai la conviction que, si j'ai seulement le bonheur d'approcher de lui, je serai purifiée de toutes mes fautes et de toutes mes iniquités, parce qu'il fera sortir de moi tout ce qu'il y a de déréglemens et d'injustices, tant sont grandes sa divinité, sa sainteté et son innocence. Voilà tous les secrets de mon cœur : maintenant donnez-moi le parfum, car depuis long-temps déjà vous me retardez pour apprendre de moi à qui je veux l'offrir. »

11. A ces paroles le marchand se sentit pénétré de joie, et s'adressant à la pécheresse : « Je vous rends grâces, ô femme pleine de foi, lui dit-il, de m'avoir fait connaître la bonne résolution et la bonne volonté qui vous anime. Vous avez conquis un ami descendu du ciel, qui purifie et sanctifie tout par sa parole. O femme, ce que vous voulez faire est une œuvre admirable, qui mérite tous les éloges et qui ne sera pas sans fruit pour toutes les générations. Oui, cette conversion est heureuse pour vous d'abord, et encore pour tous ceux qui ont péché. Vous êtes fille des prophètes et parente des saints qui ont une foi vive et sincère dans la bonté de Dieu. Souffrez que je vous donne un conseil, que je vous prie surtout de prendre en bonne part, sans y voir même l'intention d'un reproche. Vous n'ignorez certainement pas la méchanceté des Pharisiens, qui se sont déclarés ses ennemis et ses adversaires, parce qu'il est un Dieu puissant, qu'il aime souverainement les hommes et qu'il les délivre du péché par sa bonté et sa miséricorde. Si donc ils vous voient aller à lui, ils vous fermeront la porte, ils vous accableront même d'injures et de coups. Que leurs paroles n'ébranlent point votre courage, mais restez aussi ferme et aussi inébranlable qu'un rocher. Si vos débordemens ont dépassé toute limite, si vous avez été audacieuse dans le crime, combien ne devez-

ut omnes liberi et servi, janitores, atque ministri graviter te ibi increpent; at tu cuncta contemnens, audacter ad ipsum Sanctum magna cum humilitate ingredere, sicut ipsamet prius dixisti, ac vestigia immaculati cum desiderio complectere, et beata eris. Ecce enim audivi, in domo Simonis unius ex Pharisæis ipsum esse hodie. Vade ergo in pace, et cum gaudio ingredere, ac hilare alacriterque ad eum accede, ut munus ipse tuum suscipiat. Ecce unguentum electum, pretiosum et Salvatore dignum tradidi tibi, o mulier fidelis, et pro me ora. »

12. Sumpto itaque unguenti electi alabastro, mulier læta abiit, et intra se orans dixit : « Quis dabit mihi ostium apertum, ut statim ingressa, ad sancti medici vestigia accedam? ipsumque jam amplexa, non dimittam, donec debitorum ab eo remissionem accepero. Precabor autem alacriter Dominum, qui omnia mea novit occulta, priusquam illi appropinquem : cuncta ipse novit. Ego autem ad bonum medicum pergo, ut clementem, misericordem, ac bonum mundi Salvatorem videam. » Sic vero mulier Dominum Deum sanctum deprecans, aiebat : « Ecce in domo Simonis, tanquam homo existimatus, recumbis cum ipso, Domine. Tu cordis mei occulta cognoscis, et animæ meæ cogitationem, Christe, nosti : et quamobrem ego pretiosum unguentum detulerim : nimirum, ut ingressa, provolutaque vestigiis immaculatis Divinitatis tuæ, a turpibus actibus, quos admisi, emunder. Novi, Domine, quod Deus sis, et propria misericordia salves cunctos, optime, neque velis quemquam peccatorem perire, Salvator, qui sua voluntate tibi procidat. Nam in plateis duntaxat te vidi, et credidi quod omnia possis. Hoc porro mihi, Salvator clementissime, concede ac præsta, ut accedens sine impedimento ingrediar, ubi ipse recumbis. »

13. Hæc, et his plura cum secum ipsa cogitaret diceretque, pervenit ad domum, ubi Christus erat, invenitque portam domus apertam, et ingressa est cum gaudio, statimque a tergo ad Dominum accessit, ac pedes ejus maxima cum fide tetigit, et inclinans caput simul cum corde, multis suspiriis lacrymarumque rivis rigabat pedes ejus cum gaudio, vehementissimoque desiderio deosculabatur, quos et capillis

vous pas l'être davantage pour travailler à votre purification ? Il peut arriver que les hommes libres et les esclaves, les valets, les portiers, vous accablent de reproches ; mais il faut tout braver, vous avancer avec courage et avec une humilité profonde vers le Saint lui-même, ainsi que vous me l'avez dit, et embrasser avec repentir ses pieds si purs ; alors vous serez heureuse. J'ai appris qu'il est aujourd'hui même dans la maison de Simon, un des Pharisiens. Allez donc en paix, entrez avec joie, abordez-le sans crainte, il acceptera votre présent. Voilà le parfum précieux que vous m'avez demandé ; il est digne du Sauveur, prenez-le, femme remplie de foi, et ne m'oubliez pas dans vos prières. »

12. Après avoir pris le vase, la pécheresse s'en alla joyeuse, se disant en elle-même : « Qui m'ouvrira la porte pour que j'approche aussitôt du divin médecin ? Si je puis embrasser ses genoux, rien ne pourra m'en arracher avant d'avoir reçu le pardon de mes fautes. J'adresserai mes ferventes prières au Seigneur, qui déjà connaissait tous mes secrets avant que je pensasse à aller le trouver ; il connaît toutes choses. Je vais au bon médecin, je vais voir le Sauveur du monde et implorer sa clémence et sa miséricorde. » Puis, la pécheresse, comme si elle s'adressait au Seigneur et au Dieu saint, s'écriait : « Seigneur, voilà que vous vous reposez comme un homme ordinaire, dans la maison de Simon ; vous connaissez les secrets de mon ame et la pensée de mon esprit ; je vous apporte un parfum précieux, pour être purifiée de toutes les fautes que j'ai commises, quand je serai près de vous, prosternée aux pieds de votre Divinité souveraine. J'ai compris, Seigneur, que vous êtes le Dieu bon, qui sauvez tous les hommes par votre miséricorde, qui ne voulez pas la mort du pécheur qui va volontairement à vous, qui êtes le Sauveur. Il m'a suffi de vous apercevoir pour comprendre toute l'étendue de votre puissance. Faites-moi donc la grâce, Dieu clément, d'entrer sans obstacle dans le lieu où vous êtes, et d'arriver ainsi jusqu'à vous. »

13. Tout en roulant ces pensées et mille autres dans son esprit inquiet, la pécheresse arriva à la maison où se trouvait le Christ. La porte était couverte ; elle entra toute joyeuse, et se mit aussitôt derrière le Seigneur ; elle se pencha sur ses pieds avec la foi la plus vive, et, humiliant sa tête et son cœur d'où s'exhalaient des soupirs sans nombre, elle arrosa les pieds de Jésus-Christ d'un torrent de larmes, et les embrassa avec une émotion et une tendresse profondes : elle

capitis sui abstergebat, ac unguento studiose inungebat, dicens : « Ecce solus ipse, Domine, nosti quomodo ego ausa sim istud agere. Non ignara, Domine, vitiorum meorum, audacter ad te immaculatum Deum accessi : at salvari cupiens procidi tibi; instar Publicanorum. Suscipe, Christe, lacrymarum mearum rivos. Suscipe, Christe, desiderium infelicis animæ meæ. Audacia mea pro obsecratione sit mihi, et impudentia mea in orationem, ac unguentum meum in propitiationem fiat, immaculate, et contritio cordis mei in illuminationem. A pueritia audivi a multis dicentibus Deum ex Virgine natum esse; et cupiens accuratius addiscere, ego perquirebam, quo pacto posset, qui carnis expers est, incarnari? Et respondentes parentes mei dicebant eam traditionem a majoribus de eo manasse, quod Deus sanctus ex Virgine in carne nasceretur super terram : quod quidem et ego intellexi, cum adhuc juvencula essem. Ecce jam cerno oculis in veritate Deum magnum et sanctum in carne nostra apparuisse, ut salvet nos. Non te video, sicut videt Simon Pharisæus iste, qui te ad prandium hodie invitavit : at video Deum magnum opificem, omnium, qui solo verbo universa constituit. Agnicula sum ovilis tui errabunda : converte me in mandram et caulam tuam, Salvator; tu enim solus es bonus pastor, qui congregas aberrantes in caulam atque ovile tuum. Columba tua sum, Domine, rapta ab accipitre sævissimo. Flagrat anima mea, magno sanctitatis tuæ, Domine, amore vulnerata. Gratiæ tuæ beneficio, immaculate, pessimum fœtorem iniquitatum mearum expelle a me. Pro unguento, clementissime, cicatrices delictorum meorum, lacrymarum ablutione, gratia tua emunda. Gratia tua os meum aperit. Ista coram te recensere audeo, ut forma atque exemplar bonorum reddar peccatoribus, quos ipse salvaturus venisti, benignissime. Ne, quæso, Salvator, lacrymas infelicis cordis rejicias. Novi enim nihil tibi esse impossibile, sed omnia te posse. »

14. Solo corde mulier oravit Dominum, qui corda hominum finxit, et pro unguento suo unguentum vitæ recepit, pro corruptibili incorruptibile ac permanens in sæcula. Non erat comparandum illud quamvis fragrantissimum cum unguento verbi Domini. Obtulit illa unguentum bonum et charitatem : et lapsuum veniam recepit. Siquidem Salvator Christus, qui futurorum præscius est Deus, animæ pereuntis

les essuya avec ses cheveux et les arrosa de parfums, en disant : « Il n'y a que vous, Seigneur, qui sachiez pourquoi j'ai osé agir ainsi. Seigneur, je sais combien j'ai péché ; mais je me suis approchée avec confiance du Dieu pur, et, comme les Publicains, j'ai marché vers lui parce que je désirais être sauvée. Christ, acceptez mes abondantes larmes ; acceptez les regrets de mon ame criminelle. Que ma hardiesse se change en supplication, mon effronterie en prière, que mon parfum soit une offrande de propitiation, ô mon Sauveur ! et que la contrition de mon cœur fasse jaillir la lumière. J'ai entendu dire à tout le monde, dans mon enfance, qu'un Dieu était né d'une Vierge, et, brûlant d'en apprendre davantage, je demandais comment il se pouvait que celui qui n'avait pas de chair pût être incarné ? Mes parens me répondaient que nos ancêtres nous avaient laissé cette tradition qu'un Dieu saint naîtrait sur la terre du sein d'une Vierge. J'étais encore bien jeune, quand j'ai appris cela, et maintenant je vois qu'en vérité un Dieu grand, un Dieu saint est apparu dans notre chair, afin de nous sauver. Je ne vous vois pas des mêmes yeux que Simon le Pharisien, qui vous a invité à sa table. Je vois en vous le Dieu puissant, le créateur de toutes choses, qui, d'un seul mot, a fait tout l'univers. Je suis une brebis entraînée loin du troupeau, faites-moi rentrer dans la bergerie. Seul vous êtes le bon pasteur qui ramenez les brebis égarées. Seigneur, je suis votre colombe, qu'un cruel épervier a enlevée ; mon ame est embrasée d'un violent amour pour la sainteté de mon Dieu. Que votre bonté généreuse, ô source de toute pureté, me délivre du poids de mes souillures et de mes iniquités. O Dieu ! dans votre clémence extrême, substituez à mon parfum et à mes larmes l'action de votre grâce, pour effacer les traces de mes péchés et accomplir ma purification. Vous avez daigné ouvrir ma bouche et m'inspirer le courage de vous parler comme je le fais, pour que je serve d'exemple et de modèle aux pécheurs pour le salut desquels vous êtes venu. Seigneur, je vous en supplie, ne rejetez pas les larmes d'une infortunée ; je sais que rien ne vous est impossible et que vous pouvez tout. »

14. C'est du fond de son cœur que la pécheresse priait le Seigneur, dont les cœurs des hommes sont l'ouvrage. Elle reçut, en échange de son parfum corruptible, un parfum de vie, qui doit rester incorruptible pendant l'éternité. Quoique très-grande, la suavité de son parfum n'était pas comparable à celle des paroles du Sauveur. Mais avec le parfum, elle offrit aussi son amour et reçut le pardon de ses

propositum justificavit, non quidem occulta pandens delicta, quæ antea peregerat admiranda mulier; sed prius debita, postea charitatem ejus prædicavit.

15. Hæc ego mente mecum perpendens, charissimi et fideles, summopere de illa obstupefactus sum, quomodo ingressa sit, et sine timore ad ipsum accesserit; quomodo ante conspectum omnium convivarum ibi discumbentium fleverit : quomodo ita libere atque audacter capillos suos explicuerit : quomodo pedes Christi inverecunde irrigaverit : et quo pacto nullus omnino eam inde expulerit, nullusque prorsus indignatus ac stomachatus in eam fuerit : sed perquam suavis potius atque jucundus ipsis fletus illius fuisset, et cunctis gemitus ejus dulcis. Muti enim et obstupefacti novitate rerum, quæ cernebantur, erant : novum siquidem et inauditum miraculum erat, quod in convivio illo apparebat : mulierem scilicet meretricem non vocatam illuc ingressam fuisse, et retro mensam stetisse, et capitis capillos super pectus gestasse; et quod manibus alabastrum unguenti electi teneret, et non esset qui eam interrogaret : « Cur huc intrasti ? » aut diceret : « Quid hic quæris, o mulier ? » neque ex discumbentibus quidem illis, atque comedentibus; sed erat omnibus dulce ac suave miraculum, et spectaculum admiratione dignissimum jucundissimumque. Omnes archangeli tremore correpti erant : cherubim et seraphim timore perculsi aderant, contemplantes maximam mulieris fiduciam, pedes Domini cum fervore tenentis. Et cherubim quidem in eum respicere omnino non audent : mulier vero peccatrix pedes ipsius osculatur. Seraphim facies suas alis cooperiunt[1], et mulier peccatrix palam et aperte adest. Angeli appropinquare throno nequeunt, et mulier vestigia ejus capillis suis abstergit.

16. O mulier fidelissima, quo ego pacto excellens ferventissimi propositi tui philtrum commendabo? O mulier, quomodo magnum perfectæ animæ tuæ in Deum desiderium laudabo? aut quis sic dilexit, quemadmodum tu amasti? quis hominum ita acceptus fuit, sicut tu grata et accepta fuisti?

17. Hæc omnia, Salvator, pro generis humani salute pro sua clementia dispensat, ut fiduciam præbeat, qua ad pœnitentiam recur-

[1] Isai. vi, 2.

fautes. Le Dieu sauveur qui a la connaissance de l'avenir justifia l'espérance d'une âme perdue, sans parler des fautes secrètes que cette femme héroïque avait commises; il ne fit attention qu'à son amour.

15. En réfléchissant sur ce fait, mes chers frères, j'ai été extraordinairement surpris de la manière dont elle est entrée et dont elle a abordé sans crainte le Seigneur; de la voir pleurer en présence de tous les convives qui étaient assis à table; de la liberté et de la hardiesse avec laquelle elle dénoua ses cheveux, des pleurs modestes dont elle arrosa les pieds du Christ, et surtout j'ai été surpris de ce que personne n'essaya de la chasser, en se livrant contre elle à l'indignation et à la colère. Ses pleurs, au contraire, leurs parurent suaves et agréables, et ses gémissemens pleins de douceur. La nouveauté du fait dont ils étaient témoins les rendit muets d'admiration. C'était un miracle nouveau et inouï qu'une courtisane, qu'on n'avait point invitée, fût entrée dans la salle du festin, se tînt près de la table, les cheveux épars sur sa poitrine; qu'elle eût dans ses mains un vase d'albâtre rempli d'un parfum précieux, et que personne, ni parmi les assistans, ni parmi les convives, lui eût demandé : « Pourquoi êtes-vous entrée ici? » ou qui lui dit : « Qui cherchez-vous? » Cette merveille fut accueillie par tous avec joie, et c'était un spectacle vraiment digne d'admiration. Tous les archanges étaient saisis d'effroi; les chérubins et les séraphins étaient frappés de crainte en contemplant la foi si vive de la pécheresse, qui embrassait avec ferveur les pieds du Tout-Puissant. Et tandis que les chérubins eux-mêmes n'osent arrêter leurs regards sur lui, une femme pécheresse couvre ses pieds de baisers. Les séraphins se couvrent la face de leurs ailes, et la femme pécheresse est sans voile. Les anges ne peuvent approcher de son trône, et une femme essuie ses pieds avec ses cheveux.

16. Ô femme remplie de foi, en quels termes ferai-je l'éloge d'une résolution aussi précieuse par sa ferveur et son amour? Ô femme, comment louerai-je l'étendue et la perfection de l'espérance que votre âme mit en Dieu? Qui donc a autant aimé que vous? quel homme a su plaire au Seigneur autant que vous?

17. C'est pour le salut du genre humain que le Sauveur, dans sa clémence, distribue ses grâces; c'est pour allumer dans les cœurs la foi nécessaire à ceux qui, retenus dans les liens du péché, veulent

rant qui deliciorum vinculo constricti tenentur. Interea vero cum precibus et lacrymis mulier incumberet, videns Pharisæus, summopere est animo conturbatus. Cæterum pœnitentia ductus, quod Christum in domum suam tanquam prophetam invitasset, et amaras in corde suo cogitationes fovens, intra se ipsum sic aiebat : « Hunc ergo Prophetam esse existimabam, futurorum præscium, præteritorum cognitorem, et vatem perfectum. Nunc autem novi ipsum instar cæterorum hominum esse, et neque ea, quæ ob oculos versantur, scire. »

18. At vero Dominus, qui cordium arcana, tanquam creator, semper scrutatur [1], non statim hominem nequam dure increpavit, sed patienter occulta voluit in lucem proferre. Summa itaque cum mansuetudine atque benignitate, ænigmatice ei aperuit quæ cogitabat. « Simon, Simon, inquit, habeo tibi parabolam edicere, teque sermonum meorum judicem volo constituere. Fœneratori uni duo erant debitores, quorum unus ei debebat quinquaginta aureos, et alter quingentos. Cum autem ambo in paupertatem incidissent, videns magnus ille fœnerator eorum angustias, utrique debitum æque dimittens, magnam suam misericordiam palam ambobus exhibuit. Tu vero quam de ambobus sententiam pronuntias ? Quis eorum debet plus diligere eum, qui ipsis debitum dimisit ? cui minus donatum est, an is, cui plura sunt dimissa ? uterque enim ab ipso remissionem debitorum accepit [2]. »

19. Respondens Simon : « Cui plura, inquit, donata sunt, is certe plus eum debet diligere. » Tum Dominus : « Recte, inquit, judicasti. Audi nunc, et dicam tibi quæ ignoras. In domum quidem tuam, me honorare volens, vocasti ; sed aqua pedes meos, tanquam Prophetæ, non abluisti. Hæc vero, quam cernis, mulier, lacrymis suis pedes meos lavit, et capillis suis abstersit. Similiter osculum mihi, Simon, non dedisti : hæc vero non cessavit osculari pedes meos. Oleo caput meum non unxisti : ista vero pedes meos optimo unguento unxit. Quapropter dico tibi : peccata multa, quæ tu a me ignorari putas, remittuntur ei, quoniam charitatem et dilectionem circa remissionem ostendere prævenit. Qui enim minus diligit, minus ei dimittitur : et

[1] Rom. VIII, 27. — [2] Luc. VII, 40-42.

recourir à la pénitence. Cependant, en considérant la pécheresse, en voyant ses prières et ses larmes, le Pharisien ressentit un trouble profond. Le désir de faire pénitence l'avait fait inviter Jésus à venir dans sa maison comme étant un prophète; alors des murmures s'élevèrent dans son cœur, et il se dit à lui-même : « Je le croyais un prophète doué de la prescience de l'avenir, de la connaissance du passé; enfin, un prophète parfait; mais je vois maintenant qu'il est semblable à tous les autres hommes, et qu'il ne connaît pas même les choses qui sont devant lui. »

18. Mais le Seigneur, qui scrute sans cesse les secrets des cœurs qu'il a créés, ne voulut pas reprendre durement cet homme; il préféra porter insensiblement la lumière dans la nuit de ses pensées secrètes. Ce fut avec une grande douceur et une grande bonté qu'à la faveur d'une figure il lui fit connaître ce qu'il pensait. « Simon, Simon, lui dit-il, j'ai une parabole à vous proposer, et je veux vous faire juge de mes paroles. Deux hommes devaient à un même créancier, l'un cinquante pièces d'or et l'autre cinq cents. Tous deux étaient tombés dans la pauvreté; mais le créancier généreux, voyant leur gêne extrême, fit à chacun remise de sa dette et donna ainsi à tous deux des preuves éclatantes de sa miséricorde. Que pensez-vous de ces deux hommes? Lequel doit le plus aimer son créancier? Est-ce celui à qui on a moins remis ou celui à qui on a remis davantage? car enfin chacun a reçu de lui la remise de sa dette. »

19. Simon répondit : « Celui à qui on a remis le plus est certainement celui qui doit le plus aimer. » Vous avez bien jugé, lui dit le Seigneur; apprenez donc ce que vous ignorez : « Vous m'avez invité à venir dans votre maison pour me faire honneur; mais vous n'avez pas lavé mes pieds avec de l'eau comme à un prophète. Cette femme que vous voyez les a lavés avec ses larmes et les a essuyés avec ses cheveux. Simon, vous ne m'avez pas donné un baiser, et elle a sans cesse embrassé mes pieds. Vous n'avez pas versé d'huile sur ma tête : elle, au contraire, a versé sur mes pieds un parfum précieux. Aussi, je vous le dis, beaucoup de péchés que vous croyez que j'ignore sont remis à cette femme, parce qu'elle a montré beaucoup de charité et d'amour pour obtenir la rémission de ses fautes. Il sera moins remis à celui qui aime moins, et celui qui aime plus recevra davantage. Cependant

qui p'us diligit, plus ei condonatur[1]. » Cæterum ne scandalizeris de salute istius peccatricis; ego enim veni, ut peccatores salvos facerem, eosque, qui in tenebris sunt, illuminarem. Quæ exploratores suscepit Rahab, cum in Deum Patrum studiose credidisset, nosti quomodo salvam illam fecit Josue filius Nave, compertam exploratamque habens illius fidem, ita ut nomen quidem ejus in omnibus generationibus scriptum sit; fama vero in duodecim tribubus Israel resonuerit: ita et nunc istam ego suscipio : quemadmodum enim ipsa me in fide immota, et in perfecta charitate dilexit : sic ego eamdem ex toto corde, et ex tota anima electam suscipio : eritque in justorum numero, qui me dilexerunt; et dimittentur ei debita; nomen autem ejus in sæculum sæculorum non delebitur; sed in generationem generationum narrabitur id quod ea fecit, in memoriam ejus : ita ut præclarum ipsius facinus discentes omnes, fiant et ipsi bonorum operum amatores, æternorumque ac copiosorum munerum participes. » Cujus utinam mulieris admirandæ et nos imitatores reddamur, et confitentes peccatorum sordes, lacrymis eas expurgemus, et a sancto Deo benignitatem atque clementiam consequamur. Quoniam ipsius est gloria, Patris et Filii et sancti Spiritus, nunc et semper, et in sæcula sæculorum. Amen.

EPISTOLA.

I.

AD JOANNEM MONACHUM.

De patientia : et de cavendo, ne quis decipiatur cogitationibus prætextu justificationum, neque dicat : « Tanquam pastor incedo ; » et de temperantia.

1. Variis licet adhortationibus cum religiosissimo Theodoro egerimus, ne a suo recedat loco persuadere tamen valuimus. Dixit autem ad nos ille : « Si voluntas juvandi me, animamque meam secundum

[1] Luc. vii, 43-47.

que le salut de cette pécheresse ne vous scandalise pas; je suis venu pour sauver les pécheurs et pour éclairer ceux qui sont dans les ténèbres. Rahab donna asile à des espions, elle avait une ferme confiance dans le Dieu des patriarches, et vous savez comment Josué, fils de Navé, après avoir reconnu l'étendue de sa foi, la sauva, pour que son nom fût écrit dans toutes les générations. Sa renommée retentit dans les douze tribus d'Israël; c'est ainsi que je traite cette pécheresse. Elle m'a aimé avec une foi profonde et une charité parfaite; c'est aussi de tout mon cœur et de toute mon ame que j'accepte cette femme extraordinaire. Elle sera mise au nombre des justes qui m'ont aimé; ses péchés lui seront remis; son nom demeurera dans les siècles des siècles; de génération en génération on fera l'éloge de sa conduite, pour en perpétuer le souvenir, et pour que tous les hommes, en apprenant sa belle action, aiment aussi les bonnes œuvres, et participent au trésor des richesses éternelles. » Plaise à Dieu que nous devenions les imitateurs de cette femme héroïque, et qu'après avoir confessé nos péchés, nous les expiions par nos larmes et nous nous rendions dignes de la clémence et de la bonté du Saint des Saints. Gloire soit au Père, au Fils et au Saint-Esprit, maintenant et toujours, et dans les siècles des siècles. Ainsi soit-il.

LETTRE.

I.

AU MOINE JEAN.

De la patience; soin qu'il faut avoir pour ne pas se laisser entraîner par les suggestions de la pensée, sous prétexte des justifications, ni dire : « Je m'en vais vivre où pasteur. » De la tempérance.

1. Malgré les nombreuses exhortations que nous avons prodiguées au pieux Théodore, nous n'avons pu parvenir à le fixer où il était. Il nous a toujours répondu : « Si vous voulez m'aider, si vous tenez à sauver mon ame en Dieu, reléguez-moi dans votre monastère. » Mais,

Deum salvandi affuerit, in monasterium tuum ablega me. » Cui respondi : « Ex quo monasterii curam fratri Joanni commisi, illo inconsulto, mandare alicui nequeo. » Et nunc quidem bene egisti, praedictum fratrem suscipiendo. Nam ut rediit, nobis qua eum compassione exceperis, renuntiavit ; cum et tales oporteat in veneratione habere, qui supra patrem et matrem, fratres et sorores, uxorem et filios, cognatos atque amicos, diligunt Dominum. Recte vero agis, exemplum bonorum operum te ipsum praebens, et potissimum fratribus, qui tecum habitant, secundum eum qui dicit : « A me videbitis, et sic facietis. » Et beatus Paulus apostolus adhortatur, dicens : « Imitatores mei estote, » sicut et ego Christi [1] : » ut quibus sermo plenam fidem non facit, opus ipsum persuadeat. Spiritualia vero ministeria ne contempseritis, neque corporalium necessitatum praetextu synaxim vestram neglexeritis. Eloquia enim Dei meditata et suaviter decantata animam nutriunt atque tuentur : corpus autem custodiunt instituuntque : daemones repellunt, et summam animae tranquillitatem generant.

2. Porro de tentantibus ea, quae mensuram ac modum excedunt, incurrentibusque in pericula gravissima, commonefacere vos volo : « Non plus sapiendum esse, quam oportet sapere, sed sapiendum ad » sobrietatem [2]. » Rursusque alibi dicit Scriptura : « Noli esse justus » multum, neque plus sapias quam necesse est, ne obstupescas [3]. » Accidit enim diebus hisce nostris, quosdam fratres, relictis suis cellis, in terram desertam, infructuosam, atque inaquosam se contulisse : saepe autem licet a patribus ac fratribus admoniti, non paruerunt, dicentes : « Nos ut pastores discedimus. » Et ut sese in aridissimam solitudinem impulissent, videntes jam se intra desertam terram conclusos, coeperunt vehementer discruciari : insipientesque ad loca, quae incoluntur, redire, nequiverunt se ex difficillimo eremo subducere et expedire ; neque enim illud facile erat intra interiora deserti versantibus. Valde igitur per inediam, sitim, aestumque afflicti jacebant, animum dejicientes. Divina vero providentia disponente, frigore perountes, ab aliquibus ibi reperti sunt, qui eos propriis jumentis impositos, ad loca habitationum reportarunt : alii etiam ibi mortui sunt,

[1] Judic. vii, 17. — [2] I Cor. iv, 16, et xi, 1. — [3] Rom. xii, 3.

lui ai-je dit : « La direction de cet asile, je l'ai confiée à notre cher frère Jean, et il m'est impossible, sans le consulter, d'y envoyer quelque autre. » Je dois vous avouer cependant que j'ai été charmé que vous ayez reçu ce bon frère. Il m'a raconté à son retour l'intérêt que vous lui avez témoigné. Ils méritent bien en effet nos respects, les hommes qui, comme lui, mettent l'amour de Dieu au-dessus de celui d'un père et d'une mère, des frères et des sœurs, d'une épouse et d'un fils, des parens et des amis. Vous avez fait, du reste, votre devoir en donnant par vous-même l'exemple d'une bonne œuvre, et surtout aux yeux des frères qui vous entourent ; c'est dire : « Voyez mes actions et imitez-les. » L'apôtre saint Paul ne prêche pas autrement : « Sui- » vez mon exemple, dit-il, comme je suis celui de Jésus-Christ. » De cette manière, ceux qui résistent aux paroles se laissent quelquefois persuader par les actions. Vous ne négligerez pas pour cela votre ministère spirituel, et les besoins terrestres ne vous feront pas oublier votre sainte union en Dieu ; car la parole du Seigneur sagement méditée, annoncée avec douceur, nourrit l'âme et la protége, conserve le corps et le fortifie, repousse les démons, et procure à l'esprit une parfaite et constante sérénité.

2. Quant à ces hommes qui veulent entreprendre des choses au-delà des règles et des ordres donnés, qui se jettent à travers des périls insurmontables, laissez-moi vous rappeler « qu'on ne doit pas » être plus sage qu'il ne faut, que la sagesse a ses bornes ; » et cet autre passage de l'Écriture : « Ne cherchez pas à devenir trop juste, trop » de science pourrait vous éblouir. » On a vu, en effet, dans ces derniers temps, quelques frères abandonner leur modeste demeure et se retirer dans un coin de terre bien désert, bien aride, bien stérile : les nombreux conseils de leurs saints pères, de leurs frères, ne les ont pas arrêtés, et ils n'y ont répondu que par ces mots : « Nous allons vivre en pasteurs. » Mais, après s'être ainsi exilés au milieu des solitudes les plus sauvages, se voyant emprisonnés dans leur isolement, mille souffrances sont venues les assaillir ; alors ils ont cherché à retourner aux lieux habités, et ils n'ont pu s'arracher à la prison qui les enveloppait de toute part, imprudens qu'ils avaient été de s'avancer au cœur des déserts ; ils tombaient sur la terre nue et disputaient bientôt le reste de leur vie à la faim, à la soif et à la chaleur. Grâce aux soins de la Providence divine, quelques-uns d'entre eux, près de succomber au froid, ont été accueillis par des voyageurs qui les ont mis sur leurs propres montures et les ont ramenés parmi les habita-

et a volucribus ac feris corpora eorum devorata sunt. Qui autem evaserunt salvi, longo tempore infirmi remanserunt; deincepsque ipsa experientia cognoverunt nihil absque consilio faciendum. Nam multi contumacia atque temeritate cogitationum ducti, in terram infructuosam et inaquosam progressi, violentam sibi ipsis mortem intulerunt. Alii vero sub obedientia vivere nolentes, unanimitatemque in ministrando recusantes, in idem se periculum conjecerunt. Alii sui consilii complacentia decepti, laudem ab auscultantibus captantes, pastores, ut aiunt, effecti sunt: intentos autem labores non cogitantes, iisdem se periculis implicuerunt. Non igitur oportet, charissime, sine prudentia propriis abduci consiliis: quin potius decet unumquemque proprio se metiri modulo, et proximo in caritate Dei humiliari. Si quis autem existimet se perfectam adeptum esse virtutem, passionibus superiorem esse, et in cupiditates dominari; ne sic quidem sibi ipsi confidat; ne forte in ipsum dicatur quod scriptum est: « Rex temerarius » incidet in mala; angelus autem lucis liberabit eum[1]. »

3. Sed forte praeteriens quis dixerit: « Quomodo invenimus aliquos sanctorum Patrum hanc excoluisse virtutem? » Convenit itaque nos etiam ex sanctorum Patrum vitis afferre testimonia, ut aperte ostendamus nihil temere, vel casu, inconsiderateve sanctos Patres egisse. De abbate Macario narratur, quod sic diceret: « Considens, inquit, in cella mea, exercebar ut monachus, dum interim mihi molestiam cogitationes exhibebant, dicentes: « Abi in interiorem eremum, et vide quid ibidem cernes; perstitique in pugna cum cogitatione annos quinque, cum dicerem, ne forte id a daemonibus mihi suggeratur. » Perspicis prudentiam sancti viri? Numquid abduci se passus est, aut praeceps accurrit? Numquid cogitationem admisit? Minime vero : sed perseveravit examinans, jejunans, vigiliis precibusque vacans, ut id ne forte ex daemonibus esset, cognosceret. Caeterum nobis dum cogitatio aliqua eo ingerit, contineri non possumus, et efferamur; et non modo non discutimus, sedulo orantes, sed neque ab aliis admoniti

[1] Prov. xiii, 17.

tions des hommes; plusieurs cependant avaient déjà rendu leur ame à Dieu et leur corps était devenu la proie des grands oiseaux et des bêtes fauves. Ceux même qu'on a eu le bonheur de sauver ont eu à souffrir de longues infirmités, et ont bien dû s'avouer qu'il ne faut jamais rien entreprendre sans de mûres réflexions; car tous ceux qui, cédant à la téméraire impulsion de leurs pensées, ont choisi pour retraite des contrées incultes et malsaines, se sont volontairement donné la mort; aussi bien que certains autres voulant se soustraire au joug de l'obéissance et refusant leur concours au service général. Plusieurs encore, trompés par l'adulation de leur cœur et se fiant aux louanges de la crédulité, sont devenus, selon leur expression, simples pasteurs, et se sont exposés aux mêmes dangers faute d'avoir mesuré la tâche qu'ils s'imposaient. Il est donc bien important, mon trèscher frère, de ne pas nous abandonner sans un mûr examen aux conseils de notre esprit; chacun doit, au contraire, consulter ses forces et se soumettre à son prochain par esprit de charité. Et quelqu'un de nous croirait-il avoir atteint la suprême puissance, croirait-il pouvoir commander à ses passions, dompter ses penchans; qu'il se méfie encore de lui-même, s'il ne veut pas qu'on lui applique ces paroles des Écritures: « Le roi téméraire tombera et ne sera relevé que par « l'ange de lumière. »

3. On va plus loin, et on dit: Pourquoi l'histoire parle-t-elle de plusieurs saints Pères qui ont ainsi vécu? A cela nous répondrons par la vie elle-même des saints Pères, afin qu'on soit forcé de convenir qu'ils n'ont jamais rien fait sans raison, sans motif, sans dessein. Voici ce qu'il est écrit au sujet du saint abbé Macaire; ce sont ses propres paroles: « Assis, dit-il, dans ma cellule, je travaillais à devenir religieux et j'avais à soutenir une lutte continuelle avec moimême; une voix intérieure me disait: « Pars, relègue-toi dans un ermitage solitaire, et fais attention à ce que tu y verras. » J'ai ainsi lutté avec ma passion pendant cinq ans entiers, faisant cette réflexion, peut-être n'est-ce là qu'une suggestion du démon. » Comprenez-vous la prudence du saint personnage? s'est-il laissé persuader, est-il parti dès l'abord, a-t-il écouté son esprit? Non certes; il a persévéré, demandant à la réflexion, aux jeûnes, aux veilles et à Dieu si ce n'était pas une tentation de l'esprit du mal; et nous, insensés que nous sommes, à la moindre velléité, nous ne pouvons résister, nous nous laissons entraîner; et cela sans avoir recours à la prière pour nous éclairer, sans même daigner écouter les conseils de

v. 31

obedimus; unde facile ab adversario capimur. Deinde cum persuaderet, inquit, cogitatio, egressus in eremum, invenit ibi lacum, insulamque in medio ejus, et accedebant jumenta ut biberent ex illo; aspexitque duos homines nudos in medio ipsius. Sub hæc ut locuti sunt inter se, dixit abbas Macarius ad illos : « Quomodo fieri potero monachus? » Et illi ad eumdem : « Nisi quis renuntiaverit omnibus, quæ in mundo sunt, non poterit fieri monachus. » Ad quos ipse : « Ego, inquit, infirmus sum, et non ita valeo ut vos. » Cui illi : « Si nequeas, ut nos, sede in cella tua, et peccata tua defleas. » O humilitas divini viri! O prudentia insignis virtute animæ! qui tot ac tantis præclare factis excellebat, non judicavit se ipsum ejusmodi re dignum; sed ait ad eos : « Ego infirmus sum, et non ita valeo, ut vos. » Nos autem neque persecutione ulla invadente, neque a quoquam impulsi, temeritate et propria quadam complacentia ducimur, aggredientes ea, quæ mensuram ac modum superant, tanquam Dominum Deum tentantes, quod est horribile. Væ autem homini, qui propriis confidit ac nititur viribus, vel exercitatione, sive industria; neque in Deo spem omnem reponit suam : ab illo enim solo potestas et robur.

4. Et cur non oculos demittimus in vitam abbatis Antonii? Et ipsum cuncta ex divina egisse revelatione comperiemus. Verumtamen ipse quoque nonne in monasterio vivebat? Nonne indumentis utebatur? Nonne pane vescebatur? Nonne propriis manibus laborabat? Nonne discipulos habebat, qui quidem etiam mortuum ipsum deflebant ac sepeliebant? Neque vero solum ipse beatus Antonius hoc vitæ instituto usus est, sed et reliqui Patres, qui religiosam vitam duxerunt : qui hortabantur et solabantur ad se venientes, per quos signa et curationes exhibebat Deus. Tanquam enim lucernæ quædam claræ, virtutibus coruscabant. Horum vitam ac mores, etiam nos regia via incedentes, æmulemur, non declinantes neque in dexteram, neque in sinistram. Demus ergo operam quieti, jejunio, vigiliis, orationibus, lacrymis, conventibus ad res divinas celebrandas, labori manuum, conversationi cum sanctis Patribus, obedientiæ veritatis, et ausculta-

l'expérience ; aussi sommes-nous bientôt la proie du démon. Le saint Père dont nous parlons ajoute qu'obsédé sans cesse par la même pensée, il y céda enfin, se rendit dans le désert, y trouva un lac au milieu duquel s'élevait une île, et où venaient se désaltérer des troupeaux entiers. Là, il rencontra deux hommes n'ayant aucun vêtement, et, les ayant entendus parler entre eux, il leur demanda : « Comment pourrais-je devenir solitaire ? » Et ils lui répondirent : « Celui qui ne sait pas renoncer à tous les objets terrestres ne sera jamais bon solitaire. » Et lui, dans son humilité : « Mais je suis faible, moi, je n'ai pas votre courage. — Alors retourne dans ta cellule et pleures-y tes péchés. » Homme vraiment divin, comme tu te juges ! Quelle prudence dans cette belle ame ! Celui dont toutes les actions étaient édifiantes et méritoires ne se jugea pas assez fort pour accomplir un acte aussi simple , et répondit : « Je suis faible, moi, et je n'ai pas votre courage. » Et nous, sans que la persécution nous y force, sans que rien nous y pousse, nous nous laissons entraîner par notre amour-propre, par je ne sais quelle condescendance envers nous-mêmes, et nous entreprenons des choses bien au-dessus de nos forces ; on dirait que nous voulons tenter le Seigneur notre Dieu, et c'est là une chose bien affreuse ! malheur à celui qui s'appuie et se fie à ses seules forces, même dans ce qui ne demande que de l'inclination et de l'habitude. Malheur à lui si sa confiance n'est pas en Dieu seul, car de Dieu seul émanent toute force et toute puissance.

4. Jetons un coup d'œil sur la vie du saint abbé Antoine, nous verrons qu'il a toujours agi d'après les inspirations de Dieu, et cependant n'a-t-il pas toujours vécu dans un monastère ? n'a-t-il pas toujours couvert son corps de vêtemens ? ne s'est-il pas toujours nourri comme nous ? n'a-t-il pas travaillé comme nous ? n'a-t-il pas eu aussi des disciples qui pleurèrent sa mort et l'ensevelirent ? et certes le bienheureux personnage dont je viens de parler n'est pas le seul qui ait mené ce genre de vie ; combien d'autres saints Pères n'ont jamais quitté la vie religieuse, prodiguant sans cesse leurs conseils et leurs secours à tous ceux qui s'adressaient à eux, guérissant les malades, opérant des miracles au nom du Seigneur : flambeaux resplendissans par l'éclat de leurs vertus ! Voilà les mœurs et les actions que nous devons imiter, nous tous qui voulons marcher dans la voie du salut, prenons garde toutefois de ne dévier ni à droite, ni à gauche ! le repos, les veilles, le jeûne, la prière, les larmes, les cérémonies religieuses, la pratique de la vérité, l'étude des saintes Écritures sont les

tio... divinarum Scripturarum : ne mens nostra sylvescat, et inculta squallidaque reddatur. Potissimum autem participatione nos sanctorum et immaculatorum mysteriorum dignos exhibeamus; ut mente nostra onascentibus infidelitatibus, sordidisque cogitationibus purgata, inhabitans in nobis Dominus liberet nos a maligno. In cunctis autem veram atque sinceram charitatem ad invicem, et in omnes sectemur: nam ex primo comparat sibi quis malum vel bonum. Non enim mendax est, qui dixit : « Quod uni ex his fratribus meis minimis fecistis, mihi fecistis [1]. » Ad eos autem, qui pietatis viscera clauserant, dixit : « Quandiu non fecistis uni de minoribus his, nec mihi fecistis. » Et ibunt hi in supplicium æternum, justi autem in vitam æternam [2]. » Antiqui vitulos, agnos et arietes, cuncta immaculata, in sacrificium Domino offerebant [3] : at nos proprium corpus Domino offeramus in Spiritu sancto, non polluentes hoc rebus vetitis, aut aliqua cogitatione contaminantes; ne reprobetur sacrificium nostrum.

5. Quo pacto autem comparare oporteat sanctitatem, suffecerit mentem sobriam ac vigilantem habentibus recordatio Dei, cujus radii cor omne illuminant. Qui vero mente adhuc infirmi sunt, aliquibus indigent exemplis, quibus ad imitandam excolendamque eamdem virtutem excitentur. Sit ergo nobis exempli loco tale. Qui secundum mundum strenuos se præbent in bellis, imagines sumunt, in parietibus et tabulis belli historiam describentes : ut quomodo hi quidem sagittis feriant, aliis vulnera infligant, quidam fugiant, alii incursiones faciant, alii adhibitis gladiis, spicarum instar adversarios decutiant. Atque hæc agunt ad æmulationem posterorum, et commemorationem eorum, qui rem fortiter in bello gesserunt adversus hostes repugnantes. Alii vero sanctorum quoque certamina in domesticis oratoriis, ad imitationem videlicet ignavorum cordium et oblectationem spectatorum, depingunt. Sic ergo satagite, quasi et nostra vita describenda sit, et in sublimi collocanda, ut omnibus sit conspicua : quinetiam excolendæ virtuti operam demus, ne quid vituperio dignum, atque absurdum insetatur imagini. Turpissimum enim revera est, spectare virum in ima-

[1] Matth. xxv, 40. — [2] Ibid. 45, 40. — [3] Levit. 1, iii et ix.

seuls moyens à employer pour fortifier notre ame et la fertiliser. Rendons-nous dignes de la participation fréquente au saint mystère de l'eucharistie, si nous voulons que notre ame, toujours lavée de ses moindres souillures, forte contre toute pensée mauvaise, soit à l'abri des pièges du démon et sous la protection immédiate du Seigneur. Professons en toute circonstance la charité vraie et bien entendue envers nos frères et envers tout le monde ; car c'est de nous-mêmes que viennent nos premiers titres à la miséricorde ou à la colère divine. En effet, elle ne connut jamais le mensonge la bouche qui a dit : « Ce que vous ferez pour le moindre de mes frères, vous le ferez pour » moi » ; et qui ajoute, en parlant de ces cœurs endurcis et sourds à la voix de la pitié : « Puisque vous n'avez rien fait pour le moindre » des miens, vous n'avez rien fait pour moi. Voilà ceux qu'attendent » mes flammes vengeresses ; les justes seuls vivront éternellement. » Les anciens offraient en sacrifice au maître de la terre de jeunes taureaux, des agneaux et des béliers sans tache : ne devons-nous pas, par l'intermédiaire du Saint-Esprit, lui offrir notre corps ? donc il faut le conserver pur de toute mauvaise action, de tout mauvais penchant, si nous voulons faire agréer notre sacrifice.

5. La seule pensée de Dieu donnera aux ames chastes les moyens de se sanctifier, car seule elle éclaire de ses rayons tout cœur mortel. Quant à ceux dont la volonté est encore chancelante, ils n'ont besoin que de quelques bons exemples pour suivre et pratiquer la vertu. La pureté est sous nos yeux. Si les hommes qui, au dire du monde, sont vaillans dans les combats, se nourrissent d'exemples et s'entourent en tous lieux de tableaux militaires, pour y apprendre à lancer une flèche, à pousser un dard, à attaquer, à battre en retraite, à moissonner les ennemis l'épée à la main, ces peintures ont pour but de stimuler les générations suivantes et de célébrer la gloire de ceux qui ont fait preuve de courage en repoussant l'ennemi. Le pinceau a aussi représenté les combats livrés par les saints dans le silence de l'oratoire pour encourager les uns, pour édifier les autres. Concluons de là qu'il nous faut régler notre vie et la suspendre, pour ainsi parler en public, afin que tout le monde puisse la voir ; ne cessons donc pas un instant de pratiquer la vertu, de peur que le pinceau ne rappelle de nous quelque particularité blâmable ou futile. N'est-il pas honteux, par exemple, de voir dans un tableau les familiarités secrètes d'une femme et d'un homme, surtout si ce dernier est revêtu d'un caractère particulier de piété ? Je ne parle pas de celles d'homme à homme, et ce-

gine cum fœmina inhoneste versantem, et præsertim ex iis, qui videntur habitum pietatis assumpsisse. Si vero et cum masculo, secundum eum, qui dixit : « Masculi in masculo turpitudinem operantes [1] : » quis tandem oculos in imaginem defigere auderet? Fugiendum vel ipsum quoque spectaculum. Si autem cum tali ignominia præ pudore stupidi, spectari ab aliis nolumus, prorsus, divina cooperante gratia, turpes passiones effugiamus, veræque virtutis studium curemus; ut compositio et structura historiæ, quæ de nobis est futura, præclara et honesta fiat, quæ ad bonam æmulationem excitet sua pulchritudine obvios quosque, nihilque in ea deforme, minusve virtuti conveniens imprimamus.

6. Etenim Sodomitarum historia indelebilis est [2], in medium producens, quomodo justi domum circumdederint homines intemperantes ac flagitiosi, donec cæcitate percussi, ignisque imbre combusti, et in cinerem redacti essent ipsi cum terra sua, in qua nefandas commixtiones exercuerant. Horum historiam tanquam imaginem quamdam horrore plenam proposuit uniuscujusque nostrorum conscientiæ creator noster Deus : ut ad exemplum hujumodi respicientes, improborum commercia declinemus. Qui autem cæcutientes, propositam nobis historiam prætereunt, facile in voluptatum barathrum præcipites ruunt. Tu autem defixam tene in hujusmodi cogitatione mentis aciem, ut metu turpissimas passiones elidas, urentesque voluptates exspectatio iræ immarcescere faciat. Quis enim divinam iram cernens, non trepidet, consterneturque animo, nisi forte oscitabundus, atque aliud agens ista consideret? Ego vero ignavus particulas ingemui, vultuque in genua deposito, flevi. Quo enim pacto vere formidabile non erit mundo cordis oculo intuentibus vehementissimum hujus historiæ singulas attentius contemplatus, ignis illius fluxum, terramque, dum torreretur, et incolas instar ceræ fumique liquescentes? Annon poterunt hæc eorum, qui antea supplicio sunt affecti, exempla vel lapideam animam emollire? Frequentius itaque, imo potius assidue ad ejusmodi historias intente respiciamus ; ut potiorum studio, experientiam prædictorum fugiamus. Nam auget audaciam negligentia : ex utraque vero consuetudo conflatur. Qui autem habitum sibi mali acquisiverunt, exitum ægre invenire possunt : cum habitus is ad abolen-

---

[1] Rom. I, 27. — [2] Gen. XVIII et XIX.

pendant la sainte Écriture a dit : « Ils se prostituaient honteusement » entre eux. » De pareilles scènes doivent faire baisser les yeux du plus impudent, et il faut s'en interdire même la vue. Or, si la pudeur nous dit que nous rougirons d'être le sujet de pareils tableaux, redoublons d'efforts pour fuir les passions honteuses et nous attacher de plus en plus à la vertu, afin que l'ensemble et les détails de notre vie, si jamais la peinture s'en empare, soient beaux et honnêtes, afin que tous ceux sous les yeux desquels ils paraîtront ne puissent y trouver que des enseignements de sagesse sans la moindre souillure, sans le moindre oubli de la vertu.

6. Il est ineffaçable le souvenir historique de Sodome, qui nous retrace la maison du juste entourée d'hommes corrompus et abrutis poursuivant leurs coupables habitudes jusqu'au jour où, privés de la lumière du soleil, étouffés sous des torrens de flamme, ils sont allés mêler leurs cendres aux cendres brûlantes du sol qu'ils avaient souillé de leur hideuse dépravation. Cette page historique est, pour ainsi dire, un tableau effrayant, que notre souverain créateur a placé devant nos yeux à tous, pour solliciter nos réflexions à ce sujet, et nous faire reculer devant le contact des méchans. Quant aux hommes qui ferment les yeux et qui ne veulent pas voir le tableau que nous leur présentons, ils ne tarderont pas à rouler dans le gouffre des passions désordonnées. Pour vous, mon frère, vous aurez sans cesse ces faits présens à l'esprit, et ne fût-ce que par la crainte de Dieu et de sa colère, vous étoufferez tous les vices, vous éteindrez le feu de toutes les passions. Quel homme, en effet, à moins qu'il ne soit frappé d'imbécillité, et qu'il regarde pour ne pas voir, pourrait écouter sans frémir et sans être saisi d'épouvante le récit des vengeances célestes? Oui, j'avoue ma faiblesse, chaque fois que j'examine les détails de cette épouvantable histoire, je gémis, et, laissant tomber mon front sur mes genoux, je verse des larmes. Comment, je le répète, ne pas trembler jusqu'au fond de l'ame en considérant avec l'œil pur de l'esprit ces torrens de flamme embrasant la terre, dont les pâles habitans se fondent comme de la cire, disparaissent comme de la fumée? N'y a-t-il pas dans ces exemples passés de quoi émouvoir l'ame la plus impassible? Ayons donc souvent, ayons sans cesse les yeux tournés vers ces exemples, afin que, marchant dans la bonne voie, nous échappions à de tels supplices; car la négligence dans le mal double l'audace, et toutes deux font naître l'habitude. Or, ceux qui contractent

dum spiritalem fructum semper irrepat. Ex adverso, velut in imagine recordemur illius Ægyptiæ, quomodo ad se attrahere conata sit pium Joseph [1]; ipseque quo pacto etiam vestem suam reliquerit, ut scelus effugeret. Rursusque mente contemplemur tanquam in imagine senes illos babylonicos, quomodo ad turpitudinem beatam Susannam compellere studebant [2]; ipsa autem pia et virili cogitatione adhibita, istos deturbaverit. Sic ergo et nos sincere vitemus, maxime persuasi, quia « nihil occultum quod non revelabitur [3] : » ut si qua virtus, et si qua laus, hac de nobis circumferantur : ut simus inter eos, qui laudantur, et non inter illos qui vituperantur.

7. De iis porro, quæ quæruntur, et quo pacto conversari oporteat cum fratribus, et complacere Deo viventi ac vero, vobis pro nobis orantibus significabimus, divina nos adjuvante gratia. Sit autem intra nos et vos Dominus, fons vitæ qui gaudium, pacem, sanctificationem, et spem bonam pluit super quærentes eum in veritate. Saluta fratres, qui tecum sunt : salutant te qui hic sunt fratres.

II.

HYPOMNISTICU*.*

1. Omni hora mente revolvo visionem, quam mihi reconsuisti, frater : ideo dignam vocatione tua vitam agere contende, ut militiæ duci placeas. Tuam enim novi promptitudinem, et in Deum zelum. Idcirco tibi suadeo jam propositum habenti, ac salvari studenti, nondum tamen experientiam vitæ religiosæ possidenti, ut sanctorum perfectorumque fratrum, ac Patrum vestigia persequaris, et ab iis discas quemadmodum Dei servum versari oporteat. Quod tibi etiam semper dicebam, ut singulorum perspecta conversatione, bonum vitæ imiteris institutum, attendens quomodo quilibet pietate instructus, ad supernæ vocationis bravium contendat; considerans quoque diligenter hujus perfectam exactamque fidem, alterius spem in Deum, illius vero duplicem charitatem, in Deum et in proximum, et quo pacto alius in ti-

[1] Gen. xxxix. — [2] Dan. xiii. — [3] Luc. xii, 2.

l'habitude du mal arrivent souvent à de tristes conséquences, parce que c'est un ver qui ronge intérieurement les fruits du saint Esprit; mais, par compensation, arrêtons nos regards sur ce pieux Joseph, qui laisse son manteau entre les mains de l'Égyptienne, plutôt que de céder à ses désirs criminels; ou bien sur la bienheureuse Suzanne, qui, grâce à une résolution pieuse et ferme, repousse les vieillards de Babylone, dont les efforts voulaient l'entraîner au péché. A leur exemple, mon frère, luttons avec constance, et soyons bien convaincus que « tout ce qui est maintenant caché sera mis au jour; » il faut que nous méritions notre part des éloges à la postérité, si elle en donne à la vertu. Il faut nous faire placer parmi ceux qu'on loue et non parmi ceux qu'on blâme.

7. Voilà sur l'objet de vos recherches et sur la manière de se conduire avec des frères, afin d'être agréable au seul Dieu vivant, ce que l'esprit de la grâce m'a inspiré pour répondre à ce que vous exigez de moi. Que le Seigneur soit toujours entre nous, car c'est la source de vie qui répand à grands flots la paix, la satisfaction et l'espérance, surtout ceux qui la cherchent avec sincérité. Saluez pour moi vos frères qui vous entourent, mes frères ici vous saluent.

II.

EXHORTATIONS.

1. Il ne se passe pas un moment que je ne réfléchisse à la vision dont vous m'avez fait part, mon très-cher frère, car je connais votre ardeur et votre zèle; que vos efforts tendent donc tous à rendre votre vie digne de la vocation qui vous a guidé, et agréable au chef de votre sainte union. Maintenant votre but est fixé; vous voulez vous sauver, mais, comme vous n'avez point encore toute l'expérience de la vie religieuse, il vous faut suivre les traces de perfection dans lesquelles ont marché nos saints frères et nos saints Pères, et apprendre à leur école comment on doit servir Dieu. Étudiez donc, comme je n'ai cessé de vous le dire, leurs sages préceptes, ils vous donneront les règles d'une bonne conduite et vous apprendront comment par la piété on obtient la récompense d'une vocation inspirée. Vous verrez les uns animés d'une foi vive et pure, les autres sans cesse confians en Dieu; celui-ci pratiquant la double charité envers Dieu et envers le prochain, celui-là, pour conserver en son âme la crainte de Dieu, restant pur de toutes

more Dei suam custodiat animam, ab omni re mala cavens sibi, vitamque inculpatam atque irreprehensibilem degens atque adeo qui ab omnibus ob puram et immaculatam vitam laudatur. Multi enim reperiuntur ejus modi, de quibus tibi asserebam attendendum iis esse, et non mihi pigro atque inerti. Hos ergo imitare, qui quidem in medio vestrum sunt, velut luminaria quædam : et quomodo nonnulli dum variis passionibus ab hoste impugnantur, per orationem ad Deum confugiunt, adhærentes ei per compunctionem et desiderium, gratiæque auxilium accipientes, absurdas immundasque cogitationes vincunt, factorum pœnitentia ducti, multoque fletu ac lacrymis suspiriisque mœsti sua lugent peccata : confitentes Deo per orationes atque vigilias; affligentes se in jejunio, temperantia, atque tribulatione, iisque armorum generibus salvari enitentes.

2. Strenue igitur et tu decerta usque ad mortem, tanquam verus miles. Non enim res est ludicra religiosæ vitæ exercitatio, fili : verum multa diligentia opus est, ut salus animæ curetur. Idcirco ne unam quidem præterivi virtutum, scripto tibi per epistolam hæc ipsa mittens ; ut ne dicas : « Non noveram quid esset agendum. » Sic igitur enitere, omni gravitate atque prudentia tempus vitæ tuæ transigere, ut Deo placeas et hominibus. Si enim ita te gesseris, perfectam singulorum considerans renuntiationem, religiosumque in Deo vitæ institutum ; facile te ipsum ad virtutum celsitudinem evehere poteris ; conspiciens quorumdam voluntariam paupertatem, quomodo relictis omnibus, conantur ubique mentem suam tranquillam reddere, ut sine ulla distractione in orationes incumbere queant, et non sit illis cogitatio aut cura, quæ ipsos retrahat ab oratione, vel lacrymis, aut fervore, perfectaque in Deum charitate. Nosti enim tu quoque, dilectissime, si quis cum desiderio et lacrymis puro corde precatur, mente sua tanquam speculo contemplari Deum. Idcirco per inopiam ac paupertatem magnamque angustiam quilibet ad promissa justis bona properat : « angusta est enim porta, et arcta via, quæ ducit ad » vitam.¹ »

3. Quapropter hanc tibi viam demonstro, quam ego nondum sum ingressus, ut illi insistens, sanctorum imiteris conversationem, alio-

¹ Matth. vii, 13.

mauvaises actions, menant une vie intacte et irréprochable, et méritant par la sainteté de sa conduite les éloges universels. Les éloges de ce genre ne sont pas rares ; c'est sur ceux-là que je vous disais de vous guider, et non pas sur moi, serviteur timide et peu fervent. Ne les perdez donc pas de vue, car ils sont au milieu de vous comme des phares lumineux. Lorsque les passions viennent leur livrer quelque assaut, ils ont recours à Dieu par la prière, s'unissent à lui de cœur et d'ame, en reçoivent les secours de la grâce, et triomphent de toutes les pensées mauvaises ; puis, repentans et affligés, ils gémissent et expient dans les larmes leurs péchés, les confessant à Dieu par les prières et les veilles, se macérant par le jeune, l'abstinence et les tribulations de tous genres pour faire leur salut.

2. Combattez donc aussi avec courage jusqu'à la mort comme un vrai soldat ; car ce n'est pas peu de chose que la vie religieuse, mon fils, il faut un zèle bien vif pour veiller au salut de son ame. Aussi, en écrivant ma lettre et vous l'adressant, je n'ai pas voulu passer sous silence une seule vertu, afin de vous éviter la possibilité de dire plus tard : « Je ne savais pas ce qu'il y avait à faire. » Employez donc tous vos efforts pour rendre par la prudence et la sagesse votre vie agréable à Dieu et aux hommes. Si vous réglez votre conduite sur cette abnégation complète pratiquée par vos devanciers, sur leur dévouement à Dieu en toute chose, il vous sera facile d'atteindre la perfection de toutes les vertus ; vous aurez devant les yeux des hommes qui se sont voués à la pauvreté, abandonnant tout pour isoler leur esprit, l'abîmer dans le recueillement et la prière, et n'avoir plus ni soins, ni soucis qui vinssent se mêler à leurs saintes pratiques, à leurs larmes, à leur ferveur et à leur amour divin. Car vous n'ignorez pas, frère chéri, que l'ame du mortel priant avec pureté, ferveur et componction est est un miroir où vient se réfléchir la divinité. Ainsi, c'est par la pauvreté, la misère et le dénûment absolu que l'on obtient la récompense promise aux justes : « car il est étroit et pénible le chemin qui » mène à la véritable vie. »

3. Et voilà le chemin que j'ai voulu vous indiquer, quoique je n'y sois pas encore entré moi-même ; en le suivant, vous acquerrez les vertus des saints, et les uns et les autres vous offriront des modèles parfaits

rum quidem pietatem, aliorum peritiam, aliorum rectum in precibus rebusque omnibus ordinem; aliorum humilitatem, aliorum honorem; et alios quidem sui ipsorum accusatores; alios se ipsos pro nihilo habentes atque abjicientes; aliorum studium atque diligentiam; aliorum quietem ac silentium; aliorum mansuetudinem; aliorum patientiam et longanimitatem; aliorum clementiam et benignitatem; aliorum mores pacificos; aliorum vitam amabilem; aliorum concordiam et consensionem; aliorum intellectum atque judicium; aliorum prudentiam; aliorum sobrietatem ac vigilantiam; aliorum sapientiam; aliorum in consilio dando dexteritatem; aliorum discretionis virtutem; aliorum mystica quædam atque arcana; aliorum hilaritatem; aliorum mores gratiosos; aliorum affabilitatem; aliorum in reconciliando facilitatem; aliorum in condonando ac venia danda clementiam; aliorum fortitudinem; aliorum audaciam, atque fiduciam; aliorum certamina; aliorum obedientiam; aliorum in opificio industriam ac diligentiam; aliorum in aliis laudandis benignitatem; aliorum promptitudinem, atque alacritatem; aliorum in fratres obsequium; aliorum zelum atque æmulationem; aliorum fervorem; aliorum submissionem; aliorum perfectam vitæ abdicationem, et se ipsum crucifigentis instar quotidie mortem obeuntium; aliorum patientiam et tolerantiam; aliorum robur; aliorum veritatem; aliorum confidentiam; aliorum in arguendo libertatem; aliorum lucidam et conspicuam cunctis vitam; aliorum sedulitatem; aliorum in agendo solertiam; aliorum disciplinam; aliorum temperantiam; aliorum sanctimoniam; aliorum puritatem; aliorum virginitatem: aliorum castitatem; aliorum spiritualem vivendi rationem. Et hujus quidem considera eleemosynam; illius in ope ferenda virtutem; hujus benignitatem, illius bonitatem; hujus commiserandi studium, illius clementiam; hujus fraternum amorem, illius pro beneficis acceptis gratum animum; hujus restituendi compensandique virtutem, illius æquabilitatem; hujus rectum judicium, illius ad ignoscendum facilitatem; hujus æquitatem ac probitatem, illius compassionem; hujus in hospites amorem, illius integritatem; hujus innocentiam, illius imperturbabilem animum; hujus sinceritatem, illius virtutem qua est paucis contentus; hujus moderationem, illius gratitudinem; hujus simplicitatem, illius in con-

à imiter; ici piété, savoir, régularité, humilité, honneur, dévouement, mépris de soi-même, zèle et amour; recueillement et silence; douceur et patience; longanimité, clémence, humanité; affabilité, tolérance, union, concorde, sagacité, jugement, prudence, sobriété, tempérance, sagesse, rapidité dans le conseil, discrétion, mysticité, concentration, gaîté, amabilité, prévenance, réconciliation, oubli et pardon; là fermeté, audace, confiance, luttes courageuses, obéissance; adresse et assiduité dans le travail des mains; facilité à louer ses semblables, promptitude, vivacité, obéissance à ses frères, zèle et émulation, ferveur, soumission; abnégation pleine et entière de soi-même, sacrifice de son corps prêt à recevoir la mort chaque jour; constance, force, vérité, assurance, franchise de témoignage, vie mise à jour, assiduité, adresse, méthode, modération, sainteté, pureté, virginité, chasteté, vie mentale. L'un vous enseignera l'aumône, l'autre le courage à secourir les malheureux; ceux-ci vous apprendront la douceur, la pitié, la clémence, la fraternité, la reconnaissance; ceux-là les restitutions et les compensations, la droiture de conscience, la rectitude de jugement, le penchant à pardonner. Vous trouverez chez les uns l'équité, la probité, la compassion, l'amour de l'hospitalité, l'intégrité, l'innocence, la sérénité de l'ame, la sincérité; chez les autres, la facilité à se contenter de peu, la modération, la gratitude, la simplicité, l'art de consoler, le pouvoir d'exhorter, la charité qui conduit au lit des malades, le talent de donner des avis et de les donner justes; chez tous, la prière et la méditation des psaumes divins, la componction, en un mot, toutes les vertus d'une vie de sainteté.

solando gratiam; hujus in adhortando vim, illius in ægrotis invisendis charitatem; hujus rectitudinem, illius in admonendo donum; hujus continuas orationes et psalmorum decantationes, lacrymarumque rivos, et, ut uno verbo dicam, cunctorum divinam vitæ rationem atque institutum.

4. Cum igitur in medio tanti thesauri habites, ditari stude, cum virginibus prudentibus vitam agens, ne inter fatuos annumereris [1]. Et cum tanta habeas luminaria, quæ tuos singulis diebus ac noctibus oculos illustrant, in illorum lumine ambula, vestigiisque eorum insiste, ut cum ipsis in æterna ingrediaris tabernacula. Propera gressibus istis, ut aliquos eorum assequi possis. Posse autem te scio, modo velis. Succinge ergo lumbos tuos, lampademque justitiæ accende, ac Dominum tuum exspecta, ut ad ejus occursum inveniaris paratus. De his ad te non cessabo perscribere : scio enim te, quæ justa sunt ac rationi consentanea, libenter audire. Quare attende tibi ipsi, et certa usque ad mortem, ut custodiaris et conserveris, utque cum fiducia et gaudio obviam immortali eas sponso. In honore ac pretio virginitatem habe, et te in cœlestem thalamum introducet. Idcirco dixit Apostolus : « Despondi vos uni viro virginem castam exhibere Christo[2]. »

5. Nunc ergo, charissime, sanctorum virorum virtutes descripsi tibi; descripsi etiam insidias adversarii, ut ex ipsius liberatus laqueis, animam tuam salvare queas. Nolim autem mihi respondeas : « Monasterium ingressus sum, et habitum angelicum gesto. » Non modo enim homines, verumetiam Deus ipse non externo delectatur habitu, sed bonorum operum fructus exquirit. Consisto igitur instar arboris floridæ, fructusque tuarum custodi virtutum : ne superbiæ vermis subrepens, fructum tibi labefactet humilitatis; ne mendacio tibi subripiatur veritas; ne inanis gloria tibi pietatem atque religionem obumbret; ne mansuetudinem tuam iracundia abripiat; ne longanimitatem tuam excandescentia evacuet; ne pacem tuam pugna devastet; ne amicitiam simultas impediat; ne injuriarum memoria penitus charitatis reconciliationem exstirpet; ne contumelia honorem deperdat; ne contentio concordiam dirimat; ne quietem atque silentium perturbatio commo-

[1] Matth. xxv. — [2] 2 Cor. xi, 2.

4. Entouré de ces nombreux trésors, vous ne pouvez que vous enrichir ; passant votre vie avec de si saints personnages, n'allez pas vous faire mettre au nombre des vicieux ; et puisque vous avez constamment devant les yeux des flambeaux aussi purs, marchez à la clarté qu'ils répandent, suivez leurs traces si vous voulez entrer avec eux dans les tabernacles éternels. Précipitez votre marche de manière à en atteindre quelques-uns. Je suis sûr que vous le pouvez, si vous le voulez. Ceignez vos reins ; allumez la lampe de justice et attendez le Seigneur ; qu'à son arrivée il vous trouve prêt à voler dans ses bras. J'épuiserai avec vous mes exhortations, car je sais que vous écoutez avec plaisir tout ce qui est juste et raisonnable. Veillez donc sur vous-même, combattez jusqu'à la mort, pour que, sain et sauf de toute faute, vous puissiez aller au-devant du céleste époux avec joie et confiance. Conservez bien, sur toute chose, votre virginité ; c'est par elle que vous arriverez aux jouissances célestes, d'après les paroles de l'Apôtre : « Je ne vous ai fiancé qu'à un homme, offrez à Dieu votre » virginité sans tache. »

5. Maintenant, mon très-cher frère, je vous ai énuméré toutes les vertus de nos saints modèles, je vous ai signalé les pièges du démon ; déjouez la perfidie de ce dernier et sauvez votre ame. Et n'allez pas me dire : « Je suis dans un monastère, je porte un costume religieux. » Car non seulement aux yeux des hommes, mais aussi à ceux de Dieu, l'habit seul ne suffit pas ; il faut encore des fruits de bonnes œuvres. Conservez-vous donc comme un arbre couvert de fleurs, et faites éclore le fruit de vos vertus. En vérité, si vous n'y preniez garde, le ver de l'orgueil rongerait en vous l'humilité ; votre esprit de vérité se ternirait sous le mensonge ; un vain désir de gloire altérerait votre piété et votre dévotion ; la colère éteindrait votre mansuétude, l'exaspération votre longanimité ; les disputes détruiraient votre paix ; la fausseté brouillerait vos amitiés ; le souvenir des injures s'opposerait à la réconciliation qu'ordonne la charité ; les affronts souilleraient votre honneur ; l'altercation remplacerait la concorde ; le bruit troublerait votre repos et votre silence ; la gourmandise ferait reculer le jeûne ;

veat; ne jejunio gula obsit; ne temperantiam inexplebilis edendi aviditas exscindat; ne diligentiam ignavia subvertat; ne somnus vigiliam sopiat; ne acedia promptitudini atque alacritati gravis sit; ne pigritia ministerium prohibeat; ne subjectionem murmuratio depellat; ne obedientiam inobedientia excludat; ne psalmodiam verba otiosa superent; ne Dei laudes scurrilitas vincat; ne luctum risus opprimat; ne indulgentiam nimia severitas inutilem reddat; ne pudicitiam fornicatio corrumpat; ne fidem incredulitas evacuet; ne avaritia voluntariæ præferatur paupertati; ne parentes plus quam Christum diligas; ne ex mundo majorem, quam ex regno cœlesti voluptatem capias; ne tibi divitiæ paupertatem improperent; ne linguam tuam obtrectatio irritet; ne te calumnia fratricidam efficiat; ne susurratio tuam animam inquinet; ne te in aliquem invidia configat; ne dolus tuus puritatem cordis polluat; ne bonis te privet simulatio; ne proditorem te reddat calumnia; ne punitionem tibi falsum conciliet testimonium; ne te a cœlesti alienum reddat regno furtum; ne paradisum tibi occludat injustitia; ne tuum hominibus complacendi studium ossa dissipet; ne personarum acceptatio libertatem tibi præcidat; ne te voluptatis amor a divino amore abstrahat; ne compunctionem tua obscuret concupiscentia; ne tua voluptas amorem ac desiderium in Deum hebetet; ne te edendi delectatio deliciis paradisi spoliet.

6. Ne hominem aspernoris, ne et ejus creatorem exacerbes. Ne importuno conqueraris, ne in condemnationem ipse incidas. Ne ulli exprobres : quid enim tibi accidet, ignoras. Ne corde extollaris, ne cadens, tibi ipsi ignominiam inferas. Cave ne confidentia mansuetudinem ac moderationem abscindat; neque timiditas audaciam opprimat; nec contemptio tuum timorem disperdat; nec te mentis occupatio a cæterorum conventu comitatuque sejungat; neque animum mentis elatio atque distractio vulneret. Non ex auditu animam commacules. Non conjungaris improbis, neque cum iis consilium inieris; ne forte malitia tuæ innocentiæ atque simplicitati tenebras offundat, neve nequitia tuam vincat bonitatem. Ne invidia animum tuum perturbationibus vacuum superet. Ne sis procax atque petulans, ne odiosus reddaris omnibus. Ne tibi flagella conciliet pertinacia. Ne des relaxationem aliquando carni tuæ, ut tuam non aggravet animam. Ne

la faim insatiable ferait taire la tempérance ; la mollesse émousserait votre zèle ; le sommeil engourdirait vos veilles ; la nonchalance serait un obstacle à votre ardeur ; la paresse vous éloignerait de votre ministère ; les murmures repousseraient la soumission ; la désobéissance exclurait l'obéissance ; les paroles oiseuses couvriraient les chants des psaumes ; les propos badins ne laisseraient aucune place aux louanges du Seigneur ; le fou rire chasserait les larmes ; trop de sévérité annulerait l'indulgence ; les liaisons criminelles feraient taire la pudeur ; l'incrédulité ferait disparaître la foi ; l'avarice prévaudrait sur la pauvreté volontaire ; vous aimeriez vos parens plus que le Christ ; vous préféreriez les joies du monde à celles du royaume céleste ; les richesses vous feraient refuser la misère ; votre langue s'abandonnerait aux injures ; la médisance vous rendrait fratricide ; la flatterie amollirait votre ame ; l'envie vous ferait détester vos frères ; la ruse corromprait votre cœur ; la dissimulation ne vous laisserait aucun mérite ; la calomnie vous mènerait à la trahison ; le faux témoignage réclamerait des châtimens ; le vol vous ferait rejeter du royaume des cieux ; l'injustice vous fermerait les portes du paradis ; votre servilité pour plaire aux hommes ruinerait votre corps ; l'amour de la volupté vous détournerait de l'amour de Dieu ; la concupiscence vous éloignerait de la componction ; les passions étoufferaient vos aspirations vers le Seigneur, et le plaisir de la table vous priverait des délices célestes.

6. Écoutez-moi encore, mon fils bien-aimé : vous ne mépriserez pas la créature, dans la crainte d'irriter le créateur ; vous ne l'accuserez pas, car ce serait provoquer votre propre condamnation ; vous ne blâmerez personne, car vous ignorez ce qui peut vous arriver à vous-même ; vous ne vous glorifierez pas, car si vous tombiez, votre infamie viendrait de vous. Tenez-vous en garde contre la présomption, elle fait perdre la douceur et la retenue ; contre la timidité, elle arrête les résolutions hardies ; contre l'insouciance, elle chasse la crainte. Que la méditation ne vous éloigne pas de la société et du cercle de vos frères. Que la distraction ou les ravissemens ne dérangent pas votre raison. Fermez votre oreille à tout son impudique. Ne vous liez jamais avec les méchans, n'entreprenez rien avec eux, si vous ne voulez pas que leur malice couvre de ses ténèbres votre innocence et votre sûreté, et que votre bon cœur succombe sous leur perversité. Fuyez l'envie, elle désolerait la tranquillité de votre cœur. Ne soyez ni om-

te maledicendi studium a laudandis proximis abripiat. Ne desperatio te secludat a pœnitentia, neque a cœlis te divellat vita desidiosa. Non tibi thesaurum propria effringat gloriatio, neque tua secreta divulget jactantia. Ne obtrectatio quempiam tua causa obnubilet; nec tenebras tuo offundat intellectui insipientia, nec tuam stultitia prudentiam obscuret. Non tuæ dominetur menti dementia : non tuam discretionem alteret indiscretio, aut aliud vetitorum, te non sentiente, in corde subeat, ac te a cœlorum regno captivum abducat. Cæterum sobrius esto, et sicut scriptum est, in lege Domini meditare die ac nocte [1] : quoniam non cessat impugnare nos die noctuque inimicus : ne forte mentem tuam a meditatione præceptorum Dei inveniat otiosam, suaque superseminet zizania, reddatque novissima pejora prioribus [2]; ne hic terrenis priveris et tibi, cœlestium jacturam facias. « Nemo enim » manum suam ad aratrum mittens, et retro respiciens, aptus est regno » Dei [3] : nullusque militans, implicat se rebus sæcularibus [4], » ut militiæ præfecto placeat. Mundum ergo deserens, ac Christum sequens, sic curre, ut apprehendas : neque declines in dexteram aut sinistram, id est, in unam aliquam ex antea descriptis perturbationibus; ne in peccati præcipitium corruens, moriaris anima : sed per regiam divinorum præceptorum viam currens, ad regnum cœleste recta incede; simulque pro me peccatore ora, ut et ego licet indignus, sanctorum particeps factus, vobiscum merear æternis bonis perfrui, in Christo Jesu Domino nostro.

7. Hæc tibi, charissime, perscripsi, non quod ego ista vitaverim; sed ut ipse vitans, Deo sis acceptus et charus. Ait enim Dominus : « Qui credit in me, opera quæ ego facio, et ille faciet [5]. » Ac de te mihi persuasum, charissime, habeo, quod progenitoribus tuis majora ages, si, ut accepisti, servaveris. Ne ergo alienarum te actionum censorem præbeas, sed tuam ipsius vitam quotidie dirigere contende. Singuli enim de propriis actionibus rationem reddituri sumus Deo.

[1] Psal. 1, 2. — [2] Matth. xii et xiii. — [3] Luc. iv, 62. — [4] 2 Tim. ii, 4. — [5] Joan. xiv, 12.

porté, ni railleur, vous vous feriez détester de tout le monde ; ni impertinent, vous vous attireriez des corrections. N'écoutez pas les conseils de la chair, ils abrutiraient votre ame. Que l'esprit de médisance ne vienne pas vous empêcher de louer votre prochain. Que le découragement ne vous éloigne pas de la pénitence, ni l'indifférence du ciel. Ne vantez pas vous-même votre trésor, vous le perdriez. Faites taire votre jactance, ou vous divulguerez vos secrets. Évitez toute dispute qui pourrait nuire à autrui. Chassez l'ignorance qui s'opposerait aux progrès de votre esprit, la sottise qui déjouerait votre prudence. Éloignez de vous la folie. Que votre légèreté ne vous fasse jamais trahir la discrétion. Enfin craignez toujours qu'à votre insu quelque vice ne se glisse en votre cœur et ne vous entraîne captif hors du royaume du ciel. De plus, soyez sobre et selon la loi de Dieu ; méditez jour et nuit : car notre ennemi ne cesse ses attaques ni le jour, ni la nuit ; craignez qu'il ne saisisse un moment où votre esprit aura cessé de méditer les préceptes de Dieu, qu'il ne s'empresse d'y semer le mauvais grain, et qu'il ne rende tout en vous plus défectueux qu'auparavant ; craignez qu'il ne vous prive et du repos sur la terre et du bonheur dans le ciel : « car celui qui met la main à la charrue et regarde derrière lui n'est » pas propre au royaume de Dieu, et celui qui veut combattre ne doit » pas faire attention à ce qui l'entoure, » s'il veut être agréable au chef de l'armée. Renonçant donc au monde et suivant le Christ, précipitez vos pas pour l'atteindre : et ne déviez ni à droite ni à gauche, c'est-à-dire vers aucun des excès précités. Si vous ne voulez pas rouler dans le précipice du péché et perdre votre ame, suivez la grande route des préceptes divins, et allez droit aux célestes demeures. Priez en même temps pour moi, pauvre pécheur ; et peut-être, quoique j'en sois bien indigne, participant aux mérites des saints, j'obtiendrai avec vous une place aux parvis sacrés, dans le sein de Jésus-Christ notre Sauveur.

7. Tous les préceptes que je viens de vous donner, mon très-cher frère, ce n'est pas que je les aie suivis, mais je voudrais qu'en vous y conformant vous-même, vous devinssiez agréable et cher à Dieu. Car le Seigneur a dit : « Celui qui croit en moi fera ce que je fais. » Quant à vous, mon bien-aimé, je suis persuadé que vous ferez encore mieux que vos prédécesseurs, si vous persévérez comme vous avez commencé. Vous n'avez pas besoin de censurer la conduite des autres, il ne vous faut que veiller sur la vôtre. Car chacun n'aura à rendre compte à Dieu que de ses propres actions. Résumez chaque jour votre vie en vous-même, et dites-vous : « N'ai-je manqué ni à la piété, ni à la dé-

Ipse igitur quotidie tuas cogitationes discerne, et tecum sic loquere : « Pietatemne, ac religionem colo? Compunctionem habeo? demissionem animi servo? » aliaque jam ante a nobis descripta. Rursus discerne, et intra te dicito : « Nonne parum laboro, benene an male vivam? numquid otiosa loquor? numquid irascor? numquid terrenarum rerum aliquid concupisco? Sicque singillatim suprascripta discernens, malumque detestans, bono adhæreo? « Nemo enim bonus nisi solus Deus[1], » qui cunctos salvat gratia sua in Christo Jesu Domino nostro. Denuntio ergo tibi in Christo, fili, ut hanc observes epistolam eamque assidue perlegas, rursumque reponas ; neque dimittas, donec ipsam perdidiceris. Nam magna tibi diligentia de omnibus virtutibus ac vitiis conscripsi, ut ea assidue mediteris, seduloque conserves. « In quo enim viam suam adolescens diriget, nisi in observatione ser» monum Domini[2]? » Interea perspicua ista perscripsi tibi, ut facile conservare possis. Cum hæc autem perfeceris, tunc mentem tuam pleniori diligentia firmabo, ut sic quoque merearis ad perfectionem pervenire, in Christo Jesu Domino nostro, cum quo Patri et sancto Spiritui gloria et honor in sæcula. Amen.

PRECATIO.

1. Virgo Domina Dei Genitrix, salus communis generis christianorum, tu quidem veluti mater nobis prospicere non desistis ; verum tanquam filiorum amans, atque ad amandum propensa ita tua beneficia nobis distribuis semper, salvans, defendens, custodiens, a periculis me liberans, a tentationibus eximens, a peccatorum multitudine redimens. Nos autem pro his gratias agimus, prædicamus munera, non celamus beneficia, cantamus clara voce tua mirabilia, curam laudamus, providentiam extollimus, præsidium hymnis prosequimur, misericordiam commendamus : et quoad præterita, memores magnorum tuorum munerum, et ex quantis periculis erepti sumus per te, hoc

[1] Marc. x, 18. — [2] Psal. cxviii, 9.

votion? ai-je bien la componction? mon esprit est-il véritablement humble? » et ainsi de tout ce que j'ai énuméré plus haut. Réfléchissez de nouveau, et demandez-vous : « N'ai-je pas fait bien peu d'efforts? n'ai-je pas vécu plutôt mal que bien? n'ai-je pas dit des paroles oiseuses? ne me suis-je pas laissé emporter par la colère? n'ai-je pas quelque désir terrestre? suis-je bien dans la bonne voie? ai-je en horreur tous les vices qu'on m'a désignés? « Car Dieu seul est bon, » et il sauve les hommes par la grâce en Jésus-Christ notre Seigneur. » Je vous adjure donc au nom du Christ, ô mon fils, de bien peser cette épître, de la lire avec attention et de la relire encore, de ne la quitter que quand vous la saurez par cœur. C'est, je vous l'assure, avec tout le soin possible que j'ai cherché à y réunir tous les vices et toutes les vertus, pour que vous méditiez sans cesse sur cette matière et que vous l'ayez toujours présente à votre mémoire. « Quel chemin en effet » pourra suivre la jeunesse, si elle ne marche dans la voie des pré- » ceptes de Dieu? » Je vous ai indiqué les plus saillans, afin que vous puissiez les mieux retenir. Lorsque vous y aurez accoutumé votre vie, j'achèverai tous les détails propres à vous perfectionner en Jésus-Christ notre Seigneur, à qui, aussi bien qu'au Père et au Saint-Esprit, appartiennent toute gloire et tout honneur jusqu'à la fin des siècles. Ainsi soit-il.

PRIÈRE.

1. Puissante et sainte Vierge, vous qui avez enfanté le Seigneur, vous le salut de la famille unie des chrétiens, vous ne cessez de jeter sur nous le regard d'une tendre mère. Vous nous aimez comme si nous étions vos enfans, toujours disposée à nous chérir, vous répandez sur nous d'ineffables bienfaits : vous nous protégez, et vous nous sauvez; veillant sur nous avec sollicitude, vous nous délivrez du danger des tentations, et de la multitude des pécheurs qui nous environnent; pleins de reconnaissance, nous vous remercions, nous célébrons votre munificence, nous publions vos bienfaits, nous chantons à haute voix vos merveilles, nous louons votre sollicitude, votre prévoyance, nous élevons dans nos hymnes votre puissance tutélaire, nous immortalisons votre inépuisable miséricorde. Les bienfaits que vous avez ré-

canticum eucharisticum tanquam debitum offerrimus tuis beneficiis par minime futurum. Quid enim esse potest correspondens? Verumtamen audaciores facti, supplices petimus a tua misericordia, ut ejulatum tuorum famulorum suscipias, ponasque postulationem ante Deum nostrum ex te genitum, ut nos eripiat a damnatione æterna : ut laudemus sanctissimum nomen Patris, et Filii, et Spiritus sancti, nunc, et semper, et in sæcula. Vides, o sanctissima Domina Deipara, quot malis nos malus, pessimusque dæmon circumdat. Ecce ad pravos affectus quamplurimos, atque inexplicabiles nos commovet. Surge igitur, et ne repellas in finem. Quare faciem tuam avertis, et obliviscaris inopiæ nostræ? Dissipa pravi dæmonis insidias, recipe nos bellum gerentes, compesce Dei iram contra nos excitatam propter multos meos errores, tua intercessione, ut ad ingentia beneficia etiam hoc accedente, extollamus laudibus nomen tuum, Filii, et Dei nostri, una cum Patre ipsius sine principio.

2. Domina Dei mater, quæ perperisti Christum Deum Salvatorem nostrum, in te repono spem meam totam, et in te confido sublimiorem omnibus cœlestibus potestatibus. Tu me, purissima, tua divina gratia communias, et vitam meam gubernes, atque ad sanctam voluntatem Filii tui, et Dei nostri dirigas. Tu mihi largire errorum remissionem. Esto refugium, protectio, et liberatio, et manuductio in vitam æternam transmittens, et in hora postea mortis, Domina, Domina, ne derelinquas me, sed ad adjuvandum me festina, et eripe ab aspera dæmonum tyrannide. Habes enim cum voluntate potestatem, tanquam optima Mater Christi Dei nostri... Tu sola Domina Dei Genitrix es sublimissima super omnem terram. Nos autem te, Dei sponsa, fide benedicimus, dilectione honoramus, et honore colimus, semper te magnificantes, ac venerandum in modum beatam prædicantes. Tu enim honor honorum es, et præmium præmiorum, et sublimitatum sublimitas. Verum, o Domina, mea post Deum oblectatio, divinus ros ardoris in me æstuantis, aridi cordis mei conspersio divinitus manans,

pandus sur nous par le passé sont gravés dans notre mémoire, et nous nous souvenons à quel dangers imminens vous nous avez arrachés ; nous vous adressons ce cantique de grâces, comme une dette que nous acquittons, cantique toujours au-dessous de vos bienfaits : eh ! quelle voix pourrait les célébrer dignement ? Cependant nous prenons courage, nous implorons humblement votre miséricorde, pour que vous entendiez les cris de détresse de vos serviteurs. Déposez notre demande aux pieds de ce Dieu que vous avez engendré, pour qu'il nous sauve de la damnation éternelle, et que nous puissions louer le nom trois fois saint du Père, du Fils et du Saint-Esprit ; et aujourd'hui et dans l'éternité des siècles. Vous voyez ô très-sainte Mère de Dieu, vous voyez tous les pièges dont nous enveloppe l'esprit malin, l'esprit impur. Voyez toutes les passions criminelles qu'il éveille en nous et dont il nous enlace comme d'un réseau. Apparaissez et ne repoussez point notre prière. Pourquoi détourner votre visage et oublier notre faiblesse ? Écartez les embûches du démon qui nous tente, soyez notre asile dans cette guerre, apaisez par votre intercession bienfaisante la colère divine, que nos égaremens ont excitée ; ajoutez ce nouveau bienfait à tant d'autres, et nous célébrerons dans nos cantiques votre nom, celui de votre Fils notre Dieu, qui, de même que son Père, n'a pas eu de commencement.

2. Puissante Mère de Dieu, Mère de Jésus-Christ notre Sauveur, je place toutes mes espérances en vous qui êtes au-dessus de toutes les puissances du ciel. O Vierge, emblème de la pureté, fortifiez-moi de votre sainte grâce, dans cette vie soyez mon guide, conduisez-moi selon la volonté de votre auguste Fils notre Dieu. Obtenez-moi la rémission de mes péchés, soyez mon refuge, ma protection, ma délivrance, soyez la main qui me dirige vers la vie éternelle, puissante Mère de Dieu, ne m'abandonnez pas à l'heure suprême, hâtez-vous de m'apporter le secours qui m'est nécessaire, arrachez-moi de la cruelle tyrannie des esprits de l'enfer. Vous êtes la Mère de notre Seigneur Jésus-Christ, tout ce que vous voulez, vous devez le pouvoir. Vous seule, vous la Mère de Dieu, vous êtes dans une sphère élevée au-dessus de toute la terre. Quant à nous, épouse mystique de Dieu, nous vous bénissons avec foi, nous vous honorons avec amour, nous vous rendons un culte respectueux, nous chantons vos louanges et nous proclamons votre félicité dans le langage de la vénération. Vous êtes en effet la gloire des gloires, la récompense des récompenses, la puissance des puissances. O Vierge sainte, mon bonheur après Dieu,

tenebrosæ animæ meæ lampas lucidissima, meæ indigentiæ directio, infirmitatis potentia, nuditatis indumentum, paupertatis opulentia, immedicabilium vulnerum medela, lacrymarum sublatio, suspiriorum sedatio, infortuniorum commutatio, dolorum levamen, vinculorum meorum solutio, spes salutis meæ, exaudi preces meas, miserere meorum gemituum, et suscipe meas lamentationes, miserere mei inclinata lacrymis meis.

9. Commoveantur tua viscera erga me, tanquam mater Dei benigni. Respice, atque annue ad meam deprecationem, imple desiderium meum sitibundum, et conjunge me cum cognata et conserva, in terra mansuetorum, in tabernaculis justorum, in choro sanctorum, et dignum me fac tu omnium patrocinium, et omnium gaudium, et pura voluptas, ut tecum exhilarer: hæc peto a te, in illa lætitia vere inenarrabili Dei, et regis ex te geniti, et in thalamo ipsius inexplicabili, et delectatione indesinenti, atque insatiabili, et in regno inocciduo, perpetuoque ipsius. Utique Domina mea, utique meum perfugium, vita, et protectio, armatura, atque exsultatio, spes, et robur meum: da mihi, ut tecum fruar Filii tui donis inenarrabilibus, atque imperceptibilibus, in statione cœlesti. Habes enim, habes, scio, voluntati parem potentiam, tanquam mater Altissimi. Propterea audax factus sum. Fac igitur, ne frustratus maneam, purissima Domina, mea exspectatione; verum consequar illam, Dei sponsa, tu quæ supra captum peperisti omnibus exspectatum Dominum nostrum Jesum Christum verum Deum, Dominumque, cui convenit omnis gloria, honor, et veneratio cum Patre ipsius sine principio, et sanctissimo, atque optimo, ac vivificante ipsius Spiritu, nunc et semper, et in sæcula sæculorum. Amen.

rosée divine qui apaisez l'ardeur brûlante qui me dévore, source jaillissante du sein de Dieu même, à laquelle se rafraîchit mon cœur embrasé, lumière éclatante de mon ame plongée dans les ténèbres, guide du faible, appui du pauvre, manteau de la nudité, richesse de l'indigent, remède des plaies incurables, vous tarissez nos pleurs, vous apaisez nos soupirs, vous allégez nos infortunes, vous guérissez nos douleurs, vous brisez nos liens ; Vierge en qui repose l'espérance de mon salut, exaucez mes prières ; ayez pitié de mes gémissemens, accueillez mes lamentations, ayez compassion de moi, laissez-vous fléchir par mes larmes.

3. Que pour moi vos entrailles soient émues; n'êtes-vous pas la mère d'un Dieu bienfaisant? Laissez tomber un regard de bonté, accueillez favorablement ma prière, répondez à mon désir, étanchez ma soif; unissez-moi à ma famille, à mes compagnons d'esclavage, dans la terre des hommes pacifiques, dans le sanctuaire des justes, dans le chœur des saints. O sainte patronne, ô pure joie, ô volupté de tous les chrétiens, rendez-moi digne de participer à votre félicité ; je vous demande ces grâces, au nom de la joie inénarrable de Dieu, du Tout-Puissant que vous avez engendré, au nom de cette union mystérieuse, que la raison de l'homme ne peut expliquer, au nom de son bonheur inépuisable, au nom de son empire éternel et sans fin ; vous êtes ma souveraine, mon refuge, ma vie, ma protection, mon armure, ma joie, mon espérance, ma force; faites-moi jouir, de concert avec vous vers les régions célestes, des dons indicibles de Dieu, de ces dons que nous ne concevons pas ; vous avez, je le sais, une puissance égale à votre volonté, telle enfin que doit l'avoir la Mère du Très-Haut. Aussi me suis-je enhardi ; faites que je ne sois pas trompé dans mon attente ; faites que cette attente soit remplie, ô chaste Vierge, la fiancée d'un Dieu, qui, contre les lois de la nature, avez enfanté Jésus-Christ notre Seigneur, le vrai Dieu, le Messie attendu de tous les hommes, qui partage toute gloire, tous honneurs, toute vénération avec Dieu le Père, avec le Saint-Esprit, l'esprit qui donne la vie, aujourd'hui et à jamais, dans les siècles des siècles. Ainsi soit-il.

SANCTUS CYRILLUS,

HIEROSOLYMITANUS ARCHIEPISCOPUS.

OPERA SELECTA.

SAINT CYRILLE,

ARCHEVÊQUE DE JÉRUSALEM.

OEUVRES CHOISIES.

SAINT CYRILLE,

ARCHEVÊQUE DE JÉRUSALEM.

Saint Cyrille naquit à Jérusalem, ou dans les environs, vers l'an 315. Ordonné prêtre en 345 par Maxime, il fut appliqué à l'instruction des catéchumènes. Après la mort de Maxime, arrivée en 349 ou 350, le clergé et le peuple l'élurent d'un commun consentement, et son élection fut reconnue très-canonique par les pères du second concile œcuménique. C'est Acace, métropolitain de Césarée, avec qui il eut bientôt de si violens différends, qui fut son consécrateur.

Au commencement de son épiscopat, le 7 mai 351, une croix se fit voir dans le ciel, en plein jour. Elle s'étendait de la montagne du Calvaire à celle des Oliviers. Jérusalem tout entière vit ce miracle, et saint Cyrille en rendit compte à l'empereur Constance.

Saint Cyrille eut constamment à lutter contre les prétentions d'Acace, et la querelle qui les divisa prit un nouvel aliment dans la différence de leurs sentimens: Acace favorisait l'arianisme, et saint Cyrille tenait à la foi orthodoxe. Accusé d'avoir vendu dans un temps de disette, pour soutenir les pauvres, les ornemens de l'Église et les vases sacrés, saint Cyrille fut déposé de son siège dans un synode qu'avait convoqué l'évêque de Césarée; mais le concile de Séleucie, en 359, rétablit saint Cyrille, qui fut chassé de nouveau par de nouvelles intrigues de son ennemi. Le pouvoir entra dans cette ligue contre le patriarche; mais en 360, les évêques catholiques ayant été rappelés, saint Cyrille fut remis en possession de son siège. Une nouvelle persécution l'en chassa pour la troisième fois. Cette dernière épreuve dura jusqu'à l'an 379; mais Théodose rétablit saint Cyrille dans sa ville épiscopale, qu'il gouverna jusqu'en l'année 386, qui fut celle de sa mort.

Les discours ou catéchèses de saint Cyrille sont un ouvrage de la plus haute importance. Intermédiaires entre les siècles qui les ont précédés et ceux qui les ont suivis, ils montrent qu'il n'est pas possible que nous soyons dans l'erreur, et que ceux qui ne croient pas comme nous n'y soient pas.

SANCTI CYRILLI

HIEROSOLYMITANI ARCHIEPISCOPI

CATECHESES.

PROCATECHESIS,

SEU PRÆVIUS CATECHESIBUS SERMO, SANCTI PATRIS NOSTRI CYRILLI ARCHIEPISCOPI HIEROSOLYMORUM.

1. Vos jam afflat beatitudinis odor, o illuminandi. Jam flores sublimioris naturæ colligitis, ad plectendas cœlestes coronas, jam Spiritus sancti aspiravit fragantia. Jam circa vestibulum regiæ constitistis; utinam vero etiam a Rege introducamini. Flores enim hunc arborum apparuere; fructus quoque utinam perfectus existat. Hactenus nomina dedistis. Hæc vobis ad militiam vocatio. [Præ manibus] lampades ad deductionem sponsæ. Cœlestis [adest] civitatis desiderium, et propositum bonum, et spes consequens [1]. Verax est enim qui dixit : « Quoniam diligentibus Deum omnia cooperantur in bonum [2]. » Liberalis namque est Deus ad benefaciendum, cæterum exspectat cujusque sinceram voluntatem; propterea subjecit Apostolus : « His qui » secundum propositum vocati existunt [3]. » Sincerum propositum cum affuerit, facit ut « vocatus » sis. Quantumvis enim corpus hic habeas, si mens abfuerit, nulla rei ad te perveniet utilitas.

2. Accessit aliquando ad lavacrum etiam Simon magus [4]. Baptizatus est, sed non illuminatus. Ac corpus quidem tinxit aqua [5], cor autem non illuminavit Spiritu. Descendit corpus [in piscinam], et ascendit; anima vero non est consepulta cum Christo [6], neque una cum ipso surrexit [7]. Ego casuum exempla profero, ne tu cadas. « Hæc enim in » figura contingebant illis, scripta sunt autem ad instructionem [8] eo-

---

[1] Philip. III, 20. — [2] Rom. VIII, 28. — [3] Ibid. — [4] Act. VIII, 13. — [5] Joan. VIII, 5. — [6] Rom. VI, 4. — [7] Coloss. II, 12. — [8] 1 Cor. I, 11.

SAINT CYRILLE,

ARCHEVÊQUE DE JÉRUSALEM.

CATÉCHÈSES.

PROCATÉCHÈSE,

OU DISCOURS PRÉPARATOIRE AUX CATÉCHÈSES DE SAINT CYRILLE, ARCHEVÊQUE DE JÉRUSALEM.

1. Un doux parfum de béatitude se répand autour de vous, enfans qui aspirez à recevoir la lumière. Déjà vos mains cueillent les fleurs les plus parfaites dont se tressent les couronnes célestes et qu'embaume le souffle odorant du Saint-Esprit. Déjà vous assiégez le vestibule du palais du Roi des rois, et vous demandez qu'il lui plaise de vous y introduire lui-même. Jusqu'ici ce ne sont que des fleurs; fasse le ciel qu'il en sorte des fruits durables. Vos noms sont inscrits sur nos registres. Vous êtes enrôlés dans notre milice, et dans vos mains brille le flambeau nuptial. Vos cœurs sont brûlés du désir d'entrer dans la cité céleste. Heureuse pensée! espérance pleine de charmes! car la parole de Dieu est sincère : « Tout contribue au bonheur de ceux qui » aiment Dieu. » Car il est prodigue de ses biens, et n'exige en retour qu'une volonté ferme. C'est pourquoi l'Apôtre ajoute : « De ceux qu'il » a appelés suivant son décret pour être saints. » Ayez seulement une bonne résolution, et vous serez « appelés. » En effet le corps sans l'esprit ne suffit pas; et vous ne tirerez aucun avantage de votre présence en ces lieux, si votre cœur s'en éloigne.

2. Simon le magicien s'approcha autrefois de la piscine salutaire; il fut baptisé, mais il ne reçut pas l'illumination. Son corps fut plongé dans l'eau, mais le Saint-Esprit lui refusa la lumière. Son corps descendit dans la piscine, il en remonta; mais son âme ne fut point ensevelie avec Jésus-Christ, et ne ressuscita point avec lui. Je vous mets sous les yeux l'exemple de sa chute pour vous empêcher de tomber. « Ce n'était qu'une figure, mais ces choses ont été écrites pour l'in- » struction de ceux qui viennent à nous aujourd'hui. » Défendez-vous d'une vaine et coupable curiosité, pour qu'il ne se produise pas parmi

» rum, qui usque hodie accedunt. » Ne quisquam vestrum reperiatur [divinæ] gratiæ explorator; ne qua radix amaritudinis sursum germinans perturbet[1]. Ne quis vestrum ingrediatur, dicens : « Sine, vi» deamus quid faciunt fideles. Ingressus videbo, ut ea quæ peragun» tur cognoscam. » Scilicet visurum te speras, visum te iri non censes? arbitrarisque te ea quæ fiunt perscrutaturum, Deumque cor tuum perscrutaturum non esse?

3. Perscrutatus est olim nonnullus nuptias in Evangeliis[2]; indignoque sumpto habitu ingressus est, et accubuit et comedit; permiserat enim sponsus. Sed oportebat, dum candidas omnium videret vestes, ipsum quoque similiter amiciri. Verum ille pares una cum aliis sumebat cibos, amictibus et proposito penitus dispar. Atqui Sponsus, quamvis liberalis, non est tamen absque judicio. Circumiens namque singulos convivas, et contemplans, (nec enim erat illi curæ quomodo ederent, sed quam decore se gererent) viso externo quodam nuptiali veste non induto, dixit illi : « Amice, quomodo huc intrasti[3]? » quo colore? quali conscientia? Esto, ostiarius non prohibuit, propter convivatoris munificentiam. Esto, ignorabas quali habitu convivium ingredi oportebat. Sed ingressus quasi fulgurantia vidisti discumbentium vestimenta; nonne te oportuit ex conspectis saltem rebus erudiri? nonne opportune ingredi debebas, ut opportune egredereris? Nunc vero intempestive intrasti, ut et intempestive ejiciaris. Ac præcipit ministris : « Ligate pedes ejus[4], » qui temere irruerunt : « Ligate » manus ejus, » quæ nitenti nescierunt illum ornare vestitu; « et ip» sum injicite in tenebras exteriores[5]; » indignus est enim nuptialibus tædis. Vides quid illi tunc homini contigerit; tute tuis rebus prospice.

4. Nos enim, qui ministri Christi sumus, unumquemque excepimus; et tanquam janitorum vice fungentes, liberam permisimus januam. Fieri potest ut animam peccatorum luto inquinatam, et propositum

[1] Hebr. xii, 15, ex Deut. xxix, 18. — [2] Matth. xxii, 11. — [3] Ibid. 12. — [4] Ibid. 13. — [5] Ibid.

vous une racine, un germe de fiel et d'amertume. N'entrez pas ici en disant : « Laissez-nous voir ce que font ici les fidèles. Dès que j'y aurai » pénétré, je saurai ce qui s'y passe. » Vous espérez voir, et vous croyez que vous ne serez pas vu. Vous voulez approfondir ces mystères, et vous pensez que Dieu n'approfondira pas ceux de votre cœur.

3. L'Évangile nous dit qu'un homme entra un jour dans la salle du festin des noces ; quoique sa robe ne répondit pas à la sainteté de la fête, il s'assit et mangea : l'époux l'avait permis. Cet étranger ne devait-il pas, quand tous les conviés étaient revêtus de robes blanches, avoir aussi la sienne? Eh bien! quoique son vêtement ne ressemblât en rien à celui des autres, quoique les dispositions de son cœur ne fussent pas les mêmes, il mangea les mêmes mets. Mais l'époux, tout libéral et généreux qu'il était, ne voulut pas cependant laisser un pareil acte sans punition aucune. En parcourant les rangs des convives, pour voir, non pas comment ils mangeaient, mais s'ils respectaient les lois de la bienséance et de l'honnêteté, il vit l'étranger dans l'état que je viens de dire : « Mon ami, lui demanda-t-il, comment êtes-vous » entré ici? » Quelles sont ces couleurs? quel est l'état de votre conscience? Le portier ne vous a point refusé l'entrée par égard pour le maître, à la bonne heure. Vous ne saviez pas dans quel habit il convenait de vous présenter ici, je le veux bien. Mais dès le seuil de la porte, vous avez vu l'éclatante blancheur des vêtemens de ceux qui étaient assis au banquet; cela ne devait-il pas vous dire ce que vous aviez à faire? ne fallait-il pas entrer avec bienséance, pour sortir de même? Maintenant vous êtes entré sans ménagement aucun, vous serez chassé de même. Il dit à ses officiers : « Liez-lui les pieds; » cet ordre fut exécuté aussitôt. « Liez-lui les mains » qui n'ont pas su lui donner une parure convenable; « et jetez-le dans les ténèbres exté- » rieures; » car il n'est pas digne de s'éclairer des flambeaux du festin nuptial. Voilà ce qui est arrivé à cet imprudent étranger; pensez à ce que vous devez faire.

4. Ministres du temple de Jésus-Christ, nous accueillons tous ceux qui se présentent; et comme si nous étions préposés à la garde de la porte, nous la tenons ouverte. Peut-être êtes-vous venus ici avec une ame souillée par le péché, peut-être vos intentions sont-elles coupables. Vous êtes entrés cependant, vous avez été admis, votre nom est

turpiter infectum ferens introiveris. Intrasti, admissus es, nomen tuum inscriptum est. Vides venerandam hanc Ecclesiæ speciem? Vides ordinem ac disciplinam? Scripturarum lectionem, canonicarum [seu tabulis ecclesiasticis inscriptarum] personarum præsentiam, docendi ordinem et seriem? Reverentia loci moveare, et ex his quæ conspicis erudire. Egredere potius nunc opportune, et ingredere cras opportunissime. Si ex avaritia animæ indumentum habuisti, aliud induens ingredere. Exue, quam habuisti vestem, ne tege. Exue, quæso te, scortationem et immunditiam, et indue pudicitiæ splendidissimam stolam. Ego denuntio tibi, prius quam sponsus animarum Jesus ingrediatur, et vestimenta conspiciat. Non parvam habes temporis intercapedinem; pœnitentia dierum quadraginta tibi datur. Habes plurimam opportunitatem et exuendi te et abluendi, ac rursus induendi et ingrediendi. Quod si in pravo animi proposito perseveraris, orator ipse liber a culpa est, tu vero ne gratiam te accepturum speres. Aqua enim te recipiet, Spiritus vero te non admittet. Si quis vulneris alicujus sibi conscius est, emplastrum accipiat. Si quis ceciderit, resurgat. Nullus sit inter vos Simon, simulatio nulla, nulla rei explorandæ curiositas.

5. Fieri potest ut alio quoquo prætextu adducaris. Contingit ut vir mulierem demereri cupiens, vel ea de causa accedat; quod et de mulieribus vicissim dicam; ac servus sæpe domino, et amicus amico placere voluit. Hami illecebram sumo, ac recipio te malo quidem proposito venientem, spe autem bona salvandum. Quo venires, cujusmodi te rete exciperet, forte nesciebas. Incidisti in retia ecclesiastica: vivus capiare; ne fugias. Capit enim te hamo Jesus [1], non ut morti dedat, sed ut morti tradens vivum reddat. Nam et mori te, et resurgere oportet. Audisti siquidem Apostolum dicentem : « Mortui quidem peccato, viventes autem justitia [2] : » Morere peccatis, et vive justitia. Jam ab hodierno die vive.

[1] Alludit ad Matth. xiii, 47. — [2] Rom. vi, 11 et 14, aut 1 Pet. ii, 24.

inscrit sur le registre. Voyez-vous cette vénérable enceinte? voyez-vous l'ordre et la régularité de nos saints exercices? voyez-vous comme on lit ici avec recueillement les saintes Écritures, comme sont rangées les personnes canoniques (c'est-à-dire celles dont le nom a été écrit sur nos registres)? voyez-vous la suite et l'enchaînement des instructions? Que cet aspect touche votre cœur et qu'il éclaire votre esprit! Sortez aujourd'hui sans honte, vous le pouvez encore; demain vous reviendrez mieux disposé. Si vous avez la robe de l'avarice, changez-la pour entrer au milieu de nous; quittez, quittez tout vêtement impur. Déposez vos passions honteuses; prenez la robe blanche de l'innocence et de la pudeur. Je vous en avertis avant que l'époux de nos ames, Jésus-Christ, ne soit entré dans la salle et qu'il ne remarque vos vêtemens salis par le péché. Vous avez assez de temps; passez quarante jours dans la pénitence. Vous pourrez dans cet intervalle vous dépouiller de tout ce qu'il y a d'impur en vous, vous laver de vos fautes, puis prendre un vêtement sans tache et être admis dans cette enceinte. Que si vous persévérez dans vos criminelles dispositions, celui qui vous parle n'aura rien à se reprocher; mais n'espérez pas recevoir jamais la grâce. Vous pourrez sans doute vous baigner dans les eaux du baptême; mais le Saint-Esprit ne descendra pas dans votre ame. Si donc quelqu'un de vous souffre d'une blessure qui saigne encore, qu'il ne rejette pas le baume qui doit la guérir. Est-il tombé, qu'il se relève. Qu'il n'y ait point de Simon parmi vous, point de semblans hypocrites, point de curiosité indiscrète.

5. C'est peut-être un autre motif qui vous amène. Un homme qui veut gagner les bonnes grâces d'une femme s'empresse autour d'elle, et cherche à attirer ses regards, et je le dis même des femmes; l'esclave veut plaire à son maître, et l'ami acquérir de nouveaux droits au cœur de son ami. Cela arrive tous les jours. Eh bien! voilà l'appât dont je m'arme contre vous; vous êtes venu ici le cœur mal disposé; je vous reçois, car une douce espérance vous promet le salut. Vous ne saviez pas en quel lieu vous veniez, quel filet vous serait jeté. Qu'importe? vous êtes dans l'Église; ne cherchez pas à fuir. Car ce filet qui vous a pris, c'est le filet de Jésus; il vous retient, non pour vous donner la mort, mais pour vous faire naître à la vie. Car vous devez mourir pour renaître, selon cette parole de l'Apôtre: « Étant morts au » péché, nous vivons à la justice. » Eh bien donc, mourez au péché, vivez à la justice. C'est d'aujourd'hui que vous devez vivre de cette vie nouvelle.

6. Considera quantam tibi Jesus dignitatem impertit. Catechumenus vocabaris, exteriori circum pulsatus sono; spem audiens, nec videns; audiens mysteria, nec intelligens; audiens Scripturas, nec illarum profundum videns. Nunc jam non amplius circumsonabt aures tuæ, sed interior tibi sonus auditur; inhabitans enim Spiritus mentem tuam deinceps divinam domum facit [1]. Cum audieris ea, quæ de mysteriis scripta sunt, tunc intelliges quæ nesciebas. Neque vero te rem minimi pretii accipere putes. Miserabilis homo cum sis, Dei cognomen accipis. Audi Paulum dicentem : « Fidelis Deus [2]. » Audi aliam Scripturam : « Deus fidelis et justus [3]. » Hoc prævidens Psalmistes dixit ex persona Dei (quandoquidem homines Dei appellationem erant accepturi) : « Ego dixi : Dii estis, et filii Altissimi omnes [4]. » Sed cave ne appellationem fidelis, infidelis vero propositum geras. Ingressus es in certamen, tolera cursus laborem; aliud tempus ejusmodi non habes. Si tibi dies nuptiarum propositi essent, annon neglectis omnibus in apparando convivio occupareris? animam vero tuam cœlesti sponso devovere parans, non a corpore's cessabis, ut auferas spiritalia ?

7. Non licet bis aut ter lavacrum suscipere; alioquin liceret dicere, « Quod semel male successerit, id altera vice perficiam. » Sed si vel « semel » male successerit, ea res emendationem non admittit : « Unus » enim Dominus et una fides, et unum baptisma [5]. » Hæretici namque solummodo rebaptizantur, siquidem prius illud baptisma non erat.

8. Nihil enim aliud a nobis requirit Deus præter inductionem animi bonam. Ne dicito : « Quinam mea deleantur peccata? » Ego dico tibi : « Hac una re, cum volueris, cum credideris. » Quid isto compendiosius? quod si labia quidem tua te velle pronuntient, cor vero non dicat; « Cognitor est cordium ille qui judicat. » Cessato ex hac die ab omni re prava. Ne proferat lingua tua verba gravitatis expertia; non peccet amplius oculus tuus; neque circum res vanas oberret cogitatio tua.

[1] Rom. viii, 9, 11. — [2] 1 Cor. i, 9. — [3] Deut. xxxii, 4, vel 1 Joan. i, 9. — [4] Psal. lxxxi, 6. — [5] Ephes. iv, 5.

6. Voyez quel honneur vous fait Jésus-Christ. Vous n'étiez qu'un catéchumène dont les oreilles seules s'ouvraient au bruit qui les frappe; vous entendiez parler de l'espérance, son flambeau ne brillait point à vos yeux; vous restiez étranger à nos mystères; vous entendiez réciter les saintes Écritures, mais sans en pénétrer le sens. Bientôt ce ne sera plus un vain bruit qui retentira à vos oreilles; un son harmonieux et pur vibrera dans votre cœur : car le Saint-Esprit, en y descendant, en fera sa demeure. Vous aurez alors l'intelligence de nos mystères. Mais ne croyez pas que le bienfait auquel vous êtes appelé soit de médiocre valeur. Homme faible et misérable, vous serez admis dans la famille de Dieu, vous en prendrez le nom. Paul a dit : « Dieu est fidèle; » l'Écriture : « Dieu est fidèle et juste. » Dans la prévision de l'avenir le Psalmiste dit, en parlant de la personne de Dieu (puisque les hommes allaient emprunter un nouveau nom de celui du Seigneur) : « J'ai dit, vous êtes Dieux, et tous enfans du Très-Haut. » Mais prenez garde qu'avec ce nom de fidèles vous ne conserviez encore les résolutions qui souillent le cœur de l'infidèle. La lice est ouverte devant vous, il faut fournir toute la carrière; vous n'avez que ce moment. Si le jour des noces était fixé, négligeriez-vous tout le reste, pour ne vous occuper que du festin? Ainsi quand vous vous préparez à consacrer votre ame au céleste époux, sacrifierez-vous les soins spirituels à ceux de la terre?

7. Vous ne serez pas plongé ou deux ou trois fois dans les eaux du salut. Vous n'aurez donc pas à dire : « Si je reçois mal aujourd'hui le baptême, une autre fois j'y apporterai de plus saintes dispositions. » Non, sans doute : mal reçu une fois, c'est pour toujours; il n'y a pas de remède : « nous n'avons qu'un Dieu, qu'une foi et qu'un baptême. » Il n'y a que les hérétiques qui reçoivent deux fois ce sacrement, parce que le premier était nul.

8. Dieu ne nous demande qu'une seule chose, la pureté d'intention. N'allez pas dire : « Comment mes péchés me seront-ils remis? » Je n'ai qu'un mot à répondre : « Quand vous le voudrez; il vous suffit » de croire. » Quoi de plus facile? Mais si vous n'avez pas dans le cœur les paroles qui viennent se placer sur vos lèvres, cessez dès aujourd'hui de suivre nos leçons : « Le cœur n'a point de secret pour celui qui » nous juge. » Ne parlez plus inconsidérément : que votre œil ne soit pas pour vous une occasion de péché, et que vos pensées ne s'égarent point sur de frivoles objets.

9. Festinent pedes tui ad catecheses, Exorcismos cum affectu suscipe: sive insufflatus, sive exorcizatus fueris, saluti tibi res illa futura est. Existimes infectum aurum et adulteratum esse, diversisque materiis, ære, stanno, ferro, ac plumbo immixtum [1]. Aurum solum habere cupimus. Absque igne non potest ab alienis sibi commixtis expurgari : ita absque exorcismis anima expurgari nequit. Divini illi sunt ex divinis Scripturis collecti. Vero obductus tibi vultus fuit, ut attenta de cætero vacaret cogitatio, neve oculus vagus ipsum quoque cor vagari efficeret. At velatis oculis, non impediuntur aures quominus salutis adjumentum suscipiant. Quemadmodum enim aurificinæ periti subtilibus quibusdam organis spiritum igni immittentes, ac reconditum in vase fusorio aurum conflantes, dum appositam flammam incitant quæsito potiuntur : ita dum exorcizantes, per divinum Spiritum timorem injiciunt, animamque in corpore velut in vase conflatorio positam exsuscitant; fugit inimicus dæmon, manet autem salus, et permanet spes vitæ æternæ; denique anima repurgata a peccatis salutem consequitur. Permaneamus ergo in spe, fratres, nosque ipsos dedamus, ac speremus : ut Deus universorum mentis nostræ propositum videns, mundet nos a peccatis, et de rebus nostris bene sperare nos jubens, pœnitentiam nobis tribuat salutarem. Deus vocavit, tu vocatus es.

10. Perseveres in catechesibus. Etiamsi nostra prolixior futura sit oratio, tu ne unquam animo deficias. Arma enim accipies contra adversariam potestatem. Arma capies contra hæreses, contra Judæos, Samaritas et Gentiles. Multos habes hostes, multa tela accipe. Cum plurimis jaculo decertas : addiscendum tibi quomodo transfigas Græcum, quomodo pugnes contra hæreticum, contra Judæum et Samaritam. Et arma quidem parata sunt, gladius vero Spiritus promptissimus [2] : manus autem contendere oportet per bonam voluntatem, ut bellum Domini prœlieris, ut oppositas potestates debelles, ut invictum te ab omnibus hæreticorum molitionibus præstes.

11. Hoc quoque monitum te volo. Quæ dicuntur addisce et in per-

[1] Ezech. xxii, 18. — [2] Alludit ad Ephes. vi, 17, et Matth. xxvi, 41.

9. Accourez à nos instructions. Recevez les exorcismes avec un affectueux recueillement. A quelque mode qu'on ait recours, c'est une pratique fort salutaire. Croyez que vous n'êtes qu'un composé de métaux grossiers, d'airain, de fer, d'étain et de plomb. Nous ne voulons en vous que de l'or pur. Et comme cet or ne peut se dégager que par le moyen du feu des matières étrangères qui s'y sont mêlées, de même votre ame ne peut être purifiée que par les exorcismes. Ces précieux effets sont le fruit des paroles de l'Écriture qui les composent. On vous a voilé le visage, de peur que votre pensée ne fût emportée à d'autres objets, que votre œil n'entraînât avec lui votre cœur. Mais quand vos yeux sont couverts, rien n'empêche que vos oreilles ne s'ouvrent aux conseils de la sagesse, qui vous amèneront au salut. Ainsi, l'artiste habile, par des canaux bien ménagés, anime le feu de ses fourneaux, qui circule autour du creuset qui a reçu le métal, et, en ravivant sans cesse la flamme, voit le succès couronner son expérience; de même l'exorciste, en jetant dans vos ames la crainte de Dieu par le souffle du Saint-Esprit, et en échauffant votre ame tiède dans le corps, comme dans un creuset, en chasse le démon votre ennemi, et il ne reste au fond que le salut et l'espérance de la vie éternelle; votre ame ainsi purgée de ses péchés est sauvée à jamais. Laissons donc, mes frères, laissons l'espérance nous pénétrer de ses purs rayons, afin que Dieu, témoin de nos sages résolutions, efface en nous le péché et ranime nos cœurs par la promesse de notre salut, nous accorde les fruits heureux de la pénitence. Dieu a appelé, et c'est vous qu'il appelle.

10. Soyez persévérant, et, quelque loin que se prolongent nos instructions, ne manquez pas de courage; car vous y recevrez de nous des armes contre toute puissance ennemie; contre les hérétiques, contre les Juifs, les Samaritains et les gentils. Mille ennemis vous pressent, armez-vous de toutes pièces. Que dans vos mains le javelot se balance, et apprenez comment vous devez percer un Grec, et déchirer d'un trait vengeur la poitrine de l'hérétique, du Juif et du Samaritain. Le ciel a pourvu à votre armure : l'esprit est un glaive qui frappe vivement; mais il faut en venir aux mains avec une volonté ferme; c'est à cette condition que vous pourrez combattre pour le Seigneur, anéantir les puissances rivales et triompher de tous les efforts que tenteront les hommes corrompus par l'hérésie.

11. Il est encore un avis que je veux vous donner. Pénétrez-vous bien de ce que l'on vous enseigne; ces instructions ne sont pas des

petuum serva. Ne existimes has esse consuetas homilias. Hæ quoque bonæ et fide dignæ : verum si quid in illis hodie neglexerimus, crastino addiscimus. Ea vero, quæ de lavacro regenerationis per ordinem traduntur documenta, si hodie negligantur, quando demum reparabuntur? Existima tempus esse plantationis arborum. Nisi fodiamus et in altum excavemus, quandonam alias poterit rectius plantari, quod semel fuerit male plantatum? Ædificium quoddam catachesim esse puta. Nisi fodiamus, et fundamentum ponamus; nisi ordinata serie, structuræ vinculis apte conjungamus domum, ne quid laxum et hians reperiatur, et ruinosa fiat ædificatio, in irritum cadet omnis prius susceptus labor. Sed oportet ex ordine lapidi lapidem apponi, et angulum consequi; et superfluis erasis, ita demum æquabilem ædificationem assurgere. Ad eumdem modum afferimus tibi tanquam lapides scientiæ : audire oportet, quæ ad Deum viventem spectant; audire quæ ad judicium; audire necesse est de Christo; audiendum de resurrectione. Et alia multa ex ordine dicuntur, quæ nunc quidem sparsim referuntur, tunc autem suo loco apte disposita proferuntur. Si non hæc in unum colligas ac memoria priora et posteriora complectare, ædificabit quidem architectus, tu vero fragile et caducum habebis ædificium.

12. Quando catechesis pronuntiabitur, si catechumenus percunctatus te fuerit, quid dixerint doctores, nihil dicas externo. Mysterium enim tibi, et spem futuri sæculi tradimus. Secretum serva ei, qui mercedem rependit. Ne quisquam tibi dicat aliquando : « Quid tibi apportat mali, si ego quoque didicero? » Nimirum etiam ægroti vinum postulare solent; quod si illis intempestive datum fuerit, phrenesim conciliat : et duo hinc nascuntur mala; nam et æger intorit, et medicus male audit. Idem quoque contingit catechumeno, si audiat mysteria a fideli. Nam et catechumenus phrenesim patitur (quod enim audivit ignorat, et rem totam obtrectat, et quod dicitur sannis excipit), simul vero fidelis uti proditor condemnatur. Tu jam in confinio consistis; cave ne quid temere offeras : non quod ea, quæ dicuntur non sint digna narratu, sed quod illæ sint aures indignæ quibus committantur. Fuisti

homélies. Ces dernières sont utiles, sans doute; mais celles que l'on n'a point entendues ou écoutées peuvent se suppléer. Les instructions qui ont pour objet la régénération des ames exigent une suite de vérités enchaînées l'une à l'autre ; comment donc remplacer celles que vous aurez manquées ? c'est ici un nouveau plant d'arbres à établir dans la saison convenable. Si vous ne fouillez pas le terrain, si vous ne le cultivez pas comme il convient, quand vous sera-t-il possible de planter à propos ce que vous aurez mal planté une première fois ? Il en est de cet enseignement comme d'un édifice ; si nous n'en posons pas les fondemens d'une manière solide, s'il n'y a pas de suite, si tout n'y est pas lié et fortement uni, s'il y a quelque vide, quelque crevasse, l'édifice est sans consistance, il menace ruine, et tout notre travail n'est qu'un travail perdu. Il faut, au contraire, que les pierres se superposent avec ordre sur les pierres, qu'il y ait accord des parties, et qu'en rejetant tout ce qui est sans utilité directe, tout soit bien proportionné, et ne présente qu'un même ensemble. C'est ainsi que nous plaçons dans votre esprit les assises de la science, pour ainsi dire; écoutez donc tout ce qui se dit ici du Dieu vivant, du jugement, du Christ et de la résurrection. Il y a dans nos paroles un enchaînement, qui peut ne pas être aussi rigoureux ailleurs, mais qui est ici indispensable et nécessaire. Si vous ne réunissez pas en faisceau toutes les matières de l'enseignement, si vous n'embrassez pas dans votre mémoire les premières et les dernières, il y aura, il est vrai, un édifice construit par les mains d'un architecte, mais cet édifice n'aura rien de solide et s'écroulera bientôt.

12. Si, après une instruction, quelqu'un vous demande ce qui s'y est dit, n'en dites rien à un étranger. C'est à vous que nous confions nos mystères et nos futures espérances. Gardez le secret à celui qui vous paie le prix de votre discrétion. Redoutez cette question : Quel mal y a-t-il pour vous à ce que je sache aussi ce qui se fait dans vos réunions ? Rappelez-vous que les malades ont coutume de demander du vin, et que si l'on a l'imprudence de leur en donner mal à propos, ils tombent dans une violente frénésie, d'où il résulte deux grands maux : le premier, la mort du malade, le second, la déconsidération du médecin. C'est le sort qui attend le catéchumène, s'il veut avant le temps s'instruire des mystères de la foi. En effet, le désordre entre dans son esprit; il n'a pas encore l'intelligence de ce qui lui a été révélé, il attaque par de mordantes critiques ce qu'on lui a dit, il s'en raille, en même temps que le fidèle indiscret est condamné

tute aliquando catechumenus, neque res propositas enarrabam tibi. Quando sublimitatem eorum, quæ docentur, experientia cognoveris, tunc plane intelliges earum rerum auditu dignos haud esse catechumenos.

13. Unius matris filii et filiæ facti estis, quicumque inscripti estis. Quando ingressi fueritis ante horam exorcismorum, unusquisque vestrum ea loquatur, quæ ad pietatem pertinent; et si quis e vobis defuerit, perquirite. Si ad convivium vocatus esses, nonne exspectares eum qui tecum una vocatus esset? Fratrem si haberes, nonne quod fratri bonum est quæreres? Quæ nihil prosint ne deinceps percunctare : ne, quid fecerit urbs, quid vero oppidum; ne, quid imperator, quid episcopus, quid presbyter. Sursum respice; tempora hæc tua id poscunt. « Vacate et cognoscite quia ego sum Deus [1]. » Si fideles videris inservientes, et curis expeditos; securi sunt, sciunt quid acceperint, gratiam apud se tenent : tu vero adhuc in bilance, dubius utrum admittendus sis, necne, consistis. Ne imiteris illos qui securitate fruuntur, sed timorem concipe.

14. Cum autem fiet exorcismus, quousque alii qui exorcizantur accesserint, viri cum viris, mulieres cum mulieribus sunto. Nunc mihi arca Noe opus est, in qua erat Noe et filii ejus; uxor ejus, atque uxores filiorum ejus[2]. Tametsi enim una erat arca, et occlusum ostium, omnia tamen decenter disposita fuere. Quamvis clausa sit ecclesia et vos omnes intus, hæc tamen separata sunto, ut viri cum viris, mulieres cum mulieribus degant. Ne salutis subsidium vertatur in perditionis occasionem : etsi enim pulchrum sit institutum sibi invicem assidere, tamen procul absint perturbationum vitia. Tum vero sedentes viri librum aliquem utilem præ manibus habeant; et alius quidem legat, alius vero audiat. Si autem desit liber, alter oret, alter vero utile aliquid loquatur. Virginum porro conventus sic collectus esto, ut psallat vel legat, sed tacite : ita ut labia quidem loquantur, vox autem ad

[1] Psal. XLV, 11. — [2] Gen. VII, 7.

comme traître. Tenez-vous sur la réserve ; défendez-vous d'une parole peu mesurée ; ce n'est pas que ce que l'on dit parmi nous ne mérite d'être répété ; mais celui à qui vous le diriez n'est pas digne de l'entendre. Vous-même, vous avez été catéchumène, je ne vous disais rien de nos mystères. Mais quand l'expérience vous aura appris toute la sublimité des choses qui vous seront expliquées, vous concevrez aisément qu'elles sont au-dessus de la portée des catéchumènes.

13. Vous tous, dont les noms ont été inscrits sur nos registres, vous êtes devenus les fils et les filles d'une même mère. Si vous entrez avant l'heure fixée pour les exorcismes, priez, et si l'un de vous manque à la réunion, allez le chercher. Invité à un festin, n'attendriez-vous pas celui qui aurait reçu la même invitation que vous ? Si vous aviez un frère, ne tâcheriez-vous pas de lui procurer ce qui peut lui être avantageux ? Ne vous informez de ce qu'il ne vous importe pas de savoir : ce qu'on fait en ville, ce que font l'empereur, l'évêque, le prêtre. Élevez votre cœur en haut ; voilà ce que la circonstance exige de vous : « Soyez dans un saint repos, et considérez que c'est moi » qui suis Dieu véritablement. » Si les fidèles vous paraissent libres de toute inquiétude mauvaise, c'est qu'ils sont tranquilles ; ils savent ce qu'ils ont reçu, ils ont la grâce. Vous, au contraire, vous êtes encore incertain, et vous ne savez si vous serez admis ou non. N'imitez donc pas ceux dont le sort est fixé, mais que votre esprit soit rempli d'une crainte salutaire.

14. Quand on procédera à l'exorcisme, et que ceux qui y sont soumis seront arrivés, que les hommes soient rangés d'un côté, les femmes d'un autre. Que n'ai-je ici cette arche qui reçut Noé et ses fils, sa femme et les femmes de ses fils. L'arche était un seul vaisseau, l'ouverture était close, et cependant tout y était rangé dans un ordre parfait. L'église est fermée, il est vrai, vous en occupez l'enceinte intérieure ; néanmoins il faut tout disposer de manière que les sexes soient séparés. Cette précaution éloigne les occasions de chute ; car s'il est beau d'être assis les uns auprès des autres dans le temple, il n'en faut pas moins éviter les perturbations du vice. Que les hommes aient dans les mains chacun un livre de piété, que les uns lisent et que les autres écoutent. Si vous n'avez pas de livre, que ceux-ci prient, que ceux-là s'entretiennent de choses saintes. Les femmes doivent chanter ou lire, mais à voix basse, mais seulement des lèvres, sans que les mots arrivent aux oreilles des autres. « Que les femmes se taisent dans les Églises. » C'est la conduite que doit tenir

alienas aures non perveniat. « Mulieri enim loqui in ecclesia non per-
» mitto¹. » Et nupta quoque similiter agat : ut et oret, et labia ita moveat, ne vox exaudiatur : ut prodeat Samuel, ut sterilis anima tua
pariat exaudientis Dei salutem²; Samuel enim ita sonat.

15. Videbo studium uniuscujusque viri, videbo uniuscujusque feminæ pietatem, inflammetur mens ad pietatem, ad incudem [velut]
producatur anima. Subigatur et tundatur infidelitatis durities. Deci-
dant superfluæ ferri squamæ ; maneat id solum quod purum est : de-
tergatur ferri ærugo, ut maneat genuina materies. Aliquando vobis
ostendat Deus noctem illam, et tenebras diem referentes, de quibus
dictum est : « Tenebræ non obscurabuntur a te, et nox sicut dies illu-
» minabitur³. » Tunc unicuique vestrum paradisi porta aperta sit. Tunc
aquis fruamini christiferis, fragrantiam spirantibus. Tunc Christi
appellationem, et rerum divinarum efficaciam suscipiatis. Jam nunc
oculo mentis aperto sursum respicite : jam angelicos choros animo
concipite; universorumque Dominum Deum sedentem, et unigenitum
Filium a dextris una sedentem, et Spiritum simul, præsentem : Thro-
nos vero et Dominationes ministrantes; et unumquemque vestrum
salutem consecutum. Jam veluti sono afficiantur aures vestræ : con-
cupiscite præclaram illam vocem, quando vobis in salutem receptis
angeli accamabunt : « Beati quorum remissæ sunt iniquitates, et quo-
» rum tecta sunt peccata⁴. » Quando tanquam Ecclesiæ sidera corpore
splendidi et anima lucidi ingrediemini.

16. Magna res est sane, quod vobis proponitur baptisma : captivis
pretium, peccatorum remissio, mors peccati, animæ regeneratio,
luminosum indumentum, signaculum sanctum, indissolubile, vehicu-
lum ad cœlum, paradisi deliciæ, regni obtinendi causa, adoptionis
donum. Cæterum draco juxta viam transeuntes observat : cave ne te
infidelitate mordeat, tam multos videt qui salvi fiunt : « Et quærit
» quem devoret⁵. » Ad Patrem spirituum ingrederis⁶, sed per illum
draconem transeundum est. Quomodo igitur tu illum pertransibis? Cal-

¹ 1 Tim. ıı, 52, et 1 Cor. xiv, 34. — ² 1 Reg. 1, 13. — ³ Psal. cxxxviii, 12.
⁴ Ibid. xxxi, 1. — ⁵ 1 Petr. v, 8. — ⁶ Hebr. xii, 9.

même celle qui est mariée; que ses seules lèvres murmurent la prière, que les sons de sa voix ne soient point entendus. C'est ici le miracle de Samuël; que votre ame stérile conçoive et mette au monde l'*exaucé de Dieu*; c'est ce que signifie le mot *Samuël*.

15. Puissé-je voir éclater dans le saint lieu, le zèle pieux des hommes et des femmes! Que vos ames s'enflamment d'une religieuse ardeur; retrempez-les, si je puis le dire. Commandez à la dureté de vos cœurs, enchaînez vos passions qui vous poussent à l'infidélité envers Dieu. Dépouillez ce vêtement d'airain qui vous enveloppe; qu'il ne reste en vous rien que de pur, effacez la rouille et que le métal brille sans alliage adultère. Dieu déroulera à vos yeux ces pavillons d'une nuit radieuse, ces ténèbres aussi transparentes que le jour, dont parle le Psalmiste : « Les ténèbres n'ont aucune obscurité » pour vous, et la nuit est aussi claire que le jour. » Alors la porte du ciel vous sera ouverte; alors vous vous baignerez dans les eaux salutaires, vous respirerez la bonne odeur de Jésus-Christ. Vous serez appelés chrétiens, du nom de Jésus-Christ, et vous recevrez la vertu des choses divines. Élevez enfin les yeux de l'ame vers le ciel; voyez les chœurs des anges, Dieu, le Seigneur de toutes choses, assis sur son trône, à sa droite son Fils unique, et le Saint-Esprit, qui est toujours avec eux. Voyez les Trônes, les Dominations empressés à le servir dans cette cour céleste, à laquelle chacun de vous sera admis en opérant son salut. Des sons ont retenti; écoutez cette voix éclatante des anges qui vous saluent : « Bienheureux sont ceux dont les péchés sont remis et dont les iniquités sont couvertes. » Quand enfin vous serez revêtus de la blancheur et de l'éclat céleste, vous serez introduits dans l'Église.

16. Le baptême est quelque chose de grand. C'est l'affranchissement de la captivité, la rémission, la mort des péchés, la régénération de l'ame, un vêtement de lumière, le sceau ineffaçable de la sainteté, l'entrée du ciel, les délices du paradis, la grâce de l'adoption des enfans. Mais prenez garde; le dragon vous observe le long du chemin; défiez-vous de ses cruelles morsures; c'est à l'innocence qu'il s'attaque; « c'est la proie qu'il cherche pour la dévorer. » Vous allez vers le Père spirituel, mais il faut passer devant la tannière de ce dragon. Comment vous en défendre? Armez vos pieds de chaussures « qui vous disposent à suivre l'Évangile de paix; » de manière que ses dents restent impuissantes contre vous. Ayez dans le cœur la foi, l'espérance : marchez d'un pas ferme dans cette voie qui vous conduit au Seigneur, mais dont

cea pedes tuos « in præparatione Evangelii pacis¹, » ut etiamsi dentem infigat, non lædat tamen. Fidem inhabitantem habe, spem firmam, calceamentum forte, ut per hostem occupato aditu ad Dominum ingrediare. Præpara cor tuum ad recipiendam doctrinam, ad sanctorum mysteriorum participationem. Frequentius ora, ut cœlestibus et immortalibus mysteriis te dignetur Deus. Neque die neque nocte cessa : et cum somnus ab oculis tuis recesserit, tunc mens tua orationi vacet. Si quam turpem cogitationem in mentem tuam insilire videris, succurrat tibi cogitatio judicii, quæ te salutis admoneat. Tuam ad condiscendum cogitationem occupa, ut pravarum rerum oblivionem capiat. Si quem videris dicentem tibi : « Tune illuc ingrederis in aquam descensurus ? nonne recens balnea urbs habet ? Scito draconem maritimum hæc tibi machinari², » ne ad voces loquentis, sed ad Deum operantem attende. Custodi animam tuam ut nulla arte capi possis; ut in spe perseverans, hæres æternæ salutis efficiaris.

17. Nos quidem hæc uti homines et denuntiamus et docemus : ne autem nostrum ædificium fœnum, et stipulam et paleas efficiatis, ut non cum opus arserit, detrimentum patiamur³ : sed opus facite aurum et argentum et lapides pretiosos. Meum est dicere, tuum vero aggredi ad opus, Dei vero perficere. Firmemus mentem, contendamus animam, præparemus cor; de anima enim nobis certamen est⁴, et rerum æternarum spes proposita. Potens est autem Deus (qui novit corda vestra, et perspectum habet quisnam sit sincerus, quisnam vero simulator), sincerum quidem servare, hypocritam vero (et simulatorem) fidelem efficere. Potest enim Deus etiam infidelem fidelem facere, si modo cor illi præbuerit. Deleat ille chirographum quod contra vos est⁵, oblivionem autem tribuat vobis priorum delictorum; atque in Ecclesiam vos inserat, sibique milites allegat, arma vobis justitiæ circumponens : cœlestibus Novi Testamenti rebus repleat, et Spiritus sancti concedat signaculum indelebile in sæcula : in Christo Jesu Domino nostro, cui gloria in sæcula sæculorum. Amen.

¹ Ephes. vi, 15. — ² Isai. xxvii, 1. — ³ I Cor. iii, 12 et 15. — ⁴ Prov. vii, 28. — ⁵ Coloss. iii, 13, 14.

les abords sont occupés par votre ennemi. Préparez-vous à recevoir la doctrine et à participer aux mystères sacrés. Priez souvent, afin que Dieu vous juge digne des mystères du ciel et de l'immortalité. Que le jour et la nuit vous voient en prières, et, dès que le sommeil aura fui de vos paupières, priez soudain, priez sans cesse. Une pensée mauvaise vient-elle se glisser dans votre esprit, que la pensée du jugement vienne à son tour et vous rappelle à celle du salut. Occupez-vous de votre instruction, afin d'oublier le mal. Si l'on vous dit : « Vous allez à l'Église pour vous plonger dans l'eau? N'y a-t-il pas de bains dans la ville? C'est un piège que vous tend le dragon; » n'écoutez pas ce discours, ne pensez qu'à l'œuvre de Dieu. Veillez sur votre ame, ne la laissez point se prendre à de vaines séductions. Espérez sans cesse, et vous deviendrez l'héritier du salut éternel.

17. Voilà les leçons que nous nous plaisons à donner à nos frères, les avis que nous leur conseillons de suivre. C'est à vous de ne pas faire que l'édifice que nous élevons ne soit qu'un amas de foin, de chanvre et de paille, en telle sorte que si notre ouvrage est consumé par le feu, nous n'en souffrions la perte. Faites au contraire que ce soit un édifice d'or, d'argent et de pierres précieuses. Notre devoir est de parler, de commencer l'œuvre; c'est à Dieu de l'achever. Que votre ame puise dans nos paroles force et courage; qu'elle soit digne, par nos soins, de recevoir le don qui vous est réservé. Car c'est pour l'ame que nous combattons, et le prix de la victoire, c'est l'éternité. Dieu, sans doute, qui connaît vos cœurs, et qui sait lequel de vous est sincère, lequel ne l'est pas, Dieu peut sauver le fidèle, mais il peut aussi rendre fidèle l'hypocrite et le dissimulé; il le peut, pour peu que celui-ci lui ouvre son cœur. Qu'il déchire donc le titre qu'il a contre vous, et qu'il oublie, nous l'en supplions, vos fautes passées; qu'il vous introduise dans son Église, qu'il vous admette dans les rangs de sa milice, et vous donne les armes de sa justice. Puisse-t-il vous remplir de la sagesse des saintes Écritures, des préceptes contenus dans le Nouveau-Testament; qu'il grave sur vos fronts le signe indélébile du Saint-Esprit, par notre Seigneur Jésus-Christ, triomphant et glorieux dans les siècles des siècles. Ainsi soit-il.

CATECHESIS PRIMA.

Hierosolymis ex tempore pronuntiata, in illud : « FACTOREM COELI ET TERRÆ, VISIBILIUM OMNIUM ET INVISIBILIUM. » — Et lectio ex Job : « Quis est iste qui me celat consilium, et continet verba in corde; mihi vero se abscondere putat[1]? »

1. Carnis quidem oculis[1] Deum cernere impossibile est; quod enim incorporeum est, sub carnis oculos cadere non potest. Quod et ipse testificatus est unigenitus Filius Dei, aiens : « Deum nemo vidit unquam[2]. » Nam etiamsi quis illud quod in Ezechiele scriptum est, ita interpretetur quasi viderit Ezechiel; verum (audiat) quid dicit Scriptura. Vidit « similitudinem gloriæ Domini[3]; » non ipsum Dominum, sed « similitudinem gloriæ, » neque ipsam gloriam, ut revera est. At vero intuitus similitudinem gloriæ solum, non autem gloriam ipsam, procidit in terram præ metu[4]. Quod si similitudo gloriæ conspecta, timorem æstuationemque prophetis injiciebat; Deum sane ipsum si quis intueri conaretur, vitam amitteret, juxta illud : « Nemo videbit faciem meam, et vivet[5]. » Hujus rei gratia, Deus ex bonitate sua maxima coelum Divinitati suæ pro velo prætendit, ne periremus. Non est meus hic sermo, sed Prophetæ inquientis : « Si aperueris coelos, tremor ex te apprehendet montes, et Eque- » fient[6]. » Quid vero miraris si Ezechiel similitudinem gloriæ conspicatus procubuit? quandoquidem Danieli visus est Gabriel servus Dei, ac statim consternatus est animo, et in faciem procidit; nec respondere ausus est Propheta, donec sese angelus in similitudinem filii hominis coactus transformasset[7]. Si Gabrielis conspectus tremorem incutiebat Prophetis, Deus ipse, si, ut erat, conspicuum se præbuisset, nonne omnes interissent?

2. Divinam itaque naturam corporeis oculis conspici non datur; ex operibus vero divinis possumus potestatis ejus cogitationem assequi, juxta Salomonem, qui ait : « Nam ex magnitudine et pulchritudine

---

[1] Job. xxxviii, 2. — [2] Joan. I, 18. — [3] Ezech. II, 1. — [4] Ibid. — [5] Exod. xxxiii, 20. — [6] Isai. lxiv, 1. — [7] Dan. viii, 17, x, 15-18.

CATÉCHÈSE PREMIÈRE.

Improvisée à Jérusalem, sur ces mots du symbole : « Créateur du ciel et de la terre, des choses visibles et invisibles. » *Lecture tirée de Job :* « Quel est celui qui me cache ses desseins, et renferme ses paroles dans son cœur? croit-il donc se cacher à mes regards? »

1. Il est impossible de voir Dieu par les yeux du corps : ce qui est esprit ne peut tomber sous les sens. C'est ce que prouve le Fils unique de Dieu lui-même, quand il dit : « Personne n'a jamais vu » Dieu. » Car si l'on concluait de ce qui est écrit dans Ézéchiel que ce prophète a vu le Seigneur même, l'Écriture ne répond-elle pas : « Il a vu » une image de la gloire du Seigneur; » non pas le Seigneur, mais « un » reflet de sa gloire, » et non pas même sa gloire? Cependant, pour avoir vu simplement une image de sa gloire, et non pas sa gloire elle-même, il fut renversé par terre d'épouvante. Si donc l'image de sa gloire jetait tant de frayeur et de trouble dans l'ame du prophète, assurément celui qui chercherait à voir Dieu face à face perdrait la vie, selon cette parole : « Nul homme ne me verra sans mourir. » C'est pourquoi le Seigneur, dans sa bonté infinie, a étendu le firmament pour voiler à nos yeux sa divinité, et ne pas nous donner ainsi la mort. Ce n'est pas moi qui dis cela, c'est le prophète. « Si vous ou- » vriez les cieux, les montagnes trembleraient sur leurs fondemens, » et fondraient comme la cire. » Faut-il donc s'étonner si Ézéchiel tomba le visage contre terre, quand il vit seulement un rayon de sa gloire? lorsque Daniel, pour avoir vu Gabriel, le serviteur de Dieu, eut aussitôt le cœur saisi d'épouvante, se prosterna et n'osa répondre avant que l'ange prît à ses yeux une forme humaine? Que si Gabriel, par sa présence, épouvantait à un tel point les prophètes, ne péririons-nous pas, si Dieu se manifestait à nous dans toute sa majesté?

2. S'il ne nous est point donné de voir Dieu par les yeux du corps, au moins il se découvre à nos cœurs par les œuvres de sa puissance, ainsi que le dit Salomon : « A la grandeur, à la magnificence des » œuvres de la création, l'homme peut en connaître le créateur, au- » tant que le lui permet sa faiblesse. » Ce n'est pas sans raison qu'il ajoute ces derniers mots : plus l'homme en effet avance dans la con-

» creaturarum, proportione servata procreator earum conspicitur[1]. »
Non enim ait ex creaturis procreatorem cerni, sed addidit : « propor-
» tione servata. » Tanto namque major unicuique apparet Deus, quanto
sublimiorem homo creaturam contemplationem fuerit assecutus. Cumque animum majori contemplatione subvexerit, majorem quoque de
Deo sibi notitiam ac speciem informat.

3. Vis tu cognoscere quod naturam Dei comprehendere possibile
non sit? Tres illi in camino ignis pueri, Deum laudibus celebrantes
dicunt : « Benedictus es, qui intueris abyssos, sedens super cheru-
» bim[2]. » Dic mihi, quæso, quæ sit cherubim natura; tuncque eum,
qui super illos sedet, considerato. Atqui Ezechiel propheta horum
descriptionem, quatenus fieri poterat, expressit, dicens : « Quatuor
» vultus uni[3]; primus quidem hominis[4], alter leonis, aquilæ tertius,
» postremus vituli; et sex pennæ uni[5]; et oculi eis undique[6]; et sub
» unoquoque rota quadripartita subjecta[7]. » Nihilominus post eam descriptionem prophetæ, nondum etiam legendo possumus cogitatione
complecti. Quod si solium, quod explanavit ille, comprehendere non
possumus; eum, qui illi insidet, invisibilem ineffabilemque Deum quomodo comprehendere poterimus? Naturam quidem Dei intime scru-
tari impossibile est. At eum ex iis, quæ conspicimus, ejus operibus,
glorificationibus et honore prosequi possibile.

4. Hæc autem vobis propter fidei[8] consequentiam ordinemque dicuntur : et quia ita dicimus : « Credimus in unum Deum, Patrem om-
» nipotentem; factorem cœli et terræ, visibilium omnium et invisibi-
» lium » : ut meminerimus eumdem esse patrem Domini nostri Jesu
Christi, et eumdem esse qui fecit cœlum et terram. Utque nosmetipsos
præmuniamus, propter alienorum Deo hæreticorum deflexiones, qui
sapientissimo totius hujusce mundi conditori obloqui sunt ausi; qui
carnis quidem oculis vident, mentis vero oculis destituuntur.

5. Quid enim habent, quod in hoc maximo Dei opificio criminen-
tur? quos oportebat conspectis cœlorum convexitatibus stupore per-

---

[1] Sap. XIII, 5. — [2] Dan. III, 55. — [3] Ezech. I, 8. — [4] Ibid. 10. — [5] Isai. VI, 2, et Apoc. VII, 8. — [6] Ezech. X, 12. — [7] Ibid. 1, 15, 17; et X, 2, 9. — [8] Id est Symboli.

templation des œuvres du Seigneur, plus le Seigneur lui paraît grand. Plus il s'élève lui-même dans cette contemplation intellectuelle, et plus l'image de Dieu grandit à ses yeux.

3. Voulez-vous savoir qu'il n'est pas possible de comprendre la nature de Dieu? Écoutez ces trois enfans qui chantent, dans la fournaise ardente, les louanges du Seigneur : « Vous êtes béni, vous qui voyez le » fond des abîmes, et qui êtes assis sur les chérubins. » Commencez par me faire connaître la nature des chérubins, et vous verrez ensuite quel peut être celui qu'ils portent sur leurs ailes. Le prophète Ézéchiel a cherché à nous en donner une description, lorsqu'il a dit : « Ils ont » chacun quatre faces; la première est celle d'un homme, la deuxième » d'un lion, la troisième est celle d'un aigle, et la quatrième d'un veau; » ils ont ont chacun six ailes et des yeux ouverts de tous côtés. Sous » chacun d'eux est une roue divisée en quatre parties. » Quand nous lisons cette peinture qu'en fait le prophète, nous ne pouvons pourtant rien y comprendre. Si donc nous ne pouvons comprendre même un trône que le prophète a voulu nous faire connaître par des paroles, comment pourrions-nous comprendre le Dieu qui siège sur ce trône, un Dieu invisible et ineffable? On ne saurait pénétrer plus avant dans la nature de Dieu; mais on peut du moins, en présence de ses œuvres qui sont sous nos regards, célébrer sa gloire, et chanter ses louanges.

4. Nous vous parlons ainsi à propos des articles de foi, que nous avons à vous présenter, et avant de vous dire : « Nous croyons en un » seul Dieu tout puissant, qui a fait le ciel et la terre, toutes les choses » visibles et invisibles; » nous rappelons ainsi à votre mémoire qu'il est le Père de notre Seigneur Jésus-Christ, que c'est le même qui a fait le ciel et la terre. Mettons-nous ainsi en état de défense contre les hérétiques : étrangers à Dieu, ils ont, sans le connaître, osé attaquer la sagesse de ce créateur du monde entier, eux qui ne voient que des yeux du corps, et qui sont aveugles des yeux de l'esprit.

5. Qu'ont-ils donc à reprendre dans ce grand œuvre de la puissance divine, eux qui devraient être ravis d'admiration, en portant leurs regards sur la voûte des cieux, et adorer celui qui a élevé le firmament comme un vaste dôme, celui qui a fixé la nature instable des eaux, et les a suspendues au ciel sans qu'elles puissent le quitter. Car il l'a dit lui-même : « Que le firmament s'étende au milieu des eaux. »

celli; eum adorare, qui cœlum statuit quasi fornicem [1]; qui de fluxa aquarum natura, ruere nesciam cœli substantiam formavit. Dixit enim Deus : « Fiat firmamentum in medio aquæ [2]. » Dixit Deus semel; et stat, nec cadit. Cœlum, aqua est; flammeæ vero naturæ, quæ in ipso infixa sunt, sol, et luna, et sidera. Et quonam modo in aqua discurrunt igneæ species? Si quis vero propter contrarias ignis et aquæ naturas in dubitationem adducatur, meminerit ignis illius qui Moysis tempore in Ægypto ardebat in grandine [3]. Sapientissimam quoque Dei in condendo dispositionem consideret. Nam cum aquis opus esset terræ in posterum exercendæ, aquosum in sublimi comparavit cœlum; ut cum imbrium irrigatione telluris regio indigeret, ad id ex natura sua promptum paratumque cœlum esset.

6. Quid vero? nonne admirari oportet eum, qui in solis fabricam inspexerit? nam modici instar vasis apparens [4], vim ingentem complectitur; ab oriente apparens, et in occidentem usque lumen emittens. Cujus matutinos exortus describens Psalmidicus aiebat : « Et » ipse tanquam sponsus procedens de thalamo suo [5]. » Blande enim splendentem ac temperatum prioris ejus, qua lucere incipit hominibus, formæ modum describebat meridianas quippe perequitantem illum plagas, propter nimium fervorem persæpe fugimus. In exortu vero suo recreat omnes, quando « uti sponsus » apparet. Ipsius porro aptam dispositionem considera; (quanquam non ipsius, sed illius magis qui illi cursum suo mandato definivit). Quomodo æstate sublimior factus, longiores efficit dies, opportunitatem tribuens hominibus ad opera : hyeme vero cursum contrahit, ut non equidem frigoris tempus longius producatur; sed uti noctes longiores factæ cum hominibus ad levamentum, tum vero telluri ad fructuum proventus ferendos, adjumento sint. Vide etiam quomodo dies sibi invicem concedant ordine apto; æstate crescunt, hyeme vero contrahuntur, vere autem atque autumno parem intervallorum mensuram sibi mutuo gratificantur; item noctes similia faciunt. Ita ut de illis Psalmista dicat : « Dies diei eructat verbum, et nox nocti » indicat scientiam [6]. » Aures enim non habentibus hæreticis velut

[1] Isai. xl, 22. — [2] Gen. i, 6. — [3] Exod. ix, 23. — [4] Eccl. xliii, 2. — [5] Psal. xviii, 6. — [6] Ibid. 3.

Dieu l'a dit une fois, le firmament obéit et ne déserte point son poste. Le ciel, c'est de l'eau; il y a aussi allumé des feux, le soleil, la lune et les astres. Comment ces corps enflammés peuvent-ils se frayer une route au milieu des eaux? Si la nature différente du feu et de l'eau fait naître quelque doute dans votre esprit, rappelez-vous ce feu qu'au temps de Moïse en Égypte on a vu brûler au milieu de la grêle. Considérez aussi la sagesse admirable qui règne toujours dans les desseins de Dieu. La terre avait besoin d'eau pour être un jour cultivée; il a placé dans le ciel un grand amas d'eau, afin que, si la terre demandait à être humectée par la pluie, le ciel pût aussitôt, et par sa nature même, satisfaire à ses besoins.

6. Mais quoi? est-il possible de considérer sans un vif sentiment d'admiration de quelle manière le soleil est formé? il paraît à nos yeux n'être qu'un vase étroit, et cependant quelle inépuisable fécondité! Il fait jaillir les rayons de sa lumière de l'orient à l'occident; il se lève, et, comme le dit le Prophète, « c'est le jeune époux qui sort de sa cou-» che nuptiale, tout brillant de splendeur. » C'est son doux éclat, et sa chaleur modérée lorsqu'il commence à paraître, que le Prophète a voulu décrire. Lorsqu'il est au milieu de sa course, et que de ses rayons il embrase la terre, nous fuyons l'ardeur de ses feux. A son lever, il réjouit toute la nature, quand il paraît « comme un nouvel époux. » Voyez quelle admirable disposition va régler son cours! (Et ce n'est point à celui-ci qu'il faut en faire hommage, mais à celui plutôt qui lui a tracé en maître la route qu'il devait suivre.) En été, du haut point d'élévation d'où il domine la terre, il allonge les journées, pour que l'homme puisse vaquer à ses travaux; en hiver, il abrége sa course, non pour prolonger le temps des frimas, mais pour que la longueur des nuits vienne en aide à l'homme qui a besoin de repos, à la terre qui doit porter de nouveaux fruits. Voyez aussi dans quel ordre admirable les jours succèdent aux jours! Longs en été, courts en hiver, ils se ménagent entre eux des intervalles égaux pendant l'automne et le printemps. Il en est de même des nuits : ce qui a fait dire au Psalmiste : « Le jour » le révèle au jour, et la nuit en parle à la nuit. » Ne semblent-ils pas crier à ces hérétiques qui n'ont pas d'oreilles : Il n'y a point d'autre Dieu que celui qui a créé, réglé le monde, et qui en a disposé admirablement les parties?

inclamant, ac per concinnum suum ordinem dicunt non alium quempiam esse Deum præter conditorem ac finitorem, qui universa coordinavit.

7. Nemo autem ferat quosdam qui dicunt alium esse lucis conditorem, alium tenebrarum. Meminerit enim Esaiæ dicentis : « Ego » Deus qui feci lumen, et tenebras creavi[1]. » Quid illis succenses, o homo? quare fers graviter tempus tibi ad requietem datum? Nullam famulus ab heris consequeretur levationem laborum, nisi tenebræ necessario inducias afferrent. Quomodo persæpe diurno labore fatigati, noctibus renovamur; quique hesterno die in laboribus fuit, mane robustus et alacer propter noctis relaxationem efficitur? Quid vero nocte ad sapientiam conducibilius? in ipsa enim persæpe quæ ad Deum spectant cogitatione volvimus. In ea divinorum oraculorum lectioni contemplationique vacamus. Quandonam ad psalmos canendos, aut fundendam precem majori contentione enititur mens nostra? annon noctu? Quando autem sæpius in mentem venit peccatorum nostrorum? nonne in nocte? Ne igitur alium tenebrarum auctorem esse, perverse admittamus. Eas enim quoque et bonas et utilissimas esse experientia demonstrat.

8. Oportebat vero ipsos, non solis, et lunæ tantum fabricam stupere atque mirari, sed etiam stellarum ordinatas choreas, liberosque nullo interturbante cursus, ac tempestivos singularum exortus. Et quonam modo aliæ æstatis, aliæ hyemis signa sunt; aliæ serendi tempora indicant, aliæ navigandi initium significant; atque homo in navigio sedens, inque immensum extensis fluctibus navigans, in stellas inspiciens navem dirigit. De his enim rebus præclare ait Scriptura : « Et sint in signa, et in tempora, et in annos[2] » non in astrologiæ et genituræ fabulas. Porro adverte quam pulchro nobis (Deus) diurnam lucem per incrementa gratificatus est. Haud enim simul ac repente solem oriri videmus; sed præcurrit exiguum quoddam lumen, ut præparata per exspectationem pupilla majorem radii vim possit intueri. Illud quoque considera, quomodo noctis tenebras lunarium splendorum solatio mitigarit.

9. Quis est pluviæ pater? quis stillas peperit roris[3]? quis acrem

[1] Psal. XLV, 7. — [2] Gen. 1, 14. — [3] Job. XXXVIII, 28.

7. Qu'on ne vienne pas nous dire que celui qui a créé la lumière n'est pas le même que celui qui a fait les ténèbres. Souvenez-vous de ce qu'a dit Isaïe : « Je suis le Dieu qui ai fait la lumière, et qui ai créé » les ténèbres. » Pourquoi, ô homme, accuser les ténèbres? Pourquoi condamner un temps qui vous est donné pour le repos? Le serviteur obtiendrait-il de son maître un soulagement à son travail, si les ténèbres ne lui en faisaient une nécessité? Après les fatigues de la journée, nous trouvons dans la nuit des forces nouvelles, et tel était épuisé la veille, qui s'est trouvé le matin plein de force et de vigueur, grâce au repos qu'il a pris dans la nuit. Est-il un temps plus propice à l'étude de la sagesse? C'est alors que notre esprit se recueille avec plus de fruit dans la pensée de Dieu ; c'est alors que nous pouvons méditer à loisir la lecture des divines prophéties. Quand notre esprit se sent-il mieux disposé à chanter des psaumes, à se répandre dans la ferveur de la prière? Quel temps nous rappelle mieux le souvenir de nos péchés? n'est-ce pas la nuit? Ne cherchons donc pas aux ténèbres un autre créateur que celui qui a fait le jour, quand l'expérience nous fait voir qu'elles sont bonnes et utiles.

8. Ce n'est pas le soleil seulement et la lune qui doivent nous frapper d'étonnement et d'admiration ; faut-il oublier ces groupes d'étoiles, dont un ordre constant règle les révolutions diverses? Les unes nous annoncent l'hiver, les autres l'été; celles-ci, le temps de la moisson; celles-là, le temps de mettre à la mer. Voyez le pilote debout sur son vaisseau, naviguant sur une mer sans bornes, diriger sa marche sur l'aspect des étoiles. Oh ! combien l'Écriture a dit avec raison : « Qu'ils » servent de signes pour marquer les temps et les saisons, les jours et » les années ! » Elle n'a point entendu parler ici de l'influence des étoiles et des rêveries de l'astrologie judiciaire. Considérez avec quelle admirable gradation le Seigneur nous dispense la lumière du jour! Le soleil ne nous apparaît pas brusquement tout brillant de clartés ; mais la lueur du crépuscule nous l'annonce, et nos yeux avertis de sa venue peuvent se préparer à supporter l'éclat plus vif de ses rayons. Remarquez aussi comment la clarté de la lune vient nous consoler des ténèbres de la nuit.

9. Qui a créé la pluie, qui a donné naissance à la rosée? qui a condensé l'air en nuages? Qui soutient ainsi l'eau des pluies suspendue

in nubes concretum coegit, et imbrium aquas sustinere jussit? et nonnunquam ab aquilone nubes aureo splendore fulgentes advehit [1]; interdum vero in unam speciem formamque transmutans, iterum in varias orbium, alteriusque generis figuras transfert? Quis est qui possit numerare nubes sapientia? qua de re apud Jobum dicitur : « Novit vero discrimina nubium [2]. Cœlum autem in terram inclina- » vit [3]; » et, « Qui numerat nubes sapientia. » Et, « non est effracta nubes sub eo [4]. » Tot enim aquarum mensuræ nubibus incumbunt, nec rumpuntur; sed composito prorsus ordine in terram defluunt. Quis est qui educit ventos de thesauris illorum [5]? quis, inquam, est, ut ante diximus, qui roris guttas peperit? Cujusnam vero ex utero glaciei emergit [6]? aquosa enim ejus substantia est, lapidea vero ejus proprietas. Et interdum quidem aqua efficitur nix sicut lana; alias vero subservit ei qui nebulam sicut cinerem spargit [7]; aliquando autem in lapidosam substantiam convertitur; quandoquidem aquam subigit et gubernat quomodo libuerit. Uniusmodi ejus natura est; et multiplici potestate prædita, ejus efficientia. Aqua, in vitibus vinum est, quod lætificat cor hominis; oleum est in oleis, quod faciem hominis nitentem reddit; in panem quoque convertitur, qui cor hominis confirmat [8], et in omnigena fructuum opificia.

10. Ob hæc quid præstandum fuit? Conviciandus rerum opifex, annon potius adorandus? necdum interim sapientiæ ejus arcana loquor. Ver mihi contempleris, velim, et omnigenos flores in similitudine discrimina sua retinentes; rosæ ruborem, et lilii candorem maximum. Ex uno enim imbro, et una humo isthæc prodeuntia, quis discriminat, quis construit? Consideres, velim, accuratam solertiam. Ex una arboris substantia, aliud quidem in umbraculum, aliud vero in diversos fructus dispertitum est, et unus est artifex. Unius vitis alia pars in combustionem abit, alia in propagines, alia in frondium sylvam, alia in capreolos, alia denique in uvam. Arundinis quoque obstupesco densissimum internodiorum ambitum quem effecit artifex. Et una tellure serpentes prodeunt, feræ, jumenta, ligna, esculenta,

---

[1] Job. xxxvii, 22. — [2] Ibid. 16. — [3] Ibid. xxxviii, 37. — [4] Ibid. xxvi, 8. — [5] Psal. cxxxiv, 8. — [6] Job. xxxviii, 28. — [7] Psal. cxlvii, 10, vel potius 5. — [8] Ibid. ciii, 15.

au milieu des airs? Qui dit à l'aquilon de porter sur ses ailes ces beaux nuages aux riches couleurs? Qui leur donne ainsi tantôt une forme, tantôt une autre? Qui fait ainsi varier à l'infini leurs positions et leurs figures? Quel homme pourrait compter les nuages? C'est ce qui fait dire à Job : « Il connaît les grandes routes des nuées. Il a incliné le » ciel sur la terre ; » et ailleurs : « C'est lui qui sait le nombre des » nuages. » Et dans un autre endroit encore : « La nuée ne s'est point » brisée sous lui. » Comment les nuages peuvent-ils contenir sans se rompre une masse d'eau aussi considérable, qui ne doit pourtant descendre sur la terre que goutte à goutte? Qui a fait sortir les vents de ses trésors? Qui donc, comme nous le disions tout-à-l'heure, a donné naissance à la rosée? Du sein de qui la glace est-elle sortie? et comment, composée d'élémens liquides, a-t-elle pu devenir solide comme de la pierre? Comment provient-elle de l'eau, cette neige aussi blanche que de la laine? Comment ailleurs obéit-elle à la volonté de celui qui répand la gelée blanche comme de la cendre? Comment en fait-il une substance aussi dure que la pierre? Comment l'enchaîne-t-il au pouvoir de sa volonté? La nature de l'eau est une, et par la toute-puissance de Dieu elle se multiplie sous toutes sortes de formes. Dans la vigne elle se change en vin, pour réjouir le cœur de l'homme ; dans les oliviers, en huile, pour donner plus d'éclat à la figure de l'homme ; elle se change aussi en pain qui le fortifie, et en fruits de toute espèce.

10. En échange de tous ces biens, que devons-nous à l'auteur de la création? des outrages? Ah! plutôt tout l'hommage de nos adorations. Et pourtant, je ne vous ai point encore révélé tous les secrets de sa providence! Regardez avec moi le printemps, je vous prie, toutes ces fleurs qui brillent du même éclat, et qui pourtant sont si différentes! Admirez la couleur vermeille de ces roses, et la blancheur si pure de ces lys. Une même pluie les arrose, un même sol les produit : qui donc varie si bien les nuances qui les distinguent? Considérez ce travail si ingénieux! Si d'un même arbre, une partie s'échappe en feuillage, une partie mûrit en fruits; pourtant il n'y a qu'un ouvrier. De la vigne, par exemple, une partie alimente notre foyer, d'une autre surgissent les provins ; de celle-ci, les feuilles qui donnent de l'ombre ; de celle-là, les tendons ; d'une autre enfin, la grappe de raisin. Tout n'excite-t-il pas votre admiration, jusqu'aux nœuds épais que cet ouvrier habile a donnés au roseau! De la même terre, il a fait sortir serpens, bêtes féroces, animaux domestiques, bois, fruits, avec l'or, l'argent, l'airain, le fer et la pierre.

aurum, argentum, æs, ferrum, lapis. Una est aquarum substantia; et ex ea natantium animalium, et volucrum, et avium genus existit; ita ut, quemadmodum illa in aquis natant, sic et aves in aere volitent.

11. Hoc mare magnum et spatiosum, illic reptilia quorum non est numerus [1]. Quis degentium in ipso piscium pulchritudinem exponere valeat? quis cetorum magnitudinem, et amphibiorum animantium naturam, quomodo et in arida tellure, et in aquis degunt? Quis exponat maris profunditatem et latitudinem, aut fluctuum immensum se efferentium impetus? Illud tamen infra defixos sibi limites consistit propter eum qui ipsi dixit : « Huc usque venies, nec prætergrediere; » sed in te ipso conterentur fluctus tui [2]. » Quod quidem [elementum] impositum sibi mandatum perspicue declarat; dum excurrens descriptam fluctibus suis conspicuam quamdam in littoribus relinquit lineam; videntibus quasi significans se constitutos limites prætergressum non esse.

12. Quis potest aëriarum volucrum naturam speculari? quomodo aliæ quidem linguam circumferent canendi peritam; aliæ in pennis omni picturarum genere variegatæ sunt; aliæ supervolantes in medium aëra stant immobiles, uti accipiter; nam Dei mandato « Acci- » piter expansis alis immotus stat, australes mundi partes conspi- » ciens [3]. » Quis hominum potest aquilam cernere in sublime elatam [4]? Quod si avium eam, quæ abest a ratione longissime, in sublime raptam cogitatione assequi non potes, quonam modo rerum omnium factorem vis mente comprehendere?

13. Quis ex hominibus ferarum omnium vel nuda scivit nomina; aut quis singularum naturam et vim potest perspectam habere? Quod si ferarum ne quidem duntaxat nomina novimus, quomodo auctorem ipsarum comprehendemus? Unum Dei præceptum fuit, quo dixit : « Producat terra feras, et jumenta, et reptilia secundum genus suum [5]. » Diversæque animalium naturæ, uno mandato, ex uno fonte prodierunt; ovis mansuetissima, leo carnivorus; et diversi irrationabilium animantium motus, qui humanorum affectuum diversitates imitantur. Ita ut vulpes dolosam hominum vafritiem exprimat; serpens, amicos

[1] Psal. ciij, 26. — [2] Job. xxxviij, 11. — [3] Ibid. xxxix, 26. — [4] Ibid. 27. — [5] Gen. 1, 24, 25.

L'eau est unique, et il en a fait sortir toute la race des animaux qui nagent, les oiseaux et tous les êtres qui ont des ailes, pour que les uns pussent nager dans les eaux, comme les autres devaient voler dans les airs.

11. Qu'elle est vaste l'étendue des mers! Elle est remplie d'un nombre infini de poissons. Qui pourrait décrire la beauté des hôtes qu'elle reçoit dans son sein? Qui dira la grandeur des baleines, la nature des êtres amphibies, et comment ils vivent dans les eaux et sur la terre? l'immensité et la profondeur de la mer, l'impétuosité et la fureur de ses flots? Mais une voix puissante lui a assigné des bornes qu'elle ne saurait franchir. « Tu viendras jusque là, mais tu n'iras pas plus loin, et » tu briseras ici l'orgueil de tes flots. » Et la mer docile révèle l'ordre qu'elle a reçu, toutes les fois qu'elle s'arrête devant la ligne qui lui a été tracée, et qu'elle témoigne ainsi de sa soumission à la volonté qui l'enchaîne.

12. Étudiez, si vous le pouvez, la nature des habitans de l'air, la savante harmonie des concerts que les uns font entendre, la diversité des couleurs qui brillent sur le plumage des autres. Voyez comme les uns planent immobiles entre le ciel et la terre, comme le vautour par exemple, qui, d'après l'ordre du Seigneur, « étend les ailes, et se tient » sans mouvement, les yeux fixés sur les pays du sud. » Quel homme peut suivre du regard l'aigle qui s'élève jusqu'aux cieux. Si donc votre pensée ne peut atteindre dans l'abîme des nuages, à l'être privé de raison, comment espérez-vous qu'elle puisse comprendre l'auteur divin de toutes choses?

13. Qui peut connaître seulement les noms de tous les animaux sauvages? Qui peut en connaître la nature et les qualités différentes? Nous ne connaissons pas seulement les noms des bêtes sauvages, et nous voudrions comprendre celui qui les a créées! Dieu n'a eu qu'à dire : « Que la terre produise des bêtes sauvages, des animaux domes» tiques et des reptiles, chacun selon son espèce. » Et soudain toutes ces espèces différentes se sont échappées comme d'une source commune, et la douce brebis, et le lion féroce, et tous les animaux aux instincts les plus différens, qui reproduisent en quelque sorte la variété des passions humaines. Ainsi la finesse du renard est l'image de la ruse de l'homme, le serpent est l'image de ceux qui blessent leurs amis par des paroles envenimées; quant à la fourmi industrieuse, elle

virulentis jaculis ferientes; equus adhinniens[1], libidinosos adolescentes. Formica vero actuosissima [ad hoc comparata est,] ut desidem et pigrum exstimulet. Quando enim quis inertem et otiosam agit juventutem, tum ab animantibus ratione destitutis eruditur, increpitus a Scriptura dicente : « Vade ad formicam, o piger, et æmulare videns » vias ejus, estoque illa sapientior[2]. » Cum enim videris illam sibi opportuno tempore cibos recondentem, imitare; et bonorum operum fructus tibi ipse in futura sæcula, velut in thesaurum colligito. Et iterum : « Perge ad apem, et disce quam operosa sit[3]; » quomodo omnium generum flores circumcursans, mel tibi ad utilitatem conficit; ut et tu divinas Scripturas circumiens, tuam ipsius salutem prehenses; et illis exsatiatus dicas : « Quam dulcia faucibus meis eloquia tua ! » super mel et favum ori meo[4]. »

14. Numquid ergo non glorificatione potius opifex dignus? Quid enim, etiamsi tu naturam non noris omnium, idcircone otiosa sunt quæ quidem creata fuere? Potesne herbarum omnium vires animo complecti? aut potes omnem, quæ ex quovis animali prodit, utilitatem addiscere? Jam vero ex ipsis venenatis viperis profecta sunt mortalibus ad salutem antidota. Dices vero mihi : « At horrendus est anguis; » Time Dominum, et tibi nocere non poterit. « Scorpius pungendo valet; » Dominum verere, teque ille non punget. « Leo sanguinis vorax; » Dominum time, et ut olim Danieli sic tibi assidebit[5]. Vere autem admirandæ animalium ipsorum vires. Quomodo alia, sicut scorpius in aculeis acumen habeant; aliorum vis posita sit in dentibus; alia unguibus depugnent; basilico demum in aspectu sit [nocendi] potestas. Ex diversa igitur opificii ratione, efficaciam opificis intellige.

15. At hæc tibi fortasse nota non sunt. Nihil tibi cum animalibus, quæ extra te sunt posita, commune, in te ipsum superest ut ingrediare, et ex tua ipsius natura artificem nosce. Quidnam in tuo corpore reprehensione dignum conditum est? Te ipsum contine, nihilque pravum ex omnibus membris existet. Ab initio nudus erat Adam cum

[1] Jer. v, 8. — [2] Prov. vi, 6. — [3] Ibid. 8, secundum LXX. — [4] Psal. cxviii, 103. — [5] Dan. vi, 18.

doit exciter par son exemple le lâche et le paresseux. Celui qui perd sa jeunesse dans l'inertie et l'oisiveté apprend des animaux que la raison n'éclaire point, quels devoirs lui sont imposés, quand il lit dans les Écritures : « Allez à la fourmi, ô paresseux, considérez sa conduite, » et apprenez à devenir sage. » Tu l'as vue dans la saison serrer ses provisions de fruits ; fais aussi pour toi-même provision de bonnes œuvres qui porteront leurs fruits dans les siècles futurs, et fais-en un trésor. L'Écriture ne dit-elle pas aussi : « Allez à l'abeille, et voyez » combien elle est industrieuse, » comme elle va recueillir sur les fleurs le miel qui doit te nourrir. Sache de même parcourir les saintes Écritures, et en extraire ce qui peut servir à ton salut, afin qu'après t'en être rassasié, tu puisses dire avec le Psalmiste : « Que vos paroles sont » douces ; elles le sont plus à ma bouche que les rayons de miel ! »

14. N'est-ce donc pas surtout au créateur que nous devons un tribut de louanges ? Et parce que vous ne connaissez pas la nature de toutes les choses créées, devez-vous en inférer qu'elles ont été faites sans un but d'utilité ? Pourriez-vous donc parfaitement connaître les vertus de toutes les plantes ? Ou bien sauriez-vous encore dire en quoi chaque animal peut être utile ? N'a-t-on pas su tirer du venin même de la vipère, des remèdes salutaires aux mortels ? En vain me direz-vous : « Le serpent me fait horreur. » Craignez le Seigneur, répondrai-je, et il ne vous blessera pas. « Le scorpion peut me faire une piqûre mortelle : » Craignez le Seigneur, et il ne vous piquera pas. « Le lion féroce est avide de sang : « Craignez le Seigneur, et il viendra se coucher auprès de vous, comme autrefois auprès de Daniel. On ne saurait trop admirer les forces départies aux animaux. Le scorpion attaque avec ses aiguillons, d'autres ont d'autres armes. La force des uns consiste dans leurs dents, celle des autres dans leurs griffes. Enfin le basilic est armé de son seul regard. D'après la perfection infinie de l'ouvrage, on doit juger de la puissance infinie de l'ouvrier.

15. Si la plupart de ces choses ne sont point assez connues de vous, si vous n'avez point de rapports assez fréquens avec ces animaux et tout le monde extérieur, je vous dirai alors de rentrer en vous-mêmes, et d'apprendre à connaître d'après votre propre nature celui qui en est l'auteur. A quoi trouvez-vous à redire dans la disposition de votre corps ? Si vous n'en abusez point, aucun de vos membres ne vous portera préjudice. Au commencement, Adam et Ève étaient nus

Eva in paradiso; nec propter membra opprobrio ac rejectione dignus erat. Non igitur membra peccati sunt causa, sed ii qui membris male utuntur; sapiens vero, artifex membrorum. Quis est qui ad liberorum procreationem uteri cava præparavit? quis inanimatum fœtum in ipso animavit? quis nervis et ossibus nos connexuit, pellemque et carnem circumduxit [1]; et simul atque natus est infans, ex uberibus lactis fontes expromit? Quomodo infans in puerum crescit, ex puero in juvenem, deinde in virum, et idem rursus in senem mutatur; nemine quid quaque die mutationis præcise fiat, deprehendente? Quomodo alimentum partim quidem in sanguinem convertitur, partim vero in excrementum secernitur, partim in carnem transmutatur? Quis est qui indeficienti cor agitat motu? qui oculorum teneritudinem palpebrarum amplexu tam sapienter munivit? Nam de varia et admirabili oculorum structura, vix grandes medicorum sufficienter edisserunt libri. Quis unicam respirationem in totum corpus distribuit? Vides, homo, artificem, vides sapientem conditorem.

16. Hæc nunc tibi sermo noster fusius explanavit; prætermissis multis, et aliis innumerabilibus rebus, maxime incorporeis et invisibilibus; ut eos odio prosequaris qui sapientem bonumque artificem conviciis proscindunt : et ex his quæ dicta lectaque sunt, quæque ipse reperire aut cogitare poteris, ex magnitudine et pulchritudine creaturarum [2], proportione servata, auctorem ipsarum conspicias : pieque flectens genu coram universorum factore, sensibilium dico et intelligibilium, visibilium et invisibilium; grata memorique, ac benedicenti lingua, labiis non deficientibus et corde laudes Deum, dicens : « Quam » admirabilia sunt opera tua, Domine! omnia in sapientia fecisti [3]. » Te enim decet honor, gloria et magnificentia, et nunc, et in sæcula sæculorum. Amen.

[1] Job. x, 11. — [2] Sap. iii, 5. — [3] Psal. ciii, 24.

dans le paradis, et ce ne fut point pour ses membres, qu'il mérite que Dieu le rejetât loin de lui. Vos membres ne sont point la cause de vos péchés; c'est le mauvais usage que vous en faites. C'est ici qu'éclate la sagesse de l'ouvrier. Quel autre que lui a disposé les entrailles pour que l'enfant y fût formé? Quel autre que lui donne la vie au germe qui y est déposé? Qui a pu former l'assemblage des nerfs et des os? Qui les a couverts du double tissu de la chair et de la peau? Qui, dès que l'enfant a vu le jour, fait jaillir du sein maternel des fontaines de lait? Comment cet enfant devient-il adolescent, d'adolescent jeune homme, comment se fait-il homme, et devient-il vieillard ensuite, sans que personne puisse saisir l'instant précis du passage d'un de ces âges à l'autre? Comment une partie de notre nourriture se change-t-elle en sang, une autre en chair, pendant qu'une autre est rejetée loin du corps? Qui fait battre continuellement notre cœur? Quelle sagesse admirable a étendu le voile de nos paupières pour protéger la délicatesse de nos yeux? Les livres des médecins en diront-ils jamais assez sur la structure de nos yeux, si ingénieuse et si admirable? Qui fait sentir à toutes les parties du corps les effets de la respiration? Hommes apprenez donc d'après vous-mêmes à reconnaître la sagesse de celui qui vous a créés.

16. Je me suis étendu longuement sans doute sur ce sujet, et cependant que n'ai-je pas été obligé de passer, surtout parmi les choses spirituelles et invisibles? J'ai voulu que désormais vous ayez horreur de ceux qui osent outrager la sagesse et la bonté de Dieu; j'ai voulu aussi qu'à l'aide de tout ce qu'on vous a dit et lu, de tout ce que vous pourrez trouver vous-même, ou imaginer, vous puissiez apercevoir, autant que le permet la faiblesse de votre vue, l'auteur de toutes choses, dans la grandeur et la magnificence des créatures. Prosternés pieusement devant le créateur de l'univers, de l'univers matériel et immatériel, visible et invisible, rappelons dans notre ame reconnaissante le souvenir de ses bienfaits; que notre bouche bénisse le Seigneur, que nos lèvres et notre cœur ne cessent de chanter ses louanges en disant : « Combien vos œuvres sont admirables, ô Seigneur! vous avez tout » fait dans votre sagesse. » C'est à vous que reviennent l'honneur, la gloire et la splendeur, maintenant et dans tous les siècles des siècles. Ainsi-soit-il.

CATECHESIS II.

Hierosolymis extemporalis dicta, in illud : « Crucifixum et sepultum. » Et lectio ex Isaia : « Domine, quis credidit auditui nostro : et brachium Domini cui revelatum est [1]? » et in sequentibus : « Sicut ovis ad occisionem ductus [2], etc. »

1. Gloriatio sane Ecclesiæ catholicæ est quælibet Christi actio : gloriationum vero gloriatio, crux est. Quod probe callens Paulus ait : « Mihi autem, absit gloriari, nisi in cruce Christi [3]. » Admirandum quidem fuit et illud, ut cæcus a nativitate in Siloam visum reciperet [4] : sed quid hoc ad cæcos totius universi? Magnum, et supra naturam, Lazarum quatriduanum resurgere [5] : sed hæc tamen ad illum unum pertigit gratia; quid autem ad eos, qui in universo orbe peccatis mortui erant [6]? Mirabile, quod quinque panes in millia hominum quinque fontis instar cibum suppeditarint [7] : sed quid ad eos, qui in orbe toto ignorantiæ fame premebantur [8]? Admirabile prorsus solvi mulierem, per decem et octo annos a Satana alligatam [9] : sed quid hoc si ad omnes nos spectes, qui peccatorum nostrorum catenis constricti eramus [10]? At crucis corona [seu gloria], et eos, qui per ignorantiam cæci erant, illuminavit; et omnes sub peccato detentos solvit, et universum hominum mundum redemit.

2. Neque tibi mirum videatur, totum orbem redemptum esse. Non enim nudus homo, sed unigenitus Dei Filius erat, qui ea causa moriebatur. Et quidem unius viri Adam peccatum, mortem inferre mundo valuit. « Si autem unius ruina mors regnavit in mundum [11], » cur non multo magis per unius justitiam regnatura sit vita? Etsi tunc per lignum de quo ederunt [parentes nostri], ejecti sunt de paradiso [12]; num per Jesu lignum nunc multo facilius in paradisum non ingressuri

---

[1] Isa. LIII, 1. — [2] Ibid. 7. — [3] Gal. VI, 14. — [4] Joan. IX, 7. — [5] Ibid. XI, 39, 44. — [6] Ephes. II, 1. — [7] Matth. XIV, 21. — [8] Amos. VIII, 11. — [9] Luc. XIII, 11-13. — [10] Prov. V, 22. — [11] Rom. V, 17. — [12] Gen. III, 22, 23.

CATÉCHÈSE II.

Improvisée à Jérusalem, sur ces paroles du symbole : « Crucifié et enseveli. » Lecture tirée d'Isaïe : « Seigneur, qui a cru à notre parole, et à qui le bras du Seigneur a-t-il été révélé? » et la suite : « Il a été mené à la mort comme une brebis qu'on va égorger. »

1. Toute action de la vie de Jésus est un sujet de triomphe pour l'Église, mais sa gloire la plus éclatante, c'est la croix. Voilà pourquoi saint Paul disait : « A Dieu ne plaise que je me glorifie en autre » chose qu'en la croix de Jésus! » C'est un grand prodige, sans doute, que la grande guérison de l'aveugle-né, dans la piscine de Siloë; mais qu'est-ce que ce miracle comparé à celui du monde tout entier guéri de son aveuglement? Tout grand, tout miraculeux qu'il soit, d'avoir dit à un homme depuis quatre jours dans la tombe : Lazare, relève-toi! c'est autre chose encore d'avoir étendu à tous les hommes ensevelis dans le péché une grâce qui se bornait à un seul d'entre eux. C'est une merveille, sans doute, d'avoir trouvé dans cinq pains une source abondante de nourriture pour cinq mille hommes; mais quel plus grand miracle de nourrir, par toute la terre, ceux qui avaient faim de vérité! C'est une chose admirable assurément, d'avoir délivré une femme possédée du démon depuis dix-huit années; mais qu'est-ce après tout, si nous considérons qu'il nous a délivrés, nous qui étions enchaînés par les liens de nos péchés? Mais la splendeur de son sacrifice a illuminé les ténèbres de l'ignorance; la croix a brisé toutes les entraves du péché, racheté tout le genre humain.

2. Ne soyez pas surpris qu'il ait racheté tout l'univers : ce n'était pas un simple mortel, c'était le Fils unique de Dieu qui périssait pour nous. Le péché d'un seul homme, le péché d'Adam a pu introduire la mort sur la terre : « Si la chute d'un seul homme a pu » faire régner la mort dans le monde, » la vie ne pourrait-elle y régner par les mérites d'un seul? Ainsi, quand ce fut pour un arbre, qui leur a été si funeste, que nos premiers parents ont été chassés du paradis, ne pourrions-nous pas, plus facilement encore, avec la foi, entrer dans le paradis par l'intercession de l'arbre de la croix? Si le premier homme tiré de la terre a donné la mort à tous les autres, celui qui le forma du limon de la terre, celui qui est la vie, ne pourrait-il pas nous donner la vie éternelle? Si Phinées emporté par son

sunt credentes? Si primus hominum de terra fictus universalem mortem attulit; qui illum finxit e terra [1], nonne, cum ipse sit vita [2], æternam vitam afferet? Si Phinees zelo accensus, interempto fœdæ actionis auctore, Dei iram peccavit [3]; Jesus, non alium interficiens, sed semetipsum in pretium tradens [4], numquid iram adversus homines non dissolvet?

3. Ne nos itaque pudeat crucis Salvatoris, imo potius de ea gloriemur. Verbum enim crucis Judæis quidem scandalum est, gentilibus vero stultitia, et nobis salus. Et his quidem qui pereunt, stultitia est; nobis autem, qui salvi fimus, « virtus Dei est [5]. Non enim, sicut est dictum, nudus homo erat qui nostri gratia moriebatur; sed Filius Dei Deus, homo factus. Tum vero, agnus ille Moysis instituto mactatus procul acerbat vastatorem [6] : « Agnus autem Dei qui tollit peccatum » mundi [7], » nonne multo magis a peccatis liberarit? Ac sanguis quidem irrationabilis ovis salutem exhibebat; unigeniti vero sanguis non magis salutem afferat? Si quis crucifixi virtuti increditus est, percunctetur dæmonas. Si quis verbis non credit, rebus conspicuis credat. Multi per orbem crucifixi sunt; sed nullum eorum pavent demones : Christi autem, nostri gratia crucifixi, vel ipsum duntaxat crucis signum conspicati demones expavescunt : quoniam illi propter propria peccata mortui sunt, hic autem pro alienis : « Peccatum enim non fecit, nec » inventus est dolus in ore ejus [8]. » Non Petrus erat qui hoc dicebat, quandoquidem suspicio esse posset illum magistro gratificari voluisse : sed id dixit Jesaias, qui corpore præsens non erat, spiritu vero ejus in carne adventum prævidit [9]. Quid vero prophetam solummodo in testimonium adduco? testem accipe Pilatum ipsum, qui sententiam in illum dixit, aientem : « Nihil invenio causæ in homine isto [10]. » Eum vero cum deditum traderet, abluens manus : « Innocens, inquit, sum » a sanguine justi hujus [11]. » Est et alius Jesu innocentiæ testis, qui primus paradisum adivit latro, sodalem increpans et dicens : « Nos » digna factis recipimus; hic autem nihil mali fecit [12]. » Adoramus enim ego et tu justicio.

[1] Gen. II, 7. — [2] Joan. xiv, 6. — [3] Num. xxv, 8-11. — [4] 1 Tim. II, 6. — [5] 1 Cor. I, 18, et 23, 24. — [6] Exod. xii, 23. — [7] Joan. I, 29. — [8] 1 Petr. II, 22, ex Isaï. LIII, 9. — [9] Isaï. LIII, 9. — [10] Luc. xxiii, 14. — [11] Matth. xxvii, 24. — [12] Luc. xiii, 41.

zèle a détourné la colère de Dieu, en faisant périr sur-le-champ l'auteur d'une action infâme ; Jésus, sans donner la mort à personne, mais s'offrant lui-même en victime expiatoire, ne pourra-t-il désarmer le courroux de son père ?

3. Ainsi, au lieu de rougir de la croix du Sauveur, nous en tirerons gloire. Qu'elle soit le scandale du Juif, pour les gentils une insigne folie, elle est pour nous le trophée du salut. Pour ceux qui meurent tout entiers, c'est une folie ; pour nous qu'elle sauve, « c'est la vertu de » Dieu. » Nous venons de le dire, ce n'était point seulement un homme qui mourait à cause de nous, c'était le Fils de Dieu, c'était un Dieu fait homme. Si l'agneau que Moïse avait prescrit d'égorger a fait fuir l'ange exterminateur, « l'agneau de Dieu, qui efface les péchés » du monde, » ne nous délivrera-t-il pas mieux du péché ? Si le sang d'un agneau dépourvu de raison fut un gage de salut, le sang du Fils unique de Dieu, ne sera-t-il pas aussi puissant pour nous sauver ? Si vous ne croyez point à la vertu du Christ crucifié, appelez-en aux démons ; vous n'avez pas foi dans ses paroles, croyez-en les actes. Il y a eu bien des crucifiés sur la terre, et aucun d'eux ne fait trembler les démons ; mais dès qu'ils voient seulement le signe de la croix, ils fuient épouvantés par la puissance du Christ, de notre Dieu crucifié. Les uns en effet sont morts pour leurs propres péchés ; et Jésus, pour ceux des autres. « Il n'a commis aucun péché, et jamais parole » de mensonge n'est sortie de sa bouche. » Qui a dit cela de lui ? non seulement Pierre, qu'on pourrait soupçonner de partialité envers son maître, mais encore Isaïe, qui ne vécut point avec lui, mais qui vit d'avance, par inspiration, son incarnation glorieuse. Pourquoi produire seulement le témoignage d'un prophète ? Écoutez Pilate lui-même, qui disait en portant la sentence contre lui : « Je n'ai trouvé » aucun crime à cet homme » et, quand après s'être lavé les mains, il le leur remettait : « Je suis innocent du sang de ce juste. » N'aurai-je point encore, pour témoigner de l'innocence de Jésus, ce larron qui le premier entra au paradis ? ne disait-il pas à son compagnon : « Pour nous, c'est justice ; mais celui-ci n'a fait aucun mal ? » Tu étais présent aussi bien que moi à son jugement.

4. Passus est igitur Jesus vere pro omnibus hominibus. Non enim ficta species crux est; alioqui ficta quoque species redemptio fuerit. Non est apparens et opinione tantum constans mors, alioqui etiam et fabulosa salus erit. Si apparens tantum mors fuit, veri fuere qui dicebant : « Recordati sumus quod seductor ille dixit adhuc vivens : Post » tres dies resurgam [1]. » Passio igitur vera fuit. Vere enim crucifixus est, et non erubescimus. Crucifixus est, et non negamus; imo potius illud dicens glorior. Nam si nunc negavero, arguet me iste Golgotha, cui nunc omnes proxime assistimus. Arguet me crucis lignum, quod per particulas ex hoc loco per universum jam orbem distributum est. Crucem confiteor, quandoquidem resurrectionem novi : si enim crucifixus ita permansisset, confessus forte non essem unaque cum meo magistro [eam] abscondidissem. Cum vero crucem resurrectio sit consecuta, illam edicere non me pudet.

5. Crucifixus itaque est, similiter ut omnes carne praeditus, sed non propter similia peccata. Non enim propter pecuniarum cupiditatem ductus est ad mortem; inopiae quippe et abdicandarum possessionum doctor erat. Non ob libidinosam cupidinem damnatus; ipse enim diserte dicit : « Quicumque in mulierem inspexerit ad concupiscendum, » jam eam moechando violavit [2]. » Non, quasi ex petulantia quempiam percussisset aut verberasset : praebuit enim et alteram maxillam percutienti [3]. Non quod legem contempsisset; ipse enim legem adimplebat; non quod prophetam affecisset contumelia [4] : ipse enim erat quia prophetis praenuntiatus est [5]. Non quasi mercedem fraudasset : ipse enim sine pretio et gratis curabat. Non verbis, non operibus, non cogitationibus admisso peccato ullo : « Qui peccatum non fecit, nec » inventus est dolus in ore ejus. Qui conviciis appetitus, non referebat » convicium; cum pateretur, minas non intentabat [6], » qui ad passionem venit, non invitus, sed sponte sua. Et si quis eam deprecans etiam nunc dicat : « Propitius tibi [sis] Domine, » iterum ait illud : « Vade » post me, Satana [7]. »

[1] Matth. xxvii, 63. — [2] Ibid. v, 28. — [3] Ibid. 39, et xxvi, 67. — [4] Ibid. v, 17. — [5] Joan. i, 45. — [6] 1 Petr. ii, 22, 23. — [7] Matth. xvi, 22, 23.

4. Croyez que Jésus-Christ a véritablement souffert pour tous les hommes. La croix n'est point une œuvre de mensonge, autrement, la rédemption même n'aurait rien de réel. La mort n'est pas une vaine fiction, car à ce prix mon salut serait une fable. Si la mort n'était qu'apparente, il faudrait croire à ce que disaient les Pharisiens à Pilate : « Nous nous sommes rappelés que ce séducteur avait dit, » lorsqu'il vivait : Je ressusciterai trois jours après ma mort. » Il a donc vraiment souffert, il a été vraiment crucifié, et nous n'en rougissons pas. Il a été crucifié, et loin de le nier, nous nous en faisons gloire. Si je le niais maintenant, cette montagne de Golgotha, au pied de laquelle nous sommes tous présentement assemblés, ne porterait-elle pas contre moi témoignage ? Les morceaux de la croix, qui de ce lieu ont été répandus par toute la terre, ne me confondraient-ils pas aussi ? Je confesse la croix, puisque je connais la résurrection. Peut-être aurions-nous dû nous taire sur notre maître et sur sa mort, s'il fût resté ainsi crucifié. Mais devons-nous rougir de prêcher la croix en tous lieux, aujourd'hui que la résurrection est venue la couronner ?

5. Il avait pris un corps semblable à celui des hommes, il fut crucifié comme eux ; mais ce ne fut pas, comme eux, pour ses propres péchés. L'amour de l'argent ne le conduisit point au supplice, lui qui avait enseigné la pauvreté et le mépris des richesses. Il ne fut pas condamné pour crime d'impureté, lui qui disait, avec tant de sagesse, « qu'on ne saurait jeter sur une femme des regards de convoitise, » sans avoir déjà commis en son cœur l'adultère. » Ce ne fut pas non plus pour avoir maltraité son prochain dans un mouvement de colère ; car il tendait une joue quand on avait frappé l'autre ; ni pour avoir violé la loi, il en avait été le plus exact observateur ; ni pour avoir outragé les prophètes, puisque sa venue a été annoncée par tous les prophètes ; ni pour avoir refusé à personne un juste salaire, car il donnait ses soins à tout le monde, sans salaire et sans retour. Est-il une de ses paroles, une de ses œuvres, une de ses pensées qui soit un péché ? « Il ne commit aucun péché, rien de répréhensible » ne sortit jamais de sa bouche. Il ne rendait point offense pour of- » fense, et s'il souffrait, il ne laissait jamais échapper de menaces. » Il est venu souffrir la mort de son plein gré. Et si quelqu'un se prend à lui dire : « Ayez pitié de vous-même, Seigneur, » il répond : « Re- » tire-toi de moi, Satan. »

6. Visne amplius persuaderi, quod sponte ad passionem venit? Cæteri quidem inviti moriuntur, qui fatum suum ignorant. Ipse autem de sua passione prædixit : « Ecce tradetur Filius hominis ut crucifi-
» gatur [1]. » Scisne quamobrem mortem non refugit ille hominum amans? Ut ne totus peccatis suis disperderetur mundus. « Ecce ascen-
» dimus Hierosolymam, et tradetur Filius hominis et crucifigetur [2]. »
Et rursus : « Firmavit faciem suam ut iret in Hierusalem [3]. » Cupis aperte cognoscere crucem Jesu gloriam esse ? audi non me, sed illum id dicentem. Prodebat cum Judas, ingratus adversus patremfamilias factus : recens a mensa egressus, ac benedictionis calice potatus, pro salutis potu sanguinem justum effundere voluit [4]. « Qui manducabat
» panes ejus, magnificavit super illum supplantationem [5]. » Paulo ante manus ejus eulogias [seu benedicti panis partes] recipiebant : et statim propter argentum, quo proditionem pactus erat, mortem machinabatur. Ac deprehensus, cum audivisset illud : « Tu dixisti [6], » rursus exivit. Deinde dixit Jesus : « Venit hora ut glorificetur Filius homi-
» nis [7]. » Videsne quomodo crucem propriam sibi gloriam esse noverat? Deinde Jesaias serra dissectus probrum non putat, Christus vero pro mundo moriens probrum ducet? « Nunc glorificatus est Filius
» hominis [8]. » Non quod prius gloria careret; glorificatus enim erat, « gloria quam habuit ante constitutionem mundi [9]. » Verum ut Deus glorificabatur ab æterno; modo vero glorificabatur, dum patientiæ gestaret coronam. Non coacte reliquit vitam, neque vi allata mactatus est, sed voluntarie. Audi quid dicat : « Potestatem habeo ponendi ani-
» mam meam ; et potestatem habeo iterum sumendi eam [10]. » Volens inimicis concedo : nisi enim vellem, non fieret. Venit igitur ex libero proposito ad passionem, gaudens de eximio opere, lætabundus de corona, plaudens sibi de hominum salute : crucem non erubescens, salutem enim dabat orbi. Neque enim vilis erat homo qui patiebatur, sed Deus inhumanatus, deque obedientiæ præmio decertans.

---

[1] Matth. xxvi, 2. — [2] Ibid. xx, 18. — [3] Luc. ix, 51. — [4] Joan. xiii, 30. — [5] Psal. xl, 10. — [6] Matth. xxvi, 25. — [7] Joan. xii, 23. — [8] Ibid. xiii, 31. — [9] Ibid. xvii, 5 et 24. — [10] Ibid. x, 18.

6. S'il faut vous prouver encore mieux qu'il est venu de lui-même s'offrir en sacrifice, je vous ferai considérer que, différent des autres hommes, qui meurent malgré eux, et sans savoir qu'ils vont mourir, il a prophétisé sa passion lui-même : « Voici que le Fils de l'homme » sera livré pour être crucifié. » Et pourquoi pensez-vous qu'il n'a pas voulu éviter la mort, lui qui aimait tant les hommes? Il craignait que le monde entier ne devînt la proie du péché : « Voici, disait-il, » que nous montons à Jérusalem, le Fils de l'homme sera livré, et il » sera crucifié. » puis, « il assura son visage pour faire son entrée à » Jérusalem. » Mais, si vous voulez être sûrs que la croix dût faire éclater sa gloire, ce n'est pas moi, c'est lui-même qu'il faut entendre : Judas le trahissait, Judas, plein d'ingratitude envers le père de famille, se levant de la table où il avait vidé le calice de bénédiction, se préparait, en retour de ce breuvage qui le devait sauver, à verser le sang innocent : « Celui qui mangeait son pain, dit Jésus, a fait » éclater contre lui sa trahison. » Un instant auparavant, ses mains recevaient le pain que Jésus avait rompu et consacré, et déjà le traître allait, pour de l'argent, vendre son maître. Jésus, l'ayant surpris, lui adressa ces mots : « Tu l'as dit. » Là-dessus, il sortit de nouveau. Jésus ajouta : « L'heure est venue, où le Fils de l'homme sera » glorifié. » Vous le voyez, il savait bien que la croix était sa gloire. Si le prophète Isaïe, scié par le milieu du corps, tira gloire de son supplice, la mort de Jésus qui périt pour les hommes sera-t-elle une ignominie? « C'est à présent que le Fils de l'homme sera glorifié, » ce n'est pas qu'il eût besoin de gloire, lui qui était déjà couronné d'une gloire éclatante, » avant que l'univers reposât sur ses fonde- » mens ; » mais, si comme Dieu il était glorifié de toute éternité, il devait être glorifié dans le temps, pour avoir triomphé courageusement de la douleur. Il ne fut point forcé de périr, il se laissa immoler : sa volonté seule accomplit le sacrifice. Il le dit lui-même : « J'ai » le pouvoir d'abandonner ma vie, et le pouvoir de la reprendre. » Si je suis pris par mes ennemis, c'est que je le veux bien; autrement, il n'en serait rien. C'est donc comme victime volontaire qu'il s'offre au supplice, glorieux de cette œuvre admirable, se faisant une joie de sa couronne de douleur, il triomphe d'avoir sauvé le genre humain. Celui qui souffrait ainsi, ce n'était pourtant pas un simple mortel, c'était un Dieu incarné, qui donnait le plus bel exemple de résignation et en même temps d'obéissance.

7. Verum contradicunt Judæi, semper ad contradictionem parati, et ad fidem segnes : ita ut propterea modo diceret, qui lectus est Propheta : « Domine, quis credidit prædicationi nostræ [1]? » Persæ credunt, et Hebræi non credunt. Videbunt quibus non annuntiatum est de eo; et qui non audierunt intelligent : et qui commeditantur, rejicient ea quæ meditantur[2]. Respondent nobis et hæc loquuntur: « Ergone Dominus patitur; atque ipsa dominica vi valentiores humanæ manus exstitere ? » Legite lamentationes; vos enim lamentans Hieremias, lamentis digna in lamentationibus scripsit. Vidit interitum vestrum, casum contemplatus est. Lamentabatur illius olim temporis Hierosolymam : nam ea quæ nunc est lamentis non deflebitur. Christum namque crucifixit illa, quem præsens ista adorat. Lamentans igitur ait : « Spiritus faciei nostræ Christus Dominus, comprehensus est in corruptionibus nostris [3]. » Num ergo ergo commentitiis utor sermonibus? ecce testatur Christum Dominum ab hominibus comprehensum. Quid vero inde continget? dic mihi, o Propheta. Ille autem : « Cujus, diximus, in umbra ejus vivemus in gentibus [4]. » Non enim amplius in Israele, sed « in gentibus » versaturam indicat gratiam vitæ.

8. Cum vero multiplex ab ipsis contradictio opponatur, age, vestris precibus adjuti, quantum temporis brevitas patietur. Domini gratia pauca de passione testimonia proferamus. Omnia enim, quæ ad Christum pertinent, scripta sunt; nihil ambiguum est, nihilque enim absque testimonio. Omnia in columnis propheticis inscripta sunt; non in lapideis tabulis, sed a Spiritu sancto manifeste descripta. Cum itaque audiveris Evangelium quæ a Juda gesta sunt referens[5], nonne debes ejus rei audire testimonium? Audivisti lancea latus transverberatum fuisse Christum[6]; non debes explorare scriptum ne illud quoque sit? Audisti in horto crucifixum esse[7]; non debes inquirere utrum et hoc scriptum sit? Audisti triginta argenteis venumdatum esse[8]; non debes Prophetam qui hoc dixit addiscere? Audisti aceto potatum esse[9], hoc quoque ubi scriptum sit addisce. Audisti corpus in petra

---

[1] Isai. LIII, 1. — [2] Rom. xv, 21, et Isai. LII, 15. — [3] Thren. IV, 20. — [4] Ibid. — [5] Matth. XXVII, 3, 9. — [6] Joan. XIX, 34-37. — [7] Ibid. XIX, 41. — [8] Matth. XXVI, 15. — [9] Joan. XIX, 29, 30.

7. Les Juifs cependant contestent sa venue; c'est leur coutume de tout contredire et de ne croire que fort tard; ce qui a fait dire à ce même prophète : « Seigneur, qui a cru à votre parole? » Les Perses, et non les Hébreux. Ceux-là le verront, à qui il ne sera point annoncé, ceux-là le comprendront, qui ne l'ont point entendu, et ceux qui le lisent dans leurs livres rejetteront ce qu'ils auront lu. A cela ils nous répondront : « Le Seigneur peut-il souffrir? Le bras de » l'homme peut-il prévaloir contre la force du Très-Haut? » Mais nous les renvoyons à ce que dit Jérémie. Dans ses lamentations, il déplorait la désolation du peuple de son temps; ce prophète a vu votre perte, il a contemplé votre ruine. Il pleurait sur la Jérusalem d'autrefois, mais il ne pleurera pas sur la Jérusalem d'aujourd'hui; l'une a crucifié Jésus-Christ que l'autre adore. Jérémie disait donc : « Le Christ, le Seigneur, l'esprit et le souffle de notre bouche a été » pris à cause de nos péchés. » Vous le voyez, ce n'est pas de fictions que je me sers ici. Le prophète témoigne que le Seigneur sera pris par les hommes. Mais dites-nous, ô prophète, ce qui doit arriver plus tard? « Toutes les nations de la terre, nous répond-il, vivront » désormais sous son ombre. » Il ne dit plus qu'Israël seulement, mais que toutes les nations de la terre seront appelées à prendre part au bienfait de la grâce et de la nouvelle vie.

8. Puisque ces Juifs nous contredisent en tant de points, je vais, si le temps me le permet, aidé de vos prières et du secours de la grâce, produire quelques témoignages en faveur de la passion. Tout ce que Jésus-Christ a fait a été écrit. Tout est certain, tout est prouvé. Tout est gravé, non sur des tables de pierre, mais sur les colonnes prophétiques; tout en est expliqué, manifesté par le Saint-Esprit. Quand vous savez comment l'Évangile expose la conduite de Judas, ne devez-vous pas entendre les témoignages qui le confirment? On vous a dit que le Christ a eu le côté percé d'un coup de lance, ne devez-vous pas voir si cela aussi est écrit? Qu'il fut crucifié dans un jardin : cela aussi est-il dans l'Écriture? qu'il fut vendu trente pièces d'argent : cherchez quel est le prophète qui a prédit tout cela? On vous a dit qu'il se désaltéra avec du vinaigre; que son corps a été mis dans un tombeau, recouvert d'une pierre; qu'il a été crucifié entre deux larrons, qu'il a été enseveli, qu'il est ressuscité; ne devez-vous pas chercher encore, si cela est écrit, si on en a parlé en quelque endroit; si on ne se joue pas de vous, en vous enseignant de pareilles choses? « Notre parole et nos discours ne consistent point dans

repositum fuisse, et impositum lapidem[1]; non debes et hujus rei a Propheta recipere testimonium? Audisti cum latronibus crucifixum esse[2]; non debes sciscitari an et illud scriptum! Audisti quod sit sepultus[3]; non te oportet inspicere, an certo alicubi de sepultura scriptum sit? Audisti quod resurrexit[4]; non debes inquirere, num te his doctrinis ludamus? « Sermo enim noster et prædicatio nostra, non in » persuasibilibus humanæ sapientiæ verbis consistit[5]. » Non sophistica nunc instruuntur artificia, siquidem ipsa dissolvuntur. Non verbis verba vincuntur, quandoquidem in irritum abeunt. Verum « prædicamus Christum crucifixum[6], » quæ res in antecessum a prophetis prædicata est. Tu vero testimonia accipiens, ea in corde tuo obsigna. Cum autem ea magno numero sint, et tempus jam in angustum contrahatur; pauca, ut licet, quæ plus momenti habeant nunc audi. At tu inde argumenta captans, laborem suscipe, et quæ reliqua erunt perquire. Nec enim ad accipiendum tantum porrecta, verumetiam ad operandum prompta tibi sit manus[7]. Omnia gratificatur Deus. « Si » quis enim vestrum deficitur sapientia, postulet ab eo qui largitur » Deo[8], » et accipiet. Qui precibus vestris exoratus, et nobis qui verba facimus dicere, et vobis qui auditis credere concedat.

9. Quæramus igitur quæ de passione Christi agunt testimonia; convenimus enim, non ut pure contemplatricem Scripturarum expositionem efficiamus nunc, sed ut potius de his quæ credidimus certis documentis convincamur. Et antea quidem testimonia accepisti de adventu Jesu. Et quod super mari ambularit, « (In mari enim via » tua[9]) » scriptum est : « [Ambulans super mari, tanquam super » solo[10],] » et de diversis curationibus alibi testimonium accepisti. Incipiam igitur unde passio exorsa est. Judas fuit proditor, quique ex adverso venit et stetit, pacifica loquens[11], dum hostilia moliebatur. Dicit igitur de eo Psalmistes : « Amici mei et proximi mei ex adverso mihi » appropinquaverunt, et steterunt[12]. » Rursumque : « Molliti sunt ser- » mones eorum super oleum, et ipsi sunt jacula[13]. Salve Rabbi[14]. » Si-

[1] Matth. xxvii, 60. — [2] Ibid. 38. — [3] Ibid. 59, 60. — [4] Luc. xxiv, 34. — [5] 1 Cor. ii, 4. — [6] Ibid. i, 23. — [7] Eccli. iv, 36. — [8] Jacob. i, 5. — [9] Psal. lxxvi, 20. — [10] Job. ix, 8. — [11] Psal. xxxiv, 20. — [12] Ibid. xxxvii, 12. — [13] Ibid. liv, 22. — [14] Matth. xxvi, 49.

» ces argumens qu'emploie la sagesse des hommes. » Nous n'usons
point ici de ces sophismes artificieux, qui n'ont aucune consistance.
Nous ne venons pas entasser paroles sur paroles, et cela sans aucun
but. « Nous prêchons ici un Christ crucifié, » que les prophètes
avaient déjà prédit. Vous, lorsque vous écoutez ces témoignages,
conservez-les bien dans votre cœur. Comme ils sont en grand nombre, et que le temps qui me reste est fort court, vous n'en entendrez
que quelques-uns, mais des plus importans. Vous cependant, retenez-en bien l'esprit, étudiez sans cesse, et vous arriverez à la connaissance du reste; que vos mains ne soient pas ouvertes seulement
pour recevoir, qu'elles soient surtout prêtes à bien faire. Dieu vous
tiendra compte de vos efforts. « Celui qui a besoin de la sagesse doit
» la demander à Dieu qui en est la source, et il la recevra de sa bonté. »
Obtenez donc par vos prières que Dieu nous accorde l'éloquence à
nous qui vous parlons, la foi à vous qui nous écoutez.

9. Voyons maintenant quels témoignages nous avons de la passion
du Christ. Nous sommes rassemblés ici moins pour vous exposer et
vous faire connaître les saintes Écritures que pour vous confirmer, par
des raisons plus solides, dans votre croyance. Nous vous avons déjà
prouvé par des témoignages l'avénement de Jésus-Christ; comment il
a marché sur la mer (« il s'est fait un chemin sur les eaux »), ainsi que
dit l'Écriture : « Il a marché sur la mer comme sur la terre ferme. »
Nous avons aussi prouvé ailleurs ses cures merveilleuses. J'en viens
présentement à ce qui regarde sa passion : Judas, qui le trahit, vint
le trouver, lui adressa des paroles de douceur pendant qu'il préparait
sa perte. C'est de lui que le Psalmiste a dit : « Mes amis et mes pro-
» ches se sont unis et élevés contre moi. » Et plus loin : « Leurs dis-
» cours ont plus de douceur que l'huile, et leur cœur est un fer aigu.
» Salut, maître, » lui disait-il; et en même temps il livrait son maître
à la mort, insensible au reproche que lui faisait Jésus : « Judas, tu
» vas livrer le Fils de l'homme par un baiser ! » Il le reprenait de sa
faute en lui parlant ainsi : « Souviens-toi du nom que tu portes. » Judas
veut dire confession. « Avoue au plus tôt que tu as traité pour de l'ar-

mul tradidit magistrum in mortem : nec reveritus est admonitionem dicentis : « Juda, osculo filium hominis tradis [1]? » Illum enim his quasi verbis compellabat ; « Tui ipsius nominis recordare ; » Judas confessionem sonat. « Pactus es, argentum accepisti, ocius confitere. « O » Deus, laudem meam ne tacueris, quia os peccatoris, et os dolosi » super me apertum est : locuti sunt contra me lingua dolosa, et ser- » monibus odii circumdederunt me [2]. » Quod autem quidam etiam a principibus sacerdotum aderant [3], quodque ante fores civitatis (injecta) sunt vincula, audivisti nuper : si tamen mente retines expositionem Psalmi tempus et locum assignantis [4], quomodo « conversi sunt ad » vesperam, et famem passi sunt ut canes, et circumdederunt civita- » tem [5]. »

10. Audi igitur et de triginta argenteis. « Et dicam ad ipsos : Si » bonum vobis videtur, date mercedem meam, aut abnegate [6]; » et quæ sequuntur. Alia mihi a vobis debetur merces curationis cæcorum, claudorumque; et aliam accipio : pro gratiarum actione, contumeliam; pro adoratione, injuriam. Vides quomodo Scriptura futura prænovit. « Et statuerunt mercedem meam triginta argenteos [7]. » O Prophetæ sermonem ad amussim exactum! o multam, nec errantem Spiritus sancti intelligentiam! Non enim decem dixit nec viginti, sed triginta presse et circumscripte, totidem quot fuerunt. Dic et quo pretium hoc abiit, o Propheta. Is ne qui accepit retinebit, an redditurus est? et postquam reddiderit, quo cedet? Ait itaque Propheta : « Et accepi » eos triginta argenteos, et projeci eos in domum Domini in confla- » torium [8]. » Contende Evangelium cum prophetia. « Pœnitentia enim, » inquit, ductus Judas, et projectis in templo argenteis, recessit [9]. »

11. Sed hic a me apparentis ambiguitatis enodatio quæritur. Qui enim prophetas contemnunt, aiunt prophetam dicere : « Et projeci » eos in domum Domini in conflatorium [10] : » Evangelium contra : « Et dederunt eos in agrum figuli [11]. » Quomodo igitur ambo verum dicant, audi. Judæi siquidem, illi scilicet religiosi, qui tum principes

[1] Luc. xxii, 48. — [2] Psal. cviii, 1, 2. — [3] Matth. xxvi, 47. — [4] In homilia quadam. — [5] Psal. lviii, 7-16. — [6] Zach. xi, 12. — [7] Ibid. — [8] Ibid. 13. — [9] Matth. xxvii, 85 et 5. — [10] Zach. xi, 13. — [11] Matth. xxvii, 10.

» gent avec mes ennemis. Ne vous taisez point, ô mon Dieu ! sur le
» sujet de mon innocence, parce que la bouche du pécheur et la bou-
» che du trompeur se sont ouvertes pour me déchirer. Leur langue
» perfide a parlé contre moi, et ils ont semé autour de moi des paroles
» de haine. » Vous savez que quelques-uns d'entre les princes des
prêtres étaient présens, et que c'est devant les portes de la ville qu'on
le chargea de liens, et, si vous vous en souvenez, le Psalmiste avait
indiqué le temps et le lieu : « Ils sont revenus vers le soir, ont souffert
» de la faim comme des chiens et ont entouré la ville. »

10. Venons-en maintenant aux trente pièces d'argent. « Je leur
» dirai : Si vous le jugez bon, donnez-moi mon salaire ou refusez-le-
» moi ; » et tout le reste. Ce n'est point, en vérité, la récompense que
je devrais recevoir pour guérir, comme je le fais, les aveugles et les
boiteux ; au lieu des actions de grâces, au lieu du culte que vous me
devez, je ne reçois de vous que des mépris et des injures. Vous voyez
comme l'Écriture a prévu tout ce qui devait arriver : « J'ai été mis à
» prix et vendu trente pièces d'argent. » Quelle exactitude parfaite
dans les paroles du prophète ! ô grande et infaillible intelligence de
l'Esprit saint ! Ce n'est ni dix, ni vingt, c'est bien trente pièces d'argent qu'il a marquées pour prix avec une précision rigoureuse. Dites-
nous aussi, ô prophète ! ce qu'est devenu cet argent. Celui qui l'a reçu
doit-il le garder ou le rendre ? et quand il l'aura rendu, où s'en ira-
t-il lui-même ? Écoutons la réponse : « J'ai reçu ces trente pièces d'ar-
» gent, et je les ai jetées dans la maison du Seigneur, à l'ouvrier en
» argile. » Comparez l'Évangile avec le Prophète : « Judas, touché de
» repentir, jeta les pièces d'argent dans le temple et s'enfuit. »

11. Cherchons ici à dissiper quelques doutes. Il y en a qui, sans nul
respect pour les prophéties, voudraient mettre en opposition ce que
dit le Prophète, « je les ai jetées dans la maison du Seigneur, à un ou-
» vrier en argile pour un fourneau, » avec ce que dit l'Évangile : « Ils les
» ont données pour en acheter le champ d'un potier. » Voici comment
on peut accorder ces deux passages également véridiques. Les princes
des prêtres, ces hommes si religieux, voyant Judas plein de repentir,
et se disant : « J'ai péché en livrant le sang du juste, lui repartirent :
« Que nous importe ? c'est ton affaire. » N'était-ce rien pour vous qui

sacerdotum erant, videntes Judam pœnitentem et dicentem : « Pec-
» cavi tradens sanguinem justum [1]; » reponunt, « Quid ad nos? tu
» videris [2]. » Nihil ne ad vos, qui crucifixistis? sed is quidem, qui
cædis pretium et accepit et reddidit, videat : vos autem, qui cædem
peragitis, non videbitis? Deinde inter se dicunt : « Non licet eos in
» corbonam jacere, quia pretium sanguinis est [3]. » Ex ore vestro vestra prodit damnatio. Si abominabile pretium, abominabile quoque facinus. Quod si in crucifigendo Christo justitiam adimples, quare non
accipis pretium? Sed illud quærebatur : « Quomodo non dissentiunt,
Evangelium ex una parte dicens, « agrum figuli; » Propheta vero ex
alia, « conflatorium? » Verum non aurifices solum conflatorium habent, nec ærariis solis suum est conflatorium; sed et figuli habent luti
conflatoria. Tenuem enim, pinguem, usuique profuturam terræ partem
a calculis percolando secernentes, feculentæque materiei copiam se-
gregantes; lutum prius aqua conflant, ut efficienda ex eo opera nullo
negotio instituant. Quid igitur miraris, si Evangelium « agrum figuli »
apertius, Propheta vero sub ænigmate prophetiam proposuerit, quandoquidem sub ænigmate plerumque latens est prophetia?

12. Ligaverunt Jesum, et adduxerunt in aulam summi pontificis [4].
Vis nosse et videre, quod hoc quoque scriptum sit? Ait Isaias : « Væ
» animæ ipsorum, quia consultarunt consilium pravum contra se ipsos,
» dicentes : Ligemus justum, quia incommodus est nobis [5]. » Vere
omnino, « Væ animæ ipsorum; » idque videamus. Isaias quidem
sectus est, et populus postea sanatus est. Jeremias in cœnum laci
dejectus [6] : verum curatum est hoc Judæorum vulnus; quod, cum in
hominem peccatum fuisset, levius erat. Ex quo vero non in hominem,
sed in Deum inhumanatum peccarunt Judæi, « Væ animæ eorum. Li-
» gemus justum. » Nonne, inquiet aliquis, se ipsum solvere poterat,
qui quatriduanum Lazarum vinculis mortis exsolvit [7], Petrumque ferreis carceris catenis exemit [8]? Parati aderant angeli dicentes : « Dis-
» rumpamus vincula eorum [9]. » Verum abstinent vim, quoniam id suf-
ferre voluit Dominus. Iterum productus est coram senioribus in judi-

---

[1] Matth. xxvii, 4. — [2] Ibid. 5. — [3] Ibid. 7. — [4] Luc. xxii, 54. — [5] Isai. iii, 9, 10. — [6] Jer. xxxviii, 6. — [7] Joan. xi, 30-44. — [8] Act. xii, 7. — [9] Psal. ii, 3.

l'avez crucifié? Que celui qui a reçu et rendu le prix du meurtre s'en inquiète, soit; mais vous qui avez accompli le meurtre, ne sera-ce pas non plus votre affaire? Puis ils se dirent entre eux : « Il n'est pas » permis de jeter cet argent dans le trésor, car c'est le prix du sang. » Mais votre condamnation est sortie de votre bouche : si le marché est détestable, détestable aussi est le forfait. Si vous avez bien agi en crucifiant le Christ, pourquoi avez-vous horreur de l'argent que sa mort vous a coûté? Revenons à cette question : Comment mettre d'accord l'Évangile qui parle, d'un côté, du champ d'un potier, et le Prophète qui parle, d'un autre, d'un ouvrier en argile? C'est que les potiers ont des fourneaux tout aussi bien que les orfévres et ceux qui travaillent les métaux. Ils en ont pour préparer la terre, pour séparer la partie grasse, onctueuse, qu'ils mettent en œuvre, des particules grossières et du gravier : d'abord ils délaient la terre dans l'eau pour manier facilement. Ainsi, vous le voyez, l'Évangile, en disant le champ d'un potier, n'a fait qu'exprimer plus clairement ce que le Prophète avait dit d'une manière cachée, selon l'usage des prophéties dont le sens est presque toujours obscur et figuré.

12. Jésus fut lié, Jésus fut amené dans la cour du grand prêtre. Cela encore était écrit, et voici ce que dit Isaïe : « Malheur à eux! Ils » ont eux-mêmes conjuré leur propre perte, quand ils se sont dit : Il » faut charger de liens ce juste qui nous est à charge. » Oui, en vérité: « Malheur à eux! » En effet, si, après avoir fait périr Isaïe sous la scie des bourreaux, ce peuple n'a pas tardé long-temps à être guéri; si la blessure qu'il s'était faite en précipitant Jérémie au fond d'un lac impur a pu facilement être fermée, c'est qu'il avait été coupable envers des hommes seulement, et que ce crime n'était rien encore; mais quand il se rendit coupable non plus envers un homme, mais envers un Dieu fait homme, alors « malheur à lui! chargeons de liens le juste. » Ne pouvait-il, dira-t-on peut-être, briser ses liens, lui qui a pu délivrer Lazare mis depuis quatre jours dans le sépulcre, et arracher Pierre aux fers de sa prison? il avait à ses ordres des anges qui disaient : « Rompons les liens. » Mais ils n'en firent rien; le Seigneur avait voulu souffrir ainsi. Ensuite il comparaît devant les anciens, et nous avons là-dessus ce témoignage : « Le Seigneur lui-même vien- » dra pour être jugé par les anciens et les princes du peuple. »

cium[1]. Jam habes testimonium : « Ipse Dominus in judicium veniet » cum senioribus populi, et cum principibus ejus[2]. »

13. Sed interrogans princeps sacerdotum[3], audita veritate indignatur : et malus malorum minister alapam impingit[4]; faciesque illa, quæ olim ut sol resplenduerat[5], manibus iniquis allidi sustinuit. Aliique venientes inspuunt in vultum ejus, qui per sputum cæcum natum curaverat[6]. « Hæccine redditis Domino ? hic populus stultus et non » sapiens[7]. Et Prophetes admirans dicit : « Domine, quis credidit » prædicationi nostræ[8] ? » Incredibilis profecto res est, Deum, Dei filium et brachium Domini[9], ista perpeti. Sed ne id credere recusent qui salvi fiunt, hoc prædicit Spiritus sanctus ex persona Christi, dicentis (ipse enim qui tunc ea loquebatur[10], postea præsens erat) : « Dorsum meum dedi in flagella[11] : » Pilatus enim eum flagellatum tradidit ad crucifigendum[12]. « Maxillas vero meas in alapas; faciem » vero meam non averti a probro sputorum[13], » quasi diceret : « Prævidens quod me verberaturi sunt, neque maxillam leviter deflexi. Quomodo enim discipulos ad mortem pro veritate obeundam roborarem, si hoc ipse pavescerem. Ego dixi : « Qui amat animam suam, perdet eam[14] : » si vitæ amans fuissem, quomodo docerem, non faciens quæ docerem ? » Prius igitur ipse, cum esset Deus, hæc ab hominibus pati sustinuit, ut nos homines talia postea ab hominibus ejus causa perpeti non puderet. Vides hæc a prophetis diserte prænuntiata fuisse. Plura vero Scripturarum testimonia propter temporis angustias[15], ut ante dixi, prætermittimus. Si quis enim omnia accurate perquisierit, nulla Christi rerum absque testimonio relinquetur.

14. Ligatus venit a Caipha ad Pilatum[16]. Anno et hoc perscriptum est? « Et ligantes ipsum abduxerunt [in] munera regi Jarim[17]. » Ve-

[1] Matth. xxvii, 50. — [2] Isai. iii, 14. — [3] Matth. xxvii, 63. — [4] Joan. xviii, 22. — [5] Matth. xvii, 2. — [6] Joan. ix, 6. — [7] Deut. xxxii, 6. — [8] Isai. liii, 1. — [9] Ibid. — [10] Ibid. liii, 6. — [11] Ibid. l, 6. — [12] Marc. xv, 15. — [13] Isai. l, 6. — [14] Joan. xii, 25. — [15] Num. viii. — [16] Matth. xxvii, 2. — [17] Osee. x, 6.

13. Le grand-prêtre qui l'interrogeait s'indigna d'entendre la vérité de ses réponses; un digne serviteur de ces coupables maîtres lui donna un soufflet, et cette face, qui avait été autrefois aussi resplendissante que le soleil, voulut bien être ainsi frappée par les mains du crime. D'autres vinrent qui crachèrent au visage de celui qui, avec de la boue et de la salive, avait guéri un aveugle-né. « Est-ce donc là, peuple » pervers et insensé, la reconnaissance que tu dois au Seigneur? » C'est là-dessus que le prophète se récriait avec surprise : « Qui a cru » à notre parole? » Est-il croyable, en effet, que Dieu, le Fils unique de Dieu, le bras droit du Seigneur, souffre un pareil traitement? Mais, pour affermir la foi de ceux qui veulent être sauvés, sachez que l'Esprit saint, parlant au nom de Jésus, avait prédit tout cela lorsqu'il avait dit : (Celui qui parlait ainsi était bien le même qui parut plus tard au milieu des hommes.) « J'ai offert mon dos à leurs verges. » Car Pilate le fit flageller avant de le crucifier. « J'ai présenté mes joues à » leurs soufflets et je n'ai point détourné ma face pour ne pas recevoir » les crachats dont ils l'ont couverte. » C'est comme s'il disait : J'ai prévu qu'ils me frapperaient, et je n'ai pas même voulu détourner ma joue. Comment donnerais-je à mes disciples la force de braver la mort pour la défense de la vérité, si j'avais peur moi-même de la mort? J'ai dit que « celui qui aime sa vie la perdra; » si j'avais aimé la vie, pourrais-je enseigner une doctrine que je ne suivrais pas moi-même? S'il a voulu, tout Dieu qu'il était, être ainsi maltraité par les hommes, c'était afin que les hommes, en souffrant de pareils traitemens de leurs semblables, n'eussent point honte de les souffrir pour lui. Tout cela, vous le voyez, fut annoncé très-clairement par les prophètes. Le peu de temps que nous avons me force à omettre, comme je vous l'ai déjà dit, un grand nombre de leurs prophéties; mais à qui voudrait en faire une étude, aucune action de Jésus-Christ ne paraîtrait dénuée de témoignage.

14. Il alla chargé de liens de Caïphe à Pilate; c'est ce qu'on lit aussi dans les prophètes : « Et ceux qui le liaient le conduisirent au » roi, pour lui en faire présent. » Ici quelque subtile interprète dira sans doute : « Mais Pilate n'était pas roi (nous omettons encore ici bien des choses), comment donc a-t-on pu dire : Ceux qui le liaient le conduisirent au roi pour lui en faire présent? » Mais continuez à lire l'Évangile : « Quand Pilate eut appris qu'il était de Galilée, il l'envoya à

rum obstrepet aliquis eorum qui arguti sunt in audiendo : « Pilatus rex non erat : (ut interim multa ad eam quæstionem pertinentia omittamus) quomodo igitur « ligantes eum abduxerunt in munera regi? » At lege Evangelium. « Audiens Pilatus ipsum esse a Galilæa, misit » eum ad Herodem [1]. » Herodes autem tum rex erat, et aderat Hierosolymis. Et vide Prophetæ sedulam diligentiam, « munerum enim » loco » ipsum missum esse ait. « Facti sunt enim amici Pilatus et He» rodes in die illa ad invicem : antea enim inimicitias exercebant [2]. » Decebat enim ut ille, qui terram et cœlum pacificaturus erat [3], priores (omnium) eos, a quibus condemnabatur, pacificaret. Aderat namque ipse Dominus « qui reconciliat corda principum terræ [4]. » Tene prophetarum exploratam fidem et testificationem veram.

15. Admirare Dominum judicatum. Passus est se a militibus agi et versari. Pilatus sedebat judicans [5], et qui in dextra Patris sedet [6], stans judicabatur [7]. Populus ab ipso e terra Ægypti, et aliis ex locis multoties liberatus in ipsum vociferabatur : « Tolle, tolle, crucifige » eum [8]. » Qua de causa, o Judæi? quod cæcos vestros curavit? vel quod claudos vestros ambulare fecit, et reliqua beneficia contulit? Ita ut stupens propheta de hoc dicat : « Super quem aperuistis os ves- » trum, et super quem linguam vestram laxavistis [9]? » Ipseque Dominus in prophetis referat : « Facta est hæreditas mea mihi sicut leo » in sylva : dedit contra me vocem suam : propterea odio eam ha- » bui [10]. » Non ego eam abjeci, sed ipsi abjecerunt me. Idcirco consequenter dico : « Dereliqui domum meam [11]. »

16. Judicatus tacebat [12], ita ut pro ipso pateretur Pilatus, et diceret : « Non audis quid illi contra te testificantur [13]? » Non quod eum novisset qui judicabatur, sed uxoris suæ somnium sibi significatum metuebat [14]. Et Jesus tacebat. Dicit psalmista : « Et factus sum sicut

---

[1] Luc. xxiii, 6, 7. — [2] Ibid. 12. — [3] Coloss. 1, 20. — [4] Joan. xii, 24. — [5] Matth. xxvii, 19. — [6] Psal. cix, 1. — [7] Matth. xxvii, 11. — [8] Joan. xix, 15. — [9] Isai. lvii, 4. — [10] Jer. xii, 8. — [11] Ibid. 7. — [12] Matth. xxvii, 14. — [13] Ibid. xxvi, 62, vel xxvii, 13. — [14] Ibid. 19.

» Hérode. » Or Hérode était roi, et se trouvait alors à Jérusalem. Admirez ici la précision du prophète qui dit qu'on l'envoya pour présent. « C'est qu'en vérité à partir de ce jour, Hérode et Pilate, d'en» nemis qu'ils étaient auparavant, devinrent amis. » C'était bien à celui qui devait pacifier et le ciel et la terre qu'il convenait de réconcilier d'abord ceux qui allaient le condamner. C'était bien là le Seigneur même, « celui qui réconcilie quand il lui plaît les cœurs des » princes de la terre. » Soyez donc assuré désormais de la bonne foi et du témoignage si constant des prophéties.

15. Admirez encore Jésus lorsqu'il est devant ses juges. Il se laissa conduire et maltraiter par des soldats; Pilate était sur son tribunal pour juger celui qui est ordinairement assis à la droite de Dieu le Père, et qui en cet instant était debout pour être jugé. Ce peuple qu'il avait lui-même tiré de la terre d'Égypte, et si souvent de bien d'autres lieux encore, réclamait sa mort à grands cris. « Otez-le, ôtez-le du » monde, crucifiez-le! » Pourquoi, dites-le-nous, ô Juifs! est-ce parce qu'il a guéri les aveugles, ou parce qu'il a fait marcher les boiteux, ou parce qu'il vous a prodigué mille autres bienfaits encore? C'est ce qui fait dire au Prophète, avec surprise : « Contre qui avez-vous ouvert la » bouche? contre qui avez-vous lancé vos langues perçantes? » Et le Seigneur lui-même a parlé ainsi par la bouche du Prophète : « La » terre que j'avais choisie pour mon héritage est devenue à mon égard » comme un lion de la forêt; elle a jeté contre moi un cri de fureur : » c'est pourquoi ma haine s'est tournée contre elle. » Je ne l'ai point rejetée; c'est elle qui s'est retirée de moi, et voilà pourquoi je dis : « J'ai abandonné ma demeure. »

16. Il se taisait devant ses juges; Pilate, qui en souffrait pour Jésus, lui disait : « N'entends-tu pas les témoignages que ceux-ci » portent contre toi? » Ce n'est pas qu'il connût celui qu'il allait juger, mais le songe de sa femme, qu'il venait d'apprendre, avait fait naître en lui des inquiétudes. Jésus pourtant se taisait, comme l'avait dit le Psalmiste : « Je suis devenu semblable à un homme qui n'entend point » et qui n'a rien dans la bouche pour répliquer. Et ailleurs : « Je n'en» tendais rien comme si j'eusse été sourd, et je n'ouvrais la bouche

» homo non audiens, et non habens in ore suo refutationes. » Et iterum : « Ego autem tanquam surdus non audiebam, et sicut mutus » non aperiens os suum¹. » Quæ ad hoc attinent antea quoque audivisti², si meministi probe.

17. Sed milites circumfusi ipsi illudunt. Ludibrium ipsis fit Dominus³, et herus deridiculo est. «Viderunt me et moverunt capita sua⁴.» In figura regnum adumbratur: illudunt siquidem, sed genuflectunt⁵ : crucique illum affigunt milites injecta prius purpura, et coronam circumponunt ejus capiti⁶. Quid enim inde, etsi spineam? Rex omnis a militibus proclamatur. Oportuit et Jesum in figura a militibus coronari; ita ut propterea Scriptura in Canticis dicat : « Egredimini, et » videte filiæ Hierusalem in rege Salomone, in corona qua coronavit » eum mater sua⁷. » Mysterium vero erat etiam corona illa; solutio enim erat peccatorum, absolutio a condemnationis sententia.

18. Accepit condemnationem Adamus : « Maledicta terra in ope— » ribus tuis, spinas et tribulos producet tibi⁸. » Propterea Jesus spinas assumit, ut solvat maledictionem : et idcirco sepultus est in terra, ut quæ maledicta fuerat tellus, pro maledictione benedictionem reciperet. Tempore (primi) peccati, ficulnea folia sibi circumposuere; ideo et Jesus finem signorum in ficu fecit. Ad passionem enim iturus, maledictione ferit ficum; non ficum omnem, sed illam solam in figuram, dicens : «Nemo amplius ex te fructum comedat⁹». Dissolvatur damnatio. Et quandoquidem ficus folia sibi tunc induerunt, eo tempore venit quo cibus non invenitur. Quis ignorat, quod hyemis tempore ficus fructum non affert, sed foliis tantum vestitur? quod omnes norant, id Jesus nesciebat? At gnarus licet, venit tanquam quæsiturus; non ignorans se nihil reperturum, sed maledictionem figuræ (et mysterii loco intentatam) ad folia tantum extendens.

19. Quoniam vero paradisi res attigimus, certe figurarum verita-

¹ Psal. xxxvii, 14, 15. — ² Forte in quadam homilia. — ³ Matth. xxvii, 27. — ⁴ Psal. cviii, 25. — ⁵ Matth. xxvii, 29. — ⁶ Joan. xix, 2. — ⁷ Cant. iii, 11. — ⁸ Gen. iii, 17, 18. — ⁹ Marc. xi, 14.

» non plus que si j'eusse été muet. » C'est ce qu'on vous a déjà dit, si vous vous en souvenez bien.

17. Cependant les soldats l'entouraient et se moquaient de lui. Le Seigneur devient leur jouet, le maître est un sujet de risée. « Ils m'ont vu, et ils ont secoué la tête. Ici c'est une figure de la royauté ; ils se raillent, mais du moins ils fléchissent le genou. Si des soldats le mettent en croix, du moins ils l'ont revêtu de la pourpre, et ils ont placé une couronne sur sa tête ; si elle fut d'épines, qu'importe ? Tout roi est proclamé par les soldats ; il fallait aussi, pour que la figure fût complète, que Jésus fût couronné par les soldats, comme dit l'Écriture dans les Cantiques. « Sortez, filles de Sion ; venez voir le roi Sa-
» lomon, avec le diadème dont sa mère l'a couronné. » Or, cette couronne était l'accomplissement d'un mystère, la délivrance des péchés, la rémission de la sentence de mort qui avait été portée.

18. Adam avait été frappé de cette sentence : « La terre sera mau-
» dite dans ses œuvres, elle ne te produira que des épines et des char-
» dons. » Aussi Jésus porta-t-il des épines pour lever cet arrêt ; aussi fut-il enseveli dans la terre, afin que cette terre, après avoir été maudite, fût par lui délivrée de sa malédiction, et de nouveau sanctifiée. Après leur péché, nos premiers parens se couvrirent de feuilles de figuier ; Jésus voulut que le figuier mît fin à toutes les figures des prophéties. Comme il marchait à la mort, il frappa de malédiction un figuier, qui était pour lui une figure de l'autre ; et, ne s'adressant point à tout figuier en général, il dit : « Personne désormais ne man-
» gera de ton fruit. » C'est ainsi que la malédiction fut levée ; et comme Adam et Ève se couvrirent alors des feuilles de cet arbre, il est venu sur la terre au moment où le figuier est dépouillé de ses fruits. Tout le monde sait qu'en hiver le figuier n'a point de fruits, et qu'il est seulement couvert de ses feuilles, et ce que chacun sait, Jésus ne pouvait l'ignorer. Il le savait bien en effet, quand il vint cependant comme pour y chercher une nourriture qui ne devait pas s'y trouver. Il voulut ainsi étendre seulement aux feuilles la malédiction adressée au figuier.

19. Mais puisque nous parlons du paradis, peut-on assez admirer la vérité des figures qui s'y rapportent ? La chute de l'homme eut lieu dans le jardin d'Éden ; c'est aussi dans un jardin que va s'opérer le salut. C'est d'un arbre qu'est venu le péché ; c'est par un arbre en-

tem admiror. In paradiso casus; et salus in horto. A ligno peccatum; et ad lignum usque peccatum. Post meridiem Domino perambulante latibulum quæsi vere[1] : et post meridiem a Domino in paradisum introducitur latro[2]. Sed dicet mihi quispiam : « Comminisceris ista; crucis lignum mihi a propheta demonstra; nisi mihi ex propheta testimonium præbueris, non acquiescam. » Audi igitur ex Hieremia, et convincere. « Ego sicut agnus innocens ductus ad immolandum; non » cognovi[3]? » (sic enim lege per interrogationem ut dixi. Qui enim ait : « Nostis quod post biduum pascha fiet, et Filius hominis tradetur ut » crucifigatur[4], » num ille ignorabat?) « Ego sicut agnus innocens » qui ad immolandum ducitur; non cognovi[5]? » (Qualis agnus? Joannes Baptista interpretetur, dum dicit : « Ecce Agnus Dei, qui » tollit peccatum mundi[6]. ») « Super me cogitaverunt consilium parvum, » dicentes[7] : » (Qui cogitationes novit, eventumne ignorabat? et quid dixerunt? « Venite, et injiciamus lignum in panem ipsius. » Si te Dominus dignum habuerit, in posterum cognosces quod corpus ejus juxta Evangelium figuram ferebat panis. « Venite igitur lignum inji- » ciamus in panem ejus, et conteramus ipsum de terra viventium[8]. » (Vita non conteritur, quid casso labore fatigamini? « Et nomen ejus » non memoretur amplius. » Vanum est consilium vestrum : ante solem quippe nomen ejus in Ecclesia manet[9]. Et quod quidem vita erat in ligno suspensa, Moyses deplorans ait : « Et erit vita tua pendens ante oculos tuos, et timebis die ac nocte, et non credes vitæ tuæ[10]. » et quod nuper lectum est : « Domine, quis credidit auditæ voci nos- » træ[11]? »

20. Hanc figuram adumbravit Moyse crucifigens serpentem[12], ut qui a vivo serpento morsus erat, æneum serpentem intuitus, salutem consequeretur cum credidisset. Jam vero æneus serpens crucifixus salutem dat; incarnatus vero Dei Filius cruci affixus salutem non dederit? semper per lignum salus[13]. Noemi enim temporibus per arcam ligneam vitæ facta est conservatio[14]. Mare sub Moyse cum figuram

[1] Gen. iii, 8. — [2] Luc. xxiii, 43. — [3] Jer. xi, 19. — [4] Matth. xxvi, 2. — [5] Jer. xi, 19. — [6] Joan. i, 29. — [7] Jer. xi, 19. — [8] Ibid. — [9] Psal. lxxi, 17. — [10] Deut. xxviii, 66. — [11] Isai. liii, 1. — [12] Num. xxi, 9. — [13] Joan. iii, 14, 15, et Num. xxi, 9. — [14] Gen. vii, 23.

core que le péché s'en ira. C'est après midi que le Seigneur se promenait dans le Paradis, pendant que nos premiers parens cherchaient où se cacher ; et c'est après midi aussi que le bon larron fut introduit par le Seigneur dans le Paradis. Mais on me dira peut-être : « Ce n'est qu'une imagination de votre esprit ; quel prophète a jamais parlé du bois de la croix ? Si vous ne vous appuyez pas du témoignage d'un prophète, je ne vous croirai pas. » Eh bien ! écoutez Jérémie, et soyez convaincu : « J'ai été conduit comme un agneau » plein de douceur pour être égorgé ; n'ai-je pas connu leurs desseins ? » (car ici, je vous l'ai déjà dit, il faut parler par interrogation). Les ignorait-il en effet, celui qui a dit : « Vous savez que la » Pâque se fera dans deux jours ; alors le Fils de l'homme sera livré » pour être crucifié ? » « J'ai été conduit comme un agneau plein de » douceur pour être égorgé ; ne l'ai-je pas su ? » (Quel agneau ? Saint Jean-Baptiste va vous l'apprendre : « Voici l'agneau de Dieu qui ef- » face les péchés du monde. ») « Ils ont formé contre moi de mauvais » desseins, en disant : » (Il connaît leurs pensées, et il ignorerait ce qui doit arriver?) « Jetons du bois dans son pain. » Si le Seigneur vous en juge digne, vous saurez plus tard que le pain, selon l'Évangile, était la figure de son corps. « Venez donc, et mettons du bois » dans son pain ; exterminons-le de la terre des vivans. » (Vains efforts ! pouvez-vous anéantir celui qui est la vie ?) « Que son nom soit » effacé de la mémoire des hommes. » Vos projets sont inutiles, son nom est célébré dans l'Église avant le lever du soleil. Moïse aussi se plaint que l'auteur de la vie soit attaché à un arbre : « Votre vie sera » comme en suspens devant vous ; vous tremblerez nuit et jour, et » vous ne croirez pas à votre vie. » N'avez-vous pas entendu lire aussi tout-à-l'heure : « Seigneur, qui a cru à notre parole ? »

20. C'est cette figure que nous représente Moïse, quand il mit un serpent d'airain pour servir de figure, afin que ceux qui, ayant été blessés des serpens, le regarderaient, fussent guéris. Si donc déjà un serpent d'airain mis en croix a pu sauver de la mort, le Fils de Dieu, fait homme et mis en croix, ne pourra-t-il nous rendre la vie ? C'est toujours par le bois que nous avons été sauvés. La race humaine, au temps de Noé, ne dut-elle pas sa conservation à une arche de bois ? la mer, devant Moïse, ne retira-t-elle pas ses eaux avec respect, quand il eut présenté sa baguette ? Si donc la baguette de Moïse a eu tant de vertu, la croix de notre Sauveur sera-t-elle moins efficace ? Je passe bien des figures sous silence, à cause

virgæ conspexisset, ferienti se ex reverentia concessit [1]. Ergone Moysis virga tantum potuit, et Salvatoris crux inefficax erit? Multas e figuris brevitatis causa prætermitto. Lignum Moysis tempore dulcem effecit aquam [2] : et de latere Christi aqua effluxit in ligno [3].

21. Primum signorum Moysis aqua et sanguis : eademque res omnium Jesu signorum postremum fuit. Primo loco Moyses fluvium in sanguinem transmutavit [4] : et in fine Jesus aquam ex latere emisit cum sanguine. Forte propter duas voces, alteram judicantis, alteram vero eorum qui (dire) vociferabantur : aut propter credentes, et propter incredulos. Nam cum Pilatus diceret : « Innocens sum, » et aqua lavaret manus : « Vociferantes dicebant : Sanguis ejus super nos [5]. » Emerserunt igitur hæc duo de latere : aqua fortassis judici, sanguis vero vociferantibus. Rursusque aliter intelligi potest : Judæis sanguis, Christianis aqua. Illis quidem, ut insidiatoribus, ex (fuso) sanguine condemnatio; tibi vero qui nunc credis, per aquam salus; nihil enim frustra factum est. Reddiderunt quoque explanatores patres nostri aliam ejus rei causam. Cum enim duplex quædam sit in Evangeliis salutiferi baptismatis vis : una quidem per aquam iis, qui illuminantur (seu baptizantur) concessa; altera vero quæ persecutionum tempore sanctis martyribus per proprium sanguinem datur : exiere e Salvatoris latere sanguis et aqua; quæ confessionis, cum in illuminatione (seu baptismo) tum in temporibus martyrii factæ pro Christo, confirmant gratiam. Est et alia cœteris ejus causa. Peccati princeps et dux fuit mulier, quæ e latere formata est. Jesus autem cum venisset, ut viris simul ac fœminis veniam gratificaretur, latus perfossus est pro mulieribus, ut peccatum solveret.

22. Quod si quis adhuc perquirat, alias etiam causas inveniet. Hæc tamen dicta sufficiant, et propter temporis angustiam, et ut aurium satietati occurratur, quamvis nusquam est labor audiendi de coronis (seu trophæis) Domini; præsertimque in isto ter sancto Golgotha. Alii enim tantummodo audiunt, nos autem et videmus et tangimus.

---

[1] Exod. xiv, 16-21. — [2] Ibid. xv, 25. — [3] Joan. xix, 34. — [4] Exod. vii, 20. — [5] Matth. xxvii, 24, 25.

du peu de temps qui me reste. Moïse, avec du bois, ôta à l'eau son amertume, et, du côté de Jésus, l'eau a coulé sur le bois de sa croix.

21. Les premiers miracles de Moïse se font par l'eau et par le sang; c'est aussi par le sang et par l'eau que finissent ceux de Jésus. En premier lieu, Moïse changea les eaux du fleuve en sang ; Jésus, en mourant, laissa couler de l'eau avec du sang. Voulait-il signifier par là la voix impie qui avait prononcé sa sentence, ou celles qui l'avaient accablé d'imprécations : était-ce pour ceux qui ont la foi, ou pour ceux qui ne veulent pas croire? Pendant que d'un côté Pilate, qui disait: « Je suis innocent », se lavait les mains avec de l'eau, n'y avait-il pas les Juifs qui s'écriaient : « Que son sang retombe sur nous ? » Peut-être alors l'eau qui coulait de son côté était-elle pour le juge, et le sang pour ceux qui vociféraient. Peut-être aussi doit-on comprendre, que le sang était pour les Juifs, et l'eau pour les chrétiens. A ceux-là qui l'avaient pris dans leurs embûches, le sang apportait leur condamnation; à vous autres aujourd'hui, qui avez la foi, l'eau apportait le salut ; car rien de tout cela ne s'est fait sans raison. Nos pères, qui avant nous ont expliqué ce fait, lui donnèrent encore une autre cause. Dans les saints Évangiles, il y a deux sortes de baptême : un d'eau, que reçoivent les néophytes que l'on baptise ; un autre, que les saints martyrs reçoivent dans leur propre sang, au temps des persécutions. Ainsi, du côté de notre Sauveur sont sortis le sang et l'eau, qui vinrent confirmer et marquer d'un sceau divin la foi des néophytes dans le baptême, et celle des martyrs au temps des persécutions. On peut encore donner ici un autre sens. La femme, qui fut l'occasion et l'auteur du péché avait été formée du côté même de l'homme. Jésus vint, et, voulant faire participer les femmes ainsi que les hommes au bienfait de la grâce, il eut le côté percé, afin d'effacer le péché qui provenait de la femme.

22. A chercher plus long-temps, on trouverait encore d'autres interprétations; mais ce que j'ai dit doit pourtant vous suffire ; je craindrais d'y employer trop de temps et de vous fatiguer, bien que ce soit toujours un plaisir d'entendre parler des triomphes du Seigneur, et principalement sur le sommet trois fois saint du Golgotha. Ce que d'autres ne connaissent que pour en avoir ouï parler, nous, nous pouvons le voir et le toucher. Ne vous lassez donc point de vous en occuper. Prenez ici des forces pour défendre la croix contre ses

Nemo delassetur. Arma pro ipsa cruce contra adversarios sume : fidem crucis pro trophæo adversus contradicentes statue. Quando enim de cruce Christi contra infideles disceptationem instituturus eris, prius manu signum crucis emitte, et obmutescet qui contra nititur. Ne pudeat crucem confiteri. De hac namque gloriantur angeli aientes : « Novimus quem quæratis; Jesum crucifixum [1]. » Nonne potueras dicere, o angele : « Novi quem quæritis, Dominum meum? Sed ego, ait ille cum fiducia : Novi crucifixum. » Crux enim corona est, non ignominia.

23. Cœterum redeamus ad propositam ex prophetis demonstrationem. Crucifixus est Dominus; accepisti testimonia. Vides locum Golgothæ... Acclamas cum præconio tanquam assentiens [2]. Vide ne aliquando in tempore persecutionis neges. Ne in tempore pacis solummodo, gaudium tibi crux sit : verumetiam in tempore persecutionis eamdem habeto fidem. Ne in tempore pacis sis amicus Jesu, et bellorum tempore inimicus. Accipis nunc peccatorum tuorum remissionem, et spiritualis donativi regis tui munificas gratias : cum ingruerit bellum, pro rege tuo strenue decerta. Jesus pro te crucifixus est qui nihil peccaverat : et tu non crucifigaris pro eo qui tui gratia cruci affixus est? Non tu gratiam das, prior enim accepisti : sed gratiam reddis, exsolvens debitum ei qui propter te in Golgotha est crucifixus, Golgotha vero per interpretationem redditur Calvariæ locus [3]. Quinam illi prophetice loco huic Golgothæ nuncupationem imposuere, in quo verum caput Christus crucem subivit? sicut Apostolus dicit : « Qui est imago Dei invisibilis [4], » et post pauca, « Et ipse est caput » corporis Ecclesiæ [5], » et rursus, « Omnis viri caput Christus est [6]; » iterumque, « Qui est caput omnis principatus et potestatis [7]. » Caput in loco Calvariæ passum est. O magnam et propheticæ plenam appellationem : propemodum namque te nomen ipsum admonet veluti aiens : « Ne crucifixo tanquam homini nudo attende. Caput est omnis » principatus et potestatis. » Caput quidem omnis potestatis, est quod cruci affixum; quod tamen Patrem habet pro capite : « Caput enim viri » Christus caput autem Christi Deus [8]. »

[1] Matth. xxviii, 6. — [2] Acclamatio auditorum assentientium. — [3] Joan. xix, 17. — [4] Coloss. i, 15. — [5] Ibid. 18. — [6] 1 Cor. xi, 3. — [7] Coloss. ii, 10. — [8] 1 Cor. xi, 3.

ennemis; que votre foi vous serve de bannières pour marcher contre ceux qui voudraient l'attaquer. Quand vous aurez un combat à livrer aux infidèles à cause de la croix de Jésus, faites-en d'abord le signe avec la main, et ainsi vous fermerez la bouche de votre adversaire. Ne rougissez pas de confesser la croix ! Les anges ne se glorifient-ils pas en elle, quand ils disent : « Nous connaissons celui que vous cher- » chez : c'est Jésus crucifié. » Anges, vous pouviez dire assurément : « Nous connaissons celui que vous cherchez, c'est notre maître. Mais » non, ils disent sans hésiter : C'est Jésus crucifié. » La croix, en effet, c'est une couronne de gloire, et non une d'ignominie.

23. Revenons d'ailleurs à notre explication des prophéties : Le Seigneur a été crucifié, on vous en a produit les témoignages. Vous voyez le Golgotha... vos cris de joie le proclament hautement. N'allez pas le renier quand viendra la persécution. La croix ne doit pas faire votre joie seulement en temps de paix, il faut encore que vous lui soyez fidèle au temps de la persécution. Ne soyez point ami de Jésus-Christ pendant la paix, et son ennemi pendant la guerre. Vous recevez présentement la rémission de vos péchés, et les dons de la munificence du Roi spirituel qui s'est donné pour vous ; lorsque la guerre viendra à éclater, il faudra vaillamment combattre pour votre roi. Jésus, qui n'avait commis aucun péché, est mort pour vous sur la croix, et vous craindriez d'être crucifié pour lui à votre tour ? Ce sera présent pour présent, et ce sera lui encore qui aura pris les devans. Montrez-vous reconnaissant; payez votre dette à celui qui, pour votre salut, a été mis en croix sur le Golgotha, dont le nom signifie calvaire. Qui donc, dans un langage prophétique, lui a donné le nom de Golgotha, à ce lieu où Jésus, la véritable tête du monde, a été crucifié ? Comme le dit l'Apôtre : « Il est l'image du Dieu invi- » sible » ; et ensuite : « C'est la tête du corps de l'Église » ; » ailleurs: « Jésus-Christ est la tête de tout homme » ; enfin : « Il est le chef de « toute principauté et de toute puissance. » Ce chef a souffert sur le Calvaire. Admirez donc l'inspiration prophétique qui a donné un tel nom à cette montagne, et qui semble vous dire : « Ne voyez pas attaché » à cette croix un homme ordinaire. « C'est le chef de toute puissance » et de toute principauté. » Ce chef a lui-même pour chef Dieu le Père : En effet, Jésus-Christ est le chef des hommes, et le chef de Jésus-Christ, c'est Dieu !

24. Christus igitur pro nobis est crucifixus; qui noctu judicatus est, cum frigus esset [1], et carbonum focus ea de causa appositus. Crucifixus est hora tertia [2]. Ab hora autem sexta tenebrae factae sunt usque ad nonam [3], et rursus ab hora nona lux. Numquid haec quoque scripta sunt? quaeramus. Dicit igitur Zacharias : « Et erit, in die illa non erit » lumen, et frigus et gelu erit per unam diem [4] : (frigus, propter quod » Petrus calefaciebat se [5]) et dies illa nota Domino [6]. » (Quid enim? alias non novit? Multi quidem dies; sed « illa dies patientiae Domini, » quam fecit Dominus [7].) Et dies illa nota Domino ; et non dies, neque » nox [8]. » Quod aenigma narrat prophetes? dies illa neque dies est, neque nox : quomodo igitur eam vocabimus? Evangelium id interpretatur rem enarrans. « Non erat dies : » non enim ab oriente ad occidentem similiter (ut in reliquis diebus) sol refulsit; sed ab hora sexta usque ad horam nonam tenebrae factae sunt in media die [9]. Interpositae igitur sunt tenebrae : nominavit autem Deus tenebras, noctem [10]. Propterea « Neque dies erat, neque nox; » neque enim tota lumen erat, ut vocaretur dies; neque tota tenebrae ut nox appellaretur : sed post nonam illuxit sol. Hoc quoque praenuntiat propheta. Postquam enim dixit : « Et non dies, neque nox, » subjungit : « Et ad vesperam » erit lumen. » Cernis prophetarum accuratum sermonem? cernis praedictarum rerum veritatem?

25. Verum quaeris ad amussim qua hora defecit sol ; quintane hora an octava, vel decima? Dic definite, o Propheta, Judaeis incredulis, quandonam sol occubuit? Ait igitur Amos propheta : « Et erit in die » illa, dicit Dominus Deus, occidet sol meridie [11], » (ab hora enim sexta factae sunt tenebrae [12].) « Et obscurabitur super terram in die lux [13]. » Cujusmodi haec temporis ratio, o Propheta, et qualis dies? « Et conver- » tam festivitates vestras in luctum [14]. » In azymis enim res ea peragebatur, et in Paschatis festo [15]. Deinde dicit : « Et ponam eum sicut » luctum dilecti, et eos qui cum ipso sicut diem doloris [16]. » In die enim azymorum et festivitate, mulieres eorum caedebant se et fle-

---

[1] Joan. xviii, 18. — [2] Marc. xv, 2l. — [3] Matth. xxvii, 45. — [4] Zach. xiv, 6, 7. — [5] Joan. xviii, 18. — [6] Zach. xiv, 6. — [7] Psal. cxvii, 24. — [8] Zach. xiv, 7. — [9] Matth. xxvii, 45. — [10] Gen. 1, 5. — [11] Amos. viii, 9. — [12] Matth. xxvii, 45. — [13] Amos. viii, 9. — [14] Ibid. 10. — [15] Matth. xxvii, 3, et Marc. xiv, 1. — [16] Amos. viii, 10.

24. Lorsque Jésus fut crucifié pour nous, il fut jugé pendant la nuit ; il faisait froid, et on eut besoin d'apporter un feu de charbons. Il fut élevé en croix à la troisième heure. Depuis la sixième heure jusqu'à la neuvième, des ténèbres couvrirent toute la terre, et il fit jour à la neuvième heure. Tout cela n'est-il pas consigné d'avance dans les Écritures ? Cherchons. Voici ce que dit Zacharie : « En ce temps-là » on ne verra point de lumière, mais il n'y aura que froid et gelée ; » » (en effet, il faisait froid, puisque Pierre se chauffait) et ce jour sera » connu du Seigneur. » (Quoi donc ! ne connaît-il pas les autres ? Il y a bien des jours, mais c'est ici le jour qu'a fait le Seigneur.) « Et il » y aura un jour connu du Seigneur qui ne sera ni jour, ni nuit. » Quelle énigme le prophète vient-il nous proposer ? Un jour qui ne sera ni jour ni nuit ! de quel nom l'appeler ? L'Évangile le dit : « Ce n'était » pas le jour, » parce que de l'Orient à l'Occident le soleil n'éclaira point la terre, comme à l'ordinaire ; et que des ténèbres se répandirent au milieu du jour, de la sixième heure à la neuvième. Il y eut donc des ténèbres, et Dieu a nommé lui-même les ténèbres la nuit. C'est pour cela qu'il n'y avait « ni jour ni nuit. » Car ce n'était point une clarté assez durable pour qu'on l'appelât jour, ni des ténèbres assez complètes pour qu'on leur donnât le nom de nuit. A la neuvième heure le soleil brilla. C'est ce qu'annonce aussi le prophète, après avoir dit : « Ce ne sera ni le jour ni la nuit, » il ajoute, « et sur le soir la lumière » paraîtra. » Vous voyez quelle est l'exactitude et la vérité des prédictions que nous ont laissées les prophètes.

25. Voulez-vous connaître précisément à quelle heure le soleil s'éclipsa, si c'est à la cinquième heure, à la huitième ou à la dixième ? Dites-nous-le, ô prophète ! apprenez à ces Juifs incrédules à quel instant précis le soleil a disparu ! C'est Amos qui nous répondra : « En » ce jour-là, dit le Seigneur Dieu, le soleil se couchera en plein midi, » (en effet, il y eut des ténèbres de la sixième heure à la neuvième) « et » la lumière sera obscurcie sur toute la terre. » Quel sera le temps, quel sera le jour que vous avez marqués pour cet événement ? « Je » changerai vos jours de fêtes en des jours de deuil. » Or, c'était au temps des azymes, pendant la fête de Pâques. Il dit ensuite : « Je » plongerai Israël dans les larmes, comme une mère qui pleure son » fils unique, et ceux qui sont avec lui ne connaîtront qu'amertume » et douleur. » Aussi, en ce jour des azymes, et pendant cette solennité, les femmes se frappaient la poitrine et fondaient en larmes ; les

bant¹ : Apostoli vero occultati dolore conficiebantur. Admiranda ergo hæc prophetia.

26. Verum dicat aliquis : « Da mihi et alterum signum. Quænam alia » est certa ejus rei, quæ contigit, nota? » Crucifixus est Jesus : tunica autem una, et pallio uno utebatur. At milites pallium in quatuor partes scissum dispertiti sunt² : tunica vero scissa non est, quia nulli usui scissa profutura foret; deque ea milites inter sors projecta est³. Pallium dividunt, tunicam sortiuntur : anne et illud scriptum est? Norunt studiosi Ecclesiæ Psalmistæ, qui angelicos imitantur exercitus, et Deum indesinenter laudibus celebrant : qui digni habentur ut psallant in hoc sancto Golgotha, et dicant : « Partiti sunt vestimenta mea sibi, et super » vestem meam projecerunt sortem⁴. » Sors autem illa, militum sortitio fuit.

27. Rursum cum a Pilato judicaretur, rubris amictus erat : ibi enim chlamydem coccineam circumposuerunt ei⁵. Illudne etiam scriptum est? Dicit Isaias : « Quis est hic qui advenit de Edom? rubedo vesti- » mentorum ejus ex Bosor⁶. » (Quis iste, qui per ignominiam coccineis amicitur? Bosor enim apud Hebræos tale quidpiam sonat.) « Quare rubra sunt vestimenta tua, et indumenta tua sicut a calcato » torculari⁷? » Ille autem respondet et dicit : « Tota die expandi ma- » nus meas ad populum inobedientem et contradicentem⁸. »

28. Expandit in cruce manus, ut comprehenderet orbis fines. Medius enim terræ locus est hic Golgotha. Non meus hic sermo est; propheta est qui ait : « Operatus es salutem in medio terræ⁹. » Extendit humanas manus, qui suis illis, quas sola mens assequitur, manibus firmavit cœlum¹⁰ : et clavis confixæ sunt, ut affixa ligno et mortua, quæ hominum peccata portabat humanitate, una moretur peccatum; nos autem in justitia resurgeremus. Quandoquidem enim per unum hominem mors, per unum quoque hominem vita¹¹ : per unum hominem, Salvatorem videlicet, sua sponte mortem subeuntem. Recorderis enim eo-

---

¹ Luc. xxiii, 27. — ² Joan. xix, 23. — ³ Ibid. 24. — ⁴ Psal. xxi, 19. — ⁵ Matth. xxvii, 28. — ⁶ Isai. lxiii, 1. — ⁷ Ibid. 2. — ⁸ Ibid. lxv, 2. — ⁹ Psal. lxxiii, 12. — ¹⁰ Ibid. xxxii, 6. — ¹¹ Rom. v, 12, 17, et Cor. xv, 21.

apôtres s'étaient cachés et restaient plongés dans la douleur. Que cette prophétie encore est admirable !

26. N'est-ce point assez ? vous faut-il encore une autre preuve ? « Je » vais vous donner un signe évident et incontestable de ce qui devait » arriver. » Jésus fut mis en croix, et comme il n'avait qu'une robe et qu'une tunique, les soldats coupèrent sa robe en quatre parties, et se la partagèrent. Quant à sa tunique, elle ne fut point déchirée, car elle n'aurait pu servir à rien ; ils tirèrent au sort à qui l'aurait. Ainsi, ils partagent sa robe, et sa tunique est obtenue par le sort ; c'est bien ce qui est écrit, comme le savent ceux dont l'occupation est de chanter les psaumes à l'église, où ils imitent les chœurs des anges et célèbrent à chaque instant la gloire du Seigneur. Ils le savent bien, ceux qui sont jugés dignes de chanter en ce saint lieu, au pied du Golgotha : « Ils se sont partagé mes vêtemens, et ils ont jeté le sort sur ma robe. » Ce furent les soldats qui la jetèrent ainsi au sort.

27. Voyez-le aussi devant Pilate, son juge ; il était couvert d'un vêtement rouge ; on lui mit sur les épaules une chlamyde de pourpre. Cela aussi était écrit dans Isaïe : « Quel est celui qui vient d'Édom, » de Bosra, avec ses vêtemens teints en rouge ? » (N'est-ce pas celui que l'on revêtit par ignominie d'une chlamyde de pourpre ? C'est là le sens de Bosra chez les Hébreux.) « Pourquoi votre robe est-elle » toute rouge ? et vos vêtemens sont-ils teints, comme si vous veniez » de fouler le vin dans le pressoir ? » Jésus répond et dit : « J'ai tout » le jour tendu la main vers un peuple indocile et qui ne suit que ses » pensées. »

28. Sur la croix il a étendu les mains ; c'était pour embrasser le monde entier. Golgotha est le milieu de la terre, et ce n'est pas moi qui le dis, c'est le Prophète : « Il a opéré le salut au milieu de la » terre. » Celui qui soutient le ciel avec ses mains spirituelles a étendu les mains de son corps mortel, et on les a clouées, afin que son humanité qui portait le poids de nos péchés étant attachée sur ce bois, et morte, entraînât avec elle le péché dans la mort, et que nous puissions tous ressusciter à la justice. Comme la mort est venue d'un seul homme, la vie devait venir aussi d'un seul, du Sauveur qui subissait volontairement la mort pour tous les hommes. Rappelez-vous ce qu'il disait : « J'ai le pouvoir de quitter la vie, j'ai le pouvoir de la re- » prendre. »

rum quæ dicta sunt : « Potestatem habeo ponendi animam meam, et » potestatem habeo rursus sumendi eam [1]. »

29. At ille quidem hæc sustinuit, cum ad salutem omnium venisset; populus vero malam illi remunerationem rependit. Dicit Jesus : « Sitio [2], » is qui ex prædura rupe illis eduxit aquas, et reposcit fructus a vinea, quam plantavit [3]. Verum quid vinea? Hæc, secundum naturam quidem ex sanctis patribus, secundum autem animi inductionem ex Sodomis; « (Vinea enim illorum ex Sodomis, et palmes eorum ex » Gomorrha [4]) » sitienti Domino, spongiæ impletæ et arundini circumpositæ adminiculo, porrigit acetum [5]. « Et dederunt in escam meam » fel, et in sitim meam potaverunt me aceto [6]. » Vides prædictionis prophetarum perspicuitatem. Cujusmodi autem fel dederunt in os meum? « Dederunt, inquit, illi vinum myrrha conditum [7]. » Myrrha vero fellei saporis, et subamara. Hæccine Domino redditis? hæc offers vinea Domino [8]? Juste igitur vos olim deplorabat Isaias dicens : « Vinea facta es dilecti in cornu, in loco pingui [9]; » et ut ne omnia recitemus : « Exspectavi, inquit, ut faceret uvam; » sitivi, ut daret vinum : « Ipsa autem fecit spinas [10]. » Vides enim coronam qua redimitus sum. Quid ergo deinceps statuam? « Nubibus præcipiam, ne » pluant super ipsam imbrem [11]. » Ablatæ sunt enim ab eis nubes, videlicet prophetæ. Prophetæ vero deinceps in Ecclesia, sicut Paulus ait : « Prophetæ autem duo vel tres loquantur, aliique dijudicent [12]. » Et rursus : « Deus dedit in Ecclesia, alios quidem apostolos, alios vero » Prophetas [13]. » Propheta erat Agabus [14], qui sibi manus et pedes ligavit.

30. De latronibus vero, qui cum eo crucifixi sunt [15], dictum est illud : « Et cum iniquis deputatus est [16]. » Etambo quidem prius iniqui fuere : unus autem esse desiit. Alter enim ad finem usque legum contemptor, inflexibilis ad salutem : qui dum manibus affixus esset, lingua per blasphemas voces cædebat. Judæi prætereuntes movebant capita crucifixo illudentes [17], dum adimplent quod scriptum erat : « Viderunt

---

[1] Joan. x, 10. — [2] Ibid. xix, 28. — [3] Jer. ii, 21, et Isai. v, 2 — [4] Deut. xxxii, 32. — [5] Joan. xix, 20. — [6] Psal. lxviii, 22. — [7] Marc. xv, 23. — [8] Deut. xxxii, 6. — [9] Isai. v, 1. — [10] Ibid. 2. — [11] Ibid. 6. — [12] 1 Cor. xiv, 29. — [13] Ephes. iv, 11. — [14] Act. xxi, 10, 11. — [15] Luc. xxxii, 32. — [16] Isai. liii, 12. — [17] Matth. xxvii, 39.

29. Voilà ce qu'il a souffert quand il est venu pour nous sauver. Quelle triste reconnaissance ce peuple lui en a témoignée ! « J'ai soif, » leur dit Jésus, qui fit sortir jadis l'eau de la pierre et du rocher, et il demande à goûter du fruit de la vigne qu'il a plantée. Mais qu'est-ce que cette vigne ? L'une devait son origine aux saints patriarches ; leur vigne à eux, celle qu'ils avaient conçue dans leur esprit, descendait de Sodome. (« Leur vigne a été prise dans Sodome, et leur palmier » dans Gomorrhe. ») Au Seigneur qui avait soif, on présenta au bout d'un roseau une éponge imbibée de vinaigre. « Ils m'ont donné du fiel » pour nourriture, et ils m'ont abreuvé de vinaigre. » Vous voyez l'admirable intelligence des prophètes : Comment lui donna-t-on du fiel ? « On lui donna du vin mêlé avec de la myrrhe. » Or la myrrhe est fort amère et a le goût du fiel. Voilà donc comment vous vous acquittez envers le Seigneur ! Ce sont là les fruits de votre vigne ! C'est à propos de vous que pleurait Isaïe quand il disait : « Mon bien-aimé avait une » vigne en un lieu gras et fécond ; » pour ne pas tout citer : « J'ai at- » tendu qu'elle portât des raisins ; » pour qu'elle me donnât du vin dans ma soif ; « mais elle a porté des épines. » Vous voyez, pouvait-il dire, la couronne qui entoure ma tête ? Que prouverai-je encore ? « J'enjoindrai aux nuées de ne plus se résoudre en pluie sur elle. » En effet, on lui a ôté ces nuées, c'est-à-dire, les prophètes qui ne se trouvent plus que dans l'Église, comme le dit saint Paul : « Dieu a » donné à son Église quelques-uns pour être apôtres, quelques-uns » pour être prophètes. » Et ailleurs : « Qu'il n'y ait que deux ou trois » prophètes qui parlent, et que les autres en jugent. » Agabus, par exemple, qui se lia les pieds et les mains, était prophète.

30. Il y a aussi des prophéties sur les larrons qu'on a crucifiés avec lui, et c'est d'eux qu'on a dit : « Il fut mis au rang des méchans. » Tous deux avaient d'abord été pécheurs. L'un cessa de l'être, l'autre persista jusqu'au dernier instant dans ses sentimens coupables, et ne voulut point être sauvé. Comme ses mains étaient liées, sa langue se répandait en blasphèmes. Les Juifs qui passaient secouaient la tête, en riant insolemment du crucifié ; ils accomplissaient ainsi ce qui avait été écrit : « Ils m'ont vu et ils ont secoué la tête. » Tandis que ce larron se joignait aux Juifs pour outrager notre Seigneur, l'autre lui reprochait de tels blasphèmes ; et pour lui, la fin de sa vie fut le commencement de ses mérites. Il rendit l'âme et obtint d'être sauvé avant tous

» me, moverunt capita sua [1]. » Et ille quidem una cum ipsis conviciabatur, alter vero conviciantem increpabat [2] : fuitque illi vitæ finis et emendationis initium ; animæ traditio, et salutis ante [alios] perceptio. Et post hanc sodalis reprehensionem ait : « Memento mei, Domine [3], ad te enim mihi sermo est. Omitte illum ; obcæcatus mentis oculis est : « Mei vero memineris. » Non dico, memineris operum meorum ; hæc enim vereor. Homo omnis ad socium viæ benigne se habere solet : viæ tibi ad mortem socius existo ; memineris mei comitis tui. Non tamen dico, nunc « Memineris mei, » sed : « Cum veneris in regno tuo [4]. »

31. Quæ te, o latro, illuminavit potestas? quis te docuit, ut contemptum et tecum una crucifixum adorares? O lucem æternam, quæ in tenebris jacentes illuminat! Ideo et juste audivit : « Confide ; » non quod opera tua fiduciam tibi efficere debeant ; sed quia rex adest qui tibi gratificatur. Longe remotæ rei petitio erat, sed velocissima est gratia. « Amen dico tibi, hodie mecum eris in paradiso [5], » quandoquidem hodie audivisti vocem meam, et non obdurasti cor tuum [6]. Ocissime in Adamum sententiam dixi : ocissime tibi indulgeo. Illi quidem dictum est : « Quacumque die comederitis, morte moriemini [7]. » Tu vero hodie obedivisti fidei, hodie tibi salus. Ille per lignum cecidit : et tu per lignum introduceris in paradisum. Ne timeas serpentem ; non ejiciet te, cecidit enim de cœlis [8]. Nec dico tibi : « Hodie abibis ; » sed : « Hodie mecum eris. Confide, » non rejiciere. Ne timeas flammeum gladium [9] ; reveretur Dominum. O ingentem et ineffabilem gratiam ! nondum Abraham ille fidelis ingressus est [10], et latro ingreditur ; nondum Moyses et prophetæ ; et latro iniquus intrat. Admiratus id etiam ante te est Paulus, dicens : « Ubi abundavit peccatum, superabundavit et gratia [11]. » Qui pertulerunt æstum [12], nondum ingressi sunt, et qui circa undecimam horam venit, ingressus est. Nemo obmurmuret adversus patremfamilias, cum ille dicat : « Amice, non facio tibi » injuriam. Nonne potestatem habeo de meis rebus faciendi quod » volo [13]? » Vult justa opera facere latro, sed cum mors præoccupat. Non tantum opus moror, sed et fidem recepi. Veni qui pasco in liliis,

[1] Psal. cviii, 25. — [2] Luc. xxiii, 39, 40 ; 41. — [3] Ibid. 42. — [4] Ibid. — [5] Ibid. 43. — [6] Psal. xciv, 8. — [7] Gen. ii, 17. — [8] Luc. x, 18. — [9] Gen. iii, 24. — [10] Gal. iii, 9. — [11] Rom. v, 20. — [12] Matth. xx, 12. — [13] Ibid. 13 et 15.

les autres. Il disait, après avoir ainsi blâmé son compagnon : « Sou-
» venez-vous de moi, Seigneur, c'est à vous que je m'adresse. » Oubliez celui-ci, les yeux de son esprit sont fermés à la lumière; « mais
» souvenez-vous de moi ; » non pas de mes œuvres, en vérité, je n'ai
qu'à craindre pour elles. Tout homme a dans son cœur de la bienveillance pour un compagnon de voyage ; je suis le vôtre dans ce passage de la vie à la mort ; « souvenez-vous de moi, » je ne dis pas aujourd'hui, mais « quand vous serez entré en possession de votre
royaume. »

31. Qui a pu l'éclairer ? qui lui a appris à adorer celui qui parta-
geait avec lui le mépris des Juifs et les douleurs de la croix ? O lumière
éternelle qui illumine ceux qui sont plongés dans les ténèbres ! Et il
lui a été répondu favorablement : « Ayez bonne confiance, » non que
vos œuvres puissent vous inspirer ce généreux sentiment, mais parce
que voici votre Roi qui vient à vous avec ses dons précieux. Ses vœux
se portèrent sur un objet bien éloigné de lui, mais la grâce est prompte.
« En vérité, je vous le dis, vous entrerez aujourd'hui avec moi dans
» le paradis, » parce qu'aujourd'hui vous avez écouté ma parole, et
que votre cœur ne s'est point endurci. Je n'ai point hésité à condamner Adam, je n'hésiterai point à vous faire grâce. Je lui avais dit :
« Dès que vous mangerez de ce fruit, vous mourrez. » Vous, vous avez
aujourd'hui obéi à la foi qui s'est fait entendre, et aujourd'hui même
vous serez sauvé. C'est à un arbre qu'il doit sa chute ; c'est par un
arbre encore que vous entrerez au paradis. Ne craignez pas le serpent,
il ne vous en chassera pas, car il est tombé du ciel. Je ne vous dis
plus : « Vous, vous vous en irez aujourd'hui ; » mais aujourd'hui vous
serez avec moi. Soyez sans crainte, vous ne serez point rejeté. Que
vous importe le glaive de feu ? il respecte les ordres du Seigneur. O
puissante, ô ineffable miséricorde ! quand Abraham, ce père de la foi,
n'est pas encore entré au paradis, voici qu'un larron y est admis !
quand Moïse et les prophètes n'y sont point encore, un larron vient
y prendre place ! Saint Paul avait déjà dit là-dessus avec admiration:
« Où le péché abonde, la grâce abonde aussi. » Ceux qui ont sup-
porté le poids du jour n'y ont point encore pénétré, et celui-là qui
est venu vers la onzième heure est entré ! Que personne ne murmure
contre le père de famille, car il répondra : « Mon ami, je ne vous fais
» point de tort. N'ai-je pas le pouvoir de faire chez moi ce qu'il me
» plaît ? » Ce larron a la volonté de faire le bien, mais la mort est sur-

veni ut pascam in hortis [1]. Ovem perditam inveni [2]; eam in humeros meos accipio. Credit enim, cum et ipse dixerit : « Erravi sicut ovis, » quæ periit [3]. Memento mei, Domine, cum veneris in regno tuo [4]. »

32. De hoc horto in Canticis ad Sponsam meam ante cecini, et ad eam hæc dixi : « Ingressus sum in hortum meum, soror mea Sponsa [5]. » (Erat autem ubi crucifixus est, hortus [6]. Et quid inde colligis? « Messui myrrham meam [7], » dum myrrhatum vinum et acetum bibit; quibus acceptis, dixit : « Consummatum est [8]. » Completum est enim mysterium : completa quæ scripta sunt, soluta peccata. « Christus » enim adveniens pontifex futurorum bonorum, per amplius et per- » fectius tabernaculum, non manu factum (id est non hujus creationis » et structuræ) neque per sanguinem hircorum et vitulorum; sed per » proprium sanguinem introivit semel in Sancta, æterna redemptione » inventa. Si enim sanguis taurorum et hircorum, et cinis vitulæ as- » pergens inquinatos, sanctificat ad carnis munditiem; quanto potius » sanguis Christi [9]?» Et iterum : «Habentes igitur, fratres, fiduciam » ad ingrediendum in Sancta in sanguine Jesu, ea via quam dedica- » vit nobis novam et viventem, per velamen, hoc est, carnem suam [10]. » Et quoniam caro, ipsius velamen, dedecore affecta fuit; idcirco figurativum templi velum discissum est, sicut scriptum est : « Et ecce ve- » lum templi scissum est in duo a summo usque ad imum [11], » neque enim tantillum ex ipso derelictum est. Quoniam enim Dominus dixit : « Ecce relinquetur vobis domus vestra deserta [12], » domus ipsa disrupta est.

33. Sustinuit autem hæc Salvator, pacificans per sanguinem crucis, quæ in cœlis et quæ in terra sunt [13]. Inimici enim Dei per peccatum eramus, et definivit Deus peccantem mori oportere. Ex duobus igitur

---

[1] Cant. vi, 1, 2. — [2] Luc. xv, 4, 5. — [3] Psal. cxviii, 176. — [4] Luc. xxiii, 42. — [5] Cant. v, 1. — [6] Joan. xix, 41. — [7] Cant. v, 1. — [8] Joan. xix, 30. — [9] Hebr. ix, 10-14. — [10] Ibid. x, 19, 20. — [11] Matth. xxvii, 51. — [12] Ibid. xxiii, 38. — [13] Coloss. i, 20.

venue. Je n'attends point les œuvres, je lui tiens compte de sa foi. Je suis venu cueillir des lis, je suis venu me nourrir parmi les fleurs des jardins. J'ai trouvé une brebis égarée. Je la charge sur mes épaules. Il y a de la foi, en effet, dans celui qui dit : « Je me suis égaré comme » la brebis qui s'est perdue ; souvenez vous de moi, Seigneur, lorsque » vous serez entré en possession de votre royaume. »

32. Voilà le jardin dont je parlais à ma bien-aimée dans les cantiques, quand je lui disais : « Je suis venu dans mon jardin, ô ma sœur, » mon épouse ! » (Or, il y avait un jardin à l'endroit où le Christ fut crucifié.) Et quels fruits y ont été cueillis ? « J'ai recueilli ma myrrhe ; » et c'est du vin mêlé avec de la myrrhe, c'est du vinaigre qu'il boit. Après quoi il dit : « Tout est consommé. » C'est qu'en effet le mystère était accompli avec tout ce qui était écrit ; c'est que les péchés étaient effacés : « Jésus-Christ, le pontife des biens futurs, étant venu dans le » monde, est entré une seule fois dans le sanctuaire par un tabernacle » plus grand et plus sublime, qui n'a point été fait de main d'homme, » (c'est-à-dire qui n'a point été formée comme les choses de ce monde). « Il y est entré, non avec le sang des boucs et des veaux, mais avec son » propre sang, et il nous a acquis une rédemption éternelle. Que si le » sang des boucs et des taureaux, et l'aspersion de l'eau mêlée avec » les cendres d'une génisse sanctifie ceux qui ont été souillés, en leur » donnant une pureté charnelle, combien plus le sang de Jésus-Christ » nous purifiera-t-il ? » Et ailleurs : « Nous pouvons entrer avec con- »fiance dans le sanctuaire par le sang de Jésus, par cette voie nou- » velle et vivante qu'il nous a le premier tracée par l'ouverture du » voile de sa chair. » Et parce que sa chair, qui était pour lui comme un voile, a été chargée d'opprobre, le voile du temple a été déchiré, comme il est écrit : « Voilà que le voile s'est déchiré depuis le haut » jusqu'en bas, » et il n'en est pas resté la plus petite partie ; et comme le Seigneur avait dit : « Votre maison va demeurer déserte, » la maison a été entièrement ruinée.

33. Voilà les dures épreuves auxquelles le Sauveur s'est soumis, donnant, par son sang répandu sur la croix, la paix à tout ce qui est dans le ciel, à tout ce qui est sur la terre. Le péché nous avait faits ennemis de Dieu ; Dieu avait décidé que tout pécheur mourrait. Il fallait donc nécessairement, de deux choses l'une, ou que Dieu, conséquent avec lui-même, fît périr tous les hommes ; ou qu'usant de clémence, il révoquât sa sentence. Admirez sa sagesse infinie ! Il a su rester fidèle à sa justice, sans arrêter les effets de sa miséricorde.

alterum fieri necesse erat : ut aut Deus sibi constans omnes interimeret, aut clementia rursus datam sententiam dissolveret. Verum Dei sapientiam conspicare : suam servavit et sententiæ firmitatem et bonitati efficaciam. Assumpsit Christus peccata in corpore (suo) super lignum, ut nos per mortem ejus peccatis mortui, justitiæ viveremus [1] : non minimi pretii erat, qui pro nobis moriebatur; non erat ovis sensibilis [2]; non erat nudus homo ; non erat solummodo angelus , sed Deus inhumanatus. Non tanta erat peccantium iniquitas, quanta ejus, qui nostri gratia moriebatur, justitia; non tantum peccavimus, quantum ille justitia excelluit, qui pro nobis animam posuit, qui posuit quando voluit, et iterum sumpsit quando voluit. Vis nosse quod non coacte ac vi vitam deposuit, neque invitus tradidit spiritum [3] ? Inclamavit ad Patrem, dicens : « Pater, in manus tuas commendo spiritum meum [4]. Commendo, » ut eum resumam. « Et hæc cum dixisset dimisit spiri» tum [5], » sed non in longum tempus, ocius enim ex mortuis rursum resurrexit.

34. Defecit sol [6], propter justitiæ Solem [7], petræ scissæ sunt, propter intelligibilem petram [8]. Monumenta aperta sunt et mortui resurrexere [9], propter eum qui in mortuis liber erat [10] : emisit vinctos suos de lacu non habente aquam [11]. Ne te igitur pudeat crucifixi, sed cum fiducia tu etiam dicito : « Hic peccata nostra portat, et de nobis » nobis dolet, et vibice ejus nos sanati sumus [12] : » ne simus erga benefactorem ingrati. Et iterum : « A peccatis populi mei ductus est ad » mortem : et dabo malos pro sepultura ipsius, et divites pro morte » ejus [13]. » Propter hoc apertius ait Paulus : « Quod Christus mortuus » est pro peccatis nostris secundum Scripturas ; et quod sepultus et » quod resurrexit; tertia die secundum Scripturas [14]. »

35. Volumus autem diserte cognoscere ubinam sit sepultus? Anne manufactus tumulus? an regiorum sepulcrorum morte e terra prominet? num ex lapidibus coagmentatis factum sit monumentum? et

---

[1] 1 Petr. ii, 24. — [2] Isai. lxiii, 9. — [3] Joan. x, 18. — [4] Luc. xxiii, 46. — [5] Matth. xxvii, 50. — [6] Luc. xxiii, 45. — [7] Malac. iv, 2. — [8] 1 Cor. x, 4. — [9] Matth. xxvii, 52. — [10] Psal. lxxxvii, 6. — [11] Zach. ix, 11. — [12] Isai. liii, 4, 5. — [13] Ibid. 8, 9. — [14] 1 Cor. xv, 3, 4.

Jésus-Christ a pris sur son corps tous nos péchés, et les a mis sur la croix, afin que, morts au péché, nous puissions, au prix de sa vie mortelle, renaître à la justice. Pensez à ce qu'il était, lui qui périssait pour nous ! ce n'était pas une brebis comme nous en voyons tous les jours ; ce n'était pas un simple mortel, ce n'était pas un ange seulement : c'était un Dieu fait homme ! L'iniquité des hommes n'est point à comparer avec la justice de celui qui mourait pour nous. Nos péchés n'égalent point le mérite de celui qui pour nous a quitté la vie, qui l'a quittée quand il l'a voulu, et l'a reprise de nouveau quand il voulu la reprendre. Voulez-vous savoir que c'est de son plein gré, sans y être forcé par la violence, qu'il est mort ? Écoutez-le, s'adressant à son père, et lui disant : « Mon père, je remets mon ame entre » vos mains ; je la remets pour la reprendre. » Après avoir ainsi parlé, il rendit l'esprit, et ce ne fut pas pour long-temps ; il ressuscita bientôt d'entre les morts.

34. Le soleil s'éclipsa, parce qu'il est le soleil de justice ; les pierres se fendirent, parce qu'il est la pierre spirituelle ; les sépulcres s'ouvrirent, et les morts ressuscitèrent, parce qu'il était libre entre les morts. Il fit sortir les captifs du fond du lac qui était sans eau. Rougirez-vous donc de Jésus-Christ ; ne direz-vous pas plutôt avec confiance : « C'est lui qui porte nos péchés, qui s'afflige pour nous, et » qui nous a guéris par ses meurtrissures. » Ne soyons point ingrats envers notre bienfaiteur. Il est dit aussi : « Je t'ai frappé à cause des » crimes de mon peuple, et je donnerai les impies pour le prix de sa » sépulture, et les riches pour la récompense de sa mort ; » ou, comme dit saint Paul plus clairement : « Le Christ est mort pour nos péchés, » selon les Écritures, il a été enseveli, et, selon les mêmes Écritures, » il est ressuscité le troisième jour. »

35. Voulez-vous connaître précisément le lieu de sa sépulture ? Si si on lui a fait un sépulcre ? si, comme les tombeaux des rois, il s'élève au-dessus de la terre ? si on y construisit un monument de pierre ? ce qu'on mit enfin pour le couvrir ? Faites-nous, ô prophète, la description du sépulcre, dites-nous où fut placé le corps, où nous devons le chercher ? Ils nous répondront : « Jetez les yeux sur la » pierre que vous avez taillée dans le roc ; regardez, et voyez. » Vous lisez dans l'Évangile : « C'est dans un sépulcre creusé dans un

quidnam illi impositum sit? Edicite nobis, o prophetæ, et sepulchri descriptionem, et ubi positum sit corpus, et ubinam illud requisituri simus. Illi autem respondent: « Inspicite in solidam petram quam » excidistis[1]: inspicite et videte[2]. » Habes in Evangeliis: « In monu- » mento exciso[3] quod erat excisum ex petra[4]. » Et quid post hæc? quale monumenti ostium? Rursus alius propheta dicit: « Morti dede- » runt in lacu vitam meam, et posuerunt lapidem super me[5]. » Ego lapis angularis, electus, pretiosus[6], intra lapidem condor ad modicum tempus; lapis offensionis Judæis, et salutaris credentibus[7]. Insitum est igitur lignum vitæ in terra, ut hæc, quæ maledicta fuerat benedictionem consequeretur, et ut liberarentur mortui.

36. Ne nos igitur teneat verecundia, quominus crucifixum confiteamur. In fronte confidenter, idque ad omnia, digitis crux pro signaculo efficiatur: dum panes edimus, et sorbemus pocula; in ingressibus et egressibus; ante somnum; in dormiendo et surgendo; eundo et quiescendo. Magnum illud præsidium: gratuitum, propter egenos; nullo labore constans, propter imbecilles; siquidem a Deo est gratiæ loco concessum: signum fidelium et dæmonum formido. In illo enim triumphatos eos confidenter ostentans traduxit[8]. Quando siquidem viderint crucem, crucifixi eis in mentem venit, metuunt eum, qui contrivit capita draconis[9]. Ne quia gratuitum est, signaculum contemne; imo eo magis benefactorem venerare.

37. Et si quando in disceptationem incideris, atque argumentis deficiaris, inconcussa tamen apud te maneat fides. Quin tu potius comparata eruditione, Judæos ex prophetis, et Græcos ex suis ipsorum fabulis ad silentium redige. Hi fulmine percussos adorant[10]: fulmen vero de cœlis veniens non temere ruit. Si illi fulminatos Deo exosos adorare non verecundantur; an te, dilectum Deo et Dei Filium tui gratia crucifixum adorare decebit? verecundia prohibeor ne suorum, quos appellant, Deorum vitia evulgem, eaque propter horæ angustiam prætermitto; qui autem norunt, exponant. Obstruatur

---

[1] Isai. xi, 1. — [2] Eccli. ii, 10. — [3] Luc. xxiii, 53. — [4] Marc. xv, 46. — [5] Thren. iii, 53. — [6] 1 Petr. ii, 6, et Isai. xxviii, 16. — [7] 1 Petr. ii, 8. — [8] Coloss. ii, 15. — [9] Psal. lxxiii, 14. — [10] V. gr. Æsculapium.

» rocher. » Que lit-on ensuite ? qu'y avait-il à l'entrée ? Ceci se trouve » encore dans un autre prophète : « Ils ont précipité mon ame dans une fosse, et ils ont mis une pierre sur moi », moi la pierre angulaire, choisie, précieuse, j'ai été mis pour quelque temps dans une pierre ; mais c'est une pierre de scandale pour les Juifs et de salut pour ceux qui croient. L'arbre de vie a donc été planté dans la terre ; elle avait été maudite, elle devint alors une terre de bénédiction, afin que les morts fussent délivrés de leurs chaînes.

36. N'ayons point honte de confesser Jésus crucifié. Faites hardiment avec la main sur votre front le signe de la croix, et cela en toute occasion, soit avant de manger, soit avant de boire ; quand vous sortez, quand vous entrez ; avant de dormir, avant de vous coucher, avant de vous lever ; aussi bien pendant la marche que pendant le repos. Ce sera votre sauvegarde que ce signe, qui ne coûte rien aux pauvres, ni aucun effort aux infirmes. C'est à Dieu que nous devons cette faveur, ce signe de ralliement pour les fidèles, et de terreur pour les démons, qu'il a menés hautement en triomphe, après les avoir vaincus. A peine ont-ils vu la croix que, se rappelant celui qu'ils ont crucifié, ils ont peur de celui qui a brisé la tête du serpent. Ne méprisez pas ce signe, parce qu'il ne coûte rien ; remerciez-en davantage le Dieu qui vous en a fait don.

37. Quand vous vous trouvez pressés dans les discussions, et que les bonnes raisons vous manquent, n'en demeurez pas moins inébranlables dans la foi. Appelez tout ce que vous savez à votre aide, et fermez, s'il se peut, la bouche aux Juifs, en leur citant les prophètes, aux Grecs en retournant contre eux leurs fables. Ceux-ci adorent la foudre qui les frappe ; qu'ils apprennent qu'elle est tombée du ciel, et n'en est point tombée sans sujet. Ils ne rougissent pas d'adorer ce que la foudre a frappé, ce que Dieu a eu en horreur : rougirez-vous d'adorer le Fils de Dieu, le bien-aimé de Dieu, qui a été crucifié pour vous ? Quant à ceux qu'ils appellent leurs dieux, je rougirais de parler de leurs vices, le temps qui s'écoule m'oblige à me taire. Ceux qui les connaissent s'en serviront aisément contre les Grecs. Fermez ainsi la bouche à tous les hérétiques. Éloignez-vous de ceux qui prétendent que la croix n'est qu'une fiction. Ayez horreur de ceux qui disent que le

etiam os hæreticis omnibus. Si quis dixerit crucem tantum opinione constare, aversare. Oderis eos, qui dicunt ficta tantum specie [Christum] crucifixum esse. Si enim specie tantum crucifixus sit, cum e cruce nobis oriatur salus, ipsa etiam salus nonnisi ludicra specie constabit. Si imaginaria species crux, imaginaria pariter species resurrectio; si autem Christus non resurrexit[1], adhuc sumus in peccatis nostris. Si crux imagine et opinione tantum, imagine pariter assumptio constabit. Si autem assumptio, similiter et secundus adventus; et omnia denique nulla solida re consistent.

38. Sume igitur primum pro insolubili fundamento crucem, ecque reliqua fidei consectaria inædifica. Ne Crucifixum abneges: si enim abnegaveris, multos habes qui te revincent. Primus te arguet proditor Judas: ipse enim qui prodidit, novit eum a principibus sacerdotum et senioribus damnatum ad mortem fuisse[2]. Testantur triginta argentei[3], testatur Gethsemane[4], locus ubi proditio peracta fuit. Nondum dico montem Olivarum, in quo orabant præsentes[5] [apostoli] noctu; testatur quæ in nocte lucebat luna. Testatur dies, et sol deficiens[6]; nec enim insidiatorum crimen videre sustinuit. Arguet te ignis cui adstans calefaciebat se Petrus[7]: si crucem negaveris, manebit te ignis æternus. Dura dico, ne tu dura experiare Recordare ruentium super illum in Gethsemane gladiorum[8], ne tu æternum gladium patiare. Arguet te Caipha ...omus; quæ præsenti vastitate potestatem ejus ostendit, qui tunc in ea judicatus est. Exsurget tibi ex adverso in die judicii Caiphas ipse: exsurget et minister qui Jesu colaphum impegit[9], et qui ligaverunt, et qui abduxerunt. Exsurget adversum te et Herodes et Pilatus, ita ferme loquentes: « Quid negas eum qui coram nobis a Judæis calumniis est appetitus, quem nos nihil peccasse probe calluimus[10]? Ego enim Pilatus tunc lavi manus[11]. Stabunt contra te ipsi falsi testes[12]; et milites qui purpureum ipsi induerunt vestimentum, spineamque imposuerunt coronam[13], et in Golgotha crucifixerunt[14], deque tunica sunt

---

[1] 1 Cor. xv, 17. — [2] Matth. xxvii, 3. — [3] Ibid. xxvi, 16. — [4] Ibid. 36. — [5] Luc. xxii, 39. — [6] Ibid. xxiii, 45. — [7] Joan. xviii, 18. — [8] Matth. xxvi, 55. — [9] Joan. xviii, 22. — [10] Luc. xxiii, 14, 15. — [11] Matth. xxvii, 24. — [12] Ibid. xxvi, 60. — [13] Joan. xix, 2. — [14] Ibid. 17.

crucifiement de Jésus n'est qu'une figure. Tout salut nous est venu de la croix : si donc la croix n'est qu'une vaine image, notre salut non plus ne sera qu'une rêverie. Si la croix n'a existé que dans notre imagination, la résurrection ne sera de même qu'imaginaire; et si le Christ n'est pas ressuscité, nous sommes encore dans les liens de nos péchés. Si la croix n'a rien de réel et de vrai, son ascension non plus n'a rien de véritable; si pourtant son ascension et son second avénement ne sont que des rêveries, qu'y aura-t-il donc de certain sur la terre?

38. Prenez donc la croix d'abord pour fondement inébranlable de votre croyance, et sur elle élevez l'édifice de la foi. Gardez-vous de renier Jésus crucifié ; car quelle foule de témoins s'élèveraient contre vous! Judas tout le premier vous le reprocherait, Judas qui l'a trahi, qui sait que les princes des prêtres, et les anciens du peuple l'ont condamné à mourir. Les trente deniers d'argent, le jardin de Gethsemané, où la trahison a été accomplie, porteraient contre vous témoignage. Il y aurait encore le mont des Oliviers, sur lequel les apôtres qui l'accompagnaient prièrent pendant la nuit, et la lune aussi qui brillait pendant cette nuit; il y aurait, et le jour de sa mort, et le soleil qui s'éclipsa, ne pouvant supporter la vue d'un tel forfait. Vous auriez contre vous le feu auquel se chauffait Pierre, image du feu éternel qui attend quiconque reniera la croix : Je vous le dis ainsi, pour que vous n'en éprouviez point la rigueur. Rappelez-vous ces épées qu'on tira contre lui dans Gethsemané, et craignez ce glaive avec lequel Dieu punira les pécheurs dans l'éternité. Vous auriez contre vous la maison de Caïphe: son étendue a manifesté la puissance de celui qu'on y jugeait. Au grand jour du jugement, vous auriez Caïphe lui-même, et son serviteur qui donna un soufflet à Jésus, et ceux qui le lièrent, et ceux qui l'emmenèrent; vous auriez Hérode et Pilate qui s'élèveraient tous contre vous, et vous diraient : Pourquoi ne pas croire à cet homme que les Juifs ont poursuivi de leurs calomnies, et dont nous avons, nous, reconnu l'innocence? Pilate vous dira qu'il s'en est lavé les mains. Contre vous se lèveraient les faux témoins eux-mêmes, et les soldats qui le couvrirent d'une robe de pourpre, qui lui mirent une couronne d'épines, le crucifièrent sur le Golgotha, et jetèrent au sort sa tunique. Simon le Cyrénéen, qui lui aida à porter sa croix, s'élèverait aussi pour vous confondre.

sortiti[1]. Arguet te Simon Cyrenæus qui crucem portavit post Jesum[2].

39. Convincet te ex sideribus, sol deliquium passus[3]: ex terrenis vero rebus myrrhatum vinum[4]: ex cannis arundo[5]; ex herbis hyssopum; ex marinis spongia, ex arboribus crucis lignum. Milites, sicut dixi, qui clavis confixerunt, et de vestibus sortem jecere[6]. Miles qui lancea latus ejus aperuit[7]. Mulieres quæ tunc adfuerunt[8]. Velum templi tunc discissum[9]. Pilati prætorium, virtute ejus qui tunc cruci affixus est, nunc in solitudinem redactum[10]. Golgotha iste sanctus supereminens, et huc usque conspicuus; atque in præsentem diem fidem faciens, quomodo petræ propter Christum eo tempore sunt scissæ[11]. Proximum quoque monumentum, in quo conditus est; et ostio impositus lapis, qui ad hunc usque diem proxime monumentum jacet. Angeli qui tunc præsentes fuere[12]: mulieres quæ post resurrectionem adoravere[13]. Petrus et Joannes qui ad monumentum cucurrere[14] et Thomas qui manum in latus ejus, et digitos in clavorum vestigia inseruit[15]. Pro nobis enim ille diligenter contrectavit: quodque tu, qui præsens non adfuisti, inquisiturus eras, id ille præsens altiori Dei consilio conquisivit.

40. Habes duodecim apostolos crucis testes, et terram universam, ac mundum credentium in crucifixum hominum. Hoc ipsum quod nunc ades, crucifixi virtutem tibi persuadeat. Quis enim te nunc ad hunc coetum adduxit? qui milites? quibus es vinculis coactus? quæ te nunc adursit judicis sententia? verum salutare Jesu tropæum, crux, omnes huc coegit. Hoc Persas servituti addixit, et Scythas cicuravit. Hoc Ægyptiis, in locum felium et canium, ac multiplicis erroris, Dei notitiam impertivit. Hoc in hodiernum usque diem morbos curat, effugat dæmones, veneficiorumque atque incantationum evertit imposturas.

41. Hoc cum Jesu olim apparebit ex cœlo[16]. Præcedet enim regis

---

[1] Joan. xix, 24. — [2] Ibid. xxii, 1-6. — [3] Ibid. xxiii, 45. — [4] Marc. xv, 23. — [5] Matth. xxvii, 48. — [6] Ibid. 35. — [7] Joan. xix, 34. — [8] Matth. xxvii, 55. — [9] Ibid. 51. — [10] Ibid. 27. — [11] Ibid. 51 et 60. — [12] Joan. xx, 12. — [13] Matth. xxviii, 9. — [14] Joan. xx, 3, 4. — [15] Ibid. 27. — [16] Matth. xxiv, 30.

39. Dans le ciel, vous auriez contre vous le soleil qui s'est éclipsé ; sur la terre, la myrrhe qu'on lui fit boire, le roseau qu'on lui mit entre les mains ; parmi les herbes, l'hyssope ; parmi les choses de la mer, l'éponge ; parmi les arbres, celui de la croix ; les soldats qui, comme je l'ai dit, l'ont percé de clous et qui ont jeté ses vêtemens au sort ; celui qui lui a ouvert le côté d'un coup de lance ; les femmes qui étaient alors présentes ; le voile du temple qui s'est déchiré ; le prétoire de Pilate, rendu présentement désert par la vertu de celui qu'il a fait crucifier ; cette sainte montagne du Calvaire qui s'élève ici, et qui a témoigné jusqu'à ce jour, comment les pierres se sont brisées au temps de la mort de Jésus ; son sépulcre, qui est ici près ; la pierre qui fut mise à l'ouverture, et que l'on peut voir encore aujourd'hui ; les anges qui le gardaient ; les femmes qui l'adorèrent après sa résurrection ; Pierre et Jean qui coururent au sépulcre ; Thomas qui mit la main dans son côté, et les doigts dans les ouvertures que les clous avaient faites. Dieu, en effet, dans sa haute sagesse, a permis que cet apôtre s'en assurât, lui qui était présent, et fît lui-même cette épreuve pour nous qui n'y étions pas.

40. Vous avez encore contre vous le témoignage des douze apôtres, de toute la terre, de tous les hommes qui croient en Jésus crucifié. Si aujourd'hui vous êtes tous ici présens, n'est-ce pas là encore un un effet de la vertu du Christ? Qui vous a amenés ici ? quels soldats vous y ont contraints ? où sont les fers qu'on a mis à vos mains ? en vertu de quelle sentence du juge ? C'est la croix de Jésus, ce trophée de notre salut ; c'est la croix qui vous a tous ici réunis. Elle a dompté les Perses, civilisé les Scythes ; elle a donné aux Égyptiens, au lieu des chiens et des chats qu'ils adoraient, au lieu de leurs superstitions grossières, la connaissance du vrai Dieu. C'est elle qui, jusqu'à ce jour, rend la santé aux malades, chasse les démons, détruit les impostures des enchanteurs et des magiciens.

41. C'est elle qui apparaîtra aux cieux avec Jésus-Christ. Il fera briller devant lui ce signe de sa victoire et de sa royauté. Les Juifs verront celui qu'ils ont outragé ; ils reconnaîtront à sa croix celui qu'ils ont couvert d'ignominie ; alors ils seront plongés dans les larmes, toutes les tribus d'Israël seront dans le deuil ; alors viendra le repentir, mais le temps du repentir sera passé ! Pour nous, glorifions-nous,

tropæum; ut Judæi quidem videntes quem pupugerunt[1], et ex cruce cum, quem ignominia affecerunt, recognoscentes, lamentis conficiantur (at illi quidem deplorabunt se tribus contra tribus[2]; tunc enim pœnitebit eos, cum non erit eis tempus pœnitentiæ:) nos autem gloriemur, de cruce plaudentes ac gestientes, adorantes eum, qui missus et pro nobis crucifixus est, Dominum; adorantes quoque Patrem, a quo missus est, Deum, cum sancto Spiritu. Cui gloria in sæcula sæculorum. Amen.

[1] Joan. xix, 37; Zach. xii, 10-12, et Apoc. i, 7. — [2] Zach. xii, 12.

notre joie et notre gloire, c'est la croix ! Adorons le Seigneur qui est venu, qui est mort pour nous sur la croix ; adorons aussi Dieu le Père, qui nous a envoyé son Fils ; adorons aussi l'Esprit saint ! Que la gloire soit avec eux, dans les siècles des siècles. Ainsi soit-il.

TABLE

DES MATIÈRES CONTENUES DANS CE VOLUME.

SAINT HILAIRE.

	Pages.
Notice	3
Contre les Ariens, ou contre Auxence, évêque de Milan	4
Lettre adressée à sa fille Abra	20
Hymne à sa fille Abra	28
De la Trinité	32

SAINT ÉPHREM.

Notice	83
Discours exégétiques	84
Confessions	182
Discours de Polémique	250
Sur la résurrection et le Jugement	338
Sur la pénitence	378
Sur les vices et sur les vertus	408
Homélie sur la femme pécheresse qui répandit des parfums sur les pieds de Notre-Seigneur	450
Lettre au moine Jean	470
Prière	500

SAINT CYRILLE.

Notice	509
Catéchèses	510

www.ingramcontent.com/pod-product-compliance
Lightning Source LLC
Chambersburg PA
CBHW070358230426
43665CB00012B/1172